大连经济普查年鉴

Dalian Economic Census Yearbook 2018

产 业 卷

大连市第四次全国经济普查领导小组办公室
大　　连　　市　　统　　计　　局　编

中国统计出版社
China Statistics Press

图书在版编目（CIP）数据

大连经济普查年鉴. 2018. 产业卷 / 大连市第四次全国经济普查领导小组办公室, 大连市统计局编. -- 北京 : 中国统计出版社, 2020.12
ISBN 978-7-5037-9357-8

Ⅰ. ①大… Ⅱ. ①大… ②大… Ⅲ. ①经济－普查－大连－2018－年鉴②产业经济－普查－大连－2018－年鉴 Ⅳ. ①F127.313-54②F269.273.13-54

中国版本图书馆 CIP 数据核字(2020)第 217704 号

大连经济普查年鉴—2018/产业卷

作　　者/大连市第四次全国经济普查领导小组办公室　大连市统计局
责任编辑/冯燕玲
封面设计/黄俊杰　李雪燕
出版发行/中国统计出版社
通信地址/北京市丰台区西三环南路甲 6 号　邮政编码/100073
电　　话/邮购（010）63376909　书店（010）68783171
网　　址/http://www.zgtjcbs.com/
印　　刷/河北鑫兆源印刷有限公司
经　　销/新华书店
开　　本/880mm×1230mm　1/16
字　　数/1253 千字
印　　张/39.25
版　　别/2020 年 12 月第 1 版
版　　次/2020 年 12 月第 1 次印刷
定　　价/580.00 元（全二册附光盘）

本书附同版本 CD-ROM 一张，光盘内容以书面文字为准。
如有印装差错，由本社发行部调换。

编审人员

主　　审　卢　林

主　　编　姜茂生

副 主 编　徐明强　李　强　应　涛　单联峰

编辑委员（按姓氏笔画排序）

万　红　王年新　井传遂　文　枫

付晓昱　刘衍生　许　敏　李双军

李雪芬　邹奕冰　张新斌　武文静

苑小丰　周庆利　种衍安　侯文柏

徐　杰　桑凤民　韩乐华

执行编辑　桑凤民　耿志良

数据处理、校对（按姓氏笔画排序）

王洪建　刘永杰　关　宇　牟　萍

李　莹　李双军　肖　江　常　阳

康丽华　籍　阳

编辑委员会

编辑委员会

第一篇　批发和零售业企业基本情况及财务状况篇

第二篇　住宿和餐饮业企业基本情况及财务状况篇

执行编辑：文　枫　李　莹　夏英杰　韩　策　刘　嫔

第三篇　房地产开发经营业生产经营及财务状况篇

执行编辑：刘衍生　徐喜全　于　梅　王东东　关　宇

第四篇　服务业企业财务状况篇

执行编辑：万　红　王洪建　张倪源　王　旭

第五篇　服务业行政事业及非企业法人单位篇

执行编辑：康丽华　肖　江

第六篇　企业信息化和电子商务交易情况篇

执行编辑：万　红　王洪建　张倪源　王　旭

编者说明

为便于社会各界共同分享大连市第四次全国经济普查成果，更方便地开发利用普查资料，我们将经济普查资料编辑整理，汇编成《大连经济普查年鉴—2018》一书。全书共三卷二册，即综合卷、第二产业卷和第三产业卷，并随书配送同版本光盘一张。《综合卷》分三篇：第一篇为“综合篇”，第二篇为“企业篇”，第三篇为“文化及相关产业篇”。《第二产业卷》分四篇：第一篇为“工业企业生产经营及财务状况篇”，第二篇为“主要工业产品产量篇”第三篇为“规模以上工业企业科技情况篇”，第四篇为“建筑业企业生产经营及财务状况篇”。《第三产业卷》分六篇：第一篇为“批发和零售业企业基本情况及财务状况篇”，第二篇为“住宿和餐饮业企业基本情况及财务状况篇”，第三篇为“房地产开发经营业生产经营及财务状况篇”，第四篇为“服务业企业财务状况篇”，第五篇为“服务业行政事业及非企业法人单位篇”，第六篇为“企业信息化和电子商务交易情况篇”。为使读者能够更好地使用本资料，现对有关问题做如下说明：

一、大连市第四次全国经济普查的标准时点为2018年12月31日，时期资料为2018年度；

二、综合卷中综合篇和企业篇汇总表，均不包含少量无分组标识的单位数据，其中单位数包含兼营二、三产业的农、林、牧、渔业法人单位，从业人员数不包含兼营二、三产业的农、林、牧、渔业法人单位，不包含人民银行、银保监会、证监会监管的金融业以及铁路运输部门单位数据；

三、本资料建筑业按法人单位注册地，其他行业按法人单位经营地进行汇总；

四、本资料对部分数据由于计量单位取舍不同或四舍五入而产生的误差数均未作机械调整；

五、表中空格表示该项统计指标数值为零、不足最小单位、数据不详或无该项数据，“#”表示其中的主要项；

六、为了更准确地使用本年鉴，每卷后附有该卷详细的指标解释。

我们希望此书的面世，能使社会各界对我市第四次全国经济普查有一个全面的了解，更愿本书的内容，能为社会经济研究工作者提供有价值的参考。

大连市第四次全国经济普查资料是全市普查工作者共同辛勤工作的成果，也是广大普查对象积极支持配合的结果。在此，我们向全市所有普查工作者、普查对象和所有参与和支持普查工作的人员致以崇高的敬意和衷心的感谢！

大连市第四次全国经济普查领导小组办公室

2020年12月

产业卷 目录

第二产业卷

第一篇 工业企业生产经营及财务状况篇

A. 行业部分

1-A-1 全部工业企业主要经济指标 ……5
1-A-2 分登记注册类型规模以上工业企业主要经济指标 ……6
1-A-3 规模以上工业企业主要经济指标(大、中、小类行业) ……10
1-A-4 国有控股工业企业主要经济指标(大、中类行业) ……82
1-A-5 私营工业企业主要经济指标(大、中类行业) ……106
1-A-6 外商投资和港澳台商投资工业企业主要经济指标(大、中类行业) ……130
1-A-7 大中型工业企业主要经济指标(大、中类行业) ……154

B.地区部分

1-B-1 按地区分组的规模以上工业企业主要经济指标……178
1-B-2 按地区分组的国有控股工业企业主要经济指标……180
1-B-3 按地区分组的有限责任公司工业企业主要经济指标 ……182
1-B-4 按地区分组的股份有限公司工业企业主要经济指标 ……184
1-B-5 按地区分组的私营工业企业主要经济指标……186
1-B-6 按地区分组的港澳台商投资工业企业主要经济指标 ……188
1-B-7 按地区分组的外商投资工业企业主要经济指标……190
1-B-8 按地区分组的大型工业企业主要经济指标……192
1-B-9 按地区分组的中型工业企业主要经济指标……194
1-B-10 按地区分组的小型工业企业主要经济指标……196
1-B-11 按地区分组的采矿业主要经济指标……198
1-B-12 按地区分组的非金属矿采选业主要经济指标……200
1-B-13 按地区分组的制造业主要经济指标……202
1-B-14 按地区分组的农副食品加工业主要经济指标……204
1-B-15 按地区分组的食品制造业主要经济指标……206
1-B-16 按地区分组的酒、饮料和精制茶制造业主要经济指标 ……208
1-B-17 按地区分组的纺织业主要经济指标……210
1-B-18 按地区分组的纺织服装、服饰业主要经济指标……212
1-B-19 按地区分组的皮革、毛皮、羽毛及其制品和制鞋业主要经济指标 ……214
1-B-20 按地区分组的木材加工和木、竹、藤、棕、草制品业主要经济指标 ……216

1-B-21 按地区分组的家具制造业主要经济指标……218
1-B-22 按地区分组的造纸和纸制品业主要经济指标……220
1-B-23 按地区分组的印刷和记录媒介复制业主要经济指标……222
1-B-24 按地区分组的文教、工美、体育和娱乐用品制造业主要经济指标……224
1-B-25 按地区分组的石油、煤炭及其他燃料加工业主要经济指标……226
1-B-26 按地区分组的化学原料和化学制品制造业主要经济指标……228
1-B-27 按地区分组的医药制造业主要经济指标……230
1-B-28 按地区分组的化学纤维制造业主要经济指标……232
1-B-29 按地区分组的橡胶和塑料制品业主要经济指标……234
1-B-30 按地区分组的非金属矿物制品业主要经济指标……236
1-B-31 按地区分组的黑色金属冶炼和压延加工业主要经济指标……238
1-B-32 按地区分组的有色金属冶炼和压延加工业主要经济指标……240
1-B-33 按地区分组的金属制品业主要经济指标……242
1-B-34 按地区分组的通用设备制造业主要经济指标……244
1-B-35 按地区分组的专用设备制造业主要经济指标……246
1-B-36 按地区分组的汽车制造业主要经济指标……248
1-B-37 按地区分组的铁路、船舶、航空航天和其他运输设备制造业主要经济指标……250
1-B-38 按地区分组的电气机械和器材制造业主要经济指标……252
1-B-39 按地区分组的计算机、通信和其他电子设备制造业主要经济指标……254
1-B-40 按地区分组的仪器仪表制造业主要经济指标……256
1-B-41 按地区分组的其他制造业主要经济指标……258
1-B-42 按地区分组的废弃资源综合利用业主要经济指标……260
1-B-43 按地区分组的金属制品、机械和设备修理业主要经济指标……262
1-B-44 按地区分组的电力、热力、燃气及水生产和供应业主要经济指标……264
1-B-45 按地区分组的电力、热力生产和供应业主要经济指标……266
1-B-46 按地区分组的燃气生产和供应业主要经济指标……268
1-B-47 按地区分组的水的生产和供应业主要经济指标……270

第二篇 主要工业产品产量篇

2-1 2018 年全国工业主要产品产量……275
2-2 2018 年全市规模以上工业主要产品生产能力……282
2-3 2018 年大连市主要能源产品产量……282

第三篇 规模以上工业企业科技情况篇

A. 企业 R&D 及相关活动主要指标

3-A-1 企业 R&D 及相关活动主要指标……284
3-A-2 分登记注册类型企业 R&D 及相关活动主要指标……286
3-A-3 制造业企业 R&D 及相关活动主要指标……290

第四篇　建筑业企业生产经营及财务状况篇

A.全社会建筑业企业

4-A-1　各地区全社会建筑业企业个数 …… 301
4-A-2　各地区全社会建筑业企业期末人数 …… 301
4-A-3　各地区全社会建筑业企业资产总计 …… 302
4-A-4　各地区全社会建筑业企业负债合计 …… 302
4-A-5　各行业全社会建筑业企业个数 …… 303
4-A-6　各行业全社会建筑业企业期末人数 …… 303
4-A-7　各行业全社会建筑业企业资产总计 …… 304
4-A-8　各行业全社会建筑业企业负债合计 …… 304

B.总承包和专业承包建筑业企业

1.综合
4-B-1.1　总承包和专业承包企业主要经济指标完成情况 …… 305
4-B-1.2　各地区总承包和专业承包企业签订合同情况 …… 306
4-B-1.3　各地区总承包和专业承包企业承包工程完成情况 …… 306
4-B-1.4　各地区总承包和专业承包企业建筑业总产值和竣工产值 …… 307
4-B-1.5　各地区总承包和专业承包企业房屋建筑面积 …… 307
4-B-1.6　各地区按主要用途分的总承包和专业承包企业房屋建筑竣工面积 …… 308
4-B-1.7　各地区按主要用途分的总承包和专业承包企业房屋建筑竣工价值 …… 308
4-B-1.8　各地区总承包和专业承包企业施工机械设备情况 …… 309
4-B-1.9　各地区总承包和专业承包企业资产构成 …… 309
4-B-1.10　各地区总承包和专业承包企业固定资产情况 …… 310
4-B-1.11　各地区总承包和专业承包企业负债及所有者权益 …… 310
4-B-1.12　各地区总承包和专业承包企业实收资本 …… 311
4-B-1.13　各地区总承包和专业承包企业收入情况 …… 311
4-B-1.14　各地区总承包和专业承包企业费用情况 …… 312
2.按经济类型分组
4-B-2.1　各地区私营总承包和专业承包企业签订合同情况 …… 312
4-B-2.2　各地区私营总承包和专业承包企业承包工程完成情况 …… 313
4-B-2.3　各地区私营总承包和专业承包企业建筑业总产值和竣工产值 …… 313
4-B-2.4　各地区私营总承包和专业承包企业房屋建筑面积 …… 314
4-B-2.5　各地区按主要用途分的私营总承包和专业承包企业房屋建筑竣工面积 …… 314
4-B-2.6　各地区按主要用途分的私营总承包和专业承包企业房屋建筑竣工价值 …… 315
4-B-2.7　各地区私营总承包和专业承包企业施工机械设备情况 …… 315
4-B-2.8　各地区私营总承包和专业承包企业资产构成 …… 316
4-B-2.9　各地区私营总承包和专业承包企业固定资产情况 …… 316
4-B-2.10　各地区私营总承包和专业承包企业负债及所有者权益 …… 317
4-B-2.11　各地区私营总承包和专业承包企业实收资本 …… 317
4-B-2.12　各地区私营总承包和专业承包企业收入情况 …… 318

4-B-2.13 各地区私营总承包和专业承包企业费用情况 ……318
4-B-2.14 各地区股份制总承包和专业承包企业签订合同情况 ……319
4-B-2.15 各地区股份制总承包和专业承包企业承包工程完成情况 ……319
4-B-2.16 各地区股份制总承包和专业承包企业建筑业总产值和竣工产值 ……320
4-B-2.17 各地区股份制总承包和专业承包企业房屋建筑面积 ……320
4-B-2.18 各地区按主要用途分的股份制总承包和专业承包企业房屋建筑竣工面积 ……321
4-B-2.19 各地区按主要用途分的股份制总承包和专业承包企业房屋建筑竣工价值 ……321
4-B-2.20 各地区股份制总承包和专业承包企业施工机械设备情况 ……322
4-B-2.21 各地区股份制总承包和专业承包企业资产构成 ……322
4-B-2.22 各地区股份制总承包和专业承包企业固定资产情况 ……323
4-B-2.23 各地区股份制总承包和专业承包企业负债及所有者权益 ……323
4-B-2.24 各地区股份制总承包和专业承包企业实收资本 ……324
4-B-2.25 各地区股份制总承包和专业承包企业收入情况 ……324
4-B-2.26 各地区股份制总承包和专业承包企业费用情况 ……325
3.按行业分组
4-B-3.1 各行业总承包和专业承包企业签订合同情况 ……325
4-B-3.2 各行业总承包和专业承包企业承包工程完成情况 ……326
4-B-3.3 各行业总承包和专业承包企业建筑业总产值和竣工产值 ……326
4-B-3.4 各行业总承包和专业承包企业房屋建筑面积 ……327
4-B-3.5 各行业总承包和专业承包企业机械设备情况 ……327
4-B-3.6 按主要用途分的各行业总承包和专业承包企业房屋建筑竣工面积 ……328
4-B-3.7 按主要用途分的各行业总承包和专业承包企业房屋建筑竣工价值 ……328
4-B-3.8 各行业总承包和专业承包企业资产构成 ……329
4-B-3.9 各行业总承包和专业承包企业固定资产情况 ……329
4-B-3.10 各行业总承包和专业承包企业负债及所有者权益 ……330
4-B-3.11 各行业总承包和专业承包企业实收资本 ……330
4-B-3.12 各行业总承包和专业承包企业收入情况 ……331
4-B-3.13 各行业总承包和专业承包企业费用情况 ……331
4.按隶属关系分组
4-B-4.1 各地区地方总承包和专业承包企业签订合同情况 ……332
4-B-4.2 各地区地方总承包和专业承包企业承包工程完成情况 ……332
4-B-4.3 各地区地方总承包和专业承包企业建筑业总产值和竣工产值 ……333
4-B-4.4 各地区地方总承包和专业承包企业房屋建筑面积 ……333
4-B-4.5 各地区按主要用途分的地方总承包和专业承包企业房屋建筑竣工面积 ……334
4-B-4.6 各地区按主要用途分的地方总承包和专业承包企业房屋建筑竣工价值 ……334
4-B-4.7 各地区地方总承包和专业承包企业施工机械设备情况 ……335
4-B-4.8 各地区地方总承包和专业承包企业资产构成 ……335
4-B-4.9 各地区地方总承包和专业承包企业固定资产情况 ……336
4-B-4.10 各地区地方总承包和专业承包企业负债及所有者权益 ……336
4-B-4.11 各地区地方总承包和专业承包企业实收资本 ……337
4-B-4.12 各地区地方总承包和专业承包企业收入情况 ……337
4-B-4.13 各地区地方总承包和专业承包企业费用情况 ……338

C.专业承包建筑业企业

4-C-1　各地区专业承包企业签订合同情况……338
4-C-2　各地区专业承包企业承包工程完成情况……339
4-C-3　各地区专业承包企业建筑业总产值和竣工产值……339
4-C-4　各地区专业承包企业房屋建筑面积……340
4-C-5　各地区按主要用途分的专业承包企业房屋建筑竣工面积……340
4-C-6　各地区按主要用途分的专业承包企业房屋建筑竣工价值……341
4-C-7　各地区专业承包企业施工机械设备情况……341
4-C-8　各地区专业承包企业资产构成……342
4-C-9　各地区专业承包企业固定资产情况……342
4-C-10　各地区专业承包企业负债及所有者权益……343
4-C-11　各地区专业承包企业实收资本……343
4-C-12　各地区专业承包企业收入情况……344
4-C-13　各地区专业承包企业费用情况……344

附　录

主要指标解释……347

第三产业卷

第一篇 批发和零售业企业基本情况及财务状况篇

A.行业部分

1-A-1 批发业法人企业基本情况……355
1-A-2 限额以上批发业法人企业基本情况……358
1-A-3 批发业法人企业财务状况……360
1-A-4 限额以上批发业法人企业财务状况……363
1-A-5 零售业法人企业基本情况……365
1-A-6 限额以上零售业法人企业基本情况……368
1-A-7 零售业法人企业财务状况……370
1-A-8 限额以上零售业法人企业财务状况……373

B.地区部分

1-B-1 分地区批发业法人企业基本情况……375
1-B-2 分地区批发业法人企业基本情况(按国民经济行业分)……375
1-B-3 分地区批发业法人企业基本情况(按登记注册类型分)……380
1-B-4 分地区批发业法人企业财务状况……385
1-B-5 分地区批发业法人企业财务状况(按国民经济行业分)……386
1-B-6 分地区批发业法人企业财务状况(按登记注册类型分)……390
1-B-7 分地区零售业法人企业基本情况……396
1-B-8 分地区零售业法人企业基本情况(按国民经济行业分)……396
1-B-9 分地区零售业法人企业基本情况(按登记注册类型分)……401
1-B-10 分地区零售业法人企业基本情况(按零售业态分)……406
1-B-11 分地区零售业法人企业财务状况……416
1-B-12 分地区零售业法人企业财务状况(按国民经济行业分)……417
1-B-13 分地区零售业法人企业财务状况(按登记注册类型分)……421
1-B-14 分地区零售业法人企业财务状况(按零售业态分)……427

第二篇 住宿和餐饮业企业基本情况及财务状况篇

A.行业部分

2-A-1 住宿业法人企业基本情况……439
2-A-2 限额以上住宿业法人企业基本情况……440
2-A-3 住宿业法人企业财务状况……441
2-A-4 限额以上住宿业法人企业财务状况……442

2-A-5 餐饮业法人企业基本情况……443
2-A-6 限额以上餐饮业法人企业基本情况……444
2-A-7 餐饮业法人企业财务状况……445
2-A-8 限额以上餐饮业法人企业财务状况……446

B.地区部分

2-B-1 分地区住宿业法人企业基本情况……447
2-B-2 分地区住宿业法人企业基本情况(按国民经济行业分)……447
2-B-3 分地区住宿业法人企业基本情况(按登记注册类型分)……449
2-B-4 分地区住宿业法人企业基本情况(按星级分)……454
2-B-5 分地区住宿业法人企业财务状况……457
2-B-6 分地区住宿业法人企业财务状况(按国民经济行业分)……458
2-B-7 分地区住宿业法人企业财务状况(按登记注册类型分)……460
2-B-8 分地区住宿业法人企业财务状况(按星级分)……465
2-B-9 分地区餐饮业法人企业基本情况……468
2-B-10 分地区餐饮业法人企业基本情况(按国民经济行业分)……468
2-B-11 分地区餐饮业法人企业基本情况(按登记注册类型分)……471
2-B-12 分地区餐饮业法人企业财务状况……475
2-B-13 分地区餐饮业法人企业财务状况(按国民经济行业分)……475
2-B-14 分地区餐饮业法人企业财务状况(按登记注册类型分)……478

第三篇 房地产开发经营业生产经营及财务状况篇

3-1 各地区按登记注册类型分房地产开发法人单位数(非一套表单位)……485
3-1 各地区按登记注册类型分房地产开发企业个数(一套表单位)……486
3-2 各地区按资质等级分房地产开发企业个数(一套表单位)……487
3-3 各地区按登记注册类型分房地产开发企业年末从业人数(非一套表单位)……487
3-3 各地区按登记注册类型分房地产开发企业年末从业人数(一套表单位)……488
3-4 各地区按资质等级分房地产开发企业年末从业人数(一套表单位)……489
3-5 各地区按登记注册类型分房地产开发企业资产总计(一套表单位)……490
3-6 各地区按资质等级分房地产开发企业资产总计(一套表单位)……491
3-7 各地区按用途分房地产开发企业房屋施工面积(一套表单位)……491
3-8 各地区按资质等级分房地产开发企业房屋施工面积(一套表单位)……492
3-9 各地区按用途分房地产开发企业房屋新开工面积(一套表单位)……492
3-10 各地区按资质等级分房地产开发企业房屋新开工面积(一套表单位)……493
3-11 各地区按用途分房地产开发企业商品房销售面积(一套表单位)……493
3-12 各地区按资质等级分房地产开发企业商品房销售面积(一套表单位)……494
3-13 各地区按用途分房地产开发企业商品房期房销售面积(一套表单位)……494
3-14 各地区按用途分房地产开发企业商品房销售额(一套表单位)……495
3-15 各地区按资质等级分房地产开发企业商品房销售额(一套表单位)……495
3-16 各地区房地产开发企业商品房待售情况(一套表单位)……496
3-17 各地区按用途分房地产开发企业商品房待售面积(一套表单位)……496

3-18 各地区房地产开发企业土地开发及其购置情况(一套表单位)……497
3-19 各地区按登记注册类型分房地产开发企业负债合计(一套表单位)……497
3-20 各地区按登记注册类型分房地产开发企业负债合计(非一套表单位)……498
3-21 各地区按登记注册类型分房地产开发企业营业利润(一套表单位)……499
3-22 各地区房地产开发企业主营业务收入及其构成(一套表单位)……500
3-23 各地区按登记注册类型分房地产开发企业营业收入(非一套表单位)……501
3-24 各地区按登记注册类型分房地产开发企业主营业务收入(一套表单位)……502
3-25 各地区按登记注册类型分房地产开发企业利润总额(一套表单位)……503
3-26 各地区按登记注册类型分房地产开发企业营业利润(非一套表单位)……504

第四篇 服务业企业财务状况篇

4-1 服务业法人单位基本情况……507
4-2 交通运输、仓储和邮政业企业法人单位主要指标……508
4-3 交通运输、仓储和邮政业企业法人单位分地区主要指标……509
4-4 交通运输、仓储和邮政业企业法人单位分登记注册类型主要指标……509
4-5 信息传输、软件和信息技术服务业企业法人单位主要指标……510
4-6 信息传输、软件和信息技术服务业企业法人单位分地区主要指标……510
4-7 信息传输、软件和信息技术服务业企业法人单位分登记注册类型主要指标……511
4-8 房地产业企业法人单位主要指标……511
4-9 房地产业企业法人单位分地区主要指标……512
4-10 房地产业企业法人单位分登记注册类型主要指标……512
4-11 租赁和商务服务业企业法人单位主要指标……513
4-12 租赁和商务服务业企业法人单位分地区主要指标……513
4-13 租赁和商务服务业企业法人单位分登记注册类型主要指标……514
4-14 科学研究和技术服务业企业法人单位主要指标……514
4-15 科学研究和技术服务业企业法人单位分地区主要指标……515
4-16 科学研究和技术服务业企业法人单位分登记注册类型主要指标……515
4-17 水利、环境和公共设施管理业企业法人单位主要指标……516
4-18 水利、环境和公共设施管理业企业法人单位分地区主要指标……516
4-19 水利、环境和公共设施管理业企业法人单位分登记注册类型主要指标……517
4-20 居民服务、修理和其他服务业企业法人单位主要指标……517
4-21 居民服务、修理和其他服务业企业法人单位分地区主要指标……518
4-22 居民服务、修理和其他服务业企业法人单位分登记注册类型主要指标……518
4-23 教育企业法人单位主要指标……519
4-24 教育企业法人单位分地区主要指标……519
4-25 教育企业法人单位分登记注册类型主要指标……520
4-26 卫生和社会工作企业法人单位主要指标……520
4-27 卫生和社会工作企业法人单位分地区主要指标……521
4-28 卫生和社会工作企业法人单位分登记注册类型主要指标……521
4-29 文化、体育和娱乐业企业法人单位主要指标……522
4-30 文化、体育和娱乐业企业法人单位分地区主要指标……523

4-31　文化、体育和娱乐业企业法人单位分登记注册类型主要指标 …… 523
4-32　国有控股企业分行业主要指标 …… 524
4-33　非公有控股企业分行业主要指标 …… 525
4-34　规模以上交通运输、仓储和邮政业企业法人单位主要指标 …… 526
4-35　规模以上信息传输、软件和信息技术服务业企业法人单位主要指标 …… 528
4-36　规模以上物业管理、房地产中介服务、房地产租赁经营和其他房地产业企业法人单位主要指标 …… 530
4-37　规模以上租赁和商务服务业企业法人单位主要指标 …… 530
4-38　规模以上科学研究和技术服务业企业法人单位主要指标 …… 532
4-39　规模以上水利、环境和公共设施管理业企业法人单位主要指标 …… 534
4-40　规模以上居民服务、修理和其他服务业企业法人单位主要指标 …… 536
4-41　规模以上教育企业法人单位分行业主要指标 …… 538
4-42　规模以上卫生和社会工作企业法人单位分行业主要指标 …… 538
4-43　规模以上文化、体育和娱乐业法人单位主要指标 …… 540

第五篇　服务业行政事业及非企业法人单位篇

5-1　服务业行政事业及非企业法人单位分行业主要指标 …… 545
5-2　交通运输、仓储和邮政业行政事业及非企业法人单位分地区主要指标 …… 548
5-3　信息传输、软件和信息技术服务业行政事业及非企业法人单位分地区主要指标 …… 548
5-4　租赁和商务服务业行政事业及非企业法人单位分地区主要指标 …… 549
5-5　科学研究和技术服务业行政事业及非企业法人单位分地区主要指标 …… 549
5-6　水利、环境和公共设施管理业行政事业及非企业法人单位分地区主要指标 …… 550
5-7　居民服务、修理和其他服务业行政事业及非企业法人单位分地区主要指标 …… 550
5-8　教育行政事业及非企业法人单位分地区主要指标 …… 551
5-9　卫生和社会工作行政事业及非企业法人单位分地区主要指标 …… 551
5-10　文化、体育和娱乐业行政事业及非企业法人单位分地区主要指标 …… 552
5-11　公共管理、社会保障和社会组织行政事业及非企业法人单位分地区主要指标 …… 552

第六篇　企业信息化和电子商务交易情况篇

6-1　分行业企业使用计算机情况 …… 554
6-2　分地区企业使用计算机情况 …… 557
6-3　分行业企业信息化管理情况 …… 558
6-4　分地区企业信息化管理情况 …… 564
6-5　分行业企业使用网络情况 …… 566
6-6　分地区企业使用网络情况 …… 572
6-7　分行业企业建网站情况 …… 573
6-8　分地区企业建网站情况 …… 575
6-9　分行业企业通过互联网开展活动情况 …… 576
6-10　分地区企业通过互联网开展活动情况 …… 588
6-11　分行业企业互联网宣传和推广情况 …… 590

6-12 分地区企业互联网宣传和推广情况……596
6-13 分行业企业开展电子商务交易情况……598
6-14 分地区企业开展电子商务交易情况……604

附 录

主要指标解释……609

大连经济普查年鉴

Dalian Economic Census Yearbook 2018

第二产业卷

第1篇

工业企业生产经营及财务状况篇

A.行业部分

1-A-1　全部工业企业主要经济指标

行　业	企业单位数（个）	资产总计（亿元）	负债合计（亿元）	营业收入（亿元）	从业人员（万人）
总　计	**24166**	**11460.2**	**7109.0**	**7428.3**	**71.1**
煤炭开采和洗选业	1				
石油和天然气开采业					
黑色金属矿采选业	7				
有色金属矿采选业	4	2.1	2.0		
非金属矿采选业	105	102.1	39.7	7.2	0.3
开采专业及辅助性活动	3	0.2	0.1	0.2	
其他采矿业	8	0.2	0.1	0.2	
农副食品加工业	1795	518.7	344.9	504.3	6.1
食品制造业	563	143.5	113.2	45.1	1.3
酒、饮料和精制茶制造业	252	59.7	34.0	45.2	0.4
烟草制品业					
纺织业	303	42.9	23.4	28.8	0.7
纺织服装、服饰业	1815	122.4	61.0	140.1	7.1
皮革、毛皮、羽毛及其制品和制鞋业	115	25.6	11.8	36.8	0.4
木材加工和木、竹、藤、棕、草制品业	783	74.1	54.9	69.4	1.5
家具制造业	338	80.3	43.0	63.0	1.5
造纸和纸制品业	386	33.8	16.8	38.0	0.6
印刷和记录媒介复制业	421	25.2	15.3	19.8	0.6
文教、工美、体育和娱乐用品制造业	285	15.7	11.1	9.2	0.3
石油、煤炭及其他燃料加工业	104	990.9	709.5	1367.1	1.4
化学原料和化学制品制造业	969	1105.0	738.7	1025.8	2.3
医药制造业	127	240.9	162.3	239.4	0.7
化学纤维制造业	12	5.3	3.7	4.3	
橡胶和塑料制品业	1082	235.3	125.1	146.0	2.4
非金属矿物制品业	1239	311.1	202.5	148.7	1.9
黑色金属冶炼和压延加工业	138	69.8	36.9	109.5	0.4
有色金属冶炼和压延加工业	103	48.4	27.4	36.8	0.2
金属制品业	2042	334.1	201.6	220.8	4.6
通用设备制造业	5488	1012.7	504.9	601.6	11.3
专用设备制造业	1556	542.2	332.4	264.2	3.8
汽车制造业	355	676.7	364.1	593.0	3.9
铁路、船舶、航空航天和其他运输设备制造业	594	1789.6	1145.3	538.0	6.0
电气机械和器材制造业	755	305.9	160.0	199.2	3.3
计算机、通信和其他电子设备制造业	320	757.9	371.7	451.6	2.6
仪器仪表制造业	405	74.0	30.3	55.0	0.9
其他制造业	175	18.3	6.5	14.6	0.3
废弃资源综合利用业	103	151.4	133.2	55.5	0.1
金属制品、机械和设备修理业	952	146.1	124.8	50.1	1.8
电力、热力生产和供应业	293	1148.4	879.8	244.1	1.5
燃气生产和供应业	56	95.4	23.9	34.3	0.3
水的生产和供应业	114	154.3	53.1	21.4	0.6

注：1.工业统计调查单位为工业企业单位数，包括机构类型为企业的法人单位，以及执行企业会计制度的事业法人单位、民办非企业法人单位和基金会，农民专业合作社，农村集体经济组织和除宗教活动场所以外的机构类型为其他组织机构的法人单位。
2.“全部工业企业”指规模以上工业企业和规模以下工业企业的总和。“规模以上工业企业”指年主营业务收入在2000万元及以上的工业企业。“规模以下工业企业”指年主营业务收入在2000万元以下的工业企业。
3.表中的合计数和部分计算数据因小数取舍而产生的误差，均未作机械调整。以下相关表均同。

1−A−2 分登记注册类型规模以上

分组	企业单位数(个)	资产总计	固定资产净额	固定资产原价	累计折旧	流动资产合计	应收账款
总计	**1677**	**8856.30**	**2551.96**	**4717.54**	**1989.09**	**4910.59**	**1134.91**
一、按登记注册类型分组:							
内资企业	1132	5941.39	1552.41	2848.73	1128.66	3270.45	701.55
国有企业	11	124.62	19.72	45.52	24.23	88.93	13.34
集体企业	12	15.05	0.85	3.48	2.25	12.72	2.56
股份合作企业	3	17.26	1.95	6.08	4.11	8.84	2.30
联营企业	1	2.68	0.08	0.19	0.10	2.58	
国有联营企业							
集体联营企业	1	2.68	0.08	0.19	0.10	2.58	
国有与集体联营企业							
其他联营企业							
有限责任公司	332	3709.06	1126.29	1677.25	544.68	1928.41	352.36
国有独资公司	29	444.23	116.31	195.74	77.98	203.64	57.34
其他有限责任公司	303	3264.83	1009.98	1481.51	466.70	1724.78	295.02
股份有限公司	67	714.68	208.73	572.72	344.03	379.59	144.17
私营企业	706	1358.03	194.78	543.49	209.25	849.37	186.82
私营独资企业	21	10.60	2.10	5.85	3.60	7.60	3.41
私营合伙企业	1	0.50	0.08	0.22	0.14	0.42	0.03
私营有限责任公司	638	1210.16	166.09	487.63	182.91	762.10	168.52
私营股份有限公司	46	136.77	26.51	49.80	22.61	79.26	14.85
其他企业							
港、澳、台商投资企业	98	275.54	69.38	112.12	42.21	174.00	47.95
合资经营企业(港或澳、台资)	42	127.61	37.52	55.98	18.17	74.01	27.37
合作经营企业(港或澳、台资)	4	31.03	1.60	3.04	1.44	28.76	0.38
港澳台商独资经营企业	44	82.37	21.58	40.97	19.14	51.84	14.39
港澳台商投资股份有限公司	5	32.51	8.31	11.48	3.17	17.99	5.16
其他港澳台商投资企业	3	2.02	0.37	0.66	0.29	1.40	0.66
外商投资企业	447	2639.37	930.18	1756.69	818.22	1466.14	385.40
中外合资经营企业	142	1140.03	227.92	510.80	281.03	799.93	163.96
中外合作经营企业	18	11.12	2.85	5.14	2.29	7.20	1.66
外资企业	281	1471.67	695.89	1231.10	529.49	648.65	218.44
外商投资股份有限公司	6	16.56	3.52	9.66	5.42	10.36	1.35
其他外商投资企业							
二、在总计中:亏损企业	440	1732.22	432.04	807.59	368.57	1005.08	286.69
在总计中:国有控股企业	164	4001.65	1223.76	2121.89	873.97	2075.21	412.48
在总计中:大型企业	60	4545.80	1502.78	2667.20	1008.81	2285.83	475.24
中型企业	322	2497.16	620.34	1209.04	581.51	1514.04	326.12
小型企业	1295	1813.34	428.84	841.30	398.77	1110.72	333.55

注：本表统计范围为规模以上工业企业(以下各表均同)。

工业企业主要经济指标

单位：亿元

存货	产成品	负债合计	流动负债合计	应付账款	所有者权益合计	实收资本	国家资本	集体资本
1407.49	**265.42**	**5375.29**	**3894.13**	**1185.11**	**3481.01**	**2066.37**	**625.52**	**39.47**
838.30	164.70	3845.79	2691.20	800.02	2095.60	1251.26	573.95	28.22
27.10	1.91	89.60	75.95	37.94	35.03	17.57	15.85	0.98
2.89	0.21	10.21	10.21	2.42	4.84	0.76	0.15	0.61
0.76	0.53	5.51	5.51	1.34	11.75	1.35		1.35
		2.27	2.27		0.41	0.50	0.50	
		2.27	2.27		0.41	0.50	0.50	
500.73	47.09	2454.25	1508.38	509.28	1254.81	799.30	438.52	7.81
23.44	5.00	278.61	218.92	41.59	165.61	100.56	78.18	
477.30	42.09	2175.64	1289.46	467.69	1089.19	698.74	360.34	7.81
101.57	35.58	374.14	291.83	82.96	340.54	187.68	118.42	12.14
205.25	79.38	909.81	797.05	166.09	448.22	244.10	0.51	5.34
1.55	0.69	5.09	5.04	1.54	5.51	2.56	0.18	
0.08	0.08	0.20	0.20		0.30	0.30		
182.16	68.55	830.18	726.34	155.89	379.98	213.89	0.15	5.34
21.46	10.07	74.33	65.46	8.66	62.43	27.35	0.18	
31.13	12.18	138.59	120.74	34.18	136.95	83.69	13.93	9.28
11.42	5.34	61.33	51.94	17.74	66.29	39.02	2.72	9.22
0.73	0.59	20.43	20.43	0.59	10.60	12.41	11.21	0.05
12.10	5.57	46.10	39.46	12.25	36.27	26.83		
6.57	0.53	9.89	8.07	3.23	22.62	4.70		
0.31	0.16	0.85	0.84	0.38	1.17	0.74		
538.07	88.53	1390.91	1082.19	350.91	1248.46	731.42	37.65	1.98
355.96	39.51	753.08	566.44	204.83	386.95	228.41	37.65	1.72
3.58	0.87	7.69	7.69	1.64	3.42	1.59		0.15
176.11	47.45	622.24	500.31	142.67	849.42	495.88		0.10
2.42	0.70	7.89	7.74	1.78	8.66	5.55		
324.26	65.53	1350.11	1003.12	242.28	382.11	386.80	110.33	20.21
689.82	58.45	2698.98	1615.72	544.46	1302.67	943.15	584.70	14.21
611.80	85.35	2718.51	1745.18	552.59	1827.30	1095.69	446.82	8.55
516.48	81.08	1562.07	1210.12	360.66	935.09	476.07	110.87	24.41
279.21	98.98	1094.72	938.83	271.87	718.62	494.61	67.84	6.51

1-A-2 续表

分　组					营业收入	营业成本	销售费用
	法人资本	个人资本	港澳台资本	外商资本			
总　计	**590.89**	**156.70**	**195.99**	**457.79**	**6666.53**	**5434.51**	**183.03**
一、按登记注册类型分组：							
内资企业	491.31	151.68	0.72	5.37	3989.11	3394.72	69.62
国有企业	0.75				51.28	43.94	0.13
集体企业					12.09	10.90	0.09
股份合作企业					8.35	6.97	0.11
联营企业					3.09	3.13	
国有联营企业							
集体联营企业					3.09	3.13	
国有与集体联营企业							
其他联营企业							
有限责任公司	333.87	17.80		1.31	1591.33	1381.94	29.33
国有独资公司	22.38				109.83	101.53	4.26
其他有限责任公司	311.50	17.80		1.31	1481.50	1280.41	25.07
股份有限公司	25.14	27.59	0.39	4.01	1084.52	856.82	12.16
私营企业	131.56	106.29	0.34	0.06	1238.44	1091.02	27.80
私营独资企业	0.37	2.00			21.19	19.36	0.26
私营合伙企业		0.30			0.82	0.75	
私营有限责任公司	121.16	86.84	0.34	0.06	1162.57	1026.87	25.09
私营股份有限公司	10.02	17.15			53.86	44.05	2.45
其他企业							
港、澳、台商投资企业	16.73	2.61	37.42	3.71	199.73	162.31	6.09
合资经营企业(港或澳、台资)	11.22	1.74	13.31	0.80	106.20	85.89	2.93
合作经营企业(港或澳、台资)	0.98			0.17	5.50	4.58	0.32
港澳台商独资经营企业	0.72	0.82	22.62	2.67	71.85	60.22	2.26
港澳台商投资股份有限公司	3.81	0.05	0.83		14.17	10.19	0.49
其他港澳台商投资企业			0.66	0.08	2.00	1.43	0.09
外商投资企业	82.84	2.41	157.85	448.70	2477.69	1877.47	107.32
中外合资经营企业	62.95	1.49	4.06	120.54	1213.25	915.57	74.95
中外合作经营企业	0.69	0.46	0.02	0.27	9.98	8.60	0.49
外资企业	18.19	0.45	151.06	326.08	1240.00	943.36	31.10
外商投资股份有限公司	1.01		2.72	1.82	14.46	9.95	0.78
其他外商投资企业							
二、在总计中：亏损企业	124.80	51.17	17.10	63.18	674.65	630.60	18.96
在总计中：国有控股企业	278.17	4.47	2.97	58.63	2391.69	1975.98	23.33
在总计中：大型企业	299.44	0.86	155.16	184.86	3374.45	2685.25	49.77
中型企业	147.13	43.29	13.51	136.87	1951.38	1624.60	89.73
小型企业	144.31	112.55	27.33	136.06	1340.70	1124.66	43.53

单位：亿元

管理费用	财务费用			投资收益（损失以"–"号记）	营业利润	利润总额	亏损企业亏损额	平均用工人数（万人）
		利息收入	利息支出					
290.71	**92.65**	**18.51**	**95.53**	**15.94**	**483.80**	**503.39**	**76.45**	**44.55**
173.20	67.42	14.34	77.82	12.58	135.41	147.37	49.26	26.01
5.03	0.47	0.54	0.07	0.01	1.69	1.77	0.64	0.69
1.04	0.05	-0.01	0.02	0.44	0.36	0.41	0.31	0.37
0.95	-0.13	-0.27	0.14	0.20	0.58	0.61	0.02	0.08
0.02				0.06		0.14		0.11
0.02				0.06		0.14		0.11
82.92	42.45	16.72	52.71	4.34	47.05	53.61	27.06	10.32
15.11	5.34	0.47	5.72	0.98	-15.28	-6.25	10.01	1.81
67.81	37.11	16.25	47.00	3.36	62.33	59.86	17.04	8.51
34.50	3.87	0.64	4.40	2.42	35.85	36.55	8.78	3.15
48.74	20.71	-3.29	20.47	5.11	49.88	54.28	12.44	11.29
0.75	0.09	0.01	0.08		0.66	0.74	0.06	0.24
0.02					0.05	0.05		
43.15	19.00	-3.35	19.15	1.55	45.38	50.21	10.24	10.11
4.82	1.61	0.05	1.24	3.55	3.79	3.28	2.13	0.93
13.13	1.57	0.03	1.50	0.28	9.48	10.65	9.40	2.43
6.10	1.02	-0.08	1.12	0.13	9.55	9.68	2.44	1.06
0.43	-0.06	0.03			0.17	0.17	0.14	0.14
5.30	0.33	0.07	0.35	0.12	-2.44	-1.44	6.79	1.03
1.02	0.29		0.01	0.03	1.99	2.04		0.16
0.27		0.01	0.01		0.20	0.20	0.03	0.04
104.39	23.66	4.15	16.22	3.08	338.91	345.37	17.79	16.10
46.04	15.11	4.83	8.61	-0.42	123.59	126.96	13.53	4.87
0.60	0.15	0.01	0.13		0.09	0.12	0.08	0.29
55.61	8.29	-0.67	7.36	3.50	214.61	217.63	4.07	10.74
2.13	0.11	-0.02	0.11	-0.01	0.62	0.65	0.10	0.20
58.75	31.27	3.06	22.89	-0.48	-76.50	-76.45	76.45	9.67
98.09	45.71	18.28	51.62	4.76	68.50	75.38	39.32	9.37
108.08	42.66	14.60	55.25	5.16	314.29	323.42	10.77	12.25
90.27	32.92	2.35	25.19	5.14	113.77	117.71	32.83	17.18
92.36	17.07	1.56	15.09	5.64	55.74	62.25	32.85	15.12

1-A-3 规模以上工业企业主要

行业	企业单位数（个）	资产总计	固定资产净额	固定资产原价	累计折旧	流动资产合计
总计	**1677**	**8856.30**	**2551.96**	**4717.54**	**1989.09**	**4910.59**
采矿业	**4**	**51.00**	**0.56**	**1.20**	**0.60**	**21.37**
煤炭开采和洗选业						
烟煤和无烟煤开采洗选						
褐煤开采洗选						
其他煤炭采选						
石油和天然气开采业						
石油开采						
陆地石油开采						
海洋石油开采						
天然气开采						
陆地天然气开采						
海洋天然气及可燃冰开采						
黑色金属矿采选业						
铁矿采选						
锰矿、铬矿采选						
其他黑色金属矿采选						
有色金属矿采选业						
常用有色金属矿采选						
铜矿采选						
铅锌矿采选						
镍钴矿采选						
锡矿采选						
锑矿采选						
铝矿采选						
镁矿采选						
其他常用有色金属矿采选						
贵金属矿采选						
金矿采选						
银矿采选						
稀有稀土金属矿采选						
钨钼矿采选						
稀土金属矿采选						
非金属矿采选业	4	51.00	0.56	1.20	0.60	21.37
土砂石开采	3	1.85	0.46	0.74	0.25	1.16
石灰石、石膏开采	3	1.85	0.46	0.74	0.25	1.16
建筑装饰用石开采						
耐火土石开采						
粘土及其他土砂石开采						
化学矿开采						
采盐	1	49.15	0.11	0.46	0.35	20.22
石棉及其他非金属矿采选						
石棉、云母矿采选						
石墨、滑石采选						

经济指标(大、中、小类行业)

单位：亿元

应收账款	存货	产成品	负债合计	流动负债合计	应付账款	所有者权益合计	实收资本	国家资本	集体资本
1134.91	**1407.49**	**265.42**	**5375.29**	**3894.13**	**1185.11**	**3481.01**	**2066.37**	**625.52**	**39.47**
12.41	**0.96**	**0.90**	**8.76**	**3.40**	**0.33**	**42.24**	**2.30**		
12.41	0.96	0.90	8.76	3.40	0.33	42.24	2.30		
0.59	0.45	0.42	1.47	1.47	0.25	0.38	0.30		
0.59	0.45	0.42	1.47	1.47	0.25	0.38	0.30		
11.82	0.51	0.48	7.29	1.93	0.08	41.86	2.00		

1-A-3 续表 1

行业	企业单位数(个)	资产总计	固定资产净额	固定资产原价	累计折旧	流动资产合计
宝石、玉石采选						
其他未列明非金属矿采选						
开采专业及辅助性活动						
煤炭开采和洗选专业及辅助性活动						
石油和天然气开采专业及辅助性活动						
其他开采专业及辅助性活动						
其他采矿业						
制造业	**1590**	**7566.27**	**1802.85**	**3638.24**	**1661.25**	**4652.58**
农副食品加工业	203	363.29	77.76	137.46	55.54	228.31
谷物磨制	15	8.66	1.92	3.20	1.27	6.12
稻谷加工	1	4.00	1.66	2.52	0.86	2.00
小麦加工	1	0.94				0.94
玉米加工	1	0.25	0.01	0.03	0.01	0.24
杂粮加工	7	2.48	0.14	0.44	0.31	2.15
其他谷物磨制	5	0.98	0.12	0.21	0.08	0.79
饲料加工	21	19.87	1.69	2.95	1.25	15.18
宠物饲料加工						
其他饲料加工	21	19.87	1.69	2.95	1.25	15.18
植物油加工	5	33.29	3.74	11.21	7.21	24.92
食用植物油加工	5	33.29	3.74	11.21	7.21	24.92
非食用植物油加工						
制糖业						
屠宰及肉类加工	18	27.25	6.10	15.33	8.72	18.09
牲畜屠宰	3	3.28	0.05	1.56	1.13	1.84
禽类屠宰	11	22.15	5.40	12.58	7.06	15.26
肉制品及副产品加工	4	1.82	0.65	1.18	0.52	0.99
水产品加工	121	255.51	61.49	97.28	33.54	150.04
水产品冷冻加工	94	222.10	56.23	86.73	28.43	127.17
鱼糜制品及水产品干腌制加工	19	19.09	3.43	6.51	3.08	13.56
鱼油提取及制品制造						
其他水产品加工	8	14.33	1.83	4.04	2.04	9.31
蔬菜、菌类、水果和坚果加工	11	7.82	1.29	2.48	0.96	6.26
蔬菜加工	7	4.80	1.20	1.65	0.46	3.49
食用菌加工	1	0.35		0.55	0.31	0.34
水果和坚果加工	3	2.67	0.09	0.28	0.19	2.44
其他农副食品加工	12	10.88	1.53	5.01	2.59	7.70
淀粉及淀粉制品制造						
豆制品制造	5	3.16	0.31	1.25	0.91	2.77
蛋品加工	3	3.67	0.87	2.23	1.36	2.66
其他未列明农副食品加工	4	4.05	0.35	1.53	0.32	2.27
食品制造业	36	60.26	18.56	30.53	11.82	35.68
焙烤食品制造	4	3.28	1.26	2.85	1.56	0.80
糕点、面包制造	4	3.28	1.26	2.85	1.56	0.80
饼干及其他焙烤食品制造						
糖果、巧克力及蜜饯制造	1	1.15	0.74	0.81	0.07	0.21
糖果、巧克力制造	1	1.15	0.74	0.81	0.07	0.21
蜜饯制作						

单位：亿元

应收账款	存货	产成品	负债合计	流动负债合计	应付账款	所有者权益合计	实收资本	国家资本	集体资本
1084.99	**1354.33**	**263.19**	**4481.64**	**3632.41**	**1144.18**	**3084.63**	**1784.80**	**558.56**	**38.42**
60.74	88.67	29.77	224.75	197.42	47.58	138.54	66.85	12.89	0.51
1.90	3.22	1.52	4.85	4.85	1.80	3.81	2.82		
0.94	0.62	0.32	0.68	0.68	0.16	3.32	1.97		
0.12	0.74	0.05	0.99	0.99	0.99	-0.04	0.02		
0.09	0.14	0.03	0.20	0.20	0.09	0.06	0.04		
0.46	1.40	0.98	2.19	2.19	0.35	0.29	0.49		
0.30	0.31	0.13	0.80	0.79	0.21	0.18	0.30		
4.68	4.90	3.28	8.62	8.46	3.43	11.25	1.76		
4.68	4.90	3.28	8.62	8.46	3.43	11.25	1.76		
-0.08	12.23	2.54	24.46	22.67	4.32	8.83	9.42	2.85	
-0.08	12.23	2.54	24.46	22.67	4.32	8.83	9.42	2.85	
3.13	4.57	3.19	19.61	19.59	9.83	7.64	5.28	0.01	
0.84	0.46	0.44	5.76	5.76	4.89	-2.48	0.21	0.01	
2.12	3.61	2.69	12.28	12.25	4.72	9.87	4.83		
0.17	0.50	0.06	1.57	1.57	0.21	0.25	0.25		
45.48	58.83	17.09	155.55	131.14	25.09	99.96	43.31	10.02	0.51
42.03	45.47	11.47	134.53	113.06	19.89	87.57	38.26	10.02	0.28
2.69	7.26	1.67	13.47	11.96	3.84	5.62	3.17		0.23
0.76	6.10	3.95	7.55	6.12	1.36	6.78	1.88		
3.48	1.73	0.94	4.67	4.67	2.10	3.15	1.41		
1.94	1.03	0.33	3.79	3.79	1.94	1.01	0.64		
0.06	0.09	0.01	0.24	0.24		0.11	0.10		
1.48	0.61	0.61	0.64	0.64	0.15	2.03	0.67		
2.13	3.20	1.21	6.98	6.04	1.01	3.90	2.86		
0.91	1.30	0.49	1.48	1.33	0.45	1.69	1.00		
0.45	0.78	0.72	2.24	1.81	0.17	1.43	1.43		
0.77	1.12		3.27	2.90	0.40	0.78	0.43		
3.84	13.78	7.15	41.95	36.76	6.37	18.31	10.76	0.21	
0.21	0.35	0.04	1.82	1.82	0.42	1.46	0.73		
0.21	0.35	0.04	1.82	1.82	0.42	1.46	0.73		
0.04	0.08	0.01	0.78	0.17	0.13	0.38	0.38		
0.04	0.08	0.01	0.78	0.17	0.13	0.38	0.38		

1-A-3 续表 2

行 业	企 业 单位数 (个)	资产总计	固定资产 净 额	固定资产 原 价	累计折旧	流动资产 合 计
方便食品制造	3	0.66	0.23	0.54	0.31	0.43
米、面制品制造	2	0.37	0.19	0.35	0.16	0.18
速冻食品制造	1	0.29	0.04	0.18	0.15	0.25
方便面制造						
其他方便食品制造						
乳制品制造	2	2.71	0.51	1.36	0.85	2.07
液体乳制造	2	2.71	0.51	1.36	0.85	2.07
乳粉制造						
其他乳制品制造						
罐头食品制造	14	21.55	3.94	7.71	3.66	16.20
肉、禽类罐头制造	1	0.68	0.18	0.25	0.07	0.36
水产品罐头制造	2	4.41	0.48	0.78	0.30	3.76
蔬菜、水果罐头制造	10	14.40	2.46	5.08	2.62	10.97
其他罐头食品制造	1	2.06	0.81	1.60	0.67	1.11
调味品、发酵制品制造	5	3.04	0.81	2.03	1.23	2.02
味精制造						
酱油、食醋及类似制品制造	2	1.07	0.44	1.04	0.60	0.59
其他调味品、发酵制品制造	3	1.97	0.36	1.00	0.63	1.42
其他食品制造	7	27.86	11.07	15.22	4.15	13.95
营养食品制造	2	6.70	3.61	4.63	1.01	2.67
保健食品制造	3	16.99	5.50	7.46	1.96	9.85
冷冻饮品及食用冰制造						
盐加工	1	3.15	1.80	2.90	1.10	1.06
食品及饲料添加剂制造	1	1.02	0.16	0.23	0.07	0.37
其他未列明食品制造						
酒、饮料和精制茶制造业	9	45.59	9.23	23.78	14.22	32.06
酒的制造	3	30.20	4.86	15.75	10.55	22.04
酒精制造						
白酒制造						
啤酒制造	3	30.20	4.86	15.75	10.55	22.04
黄酒制造						
葡萄酒制造						
其他酒制造						
饮料制造	6	15.39	4.37	8.03	3.67	10.02
碳酸饮料制造	1	6.77	1.57	1.73	0.16	4.76
瓶(罐)装饮用水制造	2	0.93	0.58	1.60	1.01	0.24
果菜汁及果菜汁饮料制造	3	7.68	2.22	4.70	2.49	5.03
含乳饮料和植物蛋白饮料制造						
固体饮料制造						
茶饮料及其他饮料制造						
精制茶加工						
烟草制品业						
烟叶复烤						
卷烟制造						
其他烟草制品制造						
纺织业	19	28.45	4.96	13.41	8.44	20.46
棉纺织及印染精加工	3	3.62	0.44	2.28	1.84	3.16

单位：亿元

应收账款	存货	产成品	负债合计	流动负债合计	应付账款	所有者权益合计	实收资本	国家资本	集体资本
0.25	0.24	0.09	0.25	0.25	0.14	0.41	0.15		
0.19	0.11	0.06	0.12	0.12	0.02	0.25	0.07		
0.06	0.14	0.03	0.12	0.12	0.11	0.17	0.08		
0.19	0.12	0.06	1.33	1.30	0.21	1.38	0.27	0.03	
0.19	0.12	0.06	1.33	1.30	0.21	1.38	0.27	0.03	
1.51	8.95	4.84	16.10	15.74	2.75	5.46	4.55		
-0.03	0.39	0.25	0.61	0.61		0.07	0.15		
0.35	1.85	1.36	4.52	4.52	0.03	-0.11	0.57		
0.99	6.61	3.18	10.84	10.48	2.62	3.56	1.90		
0.21	0.10	0.05	0.13	0.13	0.10	1.93	1.93		
0.19	1.38	0.06	1.48	1.35	0.50	1.55	1.39	0.08	
0.15	0.16	0.04	0.59	0.45	0.12	0.48	0.79	0.08	
0.04	1.22	0.02	0.90	0.90	0.38	1.07	0.59		
1.46	2.66	2.05	20.20	16.13	2.22	7.66	3.31	0.10	
0.30	1.14	1.01	4.14	3.89	0.05	2.56	1.59		
1.03	1.20	1.00	9.69	8.81	0.98	7.31	1.11		
0.11	0.09		5.31	2.38	0.15	-2.17	0.51		
0.02	0.22	0.04	1.06	1.06	1.04	-0.04	0.10	0.10	
5.98	13.41	5.86	24.32	24.05	7.99	21.27	9.71	2.97	
3.19	9.93	3.11	13.72	13.67	5.78	16.48	6.08	2.68	
3.19	9.93	3.11	13.72	13.67	5.78	16.48	6.08	2.68	
2.79	3.48	2.75	10.60	10.39	2.21	4.79	3.64	0.29	
0.24	1.39	1.27	4.59	4.53	0.63	2.19	0.72	0.29	
	0.01		0.12	0.12	0.02	0.81	0.72		
2.55	2.08	1.48	5.90	5.74	1.56	1.79	2.20		
7.16	3.55	1.77	12.97	12.79	7.59	15.48	8.66		0.04
0.31	0.73	0.28	2.60	2.60	0.84	1.03	2.80		0.01

1-A-3 续表 3

行业	企业单位数(个)	资产总计	固定资产净额	固定资产原价	累计折旧	流动资产合计
棉纺纱加工	2	3.46	0.43	2.25	1.82	3.00
棉织造加工						
棉印染精加工	1	0.16	0.01	0.03	0.03	0.16
毛纺织及染整精加工	2	0.17				0.17
毛条和毛纱线加工	1	0.17				0.17
毛织造加工	1					
毛染整精加工						
麻纺织及染整精加工						
麻纤维纺前加工和纺纱						
麻织造加工						
丝绢纺织及印染精加工						
缫丝加工						
绢纺和丝织加工						
丝印染精加工						
化纤织造及印染精加工	1	0.23	0.02	0.03	0.02	0.21
化纤织造加工	1	0.23	0.02	0.03	0.02	0.21
化纤织物染整精加工						
针织或钩针编织物及其制品制造	3	2.78	0.18	1.01	0.84	2.28
针织或钩针编织物织造	2	0.63	0.07	0.49	0.42	0.49
针织或钩针编织物印染精加工	1	2.15	0.11	0.53	0.42	1.79
针织或钩针编织品制造						
家用纺织制成品制造	4	3.15	1.18	3.44	2.25	1.82
床上用品制造	1	0.13	0.01	0.06	0.05	0.12
毛巾类制品制造	1	2.05	0.82	2.82	2.00	1.11
窗帘、布艺类产品制造						
其他家用纺织制成品制造	2	0.96	0.36	0.56	0.20	0.58
产业用纺织制成品制造	6	18.51	3.14	6.64	3.50	12.83
非织造布制造	3	16.05	2.66	5.75	3.09	10.97
绳、索、缆制造						
纺织带和帘子布制造						
篷、帆布制造	1	0.60	0.20	0.32	0.12	0.39
其他产业用纺织制成品制造	2	1.86	0.28	0.57	0.29	1.46
纺织服装、服饰业	95	55.55	9.26	24.16	14.85	41.68
机织服装制造	80	49.51	7.78	19.84	12.05	37.63
运动机织服装制造	7	0.97	0.27	0.50	0.23	0.68
其他机织服装制造	73	48.55	7.51	19.34	11.82	36.95
针织或钩针编织服装制造	13	4.44	0.84	2.14	1.27	3.18
运动休闲针织服装制造	1	0.05	0.01	0.05	0.03	0.04
其他针织或钩针编织服装制造	12	4.39	0.82	2.10	1.23	3.14
服饰制造	2	1.60	0.65	2.18	1.53	0.87
皮革、毛皮、羽毛及其制品和制鞋业	10	21.26	3.03	4.95	1.92	17.58
皮革鞣制加工						
皮革制品制造	3	17.19	2.42	3.79	1.37	14.52
皮革服装制造	2	0.63	0.14	0.51	0.36	0.47
皮箱、包(袋)制造						
皮手套及皮装饰制品制造						
其他皮革制品制造	1	16.56	2.27	3.28	1.01	14.05

单位：亿元

应收账款	存货	产成品	负债合计	流动负债合计	应付账款	所有者权益合计	实收资本	国家资本	集体资本
0.19	0.69	0.28	2.45	2.45	0.70	1.01	2.80		
0.12	0.04		0.15	0.15	0.15	0.02	0.01		0.01
0.12	0.05	0.05	0.15	0.15		0.02	0.01		
0.12	0.05	0.05	0.15	0.15		0.02	0.01		
0.10	0.10	0.04	0.22	0.22	0.11	0.01			
0.10	0.10	0.04	0.22	0.22	0.11	0.01			
0.22	0.32	0.15	0.73	0.73	0.34	2.05	1.04		
0.16	0.11	0.01	0.09	0.09	0.07	0.54	0.44		
0.06	0.21	0.15	0.64	0.64	0.27	1.51	0.60		
0.61	0.96	0.52	1.53	1.35	0.51	1.62	2.73		0.04
0.04	0.07		0.08	0.08	0.04	0.05	0.06		0.04
0.18	0.80	0.51	1.32	1.16	0.36	0.73	2.00		
0.38	0.09	0.01	0.13	0.11	0.11	0.83	0.67		
5.80	1.38	0.73	7.74	7.74	5.79	10.77	2.08		
5.21	0.62	0.19	6.23	6.23	5.48	9.81	1.60		
0.08	0.29	0.11	0.49	0.49	0.28	0.12	0.12		
0.51	0.47	0.42	1.02	1.02	0.03	0.84	0.35		
8.15	7.73	3.52	21.80	20.44	5.26	33.75	26.49		0.49
7.33	6.97	3.17	18.79	17.65	4.50	30.73	22.79		0.47
0.20	0.16	0.05	0.82	0.82	0.04	0.15	0.15		
7.13	6.81	3.12	17.97	16.84	4.47	30.57	22.64		0.47
0.45	0.59	0.32	2.38	2.20	0.68	2.06	2.68		0.01
-0.03	0.05	0.01	0.05	0.05	0.03		0.05		0.01
0.48	0.54	0.31	2.33	2.15	0.65	2.07	2.62		
0.36	0.18	0.02	0.63	0.59	0.07	0.96	1.02		
8.14	5.78	0.73	8.20	8.20	4.20	13.06	3.21		0.01
6.82	4.93	0.35	5.63	5.63	2.77	11.56	1.47		
0.19	0.17	0.12	0.25	0.25	0.09	0.38	0.17		
6.63	4.77	0.22	5.38	5.38	2.68	11.18	1.30		

1-A-3 续表 4

行业	企业单位数(个)	资产总计	固定资产净额	固定资产原价	累计折旧	流动资产合计
毛皮鞣制及制品加工	1	0.11				0.11
毛皮鞣制加工						
毛皮服装加工	1	0.11				0.11
其他毛皮制品加工						
羽毛(绒)加工及制品制造	4	0.77	0.03	0.05	0.02	0.73
羽毛(绒)加工	4	0.77	0.03	0.05	0.02	0.73
羽毛(绒)制品加工						
制鞋业	2	3.20	0.58	1.11	0.53	2.23
纺织面料鞋制造	1	0.36		0.02	0.02	0.36
皮鞋制造	1	2.83	0.58	1.09	0.52	1.86
塑料鞋制造						
橡胶鞋制造						
其他制鞋业						
木材加工和木、竹、藤、棕、草制品业	36	31.44	7.70	17.13	9.38	20.69
木材加工	6	2.47	0.27	0.46	0.19	2.10
锯材加工	2	1.10	0.21	0.36	0.15	0.80
木片加工	2	0.61	0.04	0.08	0.03	0.56
单板加工	1	0.69	0.02	0.02		0.67
其他木材加工	1	0.07				0.07
人造板制造	5	4.55	1.01	2.34	1.32	2.30
胶合板制造	2	0.89	0.15	0.27	0.12	0.70
纤维板制造						
刨花板制造	1	2.78	0.65	1.53	0.88	0.94
其他人造板制造	2	0.89	0.21	0.54	0.32	0.67
木质制品制造	24	24.07	6.41	14.33	7.88	15.94
建筑用木料及木材组件加工	4	8.65	3.47	8.95	5.47	4.40
木门窗制造	1	0.50	0.18	0.38	0.20	0.32
木楼梯制造						
木地板制造	11	9.59	1.43	2.85	1.39	7.80
木制容器制造	2	0.59	0.09	0.23	0.14	0.42
软木制品及其他木制品制造	6	4.73	1.24	1.92	0.68	3.02
竹、藤、棕、草等制品制造	1	0.35	0.01	0.01		0.34
竹制品制造						
藤制品制造						
棕制品制造						
草及其他制品制造	1	0.35	0.01	0.01		0.34
家具制造业	25	63.48	20.65	40.46	19.78	34.49
木质家具制造	19	55.52	18.43	36.88	18.41	29.11
竹、藤家具制造						
金属家具制造	3	7.27	1.87	2.91	1.04	5.08
塑料家具制造						
其他家具制造	3	0.69	0.34	0.67	0.33	0.30
造纸和纸制品业	18	15.97	4.23	10.87	6.60	8.32
纸浆制造						
木竹浆制造						
非木竹浆制造						
造纸	4	8.88	2.53	5.45	2.92	3.43

单位：亿元

应收账款	存货	产成品	负债合计	流动负债合计	应付账款	所有者权益合计	实收资本	国家资本	集体资本
0.04	0.04		0.03	0.03	0.03	0.07	0.05		
0.04	0.04		0.03	0.03	0.03	0.07	0.05		
0.45	0.16	0.15	0.61	0.61	0.23	0.16	0.03		
0.45	0.16	0.15	0.61	0.61	0.23	0.16	0.03		
0.83	0.64	0.24	1.93	1.93	1.17	1.26	1.66		0.01
0.08	0.01		0.01	0.01		0.36	0.02		0.01
0.75	0.63	0.24	1.93	1.93	1.17	0.91	1.64		
5.18	9.96	2.67	18.36	16.10	3.93	13.08	9.34		0.47
0.73	0.82	0.19	1.66	1.66	0.24	0.81	0.45		0.07
0.50	0.08	0.06	0.45	0.45	-0.07	0.65	0.27		0.07
0.12	0.31	0.12	0.46	0.46	0.11	0.15	0.18		
0.09	0.41		0.68	0.68	0.21				
0.02	0.03		0.07	0.07		0.01	0.01		
0.17	1.19	0.34	3.98	2.17	0.92	0.57	1.77		
0.11	0.30	0.13	0.41	0.37	0.09	0.47	0.40		
0.07	0.26	0.17	2.60	0.86	0.56	0.18	1.27		
	0.63	0.04	0.97	0.94	0.27	-0.09	0.11		
4.06	7.82	2.05	12.38	11.93	2.52	11.70	7.11		0.40
1.16	1.55	0.26	1.85	1.78	0.64	6.80	4.03		
0.20	0.06	0.03	0.31	0.31	0.19	0.19	0.44		0.40
1.73	4.15	1.48	6.46	6.10	1.44	3.13	1.11		
0.29			0.16	0.16	0.09	0.43	0.02		
0.68	2.05	0.29	3.59	3.58	0.17	1.14	1.52		
0.21	0.13	0.09	0.34	0.34	0.24	0.01	0.01		
0.21	0.13	0.09	0.34	0.34	0.24	0.01	0.01		
5.14	14.64	4.60	29.00	25.92	8.41	34.48	8.71	1.12	
4.14	13.54	4.20	22.03	20.35	6.44	33.49	7.67	1.12	
0.90	1.02	0.37	6.75	5.36	1.95	0.52	0.86		
0.11	0.08	0.03	0.22	0.20	0.03	0.47	0.18		
2.82	2.35	1.23	4.02	4.00	1.03	11.94	3.41	0.07	
0.32	1.24	0.90	1.21	1.20	0.18	7.67	1.33		

1-A-3 续表 5

行业	企业单位数(个)	资产总计	固定资产净额	固定资产原价	累计折旧	流动资产合计
机制纸及纸板制造	4	8.88	2.53	5.45	2.92	3.43
手工纸制造						
加工纸制造						
纸制品制造	14	7.09	1.70	5.42	3.69	4.89
纸和纸板容器制造	9	5.59	1.51	5.00	3.45	3.65
其他纸制品制造	5	1.49	0.19	0.42	0.24	1.24
印刷和记录媒介复制业	15	12.41	3.47	9.45	5.82	7.84
印刷	14	11.56	3.18	8.84	5.51	7.33
书、报刊印刷	4	2.67	1.36	3.52	2.17	1.06
本册印制						
包装装潢及其他印刷	10	8.89	1.82	5.32	3.34	6.27
装订及印刷相关服务	1	0.85	0.29	0.61	0.31	0.51
记录媒介复制						
文教、工美、体育和娱乐用品制造业	7	7.56	2.36	4.20	1.84	4.08
文教办公用品制造	2	2.84	0.70	1.45	0.74	1.84
文具制造	1	0.43	0.05	0.32	0.26	0.38
笔的制造						
教学用模型及教具制造	1	2.41	0.65	1.13	0.48	1.46
墨水、墨汁制造						
其他文教办公用品制造						
乐器制造	1	1.88	0.73	1.43	0.70	1.07
中乐器制造						
西乐器制造	1	1.88	0.73	1.43	0.70	1.07
电子乐器制造						
其他乐器及零件制造						
工艺美术及礼仪用品制造	2	2.61	0.86	1.17	0.30	1.03
雕塑工艺品制造						
金属工艺品制造						
漆器工艺品制造						
花画工艺品制造						
天然植物纤维编织工艺品制造						
抽纱刺绣工艺品制造						
地毯、挂毯制造						
珠宝首饰及有关物品制造	1	0.07	0.01	0.04	0.02	0.06
其他工艺美术及礼仪用品制造	1	2.54	0.85	1.13	0.28	0.97
体育用品制造						
球类制造						
专项运动器材及配件制造						
健身器材制造						
运动防护用具制造						
其他体育用品制造						
玩具制造	2	0.22	0.07	0.16	0.09	0.15
电玩具制造						
塑胶玩具制造						
金属玩具制造						
弹射玩具制造						
娃娃玩具制造						

单位：亿元

应收账款	存货	产成品	负债合计	流动负债合计	应付账款	所有者权益合计	实收资本	国家资本	集体资本
0.32	1.24	0.90	1.21	1.20	0.18	7.67	1.33		
2.50	1.11	0.33	2.82	2.79	0.85	4.27	2.08	0.07	
1.94	0.70	0.20	1.95	1.94	0.48	3.65	1.79		
0.57	0.41	0.13	0.87	0.85	0.38	0.63	0.29	0.07	
2.21	1.22	0.34	6.19	6.09	1.42	6.21	3.53		0.02
2.17	1.14	0.29	6.15	6.05	1.41	5.41	3.27		0.02
0.39	0.36	0.02	1.57	1.56	0.26	1.10	0.99		
1.78	0.78	0.28	4.58	4.49	1.15	4.30	2.28		0.02
0.03	0.08	0.05	0.04	0.04		0.81	0.26		
0.52	1.97	0.67	3.49	2.99	0.51	4.06	3.02		
0.12	0.62	0.28	1.40	1.16	0.18	1.44	1.08		
0.10	0.17	0.01	0.07	0.07	0.06	0.36	0.23		
0.02	0.45	0.27	1.33	1.09	0.12	1.08	0.84		
0.05	0.96	0.11	0.36	0.36	0.20	1.53	1.34		
0.05	0.96	0.11	0.36	0.36	0.20	1.53	1.34		
0.31	0.32	0.27	1.59	1.33	0.12	1.02	0.54		
0.01	0.03		0.07	0.07			0.03		
0.30	0.29	0.27	1.52	1.26	0.12	1.03	0.51		
0.04	0.07	0.01	0.15	0.15		0.07	0.06		

1-A-3 续表 6

行业	企业单位数(个)	资产总计	固定资产净额	固定资产原价	累计折旧	流动资产合计
儿童乘骑玩耍的童车类产品制造	1	0.08		0.03	0.02	0.08
其他玩具制造	1	0.14	0.06	0.13	0.07	0.07
游艺器材及娱乐用品制造						
露天游乐场所游乐设备制造						
游艺用品及室内游艺器材制造						
其他娱乐用品制造						
石油、煤炭及其他燃料加工业	14	293.51	96.31	360.65	246.79	171.00
精炼石油产品制造	13	293.43	96.30	360.62	246.78	170.93
原油加工及石油制品制造	13	293.43	96.30	360.62	246.78	170.93
其他原油制造						
煤炭加工	1	0.08	0.02	0.03	0.01	0.07
炼焦						
煤制合成气生产						
煤制液体燃料生产						
煤制品制造	1	0.08	0.02	0.03	0.01	0.07
其他煤炭加工						
生物质燃料加工						
生物质液体燃料生产						
生物质致密成型燃料加工						
化学原料和化学制品制造业	85	937.70	186.56	495.02	173.24	527.91
基础化学原料制造	29	263.03	82.47	143.74	60.59	165.81
无机酸制造	1	0.84	0.29	0.72	0.44	0.37
无机碱制造	1	7.71	5.53	9.59	4.06	1.98
无机盐制造	4	4.45	1.49	1.86	0.36	1.49
有机化学原料制造	8	223.51	60.25	105.76	45.51	155.68
其他基础化学原料制造	15	26.53	14.91	25.82	10.22	6.28
肥料制造	2	102.07	21.40	32.59	11.19	50.52
氮肥制造	1	101.45	21.37	32.55	11.18	49.93
磷肥制造						
钾肥制造						
复混肥料制造	1	0.63	0.03	0.04	0.01	0.59
有机肥料及微生物肥料制造						
其他肥料制造						
农药制造	4	8.47	2.13	6.61	4.48	5.00
化学农药制造	3	7.98	2.12	6.56	4.44	4.56
生物化学农药及微生物农药制造	1	0.49	0.02	0.05	0.04	0.44
涂料、油墨、颜料及类似产品制造	7	3.52	0.43	1.41	0.94	2.95
涂料制造	6	2.61	0.22	0.71	0.45	2.27
油墨及类似产品制造						
工业颜料制造						
工艺美术颜料制造						
染料制造						
密封用填料及类似品制造	1	0.91	0.20	0.70	0.49	0.68
合成材料制造	7	476.61	63.31	278.98	81.21	254.37
初级形态塑料及合成树脂制造	4	2.62	0.60	1.19	0.59	1.19
合成橡胶制造						

单位：亿元

应收账款	存货	产成品	负债合计	流动负债合计	应付账款	所有者权益合计	实收资本	国家资本	集体资本
0.02	0.03					0.08	0.06		
0.02	0.04		0.14	0.14					
47.79	69.75	22.64	206.83	205.55	22.48	86.69	106.41	94.56	0.50
47.78	69.73	22.64	206.83	205.55	22.48	86.60	106.41	94.56	0.50
47.78	69.73	22.64	206.83	205.55	22.48	86.60	106.41	94.56	0.50
0.01	0.02					0.08	0.01		
0.01	0.02					0.08	0.01		
28.57	79.95	24.44	642.62	507.38	96.77	295.10	178.13	21.25	0.06
5.42	15.34	4.41	192.64	133.65	48.56	70.40	32.23	4.80	0.04
0.05	0.13	0.07	0.42	0.24	0.14	0.42	0.20		
1.09	0.32	0.09	7.01	5.65		0.70	2.75	1.75	
0.48	0.55	0.29	2.59	1.66	0.50	1.86	0.97		0.04
1.85	13.88	3.78	168.81	115.10	45.71	54.69	17.82	0.80	
1.95	0.47	0.18	13.81	11.02	2.21	12.72	10.48	2.25	
1.49	0.87	0.05	95.05	89.80	7.80	7.02	29.59	15.03	
1.30	0.68	-0.14	94.72	89.46	7.74	6.73	29.36	15.03	
0.19	0.19	0.19	0.33	0.33	0.06	0.29	0.22		
1.26	2.42	1.00	2.12	2.09	-0.25	6.35	2.88		
1.15	2.36	0.98	2.09	2.05	-0.27	5.89	2.83		
0.11	0.06	0.02	0.03	0.03	0.02	0.46	0.06		
1.16	0.83	0.30	1.44	1.40	0.65	2.08	1.45		
0.88	0.64	0.23	0.89	0.85	0.25	1.72	0.90		
0.28	0.19	0.06	0.55	0.55	0.40	0.36	0.55		
6.47	50.87	13.84	316.82	247.72	34.16	159.80	86.30		
0.33	0.21	0.10	0.80	0.73	0.39	1.82	2.30		

1-A-3 续表 7

行业	企业单位数(个)	资产总计	固定资产净额	固定资产原价	累计折旧	流动资产合计
合成纤维单(聚合)体制造	2	473.18	62.49	277.46	80.51	252.82
其他合成材料制造	1	0.82	0.22	0.34	0.12	0.36
专用化学产品制造	27	68.49	13.55	25.40	11.81	39.66
化学试剂和助剂制造	13	43.99	8.31	13.73	5.40	26.47
专项化学用品制造	4	16.57	2.16	5.89	3.73	9.02
林产化学产品制造						
文化用信息化学品制造	1	1.13	0.36	0.54	0.18	0.68
医学生产用信息化学品制造						
环境污染处理专用药剂材料制造	1	1.31	0.64	1.45	0.81	0.67
动物胶制造						
其他专用化学产品制造	8	5.48	2.09	3.79	1.69	2.82
炸药、火工及焰火产品制造	2	3.17	0.99	2.29	1.30	2.10
炸药及火工产品制造	2	3.17	0.99	2.29	1.30	2.10
焰火、鞭炮产品制造						
日用化学产品制造	7	12.34	2.28	4.00	1.72	7.50
肥皂及洗涤剂制造	2	6.12	0.76	1.14	0.38	4.41
化妆品制造						
口腔清洁用品制造						
香料、香精制造	1	1.16	0.43	0.89	0.47	0.71
其他日用化学产品制造	4	5.06	1.10	1.96	0.87	2.38
医药制造业	20	209.41	24.61	40.21	15.39	162.27
化学药品原料药制造	3	4.84	1.64	2.42	0.78	2.07
化学药品制剂制造	5	175.28	12.76	21.24	8.47	145.00
中药饮片加工						
中成药生产	4	8.37	3.47	5.72	2.25	4.40
兽用药品制造	1	1.14	0.23	0.56	0.33	0.67
生物药品制品制造	7	19.78	6.51	10.27	3.55	10.13
生物药品制造	5	12.52	3.19	4.97	1.78	7.77
基因工程药物和疫苗制造	2	7.26	3.33	5.30	1.77	2.37
卫生材料及医药用品制造						
药用辅料及包装材料						
化学纤维制造业	1	0.92	0.42	0.52	0.10	0.41
纤维素纤维原料及纤维制造						
化纤浆粕制造						
人造纤维(纤维素纤维)制造						
合成纤维制造	1	0.92	0.42	0.52	0.10	0.41
锦纶纤维制造						
涤纶纤维制造						
腈纶纤维制造						
维纶纤维制造						
丙纶纤维制造	1	0.92	0.42	0.52	0.10	0.41
氨纶纤维制造						
其他合成纤维制造						
生物基材料制造						
生物基化学纤维制造						
生物基、淀粉基新材料制造						
橡胶和塑料制品业	63	171.74	63.17	125.28	61.58	93.17

单位：亿元

应收账款	存货	产成品	负债合计	流动负债合计	应付账款	所有者权益合计	实收资本	国家资本	集体资本
6.06	50.49	13.62	315.53	246.50	33.69	157.65	83.46		
0.08	0.17	0.12	0.49	0.49	0.09	0.33	0.53		
8.05	7.89	3.92	29.19	27.75	4.91	39.30	21.86	1.42	
3.55	5.25	2.79	23.13	22.26	2.32	20.87	14.66	1.42	
2.90	1.85	0.78	2.38	2.25	1.36	14.19	4.24		
0.24	0.35	0.14	1.22	1.11	0.14	-0.09	0.10		
0.22	0.01		0.21	0.13	0.08	1.10	0.40		
1.14	0.44	0.21	2.25	2.01	1.01	3.23	2.47		
1.21	0.32	0.05	1.11	1.11	0.24	2.05	0.67		
1.21	0.32	0.05	1.11	1.11	0.24	2.05	0.67		
3.51	1.41	0.87	4.25	3.86	0.70	8.10	3.15		0.02
2.79	0.55	0.41	3.25	3.03	0.49	2.87	0.72		
0.04	0.14	0.14	0.04	0.04	0.03	1.13	0.02		0.02
0.67	0.71	0.31	0.96	0.79	0.18	4.10	2.41		
36.72	90.64	1.82	139.87	128.85	71.91	69.55	18.12		
0.27	1.14	0.35	2.68	0.98	0.50	2.15	2.53		
31.62	85.50	0.16	116.51	113.73	69.13	58.77	8.48		
1.30	1.69	0.45	6.50	6.16	1.72	1.87	2.12		
0.42	0.08	0.01	0.07	0.07	0.02	1.07	0.70		
3.11	2.24	0.84	14.09	7.90	0.54	5.69	4.29		
2.07	1.70	0.56	11.62	5.90	0.47	0.90	1.49		
1.04	0.54	0.28	2.47	2.00	0.07	4.79	2.80		
0.33	0.05		0.30	0.28	-0.27	0.62	0.38		
0.33	0.05		0.30	0.28	-0.27	0.62	0.38		
0.33	0.05		0.30	0.28	-0.27	0.62	0.38		
16.60	20.41	10.94	84.50	70.44	13.97	87.24	69.80	11.97	0.05

1-A-3 续表 8

行业	企业单位数(个)	资产总计	固定资产净额	固定资产原价	累计折旧	流动资产合计
橡胶制品业	15	93.91	48.31	84.21	35.85	35.44
轮胎制造	2	82.17	45.49	78.56	33.06	28.02
橡胶板、管、带制造	4	6.03	1.33	2.47	1.09	3.63
橡胶零件制造	4	1.98	0.49	1.42	0.93	1.36
再生橡胶制造						
日用及医用橡胶制品制造	2	2.50	0.69	1.19	0.50	1.64
运动场地用塑胶制造						
其他橡胶制品制造	3	1.24	0.30	0.57	0.27	0.79
塑料制品业	48	77.83	14.86	41.08	25.73	57.73
塑料薄膜制造	7	16.81	4.50	9.76	5.27	10.07
塑料板、管、型材制造	6	32.41	2.80	7.57	4.29	28.81
塑料丝、绳及编织品制造	3	1.89	0.74	1.47	0.73	0.97
泡沫塑料制造	1	0.82	0.30	0.63	0.34	0.38
塑料人造革、合成革制造						
塑料包装箱及容器制造	4	1.90	0.18	0.50	0.32	1.04
日用塑料制品制造	1	0.21	0.12	0.22	0.11	0.09
人造草坪制造	1	0.39	0.16	0.18	0.02	0.22
塑料零件及其他塑料制品制造	25	23.39	6.06	20.72	14.66	16.14
非金属矿物制品业	70	192.06	56.29	118.56	61.74	116.69
水泥、石灰和石膏制造	16	88.97	39.48	71.82	32.23	42.21
水泥制造	15	88.72	39.42	71.70	32.17	42.02
石灰和石膏制造	1	0.25	0.06	0.11	0.05	0.18
石膏、水泥制品及类似制品制造	23	37.86	3.35	12.76	8.99	31.13
水泥制品制造	21	37.10	3.02	12.03	8.58	30.70
砼结构构件制造	2	0.76	0.32	0.73	0.40	0.43
石棉水泥制品制造						
轻质建筑材料制造						
其他水泥类似制品制造						
砖瓦、石材等建筑材料制造	6	5.98	1.15	2.26	1.11	4.30
粘土砖瓦及建筑砌块制造	1	0.92	0.31	0.46	0.15	0.48
建筑用石加工						
防水建筑材料制造						
隔热和隔音材料制造	1	0.22	0.03	0.05	0.02	0.20
其他建筑材料制造	4	4.83	0.81	1.75	0.95	3.62
玻璃制造	3	6.97	2.55	11.00	8.44	3.65
平板玻璃制造	2	5.63	1.52	9.13	7.61	3.55
特种玻璃制造						
其他玻璃制造	1	1.34	1.03	1.87	0.84	0.10
玻璃制品制造	2	0.58	0.20	0.47	0.27	0.37
技术玻璃制品制造						
光学玻璃制造						
玻璃仪器制造						
日用玻璃制品制造	1	0.11	0.05	0.09	0.04	0.05
玻璃包装容器制造						
玻璃保温容器制造						
制镜及类似品加工						
其他玻璃制品制造	1	0.47	0.15	0.38	0.23	0.32

单位：亿元

应收账款	存货	产成品	负债合计	流动负债合计	应付账款	所有者权益合计	实收资本	国家资本	集体资本
7.57	11.28	6.18	44.55	30.73	7.97	49.36	37.72		
5.46	9.53	5.35	39.61	26.17	6.20	42.55	35.24		
1.36	1.07	0.56	2.59	2.59	0.51	3.45	0.73		
0.49	0.35	0.18	0.64	0.62	0.38	1.34	0.60		
0.21	0.29	0.09	1.17	0.81	0.41	1.33	0.52		
0.05	0.06	0.01	0.55	0.54	0.47	0.69	0.63		
9.02	9.13	4.76	39.95	39.71	6.00	37.88	32.08	11.97	0.05
3.14	1.71	1.09	5.32	5.30	2.05	11.49	6.84		
0.37	2.20	1.68	22.58	22.57	0.77	9.84	14.40	11.21	
0.26	0.55	0.22	0.65	0.65	0.04	1.24	0.48		
0.12	0.14	0.06	0.33	0.27	0.09	0.48	0.72		
0.07	0.39	0.20	1.68	1.67	0.22	0.23	0.29		0.05
	0.09	0.01	0.18	0.18	0.05	0.04	0.07		
0.08	0.12	0.07	0.09	0.09	0.07	0.30	0.17		
4.98	3.92	1.42	9.13	8.98	2.70	14.27	9.12	0.77	
33.18	17.49	5.73	123.06	112.99	28.35	69.00	57.83	7.66	10.69
3.54	4.96	0.97	57.29	49.96	4.48	31.68	27.94	7.48	10.60
3.36	4.96	0.97	57.18	49.85	4.48	31.54	27.81	7.48	10.60
0.18			0.11	0.11		0.13	0.13		
20.75	3.44	0.41	34.31	33.86	17.06	3.55	4.33		0.10
20.50	3.27	0.40	33.84	33.39	16.72	3.26	4.13		0.10
0.25	0.17	0.01	0.47	0.47	0.34	0.29	0.20		
2.75	0.44	0.24	3.51	3.49	0.64	2.47	0.91		
0.25	0.19	0.19	0.64	0.64	0.22	0.28	0.30		
0.10	0.03	0.03	0.21	0.21	0.14	0.01			
2.40	0.22	0.02	2.66	2.64	0.29	2.17	0.61		
0.45	2.75	1.86	4.32	3.87	0.14	2.65	9.40		
0.54	2.40	1.59	3.17	2.72	0.03	2.46	9.15		
-0.10	0.36	0.26	1.15	1.15	0.11	0.18	0.25		
0.17	0.07	0.02	0.34	0.34	0.20	0.24	0.09		
0.01	0.03	0.01	0.09	0.09		0.01	0.01		
0.17	0.04		0.24	0.24	0.20	0.23	0.08		

1-A-3 续表 9

行业	企业单位数(个)	资产总计	固定资产净额	固定资产原价	累计折旧	流动资产合计
玻璃纤维和玻璃纤维增强塑料制品制造	4	1.98	0.31	0.71	0.40	1.23
玻璃纤维及制品制造	2	1.31	0.17	0.45	0.28	0.73
玻璃纤维增强塑料制品制造	2	0.68	0.14	0.26	0.12	0.50
陶瓷制品制造	2	26.08	1.15	1.66	0.50	20.16
建筑陶瓷制品制造						
卫生陶瓷制品制造						
特种陶瓷制品制造	2	26.08	1.15	1.66	0.50	20.16
日用陶瓷制品制造						
陈设艺术陶瓷制造						
园艺陶瓷制造						
其他陶瓷制品制造						
耐火材料制品制造	5	13.56	5.93	14.00	8.07	6.35
石棉制品制造						
云母制品制造						
耐火陶瓷制品及其他耐火材料制造	5	13.56	5.93	14.00	8.07	6.35
石墨及其他非金属矿物制品制造	9	10.08	2.17	3.89	1.72	7.29
石墨及碳素制品制造	5	6.24	1.13	2.43	1.29	4.88
其他非金属矿物制品制造	4	3.85	1.03	1.46	0.43	2.40
黑色金属冶炼和压延加工业	21	59.88	13.12	39.93	26.71	43.42
炼铁						
炼钢						
钢压延加工	21	59.88	13.12	39.93	26.71	43.42
铁合金冶炼						
有色金属冶炼和压延加工业	13	29.72	9.43	17.47	8.01	12.89
常用有色金属冶炼	2	2.06	0.43	1.61	1.15	1.54
铜冶炼						
铅锌冶炼						
镍钴冶炼	1	1.95	0.42	1.60	1.15	1.44
锡冶炼						
锑冶炼						
铝冶炼						
镁冶炼	1	0.11	0.01	0.01		0.10
硅冶炼						
其他常用有色金属冶炼						
贵金属冶炼						
金冶炼						
银冶炼						
其他贵金属冶炼						
稀有稀土金属冶炼	1	6.97	1.45	2.29	0.84	2.61
钨钼冶炼						
稀土金属冶炼						
其他稀有金属冶炼	1	6.97	1.45	2.29	0.84	2.61
有色金属合金制造	3	6.49	2.12	5.93	3.81	4.12
有色金属压延加工	7	14.20	5.44	7.64	2.20	4.63
铜压延加工	3	3.96	0.19	0.57	0.38	1.87
铝压延加工	2	8.48	4.79	5.93	1.14	1.60
贵金属压延加工						

单位：亿元

应收账款	存货	产成品	负债合计	流动负债合计	应付账款	所有者权益合计	实收资本	国家资本	集体资本
0.54	0.38	0.10	1.36	1.27	0.26	0.62	0.41		
0.29	0.17	0.06	0.84	0.75	0.15	0.46	0.21		
0.25	0.21	0.04	0.52	0.52	0.11	0.16	0.20		
0.51	0.36	0.22	9.42	8.31	0.11	16.66	7.53	0.18	
0.51	0.36	0.22	9.42	8.31	0.11	16.66	7.53	0.18	
3.20	1.78	0.98	7.32	7.32	4.17	6.24	6.17		
3.20	1.78	0.98	7.32	7.32	4.17	6.24	6.17		
1.27	3.31	0.92	5.19	4.58	1.30	4.90	1.05		
0.99	2.66	0.52	2.49	2.16	1.04	3.75	0.43		
0.28	0.65	0.40	2.70	2.41	0.26	1.15	0.61		
11.36	16.83	4.64	27.11	26.95	5.53	32.77	23.97	0.56	
11.36	16.83	4.64	27.11	26.95	5.53	32.77	23.97	0.56	
3.26	5.81	2.74	17.80	14.77	2.12	11.93	16.36		0.05
0.32	0.63	0.16	0.70	0.70	0.02	1.36	1.88		
0.32	0.59	0.16	0.65	0.65	0.02	1.30	1.88		
	0.04		0.05	0.05		0.06			
0.26	1.24	0.65	5.11	4.43	0.57	1.86	1.08		
0.26	1.24	0.65	5.11	4.43	0.57	1.86	1.08		
0.87	2.63	1.34	2.88	2.87	0.41	3.61	4.80		
1.81	1.30	0.60	9.11	6.78	1.12	5.09	8.60		0.05
0.60	0.51	0.11	3.18	3.09	0.57	0.77	1.26		0.05
0.75	0.23	0.11	5.54	3.31	0.39	2.94	6.43		

1-A-3 续表 10

行业	企业单位数(个)	资产总计	固定资产净额	固定资产原价	累计折旧	流动资产合计
稀有稀土金属压延加工	1	0.53	0.25	0.63	0.39	0.25
其他有色金属压延加工	1	1.24	0.21	0.51	0.30	0.91
金属制品业	136	217.63	52.13	106.91	53.80	133.09
结构性金属制品制造	24	17.96	4.81	10.60	5.15	10.76
金属结构制造	21	17.16	4.75	10.38	4.99	10.09
金属门窗制造	3	0.80	0.07	0.22	0.15	0.67
金属工具制造	8	52.75	12.11	21.04	8.92	31.81
切削工具制造	6	50.19	11.55	19.88	8.34	29.97
手工具制造	1	0.97	0.35	0.52	0.18	0.47
农用及园林用金属工具制造						
刀剪及类似日用金属工具制造						
其他金属工具制造	1	1.60	0.22	0.63	0.41	1.37
集装箱及金属包装容器制造	11	35.42	4.93	9.32	4.38	22.55
集装箱制造	1	8.91	1.06	1.92	0.86	6.40
金属压力容器制造	6	22.95	3.08	5.55	2.46	14.05
金属包装容器及材料制造	4	3.56	0.79	1.85	1.06	2.10
金属丝绳及其制品制造	4	1.73	0.52	1.29	0.78	1.17
建筑、安全用金属制品制造	14	21.52	5.39	12.72	7.33	14.14
建筑、家具用金属配件制造	5	2.51	0.70	1.53	0.83	1.62
建筑装饰及水暖管道零件制造	6	17.21	4.26	10.48	6.22	11.25
安全、消防用金属制品制造	2	1.44	0.40	0.59	0.19	0.95
其他建筑、安全用金属制品制造	1	0.36	0.03	0.11	0.08	0.32
金属表面处理及热处理加工	16	9.49	1.59	4.31	2.49	7.29
搪瓷制品制造	1	0.18	0.02	0.09	0.07	0.05
生产专用搪瓷制品制造	1	0.18	0.02	0.09	0.07	0.05
建筑装饰搪瓷制品制造						
搪瓷卫生洁具制造						
搪瓷日用品及其他搪瓷制品制造						
金属制日用品制造	2	1.21	0.34	0.57	0.24	0.72
金属制厨房用器具制造						
金属制餐具和器皿制造	1	0.50	0.04	0.07	0.03	0.45
金属制卫生器具制造						
其他金属制日用品制造	1	0.71	0.29	0.50	0.21	0.28
铸造及其他金属制品制造	56	77.37	22.42	46.97	24.44	44.60
黑色金属铸造	39	56.50	16.51	35.81	19.19	33.01
有色金属铸造						
锻件及粉末冶金制品制造	8	10.51	3.81	6.29	2.48	4.93
交通及公共管理用金属标牌制造						
其他未列明金属制品制造	9	10.36	2.10	4.87	2.77	6.66
通用设备制造业	245	688.30	127.20	306.11	173.41	432.02
锅炉及原动设备制造	10	44.24	8.41	20.12	11.70	30.66
锅炉及辅助设备制造	4	4.48	0.97	2.63	1.65	3.20
内燃机及配件制造	6	39.76	7.44	17.49	10.05	27.46
汽轮机及辅机制造						
水轮机及辅机制造						
风能原动设备制造						
其他原动设备制造						

单位：亿元

应收账款	存货	产成品	负债合计	流动负债合计	应付账款	所有者权益合计	实收资本	国家资本	集体资本
0.07	0.09	0.09				0.53	0.50		
0.39	0.47	0.28	0.38	0.38	0.16	0.86	0.40		
41.19	36.52	10.23	120.11	92.68	21.52	97.53	47.05	9.24	0.82
2.83	2.03	0.51	10.27	8.95	1.18	7.69	4.86	0.17	
2.42	1.98	0.51	9.92	8.60	0.93	7.24	4.71	0.17	
0.40	0.05	0.01	0.35	0.35	0.25	0.45	0.15		
6.64	9.30	2.24	31.40	23.22	3.61	21.36	6.25		
5.56	8.89	1.96	30.52	22.35	3.43	19.67	5.85		
0.13	0.22	0.16	0.23	0.23	0.05	0.73	0.40		
0.96	0.19	0.11	0.64	0.64	0.12	0.96			
5.38	8.62	1.79	26.70	13.67	2.76	8.72	5.36	2.94	
1.46	3.27	1.22	6.98	6.85	1.31	1.93	2.94	2.94	
2.93	4.89	0.37	18.81	5.92	1.29	4.14	2.09		
0.98	0.45	0.20	0.90	0.90	0.16	2.66	0.33		
0.36	0.57	0.20	0.74	0.67	0.21	0.99	0.59		
5.55	3.36	1.05	7.80	7.10	3.15	13.72	6.73		
0.27	0.49	0.11	1.50	1.32	0.54	1.01	0.99		
5.00	2.60	0.83	5.37	4.86	2.49	11.84	4.98		
0.28	0.18	0.11	0.72	0.72	0.13	0.72	0.62		
	0.08		0.20	0.20		0.16	0.15		
2.70	0.72	0.05	4.94	4.96	0.80	4.56	1.54	0.20	0.12
0.02	0.02		0.12	0.12		0.05	0.02		0.02
0.02	0.02		0.12	0.12		0.05	0.02		0.02
0.42	0.08	0.05	1.03	0.97	0.10	0.18	0.04		
0.28	0.06	0.03	0.41	0.41	0.04	0.09	0.03		
0.14	0.02	0.02	0.62	0.56	0.06	0.09	0.01		
17.29	11.82	4.34	37.11	33.02	9.71	40.26	21.66	5.93	0.68
13.32	8.31	3.42	26.16	22.63	6.24	30.34	16.00	5.74	0.37
1.49	2.14	0.62	7.28	7.03	2.40	3.23	1.81		0.31
2.48	1.37	0.30	3.67	3.36	1.07	6.69	3.85	0.19	
159.57	123.57	46.27	322.61	292.71	105.90	365.68	179.75	36.04	4.85
8.19	11.50	2.20	23.74	22.08	3.34	20.49	17.14	14.28	
1.78	0.47	0.16	1.70	1.68	0.57	2.78	1.52		
6.41	11.03	2.04	22.04	20.40	2.77	17.71	15.62	14.28	

1-A-3 续表 11

行　　业	企　业 单位数 (个)	资产总计	固定资产 净　　额	固定资产 原　　价	累计折旧	流动资产 合　　计
金属加工机械制造	36	131.43	21.99	48.37	24.16	81.15
金属切削机床制造	19	70.15	12.63	27.82	12.98	45.51
金属成形机床制造	2	15.39	0.88	1.60	0.73	12.84
铸造机械制造	6	5.85	1.87	3.07	1.20	3.72
金属切割及焊接设备制造	1	0.09	0.01	0.03	0.02	0.08
机床功能部件及附件制造	3	10.59	4.35	10.82	6.47	5.87
其他金属加工机械制造	5	29.36	2.26	5.03	2.77	13.13
物料搬运设备制造	15	38.29	2.94	9.41	5.82	31.32
轻小型起重设备制造						
生产专用起重机制造	11	24.20	1.56	5.10	3.14	19.71
生产专用车辆制造	2	13.11	1.35	4.21	2.61	10.86
连续搬运设备制造	1	0.63	0.03	0.07	0.04	0.40
电梯、自动扶梯及升降机制造						
客运索道制造						
机械式停车设备制造	1	0.35	0.01	0.03	0.02	0.34
其他物料搬运设备制造						
泵、阀门、压缩机及类似机械制造	49	81.83	12.85	26.41	13.51	57.13
泵及真空设备制造	23	46.12	6.02	12.47	6.40	33.71
气体压缩机械制造	2	1.12	0.48	0.96	0.48	0.57
阀门和旋塞制造	13	27.59	4.87	9.42	4.55	17.85
液压动力机械及元件制造	7	4.42	1.00	2.56	1.55	2.99
液力动力机械元件制造	3	2.31	0.47	0.94	0.48	1.74
气压动力机械及元件制造	1	0.27	0.01	0.06	0.05	0.27
轴承、齿轮和传动部件制造	54	192.36	44.81	94.79	49.97	108.11
滚动轴承制造	48	173.54	40.13	86.23	46.10	96.13
滑动轴承制造	1	4.03	0.08	0.76	0.68	3.81
齿轮及齿轮减、变速箱制造	3	8.03	2.51	3.55	1.04	4.83
其他传动部件制造	2	6.76	2.09	4.25	2.16	3.33
烘炉、风机、包装等设备制造	24	124.01	18.34	45.22	26.80	73.17
烘炉、熔炉及电炉制造						
风机、风扇制造	1	0.38	0.07	0.26	0.19	0.30
气体、液体分离及纯净设备制造	2	8.04	2.31	5.17	2.86	5.29
制冷、空调设备制造	17	108.45	14.11	34.47	20.28	62.73
风动和电动工具制造	2	4.92	1.06	4.28	3.22	3.52
喷枪及类似器具制造						
包装专用设备制造	2	2.22	0.78	1.04	0.26	1.33
文化、办公用机械制造	4	25.14	6.84	35.95	28.81	16.53
电影机械制造						
幻灯及投影设备制造						
照相机及器材制造	1	5.08	1.77	6.40	4.35	3.15
复印和胶印设备制造	2	20.06	5.07	29.55	24.46	13.38
计算器及货币专用设备制造						
其他文化、办公用机械制造	1					
通用零部件制造	47	43.26	10.62	22.52	11.86	28.99
金属密封件制造	5	6.81	1.72	3.83	2.11	4.59
紧固件制造	2	1.63	0.32	0.77	0.44	0.94
弹簧制造	3	2.06	0.44	1.24	0.80	1.47

单位：亿元

应收账款	存货	产成品	负债合计	流动负债合计	应付账款	所有者权益合计	实收资本	国家资本	集体资本
19.72	33.48	9.12	75.27	67.43	21.54	56.16	37.40	0.76	0.15
10.55	20.59	2.15	49.96	43.23	15.70	20.19	21.37	0.76	0.15
5.80	3.51	2.38	8.20	8.07	3.32	7.19	1.10		
0.75	2.11	0.30	3.36	2.79	1.39	2.49	0.88		
	0.01	0.01	0.06	0.05		0.03	0.10		
0.83	1.23	0.09	0.89	0.77	0.46	9.69	9.20		
1.79	6.04	4.19	12.79	12.52	0.67	16.57	4.75		
11.99	9.58	3.14	21.17	20.97	8.70	17.11	8.81	1.00	
9.79	5.70	1.26	14.46	14.35	5.08	9.74	5.13	1.00	
1.93	3.60	1.88	6.42	6.42	3.47	6.69	3.21		
0.24	0.01		0.11	0.11	0.07	0.52	0.47		
0.02	0.27		0.19	0.09	0.08	0.16	0.01		
24.56	15.75	5.35	37.98	34.53	13.99	43.85	18.40	3.11	0.10
15.19	8.17	2.99	20.83	20.43	8.13	25.29	9.40		
0.40	0.09	0.02	0.59	0.59	0.16	0.53	0.43		
6.82	5.63	1.96	12.38	9.73	4.70	15.21	5.99	3.11	
1.13	1.12	0.12	1.78	1.45	0.51	2.64	1.53		
0.93	0.60	0.23	2.22	2.15	0.31	0.09	0.95		
0.09	0.14	0.03	0.18	0.18	0.18	0.09	0.10		0.10
43.40	31.54	18.01	93.27	84.41	31.55	99.09	44.21	16.14	1.75
38.38	28.18	16.80	81.58	75.54	26.26	91.96	39.49	15.14	1.75
2.13	1.41	0.23	3.43	3.43	3.19	0.60	1.00	1.00	
1.21	0.69	0.31	4.61	2.01	0.80	3.42	2.40		
1.68	1.26	0.68	3.65	3.43	1.31	3.11	1.32		
32.83	12.21	5.27	45.77	40.21	19.12	78.24	30.30	0.68	2.85
0.14	0.15	0.07	0.28	0.28		0.10	0.06		
2.82	0.91	0.04	2.69	2.26	1.39	5.35	2.82	0.55	0.73
28.75	9.73	4.92	41.92	36.79	17.14	66.53	24.49	0.14	2.12
0.94	0.96	0.22	0.60	0.60	0.46	4.32	2.29		
0.19	0.45	0.01	0.28	0.28	0.12	1.94	0.65		
6.19	2.03	0.46	1.60	1.60	0.70	23.54	12.23		
0.90	0.87	0.11	0.54	0.54	0.35	4.54	1.91		
5.29	1.16	0.35	1.06	1.06	0.34	19.00	10.32		
11.79	5.71	2.13	18.63	17.99	6.07	24.63	10.56	0.07	
1.65	1.27	0.67	2.09	2.06	0.78	4.72	1.87		
0.33	0.19	0.01	0.70	0.61	0.02	0.93	0.21		
0.42	0.55	0.21	0.49	0.41	0.15	1.57	0.69		

1-A-3 续表 12

行业	企业单位数(个)	资产总计	固定资产净额	固定资产原价	累计折旧	流动资产合计
机械零部件加工	30	27.51	6.56	13.47	6.86	18.82
其他通用零部件制造	7	5.26	1.58	3.21	1.63	3.17
其他通用设备制造业	6	7.74	0.39	3.32	0.79	4.96
工业机器人制造	1	1.80	0.11	0.28	0.17	0.48
特殊作业机器人制造						
增材制造装备制造	1	0.61	0.13	0.22	0.08	0.47
其他未列明通用设备制造业	4	5.33	0.15	2.82	0.54	4.01
专用设备制造业	93	443.05	75.19	152.65	76.75	294.27
采矿、冶金、建筑专用设备制造	14	260.72	42.87	89.79	46.81	181.14
矿山机械制造	3	21.97	7.60	10.32	2.72	11.64
石油钻采专用设备制造						
深海石油钻探设备制造						
建筑工程用机械制造	4	10.07	1.52	3.47	1.94	8.23
建筑材料生产专用机械制造						
冶金专用设备制造	7	228.68	33.75	76.00	42.15	161.27
隧道施工专用机械制造						
化工、木材、非金属加工专用设备制造	39	88.68	19.94	37.03	16.48	50.28
炼油、化工生产专用设备制造	3	25.16	0.98	4.12	3.14	14.91
橡胶加工专用设备制造	4	39.11	12.43	15.25	2.82	20.08
塑料加工专用设备制造	4	5.09	1.05	3.05	1.82	2.81
木竹材加工机械制造						
模具制造	27	19.14	5.46	14.50	8.61	12.35
其他非金属加工专用设备制造	1	0.17	0.03	0.11	0.08	0.13
食品、饮料、烟草及饲料生产专用设备制造	2	1.79	0.36	1.14	0.78	1.17
食品、酒、饮料及茶生产专用设备制造						
农副食品加工专用设备制造	2	1.79	0.36	1.14	0.78	1.17
烟草生产专用设备制造						
饲料生产专用设备制造						
印刷、制药、日化及日用品生产专用设备制造	3	3.42	0.96	1.68	0.72	1.59
制浆和造纸专用设备制造	1	0.29	0.08	0.15	0.07	0.21
印刷专用设备制造						
日用化工专用设备制造						
制药专用设备制造	1	2.69	0.87	1.50	0.63	0.96
照明器具生产专用设备制造						
玻璃、陶瓷和搪瓷制品生产专用设备制造						
其他日用品生产专用设备制造	1	0.44	0.01	0.03	0.02	0.42
纺织、服装和皮革加工专用设备制造	2	3.72	0.30	0.53	0.23	2.40
纺织专用设备制造	2	3.72	0.30	0.53	0.23	2.40
皮革、毛皮及其制品加工专用设备制造						
缝制机械制造						
洗涤机械制造						
电子和电工机械专用设备制造	4	13.83	0.09	0.28	0.19	12.86
电工机械专用设备制造	1	12.09		0.02	0.01	11.28
半导体器件专用设备制造						
电子元器件与机电组件设备制造	1	0.37	0.02	0.05	0.03	0.30
其他电子专用设备制造	2	1.38	0.07	0.21	0.14	1.28
农、林、牧、渔专用机械制造	1	1.06	0.06	0.15	0.10	0.99

单位：亿元

应收账款	存货	产成品	负债合计	流动负债合计	应付账款	所有者权益合计	实收资本	国家资本	集体资本
8.24	3.10	1.20	12.92	12.74	3.97	14.59	6.70	0.07	
1.14	0.60	0.04	2.44	2.17	1.15	2.82	1.08		
0.90	1.77	0.59	5.17	3.49	0.89	2.57	0.70		
-0.05	0.48		1.72	1.05	0.04	0.08	0.15		
0.08	0.20		0.35	0.35	0.26	0.26	0.11		
0.87	1.09	0.59	3.10	2.09	0.59	2.23	0.44		
118.72	72.26	22.68	269.77	246.53	85.09	173.28	101.65	26.68	9.05
80.91	35.39	11.74	154.60	149.28	56.50	106.12	54.46	10.81	8.61
3.51	3.71	0.38	17.90	16.97	1.64	4.08	8.67		
2.71	3.86	1.40	6.22	5.67	1.57	3.84	2.66		
74.70	27.81	9.96	130.48	126.64	53.29	98.20	43.13	10.81	8.61
13.19	19.48	6.19	65.05	54.27	9.13	23.63	27.64	14.79	0.44
5.19	5.02	2.09	23.08	19.03	0.77	2.08	3.44		
3.46	10.30	2.43	32.39	27.43	5.55	6.72	14.51	14.26	
0.61	1.06	0.15	1.37	1.35	0.14	3.72	1.23		
3.85	3.06	1.51	8.17	6.42	2.64	10.97	8.40	0.53	0.44
0.08	0.05	0.01	0.04	0.04	0.03	0.14	0.05		
0.20	0.36	0.27	1.23	1.23	0.10	0.56	0.19		
0.20	0.36	0.27	1.23	1.23	0.10	0.56	0.19		
0.48	0.61	0.18	2.32	1.23	0.31	1.10	1.16		
0.02	0.08		0.33	0.33	0.04	-0.04	0.05		
0.42	0.28	0.14	1.84	0.75	0.26	0.85	0.91		
0.04	0.25	0.04	0.15	0.15	0.01	0.30	0.20		
0.28	1.23	1.02	2.46	2.38	0.23	1.26	0.26		
0.28	1.23	1.02	2.46	2.38	0.23	1.26	0.26		
5.51	3.47	0.24	12.33	11.65	9.37	1.49	0.82		
5.05	3.12		11.61	10.98	9.10	0.47	0.50		
0.08	0.04	0.03	0.05	0.05	0.04	0.31	0.02		
0.38	0.30	0.20	0.67	0.62	0.23	0.71	0.30		
0.50			0.84	0.84	0.19	0.22	0.18		

1-A-3 续表 13

行业	企业单位数(个)	资产总计	固定资产净额	固定资产原价	累计折旧	流动资产合计
拖拉机制造						
机械化农业及园艺机具制造						
营林及木竹采伐机械制造						
畜牧机械制造						
渔业机械制造						
农林牧渔机械配件制造						
棉花加工机械制造						
其他农、林、牧、渔业机械制造	1	1.06	0.06	0.15	0.10	0.99
医疗仪器设备及器械制造	8	16.50	3.05	9.99	6.94	9.59
医疗诊断、监护及治疗设备制造						
口腔科用设备及器具制造						
医疗实验室及医用消毒设备和器具制造						
医疗、外科及兽医用器械制造	3	8.83	2.06	6.78	4.71	4.93
机械治疗及病房护理设备制造						
康复辅具制造						
眼镜制造	2	0.74	0.09	1.04	0.95	0.60
其他医疗设备及器械制造	3	6.93	0.90	2.17	1.28	4.07
环保、邮政、社会公共服务及其他专用设备制造	20	53.33	7.55	12.06	4.51	34.24
环境保护专用设备制造	7	14.05	2.08	3.62	1.54	10.59
地质勘查专用设备制造						
邮政专用机械及器材制造						
商业、饮食、服务专用设备制造	1	7.35	2.05	2.99	0.94	4.56
社会公共安全设备及器材制造	2	1.11	0.30	0.54	0.24	0.72
交通安全、管制及类似专用设备制造						
水资源专用机械制造						
其他专用设备制造	10	30.82	3.12	4.91	1.79	18.37
汽车制造业	105	649.02	137.55	295.22	152.09	416.56
汽车整车制造	1					
汽柴油车整车制造	1					
新能源车整车制造						
汽车用发动机制造	2	175.51	35.09	80.81	44.67	125.04
改装汽车制造	2	32.24	1.03	2.22	1.19	25.82
低速汽车制造						
电车制造						
汽车车身、挂车制造						
汽车零部件及配件制造	100	441.27	101.43	212.20	106.23	265.70
铁路、船舶、航空航天和其他运输设备制造业	73	1705.26	257.61	414.48	155.51	1208.34
铁路运输设备制造	18	235.15	29.82	54.41	23.55	137.00
高铁车组制造						
铁路机车车辆制造	2	159.73	19.75	38.29	18.05	79.69
窄轨机车车辆制造						
高铁设备、配件制造	3	22.56	6.27	8.85	2.45	10.79
铁路机车车辆配件制造	8	44.24	3.53	6.29	2.66	38.61
铁路专用设备及器材、配件制造	4	8.34	0.27	0.88	0.36	7.72
其他铁路运输设备制造	1	0.27		0.10	0.04	0.20
城市轨道交通设备制造	1	0.43		0.01		0.24
船舶及相关装置制造	51	1430.05	219.82	347.16	127.02	1041.59

单位：亿元

应收账款	存货	产成品	负债合计	流动负债合计	应付账款	所有者权益合计	实收资本	国家资本	集体资本
0.50			0.84	0.84	0.19	0.22	0.18		
3.93	3.00	0.71	5.09	4.15	2.64	11.42	5.80		
2.22	2.01	0.50	2.83	2.60	1.94	6.01	2.59		
0.06	0.29	0.09	0.99	0.59	0.31	-0.25	1.17		
1.65	0.71	0.12	1.27	0.97	0.39	5.66	2.04		
13.72	8.72	2.33	25.85	21.50	6.63	27.48	11.15	1.08	
4.59	3.28	1.76	7.27	5.88	2.48	6.78	2.64		
3.02	0.79	0.06	3.50	2.74	2.12	3.86	2.20	1.08	
0.28	0.16	0.05	0.13	0.13	0.06	0.98	0.20		
5.83	4.49	0.46	14.96	12.75	1.96	15.86	6.11		
144.49	74.61	24.54	345.62	298.92	115.56	303.40	149.53	17.13	1.36
25.87	12.83	5.13	92.38	71.88	35.38	83.13	32.54	14.42	
17.94	1.15	0.40	22.95	21.47	12.53	9.30	1.71	1.20	
100.68	60.63	19.01	230.29	205.57	67.65	210.98	115.28	1.52	1.36
92.22	476.67	4.16	1085.95	699.43	347.10	619.31	360.57	304.98	0.22
61.90	53.34	2.33	141.06	119.82	75.84	94.09	55.55	51.98	0.20
37.23	37.74	0.43	91.26	79.42	53.37	68.47	44.60	44.60	
3.89	2.86	0.64	16.27	10.93	4.84	6.29	3.55	3.50	0.05
17.70	10.57	1.17	29.20	25.14	14.19	15.05	4.77	3.88	0.14
3.07	2.04	0.09	4.07	4.07	3.18	4.27	2.58		
0.02	0.12		0.26	0.26	0.25	0.01	0.05		0.01
0.14	0.09	0.09	0.09	0.09	0.04	0.34	0.01		
27.18	413.09	1.72	920.98	559.74	261.62	509.08	303.75	252.43	0.02

1-A-3 续表 14

行业	企业单位数(个)	资产总计	固定资产净额	固定资产原价	累计折旧	流动资产合计
金属船舶制造	14	1134.20	171.62	272.88	101.00	826.17
非金属船舶制造						
娱乐船和运动船制造	2	5.87	0.16	0.35	0.19	5.70
船用配套设备制造	30	100.17	34.12	55.17	21.00	59.64
船舶改装	2	0.52	0.01	0.11	0.09	0.37
船舶拆除						
海洋工程装备制造	3	189.29	13.91	18.65	4.74	149.71
航标器材及其他相关装置制造						
航空、航天器及设备制造	2	33.72	7.60	12.42	4.82	25.41
飞机制造	1	33.17	7.59	12.39	4.80	24.89
航天器及运载火箭制造						
航天相关设备制造						
航空相关设备制造	1	0.54	0.01	0.03	0.02	0.52
其他航空航天器制造						
摩托车制造						
摩托车整车制造						
摩托车零部件及配件制造						
自行车和残疾人座车制造						
自行车制造						
残疾人座车制造						
助动车制造						
非公路休闲车及零配件制造	1	5.91	0.37	0.48	0.12	4.10
潜水救捞及其他未列明运输设备制造						
潜水装备制造						
水下救捞装备制造						
其他未列明运输设备制造						
电气机械和器材制造业	88	229.31	43.92	91.16	47.21	144.95
电机制造	17	68.71	17.90	39.99	22.07	37.43
发电机及发电机组制造	1	1.65	0.85	1.19	0.35	0.58
电动机制造	10	18.93	5.48	13.48	7.99	12.22
微特电机及组件制造	4	46.06	11.08	24.43	13.35	23.19
其他电机制造	2	2.07	0.50	0.89	0.39	1.43
输配电及控制设备制造	38	73.95	8.53	20.68	12.14	53.67
变压器、整流器和电感器制造	16	46.88	5.95	13.27	7.31	31.49
电容器及其配套设备制造						
配电开关控制设备制造	13	18.05	1.90	5.95	4.04	14.55
电力电子元器件制造	3	2.60	0.17	0.35	0.18	2.43
光伏设备及元器件制造						
其他输配电及控制设备制造	6	6.43	0.52	1.11	0.60	5.19
电线、电缆、光缆及电工器材制造	18	35.68	7.30	14.65	7.35	23.24
电线、电缆制造	15	22.09	4.55	9.20	4.64	14.39
光纤制造						
光缆制造						
绝缘制品制造	2	13.05	2.73	5.41	2.67	8.33
其他电工器材制造	1	0.54	0.02	0.05	0.03	0.52
电池制造	6	23.42	4.19	5.39	1.19	12.69
锂离子电池制造	4	16.61	1.88	2.42	0.54	9.05

单位：亿元

应收账款	存货	产成品	负债合计	流动负债合计	应付账款	所有者权益合计	实收资本	国家资本	集体资本
14.84	248.93	0.12	649.01	419.79	212.91	485.20	271.63	243.85	
0.15	0.37	0.05	5.11	5.11	0.09	0.75	1.13		
11.35	22.06	1.46	60.50	52.88	27.39	39.67	23.66	8.52	0.02
0.09	0.10	0.09	0.08	0.08		0.45	0.16	0.06	
0.75	141.63		206.28	81.87	21.23	-16.99	7.17		
0.37	10.01	0.01	17.95	14.12	7.99	15.76	1.23	0.55	
0.23	9.89		17.69	13.86	7.78	15.48	0.83	0.55	
0.13	0.12	0.01	0.27	0.27	0.21	0.28	0.40		
2.63	0.14	0.01	5.87	5.66	1.61	0.04	0.03	0.02	
62.77	28.05	11.95	108.26	95.33	37.00	121.05	57.91	0.05	0.19
13.69	7.20	2.57	18.67	17.99	9.63	50.04	19.31		
0.13	0.44	0.04	0.56	0.56	0.56	1.10	1.23		
3.92	2.27	0.72	8.82	8.21	3.20	10.11	9.47		
8.93	4.30	1.82	8.48	8.40	5.45	37.59	8.30		
0.71	0.18		0.82	0.82	0.41	1.25	0.32		
23.97	7.56	2.59	27.67	26.97	10.44	46.28	20.27	0.05	0.19
13.69	4.43	1.72	17.63	17.34	4.74	29.25	10.30		0.19
7.09	1.58	0.45	7.15	7.09	3.93	10.89	6.52	0.05	
1.15	0.63	0.13	1.29	0.94	0.76	1.31	0.97		
2.04	0.93	0.30	1.60	1.60	1.01	4.83	2.49		
12.33	5.60	2.64	16.86	15.63	4.19	18.82	9.70		
7.65	3.68	1.66	12.78	12.33	2.97	9.31	7.16		
4.53	1.70	0.97	3.90	3.12	1.14	9.14	2.18		
0.15	0.23	0.01	0.18	0.18	0.08	0.37	0.36		
3.84	2.51	1.53	20.57	12.63	4.59	2.86	4.00		
2.24	1.35	0.95	15.40	11.75	4.19	1.21	1.11		

1-A-3 续表 15

行业	企业单位数（个）	资产总计	固定资产净额	固定资产原价	累计折旧	流动资产合计
镍氢电池制造						
铅蓄电池制造	1	2.02	0.49	0.92	0.44	1.19
锌锰电池制造						
其他电池制造	1	4.79	1.82	2.04	0.22	2.46
家用电力器具制造	2	6.56	0.93	2.49	1.55	4.74
家用制冷电器具制造	1	1.87	0.54	1.48	0.94	0.91
家用空气调节器制造	1	4.68	0.39	1.01	0.62	3.84
家用通风电器具制造						
家用厨房电器具制造						
家用清洁卫生电器具制造						
家用美容、保健护理电器具制造						
家用电力器具专用配件制造						
其他家用电力器具制造						
非电力家用器具制造	1	0.77	0.15	0.32	0.17	0.62
燃气及类似能源家用器具制造	1	0.77	0.15	0.32	0.17	0.62
太阳能器具制造						
其他非电力家用器具制造						
照明器具制造	5	19.07	4.89	7.58	2.69	11.50
电光源制造	1	0.62	0.14	0.76	0.63	0.43
照明灯具制造	2	18.00	4.70	6.54	1.84	10.66
舞台及场地用灯制造						
智能照明器具制造						
灯用电器附件及其他照明器具制造	2	0.45	0.05	0.27	0.22	0.40
其他电气机械及器材制造	1	1.15	0.02	0.06	0.04	1.06
电气信号设备装置制造						
其他未列明电气机械及器材制造	1	1.15	0.02	0.06	0.04	1.06
计算机、通信和其他电子设备制造业	41	733.79	462.01	675.99	213.96	210.87
计算机制造						
计算机整机制造						
计算机零部件制造						
计算机外围设备制造						
工业控制计算机及系统制造						
信息安全设备制造						
其他计算机制造						
通信设备制造	3	4.09	0.28	1.78	1.48	2.66
通信系统设备制造	2	2.73	0.26	1.51	1.23	1.62
通信终端设备制造	1	1.36	0.02	0.27	0.25	1.04
广播电视设备制造	4	6.03	2.92	5.91	2.99	2.90
广播电视节目制作及发射设备制造						
广播电视接收设备制造						
广播电视专用配件制造						
专业音响设备制造	1	0.30	0.16	0.32	0.16	0.14
应用电视设备及其他广播电视设备制造	3	5.73	2.77	5.59	2.82	2.76
雷达及配套设备制造	1	7.95	1.18	2.83	1.65	1.50
非专业视听设备制造	4	63.03	5.41	26.23	20.82	54.16
电视机制造						
音响设备制造	3	61.79	5.36	25.58	20.21	53.09
影视录放设备制造	1	1.24	0.05	0.66	0.61	1.07

单位：亿元

应收账款	存货	产成品	负债合计	流动负债合计	应付账款	所有者权益合计	实收资本	国家资本	集体资本
0.14	0.33	0.21	0.81	0.27	0.17	1.21	1.12		
1.46	0.84	0.37	4.36	0.60	0.23	0.43	1.77		
1.53	2.39	2.00	7.88	7.88	1.44	-1.33	2.20		
0.48	0.13	0.09	2.80	2.80		-0.93	1.10		
1.05	2.26	1.91	5.08	5.08	1.44	-0.40	1.10		
0.27	0.20		0.22	0.22	0.15	0.55	0.10		
0.27	0.20		0.22	0.22	0.15	0.55	0.10		
6.49	2.30	0.51	15.69	13.32	6.18	3.38	2.01		
0.08	0.15	0.04	0.05	0.05	0.02	0.57	0.58		
6.22	1.99	0.45	15.38	13.01	5.92	2.62	1.16		
0.19	0.17	0.03	0.26	0.26	0.24	0.19	0.27		
0.65	0.28	0.11	0.69	0.69	0.38	0.47	0.32		
0.65	0.28	0.11	0.69	0.69	0.38	0.47	0.32		
72.84	43.76	6.89	361.56	287.37	45.92	372.23	213.61	10.01	8.94
0.56	0.38	0.01	4.40	4.32	0.19	-0.31	2.33		
0.37	0.18		2.45	2.45	0.04	0.28	1.33		
0.19	0.20	0.01	1.95	1.87	0.15	-0.59	1.00		
1.35	0.66	0.15	3.87	3.64	1.93	2.15	3.63		
0.05	0.06		0.13	0.12	0.08	0.17	0.10		
1.29	0.59	0.14	3.74	3.52	1.85	1.98	3.52		
0.44	0.56	0.20	3.78	3.78	0.44	4.17	0.40		
14.61	6.53	1.58	25.21	25.02	10.43	37.82	17.64	8.26	
14.47	6.16	1.50	25.01	24.81	10.38	36.78	16.64	7.26	
0.13	0.37	0.07	0.21	0.21	0.06	1.04	1.00	1.00	

1-A-3 续表 16

行业	企业单位数(个)	资产总计	固定资产净额	固定资产原价	累计折旧	流动资产合计
智能消费设备制造						
可穿戴智能设备制造						
智能车载设备制造						
智能无人飞行器制造						
服务消费机器人制造						
其他智能消费设备制造						
电子器件制造	16	631.03	443.89	627.31	183.42	138.07
电子真空器件制造						
半导体分立器件制造	3	3.16	0.62	2.32	1.71	1.59
集成电路制造	4	553.04	417.15	571.26	154.11	103.28
显示器件制造	2	9.63	3.51	14.93	11.42	5.46
半导体照明器件制造	2	37.85	11.49	14.93	3.44	14.48
光电子器件制造	2	4.03	0.32	0.50	0.18	1.95
其他电子器件制造	3	23.32	10.80	23.37	12.57	11.31
电子元件及电子专用材料制造	9	17.88	7.92	10.98	3.06	8.71
电阻电容电感元件制造	1	1.94	0.25	0.32	0.07	1.56
电子电路制造	4	12.73	6.29	7.68	1.39	5.41
敏感元件及传感器制造						
电声器件及零件制造						
电子专用材料制造	1	0.63	0.40	0.80	0.40	0.18
其他电子元件制造	3	2.58	0.98	2.18	1.20	1.54
其他电子设备制造	4	3.78	0.40	0.93	0.54	2.87
仪器仪表制造业	28	55.90	10.26	23.39	12.66	38.52
通用仪器仪表制造	22	47.52	6.45	16.29	9.38	34.36
工业自动控制系统装置制造	14	42.50	5.88	14.15	7.94	30.30
电工仪器仪表制造						
绘图、计算及测量仪器制造	1	0.92	0.26	0.78	0.52	0.65
实验分析仪器制造	4	2.82	0.21	0.56	0.34	2.41
试验机制造						
供应用仪器仪表制造	2	0.72	0.09	0.25	0.16	0.62
其他通用仪器制造	1	0.55		0.55	0.42	0.39
专用仪器仪表制造	1	0.91	0.10	0.43	0.33	0.60
环境监测专用仪器仪表制造						
运输设备及生产用计数仪表制造	1	0.91	0.10	0.43	0.33	0.60
导航、测绘、气象及海洋专用仪器制造						
农林牧渔专用仪器仪表制造						
地质勘探和地震专用仪器制造						
教学专用仪器制造						
核子及核辐射测量仪器制造						
电子测量仪器制造						
其他专用仪器制造						
钟表与计时仪器制造	2	4.54	2.80	5.10	2.30	1.62
光学仪器制造						
衡器制造	1	0.74	0.07	0.14	0.07	0.66
其他仪器仪表制造业	2	2.19	0.85	1.43	0.58	1.27

单位：亿元

应收账款	存货	产成品	负债合计	流动负债合计	应付账款	所有者权益合计	实收资本	国家资本	集体资本
52.29	33.48	3.97	314.48	241.69	30.10	316.55	182.45	1.75	8.94
0.52	0.53	0.15	1.74	1.74	1.15	1.42	2.38		
39.80	24.79	0.22	269.64	206.79	18.20	283.40	151.19		
1.63	1.59	0.18	2.98	1.80	0.76	6.65	7.02		
2.97	2.57	1.93	28.57	20.07	4.60	9.28	12.77		8.92
0.69	0.76	0.46	1.26	1.25	0.79	2.76	2.33	1.75	
6.69	3.24	1.04	10.29	10.03	4.60	13.04	6.76		0.02
2.89	1.54	0.66	7.65	6.77	2.18	10.23	6.17		
0.55	0.36	0.36	0.11	0.11	0.01	1.83			
1.67	0.92	0.29	6.27	5.70	1.78	6.46	4.42		
0.02			0.23	0.23		0.39	0.25		
0.65	0.25	0.01	1.03	0.73	0.40	1.55	1.50		
0.71	0.61	0.33	2.16	2.15	0.65	1.61	0.99		
11.42	9.13	2.67	20.96	15.41	5.52	34.95	10.93	0.66	
10.50	7.57	2.21	18.41	13.20	4.90	29.11	7.19	0.61	
9.15	6.70	1.97	16.06	10.88	4.06	26.45	5.88	0.61	
0.12	0.15	0.02	0.09	0.09	0.05	0.83	0.49		
0.81	0.43	0.13	1.53	1.51	0.59	1.30	0.32		
0.27	0.21	0.08	0.40	0.38	0.12	0.32	0.23		
0.15	0.08		0.33	0.33	0.09	0.22	0.27		
0.01	0.25		0.54	0.54	0.04	0.37	0.05		
0.01	0.25		0.54	0.54	0.04	0.37	0.05		
0.41	0.84	0.43	1.40	1.07	0.26	3.14	2.52	0.05	
0.14	0.05		0.11	0.11	0.04	0.63	0.60		
0.36	0.41	0.03	0.50	0.50	0.28	1.70	0.56		

1-A-3 续表 17

行业	企业单位数(个)	资产总计	固定资产净额	固定资产原价	累计折旧	流动资产合计
其他制造业	2	10.12	3.55	11.83	8.28	5.69
日用杂品制造	2	10.12	3.55	11.83	8.28	5.69
鬃毛加工、制刷及清扫工具制造						
其他日用杂品制造	2	10.12	3.55	11.83	8.28	5.69
废弃资源综合利用业	6	104.98	2.07	4.54	2.09	90.64
金属废料和碎屑加工处理	3	92.42	1.27	1.85	0.58	81.81
非金属废料和碎屑加工处理	3	12.56	0.80	2.69	1.51	8.84
金属制品、机械和设备修理业	13	128.65	20.23	41.95	21.71	98.66
金属制品修理						
通用设备修理						
专用设备修理						
铁路、船舶、航空航天等运输设备修理	12	128.34	20.23	41.94	21.71	98.35
铁路运输设备修理						
船舶修理	12	128.34	20.23	41.94	21.71	98.35
航空航天器修理						
其他运输设备修理						
电气设备修理						
仪器仪表修理						
其他机械和设备修理业	1	0.31		0.01		0.31
电力、热力、燃气及水生产和供应业	**83**	**1239.03**	**748.55**	**1078.10**	**327.24**	**236.63**
电力、热力生产和供应业	60	1056.37	665.55	930.37	263.82	173.47
电力生产	20	913.72	617.54	830.71	212.49	109.98
火力发电	4	97.34	70.71	179.36	108.20	18.86
热电联产	4	44.11	36.34	61.55	25.18	3.71
水力发电						
核力发电	1	718.88	479.43	546.57	67.13	76.13
风力发电	8	36.92	23.05	34.56	11.32	8.05
太阳能发电	2	10.38	7.97	8.61	0.63	2.14
生物质能发电	1	6.10	0.04	0.06	0.02	1.09
其他电力生产						
电力供应	1	0.80	0.08	0.78	0.60	0.15
热力生产和供应	39	141.85	47.94	98.89	50.72	63.35
燃气生产和供应业	10	81.55	32.83	53.07	20.22	27.93
燃气生产和供应业	10	81.55	32.83	53.07	20.22	27.93
天然气生产和供应业	5	7.44	2.06	3.09	1.02	2.40
液化石油气生产和供应业						
煤气生产和供应业	5	74.11	30.77	49.98	19.20	25.53
生物质燃气生产和供应业						
水的生产和供应业	13	101.10	50.16	94.66	43.19	35.23
自来水生产和供应	7	91.18	45.06	86.22	39.85	32.58
污水处理及其再生利用	6	9.92	5.10	8.44	3.34	2.64
海水淡化处理						
其他水的处理、利用与分配						

单位：亿元

应收账款	存货	产成品	负债合计	流动负债合计	应付账款	所有者权益合计	实收资本	国家资本	集体资本
1.28	2.27	1.40	1.65	1.51	0.67	8.46	6.69		
1.28	2.27	1.40	1.65	1.51	0.67	8.46	6.69		
1.28	2.27	1.40	1.65	1.51	0.67	8.46	6.69		
16.77	14.92	1.10	93.46	92.16	20.92	11.53	3.41		0.10
15.06	13.54	0.45	91.98	90.69	20.16	0.44	3.10		
1.71	1.38	0.65	1.47	1.47	0.76	11.09	0.31		0.10
76.04	8.54	0.04	114.54	88.38	23.82	14.11	29.00	0.51	0.01
75.91	8.46	0.04	114.35	88.18	23.74	13.99	28.99	0.50	0.01
75.91	8.46	0.04	114.35	88.18	23.74	13.99	28.99	0.50	0.01
0.13	0.09		0.20	0.20	0.08	0.12	0.01	0.01	
37.51	**52.20**	**1.34**	**884.89**	**258.33**	**40.59**	**354.14**	**279.28**	**66.96**	**1.05**
25.03	50.45	0.83	822.83	225.82	34.60	233.55	211.97	43.61	0.01
18.85	43.03	0.35	710.98	144.15	19.88	202.75	188.90	34.03	
3.36	3.28	0.30	72.75	57.07	5.16	24.58	30.19	20.30	
0.35	1.52		41.32	-1.08	1.36	2.79	4.03	4.03	
10.51	38.11		565.36	74.59	9.83	153.51	138.95		
3.18	0.07		21.26	9.49	0.93	15.66	10.69	4.66	
1.24			7.63	2.60	2.53	2.75	2.54	2.54	
0.21	0.05	0.05	2.66	1.49	0.06	3.44	2.50	2.50	
0.06			0.81	0.66	0.10	-0.01	2.52	2.52	
6.12	7.42	0.48	111.04	81.01	14.62	30.81	20.55	7.07	0.01
2.76	1.44	0.51	20.83	11.47	2.34	60.73	40.41	7.25	0.07
2.76	1.44	0.51	20.83	11.47	2.34	60.73	40.41	7.25	0.07
1.10	0.35	0.15	4.71	3.70	0.80	2.74	2.91		
1.66	1.09	0.36	16.12	7.77	1.54	57.99	37.50	7.25	0.07
9.71	0.32		41.24	21.04	3.66	59.87	26.90	16.09	0.98
9.03	0.31		39.60	20.14	3.46	51.58	23.46	16.09	0.98
0.68	0.01		1.63	0.90	0.19	8.29	3.43		

1-A-3 续表 18

行　　业					营业收入	营业成本
	法人资本	个人资本	港澳台资本	外商资本		
总　计	**590.89**	**156.70**	**195.99**	**457.79**	**6666.53**	**5434.51**
采矿业	**2.10**	**0.10**	**0.10**		**3.42**	**2.75**
煤炭开采和洗选业						
烟煤和无烟煤开采洗选						
褐煤开采洗选						
其他煤炭采选						
石油和天然气开采业						
石油开采						
陆地石油开采						
海洋石油开采						
天然气开采						
陆地天然气开采						
海洋天然气及可燃冰开采						
黑色金属矿采选业						
铁矿采选						
锰矿、铬矿采选						
其他黑色金属矿采选						
有色金属矿采选业						
常用有色金属矿采选						
铜矿采选						
铅锌矿采选						
镍钴矿采选						
锡矿采选						
锑矿采选						
铝矿采选						
镁矿采选						
其他常用有色金属矿采选						
贵金属矿采选						
金矿采选						
银矿采选						
稀有稀土金属矿采选						
钨钼矿采选						
稀土金属矿采选						
非金属矿采选业	2.10	0.10	0.10		3.42	2.75
土砂石开采	0.10	0.10	0.10		1.55	1.16
石灰石、石膏开采	0.10	0.10	0.10		1.55	1.16
建筑装饰用石开采						
耐火土石开采						
粘土及其他土砂石开采						
化学矿开采						
采盐	2.00				1.87	1.58
石棉及其他非金属矿采选						
石棉、云母矿采选						
石墨、滑石采选						

单位：亿元

销售费用	管理费用	财务费用			投资收益（损失以"–"号记）	营业利润	利润总额	亏损企业亏损额	平均用工人数（万人）
			利息收入	利息支出					
183.03	**290.71**	**92.65**	**18.51**	**95.53**	**15.94**	**483.80**	**503.39**	**76.45**	**44.55**
0.34	**0.75**	**-0.29**	**0.30**		**0.01**	**-0.17**	**0.10**	**0.02**	**0.20**
0.34	0.75	-0.29	0.30		0.01	-0.17	0.10	0.02	0.20
0.06	0.14					0.16	0.12		
0.06	0.14					0.16	0.12		
0.28	0.61	-0.30	0.30		0.01	-0.34	-0.02	0.02	0.10

1—A—3 续表 19

行业	法人资本	个人资本	港澳台资本	外商资本	营业收入	营业成本
宝石、玉石采选						
其他未列明非金属矿采选						
开采专业及辅助性活动						
煤炭开采和洗选专业及辅助性活动						
石油和天然气开采专业及辅助性活动						
其他开采专业及辅助性活动						
其他采矿业						
制造业	**410.97**	**146.99**	**193.68**	**436.16**	**6380.34**	**5213.73**
农副食品加工业	14.44	21.87	3.41	13.73	426.98	390.61
谷物磨制	2.01	0.40	0.10	0.31	22.15	21.16
稻谷加工	1.97				8.13	7.56
小麦加工		0.02			0.80	0.80
玉米加工		0.04			0.27	0.24
杂粮加工		0.24	0.10	0.16	11.38	11.10
其他谷物磨制	0.04	0.10		0.16	1.56	1.45
饲料加工	0.86	0.80		0.09	34.66	30.94
宠物饲料加工						
其他饲料加工	0.86	0.80		0.09	34.66	30.94
植物油加工	0.36	0.38		5.82	93.17	89.18
食用植物油加工	0.36	0.38		5.82	93.17	89.18
非食用植物油加工						
制糖业						
屠宰及肉类加工	1.20	0.98		3.09	72.40	69.30
牲畜屠宰	0.15	0.05			3.59	3.37
禽类屠宰	1.01	0.88		2.94	66.60	64.17
肉制品及副产品加工	0.05	0.05		0.15	2.21	1.76
水产品加工	8.35	17.70	3.16	3.58	177.93	156.40
水产品冷冻加工	6.01	16.42	2.46	3.08	153.51	136.41
鱼糜制品及水产品干腌制加工	1.53	0.96	0.10	0.36	14.79	13.18
鱼油提取及制品制造						
其他水产品加工	0.81	0.33	0.60	0.14	9.63	6.81
蔬菜、菌类、水果和坚果加工	0.82	0.48		0.11	12.08	10.51
蔬菜加工	0.16	0.38		0.11	7.96	7.45
食用菌加工		0.10			0.50	0.40
水果和坚果加工	0.67				3.62	2.66
其他农副食品加工	0.84	1.13	0.16	0.73	14.59	13.12
淀粉及淀粉制品制造						
豆制品制造	0.10	0.08	0.16	0.66	7.80	6.96
蛋品加工	0.73	0.70			2.82	2.44
其他未列明农副食品加工	0.01	0.35		0.07	3.97	3.72
食品制造业	3.68	3.34	0.49	3.04	34.81	26.95
焙烤食品制造	0.23	0.50			4.38	2.88
糕点、面包制造	0.23	0.50			4.38	2.88
饼干及其他焙烤食品制造						
糖果、巧克力及蜜饯制造				0.38	0.43	0.32
糖果、巧克力制造				0.38	0.43	0.32
蜜饯制作						

单位：亿元

销售费用	管理费用	财务费用			投资收益（损失以“–”号记）	营业利润	利润总额	亏损企业亏损额	平均用工人数（万人）
			利息收入	利息支出					
177.16	**277.64**	**68.50**	**17.87**	**71.49**	**15.46**	**462.00**	**475.03**	**69.35**	**42.22**
8.14	12.38	5.83	-0.16	5.82	3.15	11.28	11.43	5.50	4.40
0.44	0.34	0.07	0.01	0.07		0.09	0.09	0.09	
0.16	0.18	0.02	0.01	0.03		0.17	0.17		
	0.01								
0.01	0.01					0.01	0.01		
0.21	0.10	0.04		0.04		-0.07	-0.07	0.08	
0.06	0.04	0.01						0.01	
0.33	0.57	0.08		0.12		2.65	2.64	0.09	0.10
0.33	0.57	0.08		0.12		2.65	2.64	0.09	0.10
0.23	0.84	-0.14	-0.15	1.08	2.07	5.35	5.41	0.02	0.10
0.23	0.84	-0.14	-0.15	1.08	2.07	5.35	5.41	0.02	0.10
1.30	1.14	0.48	0.04	0.47		0.17	0.26	0.65	0.90
0.17	0.21	0.01				-0.17	-0.11	0.12	
0.87	0.72	0.47	0.04	0.47		0.37	0.37	0.51	0.80
0.26	0.20					-0.03	-0.01	0.02	0.10
4.92	8.68	5.26	-0.05	3.97	1.08	1.86	1.85	4.20	2.90
3.70	7.03	4.73	-0.03	3.50	1.05	1.08	0.65	3.30	2.50
0.79	0.74	0.42	-0.01	0.33		-0.48	-0.30	0.83	0.20
0.43	0.91	0.11		0.13	0.03	1.26	1.50	0.07	0.10
0.27	0.26	0.05		0.01		0.96	0.98	0.06	0.20
0.24	0.14	0.07		0.01		0.07	0.07	0.06	0.10
	0.05	-0.01				0.04	0.05		
0.03	0.07	-0.01				0.85	0.85		0.10
0.65	0.56	0.03		0.10		0.19	0.20	0.40	0.10
0.35	0.21	-0.04		0.02		0.30	0.30	0.10	
0.13	0.14	0.07		0.08		0.03	0.05	0.05	
0.16	0.21	-0.01				-0.13	-0.14	0.25	0.10
2.63	3.15	0.87	0.05	0.75	0.02	0.90	0.65	1.30	0.70
0.46	0.37	0.02		0.02		0.59	0.58	0.01	0.20
0.46	0.37	0.02		0.02		0.59	0.58	0.01	0.20
	0.13	0.03		0.01		-0.05	-0.06	0.06	
	0.13	0.03		0.01		-0.05	-0.06	0.06	

1-A-3 续表 20

行业	法人资本	个人资本	港澳台资本	外商资本	营业收入	营业成本
方便食品制造	0.12			0.03	1.64	1.24
米、面制品制造	0.07				1.07	0.75
速冻食品制造	0.05			0.03	0.57	0.49
方便面制造						
其他方便食品制造						
乳制品制造	0.01	0.23			2.85	2.00
液体乳制造	0.01	0.23			2.85	2.00
乳粉制造						
其他乳制品制造						
罐头食品制造	1.03	1.09	0.49	1.93	17.30	14.65
肉、禽类罐头制造		0.15			0.09	0.06
水产品罐头制造	0.40		0.17		1.68	1.18
蔬菜、水果罐头制造	0.63	0.94	0.32		14.46	12.56
其他罐头食品制造				1.93	1.08	0.85
调味品、发酵制品制造	0.59			0.71	2.33	1.85
味精制造						
酱油、食醋及类似制品制造				0.71	1.07	0.73
其他调味品、发酵制品制造	0.59				1.26	1.12
其他食品制造	1.70	1.52			5.89	4.01
营养食品制造	1.29	0.30			2.09	1.49
保健食品制造	0.10	1.01			2.90	1.90
冷冻饮品及食用冰制造						
盐加工	0.31	0.20			0.29	0.21
食品及饲料添加剂制造					0.61	0.41
其他未列明食品制造						
酒、饮料和精制茶制造业	3.33	0.10	2.72	0.60	43.72	33.15
酒的制造	0.51		2.72	0.17	28.44	21.96
酒精制造						
白酒制造						
啤酒制造	0.51		2.72	0.17	28.44	21.96
黄酒制造						
葡萄酒制造						
其他酒制造						
饮料制造	2.82	0.10		0.43	15.28	11.19
碳酸饮料制造				0.43	11.12	7.71
瓶(罐)装饮用水制造	0.72				0.50	0.42
果菜汁及果菜汁饮料制造	2.10	0.10			3.66	3.05
含乳饮料和植物蛋白饮料制造						
固体饮料制造						
茶饮料及其他饮料制造						
精制茶加工						
烟草制品业						
烟叶复烤						
卷烟制造						
其他烟草制品制造						
纺织业	1.11	1.96		5.56	21.36	18.39
棉纺织及印染精加工				2.80	3.09	3.17

单位：亿元

销售费用	管理费用	财务费用			投资收益（损失以"–"号记）	营业利润	利润总额	亏损企业亏损额	平均用工人数（万人）
			利息收入	利息支出					
0.06	0.18	-0.01				0.15	0.15		
0.05	0.15	-0.01				0.12	0.12		
0.01	0.04					0.03	0.03		
0.31	0.16	0.02	0.01	0.02	0.01	0.35	0.35		
0.31	0.16	0.02	0.01	0.02	0.01	0.35	0.35		
1.13	0.86	0.53	0.05	0.46		0.01	0.04	0.37	0.30
	0.01	0.02		0.02		-0.02	-0.02	0.02	
0.30	0.08	0.27		0.25		-0.17	-0.17	0.17	
0.82	0.69	0.26	0.03	0.18		0.04	0.08	0.19	0.20
	0.08	-0.02	0.02			0.15	0.15		
0.16	0.24	0.02		0.01		0.02	0.08		0.10
0.12	0.13					0.06	0.08		
0.04	0.11	0.02		0.01		-0.04			
0.51	1.21	0.25		0.25		-0.17	-0.50	0.85	0.10
0.02	0.44	0.01		0.01		0.12	0.13		
0.32	0.65	0.08		0.07		-0.11	0.22		0.10
	0.06	0.16		0.16		-0.15	-0.82	0.82	
0.17	0.07					-0.03	-0.03	0.03	
4.92	2.02	0.29	0.01	0.24		2.12	2.19		0.30
2.12	1.75	0.27	-0.01	0.23		1.37	1.42		0.20
2.12	1.75	0.27	-0.01	0.23		1.37	1.42		0.20
2.80	0.27	0.03	0.02	0.01		0.74	0.77		0.10
2.64	0.16	-0.02	0.02			0.42	0.45		0.10
		0.01		0.01		0.07	0.07		
0.16	0.11	0.04				0.26	0.26		
0.58	1.26	-0.36	-0.02	0.07		1.36	1.67	0.19	0.40
0.05	0.13	-0.09	0.03	0.01		-0.19	-0.11	0.11	

1-A-3 续表 21

行业	法人资本	个人资本	港澳台资本	外商资本	营业收入	营业成本
棉纺纱加工				2.80	2.44	2.55
棉织造加工						
棉印染精加工					0.65	0.62
毛纺织及染整精加工		0.01			0.07	0.08
毛条和毛纱线加工		0.01			0.07	0.08
毛织造加工						
毛染整精加工						
麻纺织及染整精加工						
麻纤维纺前加工和纺纱						
麻织造加工						
丝绢纺织及印染精加工						
缫丝加工						
绢纺和丝织加工						
丝印染精加工						
化纤织造及印染精加工					0.44	0.42
化纤织造加工					0.44	0.42
化纤织物染整精加工						
针织或钩针编织物及其制品制造	0.44			0.61	2.52	1.83
针织或钩针编织物织造				0.44	1.35	1.18
针织或钩针编织物印染精加工	0.44			0.17	1.17	0.65
针织或钩针编织品制造						
家用纺织制成品制造	0.54	0.13		2.02	3.86	3.40
床上用品制造				0.02	0.40	0.39
毛巾类制品制造				2.00	2.25	1.98
窗帘、布艺类产品制造						
其他家用纺织制成品制造	0.54	0.13			1.21	1.02
产业用纺织制成品制造	0.13	1.82		0.13	11.38	9.49
非织造布制造	0.03	1.57			9.69	7.90
绳、索、缆制造						
纺织带和帘子布制造						
篷、帆布制造				0.12	1.15	1.13
其他产业用纺织制成品制造	0.10	0.24		0.01	0.53	0.45
纺织服装、服饰业	15.01	1.78	4.21	5.01	75.16	64.20
机织服装制造	13.76	1.41	2.92	4.24	65.06	55.01
运动机织服装制造	0.13	0.01	0.01		3.20	2.87
其他机织服装制造	13.62	1.41	2.91	4.24	61.86	52.14
针织或钩针编织服装制造	1.26	0.37	0.87	0.17	8.55	7.80
运动休闲针织服装制造			0.04		0.41	0.40
其他针织或钩针编织服装制造	1.26	0.37	0.83	0.17	8.14	7.40
服饰制造			0.42	0.60	1.56	1.38
皮革、毛皮、羽毛及其制品和制鞋业	0.02	0.23		2.95	31.95	25.69
皮革鞣制加工						
皮革制品制造		0.17		1.30	23.66	17.92
皮革服装制造		0.17			0.70	0.60
皮箱、包(袋)制造						
皮手套及皮装饰制品制造						
其他皮革制品制造				1.30	22.97	17.32

单位：亿元

销售费用	管理费用	财务费用	利息收入	利息支出	投资收益（损失以“-”号记）	营业利润	利润总额	亏损企业亏损额	平均用工人数（万人）
0.05	0.09	-0.09	0.03	0.01		-0.19	-0.11	0.11	
	0.04								
						-0.02	-0.02	0.02	
						-0.02	-0.02	0.02	
	0.01					0.01			
	0.01					0.01			
0.09	0.26	-0.03	0.04			0.35	0.35		0.10
0.01	0.05	0.01				0.09	0.09		
0.08	0.21	-0.04	0.04			0.26	0.26		0.10
0.21	0.14	0.03		0.02		0.05	0.06		0.10
	0.01								
0.15	0.06	0.02		0.02					0.10
0.05	0.07					0.06	0.06		
0.23	0.72	-0.27	-0.09	0.04		1.16	1.39	0.06	0.10
0.21	0.62	-0.28	-0.09	0.02		1.21	1.42	0.02	
0.01	0.04			0.01		-0.04	-0.04	0.04	
0.01	0.07	0.01		0.01		-0.01			
3.48	4.60	0.07	0.01	0.10	0.01	2.16	2.04	2.10	2.80
2.94	3.70	0.05	0.01	0.07		2.78	1.86	1.98	2.40
0.06	0.20			0.02		0.05	0.05		0.10
2.88	3.51	0.05	0.01	0.05		2.73	1.81	1.98	2.30
0.48	0.76	0.02		0.03		-0.57	0.23	0.06	0.30
0.48	0.75	0.02		0.03		-0.57	0.23	0.06	0.30
0.06	0.15					-0.05	-0.05	0.06	0.10
1.65	1.28	0.12		0.03		2.51	2.79	0.15	0.30
1.59	0.85	0.01		0.01		2.63	2.87		0.10
	0.08	0.01		0.01					
1.59	0.77					2.63	2.87		0.10

1-A-3 续表 22

行业					营业收入	营业成本
	法人资本	个人资本	港澳台资本	外商资本		
毛皮鞣制及制品加工		0.05			0.35	0.30
毛皮鞣制加工						
毛皮服装加工		0.05			0.35	0.30
其他毛皮制品加工						
羽毛(绒)加工及制品制造	0.02	0.01			1.74	1.70
羽毛(绒)加工	0.02	0.01			1.74	1.70
羽毛(绒)制品加工						
制鞋业				1.64	6.20	5.77
纺织面料鞋制造				0.01	0.27	0.20
皮鞋制造				1.64	5.93	5.57
塑料鞋制造						
橡胶鞋制造						
其他制鞋业						
木材加工和木、竹、藤、棕、草制品业	2.83	1.15		4.89	37.71	33.39
木材加工		0.39			2.84	2.72
锯材加工		0.20			1.08	1.02
木片加工		0.18			0.85	0.79
单板加工					0.53	0.52
其他木材加工		0.01			0.38	0.38
人造板制造	0.40	0.11		1.27	3.55	3.23
胶合板制造	0.30	0.10			1.19	1.09
纤维板制造						
刨花板制造				1.27	1.54	1.40
其他人造板制造	0.10	0.01			0.82	0.73
木质制品制造	2.43	0.65		3.63	31.06	27.19
建筑用木料及木材组件加工	0.39	0.05		3.60	12.36	10.74
木门窗制造	0.01	0.03			0.52	0.42
木楼梯制造						
木地板制造	0.63	0.45		0.03	11.40	10.04
木制容器制造		0.02			1.07	0.82
软木制品及其他木制品制造	1.40	0.11			5.71	5.17
竹、藤、棕、草等制品制造		0.01			0.26	0.26
竹制品制造						
藤制品制造						
棕制品制造						
草及其他制品制造		0.01			0.26	0.26
家具制造业	1.93	0.46	0.29	4.90	53.35	47.54
木质家具制造	1.81	0.36	0.29	4.09	48.36	42.98
竹、藤家具制造						
金属家具制造	0.05	0.10		0.71	4.18	3.92
塑料家具制造						
其他家具制造	0.07			0.10	0.81	0.64
造纸和纸制品业	1.36	0.69	0.05	1.25	24.26	21.01
纸浆制造						
木竹浆制造						
非木竹浆制造						
造纸	1.06	0.22	0.05		13.06	11.54

单位：亿元

销售费用	管理费用	财务费用			投资收益（损失以“-”号记）	营业利润	利润总额	亏损企业亏损额	平均用工人数（万人）
			利息收入	利息支出					
0.01	0.02					0.02	0.02		
0.01	0.02					0.02	0.02		
0.01	0.01					0.01	0.01		
0.01	0.01					0.01	0.01		
0.05	0.39	0.11		0.02		-0.15	-0.12	0.15	0.10
0.01	0.03					0.03	0.03		
0.04	0.36	0.10		0.02		-0.18	-0.15	0.15	0.10
1.24	1.54	0.32	0.04	0.24	0.02	0.92	0.86	0.25	0.80
0.05	0.06	0.03				-0.02	0.01	0.01	
0.02	0.04	0.02				-0.02	0.01		
0.03	0.01	0.01						0.01	
0.13	0.16	0.06	0.04	0.06		-0.07	-0.05	0.06	0.10
0.03	0.05	0.01				0.01	0.01		
0.06	0.06	0.03	0.04	0.04		-0.03	-0.01	0.01	
0.04	0.05	0.02		0.02		-0.04	-0.04	0.05	
1.06	1.32	0.23	0.01	0.18	0.02	1.01	0.90	0.18	0.70
0.48	0.38	-0.01			0.02	0.65	0.53	0.02	0.30
0.04	0.01	0.01				0.04	0.04		
0.39	0.49	0.17	0.01	0.14		0.24	0.26	0.08	0.20
0.03	0.11					0.10	0.10		
0.12	0.33	0.05		0.04		-0.03	-0.02	0.08	0.20
0.98	3.42	0.09	0.19	0.30		1.00	1.02	0.51	1.10
0.87	3.10	-0.02	0.21	0.18		1.16	1.17	0.33	1.00
0.07	0.21	0.10	-0.01	0.12		-0.16	-0.15	0.17	0.10
0.04	0.11	0.01						0.01	
0.59	0.88		-0.03	0.06		1.69	1.83		0.20
0.10	0.24	-0.02	-0.03	0.02		1.15	1.23		0.10

1-A-3 续表 23

行业	法人资本	个人资本	港澳台资本	外商资本	营业收入	营业成本
机制纸及纸板制造	1.06	0.22	0.05		13.06	11.54
手工纸制造						
加工纸制造						
纸制品制造	0.29	0.47		1.25	11.21	9.46
纸和纸板容器制造	0.21	0.32		1.25	8.64	7.32
其他纸制品制造	0.08	0.15			2.57	2.14
印刷和记录媒介复制业	1.75	0.93		0.83	10.25	8.54
印刷	1.75	0.93		0.57	9.64	8.11
书、报刊印刷	0.77			0.22	2.03	1.71
本册印制						
包装装潢及其他印刷	0.98	0.93		0.35	7.60	6.40
装订及印刷相关服务				0.26	0.61	0.43
记录媒介复制						
文教、工美、体育和娱乐用品制造业	1.25	0.16		1.61	5.31	4.19
文教办公用品制造	0.82	0.02		0.23	0.95	0.76
文具制造				0.23	0.74	0.69
笔的制造						
教学用模型及教具制造	0.82	0.02			0.21	0.07
墨水、墨汁制造						
其他文教办公用品制造						
乐器制造				1.34	2.57	2.16
中乐器制造						
西乐器制造				1.34	2.57	2.16
电子乐器制造						
其他乐器及零件制造						
工艺美术及礼仪用品制造	0.43	0.08		0.03	1.22	0.88
雕塑工艺品制造						
金属工艺品制造						
漆器工艺品制造						
花画工艺品制造						
天然植物纤维编织工艺品制造						
抽纱刺绣工艺品制造						
地毯、挂毯制造						
珠宝首饰及有关物品制造				0.03	0.47	0.42
其他工艺美术及礼仪用品制造	0.43	0.08			0.75	0.45
体育用品制造						
球类制造						
专项运动器材及配件制造						
健身器材制造						
运动防护用具制造						
其他体育用品制造						
玩具制造		0.06			0.58	0.40
电玩具制造						
塑胶玩具制造						
金属玩具制造						
弹射玩具制造						
娃娃玩具制造						

单位：亿元

销售费用	管理费用	财务费用			投资收益（损失以"–"号记）	营业利润	利润总额	亏损企业亏损额	平均用工人数（万人）
			利息收入	利息支出					
0.10	0.24	-0.02	-0.03	0.02		1.15	1.23		0.10
0.49	0.64	0.03		0.04		0.54	0.59		0.10
0.35	0.43	0.01		0.02		0.49	0.52		0.10
0.14	0.21	0.02		0.02		0.05	0.07		
0.31	0.94	0.19		0.15		0.20	0.33	0.19	0.20
0.28	0.80	0.20	0.01	0.15		0.19	0.31	0.19	0.20
0.03	0.22	0.06		0.05		0.01	0.02	0.03	0.10
0.25	0.58	0.14	0.01	0.10		0.19	0.29	0.16	0.10
0.03	0.14					0.01	0.01		
0.16	0.66	0.15		0.10		0.08	0.15	0.03	0.20
0.06	0.10	0.05		0.05		-0.03	-0.03	0.03	
0.01	0.03					-0.01	-0.01	0.01	
0.04	0.07	0.05		0.05		-0.03	-0.03	0.03	
	0.26	0.04				0.09	0.13		0.10
	0.26	0.04				0.09	0.13		0.10
0.08	0.18	0.05		0.05		0.01	0.04		
	0.03								
0.08	0.15	0.05		0.05			0.03		
0.03	0.12					0.02	0.02		

1-A-3 续表 24

行业	法人资本	个人资本	港澳台资本	外商资本	营业收入	营业成本
儿童乘骑玩耍的童车类产品制造		0.06			0.28	0.16
其他玩具制造					0.30	0.24
游艺器材及娱乐用品制造						
露天游乐场所游乐设备制造						
游艺用品及室内游艺器材制造						
其他娱乐用品制造						
石油、煤炭及其他燃料加工业	2.40	4.38	2.42	2.15	1365.40	1112.76
精炼石油产品制造	2.39	4.38	2.42	2.15	1365.15	1112.54
原油加工及石油制品制造	2.39	4.38	2.42	2.15	1365.15	1112.54
其他原油制造						
煤炭加工	0.01				0.25	0.23
炼焦						
煤制合成气生产						
煤制液体燃料生产						
煤制品制造	0.01				0.25	0.23
其他煤炭加工						
生物质燃料加工						
生物质液体燃料生产						
生物质致密成型燃料加工						
化学原料和化学制品制造业	126.46	7.92	4.06	18.37	997.26	900.08
基础化学原料制造	18.27	3.22	1.50	4.39	204.29	176.20
无机酸制造	0.06	0.14			0.73	0.61
无机碱制造		1.00			3.16	3.07
无机盐制造	0.38	0.46		0.08	2.24	1.79
有机化学原料制造	15.77	1.06	0.14	0.05	180.25	155.91
其他基础化学原料制造	2.06	0.57	1.36	4.25	17.91	14.82
肥料制造	14.56				5.97	6.50
氮肥制造	14.33				3.87	4.61
磷肥制造						
钾肥制造						
复混肥料制造	0.22				2.10	1.90
有机肥料及微生物肥料制造						
其他肥料制造						
农药制造	1.26	0.73		0.89	6.26	4.67
化学农药制造	1.26	0.68		0.89	5.74	4.37
生物化学农药及微生物农药制造		0.06			0.52	0.30
涂料、油墨、颜料及类似产品制造	0.10	0.40		0.95	5.25	4.30
涂料制造	0.10	0.40		0.40	3.80	3.02
油墨及类似产品制造						
工业颜料制造						
工艺美术颜料制造						
染料制造						
密封用填料及类似品制造				0.55	1.45	1.28
合成材料制造	84.96	0.30	0.53	0.51	726.89	675.08
初级形态塑料及合成树脂制造	1.50	0.30		0.51	1.30	1.03
合成橡胶制造						

单位：亿元

销售费用	管理费用	财务费用			投资收益(损失以“-”号记)	营业利润	利润总额	亏损企业亏损额	平均用工人数(万人)
			利息收入	利息支出					
0.02	0.09								
0.01	0.03					0.02	0.02		
4.61	16.15	5.00	0.71	5.40	0.07	51.17	50.83	0.66	0.70
4.60	16.14	5.00	0.71	5.40	0.07	51.17	50.82	0.66	0.70
4.60	16.14	5.00	0.71	5.40	0.07	51.17	50.82	0.66	0.70
	0.01					0.01	0.01		
	0.01					0.01	0.01		
15.01	21.39	19.39	-1.86	20.39	-0.18	39.01	39.72	8.36	1.61
2.19	10.06	5.22	1.08	5.15	0.16	10.32	10.32	1.98	0.50
0.06	0.08					-0.03	-0.03	0.03	
0.09	0.91	0.23		0.20		-1.17	-1.21	1.21	0.10
0.06	0.24	0.03		0.03		0.12	0.12	0.03	
1.02	7.36	4.66	1.05	4.59	0.16	11.44	11.16	0.03	0.20
0.96	1.47	0.30	0.03	0.33		-0.04	0.28	0.67	0.20
0.15	2.89	2.35	0.06	2.39		-6.03	-5.86	5.87	0.10
0.01	2.85	2.34	0.06	2.39		-6.04	-5.87	5.87	0.10
0.14	0.04	0.01				0.01	0.01		
0.24	0.59	0.04		0.05	0.01	0.64	0.60	0.05	0.10
0.21	0.55	0.05		0.05	0.01	0.48	0.45	0.05	0.10
0.03	0.04	-0.01				0.15	0.15		
0.38	0.40	0.04		0.03		0.07	0.09		
0.30	0.35	0.03		0.02		0.06	0.08		
0.08	0.05	0.01		0.01		0.01	0.01		
8.08	1.82	11.55	-2.84	12.57	-0.56	29.10	29.29	0.07	0.30
0.09	0.20	0.03	0.01	0.02		-0.04	-0.03	0.04	

1-A-3 续表 25

行业					营业收入	营业成本
	法人资本	个人资本	港澳台资本	外商资本		
合成纤维单(聚合)体制造	83.46				725.16	673.69
其他合成材料制造			0.53		0.44	0.36
专用化学产品制造	5.31	2.15	2.03	10.95	37.00	26.20
化学试剂和助剂制造	2.91	1.85	1.86	6.62	16.79	11.93
专项化学用品制造	1.87	0.03		2.34	12.42	7.45
林产化学产品制造						
文化用信息化学品制造	0.10				1.29	1.28
医学生产用信息化学品制造						
环境污染处理专用药剂材料制造	0.40				0.61	0.36
动物胶制造						
其他专用化学产品制造	0.04	0.27	0.18	1.98	5.89	5.18
炸药、火工及焰火产品制造	0.46	0.21			2.42	2.01
炸药及火工产品制造	0.46	0.21			2.42	2.01
焰火、鞭炮产品制造						
日用化学产品制造	1.54	0.91		0.68	9.18	5.12
肥皂及洗涤剂制造	0.15	0.52		0.05	3.90	1.74
化妆品制造						
口腔清洁用品制造						
香料、香精制造					0.95	0.39
其他日用化学产品制造	1.39	0.38		0.64	4.32	2.98
医药制造业	5.92	5.60		6.61	236.15	118.36
化学药品原料药制造	0.92	0.06		1.55	3.56	2.28
化学药品制剂制造	0.34	3.47		4.67	213.53	106.69
中药饮片加工						
中成药生产	1.72	0.39			6.96	4.97
兽用药品制造		0.70			0.39	0.12
生物药品制品制造	2.92	0.98		0.38	11.72	4.30
生物药品制造	0.31	0.80		0.38	9.02	3.81
基因工程药物和疫苗制造	2.62	0.18			2.70	0.49
卫生材料及医药用品制造						
药用辅料及包装材料						
化学纤维制造业		0.38			1.00	0.79
纤维素纤维原料及纤维制造						
化纤浆粕制造						
人造纤维(纤维素纤维)制造						
合成纤维制造		0.38			1.00	0.79
锦纶纤维制造						
涤纶纤维制造						
腈纶纤维制造						
维纶纤维制造						
丙纶纤维制造		0.38			1.00	0.79
氨纶纤维制造						
其他合成纤维制造						
生物基材料制造						
生物基化学纤维制造						
生物基、淀粉基新材料制造						
橡胶和塑料制品业	5.24	7.18	0.81	44.54	112.93	86.40

单位：亿元

销售费用	管理费用	财务费用	利息收入	利息支出	投资收益(损失以“–”号记)	营业利润	利润总额	亏损企业亏损额	平均用工人数(万人)
7.97	1.56	11.50	-2.85	12.54	-0.56	29.17	29.35		0.20
0.02	0.06	0.02		0.01		-0.03	-0.03	0.03	
2.25	4.20	0.03	-0.15	0.19	0.20	3.79	4.11	0.39	0.40
0.60	2.73	0.06	-0.13	0.16	0.16	1.01	1.24	0.27	0.20
1.36	1.03	-0.06	-0.03		0.03	2.58	2.57		0.10
0.01	0.13	0.02		0.02		-0.16	-0.13	0.13	
	0.08			0.01		0.16	0.21		
0.27	0.22	0.01		0.01		0.20	0.21		
0.03	0.30					0.05	0.05		0.01
0.03	0.30					0.05	0.05		0.01
1.69	1.13	0.16	-0.01	0.01	0.01	1.07	1.12		0.20
1.35	0.42		-0.01		0.01	0.47	0.47		0.10
0.05	0.34	-0.01				0.16	0.15		
0.29	0.37	0.16	0.01	0.01		0.44	0.50		0.10
55.82	7.91	0.26	0.26	0.47	0.10	51.66	52.20	0.04	0.50
0.27	0.48	0.05		0.03		0.43	0.44		
50.68	5.28	-0.27	0.26		0.09	49.38	49.50		0.20
0.92	0.53	0.19		0.18		0.28	0.28	0.01	0.10
0.14	0.16	-0.01				-0.02	-0.02	0.02	
3.81	1.46	0.30		0.25	0.01	1.59	2.01		0.20
2.86	1.01	0.29		0.25	0.01	0.82	1.23		0.10
0.95	0.46	0.01		0.01		0.77	0.78		
0.04	0.12	0.02		0.02		0.02	0.03		0.01
0.04	0.12	0.02		0.02		0.02	0.03		
0.04	0.12	0.02		0.02		0.02	0.03		
8.29	9.05	1.03	0.09	0.93	-0.01	7.42	8.53	0.81	1.40

1-A-3 续表 26

行　业					营业收入	营业成本
	法人资本	个人资本	港澳台资本	外商资本		
橡胶制品业	0.29	1.93		35.50	62.46	43.14
轮胎制造		1.50		33.74	53.20	35.23
橡胶板、管、带制造	0.06	0.15		0.52	4.45	3.95
橡胶零件制造	0.08	0.12		0.40	2.51	1.91
再生橡胶制造						
日用及医用橡胶制品制造		0.16		0.36	1.15	1.07
运动场地用塑胶制造						
其他橡胶制品制造	0.15	0.01		0.48	1.15	0.99
塑料制品业	4.95	5.25	0.81	9.04	50.48	43.26
塑料薄膜制造	2.06	4.77			13.68	11.70
塑料板、管、型材制造	0.22	0.11		2.87	8.56	7.62
塑料丝、绳及编织品制造	0.20	0.06		0.22	1.50	1.35
泡沫塑料制造	0.72				0.41	0.37
塑料人造革、合成革制造						
塑料包装箱及容器制造	0.23			0.01	1.33	1.26
日用塑料制品制造				0.07	0.34	0.29
人造草坪制造				0.17	0.75	0.56
塑料零件及其他塑料制品制造	1.52	0.30	0.81	5.71	23.90	20.11
非金属矿物制品业	5.86	12.80	0.66	20.16	115.78	92.33
水泥、石灰和石膏制造	2.41	3.30		4.15	39.32	29.04
水泥制造	2.41	3.17		4.15	39.26	28.99
石灰和石膏制造		0.13			0.06	0.05
石膏、水泥制品及类似制品制造	1.73	1.84	0.66		20.39	16.99
水泥制品制造	1.53	1.84	0.66		19.16	15.91
砼结构构件制造	0.20				1.23	1.08
石棉水泥制品制造						
轻质建筑材料制造						
其他水泥类似制品制造						
砖瓦、石材等建筑材料制造	0.49	0.02		0.40	7.99	5.45
粘土砖瓦及建筑砌块制造	0.28	0.02			0.59	0.47
建筑用石加工						
防水建筑材料制造						
隔热和隔音材料制造					0.52	0.49
其他建筑材料制造	0.21			0.40	6.88	4.49
玻璃制造	0.25			9.15	6.38	5.43
平板玻璃制造				9.15	5.58	4.79
特种玻璃制造						
其他玻璃制造	0.25				0.80	0.64
玻璃制品制造		0.01		0.08	1.31	1.13
技术玻璃制品制造						
光学玻璃制造						
玻璃仪器制造						
日用玻璃制品制造		0.01			0.25	0.24
玻璃包装容器制造						
玻璃保温容器制造						
制镜及类似品加工						
其他玻璃制品制造				0.08	1.06	0.90

单位：亿元

销售费用	管理费用	财务费用			投资收益（损失以“–”号记）	营业利润	利润总额	亏损企业亏损额	平均用工人数（万人）
			利息收入	利息支出					
6.66	5.43	0.82		0.71		6.00	7.03	0.09	0.60
6.44	4.68	0.70		0.60		5.87	5.99		0.30
0.10	0.20	0.09	-0.01	0.08		0.06	0.07	0.02	0.10
0.06	0.29	0.01				0.21	0.21		0.10
0.04	0.12	0.02		0.02		-0.12	0.78	0.03	0.10
0.02	0.14					-0.01	-0.01	0.03	0.10
1.62	3.62	0.21	0.10	0.22	-0.01	1.42	1.50	0.72	0.80
0.34	0.92		0.03	0.05	-0.02	0.65	0.76	0.23	0.10
0.33	0.71	0.06		0.07		-0.24	-0.23	0.26	0.10
0.03	0.09	0.03		0.01		-0.02	-0.02	0.04	
0.03	0.04	0.01		0.01		-0.04	-0.04	0.04	
0.01	0.07	0.03		0.01		-0.05	-0.03	0.03	
0.01	0.04								
0.02	0.04	-0.01				0.14	0.14		
0.85	1.71	0.09	0.06	0.08	0.01	0.98	0.92	0.11	0.50
4.40	6.13	3.04	-0.14	2.27	1.10	10.43	10.72	0.61	0.90
2.38	2.38	1.63	-0.09	1.36	0.04	3.88	4.07	0.34	0.30
2.37	2.37	1.63	-0.09	1.36	0.04	3.88	4.07	0.33	0.30
	0.01								
0.98	1.20	0.69	-0.05	0.17		0.42	0.41	0.11	0.20
0.89	1.18	0.69	-0.05	0.17		0.39	0.38	0.11	0.20
0.09	0.02					0.04	0.04		
0.15	0.26					2.04	2.04		0.10
0.08	0.03					0.02	0.03		
0.01	0.01						0.01		
0.07	0.22					2.02	2.01		
0.35	0.31	0.20	-0.01	0.17		0.03	0.06	0.04	0.10
0.32	0.21	0.14	-0.01	0.11		0.08	0.11		
0.03	0.10	0.06		0.06		-0.05	-0.04	0.04	
0.04	0.06					0.07	0.07		
	0.01								
0.04	0.05					0.07	0.07		

1-A-3 续表 27

行业	法人资本	个人资本	港澳台资本	外商资本	营业收入	营业成本
玻璃纤维和玻璃纤维增强塑料制品制造	0.21	0.20			1.78	1.52
玻璃纤维及制品制造	0.21				1.13	0.97
玻璃纤维增强塑料制品制造		0.20			0.65	0.55
陶瓷制品制造	0.25	7.10			2.87	2.60
建筑陶瓷制品制造						
卫生陶瓷制品制造						
特种陶瓷制品制造	0.25	7.10			2.87	2.60
日用陶瓷制品制造						
陈设艺术陶瓷制造						
园艺陶瓷制造						
其他陶瓷制品制造						
耐火材料制品制造	0.09			6.08	20.03	17.97
石棉制品制造						
云母制品制造						
耐火陶瓷制品及其他耐火材料制造	0.09			6.08	20.03	17.97
石墨及其他非金属矿物制品制造	0.42	0.33		0.30	15.71	12.19
石墨及碳素制品制造	0.06	0.07		0.30	9.60	6.98
其他非金属矿物制品制造	0.36	0.25			6.10	5.21
黑色金属冶炼和压延加工业	14.81	0.24	0.41	7.95	105.59	94.57
炼铁						
炼钢						
钢压延加工	14.81	0.24	0.41	7.95	105.59	94.57
铁合金冶炼						
有色金属冶炼和压延加工业	2.64	3.74	6.36	3.56	33.33	30.39
常用有色金属冶炼	1.88				1.09	0.98
铜冶炼						
铅锌冶炼						
镍钴冶炼	1.88				0.83	0.76
锡冶炼						
锑冶炼						
铝冶炼						
镁冶炼					0.25	0.22
硅冶炼						
其他常用有色金属冶炼						
贵金属冶炼						
金冶炼						
银冶炼						
其他贵金属冶炼						
稀有稀土金属冶炼	0.09	0.99			5.12	3.63
钨钼冶炼						
稀土金属冶炼						
其他稀有金属冶炼	0.09	0.99			5.12	3.63
有色金属合金制造	0.05	1.68		3.07	18.87	18.11
有色金属压延加工	0.62	1.07	6.36	0.49	8.25	7.67
铜压延加工		1.00		0.21	4.20	4.13
铝压延加工		0.07	6.36		2.02	1.87
贵金属压延加工						

单位：亿元

销售费用	管理费用	财务费用			投资收益（损失以“–”号记）	营业利润	利润总额	亏损企业亏损额	平均用工人数（万人）
			利息收入	利息支出					
0.07	0.15	0.01		0.01		0.01	0.02	0.02	0.10
0.03	0.09					0.03	0.03		
0.04	0.06	0.01		0.01		-0.02	-0.01	0.02	
0.03	0.22	0.21		0.21	1.06	0.86	0.86		
0.03	0.22	0.21		0.21	1.06	0.86	0.86		
0.13	0.93	0.07		0.14		0.80	0.80	0.10	0.10
0.13	0.93	0.07		0.14		0.80	0.80	0.10	0.10
0.27	0.62	0.23		0.22		2.31	2.37		0.10
0.14	0.39	0.05		0.05		1.98	2.00		0.10
0.13	0.24	0.17		0.18		0.33	0.37		
2.04	3.90	0.30	0.12	0.32	-0.41	3.87	3.95	0.19	0.30
2.04	3.90	0.30	0.12	0.32	-0.41	3.87	3.95	0.19	0.30
0.44	1.16	0.55	-0.02	0.51	0.02	-4.82	-4.74	5.98	0.10
0.02	0.07	0.03		0.03		-0.03	-0.02	0.04	
0.02	0.07	0.03		0.03		-0.05	-0.04	0.04	
	0.01					0.02	0.02		
0.08	0.31	0.27	-0.02	0.29		0.80	0.85		
0.08	0.31	0.27	-0.02	0.29		0.80	0.85		
0.17	0.29	0.03				0.25	0.27	0.03	
0.18	0.48	0.23		0.19	0.02	-5.83	-5.84	5.91	0.10
0.03	0.08	0.08		0.03	0.02	-0.09	-0.08	0.08	
0.06	0.26	0.14		0.15		-5.84	-5.82	5.82	

1-A-3 续表 28

行　　业	法人资本	个人资本	港澳台资本	外商资本	营业收入	营业成本
稀有稀土金属压延加工	0.50				0.50	0.39
其他有色金属压延加工	0.12			0.28	1.53	1.27
金属制品业	8.99	9.81	1.12	17.07	155.25	129.82
结构性金属制品制造	1.99	2.38		0.32	13.67	11.29
金属结构制造	1.90	2.32		0.32	12.40	10.25
金属门窗制造	0.08	0.07			1.27	1.04
金属工具制造	0.89	0.03	0.07	5.26	19.43	14.46
切削工具制造	0.49	0.03	0.07	5.26	16.65	12.15
手工具制造	0.40				0.48	0.24
农用及园林用金属工具制造						
刀剪及类似日用金属工具制造						
其他金属工具制造					2.30	2.07
集装箱及金属包装容器制造	1.35	1.06			28.17	24.88
集装箱制造					16.42	14.53
金属压力容器制造	1.03	1.06			6.05	5.57
金属包装容器及材料制造	0.33				5.69	4.78
金属丝绳及其制品制造	0.01	0.40		0.18	1.98	1.70
建筑、安全用金属制品制造	2.29	0.58	0.52	3.35	23.29	19.05
建筑、家具用金属配件制造	0.72	0.03		0.24	2.66	2.30
建筑装饰及水暖管道零件制造	1.57	0.30		3.10	19.49	15.81
安全、消防用金属制品制造		0.10	0.52		0.88	0.70
其他建筑、安全用金属制品制造		0.15			0.25	0.24
金属表面处理及热处理加工	0.30	0.54	0.30	0.08	8.25	7.13
搪瓷制品制造					0.22	0.19
生产专用搪瓷制品制造					0.22	0.19
建筑装饰搪瓷制品制造						
搪瓷卫生洁具制造						
搪瓷日用品及其他搪瓷制品制造						
金属制日用品制造	0.04				1.00	0.86
金属制厨房用器具制造						
金属制餐具和器皿制造	0.03				0.53	0.50
金属制卫生器具制造						
其他金属制日用品制造	0.01				0.48	0.36
铸造及其他金属制品制造	2.12	4.82	0.23	7.88	59.24	50.26
黑色金属铸造	1.51	3.85	0.23	4.30	44.47	37.92
有色金属铸造						
锻件及粉末冶金制品制造		0.65		0.85	7.15	5.93
交通及公共管理用金属标牌制造						
其他未列明金属制品制造	0.61	0.32		2.73	7.62	6.41
通用设备制造业	41.47	23.59	1.85	71.93	456.07	368.43
锅炉及原动设备制造	0.02	2.83		0.01	24.84	21.23
锅炉及辅助设备制造		1.52			4.23	3.61
内燃机及配件制造	0.02	1.31		0.01	20.61	17.62
汽轮机及辅机制造						
水轮机及辅机制造						
风能原动设备制造						
其他原动设备制造						

单位：亿元

销售费用	管理费用	财务费用			投资收益（损失以“-”号记）	营业利润	利润总额	亏损企业亏损额	平均用工人数（万人）
			利息收入	利息支出					
	0.07	0.01				0.02	0.02		
0.09	0.08					0.08	0.04		
3.75	11.55	3.26	-0.12	1.28	0.06	5.77	6.85	2.06	2.45
0.43	1.61	0.28	-0.01	0.10		-0.04	0.14	0.69	0.30
0.42	1.49	0.28	-0.01	0.10		-0.12	0.05	0.69	0.30
0.01	0.12					0.09	0.08		
0.54	1.31	1.39		0.03	0.02	1.56	1.78	0.01	0.30
0.49	1.10	1.36		0.03	0.02	1.41	1.63	0.01	0.30
0.05	0.13					0.05	0.05		
	0.09	0.03				0.10	0.11		
0.71	1.63	0.70	-0.04	0.33		0.12	0.30	0.72	0.30
0.45	0.64	0.12	-0.04	0.20		0.66	0.62		0.10
0.08	0.67	0.58		0.13		-0.88	-0.67	0.72	0.10
0.19	0.32			0.01		0.35	0.34		0.10
0.06	0.14			0.01		0.06	0.07		
0.89	1.46	0.07	-0.01	0.10	0.04	1.69	1.73	0.07	0.30
0.10	0.16	0.06		0.01	0.01	0.03	0.03	0.06	
0.78	1.17	-0.01		0.09	0.03	1.63	1.67	0.02	0.20
0.01	0.12	0.02				0.03	0.03		
	0.01								
0.13	0.85	0.07	0.01	0.07		-0.01	0.11	0.12	0.20
	0.03								
	0.03								
	0.11	0.01				0.02	0.02		
	0.02					0.01	0.01		
	0.09	0.01				0.01	0.01		
0.99	4.41	0.74	-0.07	0.64		2.37	2.70	0.45	1.05
0.74	3.13	0.55	-0.07	0.45		1.76	2.03	0.44	0.80
0.12	0.46	0.18		0.18		0.40	0.45		0.10
0.13	0.82	0.01		0.01		0.21	0.22	0.01	0.15
18.42	35.79	3.62	0.68	3.11	5.99	29.68	30.73	6.18	6.42
0.34	1.84	0.17	0.06	0.18		1.27	1.27	0.03	0.32
0.05	0.33	0.05		0.03		0.17	0.17	0.02	0.10
0.29	1.51	0.12	0.06	0.15		1.10	1.10	0.01	0.22

1-A-3 续表 29

行业	法人资本	个人资本	港澳台资本	外商资本	营业收入	营业成本
金属加工机械制造	11.42	3.91	0.01	21.15	78.04	62.24
金属切削机床制造	6.57	2.83	0.01	11.05	43.13	34.34
金属成形机床制造	0.68	0.41		0.01	9.95	6.10
铸造机械制造	0.10	0.26		0.52	6.64	5.81
金属切割及焊接设备制造	0.10				0.21	0.18
机床功能部件及附件制造				9.20	7.22	5.97
其他金属加工机械制造	3.96	0.41		0.38	10.88	9.84
物料搬运设备制造	2.62	2.08		3.11	32.94	27.40
轻小型起重设备制造						
生产专用起重机制造	2.62	1.40		0.11	16.80	13.55
生产专用车辆制造		0.22		2.99	14.79	12.70
连续搬运设备制造		0.47			0.62	0.47
电梯、自动扶梯及升降机制造						
客运索道制造						
机械式停车设备制造				0.01	0.72	0.67
其他物料搬运设备制造						
泵、阀门、压缩机及类似机械制造	5.78	2.81	0.52	6.08	52.44	38.61
泵及真空设备制造	4.57	1.44		3.40	32.45	22.26
气体压缩机械制造	0.41	0.02			1.08	0.92
阀门和旋塞制造	0.36	1.27	0.52	0.72	12.21	9.96
液压动力机械及元件制造	0.40	0.08		1.05	3.18	2.61
液力动力机械元件制造	0.04			0.91	2.82	2.25
气压动力机械及元件制造					0.70	0.61
轴承、齿轮和传动部件制造	9.07	4.92	0.40	11.93	106.98	88.37
滚动轴承制造	5.79	4.48	0.40	11.93	97.21	80.53
滑动轴承制造					0.79	0.75
齿轮及齿轮减、变速箱制造	2.29	0.12			2.59	2.04
其他传动部件制造	1.00	0.32			6.39	5.05
烘炉、风机、包装等设备制造	9.41	4.50	0.31	12.55	87.11	71.06
烘炉、熔炉及电炉制造						
风机、风扇制造	0.06				0.15	0.10
气体、液体分离及纯净设备制造	0.22			1.32	6.22	4.75
制冷、空调设备制造	8.54	4.50	0.31	8.87	72.65	59.27
风动和电动工具制造				2.29	5.52	5.00
喷枪及类似器具制造						
包装专用设备制造	0.58			0.07	2.57	1.94
文化、办公用机械制造				12.23	20.80	18.11
电影机械制造						
幻灯及投影设备制造						
照相机及器材制造				1.91	4.84	4.24
复印和胶印设备制造				10.32	15.72	13.63
计算器及货币专用设备制造						
其他文化、办公用机械制造					0.24	0.23
通用零部件制造	3.08	2.14	0.61	4.65	49.01	38.68
金属密封件制造	0.52	0.09	0.11	1.16	5.69	3.73
紧固件制造	0.20			0.02	1.25	1.04
弹簧制造	0.21	0.02		0.46	1.52	1.06

单位：亿元

销售费用	管理费用	财务费用			投资收益(损失以"-"号记)	营业利润	利润总额	亏损企业亏损额	平均用工人数(万人)
			利息收入	利息支出					
2.53	6.43	0.74	0.03	0.60	2.21	5.21	5.64	2.93	0.90
1.48	3.67	0.30	-0.01	0.14	-0.09	0.81	1.11	2.30	0.50
0.63	1.02	0.01	0.01	0.03	-0.22	1.48	1.50		0.10
0.09	0.36	0.08		0.05		0.28	0.31	0.03	0.10
	0.05					-0.02	-0.03	0.03	
0.02	0.30	-0.02	-0.03		0.03	0.91	0.91		0.10
0.31	1.02	0.37	0.05	0.38	2.49	1.75	1.83	0.58	0.10
1.66	2.16	-0.15	0.08	0.04		1.61	1.66	0.08	0.30
0.75	1.57	0.01	0.01			0.70	0.71	0.05	0.20
0.90	0.44	-0.17	0.07	0.02		0.88	0.92	0.03	0.10
0.01	0.12	0.01		0.01		0.01	0.01		
	0.03					0.02	0.02		
3.41	6.31	0.20	0.20	0.22	0.26	3.63	3.75	0.30	0.89
2.79	4.00	-0.03	0.16	0.10	0.26	3.33	3.40		0.40
	0.12	0.02	0.02			0.01	0.03		
0.40	1.24	0.09	0.02	0.11		0.39	0.48		0.29
0.11	0.43	0.07		0.01		-0.05	-0.06	0.17	0.10
0.10	0.46	0.04				-0.06	-0.11	0.13	0.10
0.01	0.06	0.01				0.01	0.01		
3.42	7.20	1.91	0.06	1.41	0.78	6.37	6.74	2.28	1.70
3.19	6.23	1.60	0.05	1.30	0.77	6.01	6.29	1.99	1.60
0.02	0.03	0.02				-0.03	-0.03	0.03	
0.11	0.35	0.23		0.03		-0.16	-0.07	0.26	
0.11	0.59	0.07		0.08	0.01	0.55	0.55		0.10
4.57	5.55	0.48	0.07	0.35	2.46	7.07	7.04	0.10	1.00
	0.04	0.01							
0.06	0.23	0.01	0.01	0.01		1.15	1.02		0.10
4.30	5.00	0.38	0.07	0.34	2.46	5.40	5.50	0.10	0.80
0.10	0.16	0.10	-0.02			0.11	0.10		0.10
0.11	0.12	-0.02				0.41	0.40		
0.03	1.35	-0.09	0.18	0.02		0.99	0.97	0.06	0.40
	0.27		0.02			0.26	0.24		0.10
0.03	1.06	-0.10	0.17			0.78	0.79	0.01	0.20
	0.02	0.02		0.02		-0.05	-0.05	0.05	
2.30	4.13	0.26		0.21	0.28	3.45	3.46	0.38	0.80
0.40	0.70	0.01		0.02		0.71	0.71	0.06	0.10
	0.11		0.01	0.01		0.08	0.10		
0.05	0.27	0.01		0.01		0.12	0.14	0.04	

1-A-3 续表 30

行业					营业收入	营业成本
	法人资本	个人资本	港澳台资本	外商资本		
机械零部件加工	2.07	1.78	0.50	2.29	32.24	25.74
其他通用零部件制造	0.09	0.25		0.74	8.31	7.11
其他通用设备制造业	0.07	0.40		0.22	3.90	2.73
工业机器人制造		0.15			0.32	0.12
特殊作业机器人制造						
增材制造装备制造	0.07			0.04	0.58	0.47
其他未列明通用设备制造业		0.25		0.18	3.00	2.14
专用设备制造业	45.17	8.14	0.05	12.55	215.95	181.10
采矿、冶金、建筑专用设备制造	29.83	2.78		2.42	110.29	94.55
矿山机械制造	6.17	2.50			4.35	4.84
石油钻采专用设备制造						
深海石油钻探设备制造						
建筑工程用机械制造	0.18	0.20		2.28	11.94	10.22
建筑材料生产专用机械制造						
冶金专用设备制造	23.49	0.08		0.14	93.99	79.49
隧道施工专用机械制造						
化工、木材、非金属加工专用设备制造	5.38	1.13		5.89	37.83	32.07
炼油、化工生产专用设备制造	3.41	0.03			3.96	3.69
橡胶加工专用设备制造	0.15	0.10			11.83	11.07
塑料加工专用设备制造	1.12	0.08		0.03	3.38	2.46
木竹材加工机械制造						
模具制造	0.70	0.87		5.85	18.42	14.62
其他非金属加工专用设备制造		0.05			0.24	0.23
食品、饮料、烟草及饲料生产专用设备制造	0.19				0.93	0.75
食品、酒、饮料及茶生产专用设备制造						
农副食品加工专用设备制造	0.19				0.93	0.75
烟草生产专用设备制造						
饲料生产专用设备制造						
印刷、制药、日化及日用品生产专用设备制造	0.71	0.46			1.64	1.13
制浆和造纸专用设备制造		0.05			0.44	0.41
印刷专用设备制造						
日用化工专用设备制造						
制药专用设备制造	0.71	0.21			0.77	0.50
照明器具生产专用设备制造						
玻璃、陶瓷和搪瓷制品生产专用设备制造						
其他日用品生产专用设备制造		0.20			0.44	0.22
纺织、服装和皮革加工专用设备制造		0.26			2.36	1.73
纺织专用设备制造		0.26			2.36	1.73
皮革、毛皮及其制品加工专用设备制造						
缝制机械制造						
洗涤机械制造						
电子和电工机械专用设备制造	0.60	0.20		0.02	9.44	7.82
电工机械专用设备制造	0.50				7.88	6.87
半导体器件专用设备制造						
电子元器件与机电组件设备制造				0.02	0.28	0.19
其他电子专用设备制造	0.10	0.20			1.28	0.76
农、林、牧、渔专用机械制造		0.18			0.70	0.56

单位：亿元

销售费用	管理费用	财务费用			投资收益(损失以"－"号记)	营业利润	利润总额	亏损企业亏损额	平均用工人数(万人)
			利息收入	利息支出					
1.69	2.35	0.18	-0.01	0.16	0.28	2.30	2.26	0.23	0.60
0.17	0.70	0.06		0.01		0.23	0.26	0.06	0.10
0.16	0.82	0.10		0.08		0.08	0.20	0.02	0.12
0.01	0.19	0.08		0.08		-0.08	0.04		0.02
0.01	0.06					0.04	0.04		
0.14	0.57	0.02				0.12	0.12	0.02	0.10
5.44	21.10	3.26	0.16	3.21	0.15	3.63	7.52	5.57	2.40
2.34	10.23	0.80	0.09	0.90	-0.02	1.97	1.99	2.68	0.70
0.04	0.72	0.18	0.03	0.22		-1.62	-1.72	1.73	
0.53	0.37	0.12		0.09		0.60	0.66		0.10
1.77	9.14	0.51	0.06	0.59	-0.02	2.99	3.05	0.95	0.60
1.08	4.65	1.66	0.03	1.62	0.12	-1.95	1.49	2.40	0.70
0.07	0.89	0.70	0.01	0.69	0.03	-1.50	-1.28	1.28	0.10
0.48	1.39	0.89		0.82	0.02	-1.93	1.28	1.05	0.20
0.14	0.42			0.02	0.05	0.23	0.24		0.10
0.39	1.92	0.07	0.02	0.08	0.03	1.28	1.28	0.05	0.40
	0.03					-0.02	-0.02	0.02	
0.01	0.10	0.05		0.05		0.01	0.02	0.01	
0.01	0.10	0.05		0.05		0.01	0.02	0.01	
0.14	0.38	0.09		0.09		-0.11	-0.12	0.15	
0.02	0.01	0.02		0.02		-0.02	-0.02	0.02	
0.03	0.27	0.08		0.07		-0.13	-0.13	0.13	
0.09	0.10					0.04	0.04		
0.03	0.18		-0.01	0.01		0.39	0.45		
0.03	0.18		-0.01	0.01		0.39	0.45		
0.30	1.17	-0.03				-0.05	0.15		0.10
0.07	0.92	-0.03				-0.15	0.05		
0.03	0.05								
0.20	0.21					0.10	0.10		
0.05	0.06					0.02	0.02		

1-A-3 续表 31

行业	法人资本	个人资本	港澳台资本	外商资本	营业收入	营业成本
拖拉机制造						
机械化农业及园艺机具制造						
营林及木竹采伐机械制造						
畜牧机械制造						
渔业机械制造						
农林牧渔机械配件制造						
棉花加工机械制造						
其他农、林、牧、渔业机械制造		0.18			0.70	0.56
医疗仪器设备及器械制造	2.94		0.05	2.80	26.52	22.26
医疗诊断、监护及治疗设备制造						
口腔科用设备及器具制造						
医疗实验室及医用消毒设备和器具制造						
医疗、外科及兽医用器械制造	1.57		0.05	0.97	21.15	18.57
机械治疗及病房护理设备制造						
康复辅具制造						
眼镜制造				1.17	1.93	1.78
其他医疗设备及器械制造	1.37			0.67	3.43	1.90
环保、邮政、社会公共服务及其他专用设备制造	5.51	3.14		1.42	26.25	20.24
环境保护专用设备制造	0.65	1.71		0.27	9.67	7.69
地质勘查专用设备制造						
邮政专用机械及器材制造						
商业、饮食、服务专用设备制造				1.12	4.89	4.13
社会公共安全设备及器材制造	0.05	0.15			0.85	0.53
交通安全、管制及类似专用设备制造						
水资源专用机械制造						
其他专用设备制造	4.81	1.27		0.03	10.83	7.89
汽车制造业	29.38	3.96	8.32	89.38	577.37	427.79
汽车整车制造						
汽柴油车整车制造						
新能源车整车制造						
汽车用发动机制造				18.13	164.68	116.20
改装汽车制造	0.51				16.51	15.79
低速汽车制造						
电车制造						
汽车车身、挂车制造						
汽车零部件及配件制造	28.87	3.96	8.32	71.25	396.18	295.80
铁路、船舶、航空航天和其他运输设备制造业	18.49	3.64	0.53	32.70	512.98	449.92
铁路运输设备制造	2.56	0.51		0.30	152.18	132.29
高铁车组制造						
铁路机车车辆制造					102.65	93.05
窄轨机车车辆制造						
高铁设备、配件制造					12.41	10.33
铁路机车车辆配件制造	0.35	0.09		0.30	29.14	22.03
铁路专用设备及器材、配件制造	2.21	0.37			7.35	6.36
其他铁路运输设备制造		0.05			0.64	0.52
城市轨道交通设备制造				0.01	0.38	0.34
船舶及相关装置制造	15.46	2.91	0.53	32.39	343.52	304.13

单位：亿元

销售费用	管理费用	财务费用			投资收益（损失以"–"号记）	营业利润	利润总额	亏损企业亏损额	平均用工人数（万人）
			利息收入	利息支出					
0.05	0.06					0.02	0.02		
0.76	1.38	0.11		0.06	0.03	1.85	1.91	0.18	0.50
0.12	0.78	0.04		0.02	0.03	1.54	1.57		0.30
0.02	0.25	0.03				-0.17	-0.17	0.17	0.10
0.63	0.35	0.04		0.04		0.49	0.51	0.01	0.10
0.72	2.95	0.58	0.04	0.49	0.02	1.49	1.61	0.15	0.30
0.33	1.04	0.07	0.02	0.08		0.43	0.41	0.06	0.20
	0.39	0.07	0.01	0.05		0.27	0.27		
0.06	0.11					0.12	0.13		
0.33	1.40	0.44	0.01	0.36	0.02	0.68	0.79	0.08	0.10
15.27	32.59	0.48	0.49	2.40	1.21	99.12	103.87	7.20	3.40
5.09	8.45	-1.05	1.71	0.54		32.96	34.11	3.09	0.30
0.33	0.73	0.13	-0.01	0.13		-0.34	-0.34	0.34	
9.86	23.41	1.40	-1.20	1.73	1.21	66.50	70.10	3.78	3.00
6.01	38.57	9.19	16.54	12.26	1.45	9.94	10.62	10.31	4.24
3.50	10.33	1.70		2.05	0.72	4.76	5.17	0.31	1.20
0.63	5.91	0.81	0.02	1.54	0.69	2.79	2.87		0.80
0.60	1.73	0.24	-0.06	0.13	0.02	-0.45	-0.21	0.31	0.20
2.11	2.18	0.56	0.03	0.36	0.01	2.10	2.17		0.20
0.15	0.41	0.09		0.03		0.31	0.35		0.10
0.01	0.11								
	0.02	0.01							
2.45	26.13	7.46	16.43	10.06	0.73	3.63	3.93	9.88	2.84

1-A-3 续表 32

行业	法人资本	个人资本	港澳台资本	外商资本	营业收入	营业成本
金属船舶制造	10.43	0.22		17.13	277.53	243.96
非金属船舶制造						
娱乐船和运动船制造	1.00			0.13	1.13	0.98
船用配套设备制造	0.37	2.58	0.53	11.63	58.76	51.90
船舶改装		0.10			0.49	0.44
船舶拆除						
海洋工程装备制造	3.66	0.01		3.50	5.61	6.85
航标器材及其他相关装置制造						
航空、航天器及设备制造	0.46	0.22			13.62	10.09
飞机制造	0.28				12.93	9.74
航天器及运载火箭制造						
航天相关设备制造						
航空相关设备制造	0.18	0.22			0.69	0.36
其他航空航天器制造						
摩托车制造						
摩托车整车制造						
摩托车零部件及配件制造						
自行车和残疾人座车制造						
自行车制造						
残疾人座车制造						
助动车制造						
非公路休闲车及零配件制造	0.01				3.28	3.07
潜水救捞及其他未列明运输设备制造						
潜水装备制造						
水下救捞装备制造						
其他未列明运输设备制造						
电气机械和器材制造业	18.22	14.57	0.49	24.39	173.23	142.39
电机制造	1.26	3.12		14.93	55.17	45.33
发电机及发电机组制造		1.23			0.43	0.39
电动机制造	1.10	1.79		6.58	17.59	15.53
微特电机及组件制造		0.01		8.29	35.44	28.33
其他电机制造	0.16	0.10		0.06	1.71	1.09
输配电及控制设备制造	6.34	7.37	0.47	5.84	55.12	42.85
变压器、整流器和电感器制造	3.18	5.19	0.06	1.67	30.62	22.87
电容器及其配套设备制造						
配电开关控制设备制造	2.24	0.84		3.38	15.69	13.12
电力电子元器件制造		0.05	0.41	0.51	3.28	2.81
光伏设备及元器件制造						
其他输配电及控制设备制造	0.92	1.29		0.27	5.52	4.05
电线、电缆、光缆及电工器材制造	5.05	3.13		1.51	28.20	25.20
电线、电缆制造	2.87	3.13		1.16	21.47	19.76
光纤制造						
光缆制造						
绝缘制品制造	2.18				5.73	4.62
其他电工器材制造				0.36	1.00	0.82
电池制造	3.31	0.68	0.02		4.99	4.80
锂离子电池制造	0.50	0.60	0.02		3.34	3.39

单位：亿元

销售费用	管理费用	财务费用			投资收益（损失以“-”号记）	营业利润	利润总额	亏损企业亏损额	平均用工人数（万人）
			利息收入	利息支出					
0.82	19.80	-2.39	14.83	6.81	0.71	9.63	9.78	0.33	1.74
0.08	0.11	0.16		0.16		-0.20	-0.20	0.22	
0.42	3.23	0.84	0.06	0.64	0.02	1.98	2.08	1.49	1.00
0.04	0.01								
1.08	2.99	8.86	1.54	2.45		-7.79	-7.72	7.84	0.10
0.02	1.92	-0.09	0.09			1.67	1.64		0.20
0.01	1.84	-0.09	0.09			1.43	1.40		0.20
0.01	0.08					0.24	0.24		
0.04	0.17	0.11	0.02	0.15		-0.12	-0.12	0.12	
5.00	14.43	1.78	0.24	1.69	0.91	9.89	10.79	3.13	2.40
1.02	3.71	0.10	0.15	0.14	0.80	5.28	5.32	1.19	0.90
0.03	0.07					-0.07	-0.07	0.07	
0.49	1.61	0.22	0.06	0.14		-0.56	-0.61	1.12	0.20
0.41	1.79	-0.13	0.09		0.80	5.63	5.71		0.60
0.09	0.24	0.01				0.28	0.29		
2.17	4.47	0.46	-0.02	0.43	0.06	4.87	4.85	0.16	0.80
1.81	2.88	0.43	-0.01	0.35	0.07	2.60	2.60	0.01	0.50
0.25	0.96	0.02	-0.01	0.06	0.01	1.13	1.10	0.10	0.20
0.07	0.20	0.03		0.02		0.17	0.17		
0.03	0.42	-0.01			-0.03	0.96	0.97	0.04	0.10
0.64	1.61	0.40	0.01	0.31	0.05	0.20	0.17	0.33	0.40
0.31	0.91	0.33	0.01	0.31	0.05	0.12	0.17	0.24	0.20
0.31	0.64	0.06				-0.02	-0.09	0.09	0.10
0.02	0.06					0.09	0.10		
0.17	1.65	0.48	0.09	0.37		-1.63	-0.81	0.91	0.10
0.13	0.72	0.27	0.08	0.17		-1.15	-0.34	0.35	0.10

1-A-3 续表 33

行业					营业收入	营业成本
	法人资本	个人资本	港澳台资本	外商资本		
镍氢电池制造						
铅蓄电池制造	1.04	0.08			0.63	0.37
锌锰电池制造						
其他电池制造	1.77				1.02	1.04
家用电力器具制造	2.20				10.25	10.59
家用制冷电器具制造	1.10				1.80	2.00
家用空气调节器制造	1.10				8.45	8.59
家用通风电器具制造						
家用厨房电器具制造						
家用清洁卫生电器具制造						
家用美容、保健护理电器具制造						
家用电力器具专用配件制造						
其他家用电力器具制造						
非电力家用器具制造				0.10	1.95	1.68
燃气及类似能源家用器具制造				0.10	1.95	1.68
太阳能器具制造						
其他非电力家用器具制造						
照明器具制造				2.01	16.30	11.22
电光源制造				0.58	0.63	0.57
照明灯具制造				1.16	14.62	9.66
舞台及场地用灯制造						
智能照明器具制造						
灯用电器附件及其他照明器具制造				0.27	1.05	0.99
其他电气机械及器材制造	0.06	0.27			1.25	0.71
电气信号设备装置制造						
其他未列明电气机械及器材制造	0.06	0.27			1.25	0.71
计算机、通信和其他电子设备制造业	6.84	3.95	154.61	29.26	441.56	319.21
计算机制造						
计算机整机制造						
计算机零部件制造						
计算机外围设备制造						
工业控制计算机及系统制造						
信息安全设备制造						
其他计算机制造						
通信设备制造	1.16	0.47		0.71	0.86	0.77
通信系统设备制造	0.16	0.47		0.71	0.51	0.44
通信终端设备制造	1.00				0.35	0.33
广播电视设备制造		0.03		3.60	8.16	7.45
广播电视节目制作及发射设备制造						
广播电视接收设备制造						
广播电视专用配件制造						
专业音响设备制造				0.10	0.46	0.38
应用电视设备及其他广播电视设备制造		0.03		3.49	7.69	7.07
雷达及配套设备制造	0.40				3.31	2.75
非专业视听设备制造				9.38	108.42	94.37
电视机制造						
音响设备制造				9.38	107.35	93.44
影视录放设备制造					1.07	0.92

单位：亿元

销售费用	管理费用	财务费用			投资收益（损失以“–”号记）	营业利润	利润总额	亏损企业亏损额	平均用工人数（万人）
			利息收入	利息支出					
0.04	0.59	-0.01	0.01			0.09	0.09		
	0.34	0.22		0.20		-0.57	-0.56	0.56	
0.07	0.15	-0.06		0.09		-0.51	-0.48	0.48	0.10
0.02	0.10	0.08				-0.40	-0.38	0.38	
0.05	0.05	-0.14		0.09		-0.10	-0.10	0.10	
0.03	0.11	-0.01				0.12	0.13		
0.03	0.11	-0.01				0.12	0.13		
0.55	2.59	0.39	0.01	0.35		1.50	1.56	0.06	0.10
0.01	0.05					-0.01	-0.01	0.01	
0.53	2.45	0.40	0.01	0.35		1.56	1.61		0.10
0.01	0.09					-0.05	-0.05	0.05	
0.34	0.14	0.01				0.06	0.06		
0.34	0.14	0.01				0.06	0.06		
4.69	16.18	6.06	0.43	5.22	1.52	111.28	113.12	2.50	2.20
0.11	0.18	0.05		0.06		-0.26	-0.27	0.30	
0.01	0.08	0.02		0.03		-0.04	-0.04	0.07	
0.09	0.10	0.03		0.03		-0.21	-0.22	0.22	
0.09	0.27	0.11		0.06		0.19	0.20		0.10
	0.06					0.02	0.02		
0.09	0.21	0.11		0.06		0.17	0.18		0.10
0.04	0.42	0.20		0.21	0.44	0.31	0.31		
2.97	5.38	-0.29	0.51		0.05	5.16	6.80	0.13	0.50
2.92	5.15	-0.28	0.51		0.05	5.29	6.93		0.50
0.05	0.23	-0.01	0.01			-0.13	-0.13	0.13	

1-A-3 续表 34

行 业	法人资本	个人资本	港澳台资本	外商资本	营业收入	营业成本
智能消费设备制造						
可穿戴智能设备制造						
智能车载设备制造						
智能无人飞行器制造						
服务消费机器人制造						
其他智能消费设备制造						
电子器件制造	1.83	1.63	153.76	14.55	304.33	202.43
电子真空器件制造						
半导体分立器件制造	0.68	0.61		1.09	2.92	2.73
集成电路制造	0.32	0.38	150.49		230.13	134.53
显示器件制造	0.30			6.72	11.32	9.62
半导体照明器件制造		0.58	3.26		20.39	20.61
光电子器件制造	0.52	0.06			1.24	0.76
其他电子器件制造				6.74	38.33	34.18
电子元件及电子专用材料制造	3.46	1.08	0.85	0.79	13.00	8.96
电阻电容电感元件制造					1.53	0.51
电子电路制造	3.34	1.08			8.89	6.37
敏感元件及传感器制造						
电声器件及零件制造						
电子专用材料制造	0.12			0.14	0.30	0.25
其他电子元件制造			0.85	0.65	2.29	1.83
其他电子设备制造		0.75		0.25	3.48	2.49
仪器仪表制造业	3.88	1.25	0.63	4.52	45.07	34.62
通用仪器仪表制造	3.87	0.50	0.63	1.58	38.10	28.98
工业自动控制系统装置制造	2.97	0.33	0.63	1.34	32.00	24.22
电工仪器仪表制造						
绘图、计算及测量仪器制造	0.49				1.11	0.90
实验分析仪器制造	0.14	0.17		0.01	3.31	2.59
试验机制造						
供应用仪器仪表制造				0.23	0.89	0.67
其他通用仪器制造	0.27				0.78	0.60
专用仪器仪表制造		0.05			0.23	0.13
环境监测专用仪器仪表制造						
运输设备及生产用计数仪表制造		0.05			0.23	0.13
导航、测绘、气象及海洋专用仪器制造						
农林牧渔专用仪器仪表制造						
地质勘探和地震专用仪器制造						
教学专用仪器制造						
核子及核辐射测量仪器制造						
电子测量仪器制造						
其他专用仪器制造						
钟表与计时仪器制造				2.47	2.99	2.37
光学仪器制造						
衡器制造		0.60			0.38	0.28
其他仪器仪表制造业		0.10		0.46	3.37	2.86

单位：亿元

销售费用	管理费用	财务费用			投资收益(损失以“-”号记)	营业利润	利润总额	亏损企业亏损额	平均用工人数(万人)
			利息收入	利息支出					
1.01	8.03	5.96	-0.10	4.79	0.99	103.29	103.40	1.91	1.10
0.01	0.24	0.04		0.04		-0.11	-0.17	0.18	0.10
0.02	4.71	5.31	-0.10	4.31	0.99	102.69	102.86	0.04	0.30
0.06	0.88	0.10	0.02	0.02		0.45	0.44		0.20
0.09	0.75	0.35	-0.03	0.30		-1.69	-1.69	1.69	0.10
0.03	0.29			0.01		0.17	0.17		
0.80	1.16	0.16	0.01	0.11		1.78	1.79		0.50
0.33	1.53		0.01	0.08	0.05	2.12	2.20	0.16	0.20
0.10	0.21	-0.02			0.01	0.72	0.72		
0.16	0.99		0.01	0.07	0.04	1.32	1.38	0.04	0.10
	0.07	-0.01				-0.01	-0.01	0.01	
0.07	0.26	0.02	0.01	0.01		0.09	0.11	0.12	0.10
0.14	0.38	0.03		0.01	-0.01	0.46	0.48		0.10
2.13	3.89	0.19	0.03	0.16	0.23	4.14	4.25	0.61	0.60
2.02	3.34	0.15	0.03	0.12	0.23	3.59	3.71	0.58	0.40
1.77	2.71	0.10	0.01	0.09	0.23	3.24	3.35	0.58	0.30
0.02	0.04					0.14	0.13		
0.18	0.38	0.03	0.01	0.02		0.11	0.12		
0.03	0.12	0.01				0.06	0.06		
0.02	0.10	0.01		0.01		0.05	0.05		
0.01	0.07	0.01	0.01			0.01			
0.01	0.07	0.01	0.01			0.01			
0.01	0.25	0.04		0.03		0.27	0.27	0.03	0.10
0.03	0.06								
0.06	0.16	-0.01	-0.01			0.26	0.27		0.10

1-A-3 续表 35

行业	法人资本	个人资本	港澳台资本	外商资本	营业收入	营业成本
其他制造业	0.05			6.64	9.45	6.67
日用杂品制造	0.05			6.64	9.45	6.67
鬃毛加工、制刷及清扫工具制造						
其他日用杂品制造	0.05			6.64	9.45	6.67
废弃资源综合利用业	0.10	3.05	0.16		26.28	18.95
金属废料和碎屑加工处理	0.10	3.00			18.93	17.05
非金属废料和碎屑加工处理		0.05	0.16		7.35	1.90
金属制品、机械和设备修理业	28.37	0.12			34.84	25.51
金属制品修理						
通用设备修理						
专用设备修理						
铁路、船舶、航空航天等运输设备修理	28.37	0.12			34.49	25.25
铁路运输设备修理						
船舶修理	28.37	0.12			34.49	25.25
航空航天器修理						
其他运输设备修理						
电气设备修理						
仪器仪表修理						
其他机械和设备修理业					0.35	0.26
电力、热力、燃气及水生产和供应业	**177.81**	**9.61**	**2.20**	**21.63**	**282.76**	**218.03**
电力、热力生产和供应业	160.70	7.65			232.97	184.77
电力生产	154.43	0.44			171.04	130.49
火力发电	9.89				54.65	53.47
热电联产					19.92	20.44
水力发电						
核力发电	138.95				89.38	53.01
风力发电	5.59	0.44			4.47	2.41
太阳能发电					1.39	0.54
生物质能发电					1.22	0.61
其他电力生产						
电力供应					0.71	0.65
热力生产和供应	6.27	7.21			61.23	53.64
燃气生产和供应业	9.58	0.10	1.78	21.63	31.20	15.53
燃气生产和供应业	9.58	0.10	1.78	21.63	31.20	15.53
天然气生产和供应业		0.10	0.68	2.13	2.86	2.21
液化石油气生产和供应业						
煤气生产和供应业	9.58		1.10	19.50	28.34	13.32
生物质燃气生产和供应业						
水的生产和供应业	7.54	1.86	0.43		18.59	17.73
自来水生产和供应	6.39				15.29	16.14
污水处理及其再生利用	1.14	1.86	0.43		3.29	1.59
海水淡化处理						
其他水的处理、利用与分配						

单位：亿元

销售费用	管理费用	财务费用			投资收益(损失以"-"号记)	营业利润	利润总额	亏损企业亏损额	平均用工人数(万人)
			利息收入	利息支出					
0.84	1.02	-0.04				0.92	0.91		0.10
0.84	1.02	-0.04				0.92	0.91		0.10
0.84	1.02	-0.04				0.92	0.91		0.10
0.21	1.92	1.18	-0.23	0.79	0.02	3.85	4.12	0.70	0.10
0.04	1.30	1.17	-0.24	0.77	0.02	-0.68	-0.68	0.70	0.10
0.17	0.61	0.01	0.02	0.02		4.53	4.79		
0.08	2.66	2.36	0.36	3.18	0.03	0.80	-3.91	4.20	0.90
0.07	2.63	2.36	0.36	3.18	0.03	0.75	-3.96	4.20	0.90
0.07	2.63	2.36	0.36	3.18	0.03	0.75	-3.96	4.20	0.90
0.01	0.03					0.04	0.04		
5.52	**12.33**	**24.44**	**0.34**	**24.04**	**0.46**	**21.97**	**28.26**	**7.08**	**2.10**
0.31	7.01	23.68	0.21	23.48	0.32	15.97	18.40	4.88	1.20
0.07	2.29	22.62	0.07	22.16	-0.04	13.83	14.39	4.00	0.50
0.01	0.71	1.88	0.04	1.89		-1.81	-1.36	2.48	0.20
0.01	0.51	0.37		0.34		-1.57	-1.52	1.52	0.20
0.05	0.97	19.43	0.07	19.13		14.54	14.52		0.20
	0.04	0.55	-0.04	0.42	-0.04	1.54	1.62		
		0.26		0.26		0.59	0.59		
	0.05	0.12		0.12		0.54	0.54		
	0.04	0.01		0.01		-0.03	-0.03	0.03	
0.24	4.68	1.06	0.14	1.31	0.36	2.17	4.03	0.85	0.70
2.92	2.09	0.17	0.12	0.28	-0.01	10.48	9.40	0.98	0.50
2.92	2.09	0.17	0.12	0.28	-0.01	10.48	9.40	0.98	0.50
0.25	0.21	0.03		0.03	-0.01	0.19	0.19	0.02	
2.67	1.89	0.14	0.12	0.26		10.29	9.21	0.96	0.40
2.29	3.22	0.59	0.01	0.28	0.15	-4.49	0.46	1.22	0.50
2.29	2.78	0.55	0.01	0.26	-0.02	-6.00	-1.12	1.22	0.50
	0.44	0.04		0.02	0.17	1.51	1.58		

1-A-4 国有控股工业企业

行业	企业单位数(个)	资产总计	固定资产净额	固定资产原价	累计折旧	流动资产合计
总计	**164**	**4001.65**	**1223.76**	**2121.89**	**873.97**	**2075.21**
采矿业	**1**	**49.15**	**0.11**	**0.46**	**0.35**	**20.22**
煤炭开采和洗选业						
烟煤和无烟煤开采洗选						
褐煤开采洗选						
其他煤炭采选						
石油和天然气开采业						
石油开采						
天然气开采						
黑色金属矿采选业						
铁矿采选						
锰矿、铬矿采选						
有色金属矿采选业						
常用有色金属矿采选						
贵金属矿采选						
稀有稀土金属矿采选						
非金属矿采选业	1	49.15	0.11	0.46	0.35	20.22
土砂石开采						
化学矿开采						
采盐	1	49.15	0.11	0.46	0.35	20.22
石棉及其他非金属矿采选						
开采专业及辅助性活动						
煤炭开采和洗选专业及辅助性活动						
石油和天然气开采专业及辅助性活动						
制造业	**121**	**2793.44**	**502.20**	**1089.11**	**564.87**	**1860.22**
农副食品加工业	7	75.85	13.99	26.92	11.46	31.42
谷物磨制						
饲料加工						
植物油加工	2	26.77	1.88	5.92	3.91	20.42
制糖业						
屠宰及肉类加工	2	1.43	0.04	0.29	0.25	1.39
水产品加工	3	47.65	12.08	20.72	7.30	9.61
蔬菜、菌类、水果和坚果加工						
其他农副食品加工						
食品制造业	2	1.71	0.21	0.42	0.20	0.98
焙烤食品制造						
糖果、巧克力及蜜饯制造						
方便食品制造						
乳制品制造						

主要经济指标(大、中类行业)

单位：亿元

应收账款	存货	产成品	负债合计	流动负债合计	应付账款	所有者权益合计	实收资本	国家资本	集体资本
412.48	**689.82**	**58.45**	**2698.98**	**1615.72**	**544.46**	**1302.67**	**943.15**	**584.70**	**14.21**
11.82	**0.51**	**0.48**	**7.29**	**1.93**	**0.08**	**41.86**	**2.00**		
11.82	0.51	0.48	7.29	1.93	0.08	41.86	2.00		
11.82	0.51	0.48	7.29	1.93	0.08	41.86	2.00		
369.75	**643.35**	**56.74**	**1853.27**	**1391.00**	**512.11**	**940.17**	**684.29**	**517.74**	**13.16**
2.11	16.11	2.28	53.98	41.94	5.63	21.87	13.07	12.89	
0.07	11.63	1.80	20.60	19.02	3.74	6.17	2.93	2.85	
0.28	0.50	0.33	0.94	0.94	0.11	0.49	0.02	0.01	
1.76	3.98	0.15	32.44	21.98	1.78	15.21	10.12	10.02	
0.04	0.81	0.05	1.55	1.55	1.40	0.16	0.26	0.10	

1-A-4 续表 1

行业	企业单位数(个)	资产总计	固定资产净额	固定资产原价	累计折旧	流动资产合计
罐头食品制造						
调味品、发酵制品制造	1	0.69	0.05	0.18	0.13	0.61
其他食品制造	1	1.02	0.16	0.23	0.07	0.37
酒、饮料和精制茶制造业						
酒的制造						
饮料制造						
精制茶加工						
烟草制品业						
烟叶复烤						
卷烟制造						
其他烟草制品制造						
纺织业						
棉纺织及印染精加工						
毛纺织及染整精加工						
麻纺织及染整精加工						
丝绢纺织及印染精加工						
化纤织造及印染精加工						
针织或钩针编织物及其制品制造						
家用纺织制成品制造						
产业用纺织制成品制造						
纺织服装、服饰业	1	0.22	0.03	0.19	0.16	0.15
机织服装制造	1	0.22	0.03	0.19	0.16	0.15
针织或钩针编织服装制造						
服饰制造						
皮革、毛皮、羽毛及其制品和制鞋业						
皮革制品制造						
羽毛(绒)加工及制品制造						
制鞋业						
木材加工和木、竹、藤、棕、草制品业	1	1.75	0.14	0.50	0.33	1.43
木材加工						
人造板制造						
木质制品制造	1	1.75	0.14	0.50	0.33	1.43
竹、藤、棕、草等制品制造						
家具制造业	3	4.56	1.71	2.87	1.16	2.57
木质家具制造	3	4.56	1.71	2.87	1.16	2.57
金属家具制造						
造纸和纸制品业						
纸浆制造						
造纸						
纸制品制造						

单位：亿元

应收账款	存货	产成品	负债合计	流动负债合计	应付账款	所有者权益合计	实收资本	国家资本	集体资本
0.01	0.58	0.01	0.50	0.50	0.35	0.20	0.16		
0.02	0.22	0.04	1.06	1.06	1.04	-0.04	0.10	0.10	
0.02	0.05		0.09	0.09	0.01	0.13	0.15		
0.02	0.05		0.09	0.09	0.01	0.13	0.15		
0.16	0.78	0.30	1.38	1.12	0.28	0.37	0.38		
0.16	0.78	0.30	1.38	1.12	0.28	0.37	0.38		
0.83	1.02	0.38	2.32	2.23	0.35	2.24	1.65	1.12	
0.83	1.02	0.38	2.32	2.23	0.35	2.24	1.65	1.12	

1-A-4 续表 2

行业	企业单位数(个)	资产总计	固定资产净额	固定资产原价	累计折旧	流动资产合计
印刷和记录媒介复制业	1	2.27	0.13	1.61	1.33	2.11
印刷	1	2.27	0.13	1.61	1.33	2.11
装订及印刷相关服务						
记录媒介复制						
文教、工美、体育和娱乐用品制造业						
文教办公用品制造						
乐器制造						
工艺美术及礼仪用品制造						
体育用品制造						
玩具制造						
游艺器材及娱乐用品制造						
石油、煤炭及其他燃料加工业	5	228.45	85.57	346.63	243.71	130.54
精炼石油产品制造	5	228.45	85.57	346.63	243.71	130.54
煤炭加工						
化学原料和化学制品制造业	11	125.06	32.61	51.03	18.42	57.58
基础化学原料制造	6	17.29	9.91	15.85	5.94	4.86
肥料制造	1	101.45	21.37	32.55	11.18	49.93
农药制造						
涂料、油墨、颜料及类似产品制造						
合成材料制造						
专用化学产品制造	3	5.27	1.05	1.98	0.93	2.08
炸药、火工及焰火产品制造	1	1.05	0.28	0.65	0.37	0.71
日用化学产品制造						
医药制造业						
化学药品原料药制造						
化学药品制剂制造						
中药饮片加工						
中成药生产						
兽用药品制造						
生物药品制品制造						
卫生材料及医药用品制造						
化学纤维制造业						
纤维素纤维原料及纤维制造						
合成纤维制造						
橡胶和塑料制品业						
橡胶制品业						
塑料制品业						
非金属矿物制品业	2	20.80	10.43	16.34	5.91	6.55

单位：亿元

应收账款	存货		负债合计	流动负债合计	应付账款	所有者权益合计	实收资本	国家资本	集体资本
		产成品							
0.29	0.29	0.15	1.94	1.92	0.45	0.33	0.96		
0.29	0.29	0.15	1.94	1.92	0.45	0.33	0.96		
44.12	59.41	17.05	147.32	146.43	18.73	81.13	100.22	94.56	
44.12	59.41	17.05	147.32	146.43	18.73	81.13	100.22	94.56	
3.40	2.06	0.53	110.00	100.81	9.78	15.05	37.03	19.89	
1.40	0.72	0.42	12.85	9.18	1.76	4.44	5.59	3.44	
1.30	0.68	-0.14	94.72	89.46	7.74	6.73	29.36	15.03	
0.54	0.44	0.24	2.15	1.89	0.23	3.12	1.62	1.42	
0.16	0.22	0.01	0.28	0.28	0.05	0.76	0.46		
0.95	1.13	0.09	15.17	14.64	1.18	5.62	10.44	6.44	4.00

1-A-4 续表 3

行业	企业单位数(个)	资产总计	固定资产净额	固定资产原价	累计折旧	流动资产合计
水泥、石灰和石膏制造	2	20.80	10.43	16.34	5.91	6.55
石膏、水泥制品及类似制品制造						
砖瓦、石材等建筑材料制造						
玻璃制造						
玻璃制品制造						
玻璃纤维和玻璃纤维增强塑料制品制造						
陶瓷制品制造						
耐火材料制品制造						
石墨及其他非金属矿物制品制造						
黑色金属冶炼和压延加工业	4	36.04	8.09	27.97	19.88	25.58
炼铁						
炼钢						
钢压延加工	4	36.04	8.09	27.97	19.88	25.58
铁合金冶炼						
有色金属冶炼和压延加工业						
常用有色金属冶炼						
贵金属冶炼						
稀有稀土金属冶炼						
有色金属合金制造						
有色金属压延加工						
金属制品业	6	24.40	5.58	11.54	5.80	15.34
结构性金属制品制造	2	1.26	0.04	0.44	0.30	1.08
金属工具制造						
集装箱及金属包装容器制造						
金属丝绳及其制品制造						
建筑、安全用金属制品制造						
金属表面处理及热处理加工						
金属制日用品制造						
铸造及其他金属制品制造	4	23.14	5.54	11.10	5.50	14.26
通用设备制造业	29	174.05	24.37	61.71	35.32	112.68
锅炉及原动设备制造	2	36.60	6.67	16.19	9.52	25.20
金属加工机械制造	2	11.67	0.52	4.98	2.44	9.09
物料搬运设备制造	2	11.04	0.14	0.92	0.78	10.74
泵、阀门、压缩机及类似机械制造	1	10.91	2.98	4.60	1.62	6.26
轴承、齿轮和传动部件制造	13	88.30	12.17	30.61	18.45	48.45
烘炉、风机、包装等设备制造	6	12.99	1.38	3.18	1.79	11.29
文化、办公用机械制造	1					
通用零部件制造	2	2.54	0.51	1.23	0.72	1.65
其他通用设备制造业						

单位：亿元

应收账款	存货	产成品	负债合计	流动负债合计	应付账款	所有者权益合计	实收资本	国家资本	集体资本
0.95	1.13	0.09	15.17	14.64	1.18	5.62	10.44	6.44	4.00
5.07	11.09	3.68	17.14	17.06	2.79	18.90	15.77	0.56	
5.07	11.09	3.68	17.14	17.06	2.79	18.90	15.77	0.56	
8.14	4.13	1.06	14.53	13.92	4.26	9.88	6.32	6.10	
0.19	0.32	0.18	0.33	0.33	0.18	0.93	0.22	0.17	
7.95	3.81	0.88	14.20	13.59	4.08	8.95	6.10	5.93	
44.16	35.04	12.11	103.48	96.73	36.27	70.54	40.02	34.11	0.61
5.59	10.23	1.70	21.27	19.64	2.12	15.32	14.28	14.28	
0.83	4.85	0.42	16.85	16.85	7.23	-5.19	0.49	0.76	0.15
6.45	3.22	0.81	7.99	7.94	3.32	3.05	1.22	1.00	
2.49	1.87	0.86	4.23	3.19	1.54	6.68	3.11	3.11	
23.56	12.68	7.42	45.31	41.85	18.96	42.99	17.30	14.63	0.46
4.61	1.61	0.66	7.16	6.60	2.93	5.82	3.09	0.26	
0.63	0.58	0.24	0.67	0.66	0.17	1.87	0.53	0.07	

1-A-4 续表 4

行业	企业单位数(个)	资产总计	固定资产净额	固定资产原价	累计折旧	流动资产合计
专用设备制造业	11	313.60	49.70	97.48	47.68	211.84
采矿、冶金、建筑专用设备制造	6	239.18	36.81	79.34	42.42	166.80
化工、木材、非金属加工专用设备制造	4	62.33	12.88	18.13	5.24	33.75
食品、饮料、烟草及饲料生产专用设备制造						
印刷、制药、日化及日用品生产专用设备制造						
纺织、服装和皮革加工专用设备制造						
电子和电工机械专用设备制造	1	12.09		0.02	0.01	11.28
农、林、牧、渔专用机械制造						
医疗仪器设备及器械制造						
环保、邮政、社会公共服务及其他专用设备制造						
汽车制造业	9	71.98	19.33	34.90	15.57	42.51
汽车整车制造	1					
汽车用发动机制造	1	31.16	15.66	28.74	13.08	12.58
改装汽车制造	2	32.24	1.03	2.22	1.19	25.82
电车制造						
汽车车身、挂车制造						
汽车零部件及配件制造	5	8.58	2.64	3.94	1.30	4.11
铁路、船舶、航空航天和其他运输设备制造业	23	1585.50	230.15	366.98	136.08	1123.32
铁路运输设备制造	5	194.23	28.54	50.19	21.17	99.64
城市轨道交通设备制造						
船舶及相关装置制造	16	1352.19	193.65	303.92	109.99	994.69
航空、航天器及设备制造	1	33.17	7.59	12.39	4.80	24.89
摩托车制造						
非公路休闲车及零配件制造	1	5.91	0.37	0.48	0.12	4.10
潜水救捞及其他未列明运输设备制造						
电气机械和器材制造业	2	2.37	0.50	0.99	0.50	1.51
电机制造						
输配电及控制设备制造	1	0.35	0.01	0.07	0.06	0.32
电线、电缆、光缆及电工器材制造						
电池制造	1	2.02	0.49	0.92	0.44	1.19
家用电力器具制造						
非电力家用器具制造						
照明器具制造						
其他电气机械及器材制造						
计算机、通信和其他电子设备制造业	2	3.75	0.21	0.90	0.69	1.93
计算机制造						
通信设备制造						
广播电视设备制造						
雷达及配套设备制造						

单位：亿元

应收账款	存货	产成品	负债合计	流动负债合计	应付账款	所有者权益合计	实收资本	国家资本	集体资本
89.81	47.38	14.38	205.17	191.03	68.05	108.42	67.48	25.07	8.55
76.65	28.99	9.80	139.62	135.00	53.09	99.56	49.02	10.81	8.55
8.12	15.27	4.58	53.94	45.05	5.86	8.39	17.96	14.26	
5.05	3.12		11.61	10.98	9.10	0.47	0.50		
22.67	5.64	1.66	55.78	43.94	20.61	16.21	18.86	9.35	
3.33	3.56	0.96	27.63	18.32	7.36	3.52	14.00	7.00	
17.94	1.15	0.40	22.95	21.47	12.53	9.30	1.71	1.20	
1.40	0.94	0.30	5.20	4.15	0.71	3.39	3.15	1.15	
72.28	449.87	2.21	1011.73	632.56	318.02	573.79	341.35	304.75	
47.97	41.78	1.30	111.41	93.74	63.03	82.82	53.98	51.98	
21.45	398.06	0.90	876.76	519.30	245.60	475.45	286.51	252.20	
0.23	9.89		17.69	13.86	7.78	15.48	0.83	0.55	
2.63	0.14	0.01	5.87	5.66	1.61	0.04	0.03	0.02	
0.26	0.48	0.36	1.03	0.49	0.25	1.34	1.22	0.05	
0.11	0.15	0.14	0.22	0.22	0.08	0.13	0.10	0.05	
0.14	0.33	0.21	0.81	0.27	0.17	1.21	1.12		
0.32	0.87	0.44	0.89	0.88	0.69	2.85	2.75	2.75	

1-A-4 续表 5

行业	企业单位数(个)	资产总计	固定资产净额	固定资产原价	累计折旧	流动资产合计
非专业视听设备制造	1	1.24	0.05	0.66	0.61	1.07
智能消费设备制造						
电子器件制造	1	2.50	0.16	0.24	0.08	0.86
电子元件及电子专用材料制造						
其他电子设备制造						
仪器仪表制造业						
通用仪器仪表制造						
专用仪器仪表制造						
钟表与计时仪器制造						
光学仪器制造						
衡器制造						
其他仪器仪表制造业						
其他制造业						
日用杂品制造						
废弃资源综合利用业						
金属废料和碎屑加工处理						
非金属废料和碎屑加工处理						
金属制品、机械和设备修理业	2	121.08	19.44	40.11	20.66	92.20
金属制品修理						
通用设备修理						
专用设备修理						
铁路、船舶、航空航天等运输设备修理	1	120.76	19.44	40.10	20.66	91.89
电气设备修理						
其他机械和设备修理业	1	0.31		0.01		0.31
电力、热力、燃气及水生产和供应业	**42**	**1159.06**	**721.46**	**1032.32**	**308.75**	**194.77**
电力、热力生产和供应业	30	1005.60	648.51	898.25	248.93	143.72
电力生产	18	908.82	613.58	824.45	210.37	109.04
电力供应	1	0.80	0.08	0.78	0.60	0.15
热力生产和供应	11	95.98	34.85	73.02	37.95	34.53
燃气生产和供应业	4	60.54	26.58	45.49	18.91	18.04
燃气生产和供应业	4	60.54	26.58	45.49	18.91	18.04
生物质燃气生产和供应业						
水的生产和供应业	8	92.92	46.37	88.58	40.90	33.01
自来水生产和供应	7	91.18	45.06	86.22	39.85	32.58
污水处理及其再生利用	1	1.74	1.31	2.36	1.06	0.43
其他水的处理、利用与分配						

单位：亿元

应收账款	存货	产成品	负债合计	流动负债合计	应付账款	所有者权益合计	实收资本	国家资本	集体资本
0.13	0.37	0.07	0.21	0.21	0.06	1.04	1.00	1.00	
0.19	0.50	0.37	0.69	0.68	0.64	1.82	1.75	1.75	
75.12	7.17		109.75	83.63	23.36	11.33	26.36	0.01	
74.98	7.08		109.56	83.43	23.28	11.21	26.34		
0.13	0.09		0.20	0.20	0.08	0.12	0.01	0.01	
30.92	**45.95**	**1.23**	**838.42**	**222.79**	**32.27**	**320.63**	**256.86**	**66.96**	**1.04**
20.95	44.99	0.79	786.05	197.79	27.90	219.54	204.92	43.61	
18.31	43.03	0.35	706.96	141.69	19.87	201.85	187.58	34.03	
0.06			0.81	0.66	0.10	-0.01	2.52	2.52	
2.57	1.96	0.45	78.27	55.44	7.93	17.70	14.83	7.07	
0.94	0.65	0.43	12.36	4.69	0.90	48.19	27.94	7.25	0.07
0.94	0.65	0.43	12.36	4.69	0.90	48.19	27.94	7.25	0.07
9.03	0.31		40.01	20.31	3.46	52.90	24.00	16.09	0.98
9.03	0.31		39.60	20.14	3.46	51.58	23.46	16.09	0.98
			0.41	0.17		1.32	0.53		

1-A-4 续表 6

行　　业					营业收入	营业成本
	法人资本	个人资本	港澳台资本	外商资本		
总　计	**590.89**	**156.70**	**195.99**	**457.79**	**6666.53**	**5434.51**
采矿业	**2.00**				**1.87**	**1.58**
煤炭开采和洗选业						
烟煤和无烟煤开采洗选						
褐煤开采洗选						
其他煤炭采选						
石油和天然气开采业						
石油开采						
天然气开采						
黑色金属矿采选业						
铁矿采选						
锰矿、铬矿采选						
有色金属矿采选业						
常用有色金属矿采选						
贵金属矿采选						
稀有稀土金属矿采选						
非金属矿采选业	2.00				1.87	1.58
土砂石开采						
化学矿开采						
采盐	2.00				1.87	1.58
石棉及其他非金属矿采选						
开采专业及辅助性活动						
煤炭开采和洗选专业及辅助性活动						
石油和天然气开采专业及辅助性活动						
制造业	**110.68**	**1.71**	**2.42**	**38.56**	**2146.98**	**1786.90**
农副食品加工业	0.05	0.13			88.21	82.49
谷物磨制						
饲料加工						
植物油加工		0.08			57.78	55.45
制糖业						
屠宰及肉类加工					2.88	2.53
水产品加工	0.05	0.05			27.55	24.51
蔬菜、菌类、水果和坚果加工						
其他农副食品加工						
食品制造业	0.16				0.93	0.65
焙烤食品制造						
糖果、巧克力及蜜饯制造						
方便食品制造						
乳制品制造						

单位：亿元

销售费用	管理费用	财务费用	利息收入	利息支出	投资收益（损失以“－”号记）	营业利润	利润总额	亏损企业亏损额	平均用工人数（万人）
183.03	**290.71**	**92.65**	**18.51**	**95.53**	**15.94**	**483.80**	**503.39**	**76.45**	**44.55**
0.28	**0.61**	**-0.30**	**0.30**		**0.01**	**-0.34**	**-0.02**	**0.02**	**0.10**
0.28	0.61	-0.30	0.30		0.01	-0.34	-0.02	0.02	0.10
0.28	0.61	-0.30	0.30		0.01	-0.34	-0.02	0.02	0.10
20.27	**88.56**	**21.96**	**17.61**	**27.95**	**4.46**	**50.03**	**50.91**	**32.49**	**7.60**
0.79	2.40	1.06	-0.20	2.22	3.11	4.64	5.11		0.40
0.07	0.42	-0.28	-0.16	1.00	2.07	4.53	4.58		
0.20	0.18					-0.04	0.02		
0.51	1.80	1.33	-0.04	1.22	1.04	0.15	0.52		0.30
0.18	0.12	0.01				-0.03	-0.03	0.03	

1-A-4 续表 7

行　　业	法人资本	个人资本	港澳台资本	外商资本	营业收入	营业成本
罐头食品制造						
调味品、发酵制品制造	0.16				0.32	0.24
其他食品制造					0.61	0.41
酒、饮料和精制茶制造业						
酒的制造						
饮料制造						
精制茶加工						
烟草制品业						
烟叶复烤						
卷烟制造						
其他烟草制品制造						
纺织业						
棉纺织及印染精加工						
毛纺织及染整精加工						
麻纺织及染整精加工						
丝绢纺织及印染精加工						
化纤织造及印染精加工						
针织或钩针编织物及其制品制造						
家用纺织制成品制造						
产业用纺织制成品制造						
纺织服装、服饰业	0.15				0.36	0.28
机织服装制造	0.15				0.36	0.28
针织或钩针编织服装制造						
服饰制造						
皮革、毛皮、羽毛及其制品和制鞋业						
皮革制品制造						
羽毛(绒)加工及制品制造						
制鞋业						
木材加工和木、竹、藤、棕、草制品业	0.38				0.92	0.87
木材加工						
人造板制造						
木质制品制造	0.38				0.92	0.87
竹、藤、棕、草等制品制造						
家具制造业	0.20			0.33	2.76	2.42
木质家具制造	0.20			0.33	2.76	2.42
金属家具制造						
造纸和纸制品业						
纸浆制造						
造纸						
纸制品制造						

单位：亿元

销售费用	管理费用	财务费用			投资收益(损失以“–”号记)	营业利润	利润总额	亏损企业亏损额	平均用工人数(万人)
			利息收入	利息支出					
0.01	0.05	0.01							
0.17	0.07					-0.03	-0.03	0.03	
0.05	0.04					-0.02	-0.01	0.01	
0.05	0.04					-0.02	-0.01	0.01	
0.05	0.04	0.02		0.03		-0.07	-0.07	0.07	
0.05	0.04	0.02		0.03		-0.07	-0.07	0.07	
0.06	0.24	0.01		0.04			0.01	0.07	0.10
0.06	0.24	0.01		0.04			0.01	0.07	0.10

1-A-4 续表 8

行　业					营业收入	营业成本
	法人资本	个人资本	港澳台资本	外商资本		
印刷和记录媒介复制业	0.96				1.95	1.83
印刷	0.96				1.95	1.83
装订及印刷相关服务						
记录媒介复制						
文教、工美、体育和娱乐用品制造业						
文教办公用品制造						
乐器制造						
工艺美术及礼仪用品制造						
体育用品制造						
玩具制造						
游艺器材及娱乐用品制造						
石油、煤炭及其他燃料加工业	1.09		2.42	2.15	1220.97	972.49
精炼石油产品制造	1.09		2.42	2.15	1220.97	972.49
煤炭加工						
化学原料和化学制品制造业	16.00	1.13			13.05	12.03
基础化学原料制造	1.14	1.00			6.63	5.39
肥料制造	14.33				3.87	4.61
农药制造						
涂料、油墨、颜料及类似产品制造						
合成材料制造						
专用化学产品制造	0.07	0.13			1.77	1.41
炸药、火工及焰火产品制造	0.46				0.78	0.62
日用化学产品制造						
医药制造业						
化学药品原料药制造						
化学药品制剂制造						
中药饮片加工						
中成药生产						
兽用药品制造						
生物药品制品制造						
卫生材料及医药用品制造						
化学纤维制造业						
纤维素纤维原料及纤维制造						
合成纤维制造						
橡胶和塑料制品业						
橡胶制品业						
塑料制品业						
非金属矿物制品业					8.78	6.99

单位：亿元

销售费用	管理费用	财务费用			投资收益（损失以“-”号记）	营业利润	利润总额	亏损企业亏损额	平均用工人数（万人）
			利息收入	利息支出					
0.09	0.09	0.07		0.07		-0.13	-0.13	0.13	
0.09	0.09	0.07		0.07		-0.13	-0.13	0.13	
3.65	15.32	3.54	0.63	3.73	0.07	50.79	50.43		0.60
3.65	15.32	3.54	0.63	3.73	0.07	50.79	50.43		0.60
0.32	5.18	2.63	0.06	2.66		-7.34	-6.87	7.24	0.31
0.21	1.77	0.26	0.01	0.23		-1.06	-0.90	1.22	0.20
0.01	2.85	2.34	0.06	2.39		-6.04	-5.87	5.87	0.10
0.08	0.44	0.03	-0.01	0.04		-0.24	-0.10	0.15	
0.02	0.12								0.01
0.82	0.59	0.25	-0.09	0.31	0.04	0.02	0.10		0.10

1-A-4 续表 9

行　业	法人资本	个人资本	港澳台资本	外商资本	营业收入	营业成本
水泥、石灰和石膏制造					8.78	6.99
石膏、水泥制品及类似制品制造						
砖瓦、石材等建筑材料制造						
玻璃制造						
玻璃制品制造						
玻璃纤维和玻璃纤维增强塑料制品制造						
陶瓷制品制造						
耐火材料制品制造						
石墨及其他非金属矿物制品制造						
黑色金属冶炼和压延加工业	9.59			5.62	70.65	63.01
炼铁						
炼钢						
钢压延加工	9.59			5.62	70.65	63.01
铁合金冶炼						
有色金属冶炼和压延加工业						
常用有色金属冶炼						
贵金属冶炼						
稀有稀土金属冶炼						
有色金属合金制造						
有色金属压延加工						
金属制品业	0.20			0.03	16.13	14.03
结构性金属制品制造	0.03			0.03	1.99	1.48
金属工具制造						
集装箱及金属包装容器制造						
金属丝绳及其制品制造						
建筑、安全用金属制品制造						
金属表面处理及热处理加工						
金属制日用品制造						
铸造及其他金属制品制造	0.17				14.14	12.55
通用设备制造业	2.30	0.32		2.69	90.51	79.44
锅炉及原动设备制造					18.71	16.54
金属加工机械制造	-0.42				1.12	0.83
物料搬运设备制造	0.11			0.11	9.80	7.93
泵、阀门、压缩机及类似机械制造					3.84	3.23
轴承、齿轮和传动部件制造	0.40	0.23		1.59	42.79	39.73
烘炉、风机、包装等设备制造	1.84			0.99	13.09	10.45
文化、办公用机械制造					0.24	0.23
通用零部件制造	0.37	0.09			0.91	0.50
其他通用设备制造业						

单位：亿元

销售费用	管理费用	财务费用	利息收入	利息支出	投资收益(损失以"—"号记)	营业利润	利润总额	亏损企业亏损额	平均用工人数(万人)
0.82	0.59	0.25	-0.09	0.31	0.04	0.02	0.10		0.10
1.50	2.75	0.14	0.09	0.19	-0.41	2.49	2.51	0.04	0.10
1.50	2.75	0.14	0.09	0.19	-0.41	2.49	2.51	0.04	0.10
0.35	1.13	0.18	0.01	0.21		0.45	0.48		0.25
0.12	0.23	-0.02				0.18	0.18		
0.23	0.90	0.20	0.01	0.21		0.27	0.30		0.25
3.95	5.86	0.88	0.10	0.83	0.66	-1.17	-1.02	3.68	1.20
0.21	1.24	0.07	0.06	0.13		0.69	0.68		0.22
	0.37				-0.11	-2.24	-2.24	2.24	0.10
0.43	0.96					0.32	0.32		
0.13	0.38		0.02	0.02		0.10	0.13		0.09
2.16	1.84	0.74	0.01	0.61	0.77	-0.72	-0.61	1.23	0.70
0.87	0.86	0.03	0.01	0.03		0.80	0.80	0.10	0.10
	0.02	0.02		0.02		-0.05	-0.05	0.05	
0.15	0.19	0.02		0.02		-0.06	-0.05	0.06	

1-A-4 续表 10

行　　业	法人资本	个人资本	港澳台资本	外商资本	营业收入	营业成本
专用设备制造业	33.70			0.16	117.53	102.24
采矿、冶金、建筑专用设备制造	29.65				95.62	81.97
化工、木材、非金属加工专用设备制造	3.54			0.16	14.02	13.40
食品、饮料、烟草及饲料生产专用设备制造						
印刷、制药、日化及日用品生产专用设备制造						
纺织、服装和皮革加工专用设备制造						
电子和电工机械专用设备制造	0.50				7.88	6.87
农、林、牧、渔专用机械制造						
医疗仪器设备及器械制造						
环保、邮政、社会公共服务及其他专用设备制造						
汽车制造业	2.19			7.33	49.48	43.51
汽车整车制造						
汽车用发动机制造				7.00	24.74	20.55
改装汽车制造	0.51				16.51	15.79
电车制造						
汽车车身、挂车制造						
汽车零部件及配件制造	1.68			0.33	8.23	7.16
铁路、船舶、航空航天和其他运输设备制造业	16.33			20.27	436.08	385.38
铁路运输设备制造	2.00				124.00	109.97
城市轨道交通设备制造						
船舶及相关装置制造	14.04			20.27	295.87	262.60
航空、航天器及设备制造	0.28				12.93	9.74
摩托车制造						
非公路休闲车及零配件制造	0.01				3.28	3.07
潜水救捞及其他未列明运输设备制造						
电气机械和器材制造业	1.04	0.13			0.64	0.38
电机制造						
输配电及控制设备制造		0.05			0.02	0.01
电线、电缆、光缆及电工器材制造						
电池制造	1.04	0.08			0.63	0.37
家用电力器具制造						
非电力家用器具制造						
照明器具制造						
其他电气机械及器材制造						
计算机、通信和其他电子设备制造业					1.73	1.48
计算机制造						
通信设备制造						
广播电视设备制造						
雷达及配套设备制造						

单位：亿元

销售费用	管理费用	财务费用			投资收益（损失以"－"号记）	营业利润	利润总额	亏损企业亏损额	平均用工人数（万人）
			利息收入	利息支出					
2.35	12.34	2.05	0.11	2.16	0.03	-1.99	1.62	4.69	0.90
1.75	9.45	0.52	0.10	0.65	-0.02	1.64	1.61	2.37	0.60
0.53	1.98	1.56	0.01	1.51	0.05	-3.48	-0.04	2.32	0.20
0.07	0.92	-0.03				-0.15	0.05		
2.41	4.83	0.83	-0.03	0.73		-4.01	-3.03	3.50	0.30
2.07	3.54	0.67		0.54		-4.06	-3.09	3.09	0.20
0.33	0.73	0.13	-0.01	0.13		-0.34	-0.34	0.34	
0.02	0.56	0.04	-0.02	0.06		0.40	0.40	0.07	0.10
3.53	34.57	7.94	16.55	11.58	1.00	5.47	5.92	8.77	2.94
1.43	8.92	1.32	-0.03	1.90	0.71	2.87	3.20		0.90
2.05	23.64	6.60	16.47	9.53	0.29	1.29	1.44	8.65	1.84
0.01	1.84	-0.09	0.09			1.43	1.40		0.20
0.04	0.17	0.11	0.02	0.15		-0.12	-0.12	0.12	
0.04	0.62	-0.01	0.01			0.06	0.06	0.03	
	0.03					-0.03	-0.03	0.03	
0.04	0.59	-0.01	0.01			0.09	0.09		
0.06	0.32		0.01			-0.11	-0.11	0.13	

1-A-4 续表 11

行　业	法人资本	个人资本	港澳台资本	外商资本	营业收入	营业成本
非专业视听设备制造					1.07	0.92
智能消费设备制造						
电子器件制造					0.66	0.55
电子元件及电子专用材料制造						
其他电子设备制造						
仪器仪表制造业						
通用仪器仪表制造						
专用仪器仪表制造						
钟表与计时仪器制造						
光学仪器制造						
衡器制造						
其他仪器仪表制造业						
其他制造业						
日用杂品制造						
废弃资源综合利用业						
金属废料和碎屑加工处理						
非金属废料和碎屑加工处理						
金属制品、机械和设备修理业	26.35				26.34	17.41
金属制品修理						
通用设备修理						
专用设备修理						
铁路、船舶、航空航天等运输设备修理	26.34				25.99	17.15
电气设备修理						
其他机械和设备修理业					0.35	0.26
电力、热力、燃气及水生产和供应业	**165.48**	**2.76**	**0.55**	**20.07**	**242.83**	**187.50**
电力、热力生产和供应业	158.55	2.76			206.98	162.74
电力生产	153.51	0.04			170.25	130.04
电力供应					0.71	0.65
热力生产和供应	5.05	2.71			36.02	32.06
燃气生产和供应业			0.55	20.07	20.00	8.22
燃气生产和供应业			0.55	20.07	20.00	8.22
生物质燃气生产和供应业						
水的生产和供应业	6.93				15.86	16.54
自来水生产和供应	6.39				15.29	16.14
污水处理及其再生利用	0.53				0.56	0.40
其他水的处理、利用与分配						

单位：亿元

销售费用	管理费用	财务费用	利息收入	利息支出	投资收益(损失以"－"号记)	营业利润	利润总额	亏损企业亏损额	平均用工人数(万人)
0.05	0.23	-0.01	0.01			-0.13	-0.13	0.13	
0.01	0.09					0.01	0.01		
0.08	2.10	2.36	0.37	3.18	-0.03	0.98	-4.06	4.10	0.20
0.07	2.07	2.36	0.37	3.18	-0.03	0.93	-4.10	4.10	0.20
0.01	0.03					0.04	0.04		
2.78	**8.91**	**24.06**	**0.37**	**23.67**	**0.29**	**18.81**	**24.49**	**6.81**	**1.60**
0.18	5.03	23.32	0.28	23.15	0.32	14.43	16.35	4.62	0.90
0.07	2.25	22.55	0.07	22.16	-0.04	13.56	14.10	4.00	0.50
	0.04	0.01		0.01		-0.03	-0.03	0.03	
0.11	2.74	0.77	0.21	0.98	0.36	0.89	2.28	0.59	0.40
0.31	1.10	0.18	0.08	0.26	-0.01	10.21	9.05	0.96	0.20
0.31	1.10	0.18	0.08	0.26	-0.01	10.21	9.05	0.96	0.20
2.29	2.78	0.55	0.01	0.26	-0.02	-5.83	-0.91	1.22	0.50
2.29	2.78	0.55	0.01	0.26	-0.02	-6.00	-1.12	1.22	0.50
						0.17	0.22		

1-A-5 私营工业企业主要

行业	企业单位数(个)	资产总计	固定资产净额	固定资产原价	累计折旧	流动资产合计
总计	**706**	**1358.03**	**194.78**	**543.49**	**209.25**	**849.37**
采矿业	**2**	**1.52**	**0.34**	**0.38**	**0.04**	**0.98**
煤炭开采和洗选业						
烟煤和无烟煤开采洗选						
褐煤开采洗选						
其他煤炭采选						
石油和天然气开采业						
石油开采						
天然气开采						
黑色金属矿采选业						
铁矿采选						
锰矿、铬矿采选						
其他黑色金属矿采选						
有色金属矿采选业						
常用有色金属矿采选						
贵金属矿采选						
稀有稀土金属矿采选						
非金属矿采选业	2	1.52	0.34	0.38	0.04	0.98
土砂石开采	2	1.52	0.34	0.38	0.04	0.98
化学矿开采						
采盐						
石棉及其他非金属矿采选						
开采专业及辅助性活动						
石油和天然气开采专业及辅助性活动						
其他开采专业及辅助性活动						
其他采矿业						
制造业	**678**	**1309.02**	**177.47**	**510.75**	**194.01**	**822.49**
农副食品加工业	110	116.35	17.53	32.98	14.18	83.81
谷物磨制	7	2.54	0.17	0.36	0.18	2.20
饲料加工	16	13.71	0.96	1.61	0.64	9.89
植物油加工	1	1.36	0.05	0.07	0.02	1.32
制糖业						
屠宰及肉类加工	8	14.05	2.41	6.00	3.21	9.48
水产品加工	64	72.32	11.57	20.03	7.83	51.74
蔬菜、菌类、水果和坚果加工	8	5.56	1.14	2.11	0.73	4.38
其他农副食品加工	6	6.81	1.23	2.80	1.57	4.80
食品制造业	15	15.26	3.16	7.28	4.09	9.47
焙烤食品制造	4	3.28	1.26	2.85	1.56	0.80
糖果、巧克力及蜜饯制造						
方便食品制造						
乳制品制造	2	2.71	0.51	1.36	0.85	2.07

经济指标(大、中类行业)

单位：亿元

	应收账款	存货	产成品	负债合计	流动负债合计	应付账款	所有者权益合计	实收资本	国家资本	集体资本
	186.82	**205.25**	**79.38**	**909.81**	**797.05**	**166.09**	**448.22**	**244.10**	**0.51**	**5.34**
	0.49	**0.39**	**0.38**	**1.25**	**1.25**	**0.25**	**0.27**	**0.20**		
	0.49	0.39	0.38	1.25	1.25	0.25	0.27	0.20		
	0.49	0.39	0.38	1.25	1.25	0.25	0.27	0.20		
	182.34	**199.95**	**79.00**	**878.74**	**773.68**	**159.28**	**430.28**	**234.58**	**0.51**	**5.34**
	25.09	35.04	16.25	81.28	77.12	24.35	35.07	15.41		
	0.68	1.25	0.86	2.15	2.15	0.57	0.38	0.39		
	3.37	4.17	2.95	6.94	6.79	3.07	6.77	1.24		
	0.30	0.17	0.13	0.29	0.29		1.07	0.30		
	1.65	2.33	1.98	12.02	12.01	7.03	2.03	1.24		
	14.82	24.26	9.18	52.43	49.24	11.24	19.89	9.82		
	3.03	0.92	0.16	3.72	3.72	1.86	1.84	0.59		
	1.24	1.95	0.99	3.72	2.93	0.58	3.08	1.84		
	1.52	4.98	2.40	10.18	9.26	1.21	5.08	2.72	0.03	
	0.21	0.35	0.04	1.82	1.82	0.42	1.46	0.73		
	0.19	0.12	0.06	1.33	1.30	0.21	1.38	0.27	0.03	

1-A-5 续表 1

行业	企业单位数(个)	资产总计	固定资产净额	固定资产原价	累计折旧	流动资产合计
罐头食品制造	6	4.93	0.72	1.64	0.92	3.62
调味品、发酵制品制造	1	0.84	0.21	0.56	0.35	0.52
其他食品制造	2	3.50	0.45	0.85	0.40	2.45
酒、饮料和精制茶制造业	2	0.70	0.31	0.91	0.60	0.32
酒的制造						
饮料制造	2	0.70	0.31	0.91	0.60	0.32
精制茶加工						
烟草制品业						
其他烟草制品制造						
纺织业	9	12.59	2.72	4.60	1.87	7.34
棉纺织及印染精加工	1	0.13		0.01		0.12
毛纺织及染整精加工	2	0.17				0.17
麻纺织及染整精加工						
丝绢纺织及印染精加工						
化纤织造及印染精加工	1	0.23	0.02	0.03	0.02	0.21
针织或钩针编织物及其制品制造	1	0.04		0.01		0.04
家用纺织制成品制造	1	0.26	0.04	0.05	0.02	0.22
产业用纺织制成品制造	3	11.76	2.66	4.50	1.84	6.58
纺织服装、服饰业	41	21.18	3.33	7.25	3.87	15.10
机织服装制造	36	19.03	3.00	6.67	3.65	13.68
针织或钩针编织服装制造	5	2.15	0.34	0.59	0.22	1.42
服饰制造						
皮革、毛皮、羽毛及其制品和制鞋业	6	1.08	0.13	0.42	0.28	0.94
皮革鞣制加工						
皮革制品制造	1	0.20	0.10	0.36	0.27	0.10
毛皮鞣制及制品加工	1	0.11				0.11
羽毛(绒)加工及制品制造	4	0.77	0.03	0.05	0.02	0.73
制鞋业						
木材加工和木、竹、藤、棕、草制品业	22	11.68	2.40	4.27	1.88	8.35
木材加工	3	1.17	0.21	0.36	0.15	0.87
人造板制造	2	0.89	0.21	0.54	0.32	0.67
木质制品制造	16	9.27	1.96	3.37	1.41	6.47
竹、藤、棕、草等制品制造	1	0.35	0.01	0.01		0.34
家具制造业	7	2.49	0.96	1.65	0.68	0.67
木质家具制造	5	1.97	0.72	1.13	0.40	0.43
竹、藤家具制造						
金属家具制造						
塑料家具制造						
其他家具制造	2	0.51	0.24	0.52	0.28	0.24
造纸和纸制品业	13	10.85	2.90	6.44	3.54	4.96
纸浆制造						

单位：亿元

应收账款	存货	产成品	负债合计	流动负债合计	应付账款	所有者权益合计	实收资本	国家资本	集体资本
0.09	3.15	1.56	4.54	4.51	0.19	0.39	0.71		
0.02	0.44		0.03	0.03	0.01	0.81	0.40		
1.02	0.92	0.74	2.47	1.60	0.39	1.03	0.61		
0.05	0.18	0.17	0.81	0.79	0.16	-0.11	0.10		
0.05	0.18	0.17	0.81	0.79	0.16	-0.11	0.10		
1.45	1.14	0.69	7.03	7.01	5.42	5.55	0.63		
0.04			0.12	0.12	0.12				
0.12	0.05	0.05	0.15	0.15		0.02	0.01		
0.10	0.10	0.04	0.22	0.22	0.11	0.01			
0.01						0.04			
0.09	0.05	0.01	0.13	0.11	0.11	0.13	0.13		
1.09	0.93	0.59	6.41	6.41	5.08	5.35	0.49		
3.50	3.01	1.37	9.76	8.97	2.80	11.43	8.96		0.01
3.18	2.98	1.35	8.24	7.45	2.57	10.79	7.41		0.01
0.32	0.03	0.02	1.51	1.51	0.23	0.63	1.55		
0.50	0.21	0.15	0.65	0.65	0.26	0.43	0.10		
			0.01	0.01		0.19	0.02		
0.04	0.04		0.03	0.03	0.03	0.07	0.05		
0.45	0.16	0.15	0.61	0.61	0.23	0.16	0.03		
2.45	4.83	0.91	8.15	8.01	1.52	3.53	3.16		0.47
0.52	0.10	0.06	0.51	0.51	-0.07	0.66	0.27		0.07
	0.63	0.04	0.97	0.94	0.27	-0.09	0.11		
1.73	3.96	0.72	6.32	6.22	1.07	2.94	2.78		0.40
0.21	0.13	0.09	0.34	0.34	0.24	0.01	0.01		
0.16	0.28	0.15	2.11	2.07	0.08	0.38	0.27		
0.07	0.22	0.12	1.94	1.90	0.07	0.04	0.20		
0.09	0.06	0.02	0.17	0.17	0.02	0.35	0.07		
1.29	1.74	1.08	2.13	2.11	0.47	8.73	1.70	0.07	

1-A-5 续表 2

行业	企业单位数（个）	资产总计	固定资产净额	固定资产原价	累计折旧	流动资产合计
造纸	3	7.92	2.39	5.17	2.78	2.63
纸制品制造	10	2.94	0.50	1.27	0.77	2.34
印刷和记录媒介复制业	9	6.11	2.18	4.41	2.23	3.02
印刷	9	6.11	2.18	4.41	2.23	3.02
装订及印刷相关服务						
记录媒介复制						
文教、工美、体育和娱乐用品制造业	1	0.08		0.03	0.02	0.08
文教办公用品制造						
乐器制造						
工艺美术及礼仪用品制造						
体育用品制造						
玩具制造	1	0.08		0.03	0.02	0.08
游艺器材及娱乐用品制造						
石油、煤炭及其他燃料加工业	4	59.12	8.81	11.09	2.26	37.21
精炼石油产品制造	4	59.12	8.81	11.09	2.26	37.21
煤炭加工						
生物质燃料加工						
化学原料和化学制品制造业	27	385.94	10.39	190.31	45.40	215.23
基础化学原料制造	10	17.66	7.10	9.42	2.32	6.22
肥料制造						
农药制造	1	2.77	0.10	0.26	0.16	2.13
涂料、油墨、颜料及类似产品制造	2	0.43		0.17	0.13	0.38
合成材料制造	2	352.34	0.01	175.05	40.58	199.08
专用化学产品制造	9	8.29	1.85	2.94	1.08	4.78
炸药、火工及焰火产品制造	1	2.12	0.71	1.64	0.93	1.39
日用化学产品制造	2	2.33	0.63	0.83	0.20	1.24
医药制造业	10	19.38	6.03	10.66	4.41	10.33
化学药品原料药制造	2	2.03	0.38	0.84	0.46	0.93
化学药品制剂制造	1	0.81	0.48	0.95	0.46	0.27
中药饮片加工						
中成药生产	2	4.44	1.34	2.33	0.99	2.74
兽用药品制造	1	1.14	0.23	0.56	0.33	0.67
生物药品制品制造	4	10.96	3.61	5.98	2.17	5.73
卫生材料及医药用品制造						
药用辅料及包装材料						
化学纤维制造业	1	0.92	0.42	0.52	0.10	0.41
纤维素纤维原料及纤维制造						
合成纤维制造	1	0.92	0.42	0.52	0.10	0.41
生物基材料制造						
橡胶和塑料制品业	24	23.10	6.50	13.70	7.20	12.50
橡胶制品业	6	5.62	1.00	1.42	0.42	3.56
塑料制品业	18	17.48	5.51	12.28	6.77	8.94

单位：亿元

应收账款	存货	产成品	负债合计	流动负债合计	应付账款	所有者权益合计	实收资本	国家资本	集体资本
0.04	1.17	0.89	0.49	0.49		7.42	1.12		
1.25	0.58	0.20	1.64	1.62	0.47	1.30	0.59	0.07	
1.05	0.55	0.12	3.32	3.25	0.62	2.78	1.33		
1.05	0.55	0.12	3.32	3.25	0.62	2.78	1.33		
0.02	0.03					0.08	0.06		
0.02	0.03					0.08	0.06		
3.42	9.71	5.15	56.78	56.78	3.23	2.34	5.50		
3.42	9.71	5.15	56.78	56.78	3.23	2.34	5.50		
10.72	44.21	16.01	267.29	208.63	32.72	118.65	65.57		
1.37	1.93	0.94	13.06	12.82	2.34	4.60	3.60		
0.50	1.49	0.65	0.92	0.89	-0.68	1.85	0.68		
0.12	0.12	0.06	0.07	0.05	0.01	0.36	0.30		
5.43	39.24	13.56	246.29	188.34	29.56	106.06	59.02		
1.84	1.14	0.65	5.86	5.50	1.25	2.42	1.07		
1.05	0.10	0.04	0.83	0.83	0.19	1.29	0.21		
0.41	0.19	0.11	0.26	0.20	0.04	2.08	0.68		
2.69	2.40	0.58	10.57	8.46	1.77	8.81	6.19		
0.04	0.51	0.09	1.76	0.56	0.35	0.26	0.98		
0.11	0.03	0.01	0.46	0.46	0.03	0.36	0.20		
0.58	0.96	0.09	2.09	1.81	1.15	2.35	1.17		
0.42	0.08	0.01	0.07	0.07	0.02	1.07	0.70		
1.54	0.82	0.37	6.19	5.55	0.21	4.77	3.14		
0.33	0.05		0.30	0.28	-0.27	0.62	0.38		
0.33	0.05		0.30	0.28	-0.27	0.62	0.38		
3.66	4.14	2.56	11.51	11.13	3.74	11.59	8.35		
0.93	0.61	0.34	2.37	2.02	0.96	3.25	0.44		
2.73	3.53	2.21	9.14	9.11	2.77	8.34	7.91		

1-A-5 续表 3

行 业	企业单位数(个)	资产总计	固定资产净额	固定资产原价	累计折旧	流动资产合计
非金属矿物制品业	36	102.92	26.43	49.25	22.50	68.58
水泥、石灰和石膏制造	8	49.97	20.02	35.05	15.03	28.64
石膏、水泥制品及类似制品制造	16	16.69	2.49	7.42	4.61	13.36
砖瓦、石材等建筑材料制造	3	4.04	0.40	1.09	0.70	3.40
玻璃制造	1	1.34	1.03	1.87	0.84	0.10
玻璃制品制造	1	0.11	0.05	0.09	0.04	0.05
玻璃纤维和玻璃纤维增强塑料制品制造	2	1.03	0.09	0.19	0.10	0.54
陶瓷制品制造	2	26.08	1.15	1.66	0.50	20.16
耐火材料制品制造						
石墨及其他非金属矿物制品制造	3	3.67	1.20	1.89	0.68	2.32
黑色金属冶炼和压延加工业	10	10.93	2.82	4.50	1.59	7.62
炼铁						
炼钢						
钢压延加工	10	10.93	2.82	4.50	1.59	7.62
铁合金冶炼						
有色金属冶炼和压延加工业	6	12.16	2.42	4.79	2.38	4.76
常用有色金属冶炼	1	0.11	0.01	0.01		0.10
贵金属冶炼						
稀有稀土金属冶炼	1	6.97	1.45	2.29	0.84	2.61
有色金属合金制造	1	1.29	0.55	1.11	0.56	0.58
有色金属压延加工	3	3.79	0.41	1.38	0.97	1.47
金属制品业	68	48.38	13.66	27.37	12.89	28.42
结构性金属制品制造	12	10.01	3.26	5.68	1.88	5.29
金属工具制造	2	2.53	0.65	1.50	0.85	1.82
集装箱及金属包装容器制造	4	4.26	0.34	0.61	0.27	3.25
金属丝绳及其制品制造	3	1.41	0.46	1.05	0.59	0.91
建筑、安全用金属制品制造	4	1.80	0.33	0.63	0.30	1.44
金属表面处理及热处理加工	11	5.35	1.17	3.22	1.82	3.59
搪瓷制品制造	1	0.18	0.02	0.09	0.07	0.05
金属制日用品制造	2	1.21	0.34	0.57	0.24	0.72
铸造及其他金属制品制造	29	21.63	7.09	14.01	6.87	11.34
通用设备制造业	95	137.81	20.94	48.11	26.51	81.59
锅炉及原动设备制造	4	6.03	1.53	3.53	2.00	4.13
金属加工机械制造	15	43.04	2.79	5.84	3.05	19.21
物料搬运设备制造	8	14.42	1.40	5.45	3.40	9.61
泵、阀门、压缩机及类似机械制造	16	20.30	2.40	5.53	3.14	14.01
轴承、齿轮和传动部件制造	21	33.70	7.09	17.54	10.44	23.31
烘炉、风机、包装等设备制造	3	1.04	0.21	0.86	0.65	0.82
文化、办公用机械制造						
通用零部件制造	26	17.11	5.27	8.89	3.62	9.79
其他通用设备制造业	2	2.17	0.26	0.48	0.22	0.70

单位：亿元

应收账款	存货	产成品	负债合计	流动负债合计	应付账款	所有者权益合计	实收资本	国家资本	集体资本
13.70	5.63	1.77	65.24	60.02	12.32	37.68	20.10	0.18	4.80
1.00	2.42	0.71	33.64	30.29	2.01	16.32	9.16		4.80
9.22	1.03	0.29	15.50	15.07	9.29	1.19	2.61		
2.47	0.08	0.04	2.67	2.67	0.43	1.37	0.21		
-0.10	0.36	0.26	1.15	1.15	0.11	0.18	0.25		
0.01	0.03	0.01	0.09	0.09		0.01	0.01		
0.07	0.23	0.03	0.82	0.82	0.04	0.21	0.20		
0.51	0.36	0.22	9.42	8.31	0.11	16.66	7.53	0.18	
0.52	1.14	0.21	1.95	1.63	0.33	1.72	0.13		
2.62	2.85	0.37	5.98	5.89	2.00	4.94	4.18		
2.62	2.85	0.37	5.98	5.89	2.00	4.94	4.18		
0.97	1.92	0.88	9.19	8.49	0.86	2.98	3.65		
	0.04		0.05	0.05		0.06			
0.26	1.24	0.65	5.11	4.43	0.57	1.86	1.08		
0.38	0.11	0.08	1.39	1.38	0.26	-0.11	1.00		
0.33	0.53	0.16	2.63	2.63	0.03	1.16	1.57		
9.19	6.72	2.09	28.10	25.27	4.61	20.28	10.04	0.18	0.02
0.65	0.88	0.12	7.35	6.02	0.22	2.66	2.52		
1.13	0.19	0.11	1.28	1.21	0.61	1.25	0.03		
0.64	0.90	0.37	2.04	2.00	0.59	2.22	1.06		
0.29	0.52	0.18	0.67	0.60	0.16	0.74	0.41		
0.54	0.32	0.07	1.24	1.24	0.21	0.57	0.58		
1.45	0.49	0.05	2.98	3.01	0.57	2.37	0.96	0.18	
0.02	0.02		0.12	0.12		0.05	0.02		0.02
0.42	0.08	0.05	1.03	0.97	0.10	0.18	0.04		
4.05	3.32	1.14	11.38	10.10	2.14	10.25	4.42		
25.61	28.84	14.27	75.25	67.12	15.64	62.56	28.07	0.05	
2.33	0.90	0.22	1.81	1.79	0.66	4.22	2.71		
2.71	7.49	4.65	24.05	19.75	2.09	18.98	7.41		
2.34	4.80	1.87	8.40	8.34	2.08	6.02	3.65		
6.47	3.12	0.87	10.25	8.63	3.08	10.05	4.37		
7.70	9.16	5.99	19.13	17.88	4.88	14.57	5.79		
0.28	0.32	0.16	0.77	0.77	0.19	0.27	0.20	0.05	
3.81	2.45	0.46	8.79	8.58	2.57	8.32	3.69		
-0.03	0.60	0.06	2.04	1.37	0.09	0.12	0.25		

1-A-5 续表 4

行业	企业单位数(个)	资产总计	固定资产净额	固定资产原价	累计折旧	流动资产合计
专用设备制造业	48	54.13	12.02	23.40	11.38	36.44
采矿、冶金、建筑专用设备制造	6	12.59	4.69	7.21	2.53	7.09
化工、木材、非金属加工专用设备制造	19	12.32	3.38	8.51	5.13	7.80
食品、饮料、烟草及饲料生产专用设备制造	2	1.79	0.36	1.14	0.78	1.17
印刷、制药、日化及日用品生产专用设备制造	2	0.73	0.09	0.18	0.09	0.63
纺织、服装和皮革加工专用设备制造	2	3.72	0.30	0.53	0.23	2.40
电子和电工机械专用设备制造	2	1.38	0.07	0.21	0.14	1.28
农、林、牧、渔专用机械制造	1	1.06	0.06	0.15	0.10	0.99
医疗仪器设备及器械制造						
环保、邮政、社会公共服务及其他专用设备制造	14	20.54	3.08	5.45	2.38	15.08
汽车制造业	25	35.28	7.92	15.82	6.74	23.38
汽车整车制造						
汽车用发动机制造						
改装汽车制造						
低速汽车制造						
电车制造						
汽车车身、挂车制造						
汽车零部件及配件制造	25	35.28	7.92	15.82	6.74	23.38
铁路、船舶、航空航天和其他运输设备制造业	20	10.74	1.27	3.58	2.21	8.57
铁路运输设备制造	4	3.81	0.28	0.51	0.17	3.24
城市轨道交通设备制造						
船舶及相关装置制造	15	6.38	0.97	3.04	2.02	4.81
航空、航天器及设备制造	1	0.54	0.01	0.03	0.02	0.52
摩托车制造						
自行车和残疾人座车制造						
助动车制造						
非公路休闲车及零配件制造						
潜水救捞及其他未列明运输设备制造						
电气机械和器材制造业	41	77.68	13.62	23.82	10.19	49.71
电机制造	9	9.52	4.17	6.23	2.07	4.61
输配电及控制设备制造	18	44.43	4.18	9.60	5.41	30.23
电线、电缆、光缆及电工器材制造	11	17.58	3.42	5.85	2.43	11.18
电池制造	2	4.99	1.83	2.08	0.24	2.64
家用电力器具制造						
非电力家用器具制造						
照明器具制造						
其他电气机械及器材制造	1	1.15	0.02	0.06	0.04	1.06
计算机、通信和其他电子设备制造业	9	28.65	6.46	9.06	2.60	15.55
计算机制造						
通信设备制造	1	1.95	0.12	0.59	0.47	0.98

单位：亿元

应收账款	存货	产成品	负债合计	流动负债合计	应付账款	所有者权益合计	实收资本	国家资本	集体资本
12.21	10.57	4.52	30.16	28.19	7.46	23.98	10.25		0.05
2.13	2.61	0.60	9.63	9.48	2.10	2.96	2.95		0.05
2.48	1.60	0.46	4.83	4.53	1.68	7.50	2.09		
0.20	0.36	0.27	1.23	1.23	0.10	0.56	0.19		
0.06	0.33	0.04	0.48	0.48	0.05	0.25	0.25		
0.28	1.23	1.02	2.46	2.38	0.23	1.26	0.26		
0.38	0.30	0.20	0.67	0.62	0.23	0.71	0.30		
0.50			0.84	0.84	0.19	0.22	0.18		
6.18	4.14	1.94	10.02	8.63	2.89	10.52	4.02		
15.12	3.91	1.70	31.41	29.59	3.26	3.86	4.58		
15.12	3.91	1.70	31.41	29.59	3.26	3.86	4.58		
2.42	1.56	0.41	4.59	4.56	2.67	6.15	2.48		
1.58	0.50	0.18	1.94	1.94	1.78	1.87	0.25		
0.70	0.93	0.22	2.38	2.36	0.68	4.00	1.83		
0.13	0.12	0.01	0.27	0.27	0.21	0.28	0.40		
24.09	8.62	3.90	38.39	33.96	9.44	39.29	20.63		
2.01	1.38	0.50	6.67	6.14	2.75	2.86	3.22		
14.36	3.14	1.62	16.08	15.98	3.97	28.35	9.52		
5.58	2.92	1.27	10.51	10.48	2.11	7.07	5.70		
1.49	0.90	0.40	4.45	0.69	0.23	0.55	1.87		
0.65	0.28	0.11	0.69	0.69	0.38	0.47	0.32		
2.32	2.05	0.74	20.50	13.39	2.64	8.16	5.96		
0.24	0.03		2.39	2.39	0.01	-0.44	0.63		

1-A-5 续表 5

行　业	企　业 单位数 (个)	资产总计	固定资产 净　额	固定资产 原　价	累计折旧	流动资产 合　计
广播电视设备制造	1	0.41	0.03	0.21	0.18	0.38
雷达及配套设备制造						
非专业视听设备制造						
智能消费设备制造						
电子器件制造	2	12.63	0.81	1.43	0.61	7.20
电子元件及电子专用材料制造	2	10.37	5.17	6.18	1.01	4.51
其他电子设备制造	3	3.30	0.32	0.66	0.34	2.49
仪器仪表制造业	7	10.23	1.21	2.80	1.59	4.92
通用仪器仪表制造	5	8.58	1.04	2.23	1.19	3.66
专用仪器仪表制造	1	0.91	0.10	0.43	0.33	0.60
钟表与计时仪器制造						
光学仪器制造						
衡器制造	1	0.74	0.07	0.14	0.07	0.66
其他仪器仪表制造业						
其他制造业	1	0.21	0.02	0.10	0.08	0.19
日用杂品制造	1	0.21	0.02	0.10	0.08	0.19
废弃资源综合利用业	3	91.10	0.83	1.39	0.55	81.15
金属废料和碎屑加工处理	2	90.64	0.79	1.26	0.47	80.82
非金属废料和碎屑加工处理	1	0.45	0.04	0.12	0.08	0.33
金属制品、机械和设备修理业	8	1.96	0.08	0.25	0.18	1.85
金属制品修理						
通用设备修理						
专用设备修理						
铁路、船舶、航空航天等运输设备修理	8	1.96	0.08	0.25	0.18	1.85
电气设备修理						
其他机械和设备修理业						
电力、热力、燃气及水生产和供应业	**26**	**47.49**	**16.97**	**32.37**	**15.21**	**25.90**
电力、热力生产和供应业	22	40.45	13.17	26.29	12.92	23.88
电力生产	2	4.91	3.95	6.26	2.12	0.93
电力供应						
热力生产和供应	20	35.55	9.22	20.03	10.81	22.95
燃气生产和供应业						
燃气生产和供应业						
生物质燃气生产和供应业						
水的生产和供应业	4	7.04	3.79	6.08	2.29	2.02
自来水生产和供应						
污水处理及其再生利用	4	7.04	3.79	6.08	2.29	2.02
其他水的处理、利用与分配						

单位：亿元

应收账款	存货	产成品	负债合计	流动负债合计	应付账款	所有者权益合计	实收资本	国家资本	集体资本
0.08	0.11	0.03	0.07	0.07	0.04	0.34	0.03		
0.28	0.71	0.16	10.92	4.26	0.82	1.71	0.96		
1.15	0.72	0.23	5.18	4.74	1.30	5.19	3.60		
0.57	0.49	0.32	1.94	1.94	0.47	1.35	0.75		
0.60	1.56	0.69	6.20	2.14	-0.14	4.03	0.98		
0.45	1.26	0.68	5.54	1.49	-0.22	3.03	0.33		
0.01	0.25		0.54	0.54	0.04	0.37	0.05		
0.14	0.05		0.11	0.11	0.04	0.63	0.60		
0.01	0.07		0.18	0.18	0.07	0.04	0.05		
0.01	0.07		0.18	0.18	0.07	0.04	0.05		
15.11	13.10		90.23	88.94	20.16	0.87	3.03		
15.06	13.09		90.23	88.93	20.16	0.42	3.00		
0.05	0.01		0.01	0.01		0.45	0.03		
0.47	0.04	0.04	1.45	1.42	0.23	0.51	0.14		
0.47	0.04	0.04	1.45	1.42	0.23	0.51	0.14		
4.00	**4.92**		**29.81**	**22.12**	**6.56**	**17.68**	**9.32**		
3.36	4.92		29.37	21.77	6.44	11.09	6.62		
0.54			4.01	2.46		0.90	1.33		
2.82	4.92		25.36	19.30	6.44	10.19	5.29		
0.64			0.44	0.35	0.12	6.59	2.70		
0.64			0.44	0.35	0.12	6.59	2.70		

1-A-5 续表 6

行　业	法人资本	个人资本	港澳台资本	外商资本	营业收入	营业成本
总　计	**131.56**	**106.29**	**0.34**	**0.06**	**1238.44**	**1091.02**
采矿业	**0.10**	**0.10**			**1.14**	**0.85**
煤炭开采和洗选业						
烟煤和无烟煤开采洗选						
褐煤开采洗选						
其他煤炭采选						
石油和天然气开采业						
石油开采						
天然气开采						
黑色金属矿采选业						
铁矿采选						
锰矿、铬矿采选						
其他黑色金属矿采选						
有色金属矿采选业						
常用有色金属矿采选						
贵金属矿采选						
稀有稀土金属矿采选						
非金属矿采选业	0.10	0.10			1.14	0.85
土砂石开采	0.10	0.10			1.14	0.85
化学矿开采						
采盐						
石棉及其他非金属矿采选						
开采专业及辅助性活动						
石油和天然气开采专业及辅助性活动						
其他开采专业及辅助性活动						
其他采矿业						
制造业	**128.84**	**99.82**		**0.06**	**1213.90**	**1071.28**
农副食品加工业	5.77	9.58		0.06	165.43	151.76
谷物磨制	0.04	0.35			10.54	10.21
饲料加工	0.57	0.66			25.17	23.23
植物油加工		0.30			2.77	2.56
制糖业						
屠宰及肉类加工	0.73	0.51			40.27	39.03
水产品加工	3.56	6.20		0.06	68.71	60.84
蔬菜、菌类、水果和坚果加工	0.11	0.48			8.93	7.71
其他农副食品加工	0.76	1.08			9.03	8.17
食品制造业	1.04	1.65			11.91	8.93
焙烤食品制造	0.23	0.50			4.38	2.88
糖果、巧克力及蜜饯制造						
方便食品制造						
乳制品制造	0.01	0.23			2.85	2.00

单位：亿元

销售费用	管理费用	财务费用			投资收益(损失以“–”号记)	营业利润	利润总额	亏损企业亏损额	平均用工人数(万人)
			利息收入	利息支出					
27.80	**48.74**	**20.71**	**-3.29**	**20.47**	**5.11**	**49.88**	**54.28**	**12.44**	**11.29**
0.05	**0.09**					**0.15**	**0.11**		
0.05	0.09					0.15	0.11		
0.05	0.09					0.15	0.11		
27.64	**46.71**	**20.34**	**-3.27**	**20.16**	**4.94**	**47.29**	**51.32**	**12.31**	**11.02**
3.53	4.15	2.12	0.01	1.27	0.03	3.32	2.94	2.91	1.90
0.23	0.09	0.02				-0.01	-0.01	0.02	
0.17	0.20	0.14		0.12		1.36	1.35	0.07	0.10
0.10	0.03	0.02				0.06	0.08		
0.43	0.45	0.28		0.29		0.06	0.05	0.31	0.40
2.02	2.92	1.57	0.01	0.77	0.03	0.97	0.57	2.24	1.20
0.17	0.17	0.05				0.80	0.82	0.03	0.10
0.40	0.30	0.04		0.09		0.08	0.09	0.24	0.10
1.00	0.92	0.20	0.01	0.15	0.01	0.78	0.79	0.21	0.30
0.46	0.37	0.02		0.02		0.59	0.58	0.01	0.20
0.31	0.16	0.02	0.01	0.02	0.01	0.35	0.35		

1-A-5 续表 7

行　业					营业收入	营业成本
	法人资本	个人资本	港澳台资本	外商资本		
罐头食品制造	0.30	0.41			2.28	2.08
调味品、发酵制品制造	0.40				0.73	0.67
其他食品制造	0.10	0.51			1.68	1.30
酒、饮料和精制茶制造业		0.10			0.68	0.57
酒的制造						
饮料制造		0.10			0.68	0.57
精制茶加工						
烟草制品业						
其他烟草制品制造						
纺织业	0.13	0.49			8.82	7.48
棉纺织及印染精加工					0.29	0.25
毛纺织及染整精加工		0.01			0.07	0.08
麻纺织及染整精加工						
丝绢纺织及印染精加工						
化纤织造及印染精加工					0.44	0.42
针织或钩针编织物及其制品制造					0.59	0.56
家用纺织制成品制造		0.13			0.99	0.84
产业用纺织制成品制造	0.13	0.36			6.44	5.32
纺织服装、服饰业	7.65	1.31			29.63	25.52
机织服装制造	6.46	0.94			26.66	22.67
针织或钩针编织服装制造	1.18	0.37			2.98	2.85
服饰制造						
皮革、毛皮、羽毛及其制品和制鞋业	0.02	0.08			2.25	2.14
皮革鞣制加工						
皮革制品制造		0.02			0.16	0.14
毛皮鞣制及制品加工		0.05			0.35	0.30
羽毛(绒)加工及制品制造	0.02	0.01			1.74	1.70
制鞋业						
木材加工和木、竹、藤、棕、草制品业	1.85	0.84			15.13	13.66
木材加工		0.21			1.46	1.40
人造板制造	0.10	0.01			0.82	0.73
木质制品制造	1.75	0.62			12.60	11.27
竹、藤、棕、草等制品制造		0.01			0.26	0.26
家具制造业	0.17	0.11			2.49	2.10
木质家具制造	0.10	0.11			1.98	1.71
竹、藤家具制造						
金属家具制造						
塑料家具制造						
其他家具制造	0.07				0.51	0.39
造纸和纸制品业	1.02	0.62			16.21	14.38
纸浆制造						

单位：亿元

销售费用	管理费用	财务费用			投资收益（损失以“–”号记）	营业利润	利润总额	亏损企业亏损额	平均用工人数（万人）
			利息收入	利息支出					
0.08	0.18	0.12		0.09		-0.21	-0.19	0.19	0.10
0.02	0.04								
0.12	0.18	0.04		0.04		0.03	0.04		
0.02	0.02	0.02		0.02		0.04	0.04		
0.02	0.02	0.02		0.02		0.04	0.04		
0.26	0.56	-0.17	-0.06	0.03		0.67	0.89	0.04	0.10
	0.03					0.01			
						-0.02	-0.02	0.02	
	0.01					0.01			
0.01	0.01					0.02	0.02		
0.05	0.04					0.04	0.04		
0.19	0.47	-0.18	-0.06	0.03		0.62	0.84	0.02	
1.90	1.72	0.03		0.04	-0.21	-0.02	-0.03	1.05	1.00
1.46	1.42	0.01		0.02	-0.21	0.64	-0.16	1.05	0.90
0.43	0.31	0.03		0.02		-0.66	0.13		0.10
0.01	0.05					0.04	0.04		
	0.02								
0.01	0.02					0.02	0.02		
0.01	0.01					0.01	0.01		
0.43	0.72	0.12		0.09		0.12	0.13	0.14	0.30
0.02	0.04	0.02				-0.02	0.01		
0.04	0.05	0.02		0.02		-0.04	-0.04	0.05	
0.37	0.63	0.07		0.07		0.18	0.17	0.09	0.30
0.08	0.27	0.05		0.05		-0.06	-0.05	0.13	0.10
0.06	0.21	0.05		0.05		-0.07	-0.06	0.13	0.10
0.03	0.07					0.01	0.01		
0.21	0.49	-0.02	-0.03	0.03		1.09	1.20		0.10

1-A-5 续表 8

行业	法人资本	个人资本	港澳台资本	外商资本	营业收入	营业成本
造纸	0.90	0.22			11.58	10.42
纸制品制造	0.12	0.40			4.63	3.96
印刷和记录媒介复制业	0.40	0.93			4.57	3.72
印刷	0.40	0.93			4.57	3.72
装订及印刷相关服务						
记录媒介复制						
文教、工美、体育和娱乐用品制造业		0.06			0.28	0.16
文教办公用品制造						
乐器制造						
工艺美术及礼仪用品制造						
体育用品制造						
玩具制造		0.06			0.28	0.16
游艺器材及娱乐用品制造						
石油、煤炭及其他燃料加工业	1.30	4.20			127.60	123.91
精炼石油产品制造	1.30	4.20			127.60	123.91
煤炭加工						
生物质燃料加工						
化学原料和化学制品制造业	61.78	3.79			468.11	426.29
基础化学原料制造	2.55	1.05			22.07	20.10
肥料制造						
农药制造		0.68			1.97	1.66
涂料、油墨、颜料及类似产品制造		0.30			1.03	0.96
合成材料制造	58.90	0.12			430.67	393.60
专用化学产品制造	0.18	0.89			9.38	7.93
炸药、火工及焰火产品制造		0.21			1.64	1.39
日用化学产品制造	0.15	0.52			1.36	0.64
医药制造业	4.70	1.49			11.34	5.11
化学药品原料药制造	0.92	0.06			1.26	0.64
化学药品制剂制造	0.20				0.58	0.34
中药饮片加工						
中成药生产	0.96	0.21			3.64	2.83
兽用药品制造		0.70			0.39	0.12
生物药品制品制造	2.62	0.52			5.47	1.18
卫生材料及医药用品制造						
药用辅料及包装材料						
化学纤维制造业		0.38			1.00	0.79
纤维素纤维原料及纤维制造						
合成纤维制造		0.38			1.00	0.79
生物基材料制造						
橡胶和塑料制品业	3.11	5.24			16.77	14.93
橡胶制品业	0.15	0.30			2.58	2.30
塑料制品业	2.97	4.94			14.19	12.63

单位：亿元

销售费用	管理费用	财务费用	利息收入	利息支出	投资收益（损失以"–"号记）	营业利润	利润总额	亏损企业亏损额	平均用工人数（万人）
0.02	0.17	-0.03	-0.03	0.01		0.97	1.05		0.10
0.19	0.32	0.01		0.02		0.12	0.15		0.10
0.11	0.48	0.10		0.07		0.11	0.20	0.06	0.10
0.11	0.48	0.10		0.07		0.11	0.20	0.06	0.10
0.02	0.09								
0.02	0.09								
0.92	0.56	1.42	0.09	1.63		0.38	0.38	0.63	0.10
0.92	0.56	1.42	0.09	1.63		0.38	0.38	0.63	0.10
5.08	3.09	8.53	-3.13	10.52	1.22	24.79	25.10	0.22	0.50
0.46	0.72	0.23	-0.03	0.23	0.17	0.67	0.69	0.04	0.10
0.17	0.13	0.02		0.02		-0.01	-0.05	0.05	
	0.06								
3.51	1.14	8.17	-3.10	10.23	1.04	23.77	23.96		0.20
0.54	0.64	0.10		0.03		0.13	0.23	0.13	0.10
0.01	0.18					0.05	0.05		
0.40	0.22				0.01	0.19	0.21		
3.56	1.40	0.07		0.03		0.96	1.38	0.04	0.20
0.27	0.20					0.14	0.15		
0.09	0.14								
0.42	0.22		0.01			0.13	0.14	0.01	
0.14	0.16	-0.01				-0.02	-0.02	0.02	
2.64	0.69	0.08		0.03		0.72	1.11		0.10
0.04	0.12	0.02		0.02		0.02	0.03		
0.04	0.12	0.02		0.02		0.02	0.03		
0.40	1.42	0.21		0.19	-0.02	-0.27	0.63	0.37	0.30
0.07	0.24	0.06		0.04		-0.10	0.81	0.03	0.10
0.33	1.18	0.15		0.14	-0.02	-0.17	-0.19	0.35	0.20

1-A-5 续表 9

行　　业					营业收入	营业成本
	法人资本	个人资本	港澳台资本	外商资本		
非金属矿物制品业	3.51	11.62			45.07	34.65
水泥、石灰和石膏制造	1.67	2.69			19.66	14.18
石膏、水泥制品及类似制品制造	1.02	1.59			11.30	10.16
砖瓦、石材等建筑材料制造	0.21				6.25	4.06
玻璃制造	0.25				0.80	0.64
玻璃制品制造		0.01			0.25	0.24
玻璃纤维和玻璃纤维增强塑料制品制造	0.10	0.10			0.51	0.44
陶瓷制品制造	0.25	7.10			2.87	2.60
耐火材料制品制造						
石墨及其他非金属矿物制品制造	0.01	0.12			3.42	2.34
黑色金属冶炼和压延加工业	3.94	0.24			17.45	16.23
炼铁						
炼钢						
钢压延加工	3.94	0.24			17.45	16.23
铁合金冶炼						
有色金属冶炼和压延加工业	0.59	3.06			7.48	5.65
常用有色金属冶炼					0.25	0.22
贵金属冶炼						
稀有稀土金属冶炼	0.09	0.99			5.12	3.63
有色金属合金制造		1.00			0.56	0.44
有色金属压延加工	0.50	1.07			1.55	1.36
金属制品业	2.32	7.53			41.11	35.18
结构性金属制品制造	1.14	1.38			4.56	3.98
金属工具制造		0.03			3.16	2.71
集装箱及金属包装容器制造		1.06			2.31	2.00
金属丝绳及其制品制造	0.01	0.40			1.63	1.42
建筑、安全用金属制品制造		0.58			1.15	1.03
金属表面处理及热处理加工	0.30	0.49			5.68	4.96
搪瓷制品制造					0.22	0.19
金属制日用品制造	0.04				1.00	0.86
铸造及其他金属制品制造	0.83	3.58			21.39	18.04
通用设备制造业	12.85	15.16			77.01	63.43
锅炉及原动设备制造		2.71			4.96	3.92
金属加工机械制造	4.36	3.04			13.92	12.28
物料搬运设备制造	1.71	1.93			6.24	5.16
泵、阀门、压缩机及类似机械制造	1.76	2.61			9.74	7.17
轴承、齿轮和传动部件制造	3.16	2.63			19.65	16.61
烘炉、风机、包装等设备制造	0.08	0.07			1.43	1.21
文化、办公用机械制造						
通用零部件制造	1.77	1.92			20.37	16.62
其他通用设备制造业		0.25			0.69	0.45

单位：亿元

销售费用	管理费用	财务费用	利息收入	利息支出	投资收益（损失以“-”号记）	营业利润	利润总额	亏损企业亏损额	平均用工人数（万人）
1.43	2.01	1.50	-0.02	1.18	1.06	6.53	6.54	0.48	0.40
0.90	0.85	1.05	-0.01	0.78		2.89	2.88	0.33	0.10
0.37	0.52	0.14		0.08		0.05	0.04	0.08	0.10
0.06	0.10					1.96	1.96		
0.03	0.10	0.06		0.06		-0.05	-0.04	0.04	
	0.01								
	0.07	0.01		0.01		-0.02	-0.01	0.02	
0.03	0.22	0.21		0.21	1.06	0.86	0.86		
0.04	0.14	0.05		0.05		0.83	0.86		
0.29	0.46	0.10	0.01	0.07		0.32	0.34	0.14	0.10
0.29	0.46	0.10	0.01	0.07		0.32	0.34	0.14	0.10
0.11	0.55	0.34	-0.02	0.31		0.77	0.84	0.07	0.10
	0.01					0.02	0.02		
0.08	0.31	0.27	-0.02	0.29		0.80	0.85		
0.01	0.10					0.02	0.02		
0.03	0.14	0.07		0.02		-0.06	-0.05	0.07	
0.61	3.34	0.71	0.01	0.50		0.93	1.46	0.46	0.80
0.10	0.53	0.23		0.09		-0.31	-0.15	0.33	0.10
0.01	0.18	0.04		0.01		0.20	0.22		
0.03	0.18	0.04		0.03		0.05	0.05		
0.04	0.11	0.01		0.01		0.03	0.04		
	0.15	0.02		0.01		-0.05	-0.05	0.06	
0.10	0.52	0.07	0.01	0.07		-0.01	0.09	0.06	0.10
	0.03								
	0.11	0.01				0.02	0.02		
0.32	1.52	0.30		0.28		1.01	1.24	0.01	0.40
2.67	8.04	1.69	0.07	1.16	2.48	3.06	3.85	1.56	1.72
0.09	0.39	0.09		0.04		0.43	0.44	0.02	0.10
0.40	1.55	0.38	0.05	0.40	2.49	1.69	2.01	0.66	0.20
0.40	0.62	0.05	0.01	0.04		-0.06		0.08	0.10
0.52	1.34	0.13		0.07		0.52	0.55	0.08	0.20
0.75	1.79	0.68		0.41		-0.36	-0.11	0.57	0.50
0.01	0.13	0.02				0.04	0.05		
0.48	2.00	0.25		0.13	-0.01	0.87	0.87	0.15	0.40
0.02	0.23	0.08		0.08		-0.08	0.04		0.02

1-A-5 续表 10

行　业	法人资本	个人资本	港澳台资本	外商资本	营业收入	营业成本
专用设备制造业	3.03	7.16			33.09	25.27
采矿、冶金、建筑专用设备制造	0.18	2.72			4.60	3.90
化工、木材、非金属加工专用设备制造	1.23	0.86			10.19	7.68
食品、饮料、烟草及饲料生产专用设备制造	0.19				0.93	0.75
印刷、制药、日化及日用品生产专用设备制造		0.25			0.87	0.63
纺织、服装和皮革加工专用设备制造		0.26			2.36	1.73
电子和电工机械专用设备制造	0.10	0.20			1.28	0.76
农、林、牧、渔专用机械制造		0.18			0.70	0.56
医疗仪器设备及器械制造						
环保、邮政、社会公共服务及其他专用设备制造	1.33	2.69			12.16	9.26
汽车制造业	2.03	2.55			21.17	16.77
汽车整车制造						
汽车用发动机制造						
改装汽车制造						
低速汽车制造						
电车制造						
汽车车身、挂车制造						
汽车零部件及配件制造	2.03	2.55			21.17	16.77
铁路、船舶、航空航天和其他运输设备制造业	0.56	1.92			8.99	7.41
铁路运输设备制造	0.05	0.20			2.95	2.50
城市轨道交通设备制造						
船舶及相关装置制造	0.33	1.49			5.35	4.55
航空、航天器及设备制造	0.18	0.22			0.69	0.36
摩托车制造						
自行车和残疾人座车制造						
助动车制造						
非公路休闲车及零配件制造						
潜水救捞及其他未列明运输设备制造						
电气机械和器材制造业	7.70	12.93			43.62	35.34
电机制造	0.10	3.12			4.21	3.43
输配电及控制设备制造	3.06	6.46			22.21	16.21
电线、电缆、光缆及电工器材制造	2.72	2.98			14.71	13.73
电池制造	1.77	0.10			1.24	1.25
家用电力器具制造						
非电力家用器具制造						
照明器具制造						
其他电气机械及器材制造	0.06	0.27			1.25	0.71
计算机、通信和其他电子设备制造业	3.16	2.80			12.13	8.59
计算机制造						
通信设备制造	0.16	0.47			0.02	0.02

单位：亿元

销售费用	管理费用	财务费用			投资收益（损失以"-"号记）	营业利润	利润总额	亏损企业亏损额	平均用工人数（万人）
			利息收入	利息支出					
1.11	4.18	0.42	0.02	0.39	0.07	1.69	1.85	0.46	0.70
0.05	0.58	0.22		0.21		-0.17	-0.12	0.31	0.10
0.22	1.43	-0.01	0.01	0.02	0.07	0.68	0.71	0.03	0.20
0.01	0.10	0.05		0.05		0.01	0.02	0.01	
0.11	0.11	0.01		0.02		0.02	0.02	0.02	
0.03	0.18		-0.01	0.01		0.39	0.45		
0.20	0.21					0.10	0.10		
0.05	0.06					0.02	0.02		
0.44	1.50	0.15	0.02	0.09		0.64	0.65	0.09	0.20
0.69	2.90	0.61		0.52		0.05	0.23	1.11	0.50
0.69	2.90	0.61		0.52		0.05	0.23	1.11	0.50
0.19	0.73	0.02	-0.01	0.03		0.56	0.69	0.05	0.40
0.07	0.24					0.13	0.17		
0.11	0.41	0.02	-0.01	0.03		0.20	0.28	0.05	0.40
0.01	0.08					0.24	0.24		
2.40	4.46	0.97		0.91	0.10	0.41	0.53	1.38	0.70
0.35	0.53	0.09		0.09		-0.21	-0.18	0.52	0.10
1.55	2.79	0.36	-0.01	0.35	0.05	1.28	1.30	0.06	0.40
0.15	0.66	0.30	0.01	0.28	0.05	-0.14	-0.08	0.24	0.10
0.01	0.35	0.22		0.20		-0.58	-0.57	0.57	
0.34	0.14	0.01				0.06	0.06		
0.31	1.50	0.05	0.01	0.13	0.03	1.67	1.73	0.11	0.20
0.01	0.03	0.03		0.03		-0.07	-0.07	0.07	

1-A-5 续表 11

行业	法人资本	个人资本	港澳台资本	外商资本	营业收入	营业成本
广播电视设备制造		0.03			0.21	0.13
雷达及配套设备制造						
非专业视听设备制造						
智能消费设备制造						
电子器件制造		0.96			1.74	1.30
电子元件及电子专用材料制造	3.00	0.60			7.63	5.52
其他电子设备制造		0.75			2.53	1.61
仪器仪表制造业	0.14	0.85			2.98	2.25
通用仪器仪表制造	0.13	0.20			2.37	1.84
专用仪器仪表制造		0.05			0.23	0.13
钟表与计时仪器制造						
光学仪器制造						
衡器制造		0.60			0.38	0.28
其他仪器仪表制造业						
其他制造业	0.05				0.63	0.51
日用杂品制造	0.05				0.63	0.51
废弃资源综合利用业		3.03			17.01	15.00
金属废料和碎屑加工处理		3.00			16.61	14.76
非金属废料和碎屑加工处理		0.03			0.40	0.24
金属制品、机械和设备修理业	0.03	0.12			3.94	3.55
金属制品修理						
通用设备修理						
专用设备修理						
铁路、船舶、航空航天等运输设备修理	0.03	0.12			3.94	3.55
电气设备修理						
其他机械和设备修理业						
电力、热力、燃气及水生产和供应业	**2.61**	**6.37**	**0.34**		**23.40**	**18.89**
电力、热力生产和供应业	2.11	4.50			21.15	17.92
电力生产	0.93	0.40			0.78	0.45
电力供应						
热力生产和供应	1.19	4.10			20.37	17.46
燃气生产和供应业						
燃气生产和供应业						
生物质燃气生产和供应业						
水的生产和供应业	0.50	1.86	0.34		2.24	0.98
自来水生产和供应						
污水处理及其再生利用	0.50	1.86	0.34		2.24	0.98
其他水的处理、利用与分配						

单位：亿元

销售费用	管理费用	财务费用			投资收益（损失以“-”号记）	营业利润	利润总额	亏损企业亏损额	平均用工人数（万人）
			利息收入	利息支出					
0.04	0.03					0.02	0.02		
	0.32	0.02		0.02		0.09	0.15	0.01	
0.14	0.80		0.01	0.07	0.04	1.15	1.15	0.03	0.10
0.13	0.33		0.01	0.01	-0.01	0.49	0.49		
0.07	0.70	0.06	0.01	0.05	0.14	0.02	0.12		0.10
0.03	0.58	0.04		0.04	0.14		0.12		
0.01	0.07	0.01	0.01			0.01			
0.03	0.06								
0.05	0.05								
0.05	0.05								
0.13	1.30	1.16	-0.24	0.77	0.02	-0.62	-0.60	0.70	0.10
0.04	1.28	1.16	-0.24	0.77	0.02	-0.68	-0.68	0.70	0.10
0.09	0.02					0.06	0.08		
	0.41					-0.08	0.07	0.01	0.50
	0.41					-0.08	0.07	0.01	0.50
0.12	**1.94**	**0.36**	**-0.02**	**0.31**	**0.17**	**2.44**	**2.86**	**0.14**	**0.30**
0.11	1.53	0.35	-0.02	0.29		1.32	1.70	0.14	0.20
	0.04	0.07				0.27	0.30		
0.11	1.49	0.28	-0.03	0.29		1.06	1.40	0.14	0.20
	0.41	0.01		0.02	0.17	1.12	1.17		
	0.41	0.01		0.02	0.17	1.12	1.17		

1-A-6 外商投资和港澳台商投资工业

行　业	企业单位数（个）	资产总计	固定资产净额	固定资产原价	累计折旧	流动资产合计
总　计	**545**	**2914.91**	**999.56**	**1868.82**	**860.43**	**1640.14**
采矿业	**1**	**0.33**	**0.12**	**0.36**	**0.21**	**0.17**
煤炭开采和洗选业						
烟煤和无烟煤开采洗选						
石油和天然气开采业						
石油开采						
天然气开采						
黑色金属矿采选业						
铁矿采选						
有色金属矿采选业						
常用有色金属矿采选						
贵金属矿采选						
非金属矿采选业	1	0.33	0.12	0.36	0.21	0.17
土砂石开采	1	0.33	0.12	0.36	0.21	0.17
石棉及其他非金属矿采选						
开采专业及辅助性活动						
石油和天然气开采专业及辅助性活动						
制造业	**536**	**2859.23**	**967.62**	**1815.85**	**839.44**	**1625.46**
农副食品加工业	54	73.37	18.03	36.76	18.28	51.10
谷物磨制	6	5.15	1.75	2.83	1.08	2.94
饲料加工	1	2.16	0.09	0.34	0.25	2.05
植物油加工	2	5.16	1.81	5.23	3.28	3.18
制糖业						
屠宰及肉类加工	4	6.83	1.64	6.14	4.48	4.70
水产品加工	33	49.10	12.28	20.57	8.02	34.00
蔬菜、菌类、水果和坚果加工	3	2.25	0.15	0.37	0.23	1.89
其他农副食品加工	5	2.71	0.30	1.27	0.94	2.34
食品制造业	10	10.25	2.67	4.79	2.01	6.90
焙烤食品制造						
糖果、巧克力及蜜饯制造	1	1.15	0.74	0.81	0.07	0.21
方便食品制造	2	0.37	0.11	0.37	0.25	0.26
乳制品制造						
罐头食品制造	3	6.65	1.23	2.44	1.09	5.13
调味品、发酵制品制造	3	1.81	0.55	1.14	0.59	1.16
其他食品制造	1	0.26	0.04	0.04	0.01	0.14
酒、饮料和精制茶制造业	4	27.20	4.24	11.54	6.97	20.13
酒的制造	2	19.50	2.09	8.21	5.79	15.13
饮料制造	2	7.71	2.15	3.33	1.18	4.99
精制茶加工						

企业主要经济指标(大、中类行业)

单位：亿元

应收账款	存货	产成品	负债合计	流动负债合计	应付账款	所有者权益合计	实收资本	国家资本	集体资本
433.35	**569.19**	**100.72**	**1529.50**	**1202.93**	**385.09**	**1385.41**	**815.11**	**51.58**	**11.25**
0.10	**0.07**	**0.03**	**0.22**	**0.22**		**0.11**	**0.10**		
0.10	0.07	0.03	0.22	0.22		0.11	0.10		
0.10	0.07	0.03	0.22	0.22		0.11	0.10		
431.66	**568.74**	**100.60**	**1518.84**	**1195.67**	**383.88**	**1340.39**	**779.98**	**44.32**	**11.19**
12.18	20.96	5.98	33.40	31.12	9.39	39.97	23.99		0.20
1.10	1.21	0.61	1.70	1.70	0.23	3.45	2.38		
0.05	0.10	0.05	0.04	0.04		2.12	0.09		
-0.45	0.42	0.61	3.57	3.37	0.58	1.59	6.19		
1.05	1.38	0.63	2.37	2.36	1.17	4.46	3.13		
9.24	16.20	3.08	22.98	21.08	6.74	26.12	10.42		0.20
0.45	0.81	0.78	0.95	0.95	0.24	1.30	0.82		
0.75	0.85	0.22	1.78	1.63	0.43	0.93	0.97		
0.77	2.81	1.51	6.57	5.82	0.85	3.68	4.21		
0.04	0.08	0.01	0.78	0.17	0.13	0.38	0.38		
0.13	0.19	0.04	0.23	0.23	0.14	0.14	0.13		
0.43	1.65	1.42	4.21	4.21	0.14	2.44	2.79		
0.08	0.88	0.02	1.16	1.02	0.42	0.65	0.90		
0.08	0.02	0.02	0.19	0.19	0.01	0.07	0.02		
2.64	5.78	2.10	15.76	15.65	6.30	11.44	4.83	0.29	
2.40	4.38	0.83	11.05	11.00	5.65	8.44	3.40		
0.24	1.40	1.27	4.70	4.65	0.65	3.00	1.44	0.29	

1-A-6 续表 1

行 业	企 业 单位数 (个)	资产总计	固定资产净 额	固定资产原 价	累计折旧	流动资产合 计
纺织业	9	15.70	2.23	8.77	6.54	12.96
棉纺织及印染精加工	1	3.33	0.43	2.24	1.81	2.88
毛纺织及染整精加工						
麻纺织及染整精加工						
丝绢纺织及印染精加工						
化纤织造及印染精加工						
针织或钩针编织物及其制品制造	2	2.74	0.17	1.01	0.84	2.24
家用纺织制成品制造	3	2.89	1.15	3.38	2.24	1.60
产业用纺织制成品制造	3	6.75	0.49	2.14	1.66	6.25
纺织服装、服饰业	43	30.24	5.37	14.87	9.50	23.19
机织服装制造	34	26.53	4.25	11.21	6.96	20.73
针织或钩针编织服装制造	7	2.11	0.48	1.48	1.00	1.59
服饰制造	2	1.60	0.65	2.18	1.53	0.87
皮革、毛皮、羽毛及其制品和制鞋业	4	20.18	2.90	4.53	1.64	16.64
皮革鞣制加工						
皮革制品制造	2	16.99	2.32	3.42	1.10	14.42
毛皮鞣制及制品加工						
羽毛(绒)加工及制品制造						
制鞋业	2	3.20	0.58	1.11	0.53	2.23
木材加工和木、竹、藤、棕、草制品业	7	15.55	4.93	11.95	7.01	8.72
木材加工						
人造板制造	1	2.78	0.65	1.53	0.88	0.94
木质制品制造	6	12.77	4.28	10.42	6.13	7.78
竹、藤、棕、草等制品制造						
家具制造业	13	50.52	16.80	34.41	17.59	26.81
木质家具制造	11	49.80	16.34	33.66	17.29	26.57
竹、藤家具制造						
金属家具制造	1	0.55	0.35	0.60	0.25	0.17
塑料家具制造						
其他家具制造	1	0.17	0.10	0.16	0.05	0.07
造纸和纸制品业	5	5.11	1.34	4.43	3.06	3.36
纸浆制造						
造纸	1	0.96	0.14	0.28	0.14	0.81
纸制品制造	4	4.15	1.20	4.15	2.92	2.55
印刷和记录媒介复制业	4	4.71	1.04	4.16	2.97	3.55
印刷	3	3.86	0.74	3.55	2.66	3.04
装订及印刷相关服务	1	0.85	0.29	0.61	0.31	0.51
记录媒介复制						

单位：亿元

应收账款	存货	产成品	负债合计	流动负债合计	应付账款	所有者权益合计	实收资本	国家资本	集体资本
5.59	2.37	1.08	5.79	5.63	2.02	9.91	8.03		0.04
0.15	0.69	0.28	2.33	2.33	0.57	1.00	2.80		
0.21	0.32	0.15	0.73	0.73	0.33	2.01	1.04		
0.52	0.91	0.51	1.40	1.24	0.40	1.48	2.60		0.04
4.71	0.45	0.14	1.33	1.33	0.71	5.41	1.59		
3.77	3.95	1.62	10.56	10.00	2.02	19.67	15.07		0.48
3.40	3.23	1.30	9.22	8.88	1.59	17.31	12.94		0.47
0.01	0.54	0.30	0.71	0.53	0.35	1.41	1.12		0.01
0.36	0.18	0.02	0.63	0.59	0.07	0.96	1.02		
7.64	5.57	0.58	7.55	7.55	3.94	12.63	3.11		0.01
6.81	4.93	0.35	5.62	5.62	2.77	11.37	1.45		
0.83	0.64	0.24	1.93	1.93	1.17	1.26	1.66		0.01
2.24	3.13	1.10	7.00	5.17	1.73	8.55	5.21		
0.07	0.26	0.17	2.60	0.86	0.56	0.18	1.27		
2.16	2.86	0.93	4.40	4.31	1.17	8.37	3.94		
3.48	12.75	3.77	17.65	16.04	5.66	32.87	7.21	0.30	
3.41	12.69	3.77	17.59	15.99	5.65	32.21	6.40	0.30	
0.05	0.04		0.02	0.02		0.53	0.71		
0.01	0.02		0.05	0.03	0.01	0.12	0.10		
1.53	0.60	0.15	1.89	1.89	0.56	3.22	1.71		
0.28	0.07	0.01	0.72	0.71	0.18	0.25	0.22		
1.25	0.54	0.13	1.18	1.17	0.38	2.97	1.50		
0.96	0.50	0.21	2.48	2.46	0.69	2.23	2.15		
0.93	0.42	0.16	2.44	2.42	0.69	1.43	1.89		
0.03	0.08	0.05	0.04	0.04		0.81	0.26		

1-A-6 续表 2

行　　业	企　业单位数(个)	资产总计	固定资产净　额	固定资产原　价	累计折旧	流动资产合　计
文教、工美、体育和娱乐用品制造业	4	2.53	0.86	1.91	1.05	1.58
文教办公用品制造	1	0.43	0.05	0.32	0.26	0.38
乐器制造	1	1.88	0.73	1.43	0.70	1.07
工艺美术及礼仪用品制造	1	0.07	0.01	0.04	0.02	0.06
体育用品制造						
玩具制造	1	0.14	0.06	0.13	0.07	0.07
游艺器材及娱乐用品制造						
石油、煤炭及其他燃料加工业	1	87.13	38.40	115.63	77.23	48.33
精炼石油产品制造	1	87.13	38.40	115.63	77.23	48.33
煤炭加工						
生物质燃料加工						
化学原料和化学制品制造业	27	62.72	19.19	38.44	18.56	34.36
基础化学原料制造	8	14.92	8.80	17.61	8.12	4.88
肥料制造						
农药制造	1	1.66	0.51	1.53	1.02	1.03
涂料、油墨、颜料及类似产品制造	4	2.60	0.41	1.19	0.78	2.13
合成材料制造	3	2.76	0.78	1.46	0.67	1.11
专用化学产品制造	9	36.29	8.26	15.89	7.63	21.71
炸药、火工及焰火产品制造						
日用化学产品制造	2	4.49	0.43	0.76	0.34	3.51
医药制造业	3	161.20	11.73	18.58	6.85	139.35
化学药品原料药制造	1	2.81	1.26	1.57	0.32	1.14
化学药品制剂制造	1	153.51	8.87	14.62	5.75	136.12
中药饮片加工						
中成药生产						
兽用药品制造						
生物药品制品制造	1	4.88	1.60	2.38	0.78	2.09
卫生材料及医药用品制造						
药用辅料及包装材料						
化学纤维制造业						
纤维素纤维原料及纤维制造						
合成纤维制造						
生物基材料制造						
橡胶和塑料制品业	31	131.19	51.61	101.21	49.12	69.05
橡胶制品业	6	80.67	44.02	76.24	32.22	28.03
塑料制品业	25	50.51	7.59	24.97	16.90	41.02
非金属矿物制品业	18	45.36	12.99	40.12	26.96	28.51
水泥、石灰和石膏制造	1	8.60	4.19	12.97	8.71	3.95

单位：亿元

应收账款	存货	产成品	负债合计	流动负债合计	应付账款	所有者权益合计	实收资本	国家资本	集体资本
0.18	1.20	0.13	0.64	0.64	0.27	1.88	1.61		
0.10	0.17	0.01	0.07	0.07	0.06	0.36	0.23		
0.05	0.96	0.11	0.36	0.36	0.20	1.53	1.34		
0.01	0.03		0.07	0.07			0.03		
0.02	0.04		0.14	0.14					
10.03	29.93	10.36	100.97	100.14	14.33	-13.85	9.60	5.03	
10.03	29.93	10.36	100.97	100.14	14.33	-13.85	9.60	5.03	
8.24	5.86	2.79	25.52	22.18	3.22	37.19	28.37	1.36	0.04
1.67	0.63	0.25	5.88	3.20	0.61	9.04	7.54	1.36	0.04
0.32	0.46	0.23	0.65	0.64	0.24	1.01	0.93		
0.84	0.57	0.17	1.04	1.02	0.54	1.56	1.05		
0.27	0.29	0.16	1.12	1.06	0.36	1.63	2.50		
2.60	3.47	1.66	13.64	13.22	0.96	22.65	15.64		
2.55	0.44	0.32	3.19	3.04	0.51	1.30	0.71		
28.76	86.00	0.31	114.70	109.17	67.28	46.49	6.74		
0.23	0.63	0.26	0.92	0.42	0.15	1.89	1.55		
27.34	84.78		107.81	107.71	67.06	45.70	4.67		
1.19	0.59	0.06	5.97	1.05	0.07	-1.09	0.52		
10.89	14.19	7.29	64.84	51.41	9.03	66.35	58.35	11.21	0.05
6.01	9.50	5.29	36.98	23.75	6.06	43.70	35.56		
4.89	4.69	1.99	27.86	27.66	2.97	22.65	22.79	11.21	0.05
11.27	9.04	3.08	23.67	22.82	5.76	21.69	22.05		
0.17	0.91	0.09	1.08	1.08	0.14	7.51	4.78		

1-A-6 续表 3

行业	企业单位数（个）	资产总计	固定资产净额	固定资产原价	累计折旧	流动资产合计
石膏、水泥制品及类似制品制造	2	11.27	0.04	1.08	0.94	10.18
砖瓦、石材等建筑材料制造	2	1.02	0.44	0.71	0.27	0.42
玻璃制造	2	5.63	1.52	9.13	7.61	3.55
玻璃制品制造	1	0.47	0.15	0.38	0.23	0.32
玻璃纤维和玻璃纤维增强塑料制品制造	1	0.57	0.15	0.40	0.25	0.38
陶瓷制品制造						
耐火材料制品制造	5	13.56	5.93	14.00	8.07	6.35
石墨及其他非金属矿物制品制造	4	4.26	0.57	1.45	0.88	3.35
黑色金属冶炼和压延加工业	8	36.86	6.32	28.57	22.25	27.78
炼铁						
炼钢						
钢压延加工	8	36.86	6.32	28.57	22.25	27.78
铁合金冶炼						
有色金属冶炼和压延加工业	4	13.66	6.00	10.04	4.04	5.39
常用有色金属冶炼						
贵金属冶炼						
稀有稀土金属冶炼						
有色金属合金制造	1	4.02	0.99	3.84	2.86	2.97
有色金属压延加工	3	9.65	5.01	6.19	1.18	2.42
金属制品业	42	100.38	25.06	52.05	26.99	62.28
结构性金属制品制造	8	3.50	0.89	2.19	1.30	2.56
金属工具制造	5	49.25	11.12	19.01	7.89	29.53
集装箱及金属包装容器制造	2	2.85	0.59	1.11	0.52	1.63
金属丝绳及其制品制造	1	0.32	0.05	0.24	0.18	0.26
建筑、安全用金属制品制造	9	15.69	4.02	10.46	6.43	10.35
金属表面处理及热处理加工	2	3.54	0.28	0.70	0.42	3.25
搪瓷制品制造						
金属制日用品制造						
铸造及其他金属制品制造	15	25.23	8.11	18.34	10.24	14.69
通用设备制造业	83	252.29	57.73	153.93	95.41	180.28
锅炉及原动设备制造	3	1.08	0.21	0.39	0.19	0.79
金属加工机械制造	13	55.12	14.27	29.98	15.52	38.48
物料搬运设备制造	4	10.56	1.37	2.96	1.59	8.72
泵、阀门、压缩机及类似机械制造	21	27.88	3.64	9.17	5.49	20.51
轴承、齿轮和传动部件制造	6	34.73	15.90	29.83	13.92	17.53
烘炉、风机、包装等设备制造	16	74.47	10.96	33.78	22.73	60.31
文化、办公用机械制造	3	25.14	6.84	35.95	28.81	16.53
通用零部件制造	15	21.55	4.41	11.42	6.97	15.97
其他通用设备制造业	2	1.75	0.13	0.45	0.18	1.44

单位：亿元

应收账款	存货	产成品	负债合计	流动负债合计	应付账款	所有者权益合计	实收资本	国家资本	集体资本
6.38	1.93		9.79	9.79	0.40	1.48	0.66		
0.03	0.17	0.01	0.21	0.18		0.81	0.40		
0.54	2.40	1.59	3.17	2.72	0.03	2.46	9.15		
0.17	0.04		0.24	0.24	0.20	0.23	0.08		
0.25	0.08	0.03	0.25	0.16	0.12	0.31	0.11		
3.20	1.78	0.98	7.32	7.32	4.17	6.24	6.17		
0.52	1.74	0.37	1.61	1.32	0.70	2.64	0.70		
7.42	9.39	4.17	13.92	13.85	3.53	22.94	15.51	0.56	
7.42	9.39	4.17	13.92	13.85	3.53	22.94	15.51	0.56	
1.72	2.87	1.36	6.29	3.96	0.85	7.37	10.10		
0.34	2.13	0.94	0.49	0.49	0.06	3.52	3.12		
1.38	0.74	0.42	5.80	3.47	0.79	3.85	6.98		
15.95	15.40	4.08	44.59	33.61	7.63	55.79	21.33		
0.92	0.48	0.11	1.45	1.45	0.56	2.05	0.67		
5.39	8.89	1.96	29.88	21.78	2.94	19.37	5.82		
0.77	0.31	0.17	0.59	0.58	0.05	2.26			
0.07	0.06	0.02	0.06	0.06	0.05	0.26	0.18		
3.62	2.70	0.81	4.60	3.91	2.56	11.09	5.55		
1.04	0.22		1.75	1.74	0.03	1.79	0.39		
4.14	2.74	1.01	6.27	4.09	1.43	18.97	8.72		
66.24	44.91	12.03	90.08	85.12	39.78	162.21	89.39	1.63	1.17
0.27	0.11	0.02	0.15	0.14	0.07	0.93	0.14		
10.22	16.61	1.36	22.30	19.23	7.73	32.82	26.62		
2.15	1.88	0.99	3.93	3.83	2.99	6.64	3.42		
7.19	7.17	1.78	13.26	12.92	5.66	14.62	7.13		0.10
5.78	4.53	1.70	7.61	7.41	3.54	27.12	13.04	1.26	
27.43	9.23	3.91	31.87	31.06	15.38	42.60	20.33	0.37	1.07
6.19	2.03	0.46	1.60	1.60	0.70	23.54	12.23		
6.80	2.56	1.42	8.26	7.84	3.20	13.29	6.19		
0.21	0.80	0.39	1.09	1.09	0.51	0.66	0.29		

1-A-6 续表 4

行 业	企 业 单位数 (个)	资产总计	固定资产净 额	固定资产原 价	累计折旧	流动资产合 计
专用设备制造业	27	41.82	9.79	26.11	15.71	27.47
采矿、冶金、建筑专用设备制造	2	8.95	1.37	3.23	1.86	7.25
化工、木材、非金属加工专用设备制造	14	12.21	3.50	10.07	5.96	7.35
食品、饮料、烟草及饲料生产专用设备制造						
印刷、制药、日化及日用品生产专用设备制造						
纺织、服装和皮革加工专用设备制造						
电子和电工机械专用设备制造	1	0.37	0.02	0.05	0.03	0.30
农、林、牧、渔专用机械制造						
医疗仪器设备及器械制造	7	11.76	2.76	9.46	6.69	6.93
环保、邮政、社会公共服务及其他专用设备制造	3	8.55	2.14	3.30	1.17	5.65
汽车制造业	56	499.82	116.00	251.13	130.73	314.25
汽车整车制造						
汽车用发动机制造	2	175.51	35.09	80.81	44.67	125.04
改装汽车制造						
汽车车身、挂车制造						
汽车零部件及配件制造	54	324.31	80.90	170.32	86.06	189.21
铁路、船舶、航空航天和其他运输设备制造业	15	320.24	64.06	96.12	32.06	220.90
铁路运输设备制造	1	27.62	0.47	1.39	0.92	25.84
城市轨道交通设备制造	1	0.43		0.01		0.24
船舶及相关装置制造	13	292.19	63.59	94.72	31.13	194.82
航空、航天器及设备制造						
摩托车制造						
自行车和残疾人座车制造						
助动车制造						
非公路休闲车及零配件制造						
潜水救捞及其他未列明运输设备制造						
电气机械和器材制造业	29	112.91	24.18	54.81	30.60	69.08
电机制造	8	59.19	13.74	33.76	20.00	32.82
输配电及控制设备制造	10	19.68	3.23	8.70	5.46	15.39
电线、电缆、光缆及电工器材制造	4	4.42	0.98	3.06	2.08	3.26
电池制造	1	9.78	1.19	1.38	0.19	5.50
家用电力器具制造						
非电力家用器具制造	1	0.77	0.15	0.32	0.17	0.62
照明器具制造	5	19.07	4.89	7.58	2.69	11.50
其他电气机械及器材制造						
计算机、通信和其他电子设备制造业	19	681.91	451.88	658.74	206.84	184.64
计算机制造						

单位：亿元

应收账款	存货	产成品	负债合计	流动负债合计	应付账款	所有者权益合计	实收资本	国家资本	集体资本
10.28	10.35	3.56	18.73	15.53	7.62	23.09	16.85	1.61	
2.14	3.79	1.35	5.35	4.80	1.31	3.60	2.48		
2.17	2.74	1.37	5.32	4.09	1.45	6.89	7.31	0.53	
0.08	0.04	0.03	0.05	0.05	0.04	0.31	0.02		
2.70	2.78	0.66	4.33	3.67	2.57	7.43	4.43		
3.20	0.99	0.15	3.69	2.93	2.25	4.86	2.62	1.08	
100.24	48.69	19.77	232.78	192.10	87.62	267.03	134.78	14.47	0.08
25.87	12.83	5.13	92.38	71.88	35.38	83.13	32.54	14.42	
74.37	35.86	14.64	140.40	120.22	52.24	183.90	102.23	0.05	0.08
11.60	172.30	1.39	281.84	126.28	35.76	38.40	46.65		
9.69	8.53	0.89	20.07	16.49	8.55	7.55	0.61		
0.14	0.09	0.09	0.09	0.09	0.04	0.34	0.01		
1.77	163.68	0.40	261.67	109.70	27.16	30.51	46.03		
28.76	13.40	4.48	48.23	41.58	22.21	64.68	27.32		0.19
11.68	5.82	2.07	12.01	11.85	6.88	47.18	16.09		
6.83	3.01	0.63	9.10	8.50	5.38	10.58	7.42		0.19
1.85	0.99	0.35	2.21	1.80	0.99	2.21	1.70		
1.65	1.08	0.91	8.99	5.88	2.63	0.79	0.02		
0.27	0.20		0.22	0.22	0.15	0.55	0.10		
6.49	2.30	0.51	15.69	13.32	6.18	3.38	2.01		
67.33	38.40	4.72	330.55	263.70	40.55	351.36	200.17	7.26	8.92

1-A-6 续表 5

行业	企业单位数(个)	资产总计	固定资产净额	固定资产原价	累计折旧	流动资产合计
通信设备制造	1	0.78	0.14	0.92	0.76	0.64
广播电视设备制造	3	5.62	2.89	5.70	2.81	2.52
雷达及配套设备制造						
非专业视听设备制造	3	61.79	5.36	25.58	20.21	53.09
智能消费设备制造						
电子器件制造	7	610.03	442.03	623.28	181.25	126.27
电子元件及电子专用材料制造	4	3.21	1.38	2.98	1.60	1.73
其他电子设备制造	1	0.48	0.08	0.27	0.20	0.39
仪器仪表制造业	14	36.29	7.99	18.84	10.39	26.35
通用仪器仪表制造	12	30.06	4.34	12.37	7.57	23.96
专用仪器仪表制造						
钟表与计时仪器制造	1	4.31	2.80	5.07	2.27	1.38
光学仪器制造						
衡器制造						
其他仪器仪表制造业	1	1.93	0.85	1.40	0.55	1.01
其他制造业	1	9.90	3.53	11.73	8.19	5.50
日用杂品制造	1	9.90	3.53	11.73	8.19	5.50
废弃资源综合利用业	1	10.19	0.76	1.67	0.91	6.99
金属废料和碎屑加工处理						
非金属废料和碎屑加工处理	1	10.19	0.76	1.67	0.91	6.99
金属制品、机械和设备修理业						
金属制品修理						
通用设备修理						
专用设备修理						
铁路、船舶、航空航天等运输设备修理						
其他机械和设备修理业						
电力、热力、燃气及水生产和供应业	**8**	**55.35**	**31.82**	**52.61**	**20.79**	**14.51**
电力、热力生产和供应业	1	6.29	3.49	4.83	1.34	2.78
电力生产	1	6.29	3.49	4.83	1.34	2.78
电力供应						
热力生产和供应						
燃气生产和供应业	6	47.91	28.34	47.78	19.44	11.54
燃气生产和供应业	6	47.91	28.34	47.78	19.44	11.54
水的生产和供应业	1	1.15				0.20
自来水生产和供应						
污水处理及其再生利用	1	1.15				0.20

单位：亿元

应收账款	存货	产成品	负债合计	流动负债合计	应付账款	所有者权益合计	实收资本	国家资本	集体资本
0.13	0.16		0.06	0.06	0.04	0.72	0.71		
1.27	0.55	0.12	3.80	3.57	1.88	1.82	3.60		
14.47	6.16	1.50	25.01	24.81	10.38	36.78	16.64	7.26	
50.64	31.15	3.08	300.18	234.08	27.68	309.85	177.23		8.92
0.67	0.26	0.01	1.27	0.96	0.40	1.94	1.76		
0.14	0.12	0.01	0.22	0.21	0.18	0.26	0.25		
9.03	5.63	1.55	10.58	10.14	4.41	25.72	8.83	0.61	
8.26	4.65	1.15	8.89	8.77	3.97	21.17	5.89	0.61	
0.41	0.62	0.36	1.19	0.86	0.15	3.11	2.47		
0.36	0.37	0.03	0.50	0.50	0.29	1.43	0.46		
1.27	2.20	1.40	1.48	1.34	0.60	8.42	6.64		
1.27	2.20	1.40	1.48	1.34	0.60	8.42	6.64		
1.66	0.53	0.05	0.76	0.76	0.28	9.43	0.18		
1.66	0.53	0.05	0.76	0.76	0.28	9.43	0.18		
1.59	**0.39**	**0.08**	**10.44**	**7.04**	**1.20**	**44.91**	**35.03**	**7.25**	**0.07**
0.37	0.01		1.46	0.35	0.08	4.84	4.66		
0.37	0.01		1.46	0.35	0.08	4.84	4.66		
1.18	0.38	0.08	8.20	6.31	1.05	39.70	30.16	7.25	0.07
1.18	0.38	0.08	8.20	6.31	1.05	39.70	30.16	7.25	0.07
0.04			0.78	0.38	0.08	0.37	0.20		
0.04			0.78	0.38	0.08	0.37	0.20		

1-A-6 续表 6

行业	法人资本	个人资本	港澳台资本	外商资本	营业收入	营业成本
总 计	**99.58**	**5.02**	**195.27**	**452.42**	**2677.42**	**2039.79**
采矿业			**0.10**		**0.41**	**0.32**
煤炭开采和洗选业						
烟煤和无烟煤开采洗选						
石油和天然气开采业						
石油开采						
天然气开采						
黑色金属矿采选业						
铁矿采选						
有色金属矿采选业						
常用有色金属矿采选						
贵金属矿采选						
非金属矿采选业			0.10		0.41	0.32
土砂石开采			0.10		0.41	0.32
石棉及其他非金属矿采选						
开采专业及辅助性活动						
石油和天然气开采专业及辅助性活动						
制造业	**94.80**	**5.02**	**193.30**	**431.36**	**2655.64**	**2029.97**
农副食品加工业	5.73	0.97	3.41	13.67	113.69	104.09
谷物磨制	1.97		0.10	0.31	10.66	9.99
饲料加工				0.09	2.11	1.56
植物油加工	0.36			5.82	32.61	31.17
制糖业						
屠宰及肉类加工	0.05			3.09	18.77	17.47
水产品加工	2.57	0.97	3.16	3.52	41.64	36.88
蔬菜、菌类、水果和坚果加工	0.71			0.11	3.15	2.80
其他农副食品加工	0.08		0.16	0.73	4.74	4.21
食品制造业	0.68		0.49	3.04	5.01	3.79
焙烤食品制造						
糖果、巧克力及蜜饯制造				0.38	0.43	0.32
方便食品制造	0.10			0.03	1.00	0.89
乳制品制造						
罐头食品制造	0.37		0.49	1.93	2.40	1.64
调味品、发酵制品制造	0.19			0.71	0.82	0.63
其他食品制造	0.02				0.36	0.32
酒、饮料和精制茶制造业	1.23		2.72	0.60	30.36	22.43
酒的制造	0.51		2.72	0.17	18.74	14.29
饮料制造	0.72			0.43	11.62	8.13
精制茶加工						

单位：亿元

销售费用	管理费用	财务费用	利息收入	利息支出	投资收益(损失以“-”号记)	营业利润	利润总额	亏损企业亏损额	平均用工人数(万人)
113.41	**117.51**	**25.23**	**4.17**	**17.72**	**3.36**	**348.39**	**356.02**	**27.19**	**18.50**
0.02	**0.04**					**0.01**	**0.01**		
0.02	0.04					0.01	0.01		
0.02	0.04					0.01	0.01		
113.12	**116.60**	**25.22**	**4.15**	**17.59**	**3.36**	**337.99**	**345.60**	**27.17**	**18.50**
2.19	2.84	0.72	0.03	0.43		3.30	3.31	0.46	1.20
0.21	0.24	0.06	0.01	0.07		0.11	0.11	0.06	
0.05	0.11	-0.08				0.46	0.45		
0.06	0.39	0.12	0.01	0.08		0.76	0.75	0.02	
0.60	0.33	-0.01	0.04	0.02		0.41	0.41	0.04	0.40
0.95	1.48	0.64	-0.02	0.24		1.31	1.32	0.16	0.70
0.10	0.09			0.01		0.16	0.16	0.03	
0.22	0.21	-0.01		0.01		0.10	0.09	0.16	0.10
0.39	0.44	0.30	0.03	0.29		0.02	0.07	0.21	0.10
	0.13	0.03		0.01		-0.05	-0.06	0.06	
0.03	0.05					0.04	0.04		
0.30	0.15	0.24	0.03	0.25		0.04	0.04	0.15	
0.06	0.11	0.03		0.01		-0.01	0.04		
0.01	0.01	0.01		0.01		0.01	0.01		
4.01	1.62	0.10		0.17		1.06	1.14		0.30
1.37	1.45	0.11	-0.02	0.16		0.58	0.62		0.20
2.64	0.16	-0.01	0.02	0.01		0.48	0.52		0.10

1-A-6 续表 7

行　业					营业收入	营业成本
	法人资本	个人资本	港澳台资本	外商资本		
纺织业	0.98	1.46		5.56	11.88	10.29
棉纺织及印染精加工				2.80	2.15	2.30
毛纺织及染整精加工						
麻纺织及染整精加工						
丝绢纺织及印染精加工						
化纤织造及印染精加工						
针织或钩针编织物及其制品制造	0.44			0.61	1.93	1.28
家用纺织制成品制造	0.54			2.02	2.87	2.55
产业用纺织制成品制造		1.46		0.13	4.94	4.16
纺织服装、服饰业	5.49	0.30	3.82	4.98	36.56	31.27
机织服装制造	5.42	0.30	2.53	4.22	30.16	25.61
针织或钩针编织服装制造	0.08		0.87	0.16	4.84	4.28
服饰制造			0.42	0.60	1.56	1.38
皮革、毛皮、羽毛及其制品和制鞋业		0.15		2.95	29.70	23.55
皮革鞣制加工						
皮革制品制造		0.15		1.30	23.50	17.78
毛皮鞣制及制品加工						
羽毛(绒)加工及制品制造						
制鞋业				1.64	6.20	5.77
木材加工和木、竹、藤、棕、草制品业	0.29	0.02		4.89	18.42	15.83
木材加工						
人造板制造				1.27	1.54	1.40
木质制品制造	0.29	0.02		3.63	16.88	14.43
竹、藤、棕、草等制品制造						
家具制造业	1.72		0.29	4.90	42.58	37.96
木质家具制造	1.72		0.29	4.09	41.99	37.46
竹、藤家具制造						
金属家具制造				0.71	0.28	0.24
塑料家具制造						
其他家具制造				0.10	0.30	0.25
造纸和纸制品业	0.34	0.07	0.05	1.25	8.05	6.63
纸浆制造						
造纸	0.16		0.05		1.48	1.12
纸制品制造	0.17	0.07		1.25	6.58	5.51
印刷和记录媒介复制业	1.32			0.83	4.94	4.30
印刷	1.32			0.57	4.33	3.86
装订及印刷相关服务				0.26	0.61	0.43
记录媒介复制						

单位：亿元

销售费用	管理费用	财务费用			投资收益(损失以"–"号记)	营业利润	利润总额	亏损企业亏损额	平均用工人数(万人)
			利息收入	利息支出					
0.32	0.66	-0.19	0.04	0.04		0.69	0.78	0.16	0.40
0.05	0.06	-0.09	0.03	0.01		-0.20	-0.11	0.11	
0.08	0.25	-0.03	0.04			0.33	0.33		0.10
0.15	0.10	0.03		0.02		0.01	0.02		0.10
0.04	0.25	-0.09	-0.03	0.01		0.55	0.55	0.04	0.10
1.24	2.42	0.06	0.02	0.05	0.18	1.43	1.32	1.03	1.50
1.15	1.86	0.08	0.02	0.05	0.18	1.38	1.26	0.92	1.20
0.03	0.41	-0.01				0.10	0.11	0.05	0.20
0.06	0.15					-0.05	-0.05	0.06	0.10
1.64	1.23	0.12		0.03		2.47	2.75	0.15	0.30
1.59	0.83	0.01		0.01		2.63	2.87		0.10
0.05	0.39	0.11		0.02		-0.15	-0.12	0.15	0.10
0.69	0.69	0.16	0.04	0.12	0.02	0.85	0.77	0.04	0.40
0.06	0.06	0.03	0.04	0.04		-0.03	-0.01	0.01	
0.63	0.63	0.13	0.01	0.08	0.02	0.89	0.79	0.02	0.40
0.68	2.69	-0.13	0.21	0.10		1.18	1.17	0.15	0.80
0.67	2.64	-0.14	0.21	0.09		1.17	1.16	0.15	0.80
	0.01					0.02	0.02		
0.02	0.04					-0.01	-0.01	0.01	
0.37	0.39	0.02		0.03		0.60	0.62		0.10
0.08	0.07	0.01		0.01		0.18	0.18		
0.29	0.31	0.01		0.02		0.41	0.44		0.10
0.19	0.36	0.08		0.07		-0.01	-0.02	0.13	0.10
0.16	0.22	0.09		0.07		-0.02	-0.03	0.13	0.10
0.03	0.14					0.01	0.01		

1-A-6 续表 8

行业	法人资本	个人资本	港澳台资本	外商资本	营业收入	营业成本
文教、工美、体育和娱乐用品制造业				1.61	4.08	3.51
文教办公用品制造				0.23	0.74	0.69
乐器制造				1.34	2.57	2.16
工艺美术及礼仪用品制造				0.03	0.47	0.42
体育用品制造						
玩具制造					0.30	0.24
游艺器材及娱乐用品制造						
石油、煤炭及其他燃料加工业			2.42	2.15	373.85	312.26
精炼石油产品制造			2.42	2.15	373.85	312.26
煤炭加工						
生物质燃料加工						
化学原料和化学制品制造业	3.90	1.07	4.07	17.92	36.11	25.43
基础化学原料制造	0.25		1.50	4.39	11.06	9.44
肥料制造						
农药制造	0.04			0.89	2.15	1.47
涂料、油墨、颜料及类似产品制造	0.10			0.95	3.63	2.91
合成材料制造	1.46		0.53	0.51	1.22	1.03
专用化学产品制造	2.03	1.07	2.03	10.51	14.66	8.84
炸药、火工及焰火产品制造						
日用化学产品制造	0.03			0.68	3.39	1.73
医药制造业	0.14			6.61	209.12	107.14
化学药品原料药制造				1.55	2.30	1.65
化学药品制剂制造				4.67	204.78	104.94
中药饮片加工						
中成药生产						
兽用药品制造						
生物药品制品制造	0.14			0.38	2.05	0.55
卫生材料及医药用品制造						
药用辅料及包装材料						
化学纤维制造业						
纤维素纤维原料及纤维制造						
合成纤维制造						
生物基材料制造						
橡胶和塑料制品业	1.72	0.02	0.81	44.54	79.43	56.62
橡胶制品业	0.06			35.50	50.00	31.49
塑料制品业	1.66	0.02	0.81	9.04	29.43	25.13
非金属矿物制品业	1.18	0.05	0.66	20.16	45.02	37.04
水泥、石灰和石膏制造	0.62			4.15	4.18	2.91

单位：亿元

销售费用	管理费用	财务费用	利息收入	利息支出	投资收益（损失以"–"号记）	营业利润	利润总额	亏损企业亏损额	平均用工人数（万人）
0.02	0.35	0.05				0.11	0.15	0.01	0.10
0.01	0.03					-0.01	-0.01	0.01	
	0.26	0.04				0.09	0.13		0.10
	0.03								
0.01	0.03					0.02	0.02		
2.00	4.33	3.99	0.10	3.67		15.65	15.58		0.10
2.00	4.33	3.99	0.10	3.67		15.65	15.58		0.10
2.54	3.63	0.18	-0.10	0.37	0.13	3.57	3.68	0.88	0.30
0.54	0.70	0.22	0.02	0.26	-0.01	-0.12	-0.01	0.69	0.10
0.03	0.17	0.02		0.02		0.44	0.44		
0.30	0.26	0.03		0.02		0.08	0.08		
0.05	0.15	0.05	0.01	0.03		-0.06	-0.06	0.07	
0.58	2.09	-0.14	-0.12	0.05	0.14	2.90	2.89	0.12	0.10
1.05	0.27		-0.01			0.33	0.33		0.10
47.02	4.77	0.02	0.25	0.25		48.33	48.39		0.10
	0.29	0.05		0.03		0.30	0.29		
46.15	4.21	-0.26	0.25			48.03	48.06		0.10
0.87	0.27	0.22		0.22		0.01	0.03		
7.62	6.99	0.62	0.06	0.69	0.01	6.99	6.92	0.42	0.90
6.48	4.93	0.58	-0.01	0.60		6.18	6.17	0.07	0.40
1.15	2.06	0.05	0.06	0.08	0.01	0.81	0.75	0.36	0.50
1.52	2.44	0.80	0.01	0.27		2.94	3.06	0.10	0.30
0.27	0.33	0.04	0.02	0.01		0.60	0.64		

1-A-6 续表 9

行业					营业收入	营业成本
	法人资本	个人资本	港澳台资本	外商资本		
石膏、水泥制品及类似制品制造			0.66		4.51	2.95
砖瓦、石材等建筑材料制造				0.40	1.14	0.92
玻璃制造				9.15	5.58	4.79
玻璃制品制造				0.08	1.06	0.90
玻璃纤维和玻璃纤维增强塑料制品制造	0.11				0.77	0.65
陶瓷制品制造						
耐火材料制品制造	0.09			6.08	20.03	17.97
石墨及其他非金属矿物制品制造	0.35	0.05		0.30	7.75	5.95
黑色金属冶炼和压延加工业	6.59		0.41	7.95	74.12	64.56
炼铁						
炼钢						
钢压延加工	6.59		0.41	7.95	74.12	64.56
铁合金冶炼						
有色金属冶炼和压延加工业	0.17		6.36	3.56	21.49	20.58
常用有色金属冶炼						
贵金属冶炼						
稀有稀土金属冶炼						
有色金属合金制造	0.05			3.07	17.46	16.93
有色金属压延加工	0.12		6.36	0.49	4.03	3.65
金属制品业	2.85	0.29	1.12	17.06	65.68	52.98
结构性金属制品制造	0.35			0.32	5.80	4.89
金属工具制造	0.49		0.07	5.26	15.79	11.51
集装箱及金属包装容器制造					4.29	3.62
金属丝绳及其制品制造				0.18	0.35	0.28
建筑、安全用金属制品制造	1.69		0.52	3.35	19.63	16.42
金属表面处理及热处理加工			0.30	0.08	1.18	0.91
搪瓷制品制造						
金属制日用品制造						
铸造及其他金属制品制造	0.32	0.29	0.23	7.88	18.63	15.35
通用设备制造业	16.53	0.26	1.86	67.95	247.54	195.24
锅炉及原动设备制造		0.12		0.02	1.17	0.77
金属加工机械制造	5.47		0.01	21.14	48.44	38.69
物料搬运设备制造	0.31			3.11	16.22	13.96
泵、阀门、压缩机及类似机械制造	0.40	0.02	0.52	6.09	26.41	19.57
轴承、齿轮和传动部件制造	1.03		0.40	10.34	32.00	22.19
烘炉、风机、包装等设备制造	8.44		0.31	10.14	75.96	61.30
文化、办公用机械制造				12.23	20.56	17.87
通用零部件制造	0.80	0.12	0.61	4.65	25.31	19.70
其他通用设备制造业	0.07			0.23	1.47	1.17

单位：亿元

销售费用	管理费用	财务费用			投资收益(损失以"−"号记)	营业利润	利润总额	亏损企业亏损额	平均用工人数(万人)
			利息收入	利息支出					
0.55	0.37	0.52				0.10	0.10		
0.02	0.13					0.06	0.06		
0.32	0.21	0.14	-0.01	0.11		0.08	0.11		
0.04	0.05					0.07	0.07		
0.03	0.06					0.02	0.03		
0.13	0.93	0.07		0.14		0.80	0.80	0.10	0.10
0.17	0.36	0.02		0.02		1.22	1.25		0.10
1.74	3.20	0.19	0.12	0.25	-0.41	3.63	3.66		0.20
1.74	3.20	0.19	0.12	0.25	-0.41	3.63	3.66		0.20
0.27	0.40	0.15		0.14		-5.46	-5.49	5.82	
0.12	0.08	0.03				0.28	0.28		
0.14	0.32	0.13		0.14		-5.74	-5.78	5.82	
1.88	4.51	1.43	-0.09	0.13	0.06	4.34	4.58	0.39	1.10
0.21	0.45	0.04		0.01		0.19	0.19	0.07	0.10
0.48	1.00	1.35		0.02	0.02	1.31	1.52	0.01	0.30
0.12	0.24	-0.01				0.27	0.27		0.10
0.02	0.02					0.03	0.03		
0.64	1.06	-0.04	-0.01	0.01	0.04	1.49	1.51	0.02	0.20
0.02	0.22					0.02	0.02	0.05	0.10
0.41	1.51	0.09	-0.08	0.09		1.03	1.05	0.24	0.40
10.48	16.57	0.26	0.35	0.51	0.50	22.87	22.91	0.54	2.60
0.03	0.20			0.01		0.15	0.15		
1.38	3.33	0.29	-0.04	0.15	0.04	4.19	4.29	0.03	0.40
0.84	0.49	-0.19	0.06			1.06	1.08		0.10
1.90	2.96	-0.01	0.14	0.04	0.05	1.75	1.71	0.22	0.30
0.14	2.33	-0.05	-0.03	0.05		7.02	7.05	0.01	0.30
4.48	4.05	0.30	0.05	0.19	0.12	5.24	5.20	0.10	0.80
0.03	1.33	-0.10	0.18			1.04	1.02	0.01	0.40
1.64	1.71	-0.01		0.06	0.29	2.32	2.33	0.17	0.40
0.03	0.16	0.01				0.08	0.09		

1-A-6 续表 10

行业	法人资本	个人资本	港澳台资本	外商资本	营业收入	营业成本
专用设备制造业	2.32	0.32	0.05	12.55	54.40	46.57
采矿、冶金、建筑专用设备制造		0.06		2.42	10.06	8.67
化工、木材、非金属加工专用设备制造	0.63	0.26		5.89	12.09	10.01
食品、饮料、烟草及饲料生产专用设备制造						
印刷、制药、日化及日用品生产专用设备制造						
纺织、服装和皮革加工专用设备制造						
电子和电工机械专用设备制造				0.02	0.28	0.19
农、林、牧、渔专用机械制造						
医疗仪器设备及器械制造	1.57		0.05	2.80	25.20	22.14
环保、邮政、社会公共服务及其他专用设备制造	0.11			1.42	6.77	5.56
汽车制造业	22.50	0.03	8.32	89.38	496.25	360.52
汽车整车制造						
汽车用发动机制造				18.13	164.68	116.20
改装汽车制造						
汽车车身、挂车制造						
汽车零部件及配件制造	22.50	0.03	8.32	71.25	331.57	244.32
铁路、船舶、航空航天和其他运输设备制造业	13.41		0.53	32.70	75.31	64.70
铁路运输设备制造	0.30			0.30	14.12	9.67
城市轨道交通设备制造				0.01	0.38	0.34
船舶及相关装置制造	13.11		0.53	32.39	60.81	54.68
航空、航天器及设备制造						
摩托车制造						
自行车和残疾人座车制造						
助动车制造						
非公路休闲车及零配件制造						
潜水救捞及其他未列明运输设备制造						
电气机械和器材制造业	2.52		0.49	24.12	103.17	83.95
电机制造	1.16			14.93	50.96	41.90
输配电及控制设备制造	1.18		0.47	5.57	26.07	21.75
电线、电缆、光缆及电工器材制造	0.18			1.51	6.31	5.59
电池制造			0.02		1.59	1.81
家用电力器具制造						
非电力家用器具制造				0.10	1.95	1.68
照明器具制造				2.01	16.30	11.22
其他电气机械及器材制造						
计算机、通信和其他电子设备制造业	0.12		154.61	29.26	417.54	301.84
计算机制造						

单位：亿元

销售费用	管理费用	财务费用			投资收益(损失以"–"号记)	营业利润	利润总额	亏损企业亏损额	平均用工人数(万人)
			利息收入	利息支出					
1.08	2.96	0.30	0.01	0.20	0.04	3.11	3.12	0.23	0.80
0.54	0.19	0.06		0.04		0.51	0.50		
0.29	0.90	0.11	0.01	0.08	0.01	0.70	0.67	0.05	0.20
0.03	0.05								
0.16	1.18	0.07		0.02	0.03	1.51	1.54	0.18	0.50
0.07	0.64	0.07		0.05		0.40	0.40		0.10
13.29	23.39	-0.97	0.80	1.08	0.89	97.92	102.16	5.47	2.30
5.09	8.45	-1.05	1.71	0.54		32.96	34.11	3.09	0.30
8.20	14.95	0.07	-0.90	0.54	0.89	64.96	68.05	2.38	2.00
3.32	5.91	10.57	1.62	3.35		-3.34	-3.40	8.14	0.70
1.93	0.35	0.31	0.03	0.13		1.81	1.81		0.10
	0.02	0.01							
1.39	5.54	10.26	1.59	3.22		-5.15	-5.21	8.14	0.60
2.03	7.60	0.60	0.23	0.51	0.79	8.99	9.81	0.83	1.40
0.67	3.18	0.01	0.15	0.05	0.80	5.49	5.50	0.67	0.80
0.49	1.12	0.08	-0.01	0.08	-0.01	2.41	2.36	0.04	0.20
0.16	0.23	0.04		0.03		0.26	0.25	0.06	0.10
0.12	0.36	0.08	0.08			-0.80	0.01		
0.03	0.11	-0.01				0.12	0.13		
0.55	2.59	0.39	0.01	0.35		1.50	1.56	0.06	0.10
4.00	12.87	5.74	0.40	4.78	1.04	108.59	110.30	2.03	1.80

1-A-6 续表 11

行 业					营业收入	营业成本
	法人资本	个人资本	港澳台资本	外商资本		
通信设备制造				0.71	0.50	0.42
广播电视设备制造				3.60	7.94	7.32
雷达及配套设备制造						
非专业视听设备制造				9.38	107.35	93.44
智能消费设备制造						
电子器件制造			153.76	14.55	298.21	197.71
电子元件及电子专用材料制造	0.12		0.85	0.79	2.59	2.08
其他电子设备制造				0.25	0.94	0.87
仪器仪表制造业	3.07		0.63	4.52	37.91	29.51
通用仪器仪表制造	3.07		0.63	1.58	32.53	24.98
专用仪器仪表制造						
钟表与计时仪器制造				2.47	2.71	2.09
光学仪器制造						
衡器制造						
其他仪器仪表制造业				0.46	2.66	2.44
其他制造业				6.64	8.83	6.16
日用杂品制造				6.64	8.83	6.16
废弃资源综合利用业		0.02	0.16		4.61	1.23
金属废料和碎屑加工处理						
非金属废料和碎屑加工处理		0.02	0.16		4.61	1.23
金属制品、机械和设备修理业						
金属制品修理						
通用设备修理						
专用设备修理						
铁路、船舶、航空航天等运输设备修理						
其他机械和设备修理业						
电力、热力、燃气及水生产和供应业	**4.77**		**1.87**	**21.06**	**21.37**	**9.51**
电力、热力生产和供应业	4.66				0.52	0.32
电力生产	4.66				0.52	0.32
电力供应						
热力生产和供应						
燃气生产和供应业			1.78	21.06	20.36	8.98
燃气生产和供应业			1.78	21.06	20.36	8.98
水的生产和供应业	0.11		0.09		0.49	0.21
自来水生产和供应						
污水处理及其再生利用	0.11		0.09		0.49	0.21

单位：亿元

销售费用	管理费用	财务费用			投资收益(损失以“-”号记)	营业利润	利润总额	亏损企业亏损额	平均用工人数(万人)
			利息收入	利息支出					
	0.05	-0.01				0.03	0.03		
0.05	0.24	0.11		0.06		0.18	0.18		0.10
2.92	5.15	-0.28	0.51		0.05	5.29	6.93		0.50
0.94	7.05	5.89	-0.10	4.71	0.99	103.04	103.06	1.90	1.00
0.07	0.33	0.01	0.01	0.01		0.08	0.10	0.13	0.10
0.01	0.05	0.02				-0.02			
1.71	1.92	0.08		0.07	0.09	4.49	4.46		0.50
1.67	1.61	0.06	0.01	0.05	0.09	4.10	4.06		0.30
0.01	0.23	0.03		0.03		0.30	0.30		0.10
0.03	0.08	-0.01	-0.01			0.09	0.09		0.10
0.79	0.97	-0.04				0.91	0.91		0.10
0.79	0.97	-0.04				0.91	0.91		0.10
0.08	0.45	-0.02	0.01			2.78	2.92		
0.08	0.45	-0.02	0.01			2.78	2.92		
0.28	**0.87**	**0.02**	**0.03**	**0.12**		**10.39**	**10.41**	**0.02**	**0.10**
		0.01	-0.05	0.06		0.19	0.16		
		0.01	-0.05	0.06		0.19	0.16		
0.28	0.84	-0.02	0.08	0.06		9.97	10.05	0.02	0.10
0.28	0.84	-0.02	0.08	0.06		9.97	10.05	0.02	0.10
	0.02	0.02				0.23	0.20		
	0.02	0.02				0.23	0.20		

1-A-7 大中型工业企业主要

行业	企业单位数(个)	资产总计	固定资产净额	固定资产原价	累计折旧	流动资产合计
总计	**374**	**5924.08**	**1974.60**	**3630.69**	**1493.28**	**2966.53**
采矿业	**1**	**49.15**	**0.11**	**0.46**	**0.35**	**20.22**
煤炭开采和洗选业						
烟煤和无烟煤开采洗选						
褐煤开采洗选						
其他煤炭采选						
石油和天然气开采业						
石油开采						
天然气开采						
黑色金属矿采选业						
铁矿采选						
锰矿、铬矿采选						
其他黑色金属矿采选						
有色金属矿采选业						
常用有色金属矿采选						
贵金属矿采选						
稀有稀土金属矿采选						
非金属矿采选业	1	49.15	0.11	0.46	0.35	20.22
土砂石开采						
化学矿开采						
采盐	1	49.15	0.11	0.46	0.35	20.22
石棉及其他非金属矿采选						
开采专业及辅助性活动						
石油和天然气开采专业及辅助性活动						
制造业	**360**	**5956.46**	**1464.99**	**2948.21**	**1322.31**	**3621.67**
农副食品加工业	43	156.28	34.21	59.60	23.64	86.78
谷物磨制						
饲料加工	2	8.57	0.66	1.20	0.54	5.65
植物油加工						
制糖业						
屠宰及肉类加工	10	20.87	4.68	11.50	6.80	14.90
水产品加工	28	122.47	27.51	45.04	15.81	63.48
蔬菜、菌类、水果和坚果加工	2	3.30	1.04	1.33	0.29	2.25
其他农副食品加工	1	1.06	0.33	0.53	0.20	0.51
食品制造业	7	24.62	7.71	11.71	4.00	14.48
焙烤食品制造	2	2.61	1.15	2.55	1.41	0.51
糖果、巧克力及蜜饯制造						
方便食品制造						
乳制品制造						
罐头食品制造	3	8.14	1.47	2.22	0.75	6.23

经济指标(大、中类行业)

单位：亿元

应收账款	存货	产成品	负债合计	流动负债合计	应付账款	所有者权益合计	实收资本	国家资本	集体资本
775.84	**883.82**	**163.72**	**3645.99**	**2532.34**	**697.33**	**2278.09**	**1312.15**	**298.53**	**32.96**
11.82	**0.51**	**0.48**	**7.29**	**1.93**	**0.08**	**41.86**	**2.00**		
11.82	0.51	0.48	7.29	1.93	0.08	41.86	2.00		
11.82	0.51	0.48	7.29	1.93	0.08	41.86	2.00		
762.36	**1079.50**	**165.48**	**3496.53**	**2765.45**	**885.36**	**2459.93**	**1355.34**	**517.22**	**31.99**
23.90	32.40	8.01	90.86	75.52	18.72	65.42	25.07	10.00	0.20
2.81	1.20	0.28	2.25	2.23	0.86	6.32	0.20		
2.12	3.56	2.66	10.95	10.92	3.54	9.93	4.53		
16.72	27.18	4.98	75.43	60.12	12.62	47.04	19.89	10.00	0.20
2.12	0.11	0.09	2.03	2.03	1.53	1.28	0.15		
0.13	0.34		0.21	0.21	0.17	0.85	0.30		
0.97	4.07	1.99	15.12	15.01	3.36	9.50	2.02	0.08	
0.11	0.19	0.04	1.44	1.44	0.37	1.17	0.42		
0.75	3.54	1.66	6.17	6.06	2.33	1.97	1.02		

1-A-7 续表 1

行　业	企业单位数(个)	资产总计	固定资产净额	固定资产原价	累计折旧	流动资产合计
调味品、发酵制品制造	1	0.38	0.05	0.33	0.28	0.33
其他食品制造	1	13.49	5.04	6.60	1.56	7.40
酒、饮料和精制茶制造业	2	14.25	2.44	7.12	4.35	10.70
酒的制造	1	7.47	0.88	5.39	4.18	5.95
饮料制造	1	6.77	1.57	1.73	0.16	4.76
精制茶加工						
烟草制品业						
烟叶复烤						
卷烟制造						
其他烟草制品制造						
纺织业	3	4.81	1.13	3.66	2.53	3.29
棉纺织及印染精加工						
毛纺织及染整精加工						
麻纺织及染整精加工						
丝绢纺织及印染精加工						
化纤织造及印染精加工						
针织或钩针编织物及其制品制造	1	2.15	0.11	0.53	0.42	1.79
家用纺织制成品制造	1	2.05	0.82	2.82	2.00	1.11
产业用纺织制成品制造	1	0.60	0.20	0.32	0.12	0.39
纺织服装、服饰业	39	35.27	5.76	15.51	9.74	27.64
机织服装制造	34	32.63	4.92	13.23	8.31	25.92
针织或钩针编织服装制造	4	1.75	0.41	1.17	0.76	1.31
服饰制造	1	0.89	0.44	1.11	0.67	0.40
皮革、毛皮、羽毛及其制品和制鞋业	2	19.40	2.85	4.37	1.52	15.92
皮革鞣制加工						
皮革制品制造	1	16.56	2.27	3.28	1.01	14.05
毛皮鞣制及制品加工						
羽毛(绒)加工及制品制造						
制鞋业	1	2.83	0.58	1.09	0.52	1.86
木材加工和木、竹、藤、棕、草制品业	4	14.20	4.88	11.24	6.31	8.07
木材加工						
人造板制造						
木质制品制造	4	14.20	4.88	11.24	6.31	8.07
竹、藤、棕、草等制品制造						
家具制造业	8	56.97	18.23	35.85	17.60	31.60
木质家具制造	7	50.39	16.75	33.68	16.90	26.78
竹、藤家具制造						
金属家具制造	1	6.58	1.47	2.17	0.70	4.82
塑料家具制造						
其他家具制造						
造纸和纸制品业	1	5.60	1.82	4.21	2.39	1.51

单位：亿元

应收账款	存货	产成品	负债合计	流动负债合计	应付账款	所有者权益合计	实收资本	国家资本	集体资本
0.10	0.06	0.04	0.29	0.29	0.07	0.09	0.08	0.08	
0.01	0.28	0.26	7.22	7.21	0.59	6.28	0.50		
0.27	2.39	1.57	7.83	7.72	1.17	6.41	3.44	0.29	
0.03	1.00	0.30	3.25	3.20	0.55	4.23	2.72		
0.24	1.39	1.27	4.59	4.53	0.63	2.19	0.72	0.29	
0.32	1.30	0.77	2.45	2.29	0.91	2.36	2.72		
0.06	0.21	0.15	0.64	0.64	0.27	1.51	0.60		
0.18	0.80	0.51	1.32	1.16	0.36	0.73	2.00		
0.08	0.29	0.11	0.49	0.49	0.28	0.12	0.12		
5.88	4.32	1.89	11.72	11.39	3.33	23.55	16.26		0.47
5.55	3.95	1.71	10.67	10.39	3.04	21.96	14.88		0.47
0.19	0.37	0.18	0.50	0.50	0.29	1.25	0.96		
0.14			0.54	0.50		0.34	0.42		
7.39	5.40	0.46	7.31	7.31	3.85	12.09	2.94		
6.63	4.77	0.22	5.38	5.38	2.68	11.18	1.30		
0.75	0.63	0.24	1.93	1.93	1.17	0.91	1.64		
1.74	3.43	0.69	4.96	4.63	0.84	9.24	4.75		
1.74	3.43	0.69	4.96	4.63	0.84	9.24	4.75		
4.56	13.23	4.01	25.19	22.77	8.15	31.78	6.41	1.12	
3.81	12.25	3.64	18.54	17.51	6.24	31.85	6.36	1.12	
0.75	0.98	0.37	6.65	5.26	1.91	-0.07	0.05		
-0.07	0.74	0.55	-0.36	-0.36	-0.20	5.96	0.90		

1-A-7 续表 2

行业	企业单位数(个)	资产总计	固定资产净额	固定资产原价	累计折旧	流动资产合计
纸浆制造						
造纸	1	5.60	1.82	4.21	2.39	1.51
纸制品制造						
印刷和记录媒介复制业	1	0.85	0.29	0.61	0.31	0.51
印刷						
装订及印刷相关服务	1	0.85	0.29	0.61	0.31	0.51
文教、工美、体育和娱乐用品制造业	1	1.88	0.73	1.43	0.70	1.07
文教办公用品制造						
乐器制造	1	1.88	0.73	1.43	0.70	1.07
工艺美术及礼仪用品制造						
体育用品制造						
玩具制造						
游艺器材及娱乐用品制造						
石油、煤炭及其他燃料加工业	4	266.93	89.44	351.03	244.26	157.88
精炼石油产品制造	4	266.93	89.44	351.03	244.26	157.88
煤炭加工						
化学原料和化学制品制造业	14	831.13	152.38	432.27	145.40	472.34
基础化学原料制造	3	221.66	63.91	112.29	48.38	151.54
肥料制造	1	101.45	21.37	32.55	11.18	49.93
农药制造						
涂料、油墨、颜料及类似产品制造						
合成材料制造	2	473.18	62.49	277.46	80.51	252.82
专用化学产品制造	5	28.91	3.46	7.87	4.38	15.00
炸药、火工及焰火产品制造	1	1.05	0.28	0.65	0.37	0.71
日用化学产品制造	2	4.88	0.87	1.45	0.58	2.34
医药制造业	6	177.64	15.33	25.30	9.96	145.90
化学药品原料药制造						
化学药品制剂制造	4	171.62	12.75	21.21	8.45	142.69
中药饮片加工						
中成药生产	1	3.33	1.96	3.04	1.08	1.28
兽用药品制造						
生物药品制品制造	1	2.68	0.61	1.04	0.43	1.93
卫生材料及医药用品制造						
药用辅料及包装材料						
化学纤维制造业						
纤维素纤维原料及纤维制造						
合成纤维制造						
生物基材料制造						
橡胶和塑料制品业	11	100.03	49.76	90.00	40.24	40.58

单位：亿元

应收账款	存货	产成品	负债合计	流动负债合计	应付账款	所有者权益合计	实收资本	国家资本	集体资本
-0.07	0.74	0.55	-0.36	-0.36	-0.20	5.96	0.90		
0.03	0.08	0.05	0.04	0.04		0.81	0.26		
0.03	0.08	0.05	0.04	0.04		0.81	0.26		
0.05	0.96	0.11	0.36	0.36	0.20	1.53	1.34		
0.05	0.96	0.11	0.36	0.36	0.20	1.53	1.34		
45.82	67.64	21.45	185.46	184.57	19.23	81.47	102.76	94.29	
45.82	67.64	21.45	185.46	184.57	19.23	81.47	102.76	94.29	
12.80	68.46	18.40	589.20	459.28	88.26	241.92	139.91	17.58	
1.72	12.32	2.99	169.80	114.94	44.75	51.85	18.51	2.55	
1.30	0.68	-0.14	94.72	89.46	7.74	6.73	29.36	15.03	
6.06	50.49	13.62	315.53	246.50	33.69	157.65	83.46		
2.93	4.20	1.67	8.13	7.56	1.92	20.79	6.39		
0.16	0.22	0.01	0.28	0.28	0.05	0.76	0.46		
0.63	0.55	0.25	0.74	0.54	0.11	4.14	1.73		
30.69	86.65	0.80	121.37	118.49	69.66	56.27	9.68		
29.83	85.50	0.16	116.42	113.64	69.05	55.20	8.46		
0.57	0.56	0.31	4.12	4.10	0.49	-0.79	0.68		
0.29	0.59	0.33	0.82	0.76	0.12	1.86	0.53		
9.54	11.64	6.38	42.32	28.82	7.48	57.71	38.95		

1-A-7 续表 3

行业	企业单位数(个)	资产总计	固定资产净额	固定资产原价	累计折旧	流动资产合计
橡胶制品业	6	85.75	46.54	80.93	34.38	30.19
塑料制品业	5	14.28	3.21	9.07	5.86	10.39
非金属矿物制品业	6	71.11	25.71	47.13	21.32	39.53
水泥、石灰和石膏制造	2	50.04	20.68	34.02	13.33	25.49
石膏、水泥制品及类似制品制造	1	10.42		0.75	0.64	9.37
砖瓦、石材等建筑材料制造						
玻璃制造	1	1.34	1.03	1.87	0.84	0.10
玻璃制品制造						
玻璃纤维和玻璃纤维增强塑料制品制造						
陶瓷制品制造						
耐火材料制品制造	1	8.40	3.71	9.54	5.83	3.98
石墨及其他非金属矿物制品制造	1	0.92	0.28	0.97	0.68	0.59
黑色金属冶炼和压延加工业	3	37.86	7.76	28.33	20.56	27.74
炼铁						
炼钢						
钢压延加工	3	37.86	7.76	28.33	20.56	27.74
铁合金冶炼						
有色金属冶炼和压延加工业						
常用有色金属冶炼						
贵金属冶炼						
稀有稀土金属冶炼						
有色金属合金制造						
有色金属压延加工						
金属制品业	21	133.50	29.89	58.30	28.33	82.30
结构性金属制品制造	1	0.78	0.04	0.26	0.21	0.72
金属工具制造	2	47.63	10.30	17.39	7.09	28.88
集装箱及金属包装容器制造	5	30.45	4.39	7.97	3.57	18.83
金属丝绳及其制品制造						
建筑、安全用金属制品制造	3	12.25	3.00	8.28	5.28	8.24
金属表面处理及热处理加工	1	2.98	0.03	0.17	0.14	2.95
搪瓷制品制造						
金属制日用品制造						
铸造及其他金属制品制造	9	39.41	12.13	24.23	12.04	22.68
通用设备制造业	52	474.91	86.04	212.09	125.29	293.69
锅炉及原动设备制造	4	41.25	7.89	18.91	11.02	28.41
金属加工机械制造	10	90.55	15.78	33.44	17.46	57.42
物料搬运设备制造	4	26.54	2.02	6.84	4.56	22.99
泵、阀门、压缩机及类似机械制造	4	36.69	5.99	10.58	4.60	25.87
轴承、齿轮和传动部件制造	15	136.21	30.04	64.14	34.10	74.07
烘炉、风机、包装等设备制造	9	107.76	15.50	38.70	23.19	60.46

单位：亿元

应收账款	存货	产成品	负债合计	流动负债合计	应付账款	所有者权益合计	实收资本	国家资本	集体资本
6.08	10.03	5.49	40.33	26.86	6.55	45.42	36.75		
3.46	1.61	0.89	1.99	1.95	0.93	12.29	2.20		
9.18	5.69	1.40	40.83	37.28	5.48	30.28	18.50	4.89	8.80
0.92	1.95	0.48	26.80	23.25	2.54	23.24	13.69	4.89	8.80
5.62	1.89		9.26	9.26	0.06	1.16	0.46		
-0.10	0.36	0.26	1.15	1.15	0.11	0.18	0.25		
2.49	1.23	0.55	3.50	3.50	2.65	4.91	3.92		
0.24	0.25	0.11	0.12	0.12	0.11	0.80	0.18		
5.60	11.08	3.49	16.97	16.93	3.00	20.89	15.95		
5.60	11.08	3.49	16.97	16.93	3.00	20.89	15.95		
23.98	23.85	5.32	77.06	52.60	11.37	56.43	21.91	8.87	
0.24	0.03				-0.01	0.78	0.04		
5.19	8.63	1.92	29.30	21.32	2.83	18.32	5.10		
4.52	7.58	1.38	24.34	11.36	2.06	6.11	3.97	2.94	
3.26	2.10	0.64	3.11	2.60	2.03	9.14	3.74		
0.92	0.19		1.58	1.58		1.40	0.30		
9.85	5.32	1.38	18.73	15.74	4.46	20.68	8.76	5.93	
113.91	83.27	33.92	202.63	184.64	65.55	272.28	123.59	30.93	3.57
7.68	10.88	1.79	22.19	20.54	2.57	19.05	16.80	14.28	
16.33	22.90	7.80	39.37	36.55	10.33	51.18	30.10	0.76	
8.93	7.75	2.15	16.08	16.03	6.94	10.46	4.82	1.00	
11.45	7.28	2.92	16.12	13.40	6.18	20.57	5.52	3.11	
30.03	21.81	13.68	63.98	58.23	20.90	72.23	26.90	11.43	1.13
28.61	9.49	4.36	38.95	33.96	16.02	68.82	25.19	0.35	2.44

1-A-7 续表 4

行业	企业单位数（个）	资产总计	固定资产净额	固定资产原价	累计折旧	流动资产合计
文化、办公用机械制造	9	107.76	15.50	38.70	23.19	60.46
通用零部件制造	2	24.13	6.47	34.15	27.38	15.92
其他通用设备制造业	4	11.78	2.35	5.33	2.98	8.55
专用设备制造业						
采矿、冶金、建筑专用设备制造	20	327.10	55.80	114.93	59.01	217.44
化工、木材、非金属加工专用设备制造	5	229.60	34.60	77.17	42.46	161.27
食品、饮料、烟草及饲料生产专用设备制造	7	70.25	14.65	22.92	8.27	39.08
印刷、制药、日化及日用品生产专用设备制造						
纺织、服装和皮革加工专用设备制造						
电子和电工机械专用设备制造						
农、林、牧、渔专用机械制造						
医疗仪器设备及器械制造						
环保、邮政、社会公共服务及其他专用设备制造	5	11.01	2.71	9.20	6.48	6.25
汽车制造业	3	16.24	3.84	5.64	1.80	10.83
汽车整车制造	31	516.34	110.61	243.97	128.44	332.28
汽车用发动机制造						
改装汽车制造	2	175.51	35.09	80.81	44.67	125.04
低速汽车制造						
电车制造						
汽车车身、挂车制造						
汽车零部件及配件制造						
铁路、船舶、航空航天和其他运输设备制造业	29	340.83	75.52	163.16	83.78	207.25
铁路运输设备制造	27	1620.28	246.25	393.35	146.17	1161.85
城市轨道交通设备制造	9	227.05	29.13	52.47	22.67	130.29
船舶及相关装置制造						
航空、航天器及设备制造	17	1360.06	209.53	328.49	118.70	1006.67
摩托车制造	1	33.17	7.59	12.39	4.80	24.89
自行车和残疾人座车制造						
助动车制造						
非公路休闲车及零配件制造						
潜水救捞及其他未列明运输设备制造						
电气机械和器材制造业						
电机制造	23	153.47	29.05	64.06	34.99	94.13
输配电及控制设备制造	6	57.32	13.07	32.59	19.50	31.77
电线、电缆、光缆及电工器材制造	8	44.15	5.21	12.37	7.16	29.87
电池制造	4	17.12	3.84	8.61	4.77	11.15
家用电力器具制造	1	9.78	1.19	1.38	0.19	5.50
非电力家用器具制造	2	6.56	0.93	2.49	1.55	4.74
照明器具制造	1	0.77	0.15	0.32	0.17	0.62
其他电气机械及器材制造	1	17.78	4.65	6.30	1.64	10.49

单位：亿元

应收账款	存货	产成品	负债合计	流动负债合计	应付账款	所有者权益合计	实收资本	国家资本	集体资本
28.61	9.49	4.36	38.95	33.96	16.02	68.82	25.19	0.35	2.44
6.16	1.95	0.39	1.59	1.59	0.70	22.54	11.53		
4.72	1.21	0.83	4.35	4.34	1.91	7.43	2.73		
91.66	50.35	16.52	197.10	181.09	65.12	130.00	71.58	26.63	8.55
73.80	28.58	10.00	129.59	125.22	53.12	100.00	44.58	10.76	8.55
9.34	16.96	4.99	55.67	46.78	6.23	14.57	19.49	14.79	
2.37	2.54	0.58	3.92	3.29	2.21	7.10	4.27		
6.14	2.27	0.95	7.92	5.80	3.56	8.32	3.24	1.08	
103.23	60.29	19.11	260.47	221.14	81.16	255.87	124.30	14.42	1.28
25.87	12.83	5.13	92.38	71.88	35.38	83.13	32.54	14.42	
77.36	47.46	13.98	168.09	149.26	45.78	172.74	91.76		1.28
78.75	466.92	2.25	1020.64	658.81	332.99	599.64	347.99	300.36	0.17
58.60	52.35	2.20	137.51	116.26	72.76	89.54	54.75	51.98	0.17
19.91	404.68	0.05	865.44	528.69	252.45	494.62	292.40	247.84	
0.23	9.89		17.69	13.86	7.78	15.48	0.83	0.55	
39.70	17.23	8.16	64.93	57.99	22.63	88.54	31.61		
11.17	5.52	2.03	11.19	11.07	6.46	46.13	15.56		
12.69	3.74	1.44	15.55	15.41	4.31	28.60	9.05		
6.23	2.42	1.35	5.85	4.65	1.76	11.27	3.57		
1.65	1.08	0.91	8.99	5.88	2.63	0.79	0.02		
1.53	2.39	2.00	7.88	7.88	1.44	-1.33	2.20		
0.27	0.20		0.22	0.22	0.15	0.55	0.10		
6.18	1.88	0.43	15.25	12.88	5.88	2.53	1.12		

1-A-7 续表 5

行业	企业单位数(个)	资产总计	固定资产净额	固定资产原价	累计折旧	流动资产合计
计算机、通信和其他电子设备制造业	15	697.50	456.97	664.50	207.53	188.89
计算机制造						
通信设备制造						
广播电视设备制造	1	4.98	2.63	5.05	2.42	2.16
雷达及配套设备制造	1	7.95	1.18	2.83	1.65	1.50
非专业视听设备制造	3	61.79	5.36	25.58	20.21	53.09
智能消费设备制造						
电子器件制造	8	611.67	442.93	624.98	182.05	126.92
电子元件及电子专用材料制造	1	9.04	4.56	5.47	0.91	3.90
其他电子设备制造	1	2.07	0.32	0.59	0.28	1.33
仪器仪表制造业	5	27.33	6.36	14.54	8.18	19.84
通用仪器仪表制造	3	21.10	2.72	8.08	5.36	17.44
专用仪器仪表制造						
钟表与计时仪器制造	1	4.31	2.80	5.07	2.27	1.38
光学仪器制造						
衡器制造						
其他仪器仪表制造业	1	1.93	0.85	1.40	0.55	1.01
其他制造业	1	9.90	3.53	11.73	8.19	5.50
日用杂品制造	1	9.90	3.53	11.73	8.19	5.50
废弃资源综合利用业	1	51.94	0.45	0.87	0.42	43.91
金属废料和碎屑加工处理	1	51.94	0.45	0.87	0.42	43.91
非金属废料和碎屑加工处理						
金属制品、机械和设备修理业	9	125.37	19.59	40.52	20.92	96.32
通用设备修理						
专用设备修理						
铁路、船舶、航空航天等运输设备修理	9	125.37	19.59	40.52	20.92	96.32
电气设备修理						
其他机械和设备修理业						
电力、热力、燃气及水生产和供应业	**21**	**1037.35**	**658.03**	**927.58**	**267.65**	**157.98**
电力、热力生产和供应业	14	926.38	611.40	841.60	229.61	116.49
电力生产	8	844.27	580.99	774.79	193.31	88.18
电力供应						
热力生产和供应	6	82.12	30.41	66.81	36.30	28.31
燃气生产和供应业	2	30.82	3.78	3.98	0.20	15.36
燃气生产和供应业	2	30.82	3.78	3.98	0.20	15.36
水的生产和供应业	5	80.15	42.85	82.00	37.84	26.13
自来水生产和供应	5	80.15	42.85	82.00	37.84	26.13
污水处理及其再生利用						

单位：亿元

应收账款	存货	产成品	负债合计	流动负债合计	应付账款	所有者权益合计	实收资本	国家资本	集体资本
67.85	39.76	5.47	339.11	272.20	42.21	358.39	201.10	7.26	8.94
1.12	0.40	0.06	3.58	3.38	1.77	1.40	3.32		
0.44	0.56	0.20	3.78	3.78	0.44	4.17	0.40		
14.47	6.16	1.50	25.01	24.81	10.38	36.78	16.64	7.26	
50.60	31.66	3.24	301.16	235.06	28.26	310.51	177.15		8.94
0.95	0.52	0.15	4.42	4.01	1.16	4.62	3.00		
0.28	0.46	0.32	1.16	1.16	0.22	0.91	0.59		
5.95	4.30	1.27	7.22	6.81	2.42	20.12	5.80		
5.18	3.31	0.88	5.52	5.44	1.99	15.58	2.87		
0.41	0.62	0.36	1.19	0.86	0.15	3.11	2.47		
0.36	0.37	0.03	0.50	0.50	0.29	1.43	0.46		
1.27	2.20	1.40	1.48	1.34	0.60	8.42	6.64		
1.27	2.20	1.40	1.48	1.34	0.60	8.42	6.64		
1.96	4.71		50.99	49.70	4.36	0.96	2.00		
1.96	4.71		50.99	49.70	4.36	0.96	2.00		
75.46	7.12	0.04	113.27	87.10	23.49	12.10	26.95	0.50	0.01
75.46	7.12	0.04	113.27	87.10	23.49	12.10	26.95	0.50	0.01
27.17	**48.27**	**0.46**	**776.76**	**187.92**	**27.81**	**260.59**	**214.42**	**40.46**	**0.98**
17.90	46.99	0.11	734.57	169.93	23.46	191.81	181.97	24.96	
13.75	42.61		665.18	118.19	16.35	179.08	170.30	21.46	
4.15	4.38	0.11	69.39	51.74	7.11	12.73	11.67	3.50	
1.03	0.97	0.36	10.76	3.30	0.89	20.06	9.58		
1.03	0.97	0.36	10.76	3.30	0.89	20.06	9.58		
8.25	0.30		31.43	14.70	3.46	48.73	22.87	15.50	0.98
8.25	0.30		31.43	14.70	3.46	48.73	22.87	15.50	0.98

1-A-7 续表 6

行业	法人资本	个人资本	港澳台资本	外商资本	营业收入	营业成本
总计	**446.11**	**44.15**	**168.66**	**321.73**	**5046.99**	**4064.85**
采矿业	**2.00**				**1.87**	**1.58**
煤炭开采和洗选业						
烟煤和无烟煤开采洗选						
褐煤开采洗选						
其他煤炭采选						
石油和天然气开采业						
石油开采						
天然气开采						
黑色金属矿采选业						
铁矿采选						
锰矿、铬矿采选						
其他黑色金属矿采选						
有色金属矿采选业						
常用有色金属矿采选						
贵金属矿采选						
稀有稀土金属矿采选						
非金属矿采选业	2.00				1.87	1.58
土砂石开采						
化学矿开采						
采盐	2.00				1.87	1.58
石棉及其他非金属矿采选						
开采专业及辅助性活动						
石油和天然气开采专业及辅助性活动						
制造业	**274.72**	**41.02**	**168.66**	**321.73**	**5105.71**	**4133.42**
农副食品加工业	5.67	4.79	0.43	3.97	178.63	162.02
谷物磨制						
饲料加工	0.03	0.18			16.27	13.69
植物油加工						
制糖业						
屠宰及肉类加工	0.71	0.88		2.94	66.21	63.82
水产品加工	4.89	3.34	0.43	1.03	88.89	78.30
蔬菜、菌类、水果和坚果加工	0.05	0.10			5.98	5.16
其他农副食品加工		0.30			1.27	1.05
食品制造业	0.56	1.39			16.30	12.77
焙烤食品制造	0.22	0.20			3.59	2.24
糖果、巧克力及蜜饯制造						
方便食品制造						
乳制品制造						
罐头食品制造	0.33	0.69			10.72	9.38

单位：亿元

销售费用	管理费用	财务费用			投资收益(损失以“-”号记)	营业利润	利润总额	亏损企业亏损额	平均用工人数(万人)
			利息收入	利息支出					
138.44	**178.09**	**79.18**	**2.02**	**74.30**	**10.01**	**417.99**	**430.85**	**43.60**	**27.70**
0.28	**0.61**	**-0.30**	**0.30**		**0.01**	**-0.34**	**-0.02**	**0.02**	**0.10**
0.28	0.61	-0.30	0.30		0.01	-0.34	-0.02	0.02	0.10
0.28	0.61	-0.30	0.30		0.01	-0.34	-0.02	0.02	0.10
134.37	**189.67**	**52.56**	**16.38**	**57.55**	**9.95**	**421.81**	**429.38**	**37.30**	**27.69**
3.41	5.02	3.46	0.01	2.26	1.04	4.87	4.46	1.54	2.70
0.14	0.32	0.04		0.03		2.02	2.01		0.10
0.87	0.64	0.41	0.04	0.47		0.47	0.44	0.44	0.80
2.33	3.92	3.00	-0.03	1.76	1.04	1.58	1.19	1.07	1.60
0.04	0.04	0.01				0.72	0.72	0.03	0.10
0.02	0.10					0.09	0.09		
1.37	1.16	0.17	0.02	0.16		0.65	1.03	0.01	0.30
0.43	0.27	0.02		0.02		0.59	0.60		0.10
0.66	0.32	0.12	0.02	0.11		0.19	0.21	0.01	0.10

1-A-7 续表 7

行业	法人资本	个人资本	港澳台资本	外商资本	营业收入	营业成本
调味品、发酵制品制造					0.78	0.56
其他食品制造		0.50			1.21	0.60
酒、饮料和精制茶制造业			2.72	0.43	18.63	12.14
酒的制造			2.72		7.51	4.43
饮料制造				0.43	11.12	7.71
精制茶加工						
烟草制品业						
烟叶复烤						
卷烟制造						
其他烟草制品制造						
纺织业	0.44			2.29	4.57	3.77
棉纺织及印染精加工						
毛纺织及染整精加工						
麻纺织及染整精加工						
丝绢纺织及印染精加工						
化纤织造及印染精加工						
针织或钩针编织物及其制品制造	0.44			0.17	1.17	0.65
家用纺织制成品制造				2.00	2.25	1.98
产业用纺织制成品制造				0.12	1.15	1.13
纺织服装、服饰业	7.78	0.30	4.16	3.55	48.84	41.46
机织服装制造	7.78	0.30	2.91	3.42	44.27	37.34
针织或钩针编织服装制造			0.83	0.13	3.75	3.38
服饰制造			0.42		0.83	0.74
皮革、毛皮、羽毛及其制品和制鞋业				2.94	28.89	22.89
皮革鞣制加工						
皮革制品制造				1.30	22.97	17.32
毛皮鞣制及制品加工						
羽毛(绒)加工及制品制造						
制鞋业				1.64	5.93	5.57
木材加工和木、竹、藤、棕、草制品业	1.15			3.60	16.54	14.35
木材加工						
人造板制造						
木质制品制造	1.15			3.60	16.54	14.35
竹、藤、棕、草等制品制造						
家具制造业	1.50	0.15		3.64	46.70	41.82
木质家具制造	1.45	0.15		3.64	43.01	38.33
竹、藤家具制造						
金属家具制造	0.05				3.69	3.50
塑料家具制造						
其他家具制造						
造纸和纸制品业	0.90				6.22	5.59

单位：亿元

销售费用	管理费用	财务费用	利息收入	利息支出	投资收益（损失以“–”号记）	营业利润	利润总额	亏损企业亏损额	平均用工人数（万人）
0.08	0.10					0.03	0.04		
0.20	0.47	0.03		0.03		-0.14	0.18		
3.27	1.53	-0.02		0.01		0.58	0.63		0.30
0.64	1.36		-0.02	0.01		0.17	0.18		0.10
2.64	0.16	-0.02	0.02			0.42	0.45		0.10
0.24	0.31	-0.02	0.04	0.03		0.22	0.22	0.04	0.30
0.08	0.21	-0.04	0.04			0.26	0.26		0.10
0.15	0.06	0.02		0.02					0.10
0.01	0.04			0.01		-0.04	-0.04	0.04	
1.84	2.70	-0.07	0.01	0.04	0.15	2.67	2.51	0.89	1.90
1.79	2.35	-0.07	0.01	0.03	0.14	2.64	2.48	0.79	1.70
0.03	0.24	-0.01				0.09	0.09	0.05	0.20
0.02	0.11					-0.06	-0.06	0.06	0.10
1.63	1.14	0.11		0.02		2.44	2.72	0.15	0.30
1.59	0.77					2.63	2.87		0.10
0.04	0.36	0.10		0.02		-0.18	-0.15	0.15	0.10
0.61	0.51	0.12		0.09	0.02	0.81	0.70	0.07	0.40
0.61	0.51	0.12		0.09	0.02	0.81	0.70	0.07	0.40
0.74	2.79	0.02	0.19	0.24		1.08	1.04	0.32	0.80
0.67	2.62	-0.08	0.21	0.12		1.26	1.21	0.15	0.80
0.07	0.17	0.10	-0.01	0.12		-0.18	-0.17	0.17	0.10
0.01	0.10	-0.04	-0.04			0.54	0.61		

1-A-7 续表 8

行　　业					营业收入	营业成本
	法人资本	个人资本	港澳台资本	外商资本		
纸浆制造						
造纸	0.90				6.22	5.59
纸制品制造						
印刷和记录媒介复制业				0.26	0.61	0.43
印刷						
装订及印刷相关服务				0.26	0.61	0.43
文教、工美、体育和娱乐用品制造业				1.34	2.57	2.16
文教办公用品制造						
乐器制造				1.34	2.57	2.16
工艺美术及礼仪用品制造						
体育用品制造						
玩具制造						
游艺器材及娱乐用品制造						
石油、煤炭及其他燃料加工业		3.90	2.42	2.15	1303.13	1053.16
精炼石油产品制造		3.90	2.42	2.15	1303.13	1053.16
煤炭加工						
化学原料和化学制品制造业	118.21	2.20		1.90	914.32	833.95
基础化学原料制造	14.27	1.68			167.03	143.71
肥料制造	14.33				3.87	4.61
农药制造						
涂料、油墨、颜料及类似产品制造						
合成材料制造	83.46				725.16	673.69
专用化学产品制造	4.49			1.90	14.05	9.03
炸药、火工及焰火产品制造	0.46				0.78	0.62
日用化学产品制造	1.20	0.52			3.43	2.29
医药制造业	0.91	4.10		4.67	219.05	110.52
化学药品原料药制造						
化学药品制剂制造	0.32	3.47		4.67	212.90	106.41
中药饮片加工						
中成药生产	0.51	0.17			2.56	1.84
兽用药品制造						
生物药品制品制造	0.07	0.46			3.59	2.28
卫生材料及医药用品制造						
药用辅料及包装材料						
化学纤维制造业						
纤维素纤维原料及纤维制造						
合成纤维制造						
生物基材料制造						
橡胶和塑料制品业	1.08	1.70		36.18	71.88	50.46

单位：亿元

销售费用	管理费用	财务费用			投资收益（损失以“-”号记）	营业利润	利润总额	亏损企业亏损额	平均用工人数（万人）
			利息收入	利息支出					
0.01	0.10	-0.04	-0.04			0.54	0.61		
0.03	0.14					0.01	0.01		
0.03	0.14					0.01	0.01		
	0.26	0.04				0.09	0.13		0.10
	0.26	0.04				0.09	0.13		0.10
4.33	15.60	4.66	0.78	4.96	0.07	49.89	49.53	0.63	0.60
4.33	15.60	4.66	0.78	4.96	0.07	49.89	49.53	0.63	0.60
9.96	14.32	18.74	-1.76	19.66	-0.46	35.79	35.86	7.22	0.81
1.00	7.82	4.76	1.08	4.65		9.64	9.31	1.22	0.20
0.01	2.85	2.34	0.06	2.39		-6.04	-5.87	5.87	0.10
7.97	1.56	11.50	-2.85	12.54	-0.56	29.17	29.35		0.20
0.49	1.63	-0.02	-0.05	0.07	0.09	2.80	2.85	0.13	0.20
0.02	0.12								0.01
0.47	0.34	0.16		0.01	0.01	0.22	0.22		0.10
51.06	5.80	-0.10	0.26	0.18	0.10	49.98	50.10		0.30
50.68	5.21	-0.27	0.26		0.09	49.10	49.23		0.20
0.22	0.17	0.18		0.18		0.10	0.10		0.10
0.16	0.41			0.01	0.01	0.77	0.77		
7.13	5.76	0.62	0.07	0.61		7.43	7.66	0.08	0.70

1-A-7 续表 9

行 业					营业收入	营业成本
	法人资本	个人资本	港澳台资本	外商资本		
橡胶制品业	0.14	1.54		35.08	57.41	38.60
塑料制品业	0.93	0.16		1.10	14.47	11.86
非金属矿物制品业	0.25		0.46	4.10	38.55	29.60
水泥、石灰和石膏制造					18.71	12.67
石膏、水泥制品及类似制品制造			0.46		3.97	2.59
砖瓦、石材等建筑材料制造						
玻璃制造	0.25				0.80	0.64
玻璃制品制造						
玻璃纤维和玻璃纤维增强塑料制品制造						
陶瓷制品制造						
耐火材料制品制造				3.92	13.74	12.61
石墨及其他非金属矿物制品制造				0.18	1.33	1.09
黑色金属冶炼和压延加工业	9.86			6.09	70.27	61.99
炼铁						
炼钢						
钢压延加工	9.86			6.09	70.27	61.99
铁合金冶炼						
有色金属冶炼和压延加工业						
常用有色金属冶炼						
贵金属冶炼						
稀有稀土金属冶炼						
有色金属合金制造						
有色金属压延加工						
金属制品业	2.51	0.34	0.30	9.89	81.70	68.00
结构性金属制品制造		0.04			0.38	0.25
金属工具制造	0.39			4.71	14.62	10.64
集装箱及金属包装容器制造	1.03				24.46	21.72
金属丝绳及其制品制造						
建筑、安全用金属制品制造	0.97			2.77	15.58	12.94
金属表面处理及热处理加工			0.30		0.49	0.44
搪瓷制品制造						
金属制日用品制造						
铸造及其他金属制品制造	0.12	0.30		2.41	26.17	22.01
通用设备制造业	20.59	10.70	0.31	57.50	306.47	249.52
锅炉及原动设备制造		2.52			23.13	20.04
金属加工机械制造	9.25	0.41		19.68	58.20	45.43
物料搬运设备制造		0.84		2.99	23.80	19.97
泵、阀门、压缩机及类似机械制造	1.00	0.90		0.51	15.27	10.68
轴承、齿轮和传动部件制造	3.20	1.60		9.54	76.88	63.18
烘炉、风机、包装等设备制造	6.61	4.43	0.31	11.04	71.46	58.90

单位：亿元

销售费用	管理费用	财务费用			投资收益(损失以“-”号记)	营业利润	利润总额	亏损企业亏损额	平均用工人数(万人)
			利息收入	利息支出					
6.56	5.07	0.68	-0.01	0.60		6.14	6.26	0.03	0.50
0.56	0.69	-0.07	0.07			1.29	1.41	0.05	0.30
1.94	1.83	1.63	-0.10	0.95	0.04	3.63	3.65	0.04	0.30
1.37	0.88	0.99	-0.10	0.81	0.04	3.01	3.02		0.10
0.50	0.32	0.52				0.03	0.03		
0.03	0.10	0.06		0.06		-0.05	-0.04	0.04	
	0.44	0.07		0.08		0.54	0.54		0.10
0.04	0.10					0.10	0.09		
1.45	2.80	0.09	0.11	0.17	-0.41	3.15	3.17		0.10
1.45	2.80	0.09	0.11	0.17	-0.41	3.15	3.17		0.10
2.03	5.09	2.15	-0.10	0.62	0.05	3.93	4.57	0.80	1.15
	0.10					0.01	0.05		
0.44	0.86	1.32			0.02	1.24	1.45		0.30
0.61	1.38	0.65	-0.04	0.29			0.18	0.72	0.20
0.52	0.83	-0.11			0.03	1.33	1.37		0.20
	0.10					-0.06	-0.05	0.05	
0.46	1.82	0.29	-0.06	0.33		1.41	1.57	0.03	0.45
12.72	20.33	2.31	0.39	2.30	5.76	23.98	24.31	2.26	3.90
0.30	1.56	0.12	0.06	0.15		1.13	1.13		0.32
2.16	4.41	0.62	0.03	0.51	2.21	6.65	6.82	0.58	0.60
1.34	1.32	-0.16	0.07	0.02		1.14	1.15	0.06	0.20
1.25	1.81	0.03	0.04	0.09	0.05	1.10	1.19		0.19
2.76	4.56	1.27	-0.03	1.15	0.75	5.55	5.67	1.60	1.20
3.58	4.36	0.46	0.05	0.34	2.46	5.89	5.83	0.01	0.80

1-A-7 续表 10

行业	法人资本	个人资本	港澳台资本	外商资本	营业收入	营业成本
文化、办公用机械制造				11.53	20.07	17.45
通用零部件制造	0.53			2.21	17.65	13.87
其他通用设备制造业						
专用设备制造业	28.58	1.24		6.58	153.14	130.68
采矿、冶金、建筑专用设备制造	22.79	0.20		2.28	100.03	84.61
化工、木材、非金属加工专用设备制造	4.23			0.47	19.93	17.71
食品、饮料、烟草及饲料生产专用设备制造						
印刷、制药、日化及日用品生产专用设备制造						
纺织、服装和皮革加工专用设备制造						
电子和电工机械专用设备制造						
农、林、牧、渔专用机械制造						
医疗仪器设备及器械制造	1.57			2.70	23.27	20.45
环保、邮政、社会公共服务及其他专用设备制造		1.04		1.12	9.91	7.92
汽车制造业	19.93	1.62	4.56	82.50	467.77	335.72
汽车整车制造						
汽车用发动机制造				18.13	164.68	116.20
改装汽车制造						
低速汽车制造						
电车制造						
汽车车身、挂车制造						
汽车零部件及配件制造	19.93	1.62	4.56	64.37	303.10	219.53
铁路、船舶、航空航天和其他运输设备制造业	15.69	1.13		30.64	479.22	419.82
铁路运输设备制造	2.30			0.30	144.21	125.48
城市轨道交通设备制造						
船舶及相关装置制造	13.10	1.13		30.34	322.07	284.60
航空、航天器及设备制造	0.28				12.93	9.74
摩托车制造						
自行车和残疾人座车制造						
助动车制造						
非公路休闲车及零配件制造						
潜水救捞及其他未列明运输设备制造						
电气机械和器材制造业	7.17	4.41	0.02	20.02	118.02	95.51
电机制造	1.00			14.56	48.79	40.13
输配电及控制设备制造	1.82	4.41		2.82	29.03	21.70
电线、电缆、光缆及电工器材制造	2.15			1.42	12.16	10.18
电池制造			0.02		1.59	1.81
家用电力器具制造	2.20				10.25	10.59
非电力家用器具制造				0.10	1.95	1.68
照明器具制造				1.12	14.24	9.41
其他电气机械及器材制造						

单位：亿元

销售费用	管理费用	财务费用	利息收入	利息支出	投资收益(损失以“–”号记)	营业利润	利润总额	亏损企业亏损额	平均用工人数(万人)
0.03	1.24	-0.09	0.18			1.05	1.04		0.30
1.30	1.07	0.06	-0.01	0.04	0.29	1.48	1.48	0.01	0.30
3.12	13.64	2.35	0.08	2.32	0.12	2.83	6.45	3.29	1.60
2.08	9.04	0.63	0.06	0.68	-0.02	3.52	3.65	0.79	0.60
0.77	2.48	1.55	0.01	1.52	0.11	-2.75	0.70	2.32	0.40
0.14	1.10	0.05		0.02	0.03	1.40	1.44	0.17	0.40
0.12	1.03	0.12	0.01	0.10		0.66	0.66		0.10
13.29	25.09	-0.40	0.49	1.57	-0.07	91.08	95.56	5.59	2.40
5.09	8.45	-1.05	1.71	0.54		32.96	34.11	3.09	0.30
8.20	16.64	0.65	-1.21	1.02	-0.07	58.12	61.45	2.50	2.00
4.44	34.65	7.05	15.18	11.44	1.01	11.20	11.72	7.21	3.72
3.36	9.70	1.70		2.05	0.71	4.40	4.73	0.31	1.20
1.06	23.10	5.45	15.08	9.40	0.29	5.37	5.59	6.90	2.42
0.01	1.84	-0.09	0.09			1.43	1.40		0.20
3.36	9.34	0.86	0.23	0.86	0.88	9.03	9.85	1.19	1.70
0.59	2.99	-0.01	0.15	0.05	0.80	5.40	5.41	0.67	0.80
1.60	2.43	0.35		0.34	0.08	2.91	2.91		0.50
0.45	0.91	0.10		0.03		0.38	0.30	0.03	0.20
0.12	0.36	0.08	0.08			-0.80	0.01		
0.07	0.15	-0.06		0.09		-0.51	-0.48	0.48	0.10
0.03	0.11	-0.01				0.12	0.13		
0.51	2.40	0.39	0.01	0.35		1.53	1.58		0.10

1-A-7 续表 11

行业					营业收入	营业成本
	法人资本	个人资本	港澳台资本	外商资本		
计算机、通信和其他电子设备制造业	3.40	0.97	153.28	27.25	425.42	307.24
计算机制造						
通信设备制造						
广播电视设备制造				3.32	6.92	6.47
雷达及配套设备制造	0.40				3.31	2.75
非专业视听设备制造				9.38	107.35	93.44
智能消费设备制造						
电子器件制造		0.38	153.28	14.55	299.83	198.92
电子元件及电子专用材料制造	3.00				6.76	4.74
其他电子设备制造		0.59			1.25	0.92
仪器仪表制造业	2.19			3.62	30.47	23.64
通用仪器仪表制造	2.19			0.68	25.10	19.11
专用仪器仪表制造						
钟表与计时仪器制造				2.47	2.71	2.09
光学仪器制造						
衡器制造						
其他仪器仪表制造业				0.46	2.66	2.44
其他制造业				6.64	8.83	6.16
日用杂品制造				6.64	8.83	6.16
废弃资源综合利用业		2.00			16.08	14.34
金属废料和碎屑加工处理		2.00			16.08	14.34
非金属废料和碎屑加工处理						
金属制品、机械和设备修理业	26.37	0.07			32.90	23.69
通用设备修理						
专用设备修理						
铁路、船舶、航空航天等运输设备修理	26.37	0.07			32.90	23.69
电气设备修理						
其他机械和设备修理业						
电力、热力、燃气及水生产和供应业	**169.85**	**3.13**			**218.25**	**174.84**
电力、热力生产和供应业	153.88	3.13			194.20	153.65
电力生产	148.84				157.26	120.11
电力供应						
热力生产和供应	5.04	3.13			36.94	33.55
燃气生产和供应业	9.58				9.28	5.40
燃气生产和供应业	9.58				9.28	5.40
水的生产和供应业	6.39				14.77	15.78
自来水生产和供应	6.39				14.77	15.78
污水处理及其再生利用						

单位：亿元

销售费用	管理费用	财务费用	利息收入	利息支出	投资收益（损失以“-”号记）	营业利润	利润总额	亏损企业亏损额	平均用工人数（万人）
4.09	13.92	5.93	0.41	5.07	1.50	110.14	111.87	1.86	1.80
0.02	0.13	0.11		0.06		0.15	0.16		0.10
0.04	0.42	0.20		0.21	0.44	0.31	0.31		
2.92	5.15	-0.28	0.51		0.05	5.29	6.93		0.50
0.93	7.29	5.91	-0.10	4.72	0.99	103.17	103.25	1.86	1.10
0.12	0.72	-0.02	0.01	0.06	0.04	1.18	1.18		0.10
0.05	0.22	0.01	0.01	0.01	-0.01	0.03	0.03		
1.42	1.24	0.03		0.03	0.09	4.00	3.95		0.30
1.38	0.93				0.09	3.61	3.55		0.20
0.01	0.23	0.03		0.03		0.30	0.30		0.10
0.03	0.08	-0.01	-0.01			0.09	0.09		0.10
0.79	0.97	-0.04				0.91	0.91		0.10
0.79	0.97	-0.04				0.91	0.91		0.10
0.02	1.13	0.52	-0.24	0.77	0.02	0.03	0.03		
0.02	1.13	0.52	-0.24	0.77	0.02	0.03	0.03		
0.07	2.49	2.36	0.37	3.18	0.03	0.86	-3.87	4.11	0.80
0.07	2.49	2.36	0.37	3.18	0.03	0.86	-3.87	4.11	0.80
4.85	**8.07**	**23.32**	**0.28**	**22.90**	**0.34**	**6.58**	**11.77**	**6.28**	**1.60**
0.11	4.34	22.57	0.25	22.43	0.36	12.20	13.68	4.12	0.80
0.07	2.03	21.58	0.09	21.26		11.56	12.05	3.60	0.50
0.04	2.31	0.99	0.16	1.17	0.36	0.64	1.63	0.52	0.40
2.46	1.16	0.18	0.04	0.21		0.36	-0.81	0.96	0.40
2.46	1.16	0.18	0.04	0.21		0.36	-0.81	0.96	0.40
2.29	2.57	0.57	-0.01	0.26	-0.02	-5.97	-1.10	1.20	0.40
2.29	2.57	0.57	-0.01	0.26	-0.02	-5.97	-1.10	1.20	0.40

B.地区部分

1-B-1 按地区分组的规模以上

地区	企业单位数(个)	资产总计					
			固定资产净额	固定资产原价	累计折旧	流动资产合计	
							应收账款
大连市	**1677**	**8856.30**	**2551.96**	**4717.54**	**1989.09**	**4910.59**	**1134.91**
中山区	3	0.98	0.12	0.25	0.12	0.84	0.35
西岗区	19	1187.65	192.17	300.24	107.79	848.12	30.45
沙河口区	28	301.74	68.32	153.00	83.91	145.22	51.51
甘井子区	250	1350.92	252.43	675.82	402.89	896.83	280.98
旅顺口区	123	351.44	89.42	159.41	67.49	228.57	60.76
金普新区	621	3187.40	1106.47	2011.65	895.61	1718.11	481.42
普兰店区	140	281.40	86.87	158.19	70.53	153.88	43.42
保税区	108	266.44	72.41	136.10	63.20	149.17	41.11
高新园区	63	140.21	21.29	50.17	28.70	93.11	21.40
长兴岛	34	511.52	35.93	231.21	60.39	282.70	14.20
花园口区	23	78.31	12.13	21.58	8.42	51.21	13.99
瓦房店市	141	1005.45	554.19	702.55	143.89	229.45	69.11
庄河市	117	185.54	59.65	116.00	55.34	107.28	25.46
长海县	7	7.30	0.56	1.38	0.82	6.09	0.75

1-B-1 续表

地区					营业收入	营业成本	销售费用
	法人资本	个人资本	港澳台资本	外商资本			
大连市	**590.89**	**156.70**	**195.99**	**457.79**	**6666.53**	**5434.51**	**183.03**
中山区		0.20	0.01		1.19	1.05	0.05
西岗区	13.89	1.36			301.10	264.96	5.57
沙河口区	5.76	4.09		0.43	178.97	160.15	4.48
甘井子区	97.54	23.23	7.98	14.80	1353.98	1078.61	17.96
旅顺口区	23.75	8.89	0.54	30.34	219.81	183.70	5.31
金普新区	149.65	56.62	178.17	315.31	3179.59	2535.10	112.25
普兰店区	25.13	12.78	4.73	41.82	205.31	162.24	12.61
保税区	35.79	5.13	1.01	35.69	213.08	175.39	6.00
高新园区	5.93	3.78	1.43	9.91	76.63	60.21	2.64
长兴岛	70.72	2.62	0.63	2.20	492.13	446.11	6.18
花园口区	1.45	13.16	0.70	0.01	33.11	25.97	2.33
瓦房店市	153.30	12.54	0.23	4.95	267.05	209.35	4.83
庄河市	7.01	11.83	0.56	2.29	142.16	129.50	2.66
长海县	0.97	0.48		0.06	2.42	2.16	0.14

工业企业主要经济指标

单位：亿元

存货	产成品	负债合计	流动负债合计	应付账款	所有者权益合计	实收资本	国家资本	集体资本
1407.49	**265.42**	**5375.29**	**3894.13**	**1185.11**	**3481.01**	**2066.37**	**625.52**	**39.47**
0.17	0.16	0.71	0.71	0.28	0.27	0.21		
241.13	2.18	664.01	444.10	208.07	523.64	271.71	256.46	
45.05	3.85	196.01	154.54	68.39	105.73	71.11	60.72	0.11
307.62	38.78	943.92	765.86	202.86	407.01	301.30	146.95	10.80
83.43	13.11	218.76	174.03	73.04	132.68	84.47	20.72	0.23
441.90	113.62	1712.27	1413.92	423.73	1475.12	770.29	50.85	19.68
45.43	20.60	146.65	115.72	28.40	134.75	88.56	3.65	0.47
47.17	13.29	138.74	122.45	38.31	127.69	89.46	11.63	0.22
16.27	4.71	68.42	53.13	12.76	71.78	37.72	16.57	0.11
51.14	17.34	359.02	253.18	39.75	152.50	97.18	16.21	4.80
6.61	4.22	50.89	44.97	5.75	27.42	15.59	0.18	0.10
85.33	20.65	745.49	233.27	59.36	259.96	202.10	28.18	2.89
33.96	11.65	123.64	111.91	23.35	61.90	35.16	13.41	0.06
2.28	1.26	6.74	6.35	1.07	0.56	1.52		0.01

单位：亿元

管理费用	财务费用	利息收入	利息支出	投资收益（损失以“–”号记）	营业利润	利润总额	亏损企业亏损额	平均用工人数（万人）
290.71	**92.65**	**18.51**	**95.53**	**15.94**	**483.80**	**503.39**	**76.45**	**44.55**
0.09	-0.01				0.01	0.01		0.02
22.68	-2.94	14.54	7.17	0.27	4.62	8.79	2.17	2.26
10.48	1.87	0.15	2.67	1.60	3.82	5.61	1.68	1.58
56.89	18.68	1.10	13.75	3.82	41.70	42.01	21.55	5.98
18.54	3.44	0.45	2.19	0.10	8.23	9.42	2.21	2.84
121.65	26.37	2.85	28.67	7.16	351.30	358.00	27.25	17.03
14.75	3.02	0.04	1.93	0.37	11.49	10.54	4.14	3.50
11.96	2.70	0.10	1.30	-0.24	15.55	16.39	3.52	2.45
10.00	0.10	0.61	0.75	0.05	3.71	6.18	1.46	1.09
4.88	11.46	-1.82	11.64	1.04	25.42	25.89	3.83	0.69
2.59	1.02	0.06	0.74	1.06	1.92	3.17	0.65	0.41
10.88	22.99	0.18	21.88	0.63	15.86	16.57	4.85	3.56
5.14	3.69	0.23	2.60	0.07	0.57	1.06	2.89	3.11
0.17	0.26		0.24		-0.39	-0.24	0.24	0.04

1-B-2 按地区分组的国有控股

地区	资产总计	固定资产净额	固定资产原价	累计折旧	流动资产合计	应收账款	存货
大连市	**4001.65**	**1223.76**	**2121.89**	**873.97**	**2075.21**	**412.48**	**689.82**
中山区							
西岗区	1147.14	179.30	284.21	104.63	822.79	24.46	233.96
沙河口区	270.63	64.77	145.04	79.68	121.34	46.32	39.89
甘井子区	911.01	197.78	544.35	327.23	578.67	186.19	226.72
旅顺口区	185.62	48.29	78.47	30.18	124.23	33.47	51.00
金普新区	436.50	135.37	301.07	165.34	228.69	69.24	69.44
普兰店区	13.58	1.26	3.72	2.34	5.64	1.44	2.23
保税区	49.06	28.51	48.91	20.41	14.39	2.00	2.04
高新园区	32.63	7.27	12.36	5.09	15.32	4.53	3.81
长兴岛	42.68	11.02	13.97	2.94	9.04	1.50	2.18
花园口区							
瓦房店市	866.83	516.09	623.67	104.10	146.59	41.68	57.68
庄河市	45.96	34.09	66.12	32.03	8.52	1.67	0.88
长海县							

1-B-2 续表

地区	个人资本	港澳台资本	外商资本	营业收入	营业成本	销售费用	管理费用
大连市	**4.47**	**2.97**	**58.63**	**2391.69**	**1975.98**	**23.33**	**98.09**
中山区							
西岗区				283.29	251.41	3.11	21.28
沙河口区	2.71			144.80	131.59	1.38	9.04
甘井子区	0.14		3.64	1050.38	832.92	4.29	32.67
旅顺口区	0.05		16.77	87.49	75.29	1.39	7.27
金普新区	1.21	2.97	15.56	605.57	521.53	8.82	18.23
普兰店区	0.08		0.15	13.41	12.28	0.08	0.60
保税区			20.74	24.24	13.31	0.19	1.08
高新园区	0.21		0.20	12.40	10.16	0.56	2.42
长兴岛				5.33	6.31	1.09	1.29
花园口区							
瓦房店市	0.06		1.59	147.37	104.76	2.41	3.99
庄河市				17.42	16.42	0.02	0.22
长海县							

工业企业主要经济指标

单位：亿元

产成品	负债合计	流动负债合计	应付账款	所有者权益合计	实收资本	国家资本	集体资本	法人资本
58.45	**2698.98**	**1615.72**	**544.46**	**1302.67**	**943.15**	**584.70**	**14.21**	**278.17**
2.12	635.76	417.67	194.21	511.39	260.56	256.26		4.30
1.38	173.40	132.95	63.46	97.23	67.78	59.74		5.32
17.32	662.59	497.02	125.05	248.43	235.22	145.95	8.55	76.94
3.05	127.01	94.33	52.88	58.61	50.72	20.72		13.18
22.98	332.82	258.71	54.88	103.68	90.07	38.34	4.07	27.92
0.63	12.05	6.30	1.95	1.53	1.37	0.97		0.17
0.87	8.48	7.85	2.68	40.58	31.80	7.80		3.25
1.84	15.97	11.37	4.20	16.66	11.02	9.07		1.53
0.21	35.28	7.31	2.70	7.41	10.63	5.00		5.63
7.77	658.81	152.02	38.21	208.01	171.07	27.93	1.58	139.91
0.30	36.82	30.21	4.23	9.14	12.92	12.91		0.01

单位：亿元

财务费用	利息收入	利息支出	投资收益（损失以“-”号记）	营业利润	利润总额	亏损企业亏损额	平均用工人数（万人）
45.71	**18.28**	**51.62**	**4.76**	**68.50**	**75.38**	**39.32**	**9.37**
-3.15	14.54	6.85	0.27	4.50	8.57	1.65	1.94
1.77	0.12	2.61	1.07	2.66	3.44	1.20	1.12
14.84	1.25	11.12	1.08	26.82	25.91	18.04	2.25
1.70	0.46	1.05		1.95	2.10	0.15	0.79
6.14	0.43	7.44	1.73	14.45	16.18	9.41	1.41
0.28	-0.04	0.03		0.03	0.04	0.44	0.15
-0.02	0.06	0.06	-0.01	9.34	9.39	0.19	0.13
0.29	0.03	0.35		-0.65	0.13	0.58	0.26
1.57	1.31	0.37		-2.58	-2.58	2.74	0.08
20.93	0.09	20.38	0.62	12.80	13.05	3.63	1.17
1.37	0.02	1.37		-0.82	-0.85	1.29	0.07

1-B-3 按地区分组的有限责任公司

地　区	资产总计	固定资产净额	固定资产原价	累计折旧	流动资产合计		
						应收账款	存货
大 连 市	**3709.06**	**1126.29**	**1677.25**	**544.68**	**1928.41**	**352.36**	**500.73**
中 山 区							
西 岗 区	1147.17	185.69	283.70	98.00	819.48	23.15	235.67
沙河口区	253.81	57.86	126.25	67.81	117.89	46.76	39.78
甘井子区	470.29	92.14	161.79	68.20	274.38	126.81	47.92
旅顺口区	91.99	13.39	26.79	11.36	69.98	23.75	25.74
金普新区	668.31	179.81	322.33	141.43	399.15	67.84	65.98
普兰店区	34.40	6.57	13.17	6.43	23.48	5.99	6.00
保 税 区	53.06	12.63	24.03	11.37	33.80	10.04	12.20
高新园区	39.34	8.64	13.98	5.34	18.47	5.79	4.42
长 兴 岛	37.31	13.47	18.17	4.70	15.55	2.50	6.56
花园口区	10.49	3.29	7.33	3.67	5.98	0.50	1.99
瓦房店市	835.68	513.55	606.65	92.58	124.49	32.46	48.65
庄 河 市	67.21	39.26	73.06	33.80	25.76	6.79	5.83
长 海 县							

1-B-3 续表

地　区				营业收入	营业成本	销售费用	管理费用
	个人资本	港澳台资本	外商资本				
大 连 市	**17.80**		**1.31**	**1591.33**	**1381.94**	**29.33**	**82.92**
中 山 区							
西 岗 区	1.01			279.01	245.55	5.48	21.36
沙河口区	0.10			140.99	128.06	1.43	8.67
甘井子区	2.70		0.01	153.80	123.36	2.62	16.42
旅顺口区	0.92			53.44	44.65	1.37	4.98
金普新区	3.65		0.44	645.44	582.29	13.84	18.85
普兰店区	1.96			26.07	23.16	0.66	1.11
保 税 区	1.29		0.84	53.41	47.17	1.10	2.99
高新园区	0.83		0.01	14.39	12.36	0.61	2.36
长 兴 岛	0.55			28.77	27.48	0.46	1.28
花园口区	1.71			14.37	11.86	0.10	0.34
瓦房店市	1.12			142.28	99.76	1.14	3.82
庄 河 市	1.95			39.35	36.22	0.52	0.75
长 海 县							

工业企业主要经济指标

单位：亿元

产成品	负债合计	流动负债合计	应付账款	所有者权益合计	实收资本	国家资本	集体资本	法人资本
47.09	**2454.25**	**1508.38**	**509.28**	**1254.81**	**799.30**	**438.52**	**7.81**	**333.87**
0.46	635.18	418.89	206.86	511.99	262.62	247.73		13.88
1.38	162.42	122.97	61.90	91.39	63.84	58.41	0.01	5.32
5.24	364.99	315.77	72.73	105.30	111.19	38.55	0.27	69.66
3.92	54.70	44.88	19.56	37.29	22.07	13.96	0.10	7.08
16.93	430.90	341.50	86.74	237.40	106.69	23.78	6.47	72.36
2.77	25.72	21.62	4.94	8.67	8.52	0.12		6.44
5.16	37.86	34.78	8.74	15.20	16.77	5.01	0.01	9.62
1.78	23.56	17.87	5.57	15.78	11.32	9.07	0.02	1.38
1.64	30.84	16.19	4.97	6.47	8.98	5.00		3.43
1.20	6.34	6.11	1.23	4.16	1.91		0.10	0.10
4.48	630.31	125.88	29.13	205.37	168.03	24.26	0.83	141.81
2.12	51.42	41.92	6.92	15.79	17.36	12.62		2.79

单位：亿元

财务费用	利息收入	利息支出	投资收益（损失以“–”号记）	营业利润	利润总额	亏损企业亏损额	平均用工人数（万人）
42.45	**16.72**	**52.71**	**4.34**	**47.05**	**53.61**	**27.06**	**10.32**
-3.03	14.51	6.96	0.27	3.46	7.44	2.17	2.00
1.67	0.11	2.50	1.07	2.84	3.64	1.20	1.07
7.77	0.51	8.49	1.47	0.48	-0.20	10.70	1.72
0.62	0.05	0.60		2.14	2.76	0.27	0.63
9.55	1.48	10.20	0.92	22.27	23.03	4.55	1.96
0.72	-0.04	0.44	0.01	0.17	-0.44	1.19	0.35
0.49	-0.05	0.64	-0.01	1.39	1.64	1.08	0.52
0.56	0.03	0.53		-1.53	-0.75	1.07	0.33
0.84	0.01	0.42		-1.38	-1.31	1.72	0.19
0.32		0.19		1.68	1.92		0.13
20.74	0.11	20.12	0.61	16.12	16.47	1.24	1.03
2.21	0.01	1.63		-0.60	-0.60	1.86	0.39

1-B-4 按地区分组的股份有限公司

地 区	资产总计	固定资产净额	固定资产原价	累计折旧	流动资产合计	应收账款	存货
大 连 市	**714.68**	**208.73**	**572.72**	**344.03**	**379.59**	**144.17**	**101.57**
中 山 区							
西 岗 区							
沙河口区	19.54	7.15	19.45	12.30	5.80	0.61	0.37
甘井子区	361.13	103.55	389.00	267.56	205.33	86.13	52.13
旅顺口区	37.53	6.28	13.79	7.51	27.56	10.59	8.65
金普新区	213.55	76.57	110.53	33.91	84.79	28.33	17.26
普兰店区	14.07	3.28	8.98	5.71	9.60	1.94	6.16
保 税 区	0.82	0.28	0.32	0.05	0.16	0.02	
高新园区	2.02	0.49	0.92	0.44	1.19	0.14	0.33
长 兴 岛	7.15	1.71	2.61	0.90	5.11	0.79	1.16
花园口区							
瓦房店市	57.10	9.20	26.66	15.44	38.55	15.29	14.65
庄 河 市	1.32	0.13	0.25	0.12	1.16	0.33	0.51
长 海 县	0.46	0.11	0.20	0.09	0.35		0.35

1-B-4 续表

地 区	个人资本	港澳台资本	外商资本	营业收入	营业成本	销售费用	管理费用
大 连 市	**27.59**	**0.39**	**4.01**	**1084.52**	**856.82**	**12.16**	**34.50**
中 山 区							
西 岗 区							
沙河口区	2.71			6.57	5.78	0.01	0.56
甘井子区	4.17		0.01	939.94	738.40	5.24	19.68
旅顺口区	2.36			31.38	24.52	1.37	3.59
金普新区	15.75		2.42	57.58	46.27	2.59	8.04
普兰店区	0.55	0.39		12.97	10.05	0.89	0.49
保 税 区	0.50			0.35	0.25		0.12
高新园区	0.08			0.63	0.37	0.04	0.59
长 兴 岛	0.40			4.09	3.82	0.09	0.21
花园口区							
瓦房店市	1.07		1.59	27.73	24.27	1.77	1.14
庄 河 市				2.77	2.55	0.15	0.07
长 海 县				0.53	0.55		0.01

工业企业主要经济指标

单位：亿元

产成品	负债合计	流动负债合计	应付账款	所有者权益合计	实收资本	国家资本	集体资本	法人资本
35.58	**374.14**	**291.83**	**82.96**	**340.54**	**187.68**	**118.42**	**12.14**	**25.14**
	12.33	11.33	1.74	7.21	4.05	1.33		
17.23	171.75	154.02	46.62	189.37	131.06	106.93	9.23	10.72
1.65	24.59	24.16	7.80	12.94	5.12	1.00	0.12	1.65
6.04	107.84	48.88	10.22	105.71	33.63	2.55	1.71	11.21
2.64	3.92	3.92	0.51	10.15	3.84	2.68		0.23
	0.32	0.32	0.07	0.50	0.50			
0.21	0.81	0.27	0.17	1.21	1.12			1.04
0.43	6.74	5.35	1.93	0.41	0.45			0.05
6.85	44.74	42.48	13.84	12.36	7.64	3.92	1.06	
0.19	0.81	0.81	0.07	0.51	0.26			0.26
0.33	0.29	0.29	0.01	0.17	0.01		0.01	

单位：亿元

财务费用	利息收入	利息支出	投资收益（损失以“－”号记）	营业利润	利润总额	亏损企业亏损额	平均用工人数（万人）
3.87	**0.64**	**4.40**	**2.42**	**35.85**	**36.55**	**8.78**	**3.15**
0.10	0.01	0.10		0.07	0.05		0.09
0.50	0.56	1.09	-0.09	35.56	35.87	1.66	1.16
0.38	0.01	0.13	0.01	1.21	1.26	0.20	0.36
1.95	0.02	2.32	2.44	-0.15	0.27	4.15	0.87
0.19	0.01	0.07	0.04	1.31	1.31		0.13
0.01				-0.03	-0.03	0.03	
-0.01	0.01			0.09	0.09		0.02
0.10	-0.01	0.12		-0.17	-0.17	0.17	0.07
0.64	0.02	0.57	0.01	-1.99	-2.06	2.50	0.43
0.01				-0.01	-0.01	0.02	0.02
				-0.05	-0.05	0.05	0.01

1-B-5 按地区分组的私营工业

地　区	资产总计	固定资产净额	固定资产原价	累计折旧	流动资产合计	应收账款	存货
大连市	**1358.03**	**194.78**	**543.49**	**209.25**	**849.37**	**186.82**	**205.25**
中山区	0.86	0.09	0.18	0.08	0.76	0.35	0.10
西岗区	11.66	1.65	2.97	1.32	9.08	2.12	2.92
沙河口区	11.58	1.22	2.98	1.71	8.55	2.56	1.55
甘井子区	211.81	17.04	41.87	24.44	160.34	41.88	35.38
旅顺口区	59.70	12.45	25.23	12.72	37.87	13.65	10.73
金普新区	271.58	70.12	119.09	48.00	155.29	39.41	44.47
普兰店区	96.17	17.32	31.00	13.07	62.41	22.51	16.29
保税区	19.65	5.20	9.47	3.95	12.84	3.80	4.55
高新园区	36.87	6.66	14.41	7.75	21.24	4.29	4.09
长兴岛	404.47	14.38	200.42	51.18	227.59	9.49	41.39
花园口区	56.70	7.24	12.26	4.37	39.26	11.66	3.41
瓦房店市	97.69	27.65	56.90	28.63	57.52	19.15	19.52
庄河市	72.45	13.30	25.54	11.31	50.89	15.20	18.92
长海县	6.84	0.46	1.18	0.72	5.74	0.75	1.94

1-B-5 续表

地　区	个人资本	港澳台资本	外商资本	营业收入	营业成本	销售费用	管理费用
大连市	**106.29**	**0.34**	**0.06**	**1238.44**	**1091.02**	**27.80**	**48.74**
中山区	0.20			0.49	0.36	0.04	0.08
西岗区	0.35			6.04	5.11		0.33
沙河口区	1.27			9.98	9.09	0.18	0.56
甘井子区	15.94			113.42	96.46	4.21	8.71
旅顺口区	5.58			42.32	35.14	1.41	4.39
金普新区	32.93	0.34		323.51	286.88	7.48	14.52
普兰店区	10.25			69.32	58.13	3.01	4.95
保税区	3.18			25.12	21.25	0.83	1.35
高新园区	2.83			12.88	9.09	0.95	1.81
长兴岛	1.64			452.63	408.33	4.27	2.16
花园口区	11.45			16.40	11.74	2.02	1.83
瓦房店市	10.35			86.14	76.65	1.65	4.72
庄河市	9.84		0.01	78.29	71.17	1.61	3.17
长海县	0.48		0.06	1.89	1.61	0.14	0.16

企业主要经济指标

单位：亿元

产成品	负债合计	流动负债合计	应付账款	所有者权益合计	实收资本	国家资本	集体资本	法人资本
79.38	**909.81**	**797.05**	**166.09**	**448.22**	**244.10**	**0.51**	**5.34**	**131.56**
0.09	0.56	0.56	0.13	0.30	0.20			
0.02	9.55	7.72	0.89	2.11	0.36			0.01
0.78	7.69	6.73	2.85	3.89	1.74	0.03		0.44
10.31	149.60	145.14	38.87	62.21	25.72	0.24	0.02	9.53
6.44	42.40	36.91	6.17	17.29	10.77			5.19
19.86	181.33	167.22	33.89	90.24	57.70		0.47	23.96
7.51	50.58	46.23	13.08	45.59	19.73			9.48
0.96	11.62	11.07	3.96	8.03	6.82	0.07		3.58
0.84	22.09	14.26	2.47	14.78	4.34			1.51
14.60	275.66	210.42	32.30	128.81	69.02		4.80	62.58
2.02	35.05	32.47	1.72	21.64	12.98	0.18		1.35
8.70	65.04	60.92	15.06	32.65	19.81			9.46
6.30	52.18	51.33	13.64	20.28	13.40		0.05	3.50
0.93	6.45	6.06	1.06	0.39	1.51			0.97

单位：亿元

财务费用	利息收入	利息支出	投资收益（损失以“–”号记）	营业利润	利润总额	亏损企业亏损额	平均用工人数（万人）
20.71	**-3.29**	**20.47**	**5.11**	**49.88**	**54.28**	**12.44**	**11.29**
					0.01		0.01
0.09	-0.03	0.14		0.46	0.58		0.08
0.02	0.01	0.03	0.06	0.15	1.11	0.14	0.10
1.83	-0.16	1.43	2.28	3.84	4.35	2.19	1.58
0.93	-0.03	0.73	0.03	0.35	0.97	1.68	0.86
3.18		3.22	0.42	10.50	11.34	3.44	2.68
0.98	0.02	0.62	0.15	1.80	1.59	1.53	1.32
0.32	0.01	0.33		1.25	1.33	0.22	0.21
0.23	0.02	0.22	0.06	0.76	0.90	0.31	0.26
9.13	-3.12	10.93	1.04	28.41	28.79	0.30	0.34
0.61	-0.02	0.56	1.06	1.01	1.20	0.65	0.23
1.64	0.01	1.17		1.07	1.43	0.91	1.55
1.48		0.85		0.60	0.87	0.89	2.04
0.26		0.24		-0.33	-0.19	0.19	0.03

1-B-6 按地区分组的港澳台商

地　区	资产总计						
		固定资产净额	固定资产原价	累计折旧	流动资产合计		
						应收账款	存货
大连市	**275.54**	**69.38**	**112.12**	**42.21**	**174.00**	**47.95**	**31.13**
中山区	0.12	0.03	0.07	0.04	0.09		0.07
西岗区							
沙河口区							
甘井子区	19.67	3.42	6.84	3.41	15.82	2.15	2.87
旅顺口区	2.63	0.46	0.96	0.49	1.73	0.77	0.26
金普新区	176.30	54.20	85.30	30.79	97.42	36.22	21.91
普兰店区	16.92	3.21	5.68	2.46	13.14	2.21	1.93
保税区	3.31	0.86	1.75	0.88	2.25	1.08	0.67
高新园区	7.42	0.30	1.11	0.63	5.75	2.82	1.23
长兴岛	35.23	4.94	7.40	2.43	29.62	0.55	0.67
花园口区	10.75	1.42	1.77	0.34	5.80	1.73	1.16
瓦房店市	3.18	0.52	1.26	0.74	2.39	0.43	0.35
庄河市							
长海县							

1-B-6 续表

地　区				营业收入	营业成本	销售费用	管理费用
	个人资本	港澳台资本	外商资本				
大连市	**2.61**	**37.42**	**3.71**	**199.73**	**162.31**	**6.09**	**13.13**
中山区		0.01		0.70	0.68	0.02	0.01
西岗区							
沙河口区							
甘井子区		4.16	0.13	9.32	6.79	0.29	1.27
旅顺口区		0.54		3.78	3.17	0.06	0.25
金普新区	2.61	25.09	3.16	151.94	122.59	4.45	9.38
普兰店区		3.62		15.52	13.11	0.53	0.79
保税区		1.01	0.24	5.90	5.39	0.12	0.17
高新园区		1.43	0.01	3.66	2.86	0.08	0.32
长兴岛		0.63		5.16	4.49	0.28	0.28
花园口区		0.70		1.96	2.07	0.17	0.38
瓦房店市		0.23	0.17	1.78	1.16	0.10	0.27
庄河市							
长海县							

投资工业企业主要经济指标

单位：亿元

产成品	负债合计	流动负债合计	应付账款	所有者权益合计	实收资本	国家资本	集体资本	法人资本
12.18	**138.59**	**120.74**	**34.18**	**136.95**	**83.69**	**13.93**	**9.28**	**16.73**
0.07	0.15	0.15	0.15	-0.03	0.01			
1.54	13.43	13.42	1.12	6.24	4.38			0.10
0.16	0.84	0.84	0.55	1.79	0.54			
7.29	83.76	71.21	24.91	92.55	48.88	2.11	9.20	6.71
0.87	3.34	2.94	1.29	13.58	7.20			3.57
0.10	1.88	1.86	0.94	1.43	1.74			0.49
0.40	3.26	2.61	1.74	4.16	2.36	0.61	0.08	0.23
0.58	21.93	20.83	0.49	13.30	16.51	11.21		4.66
0.98	9.21	6.11	2.72	1.53	0.70			
0.20	0.77	0.77	0.27	2.41	1.38			0.98

单位：亿元

财务费用	利息收入	利息支出	投资收益(损失以“-”号记)	营业利润	利润总额	亏损企业亏损额	平均用工人数(万人)
1.57	**0.03**	**1.50**	**0.28**	**9.48**	**10.65**	**9.40**	**2.43**
-0.02							
-0.11	-0.10	0.02	0.10	0.75	0.77	0.04	0.10
-0.03				0.32	0.32		0.07
1.65	0.06	1.38	0.06	7.32	7.70	9.13	1.51
-0.03			0.12	1.13	1.14	0.02	0.44
0.04		0.02		0.15	0.15		0.05
0.01	-0.01			0.28	0.26	0.04	0.06
0.02	-0.05	0.08		0.03	0.01	0.17	0.04
0.09	0.08			-0.77	0.04		0.05
-0.04	0.04			0.28	0.28		0.12

1-B-7 按地区分组的外商投资

地　区	资产总计						
		固定资产净　额	固定资产原　价	累计折旧	流动资产合　计		
						应收账款	存货
大 连 市	**2639.37**	**930.18**	**1756.69**	**818.22**	**1466.14**	**385.40**	**538.07**
中 山 区							
西 岗 区							
沙河口区	8.61	1.88	2.83	0.95	6.19	0.61	1.86
甘井子区	248.23	28.35	62.53	33.65	210.03	22.78	158.09
旅顺口区	111.93	51.18	80.09	28.51	51.81	3.75	23.61
金普新区	1842.29	723.97	1368.84	637.74	974.29	307.52	291.55
普兰店区	113.27	55.90	97.65	41.75	44.47	10.68	15.00
保 税 区	189.60	53.44	100.53	46.95	100.12	26.18	29.75
高新园区	54.55	5.20	19.74	14.54	46.47	8.36	6.20
长 兴 岛	27.36	1.43	2.60	1.17	4.83	0.86	1.36
花园口区	0.37	0.18	0.22	0.04	0.18	0.10	0.05
瓦房店市	8.89	2.85	6.63	3.78	5.39	1.44	1.90
庄 河 市	34.27	5.81	15.03	9.14	22.36	3.11	8.69
长 海 县							

1-B-7 续表

地　区				营业收入	营业成本	销售费用	管理费用
	个人资本	港澳台资本	外商资本				
大 连 市	**2.41**	**157.85**	**448.70**	**2477.69**	**1877.47**	**107.32**	**104.39**
中 山 区							
西 岗 区							
沙河口区			0.43	13.31	9.47	2.77	0.25
甘井子区	0.42	3.82	14.66	120.57	100.61	5.57	8.50
旅顺口区	0.03		30.34	66.20	55.86	1.10	3.52
金普新区	1.68	152.75	309.30	1995.88	1493.00	83.80	70.02
普兰店区	0.02	0.71	41.81	80.98	57.38	7.52	7.27
保 税 区	0.15		34.60	128.29	101.34	3.95	7.33
高新园区	0.04		9.89	45.07	35.53	0.97	4.91
长 兴 岛	0.03		2.20	1.47	1.98	1.09	0.95
花园口区			0.01	0.38	0.30	0.03	0.03
瓦房店市			3.20	7.60	6.13	0.15	0.62
庄 河 市	0.03	0.56	2.28	17.93	15.88	0.38	0.98
长 海 县							

工业企业主要经济指标

单位：亿元

产成品	负债合计	流动负债合计	应付账款	所有者权益合计	实收资本	国家资本	集体资本	法人资本
88.53	**1390.91**	**1082.19**	**350.91**	**1248.46**	**731.42**	**37.65**	**1.98**	**82.84**
1.64	5.13	5.07	0.79	3.48	1.25	0.82		
4.27	225.50	122.69	35.22	22.73	27.56	0.69	0.74	7.24
0.73	57.66	29.99	8.09	54.27	40.20			9.83
63.00	903.69	780.35	266.95	938.61	522.11	22.41	0.56	35.42
6.81	55.22	37.98	8.56	58.06	48.72	0.30	0.47	5.41
7.06	87.06	74.42	24.60	102.54	63.63	6.55	0.22	22.11
1.48	18.70	18.12	2.82	35.85	18.58	6.88		1.78
0.09	23.85	0.39	0.06	3.51	2.23			
0.02	0.29	0.29	0.08	0.08	0.01			0.01
0.42	2.62	2.35	1.01	6.27	3.79			0.59
3.03	11.20	10.52	2.72	23.07	3.34			0.46

单位：亿元

财务费用	利息收入	利息支出	投资收益（损失以“-”号记）	营业利润	利润总额	亏损企业亏损额	平均用工人数（万人）
23.66	**4.15**	**16.22**	**3.08**	**338.91**	**345.37**	**17.79**	**16.10**
0.01	0.02	0.01	0.01	0.59	0.62		0.16
8.79	0.20	2.71	0.05	-0.64	-0.50	6.97	1.17
1.29	0.06	0.72	0.05	3.97	3.86	0.06	0.69
10.19	1.55	11.44	3.14	310.87	315.17	5.99	9.94
0.84	0.05	0.79	0.06	7.51	7.38	0.96	1.21
1.85	0.15	0.31	-0.23	12.79	13.30	2.18	1.66
-0.68	0.57		-0.01	4.12	5.68	0.04	0.42
1.36	1.36	0.08		-1.47	-1.43	1.47	0.05
				0.01	0.01		
0.02		0.03		0.60	0.65		0.35
-0.01	0.20	0.12		0.57	0.64	0.12	0.46

1-B-8　按地区分组的大型工业

地　区	资产总计						
		固定资产净额	固定资产原价	累计折旧	流动资产合计		
						应收账款	存货
大连市	**4545.80**	**1502.78**	**2667.20**	**1008.81**	**2285.83**	**475.24**	**611.80**
中山区							
西岗区	1095.10	170.93	268.72	97.79	791.69	17.12	223.91
沙河口区	190.04	28.88	59.83	30.36	91.11	37.75	38.92
甘井子区	616.66	125.79	395.99	251.09	401.52	189.65	89.87
旅顺口区	104.75	38.47	59.53	21.06	58.32	6.36	26.40
金普新区	1212.10	581.56	1014.55	431.53	533.35	173.21	118.86
普兰店区	93.88	48.77	81.97	33.20	33.92	9.77	10.58
保税区	77.45	17.44	28.37	10.93	35.22	6.62	12.27
高新园区	34.35	2.64	12.13	9.49	29.71	4.24	1.91
长兴岛	351.99		175.02	40.56	198.84	5.30	39.19
花园口区							
瓦房店市	769.49	488.28	571.08	82.80	112.14	25.23	49.87
庄河市							
长海县							

1-B-8　续表

地　区				营业收入	营业成本	销售费用	管理费用
	个人资本	港澳台资本	外商资本				
大连市	**0.86**	**155.16**	**184.86**	**3374.45**	**2685.25**	**49.77**	**108.08**
中山区							
西岗区				260.68	228.77	5.23	19.73
沙河口区			0.43	123.24	109.48	3.27	6.83
甘井子区		2.72	2.20	1041.30	815.49	7.04	29.64
旅顺口区			16.77	39.85	35.13	0.12	2.62
金普新区		152.44	121.49	1228.55	922.14	20.55	34.40
普兰店区			34.03	58.92	38.11	6.95	6.05
保税区			1.20	40.75	36.70	0.86	2.66
高新园区			7.16	24.80	20.10	0.22	3.08
长兴岛				430.39	393.39	3.48	1.10
花园口区							
瓦房店市	0.86		1.59	125.97	85.95	2.06	1.96
庄河市							
长海县							

企业主要经济指标

单位：亿元

产成品	负债合计	流动负债合计	应付账款	所有者权益合计	实收资本	国家资本	集体资本	法人资本
85.35	**2718.51**	**1745.18**	**552.59**	**1827.30**	**1095.69**	**446.82**	**8.55**	**299.44**
1.72	596.57	390.53	183.31	498.53	259.83	250.25		9.58
1.70	124.21	106.48	56.38	65.83	47.23	42.09		4.71
15.24	371.91	325.85	98.59	244.75	182.29	120.21	8.55	48.61
	73.54	48.70	32.36	31.21	31.70	5.50		9.43
35.50	611.83	505.38	120.40	600.26	302.35	19.44		8.99
5.38	43.71	29.55	6.39	50.17	36.99			2.96
3.25	46.26	38.25	7.88	31.19	16.59			15.39
0.36	11.83	11.83	0.66	22.51	14.04	6.88		
13.52	246.16	188.22	29.45	105.83	58.90			58.90
8.68	592.48	100.39	17.17	177.01	145.77	2.44		140.88

单位：亿元

财务费用	利息收入	利息支出	投资收益(损失以"–"号记)	营业利润	利润总额	亏损企业亏损额	平均用工人数(万人)
42.66	**14.60**	**55.25**	**5.16**	**314.29**	**323.42**	**10.77**	**12.25**
-3.54	14.47	6.37	0.25	4.35	9.37	0.24	1.71
1.24	0.18	2.13	0.71	3.02	3.08	0.12	0.95
4.88	0.96	5.79	1.13	40.63	39.12	5.05	2.36
1.22	0.45	0.61		0.58	0.47		0.33
8.91	1.02	9.37	2.25	220.04	223.46	3.14	4.65
0.74		0.76		6.80	6.78		0.49
1.43			-0.23	-1.26	-0.77	1.76	0.73
-0.71	0.55			1.98	3.54		0.14
8.17	-3.10	10.23	1.04	23.77	23.96		0.17
20.32	0.08	19.99	0.01	14.39	14.40	0.46	0.71

1-B-9 按地区分组的中型工业

地区	资产总计	固定资产净额	固定资产原价	累计折旧	流动资产合计	应收账款	存货
大连市	**2497.16**	**620.34**	**1209.04**	**581.51**	**1514.04**	**326.12**	**516.48**
中山区							
西岗区	69.92	16.17	23.87	7.44	40.50	7.27	13.44
沙河口区	92.53	37.85	88.68	50.69	39.41	9.63	3.94
甘井子区	503.26	92.31	198.09	104.92	327.66	36.80	177.12
旅顺口区	131.18	29.98	56.48	26.49	92.18	27.08	35.84
金普新区	1224.34	328.97	608.59	276.11	733.56	156.92	213.79
普兰店区	81.61	12.40	28.56	15.93	53.56	17.04	10.60
保税区	65.05	8.78	19.83	11.05	51.16	18.07	18.30
高新园区	33.68	8.04	15.14	7.10	17.19	5.75	4.59
长兴岛	61.40	21.57	32.71	11.14	33.48	2.13	5.42
花园口区	27.13	5.08	8.90	3.17	17.17	10.84	1.77
瓦房店市	111.84	23.02	49.91	25.51	55.99	23.10	15.18
庄河市	95.22	36.17	78.28	41.95	52.17	11.47	16.50
长海县							

1-B-9 续表

地区	个人资本	港澳台资本	外商资本	营业收入	营业成本	销售费用
大连市	**43.29**	**13.51**	**136.87**	**1951.38**	**1624.60**	**89.73**
中山区						
西岗区	1.33			25.68	23.47	0.14
沙河口区	2.71			37.65	34.23	0.86
甘井子区	8.82	0.46	4.83	149.28	127.42	5.16
旅顺口区	1.64	0.25	10.58	106.80	90.38	2.34
金普新区	14.18	10.22	109.78	1299.65	1058.77	71.08
普兰店区	6.11	2.57	4.10	64.53	53.13	2.59
保税区	0.15		3.55	61.09	52.03	2.89
高新园区	0.52		1.10	14.84	12.08	0.72
长兴岛				22.55	17.91	0.86
花园口区	2.10	0.02		10.83	10.79	0.31
瓦房店市	3.49		1.55	77.46	69.25	1.58
庄河市	2.25		1.38	81.01	75.14	1.20
长海县						

企业主要经济指标

单位：亿元

产成品	负债合计	流动负债合计	应付账款	所有者权益合计	实收资本	国家资本	集体资本	法人资本
81.08	**1562.07**	**1210.12**	**360.66**	**935.09**	**476.07**	**110.87**	**24.41**	**147.13**
0.36	46.66	33.79	14.22	23.26	9.00	3.88		3.80
1.05	58.80	36.02	8.69	33.73	21.64	18.55	0.05	0.33
11.11	427.82	303.32	54.41	75.44	74.19	22.79	0.85	36.45
5.89	71.38	66.07	20.72	59.80	30.46	13.75		4.25
37.90	672.78	534.54	201.19	551.56	244.31	11.22	16.12	82.80
4.98	34.12	27.57	7.06	47.49	22.55	0.85	0.47	8.47
4.82	47.29	40.88	15.62	17.75	11.45	2.94		4.82
1.21	13.77	10.28	3.29	19.91	8.63	5.27		1.73
1.14	42.66	24.30	5.58	18.74	9.95	5.00	4.80	0.15
1.19	25.04	21.66	3.50	2.08	2.12			
6.12	61.52	54.09	16.02	50.32	25.72	15.59	2.13	2.96
5.33	60.22	57.59	10.34	35.00	16.04	11.02	0.01	1.39

单位：亿元

管理费用	财务费用	利息收入	利息支出	投资收益（损失以“－”号记）	营业利润	利润总额	亏损企业亏损额	平均用工人数（万人）
90.27	**32.92**	**2.35**	**25.19**	**5.14**	**113.77**	**117.71**	**32.83**	**17.18**
1.44	0.49	0.11	0.61	0.02	0.40	-0.71	1.49	0.45
2.71	0.59	-0.04	0.48	0.37	0.05	0.76	1.36	0.44
13.87	12.21	0.14	7.00	2.80	-4.56	-3.51	13.13	1.50
7.92	1.40	0.04	0.87	0.06	4.52	4.98	0.72	1.29
46.68	11.28	1.76	11.30	0.84	106.70	108.16	6.97	6.27
4.35	0.95	0.02	0.36	0.29	3.11	2.20	2.31	1.90
2.58	0.58		0.56		2.74	2.91	1.01	0.78
1.67	0.26	0.02	0.30	0.07		0.67	0.40	0.35
1.14	1.68	-0.03	1.04		1.12	1.21	1.72	0.21
1.01	0.20	0.08			-1.55	-0.58	0.60	0.23
4.68	1.14	0.06	1.01	0.63	1.31	1.40	1.34	1.70
2.22	2.14	0.20	1.67	0.06	-0.08	0.23	1.77	2.06

1-B-10 按地区分组的小型

地区	资产总计	固定资产净额	固定资产原价	累计折旧	流动资产合计	应收账款	存货
大连市	**1813.34**	**428.84**	**841.30**	**398.77**	**1110.72**	**333.55**	**279.21**
中山区	0.98	0.12	0.25	0.12	0.84	0.35	0.17
西岗区	22.64	5.08	7.65	2.56	15.93	6.06	3.78
沙河口区	19.17	1.59	4.49	2.85	14.70	4.12	2.19
甘井子区	231.00	34.33	81.73	46.88	167.65	54.52	40.63
旅顺口区	115.51	20.96	43.40	19.94	78.07	27.32	21.19
金普新区	750.96	195.93	388.51	187.97	451.20	151.29	109.25
普兰店区	105.92	25.70	47.66	21.40	66.40	16.61	24.25
保税区	123.94	46.19	87.90	41.22	62.78	16.43	16.59
高新园区	72.18	10.60	22.90	12.11	46.21	11.41	9.77
长兴岛	98.12	14.36	23.47	8.69	50.38	6.77	6.54
花园口区	51.18	7.05	12.68	5.26	34.04	3.15	4.84
瓦房店市	124.12	42.89	81.57	35.58	61.32	20.78	20.27
庄河市	90.31	23.48	37.72	13.38	55.11	13.99	17.46
长海县	7.30	0.56	1.38	0.82	6.09	0.75	2.28

1-B-10 续表

地区	个人资本	港澳台资本	外商资本	营业收入	营业成本	销售费用	管理费用
大连市	**112.55**	**27.33**	**136.06**	**1340.70**	**1124.66**	**43.53**	**92.36**
中山区	0.20	0.01		1.19	1.05	0.05	0.09
西岗区	0.03			14.74	12.72	0.19	1.51
沙河口区	1.37			18.08	16.45	0.35	0.94
甘井子区	14.42	4.80	7.77	163.40	135.71	5.76	13.38
旅顺口区	7.25	0.29	2.99	73.15	58.18	2.85	7.99
金普新区	42.44	15.52	84.05	651.40	554.19	20.62	40.57
普兰店区	6.67	2.16	3.69	81.86	71.00	3.08	4.35
保税区	4.98	1.01	30.94	111.23	86.66	2.25	6.72
高新园区	3.25	1.43	1.65	37.00	28.03	1.71	5.25
长兴岛	2.62	0.63	2.20	39.19	34.82	1.83	2.64
花园口区	11.06	0.68	0.01	22.28	15.18	2.03	1.58
瓦房店市	8.19	0.23	1.81	63.62	54.15	1.20	4.24
庄河市	9.58	0.56	0.91	61.15	54.37	1.46	2.93
长海县	0.48		0.06	2.42	2.16	0.14	0.17

工业企业主要经济指标

单位：亿元

产成品	负债合计	流动负债合计	应付账款	所有者权益合计	实收资本	国家资本	集体资本	法人资本
98.98	**1094.72**	**938.83**	**271.87**	**718.62**	**494.61**	**67.84**	**6.51**	**144.31**
0.16	0.71	0.71	0.28	0.27	0.21			
0.10	20.78	19.77	10.54	1.85	2.87	2.33		0.51
1.11	13.01	12.04	3.31	6.16	2.24	0.09	0.06	0.72
12.43	144.18	136.70	49.86	86.81	44.81	3.95	1.40	12.48
7.22	73.84	59.27	19.95	41.67	22.30	1.46	0.23	10.07
40.22	427.66	373.99	102.14	323.30	223.63	20.18	3.57	57.87
10.25	68.83	58.61	14.95	37.09	29.02	2.80		13.70
5.22	45.19	43.32	14.81	78.75	61.42	8.69	0.22	15.59
3.14	42.82	31.02	8.81	29.36	15.05	4.41	0.11	4.20
2.67	70.20	40.66	4.72	27.92	28.33	11.21		11.67
3.03	25.85	23.31	2.26	25.33	13.48	0.18	0.10	1.45
5.85	91.49	78.78	26.16	32.63	30.61	10.15	0.76	9.46
6.32	63.42	54.31	13.01	26.90	19.11	2.39	0.05	5.62
1.26	6.74	6.35	1.07	0.56	1.52		0.01	0.97

单位：亿元

财务费用	利息收入	利息支出	投资收益（损失以“–”号记）	营业利润	利润总额	亏损企业亏损额	平均用工人数（万人）
17.07	**1.56**	**15.09**	**5.64**	**55.74**	**62.25**	**32.85**	**15.12**
-0.01				0.01	0.01		0.02
0.12	-0.04	0.20		-0.12	0.13	0.44	0.10
0.04	0.01	0.06	0.52	0.74	1.77	0.20	0.19
1.59		0.96	-0.11	5.63	6.40	3.38	2.12
0.82	-0.03	0.71	0.05	3.13	3.96	1.49	1.21
6.18	0.08	8.00	4.07	24.55	26.38	17.15	6.11
1.34	0.02	0.81	0.08	1.59	1.57	1.82	1.11
0.69	0.11	0.73	-0.01	14.07	14.26	0.75	0.94
0.55	0.05	0.45	-0.01	1.73	1.97	1.06	0.60
1.61	1.31	0.37		0.53	0.71	2.11	0.31
0.82	-0.02	0.74	1.06	3.47	3.74	0.05	0.18
1.53	0.05	0.88	-0.01	0.16	0.77	3.05	1.15
1.54	0.03	0.93		0.65	0.83	1.11	1.05
0.26		0.24		-0.39	-0.24	0.24	0.04

1-B-11 按地区分组的

地　区	资产总计	固定资产净　额	固定资产原　价	累计折旧	流动资产合　计		
						应收账款	存货
大 连 市	**51.00**	**0.56**	**1.20**	**0.60**	**21.37**	**12.41**	**0.96**
中 山 区							
西 岗 区							
沙河口区							
甘井子区							
旅顺口区							
金普新区	49.15	0.11	0.46	0.35	20.22	11.82	0.51
普兰店区							
保 税 区							
高新园区							
长 兴 岛	1.28	0.25	0.51	0.22	0.99	0.58	0.33
花园口区							
瓦房店市	0.57	0.20	0.23	0.02	0.17	0.01	0.12
庄 河 市							
长 海 县							

1-B-11　续表

地　区				营业收入	营业成本	销售费用	管理费用
	个人资本	港澳台资本	外商资本				
大 连 市	**0.10**	**0.10**		**3.42**	**2.75**	**0.34**	**0.75**
中 山 区							
西 岗 区							
沙河口区							
甘井子区							
旅顺口区							
金普新区				1.87	1.58	0.28	0.61
普兰店区							
保 税 区							
高新园区							
长 兴 岛	0.10	0.10		1.09	0.87	0.02	0.06
花园口区							
瓦房店市				0.46	0.29	0.05	0.08
庄 河 市							
长 海 县							

采矿业主要经济指标

单位：亿元

产成品	负债合计	流动负债合计	应付账款	所有者权益合计	实收资本	国家资本	集体资本	法人资本
0.90	**8.76**	**3.40**	**0.33**	**42.24**	**2.30**			**2.10**
0.48	7.29	1.93	0.08	41.86	2.00			2.00
0.30	1.00	1.00	0.18	0.28	0.20			
0.11	0.47	0.47	0.08	0.10	0.10			0.10

单位：亿元

财务费用	利息收入	利息支出	投资收益（损失以“–”号记）	营业利润	利润总额	亏损企业亏损额	平均用工人数（万人）
-0.29	**0.30**		**0.01**	**-0.17**	**0.10**	**0.02**	**0.20**
-0.30	0.30		0.01	-0.34	-0.02	0.02	0.14
				0.11	0.11		0.02
				0.05	0.01		0.01

1-B-12 按地区分组的非金属矿

地　　区	资产总计	固定资产净额	固定资产原价	累计折旧	流动资产合计		
						应收账款	存货
大连市	**51.00**	**0.56**	**1.20**	**0.60**	**21.37**	**12.41**	**0.96**
中山区							
西岗区							
沙河口区							
甘井子区							
旅顺口区							
金普新区	49.15	0.11	0.46	0.35	20.22	11.82	0.51
普兰店区							
保税区							
高新园区							
长兴岛	1.28	0.25	0.51	0.22	0.99	0.58	0.33
花园口区							
瓦房店市	0.57	0.20	0.23	0.02	0.17	0.01	0.12
庄河市							
长海县							

1-B-12 续表

地　　区				营业收入	营业成本	销售费用	管理费用
	个人资本	港澳台资本	外商资本				
大连市	**0.10**	**0.10**		**3.42**	**2.75**	**0.34**	**0.75**
中山区							
西岗区							
沙河口区							
甘井子区							
旅顺口区							
金普新区				1.87	1.58	0.28	0.61
普兰店区							
保税区							
高新园区							
长兴岛	0.10	0.10		1.09	0.87	0.02	0.06
花园口区							
瓦房店市				0.46	0.29	0.05	0.08
庄河市							
长海县							

采选业主要经济指标

单位：亿元

产成品	负债合计	流动负债合计	应付账款	所有者权益合计	实收资本	国家资本	集体资本	法人资本
0.90	**8.76**	**3.40**	**0.33**	**42.24**	**2.30**			**2.10**
0.48	7.29	1.93	0.08	41.86	2.00			2.00
0.30	1.00	1.00	0.18	0.28	0.20			
0.11	0.47	0.47	0.08	0.10	0.10			0.10

单位：亿元

财务费用	利息收入	利息支出	投资收益（损失以“–”号记）	营业利润	利润总额	亏损企业亏损额	平均用工人数（万人）
-0.29	**0.30**		**0.01**	**-0.17**	**0.10**	**0.02**	**0.20**
-0.30	0.30		0.01	-0.34	-0.02	0.02	0.14
				0.11	0.11		0.02
				0.05	0.01		0.01

1-B-13 按地区分组的

地区	资产总计	固定资产净额	固定资产原价	累计折旧	流动资产合计	应收账款	存货
大连市	**7566.27**	**1802.85**	**3638.24**	**1661.25**	**4652.58**	**1084.99**	**1354.33**
中山区	0.98	0.12	0.25	0.12	0.84	0.35	0.17
西岗区	1106.17	155.97	250.69	94.44	815.68	24.00	237.07
沙河口区	202.42	26.33	49.00	22.01	107.74	44.43	43.90
甘井子区	1283.17	210.67	560.16	329.44	883.10	278.43	304.21
旅顺口区	337.03	86.69	154.80	65.61	219.68	60.20	82.68
金普新区	3043.64	1055.28	1922.39	857.71	1664.95	466.61	439.41
普兰店区	269.11	83.92	153.29	68.58	151.28	43.00	45.15
保税区	228.30	47.80	94.18	45.89	140.26	40.68	46.97
高新园区	127.28	17.38	43.91	26.34	90.75	21.21	16.11
长兴岛	503.78	32.18	225.86	58.82	278.83	13.28	50.77
花园口区	77.34	11.89	21.19	8.27	50.91	13.91	6.54
瓦房店市	242.07	49.16	112.09	60.07	144.12	54.55	46.02
庄河市	137.68	24.90	49.05	23.14	98.33	23.57	33.04
长海县	7.30	0.56	1.38	0.82	6.09	0.75	2.28

1-B-13 续表

地区				营业收入	营业成本	销售费用	管理费用
	个人资本	港澳台资本	外商资本				
大连市	**146.99**	**193.68**	**436.16**	**6380.34**	**5213.73**	**177.16**	**277.64**
中山区	0.20	0.01		1.19	1.05	0.05	0.09
西岗区	1.01			278.40	246.03	1.12	19.52
沙河口区	1.18		0.43	141.36	124.61	4.44	8.52
甘井子区	22.52	7.98	14.80	1315.13	1042.02	17.86	56.00
旅顺口区	8.89	0.54	29.32	216.92	181.41	5.24	18.16
金普新区	53.72	177.29	315.31	3138.08	2499.36	111.48	118.46
普兰店区	11.28	4.73	41.27	202.35	159.60	12.61	14.49
保税区	5.13	1.01	15.62	198.63	170.66	5.88	11.48
高新园区	3.17	1.34	9.91	73.07	56.66	2.64	9.55
长兴岛	2.52	0.53	2.20	490.31	444.67	6.17	4.72
花园口区	13.16	0.02	0.01	32.74	25.71	2.28	2.56
瓦房店市	11.90	0.23	4.95	165.70	147.31	4.65	9.03
庄河市	11.83	0.02	2.29	124.05	112.49	2.62	4.87
长海县	0.48		0.06	2.42	2.16	0.14	0.17

制造业主要经济指标

单位：亿元

产成品	负债合计	流动负债合计	应付账款	所有者权益合计	实收资本	国家资本	集体资本	法人资本
263.19	**4481.64**	**3632.41**	**1144.18**	**3084.63**	**1784.80**	**558.56**	**38.42**	**410.97**
0.16	0.71	0.71	0.28	0.27	0.21			
1.83	633.56	423.10	203.17	472.62	257.73	252.41		4.31
3.85	122.99	105.46	61.73	79.42	48.73	46.29	0.11	0.72
38.70	898.69	734.63	198.79	384.47	281.28	137.54	10.79	87.64
13.11	206.48	169.88	71.72	130.55	82.64	20.02	0.23	23.64
112.84	1641.32	1394.42	421.86	1402.32	749.83	44.23	19.61	139.66
20.60	134.82	111.41	25.01	134.29	85.97	3.10	0.47	25.13
13.16	135.99	120.14	37.69	92.31	62.24	4.48	0.22	35.79
4.60	59.01	47.39	11.58	68.27	34.74	14.40	0.11	5.82
17.04	356.20	251.47	39.50	147.58	91.92	16.21	4.80	65.67
4.15	50.67	44.75	5.66	26.67	14.91	0.18	0.10	1.45
20.54	148.78	141.46	47.11	93.28	51.37	19.21	1.92	13.16
11.35	85.68	81.24	19.02	52.00	21.69	0.50	0.06	7.00
1.26	6.74	6.35	1.07	0.56	1.52		0.01	0.97

单位：亿元

财务费用	利息收入	利息支出	投资收益(损失以"–"号记)	营业利润	利润总额	亏损企业亏损额	平均用工人数(万人)
68.50	**17.87**	**71.49**	**15.46**	**462.00**	**475.03**	**69.35**	**42.22**
-0.01				0.01	0.01		0.02
-3.45	14.54	6.56	0.29	8.91	9.27	0.97	1.57
1.09		1.72	1.24	3.53	4.86	0.52	1.27
17.85	1.09	12.91	3.82	41.36	41.03	20.75	5.80
3.39	0.45	2.13	0.10	8.03	9.03	2.18	2.80
26.57	2.52	28.43	6.98	349.09	355.06	26.03	16.55
2.68	0.04	1.93	0.37	11.81	10.86	3.70	3.43
2.78	0.02	1.30	-0.23	6.60	7.43	3.51	2.42
-0.26	0.61	0.48	0.05	4.53	6.38	0.94	1.02
11.44	-1.77	11.57	1.04	25.25	25.75	3.70	0.66
1.02	0.06	0.74	1.06	1.90	3.14	0.65	0.40
2.83	0.11	2.24	0.66	0.02	0.64	4.56	3.22
2.31	0.20	1.24	0.07	1.35	1.79	1.60	3.03
0.26		0.24		-0.39	-0.24	0.24	0.04

1-B-14 按地区分组的农副食品

地　　区	资产总计				流动资产合计		
		固定资产净额	固定资产原价	累计折旧		应收账款	存货
大连市	**363.29**	**77.76**	**137.46**	**55.54**	**228.31**	**60.74**	**88.67**
中山区	0.12	0.03	0.07	0.04	0.09		0.07
西岗区	0.43	0.03	0.14	0.11	0.40	0.08	0.21
沙河口区	1.00		0.15	0.14	0.99	0.20	0.29
甘井子区	66.75	14.01	26.77	11.34	25.16	6.12	9.38
旅顺口区	10.21	1.68	3.61	1.92	6.53	2.60	3.42
金普新区	152.50	38.97	64.37	24.37	98.32	27.69	36.01
普兰店区	23.35	5.51	9.57	3.71	13.83	2.05	6.69
保税区	8.75	2.88	5.02	1.91	5.21	1.25	2.67
高新园区	4.18	1.04	2.13	0.91	2.63	0.63	1.41
长兴岛	2.72	0.33	0.71	0.38	2.09	-0.22	1.69
花园口区	0.63	0.04	0.05	0.02	0.59	0.17	0.01
瓦房店市	22.77	4.05	8.80	4.27	15.53	3.81	4.73
庄河市	63.65	8.63	14.84	5.75	51.90	15.68	19.90
长海县	6.24	0.55	1.23	0.68	5.06	0.68	2.17

1-B-14 续表

地　　区				营业收入	营业成本	销售费用	管理费用
	个人资本	港澳台资本	外商资本				
大连市	**21.87**	**3.41**	**13.73**	**426.98**	**390.61**	**8.14**	**12.38**
中山区		0.01		0.70	0.68	0.02	0.01
西岗区				0.96	0.79	0.09	0.08
沙河口区				1.91	1.74	0.11	0.11
甘井子区	1.29	2.10	1.35	61.56	56.17	1.36	2.70
旅顺口区	0.21		0.04	7.47	6.44	0.31	0.72
金普新区	10.15	0.69	9.21	169.80	155.47	2.53	4.22
普兰店区	0.83		0.79	32.63	30.09	0.53	0.99
保税区	0.21		1.23	16.26	14.83	0.32	0.49
高新园区	0.09	0.60	0.06	3.47	2.82	0.17	0.25
长兴岛	0.62			0.86	0.65	0.11	0.09
花园口区	0.02			0.52	0.48		0.01
瓦房店市	1.38		0.27	42.90	40.14	0.49	0.81
庄河市	6.81	0.02	0.73	85.59	78.23	1.95	1.76
长海县	0.27		0.06	2.35	2.09	0.14	0.16

加工业主要经济指标

单位：亿元

产成品	负债合计	流动负债合计		所有者权益合计	实收资本			
			应付账款			国家资本	集体资本	法人资本
29.77	**224.75**	**197.42**	**47.58**	**138.54**	**66.85**	**12.89**	**0.51**	**14.44**
0.07	0.15	0.15	0.15	-0.03	0.01			
0.04	0.18	0.18	0.11	0.25	0.01			
0.29	0.76	0.76		0.23	0.01	0.01		
2.85	41.05	29.99	2.87	25.70	16.05	10.02	0.06	1.24
0.81	8.43	7.25	1.64	1.78	1.93			1.68
9.97	83.68	72.14	13.95	68.82	27.03	2.73	0.35	3.89
3.22	16.76	15.42	5.70	6.59	2.80	0.12		1.06
1.24	1.74	1.74	0.52	7.00	4.16			2.73
0.40	1.54	1.29	0.17	2.64	0.92		0.08	0.09
0.88	2.43	2.43	0.95	0.28	0.62			
	0.33	0.33	0.06	0.31	0.05			0.04
1.93	16.70	16.42	9.13	6.07	3.04			1.39
6.79	44.92	43.63	11.62	18.72	8.95			1.39
1.26	6.05	5.66	0.72	0.19	1.27		0.01	0.94

单位：亿元

财务费用			投资收益（损失以“-”号记）	营业利润	利润总额	亏损企业亏损额	平均用工人数（万人）
	利息收入	利息支出					
5.83	**-0.16**	**5.82**	**3.15**	**11.28**	**11.43**	**5.50**	**4.40**
-0.02							
							0.02
				-0.04	0.02		0.02
1.37	-0.04	1.41	1.04	0.66	1.08	0.20	0.54
0.19		0.15	0.03	-0.20	0.07	0.69	0.09
1.59	-0.07	2.72	2.07	7.33	7.30	2.24	1.25
0.20	-0.04	0.09		0.50	-0.37	1.22	0.34
0.04		0.04		0.52	0.53		0.07
	-0.01			0.11	0.12	0.01	0.11
0.07		0.07		-0.07	-0.06	0.07	0.03
0.01				0.02	0.02		
0.36		0.26		1.08	1.11	0.26	0.45
1.76		0.82		1.76	1.84	0.59	1.43
0.26		0.24		-0.38	-0.23	0.23	0.03

1-B-15 按地区分组的食品

地　　区	资产总计	固定资产净　　额	固定资产原　　价	累计折旧	流动资产合　　计	应收账款	存货
大 连 市	**60.26**	**18.56**	**30.53**	**11.82**	**35.68**	**3.84**	**13.78**
中 山 区							
西 岗 区							
沙河口区	1.74	0.20	1.14	0.94	1.51	0.18	0.10
甘井子区	3.84	1.96	3.54	1.58	0.73	0.22	0.32
旅顺口区	4.20	0.57	1.12	0.55	2.96	1.19	0.99
金普新区	42.69	13.28	20.02	6.62	26.11	1.81	9.77
普兰店区	4.87	2.04	3.45	1.38	2.24	0.19	1.04
保 税 区							
高新园区							
长 兴 岛							
花园口区							
瓦房店市	2.23	0.40	1.04	0.64	1.56	0.12	1.24
庄 河 市	0.69	0.10	0.21	0.11	0.56	0.13	0.32
长 海 县							

1-B-15　续表

地　　区	个人资本	港澳台资本	外商资本	营业收入	营业成本	销售费用	管理费用
大 连 市	**3.34**	**0.49**	**3.04**	**34.81**	**26.95**	**2.63**	**3.15**
中 山 区							
西 岗 区							
沙河口区	0.07			2.27	1.61	0.18	0.18
甘井子区	0.20		0.38	4.45	2.94	0.45	0.41
旅顺口区	0.82			2.97	2.23	0.22	0.23
金普新区	1.72	0.49	2.67	21.58	17.05	1.68	2.02
普兰店区	0.52			1.26	1.03	0.04	0.16
保 税 区							
高新园区							
长 兴 岛							
花园口区							
瓦房店市				1.62	1.44	0.05	0.12
庄 河 市				0.67	0.65	0.01	0.02
长 海 县							

制造业主要经济指标

单位：亿元

产成品	负债合计	流动负债合计	应付账款	所有者权益合计	实收资本	国家资本	集体资本	法人资本
7.15	**41.95**	**36.76**	**6.37**	**18.31**	**10.76**	**0.21**		**3.68**
0.04	0.62	0.62	0.10	1.12	0.18	0.11		
0.06	2.33	1.72	0.53	1.52	0.85			0.27
0.73	2.70	1.81	0.41	1.51	0.88			0.05
6.26	27.94	27.21	4.76	14.75	7.32	0.10		2.34
0.02	6.81	3.85	0.18	-1.94	0.89			0.37
0.03	1.09	1.09	0.39	1.14	0.61			0.61
	0.47	0.47	0.01	0.22	0.03			0.03

单位：亿元

财务费用	利息收入	利息支出	投资收益（损失以"–"号记）	营业利润	利润总额	亏损企业亏损额	平均用工人数（万人）
0.87	**0.05**	**0.75**	**0.02**	**0.90**	**0.65**	**1.30**	**0.70**
-0.01	0.01		0.01	0.30	0.31		0.04
0.05		0.03		0.54	0.55	0.06	0.13
0.05	0.01	0.04		0.22	0.23		0.04
0.57	0.04	0.49		0.05	0.42	0.37	0.39
0.17		0.17		-0.16	-0.85	0.85	0.05
0.03		0.02		-0.04	0.01		0.04
				-0.02	-0.02	0.02	0.01

1-B-16 按地区分组的酒、饮料和

地区	资产总计						
		固定资产净额	固定资产原价	累计折旧	流动资产合计		
						应收账款	存货
大连市	**45.59**	**9.23**	**23.78**	**14.22**	**32.06**	**5.98**	**13.41**
中山区							
西岗区							
沙河口区	6.77	1.57	1.73	0.16	4.76	0.24	1.39
甘井子区	7.47	0.88	5.39	4.18	5.95	0.03	1.00
旅顺口区							
金普新区	12.96	1.80	4.41	2.62	9.42	2.37	3.39
普兰店区	16.00	3.94	9.99	6.05	10.69	3.27	6.66
保税区							
高新园区							
长兴岛							
花园口区							
瓦房店市	2.39	1.05	2.25	1.20	1.25	0.07	0.97
庄河市							
长海县							

1-B-16 续表

地区				营业收入	营业成本	销售费用	管理费用
	个人资本	港澳台资本	外商资本				
大连市	**0.10**	**2.72**	**0.60**	**43.72**	**33.15**	**4.92**	**2.02**
中山区							
西岗区							
沙河口区			0.43	11.12	7.71	2.64	0.16
甘井子区		2.72		7.51	4.43	0.64	1.36
旅顺口区							
金普新区			0.17	11.73	10.28	0.74	0.09
普兰店区				11.64	9.38	0.87	0.33
保税区							
高新园区							
长兴岛							
花园口区							
瓦房店市	0.10			1.72	1.34	0.05	0.07
庄河市							
长海县							

精制茶制造业主要经济指标

单位：亿元

产成品	负债合计	流动负债合计	应付账款	所有者权益合计	实收资本	国家资本	集体资本	法人资本
5.86	**24.32**	**24.05**	**7.99**	**21.27**	**9.71**	**2.97**		**3.33**
1.27	4.59	4.53	0.63	2.19	0.72	0.29		
0.30	3.25	3.20	0.55	4.23	2.72			
0.53	7.93	7.93	5.13	5.03	1.40			1.23
2.83	7.26	7.13	1.49	8.74	3.98	2.68		1.30
0.94	1.30	1.28	0.20	1.08	0.90			0.80

单位：亿元

财务费用	利息收入	利息支出	投资收益（损失以“–”号记）	营业利润	利润总额	亏损企业亏损额	平均用工人数（万人）
0.29	**0.01**	**0.24**		**2.12**	**2.19**		**0.30**
-0.02	0.02			0.42	0.45		0.12
	-0.02	0.01		0.17	0.18		0.14
0.12	0.01	0.16		0.48	0.51		0.02
0.19	0.01	0.07		0.81	0.81		0.03
				0.24	0.24		0.01

1-B-17 按地区分组的纺织业

地区	资产总计						
		固定资产净额	固定资产原价	累计折旧	流动资产合计		
						应收账款	存货
大连市	**28.45**	**4.96**	**13.41**	**8.44**	**20.46**	**7.16**	**3.55**
中山区							
西岗区							
沙河口区							
甘井子区	1.75	0.27	0.55	0.28	1.36	0.46	0.43
旅顺口区							
金普新区	22.91	4.14	11.61	7.48	16.18	5.97	2.53
普兰店区	0.48	0.10	0.11	0.01	0.32	0.10	0.17
保税区	0.29	0.01	0.10	0.08	0.28	0.16	0.11
高新园区							
长兴岛							
花园口区							
瓦房店市	3.02	0.43	1.03	0.60	2.31	0.47	0.30
庄河市							
长海县							

1-B-17 续表

地区				营业收入	营业成本	销售费用	管理费用
	个人资本	港澳台资本	外商资本				
大连市	**1.96**		**5.56**	**21.36**	**18.39**	**0.58**	**1.26**
中山区							
西岗区							
沙河口区							
甘井子区	0.24			0.26	0.22	0.01	0.05
旅顺口区							
金普新区	1.71		5.37	18.31	16.00	0.48	0.92
普兰店区				0.28	0.26		0.01
保税区			0.02	1.06	1.01		0.05
高新园区							
长兴岛							
花园口区							
瓦房店市	0.01		0.17	1.45	0.90	0.08	0.24
庄河市							
长海县							

主要经济指标

单位：亿元

	产成品	负债合计	流动负债合计	应付账款	所有者权益合计	实收资本	国家资本	集体资本	法人资本
	1.77	**12.97**	**12.79**	**7.59**	**15.48**	**8.66**		**0.04**	**1.11**
	0.42	1.00	1.00	0.01	0.76	0.34			0.10
	1.14	10.56	10.38	7.03	12.35	7.07			
	0.01	0.39	0.39	0.09	0.08	0.03			0.03
		0.23	0.23	0.19	0.07	0.06		0.04	
	0.20	0.80	0.80	0.27	2.22	1.15			0.98

单位：亿元

	财务费用	利息收入	利息支出	投资收益（损失以“–”号记）	营业利润	利润总额	亏损企业亏损额	平均用工人数（万人）
	-0.36	**-0.02**	**0.07**		**1.36**	**1.67**	**0.19**	**0.40**
	0.01		0.01		-0.02			0.01
	-0.34	-0.06	0.06		1.13	1.43	0.15	0.29
	0.01				-0.01	-0.02	0.02	
								0.01
	-0.04	0.04			0.26	0.26	0.02	0.11

1-B-18 按地区分组的纺织服装、

地区	资产总计	固定资产净额	固定资产原价	累计折旧	流动资产合计	应收账款	存货
大连市	**55.55**	**9.26**	**24.16**	**14.85**	**41.68**	**8.15**	**7.73**
中山区							
西岗区							
沙河口区							
甘井子区	4.86	0.44	1.19	0.75	3.82	0.53	0.58
旅顺口区	0.43	0.07	0.19	0.12	0.23	0.06	0.10
金普新区	17.84	3.79	10.04	6.20	12.68	3.49	2.24
普兰店区	30.07	4.31	11.16	6.85	23.34	3.68	4.58
保税区	0.35	0.12	0.25	0.12	0.23	0.06	0.05
高新园区	0.73	0.17	0.50	0.33	0.54	0.06	0.13
长兴岛							
花园口区	0.33	0.10	0.23	0.13	0.18		0.04
瓦房店市	0.19	0.03	0.09	0.06	0.15	0.03	
庄河市	0.75	0.23	0.51	0.28	0.50	0.23	0.01
长海县							

1-B-18 续表

地区	个人资本	港澳台资本	外商资本	营业收入	营业成本	销售费用	管理费用
大连市	**1.78**	**4.21**	**5.01**	**75.16**	**64.20**	**3.48**	**4.60**
中山区							
西岗区							
沙河口区							
甘井子区	0.97		0.01	6.82	6.24	0.72	0.55
旅顺口区		0.08		1.87	1.74	0.04	0.06
金普新区	0.62	1.56	2.76	31.99	27.61	1.16	2.11
普兰店区	0.16	2.57	1.86	28.88	23.73	1.45	1.40
保税区			0.03	0.70	0.55	0.02	0.10
高新园区			0.02	1.98	1.71	0.04	0.22
长兴岛							
花园口区				0.64	0.54	0.01	0.04
瓦房店市				0.29	0.27	0.01	0.01
庄河市	0.03		0.32	1.99	1.81	0.03	0.11
长海县							

服饰业主要经济指标

单位：亿元

产成品	负债合计	流动负债合计	应付账款	所有者权益合计	实收资本	国家资本	集体资本	法人资本
3.52	**21.80**	**20.44**	**5.26**	**33.75**	**26.49**		**0.49**	**15.01**
0.18	2.79	2.59	0.65	2.07	3.60			2.62
0.04	0.18	0.18	0.03	0.24	0.12			0.04
0.65	8.89	8.56	2.59	8.96	8.31		0.02	3.36
2.52	8.44	7.86	1.70	21.63	13.36		0.47	8.31
0.01	0.13	0.13	0.04	0.22	0.15			0.12
0.11	0.57	0.33	0.16	0.16	0.13			0.11
	0.21	0.21		0.11	0.35			0.35
	0.13	0.13	0.04	0.06	0.05			0.05
0.01	0.45	0.45	0.06	0.30	0.40			0.05

单位：亿元

财务费用	利息收入	利息支出	投资收益（损失以“-”号记）	营业利润	利润总额	亏损企业亏损额	平均用工人数（万人）
0.07	**0.01**	**0.10**	**0.01**	**2.16**	**2.04**	**2.10**	**2.80**
0.01		0.02	-0.20	-0.96	-0.95	1.07	0.25
				0.03	0.03		0.04
-0.03	-0.01	0.08	-0.06	0.84	0.82	0.26	1.05
0.06	0.02		0.28	2.21	2.09	0.71	1.12
				0.02	0.02		0.06
0.01			-0.01	-0.02	-0.02	0.04	0.08
0.02				0.02	0.02		0.02
							0.03
				0.02	0.02	0.01	0.17

1-B-19 按地区分组的皮革、毛皮、羽毛及其

地区	资产总计	固定资产净额	固定资产原价	累计折旧	流动资产合计	应收账款	存货
大连市	**21.26**	**3.03**	**4.95**	**1.92**	**17.58**	**8.14**	**5.78**
中山区							
西岗区							
沙河口区							
甘井子区	3.20	0.58	1.11	0.53	2.23	0.83	0.64
旅顺口区							
金普新区	17.09	2.32	3.43	1.11	14.52	6.86	4.97
普兰店区	0.97	0.13	0.41	0.28	0.84	0.45	0.17
保税区							
高新园区							
长兴岛							
花园口区							
瓦房店市							
庄河市							
长海县							

1-B-19 续表

地区	个人资本	港澳台资本	外商资本	营业收入	营业成本	销售费用	管理费用
大连市	**0.23**		**2.95**	**31.95**	**25.69**	**1.65**	**1.28**
中山区							
西岗区							
沙河口区							
甘井子区			1.64	6.20	5.77	0.05	0.39
旅顺口区							
金普新区	0.20		1.30	23.85	18.08	1.59	0.86
普兰店区	0.03			1.90	1.84	0.01	0.03
保税区							
高新园区							
长兴岛							
花园口区							
瓦房店市							
庄河市							
长海县							

制品和制鞋业主要经济指标

单位：亿元

产成品	负债合计	流动负债合计	应付账款	所有者权益合计	实收资本	国家资本	集体资本	法人资本
0.73	**8.20**	**8.20**	**4.20**	**13.06**	**3.21**		**0.01**	**0.02**
0.24	1.93	1.93	1.17	1.26	1.66		0.01	
0.35	5.65	5.65	2.81	11.44	1.50			
0.15	0.62	0.62	0.23	0.35	0.05			0.02

单位：亿元

财务费用	利息收入	利息支出	投资收益（损失以“–”号记）	营业利润	利润总额	亏损企业亏损额	平均用工人数（万人）
0.12		**0.03**		**2.51**	**2.79**	**0.15**	**0.30**
0.11		0.02		-0.15	-0.12	0.15	0.14
0.01		0.01		2.65	2.89		0.13
				0.02	0.02		0.02

1-B-20 按地区分组的木材加工和木、竹、

地区	资产总计						
		固定资产净额	固定资产原价	累计折旧	流动资产合计		
						应收账款	存货
大连市	**31.44**	**7.70**	**17.13**	**9.38**	**20.69**	**5.18**	**9.96**
中山区							
西岗区							
沙河口区							
甘井子区	3.35	0.58	1.03	0.45	2.75	0.96	1.32
旅顺口区	0.62	0.11	0.13	0.02	0.51	0.14	0.26
金普新区	16.76	4.82	12.21	7.34	10.54	2.64	4.34
普兰店区	6.50	1.06	2.14	1.08	4.20	0.73	2.26
保税区	0.28	0.03	0.06	0.03	0.24	0.01	0.17
高新园区							
长兴岛							
花园口区							
瓦房店市	2.95	1.09	1.53	0.44	1.47	0.35	1.03
庄河市	0.99	0.01	0.02	0.01	0.97	0.35	0.59
长海县							

1-B-20 续表

地区				营业收入	营业成本	销售费用	管理费用
	个人资本	港澳台资本	外商资本				
大连市	**1.15**		**4.89**	**37.71**	**33.39**	**1.24**	**1.54**
中山区							
西岗区							
沙河口区							
甘井子区	0.02		0.03	4.04	3.52	0.13	0.23
旅顺口区	0.20			1.24	1.14	0.03	0.04
金普新区	0.40		3.60	21.58	18.59	0.83	0.92
普兰店区	0.37		1.27	6.80	6.41	0.17	0.20
保税区	0.08			0.24	0.24		0.01
高新园区							
长兴岛							
花园口区							
瓦房店市				2.61	2.42	0.04	0.08
庄河市	0.07			1.19	1.08	0.04	0.06
长海县							

藤、棕、草制品业主要经济指标

单位：亿元

产成品	负债合计	流动负债合计	应付账款	所有者权益合计	实收资本	国家资本	集体资本	法人资本
2.67	**18.36**	**16.10**	**3.93**	**13.08**	**9.34**		**0.47**	**2.83**
0.68	2.53	2.52	0.69	0.82	0.32			0.26
0.11	0.42	0.34	0.02	0.20	0.20			
1.21	7.09	6.73	1.65	9.67	5.88		0.47	1.42
0.42	5.50	3.69	1.09	1.00	1.94			0.30
0.11	0.23	0.23	0.01	0.04	0.08			
	1.77	1.77		1.17	0.77			0.77
0.14	0.81	0.81	0.48	0.18	0.16			0.08

单位：亿元

财务费用	利息收入	利息支出	投资收益（损失以"−"号记）	营业利润	利润总额	亏损企业亏损额	平均用工人数（万人）
0.32	**0.04**	**0.24**	**0.02**	**0.92**	**0.86**	**0.25**	**0.80**
0.06	0.01	0.05		0.07	0.08		0.09
0.02		0.02					0.01
0.16		0.09	0.02	0.88	0.76	0.19	0.46
0.05	0.04	0.05		-0.07	-0.02	0.05	0.09
0.01				-0.01	-0.01	0.01	
0.03		0.03		0.03	0.03		0.10
				0.01	0.01		0.03

1-B-21 按地区分组的家具

地　区	资产总计	固定资产净　额	固定资产原　价	累计折旧	流动资产合　计	应收账款	存货
大连市	**63.48**	**20.65**	**40.46**	**19.78**	**34.49**	**5.14**	**14.64**
中山区							
西岗区							
沙河口区							
甘井子区	0.87	0.44	0.92	0.49	0.37	0.08	0.13
旅顺口区	1.84	0.91	1.44	0.54	0.64	0.17	0.25
金普新区	4.03	1.59	2.70	1.08	2.19	0.38	0.95
普兰店区	9.55	4.99	6.58	1.57	3.82	1.68	1.71
保税区	17.06	7.36	15.39	8.03	8.70	1.41	5.62
高新园区							
长兴岛	6.58	1.47	2.17	0.70	4.82	0.75	0.98
花园口区							
瓦房店市	0.55	0.35	0.60	0.25	0.17	0.05	0.04
庄河市	23.00	3.54	10.66	7.12	13.79	0.62	4.97
长海县							

1-B-21　续表

地　区	个人资本	港澳台资本	外商资本	营业收入	营业成本	销售费用	管理费用
大连市	**0.46**	**0.29**	**4.90**	**53.35**	**47.54**	**0.98**	**3.42**
中山区							
西岗区							
沙河口区							
甘井子区	0.10		0.12	1.39	1.11	0.07	0.15
旅顺口区	0.10	0.29	0.19	1.65	1.40	0.07	0.21
金普新区			1.64	4.97	4.36	0.07	0.45
普兰店区			0.49	10.31	8.82	0.14	0.97
保税区	0.15		1.39	30.04	27.53	0.54	0.82
高新园区							
长兴岛				3.69	3.50	0.07	0.17
花园口区							
瓦房店市			0.71	0.28	0.24		0.01
庄河市	0.11		0.36	1.02	0.59	0.02	0.63
长海县							

制造业主要经济指标

单位：亿元

产成品	负债合计	流动负债合计	应付账款	所有者权益合计	实收资本	国家资本	集体资本	法人资本
4.60	**29.00**	**25.92**	**8.41**	**34.48**	**8.71**	**1.12**		**1.93**
0.03	0.23	0.21	0.06	0.64	0.35			0.13
0.18	1.38	0.78	0.07	0.46	0.66			0.08
0.40	2.31	2.27	0.46	1.72	2.49	0.82		0.03
0.24	4.43	3.40	0.17	5.11	1.94	0.30		1.14
1.78	8.31	8.31	4.73	8.74	1.73			0.20
0.37	6.65	5.26	1.91	-0.07	0.05			0.05
	0.02	0.02		0.53	0.71			
1.60	5.66	5.66	1.01	17.34	0.78			0.31

单位：亿元

财务费用	利息收入	利息支出	投资收益（损失以"–"号记）	营业利润	利润总额	亏损企业亏损额	平均用工人数（万人）
0.09	**0.19**	**0.30**		**1.00**	**1.02**	**0.51**	**1.10**
				0.04	0.04	0.01	0.06
				-0.04		0.03	0.05
0.02		0.02		0.03	0.03	0.06	0.14
0.04		0.08		0.28	0.28	0.05	0.20
0.08		0.04		0.98	0.97	0.02	0.49
0.10	-0.01	0.12		-0.18	-0.17	0.17	0.05
				0.02	0.02		0.01
-0.16	0.21	0.05		-0.12	-0.15	0.18	0.08

1-B-22 按地区分组的造纸和

地 区	资产总计						
		固定资产净额	固定资产原价	累计折旧	流动资产合计		
						应收账款	存货
大连市	**15.97**	**4.23**	**10.87**	**6.60**	**8.32**	**2.82**	**2.35**
中山区							
西岗区							
沙河口区							
甘井子区	0.32	0.07	0.24	0.17	0.25	0.16	0.01
旅顺口区							
金普新区	12.34	3.28	8.11	4.79	5.91	1.78	1.82
普兰店区	0.26	0.06	0.11	0.05	0.19	0.18	
保税区	2.57	0.76	2.20	1.44	1.58	0.49	0.46
高新园区							
长兴岛							
花园口区							
瓦房店市	0.48	0.06	0.22	0.16	0.39	0.21	0.05
庄河市							
长海县							

1-B-22 续表

地 区				营业收入	营业成本	销售费用	管理费用
	个人资本	港澳台资本	外商资本				
大连市	**0.69**	**0.05**	**1.25**	**24.26**	**21.01**	**0.59**	**0.88**
中山区							
西岗区							
沙河口区							
甘井子区	0.17			0.62	0.56	0.01	0.04
旅顺口区							
金普新区	0.21	0.05	0.67	18.40	15.88	0.40	0.59
普兰店区				0.65	0.62		0.02
保税区	0.23		0.58	4.38	3.76	0.16	0.21
高新园区							
长兴岛							
花园口区							
瓦房店市	0.08			0.22	0.19	0.01	0.01
庄河市							
长海县							

纸制品业主要经济指标

单位：亿元

产成品	负债合计	流动负债合计	应付账款	所有者权益合计	实收资本	国家资本	集体资本	法人资本
1.23	**4.02**	**4.00**	**1.03**	**11.94**	**3.41**	**0.07**		**1.36**
	0.18	0.18	0.02	0.14	0.17			
1.04	2.28	2.26	0.46	10.06	2.25			1.32
	0.13	0.13		0.13	0.02			0.02
0.16	1.09	1.09	0.49	1.48	0.89	0.07		0.02
0.03	0.35	0.35	0.06	0.13	0.08			

单位：亿元

财务费用	利息收入	利息支出	投资收益（损失以“-”号记）	营业利润	利润总额	亏损企业亏损额	平均用工人数（万人）
	-0.03	**0.06**		**1.69**	**1.83**		**0.20**
							0.01
-0.01	-0.03	0.04		1.47	1.59		0.14
					0.01		0.01
0.01		0.02		0.22	0.22		0.04
							0.01

1-B-23 按地区分组的印刷和

地 区	资产总计	固定资产净额	固定资产原价	累计折旧	流动资产合计	应收账款	存货
大连市	**12.41**	**3.47**	**9.45**	**5.82**	**7.84**	**2.21**	**1.22**
中山区							
西岗区							
沙河口区							
甘井子区	1.97	0.47	1.96	1.49	1.42	0.34	0.13
旅顺口区							
金普新区	6.73	1.67	4.84	3.03	4.56	1.37	0.81
普兰店区	0.29	0.11	0.12	0.01	0.17	0.06	0.06
保税区	0.59	0.12	0.23	0.11	0.43	0.15	0.12
高新园区	2.82	1.11	2.29	1.18	1.25	0.29	0.11
长兴岛							
花园口区							
瓦房店市							
庄河市							
长海县							

1-B-23 续表

地 区	个人资本	港澳台资本	外商资本	营业收入	营业成本	销售费用	管理费用
大连市	**0.93**		**0.83**	**10.25**	**8.54**	**0.31**	**0.94**
中山区							
西岗区							
沙河口区							
甘井子区			0.22	1.61	1.22	0.04	0.18
旅顺口区							
金普新区	0.80		0.61	6.23	5.37	0.21	0.51
普兰店区	0.03			0.25	0.22	0.01	0.01
保税区				0.58	0.48	0.01	0.05
高新园区	0.10			1.58	1.26	0.05	0.18
长兴岛							
花园口区							
瓦房店市							
庄河市							
长海县							

记录媒介复制业主要经济指标

单位：亿元

	产成品	负债合计	流动负债合计	应付账款	所有者权益合计	实收资本	国家资本	集体资本	法人资本
	0.34	**6.19**	**6.09**	**1.42**	**6.21**	**3.53**		**0.02**	**1.75**
		0.32	0.32	0.16	1.64	0.79		0.02	0.55
	0.30	3.90	3.80	1.14	2.83	2.40			0.99
		0.28	0.28	-0.04	0.02	0.03			
	0.05	0.33	0.33	0.10	0.26	0.02			0.02
		1.36	1.36	0.05	1.46	0.29			0.19

单位：亿元

	财务费用	利息收入	利息支出	投资收益(损失以“-”号记)	营业利润	利润总额	亏损企业亏损额	平均用工人数(万人)
	0.19		**0.15**		**0.20**	**0.33**	**0.19**	**0.20**
					0.16	0.19		0.04
	0.13		0.10		-0.01	0.02	0.16	0.12
	0.01				-0.01			
			0.01		0.04	0.03		0.01
	0.05		0.04		0.03	0.08	0.03	0.04

1-B-24 按地区分组的文教、工美、

地　区	资产总计	固定资产净　额	固定资产原　价	累计折旧	流动资产合　计	应收账款	存货
大 连 市	**7.56**	**2.36**	**4.20**	**1.84**	**4.08**	**0.52**	**1.97**
中 山 区							
西 岗 区							
沙河口区							
甘井子区	0.22	0.07	0.16	0.09	0.15	0.04	0.07
旅顺口区	2.41	0.65	1.13	0.48	1.46	0.02	0.45
金普新区	4.86	1.63	2.87	1.24	2.41	0.45	1.42
普兰店区							
保 税 区	0.07	0.01	0.04	0.02	0.06	0.01	0.03
高新园区							
长 兴 岛							
花园口区							
瓦房店市							
庄 河 市							
长 海 县							

1-B-24 续表

地　区	个人资本	港澳台资本	外商资本	营业收入	营业成本	销售费用	管理费用
大 连 市	**0.16**		**1.61**	**5.31**	**4.19**	**0.16**	**0.66**
中 山 区							
西 岗 区							
沙河口区							
甘井子区	0.06			0.58	0.40	0.03	0.12
旅顺口区	0.02			0.21	0.07	0.04	0.07
金普新区	0.08		1.58	4.06	3.30	0.09	0.44
普兰店区							
保 税 区			0.03	0.47	0.42		0.03
高新园区							
长 兴 岛							
花园口区							
瓦房店市							
庄 河 市							
长 海 县							

体育和娱乐用品制造业主要经济指标

单位：亿元

产成品	负债合计	流动负债合计	应付账款	所有者权益合计	实收资本	国家资本	集体资本	法人资本
0.67	**3.49**	**2.99**	**0.51**	**4.06**	**3.02**			**1.25**
0.01	0.15	0.15		0.07	0.06			
0.27	1.33	1.09	0.12	1.08	0.84			0.82
0.39	1.94	1.68	0.39	2.91	2.09			0.43
	0.07	0.07			0.03			

单位：亿元

财务费用	利息收入	利息支出	投资收益（损失以“－”号记）	营业利润	利润总额	亏损企业亏损额	平均用工人数（万人）
0.15		**0.10**		**0.08**	**0.15**	**0.03**	**0.20**
				0.02	0.02		0.02
0.05		0.05		-0.03	-0.03	0.03	0.01
0.10		0.05		0.09	0.15	0.01	0.13
							0.01

1-B-25 按地区分组的石油、煤炭及其他

地区	资产总计						
		固定资产净额	固定资产原价	累计折旧	流动资产合计		
						应收账款	存货
大连市	**293.51**	**96.31**	**360.65**	**246.79**	**171.00**	**47.79**	**69.75**
中山区							
西岗区							
沙河口区							
甘井子区	139.91	46.30	230.03	166.21	81.76	33.92	28.83
旅顺口区	1.36	0.13	0.19	0.03	1.13	0.60	0.02
金普新区	147.12	47.45	127.51	80.05	86.06	12.92	40.00
普兰店区							
保税区	2.19	0.91	1.16	0.25	1.01	0.36	0.40
高新园区							
长兴岛	2.94	1.52	1.76	0.24	1.05		0.51
花园口区							
瓦房店市							
庄河市							
长海县							

1-B-25 续表

地区				营业收入	营业成本	销售费用	管理费用
	个人资本	港澳台资本	外商资本				
大连市	**4.38**	**2.42**	**2.15**	**1365.40**	**1112.76**	**4.61**	**16.15**
中山区							
西岗区							
沙河口区							
甘井子区	0.30			843.41	656.95	1.59	10.92
旅顺口区				1.02	0.79	0.01	0.12
金普新区	4.00	2.42	2.15	504.96	439.70	2.98	4.91
普兰店区							
保税区				1.53	1.19	0.02	0.04
高新园区							
长兴岛	0.08			14.48	14.13		0.17
花园口区							
瓦房店市							
庄河市							
长海县							

燃料加工业主要经济指标

单位：亿元

产成品	负债合计	流动负债合计	应付账款	所有者权益合计	实收资本	国家资本	集体资本	法人资本
22.64	**206.83**	**205.55**	**22.48**	**86.69**	**106.41**	**94.56**	**0.50**	**2.40**
6.64	45.65	45.59	3.61	94.27	89.95	89.27	0.38	
0.01	0.91	0.91	0.44	0.45	0.12		0.12	
15.56	157.30	156.47	17.65	-10.18	15.17	5.30		1.31
0.05	0.83	0.83	0.78	1.36	1.09			1.09
0.39	2.14	1.76		0.79	0.08			

单位：亿元

财务费用	利息收入	利息支出	投资收益(损失以"-"号记)	营业利润	利润总额	亏损企业亏损额	平均用工人数(万人)
5.00	**0.71**	**5.40**	**0.07**	**51.17**	**50.83**	**0.66**	**0.70**
-0.44	0.50	0.06	0.07	34.90	34.63		0.49
				0.08	0.08	0.03	0.01
5.39	0.21	5.30		15.94	15.86	0.63	0.17
				0.22	0.22		
0.04		0.03		0.03	0.03		0.02

1-B-26 按地区分组的化学原料和

地　　区	资产总计	固定资产净　额	固定资产原　价	累计折旧	流动资产合　计	应收账款	存货
大 连 市	**937.70**	**186.56**	**495.02**	**173.24**	**527.91**	**28.57**	**79.95**
中 山 区							
西 岗 区							
沙河口区	0.40	0.02	0.28	0.26	0.24	0.12	0.01
甘井子区	123.21	25.09	39.83	14.74	65.57	3.13	2.75
旅顺口区	3.96	0.15	0.78	0.23	3.09	0.99	0.34
金普新区	437.33	155.58	268.18	112.27	248.83	14.88	35.21
普兰店区	4.06	0.65	1.45	0.80	2.02	0.84	0.56
保 税 区	1.94	0.42	1.15	0.73	1.19	0.37	0.17
高新园区	5.15	0.90	1.52	0.62	2.94	0.91	0.43
长 兴 岛	355.83	1.92	178.26	41.88	200.38	5.72	39.73
花园口区	0.70	0.43	0.49	0.06	0.20	0.10	0.07
瓦房店市	2.38	0.65	1.41	0.72	1.48	0.27	0.38
庄 河 市	2.75	0.74	1.68	0.94	1.99	1.25	0.29
长 海 县							

1-B-26　续表

地　　区	个人资本	港澳台资本	外商资本	营业收入	营业成本	销售费用	管理费用
大 连 市	**7.92**	**4.06**	**18.37**	**997.26**	**900.08**	**15.01**	**21.39**
中 山 区							
西 岗 区							
沙河口区	0.03			0.35	0.19	0.06	0.08
甘井子区	0.55	2.00		12.53	9.74	0.57	4.67
旅顺口区	0.21		0.31	3.95	2.89	0.33	0.28
金普新区	5.45	1.54	15.56	532.42	479.63	9.37	13.39
普兰店区	0.26			4.26	3.26	0.28	0.34
保 税 区	0.23		0.51	1.56	1.18	0.20	0.14
高新园区	0.65		0.01	2.64	1.56	0.45	0.60
长 兴 岛		0.53	1.98	432.69	395.58	3.52	1.31
花园口区			0.01	0.73	0.62	0.03	0.10
瓦房店市	0.34			2.39	2.15	0.05	0.26
庄 河 市	0.21			3.74	3.29	0.15	0.22
长 海 县							

化学制品制造业主要经济指标

单位：亿元

产成品	负债合计	流动负债合计	应付账款	所有者权益合计	实收资本	国家资本	集体资本	法人资本
24.44	**642.62**	**507.38**	**96.77**	**295.10**	**178.13**	**21.25**	**0.06**	**126.46**
	0.05	0.05	0.01	0.35	0.03			
1.15	107.56	101.94	8.59	15.66	33.39	15.92		14.92
0.21	1.50	1.50	0.13	2.46	0.52			
8.47	279.33	208.34	56.56	158.01	76.88	4.51	0.06	49.77
0.17	1.12	0.99	0.14	2.94	1.62			1.36
0.09	1.03	0.78	0.49	0.91	0.74			
0.23	1.43	1.27	0.18	3.72	1.69	0.82		0.21
13.79	247.95	189.89	29.68	107.89	61.51			59.00
0.02	0.54	0.54	0.13	0.15	0.06			0.06
0.08	0.94	0.92	0.61	1.44	1.27			0.93
0.23	1.17	1.17	0.25	1.58	0.44			0.22

单位：亿元

财务费用	利息收入	利息支出	投资收益（损失以"-"号记）	营业利润	利润总额	亏损企业亏损额	平均用工人数（万人）
19.39	**-1.86**	**20.39**	**-0.18**	**39.01**	**39.72**	**8.36**	**1.61**
				0.01	0.01		0.01
2.27	-0.04	2.42	0.10	-5.14	-4.79	5.93	0.22
0.05		0.01		0.37	0.37		0.05
8.64	1.29	7.66	-1.34	19.99	19.81	2.23	0.85
0.19		0.01		0.14	0.18		0.10
0.02		0.01		0.02	0.02	0.04	0.01
0.01	-0.01	0.03	0.01	0.08	0.20		0.06
8.21	-3.10	10.26	1.04	23.59	23.82	0.15	0.22
				-0.03	0.03		
				-0.08		0.01	0.04
0.01				0.06	0.06		0.04

1-B-27　按地区分组的医药

地　区	资产总计	固定资产净额	固定资产原价	累计折旧	流动资产合计	应收账款	存货
大连市	**209.41**	**24.61**	**40.21**	**15.39**	**162.27**	**36.72**	**90.64**
中山区							
西岗区							
沙河口区							
甘井子区	20.64	6.64	10.80	4.16	6.11	2.08	1.82
旅顺口区	0.60	0.17	0.35	0.18	0.38	0.15	0.17
金普新区	182.03	16.59	27.20	10.40	151.76	33.87	87.97
普兰店区	0.97	0.08	0.23	0.14	0.84	0.30	0.20
保税区							
高新园区	1.26	0.68	0.86	0.18	0.38	0.09	0.22
长兴岛	1.19	0.24	0.31	0.07	0.27	0.02	0.17
花园口区	2.73	0.20	0.46	0.26	2.52	0.20	0.08
瓦房店市							
庄河市							
长海县							

1-B-27　续表

地　区	个人资本	港澳台资本	外商资本	营业收入	营业成本	销售费用	管理费用
大连市	**5.60**		**6.61**	**236.15**	**118.36**	**55.82**	**7.91**
中山区							
西岗区							
沙河口区							
甘井子区	4.55			9.22	5.16	2.43	1.14
旅顺口区	0.01			0.76	0.29	0.28	0.14
金普新区	0.70		6.61	222.19	111.41	51.27	6.26
普兰店区	0.30			0.33	0.25	0.01	0.11
保税区							
高新园区				0.61	0.30	0.13	0.09
长兴岛				0.60	0.51		0.06
花园口区	0.04			2.45	0.43	1.69	0.12
瓦房店市							
庄河市							
长海县							

制造业主要经济指标

单位：亿元

产成品	负债合计	流动负债合计	应付账款	所有者权益合计	实收资本	国家资本	集体资本	法人资本
1.82	**139.87**	**128.85**	**71.91**	**69.55**	**18.12**			**5.92**
0.46	11.70	8.72	1.74	8.94	6.06			1.51
0.05	0.29	0.25	0.08	0.31	0.26			0.25
1.06	122.71	115.47	69.65	59.33	10.46			3.16
0.07	0.61	0.49	0.03	0.36	0.30			
0.09	1.11	0.54	0.14	0.15	0.10			0.10
0.06	0.34	0.31	0.15	0.84	0.90			0.90
0.02	3.10	3.07	0.12	-0.38	0.04			

单位：亿元

财务费用	利息收入	利息支出	投资收益（损失以“-”号记）	营业利润	利润总额	亏损企业亏损额	平均用工人数（万人）
0.26	**0.26**	**0.47**	**0.10**	**51.66**	**52.20**	**0.04**	**0.50**
0.16	0.02	0.18	0.09	0.31	0.41	0.04	0.13
				0.05	0.04		0.02
0.02	0.25	0.26	0.01	51.24	51.30		0.30
0.02		0.02		-0.07	0.31		0.01
0.01				0.10	0.10		0.02
				0.02	0.02		0.01
0.05				0.02	0.02		0.03

1-B-28 按地区分组的化学

地　区	资产总计	固定资产净　额	固定资产原　价	累计折旧	流动资产合　计	应收账款	存货
大 连 市	**0.92**	**0.42**	**0.52**	**0.10**	**0.41**	**0.33**	**0.05**
中 山 区							
西 岗 区							
沙河口区							
甘井子区							
旅顺口区							
金普新区							
普兰店区							
保 税 区	0.92	0.42	0.52	0.10	0.41	0.33	0.05
高新园区							
长 兴 岛							
花园口区							
瓦房店市							
庄 河 市							
长 海 县							

1-B-28 续表

地　区	个人资本	港澳台资本	外商资本	营业收入	营业成本	销售费用	管理费用
大 连 市	**0.38**			**1.00**	**0.79**	**0.04**	**0.12**
中 山 区							
西 岗 区							
沙河口区							
甘井子区							
旅顺口区							
金普新区							
普兰店区							
保 税 区	0.38			1.00	0.79	0.04	0.12
高新园区							
长 兴 岛							
花园口区							
瓦房店市							
庄 河 市							
长 海 县							

纤维制造业主要经济指标

单位：亿元

	产成品	负债合计	流动负债合计	应付账款	所有者权益合计	实收资本	国家资本	集体资本	法人资本
		0.30	**0.28**	**-0.27**	**0.62**	**0.38**			
		0.30	0.28	-0.27	0.62	0.38			

单位：亿元

	财务费用	利息收入	利息支出	投资收益（损失以“－”号记）	营业利润	利润总额	亏损企业亏损额	平均用工人数（万人）
	0.02		**0.02**		**0.02**	**0.03**		**0.01**
	0.02		0.02		0.02	0.03		0.01

1-B-29 按地区分组的橡胶和

地区	资产总计	固定资产净额	固定资产原价	累计折旧	流动资产合计	应收账款	存货
大连市	**171.74**	**63.17**	**125.28**	**61.58**	**93.17**	**16.60**	**20.41**
中山区							
西岗区							
沙河口区	2.25	0.61	0.78	0.17	1.50	0.21	0.16
甘井子区	5.73	0.86	2.00	1.14	3.68	1.01	1.94
旅顺口区	6.43	1.05	1.91	0.86	5.12	1.27	0.56
金普新区	26.63	8.77	25.94	16.69	14.94	5.19	4.25
普兰店区	82.72	45.04	77.16	32.07	29.07	6.51	10.01
保税区	11.17	2.48	8.72	6.23	7.73	1.81	1.84
高新园区	0.49				0.49	0.04	
长兴岛	28.33	1.22	2.06	0.84	26.73	0.09	0.64
花园口区	5.05	2.50	5.03	2.53	2.18	0.05	0.60
瓦房店市	1.65	0.31	1.03	0.73	0.78	0.15	0.30
庄河市	1.30	0.32	0.64	0.32	0.96	0.27	0.11
长海县							

1-B-29 续表

地区	个人资本	港澳台资本	外商资本	营业收入	营业成本	销售费用	管理费用
大连市	**7.18**	**0.81**	**44.54**	**112.93**	**86.40**	**8.29**	**9.05**
中山区							
西岗区							
沙河口区	0.16			0.61	0.57	0.02	0.08
甘井子区	0.03			4.27	3.82	0.12	0.28
旅顺口区	0.20			6.04	4.83	0.15	0.30
金普新区	4.97	0.21	7.70	26.52	22.27	0.78	2.53
普兰店区	0.15		34.43	51.43	32.93	6.49	4.86
保税区	0.08	0.60	1.86	9.36	8.49	0.30	0.40
高新园区			0.01	0.03	0.03		
长兴岛	0.06		0.22	4.73	4.28	0.27	0.22
花园口区	1.50			7.50	7.30	0.07	0.11
瓦房店市			0.33	1.16	0.83	0.03	0.13
庄河市	0.04			1.28	1.05	0.05	0.12
长海县							

塑料制品业主要经济指标

单位：亿元

产成品	负债合计	流动负债合计	应付账款	所有者权益合计	实收资本	国家资本	集体资本	法人资本
10.94	**84.50**	**70.44**	**13.97**	**87.24**	**69.80**	**11.97**	**0.05**	**5.24**
0.02	1.08	0.72	0.38	1.17	0.16			
1.53	3.03	3.02	0.83	2.70	0.62			0.59
0.47	0.39	0.36	0.24	6.05	0.28			0.08
1.94	9.89	9.74	3.97	16.74	15.18		0.02	2.29
5.52	38.63	25.41	6.13	44.09	34.84			0.26
0.47	5.94	5.87	1.04	5.23	4.98	0.77		1.67
	0.43	0.43		0.06	0.04		0.03	
0.52	20.05	20.05	0.35	8.28	11.49	11.21		
0.28	3.45	3.22	0.60	1.60	1.50			
0.18	0.72	0.72	0.03	0.93	0.51			0.18
0.01	0.91	0.89	0.40	0.39	0.20			0.17

单位：亿元

财务费用	利息收入	利息支出	投资收益（损失以“–”号记）	营业利润	利润总额	亏损企业亏损额	平均用工人数（万人）
1.03	**0.09**	**0.93**	**-0.01**	**7.42**	**8.53**	**0.81**	**1.40**
0.02		0.02		-0.09	0.81		0.03
0.07		0.07		-0.05	-0.05	0.08	0.08
-0.04	0.04			0.76	0.90		0.09
0.03	0.03	0.10	-0.01	0.71	0.65	0.38	0.55
0.66	-0.01	0.67		6.17	6.17	0.04	0.37
0.15	0.03	0.05		-0.03	-0.06	0.17	0.14
				-0.09	-0.09	0.14	0.03
0.12				-0.12	0.01		0.05
0.01		0.01		0.15	0.16		0.04
0.02				0.03	0.04		0.03

1-B-30 按地区分组的非金属矿物

地 区	资产总计	固定资产净额	固定资产原价	累计折旧	流动资产合计		
						应收账款	存货
大 连 市	**192.06**	**56.29**	**118.56**	**61.74**	**116.69**	**33.18**	**17.49**
中 山 区							
西 岗 区							
沙河口区							
甘井子区	40.23	6.50	21.12	14.45	30.48	18.07	4.86
旅顺口区	1.26	0.11	0.61	0.50	1.14	0.67	0.03
金普新区	59.22	25.95	54.96	28.95	25.72	6.76	6.81
普兰店区	5.91	2.49	3.87	1.08	2.52	1.00	0.88
保 税 区	5.35	0.92	2.01	1.09	3.94	1.04	0.99
高新园区	1.99	0.14	1.39	1.25	1.85	1.09	0.11
长 兴 岛	37.11	13.31	23.05	9.74	22.84	2.48	0.95
花园口区	30.05	2.57	3.72	1.15	22.45	0.81	1.42
瓦房店市	8.92	3.34	6.33	2.99	4.78	1.04	1.35
庄 河 市	2.01	0.96	1.50	0.54	0.99	0.22	0.09
长 海 县							

1-B-30 续表

地 区				营业收入	营业成本	销售费用	管理费用
	个人资本	港澳台资本	外商资本				
大 连 市	**12.80**	**0.66**	**20.16**	**115.78**	**92.33**	**4.40**	**6.13**
中 山 区							
西 岗 区							
沙河口区							
甘井子区	1.02	0.66	4.21	26.15	20.99	1.14	1.43
旅顺口区	0.01			0.86	0.76	0.03	0.03
金普新区	3.24		14.37	45.26	38.51	1.89	2.50
普兰店区	0.22		1.04	4.71	3.79	0.19	0.50
保 税 区	0.13		0.54	7.43	5.43	0.12	0.43
高新园区	0.06			0.72	0.65	0.07	0.02
长 兴 岛				17.22	10.44	0.73	0.47
花园口区	7.47			7.39	6.55	0.10	0.41
瓦房店市	0.66			4.70	4.03	0.11	0.30
庄 河 市				1.32	1.18	0.03	0.05
长 海 县							

制品业主要经济指标

单位：亿元

产成品	负债合计	流动负债合计	应付账款	所有者权益合计	实收资本	国家资本	集体资本	法人资本
5.73	**123.06**	**112.99**	**28.35**	**69.00**	**57.83**	**7.66**	**10.69**	**5.86**
0.44	29.16	28.69	14.17	11.08	7.33			1.44
	1.10	1.10	0.25	0.16	0.22		0.10	0.12
3.12	42.49	37.77	6.91	16.73	31.77	7.48	5.80	0.88
0.61	3.94	3.94	0.95	1.97	2.05			0.79
0.05	2.97	2.94	1.01	2.38	0.82			0.15
0.11	1.97	1.89	1.05	0.02	0.30			0.24
0.43	18.10	15.07	1.73	19.02	5.00		4.80	0.20
0.84	12.21	10.78	0.38	17.84	7.96	0.18		0.32
0.12	9.75	9.75	1.57	-0.83	1.83			1.17
0.02	1.38	1.06	0.34	0.63	0.55			0.55

单位：亿元

财务费用	利息收入	利息支出	投资收益（损失以“–”号记）	营业利润	利润总额	亏损企业亏损额	平均用工人数（万人）
3.04	**-0.14**	**2.27**	**1.10**	**10.43**	**10.72**	**0.61**	**0.90**
0.66	0.02	0.07		1.83	1.87	0.07	0.17
0.02		0.02		0.02	0.02		0.01
0.80	-0.15	0.88	0.04	1.14	1.33	0.33	0.38
0.07		0.07		0.13	0.17	0.13	0.09
0.04		0.04		1.36	1.36		0.07
				-0.02	-0.02	0.02	0.01
0.91	-0.01	0.68		4.88	4.87		0.07
0.42		0.41	1.06	0.94	0.97	0.03	0.05
0.08		0.07		0.15	0.14	0.03	0.05
0.04		0.04		0.01	0.01	0.01	0.01

1-B-31 按地区分组的黑色金属冶炼和

地 区	资产总计				流动资产合计		
		固定资产净额	固定资产原价	累计折旧		应收账款	存货
大连市	**59.88**	**13.12**	**39.93**	**26.71**	**43.42**	**11.36**	**16.83**
中山区							
西岗区	11.34	3.76	5.91	2.16	7.51	1.10	4.38
沙河口区	0.30	0.04	0.31	0.27	0.25	0.14	0.06
甘井子区	1.20	0.47	0.94	0.47	0.72	0.27	0.29
旅顺口区	0.38	0.10	0.11	0.01	0.28	0.20	0.03
金普新区	40.29	6.87	29.99	23.02	30.56	8.72	10.39
普兰店区							
保税区	4.60	1.31	1.46	0.16	3.04	0.74	1.22
高新园区							
长兴岛							
花园口区							
瓦房店市	0.54	0.15	0.26	0.11	0.39	0.11	0.13
庄河市	1.23	0.43	0.94	0.51	0.68	0.07	0.34
长海县							

1-B-31 续表

地 区				营业收入	营业成本	销售费用	管理费用
	个人资本	港澳台资本	外商资本				
大连市	**0.24**	**0.41**	**7.95**	**105.59**	**94.57**	**2.04**	**3.90**
中山区							
西岗区				13.42	13.17		0.19
沙河口区				0.24	0.25		0.03
甘井子区	0.02			2.98	2.78	0.03	0.14
旅顺口区				0.49	0.39		0.03
金普新区	0.12	0.41	7.54	79.50	69.51	1.77	3.41
普兰店区							
保税区				6.28	5.97	0.18	0.04
高新园区							
长兴岛							
花园口区							
瓦房店市	0.10			1.43	1.38		0.01
庄河市			0.41	1.26	1.12	0.05	0.05
长海县							

压延加工业主要经济指标

单位：亿元

产成品	负债合计	流动负债合计	应付账款	所有者权益合计	实收资本	国家资本	集体资本	法人资本
4.64	**27.11**	**26.95**	**5.53**	**32.77**	**23.97**	**0.56**		**14.81**
	6.78	6.78	0.01	4.57	3.80			3.80
0.02	0.33	0.33		-0.04	0.28			0.28
0.11	0.99	0.99	0.10	0.21	0.02			0.01
	0.13	0.13		0.25				
4.23	16.32	16.22	3.47	23.97	16.70	0.56		8.07
0.10	1.91	1.84	1.77	2.69	2.66			2.66
0.02	0.46	0.46	0.08	0.08	0.10			
0.15	0.19	0.19	0.11	1.04	0.41			

单位：亿元

财务费用	利息收入	利息支出	投资收益(损失以"—"号记)	营业利润	利润总额	亏损企业亏损额	平均用工人数(万人)
0.30	**0.12**	**0.32**	**-0.41**	**3.87**	**3.95**	**0.19**	**0.30**
0.01							0.05
				-0.04	-0.04	0.04	0.01
0.06		0.05		-0.04	-0.04	0.05	0.05
				0.07	0.08		
0.22	0.12	0.27	-0.41	3.76	3.83	0.10	0.17
-0.01	0.01			0.08	0.08		0.01
0.02				0.01	0.01		
				0.03	0.03		0.03

1-B-32 按地区分组的有色金属冶炼和

地区	资产总计	固定资产净额	固定资产原价	累计折旧	流动资产合计	应收账款	存货
大连市	**29.72**	**9.43**	**17.47**	**8.01**	**12.89**	**3.26**	**5.81**
中山区							
西岗区							
沙河口区	0.76	0.01	0.07	0.05	0.74	0.10	0.03
甘井子区							
旅顺口区	1.18	0.58	0.98	0.39	0.56	0.15	0.40
金普新区	12.42	5.79	9.52	3.74	4.48	1.33	2.40
普兰店区							
保税区	1.95	0.42	1.60	1.15	1.44	0.32	0.59
高新园区	1.24	0.21	0.51	0.30	0.91	0.39	0.47
长兴岛							
花园口区	8.26	2.00	3.40	1.40	3.19	0.64	1.35
瓦房店市							
庄河市	3.91	0.42	1.39	0.97	1.57	0.33	0.57
长海县							

1-B-32 续表

地区	个人资本	港澳台资本	外商资本	营业收入	营业成本	销售费用	管理费用
大连市	**3.74**	**6.36**	**3.56**	**33.33**	**30.39**	**0.44**	**1.16**
中山区							
西岗区							
沙河口区				2.67	2.66		0.02
甘井子区							
旅顺口区	0.68			0.85	0.74	0.04	0.11
金普新区		6.36	3.28	19.96	19.31	0.17	0.32
普兰店区							
保税区				0.83	0.76	0.02	0.07
高新园区			0.28	1.53	1.27	0.09	0.08
长兴岛							
花园口区	1.99			5.68	4.07	0.08	0.41
瓦房店市							
庄河市	1.07			1.80	1.58	0.03	0.14
长海县							

压延加工业主要经济指标

单位：亿元

产成品	负债合计	流动负债合计	应付账款	所有者权益合计	实收资本	国家资本	集体资本	法人资本
2.74	**17.80**	**14.77**	**2.12**	**11.93**	**16.36**		**0.05**	**2.64**
0.02	0.68	0.68	0.29	0.08	0.05		0.05	
0.31	0.99	0.99	0.10	0.20	0.68			
1.08	5.91	3.58	0.69	6.52	9.70			0.05
0.16	0.65	0.65	0.02	1.30	1.88			1.88
0.28	0.38	0.38	0.16	0.86	0.40			0.12
0.73	6.51	5.81	0.83	1.75	2.08			0.09
0.16	2.68	2.68	0.03	1.22	1.57			0.50

单位：亿元

财务费用	利息收入	利息支出	投资收益（损失以“–”号记）	营业利润	利润总额	亏损企业亏损额	平均用工人数（万人）
0.55	**-0.02**	**0.51**	**0.02**	**-4.82**	**-4.74**	**5.98**	**0.10**
0.03		0.03	0.02	-0.02	-0.02	0.02	
				-0.05	-0.03	0.03	0.02
0.15		0.14		-5.54	-5.54	5.82	0.02
0.03		0.03		-0.05	-0.04	0.04	0.01
				0.08	0.04		0.02
0.27	-0.02	0.29		0.81	0.87		0.02
0.07		0.02		-0.04	-0.03	0.07	0.03

1-B-33 按地区分组的金属

地区	资产总计	固定资产净额	固定资产原价	累计折旧	流动资产合计	应收账款	存货
大连市	**217.63**	**52.13**	**106.91**	**53.80**	**133.09**	**41.19**	**36.52**
中山区	0.71	0.09	0.17	0.08	0.61	0.26	0.08
西岗区	0.88	0.29	0.51	0.21	0.45	0.22	0.03
沙河口区							
甘井子区	14.25	2.10	6.88	4.68	10.24	4.21	2.58
旅顺口区	12.72	4.25	7.50	3.25	7.06	2.06	2.09
金普新区	66.34	20.68	44.83	23.92	38.79	12.10	10.63
普兰店区	11.13	2.61	5.73	3.08	7.63	2.30	1.65
保税区	62.33	12.07	20.63	8.57	39.62	8.93	11.74
高新园区	2.05	0.45	1.05	0.60	1.44	0.37	0.12
长兴岛	15.62	1.09	1.70	0.61	9.38	1.94	2.99
花园口区							
瓦房店市	26.89	7.70	14.99	7.22	14.86	7.95	3.73
庄河市	4.72	0.80	2.92	1.58	3.03	0.85	0.87
长海县							

1-B-33 续表

地区	个人资本	港澳台资本	外商资本	营业收入	营业成本	销售费用	管理费用
大连市	**9.81**	**1.12**	**17.07**	**155.25**	**129.82**	**3.75**	**11.55**
中山区	0.10			0.32	0.24		0.08
西岗区				1.15	0.96		0.16
沙河口区							
甘井子区	0.99		0.06	15.12	12.63	0.33	1.46
旅顺口区	1.74			7.48	6.22	0.08	0.98
金普新区	2.65	0.89	15.18	60.83	50.02	1.56	3.98
普兰店区	1.71		0.02	9.33	7.96	0.21	0.88
保税区	0.29		1.25	31.74	26.79	0.91	2.14
高新园区				1.64	1.19	0.01	0.20
长兴岛	0.01			5.40	4.28	0.28	0.44
花园口区							
瓦房店市	1.61	0.23	0.55	19.32	16.98	0.33	0.99
庄河市	0.71			2.92	2.54	0.05	0.23
长海县							

制品业主要经济指标

单位：亿元

产成品	负债合计	流动负债合计	应付账款	所有者权益合计	实收资本	国家资本	集体资本	法人资本
10.23	**120.11**	**92.68**	**21.52**	**97.53**	**47.05**	**9.24**	**0.82**	**8.99**
0.07	0.50	0.50	0.13	0.21	0.10			
0.02	0.70	0.64	0.14	0.18	0.03	0.02		0.01
1.18	6.45	6.43	3.20	7.80	3.24	0.35	0.81	1.02
0.40	7.61	5.96	0.69	5.11	1.96	0.19		0.02
2.93	24.32	20.60	6.21	42.03	22.08			3.36
1.09	7.02	6.64	1.02	4.10	1.99			0.26
2.92	43.95	33.11	5.11	18.37	6.32	2.94		1.84
0.02	0.17	0.17	0.07	1.88	0.11			0.11
0.23	12.74	2.34	0.48	2.87	0.61			0.60
0.88	14.54	14.20	3.91	12.35	8.93	5.74		0.79
0.48	2.10	2.10	0.59	2.62	1.67			0.96

单位：亿元

财务费用			投资收益（损失以"-"号记）	营业利润	利润总额	亏损企业亏损额	平均用工人数（万人）
	利息收入	利息支出					
3.26	**-0.12**	**1.28**	**0.06**	**5.77**	**6.85**	**2.06**	**2.45**
					0.01		0.01
0.01				0.01	0.01		0.02
0.09	-0.01	0.04		0.52	0.62	0.32	0.27
0.13	0.01	0.12		0.01	0.22	0.30	0.17
0.36	-0.07	0.39	0.04	4.37	4.42	0.35	0.88
0.20		0.03		0.02	0.19	0.16	0.21
1.61	-0.04	0.30	0.02	0.11	0.45	0.44	0.41
				0.22	0.22		0.05
0.53		0.09		-0.17	-0.12	0.38	0.06
0.28	-0.01	0.28		0.69	0.79		0.29
0.06		0.02		0.01	0.02	0.10	0.12

1-B-34 按地区分组的通用设备

地区	资产总计	固定资产净额	固定资产原价	累计折旧	流动资产合计	应收账款	存货
大连市	**688.30**	**127.20**	**306.11**	**173.41**	**432.02**	**159.57**	**123.57**
中山区							
西岗区	25.10	4.52	12.14	7.62	16.36	5.00	2.08
沙河口区							
甘井子区	102.37	12.51	26.59	13.83	66.79	23.77	20.88
旅顺口区	55.55	8.92	20.94	10.04	40.85	14.55	18.76
金普新区	284.09	63.03	155.91	92.07	175.46	67.66	42.99
普兰店区	2.75	0.78	1.58	0.80	1.52	0.54	0.28
保税区	10.22	1.98	5.89	3.91	7.74	1.83	1.78
高新园区	29.45	5.03	10.19	5.15	21.20	7.57	5.15
长兴岛	15.27	3.16	5.96	2.40	3.90	1.29	0.77
花园口区	1.36	0.42	0.93	0.50	0.55	0.21	0.15
瓦房店市	152.26	24.61	63.41	36.79	90.95	36.58	29.61
庄河市	9.90	2.24	2.56	0.33	6.69	0.60	1.12
长海县							

1-B-34 续表

地区	个人资本	港澳台资本	外商资本	营业收入	营业成本	销售费用	管理费用
大连市	**23.59**	**1.85**	**71.93**	**456.07**	**368.43**	**18.42**	**35.79**
中山区							
西岗区				13.53	12.15	0.09	0.73
沙河口区							
甘井子区	4.11	0.50	2.68	54.78	41.22	2.16	5.52
旅顺口区	2.27		1.10	40.99	32.30	2.01	4.58
金普新区	7.42	1.36	63.06	236.05	187.15	9.86	16.51
普兰店区				2.98	2.31	0.09	0.29
保税区	0.99		1.98	11.73	10.03	0.28	0.79
高新园区	0.53		1.31	14.88	11.14	0.63	1.93
长兴岛	1.75		0.01	4.84	4.48	0.08	0.31
花园口区	0.06			0.28	0.24	0.01	0.03
瓦房店市	5.31		1.81	74.23	65.94	3.12	4.89
庄河市	1.17			1.76	1.44	0.06	0.21
长海县							

制造业主要经济指标

单位：亿元

产成品	负债合计	流动负债合计	应付账款	所有者权益合计	实收资本	国家资本	集体资本	法人资本
46.27	**322.61**	**292.71**	**105.90**	**365.68**	**179.75**	**36.04**	**4.85**	**41.47**
1.70	16.22	14.60		8.87	8.39	8.39		
8.97	43.25	40.64	15.01	59.12	14.68	0.39	0.80	6.19
4.71	35.12	33.55	9.70	20.43	14.65	6.89		4.39
12.42	98.64	90.28	42.98	185.45	95.24	3.56	2.05	17.79
0.06	1.32	1.32	0.58	1.43	0.48			0.48
0.67	4.71	4.41	1.99	5.51	3.57		0.10	0.50
1.25	12.15	9.66	2.97	17.30	7.30	3.34		2.12
0.15	10.55	6.11	1.39	4.72	4.83			3.08
	0.55	0.55	0.06	0.82	0.06			
15.78	92.80	86.85	30.04	59.47	27.24	13.47	1.90	4.76
0.55	7.31	4.73	1.18	2.59	3.32			2.15

单位：亿元

财务费用	利息收入	利息支出	投资收益（损失以“-”号记）	营业利润	利润总额	亏损企业亏损额	平均用工人数（万人）
3.62	**0.68**	**3.11**	**5.99**	**29.68**	**30.73**	**6.18**	**6.42**
-0.05	0.06	0.01		0.59	0.58		0.12
0.12	0.17	0.25	2.27	6.72	6.84	0.36	0.71
0.64	0.01	0.56	0.06	1.38	1.33	0.66	0.66
0.77	0.34	0.74	2.99	22.31	22.63	0.46	2.56
0.02		0.01		0.25	0.27		0.05
-0.02		0.04		0.59	0.64	0.14	0.19
0.08	0.04	0.12	0.01	1.02	1.15	0.13	0.24
0.02		0.01		0.06	0.22		0.08
							0.01
1.82	0.06	1.34	0.66	-3.06	-2.76	4.17	1.60
0.22		0.02		-0.19	-0.18	0.26	0.04

1-B-35 按地区分组的专用设备

地　区	资产总计	固定资产净额	固定资产原价	累计折旧	流动资产合计	应收账款	存货
大连市	**443.05**	**75.19**	**152.65**	**76.75**	**294.27**	**118.72**	**72.26**
中山区							
西岗区	12.09		0.02	0.01	11.28	5.05	3.12
沙河口区	1.84	0.32	1.10	0.78	1.44	0.37	0.47
甘井子区	245.91	39.67	82.48	42.70	165.56	71.04	31.55
旅顺口区	30.95	2.12	5.03	2.91	26.03	10.78	9.47
金普新区	109.11	17.96	38.39	19.83	65.29	23.96	19.03
普兰店区	7.02	0.61	1.94	1.33	6.32	3.08	1.84
保税区	3.72	0.88	2.80	1.91	2.62	0.93	0.93
高新园区	5.91	0.88	2.51	1.62	4.23	0.81	1.62
长兴岛	10.35	6.94	8.30	1.35	2.41	0.48	0.70
花园口区	2.36	0.75	1.20	0.45	1.42	0.47	0.41
瓦房店市	1.40	0.51	1.17	0.66	0.87	0.26	0.54
庄河市	12.40	4.54	7.71	3.17	6.81	1.49	2.57
长海县							

1-B-35 续表

地　区	个人资本	港澳台资本	外商资本	营业收入	营业成本	销售费用	管理费用
大连市	**8.14**	**0.05**	**12.55**	**215.95**	**181.10**	**5.44**	**21.10**
中山区							
西岗区				7.88	6.87	0.07	0.92
沙河口区				2.19	1.75	0.14	0.08
甘井子区	0.84			95.84	80.01	2.04	10.17
旅顺口区	0.72			17.56	14.80	0.54	1.31
金普新区	2.34	0.05	10.93	69.04	58.14	2.00	5.77
普兰店区	1.00		0.27	4.47	3.51	0.12	0.54
保税区	0.04		0.83	3.76	3.05	0.05	0.41
高新园区	0.48		0.05	3.92	2.45	0.35	0.73
长兴岛				3.54	3.85	0.03	0.41
花园口区	1.50			0.92	0.70	0.03	0.18
瓦房店市	0.05		0.47	2.30	2.02		0.06
庄河市	1.17			4.54	3.95	0.06	0.51
长海县							

制造业主要经济指标

单位：亿元

产成品	负债合计	流动负债合计	应付账款	所有者权益合计	实收资本	国家资本	集体资本	法人资本
22.68	**269.77**	**246.53**	**85.09**	**173.28**	**101.65**	**26.68**	**9.05**	**45.17**
	11.61	10.98	9.10	0.47	0.50			0.50
0.37	0.55	0.55	0.17	1.29	0.53	0.53		
10.25	142.95	136.49	53.45	102.96	52.11	20.02	8.55	22.69
3.67	21.86	20.84	4.97	9.10	2.78	0.05		2.01
5.36	65.30	54.07	10.58	43.81	32.31	1.08	0.44	17.46
0.96	2.88	2.79	0.77	4.14	1.90			0.63
0.51	1.44	1.30	0.76	2.27	1.06			0.19
0.48	1.51	1.47	0.56	4.40	1.34			0.81
0.21	9.72	6.31	2.17	0.63	5.53	5.00		0.53
0.38	0.79	0.79	0.08	1.57	1.50			
0.10	0.58	0.51	0.29	0.82	0.52			
0.41	10.58	10.42	2.19	1.82	1.56		0.05	0.34

单位：亿元

财务费用	利息收入	利息支出	投资收益（损失以“-”号记）	营业利润	利润总额	亏损企业亏损额	平均用工人数（万人）
3.26	**0.16**	**3.21**	**0.15**	**3.63**	**7.52**	**5.57**	**2.40**
-0.03				-0.15	0.05		0.02
0.03		0.01	0.01	0.17	0.17		0.04
1.32	0.08	1.31		1.93	5.23	0.93	0.74
0.14		0.13		1.07	1.27	0.14	0.17
1.31	0.07	1.28	0.09	1.03	1.21	2.86	0.94
	0.02	0.02		0.22	0.23	0.16	0.14
		0.01		0.21	0.21	0.02	0.11
-0.02	-0.01		0.05	0.26	0.28	0.05	0.07
0.24		0.22		-1.07	-1.07	1.08	0.04
				0.01	0.01		0.01
0.01		0.01		0.20	0.20		0.06
0.26		0.23		-0.26	-0.26	0.34	0.10

1-B-36 按地区分组的汽车

地区	资产总计						
		固定资产净额	固定资产原价	累计折旧	流动资产合计		
						应收账款	存货
大连市	**649.02**	**137.55**	**295.22**	**152.09**	**416.56**	**144.49**	**74.61**
中山区							
西岗区							
沙河口区	2.40	0.03	0.24	0.21	1.89	0.52	0.93
甘井子区	33.77	4.40	7.47	2.97	24.96	5.60	13.22
旅顺口区	21.97	4.29	10.26	5.96	15.23	3.83	4.50
金普新区	518.03	110.61	248.62	133.42	343.48	116.70	49.26
普兰店区	7.71	3.46	5.73	2.27	3.26	0.97	1.21
保税区	45.87	10.70	16.39	5.46	14.83	5.92	4.54
高新园区							
长兴岛							
花园口区	12.83	1.48	2.73	0.59	9.76	9.22	0.20
瓦房店市	6.31	2.54	3.72	1.19	3.06	1.73	0.74
庄河市	0.13	0.04	0.06	0.02	0.09	0.01	0.01
长海县							

1-B-36 续表

地区				营业收入	营业成本	销售费用	管理费用
	个人资本	港澳台资本	外商资本				
大连市	**3.96**	**8.32**	**89.38**	**577.37**	**427.79**	**15.27**	**32.59**
中山区							
西岗区							
沙河口区	0.70			0.30	0.25	0.04	0.13
甘井子区	0.28			19.72	14.78	0.59	2.55
旅顺口区	0.82	0.16	0.84	21.44	17.35	0.48	2.41
金普新区	1.13	6.00	84.44	492.98	359.28	13.13	22.43
普兰店区		2.16	0.96	6.16	5.15	0.21	0.40
保税区	0.15		3.13	30.87	26.38	0.54	3.51
高新园区							
长兴岛							
花园口区	0.50			1.45	1.34	0.13	0.57
瓦房店市	0.39			4.15	2.99	0.13	0.57
庄河市				0.32	0.27	0.02	0.03
长海县							

制造业主要经济指标

单位：亿元

产成品	负债合计	流动负债合计	应付账款	所有者权益合计	实收资本	国家资本	集体资本	法人资本
24.54	**345.62**	**298.92**	**115.56**	**303.40**	**149.53**	**17.13**	**1.36**	**29.38**
0.65	3.27	2.67	1.09	-0.87	0.70			
0.68	26.89	25.41	5.50	6.88	1.76			1.48
0.55	13.84	13.80	4.55	8.14	1.99			0.17
20.46	253.65	211.73	96.80	264.38	116.01	16.43	1.28	6.74
0.58	3.07	1.78	1.04	4.65	4.78			1.66
1.31	26.96	26.65	6.72	18.91	22.93	0.70	0.08	18.87
0.10	12.97	12.55	0.30	-0.14	0.60			0.10
0.21	4.86	4.22	-0.52	1.44	0.76			0.37
	0.11	0.11	0.09	0.02	0.01			0.01

单位：亿元

财务费用	利息收入	利息支出	投资收益（损失以“−”号记）	营业利润	利润总额	亏损企业亏损额	平均用工人数（万人）
0.48	**0.49**	**2.40**	**1.21**	**99.12**	**103.87**	**7.20**	**3.40**
				-0.14	-0.14	0.14	0.03
0.34	-0.01	0.28		1.36	1.62		0.27
0.30		0.10		0.72	0.79	0.14	0.27
-0.89	0.50	1.41	1.46	97.73	101.74	4.23	2.10
0.06				0.28	0.28	0.02	0.14
0.42	-0.01	0.39	-0.25	-0.41	-0.03	2.07	0.37
				-0.61	-0.59	0.60	0.09
0.25		0.22		0.19	0.20		0.10

1-B-37 按地区分组的铁路、船舶、航空航天和

地　区	资产总计						
		固定资产净额	固定资产原价	累计折旧	流动资产合计		
						应收账款	存货
大连市	**1705.26**	**257.61**	**414.48**	**155.51**	**1208.34**	**92.22**	**476.67**
中山区							
西岗区	1056.20	147.36	231.97	84.32	779.56	12.51	227.19
沙河口区	181.58	23.45	42.84	18.72	92.22	41.20	40.28
甘井子区	208.96	21.98	33.14	11.10	181.80	3.10	155.45
旅顺口区	174.73	59.72	95.95	36.14	102.09	19.15	39.14
金普新区	17.27	2.80	5.43	2.63	12.51	4.61	3.42
普兰店区	5.87	0.16	0.35	0.19	5.70	0.15	0.37
保税区	28.95	0.97	2.10	1.13	26.50	9.84	8.78
高新园区	0.43		0.01		0.24	0.14	0.09
长兴岛	27.23	0.76	1.18	0.43	4.74	0.62	1.56
花园口区	0.20	0.01	0.05	0.04	0.19	0.07	0.01
瓦房店市	2.65	0.37	1.28	0.66	1.64	0.72	0.24
庄河市	0.13	0.02	0.03	0.01	0.11	0.04	0.03
长海县	1.06	0.02	0.15	0.13	1.04	0.07	0.11

1-B-37　续表

地　区				营业收入	营业成本	销售费用	管理费用
	个人资本	港澳台资本	外商资本				
大连市	**3.64**	**0.53**	**32.70**	**512.98**	**449.92**	**6.01**	**38.57**
中山区							
西岗区	1.11			241.37	212.06	0.88	17.39
沙河口区	0.05			113.81	102.04	1.23	7.59
甘井子区	1.02		3.52	29.60	25.68	0.07	4.90
旅顺口区	0.35		26.85	96.63	84.11	0.52	6.02
金普新区	0.18	0.53	1.33	10.29	9.06	0.17	0.91
普兰店区			0.13	1.13	0.98	0.08	0.11
保税区	0.04		0.87	15.08	10.51	1.94	0.44
高新园区			0.01	0.38	0.34		0.02
长兴岛				1.91	2.65	1.05	1.02
花园口区	0.10			0.55	0.55		
瓦房店市	0.55			1.24	0.97	0.05	0.15
庄河市	0.02			0.93	0.91		0.01
长海县	0.22			0.08	0.07		0.01

其他运输设备制造业主要经济指标

单位：亿元

产成品	负债合计	流动负债合计	应付账款	所有者权益合计	实收资本	国家资本	集体资本	法人资本
4.16	**1085.95**	**699.43**	**347.10**	**619.31**	**360.57**	**304.98**	**0.22**	**18.49**
0.04	597.91	389.77	193.78	458.29	245.10	243.99		
1.07	108.76	92.25	57.97	72.82	45.46	45.35	0.06	
0.40	207.35	102.56	34.20	1.61	10.18	1.09	0.14	4.40
0.51	105.93	76.73	47.70	68.80	51.62	12.89	0.02	11.51
1.10	13.42	12.76	3.47	3.85	3.76	1.65		0.07
0.05	5.11	5.11	0.09	0.75	1.13			1.00
0.95	21.02	17.25	8.76	7.92	1.21			0.30
0.09	0.09	0.09	0.04	0.34	0.01			
	25.13	1.68	0.58	2.10	0.97			0.97
0.01	0.09	0.09		0.12	0.10			
-0.04	0.38	0.38	0.15	2.27	0.76			0.21
	0.07	0.07		0.06	0.02			
	0.69	0.69	0.35	0.37	0.25			0.03

单位：亿元

财务费用	利息收入	利息支出	投资收益（损失以“-”号记）	营业利润	利润总额	亏损企业亏损额	平均用工人数（万人）
9.19	**16.54**	**12.26**	**1.45**	**9.94**	**10.62**	**10.31**	**4.24**
-3.38	14.48	6.55	0.29	8.44	8.61	0.97	1.34
1.04	-0.03	1.67	1.16	2.94	3.27	0.31	0.97
7.51	0.28	2.39		-4.67	-4.68	6.57	0.38
1.82	0.41	0.91		3.62	3.68	0.04	1.03
0.35	0.03	0.35		-0.27	-0.26	0.44	0.16
0.16		0.16		-0.20	-0.20	0.22	0.02
0.35	0.03	0.15		1.76	1.76	0.06	0.11
0.01							
1.34	1.36	0.09		-1.73	-1.70	1.70	0.05
				-0.01			0.06
-0.01				0.06	0.10		0.03
				0.01	0.03		0.20
				-0.01	-0.01	0.01	0.01

1-B-38 按地区分组的电气机械和

地　区	资产总计	固定资产净　额	固定资产原　价	累计折旧	流动资产合　计	应收账款	存货
大 连 市	**229.31**	**43.92**	**91.16**	**47.21**	**144.95**	**62.77**	**28.05**
中 山 区							
西 岗 区							
沙河口区	3.39	0.06	0.36	0.29	2.21	1.16	0.17
甘井子区	10.37	1.00	2.38	1.39	8.11	4.08	1.25
旅顺口区	2.54	0.23	0.70	0.47	1.91	1.08	0.19
金普新区	119.56	28.39	60.26	31.84	71.92	33.51	13.66
普兰店区	48.64	5.76	11.59	5.83	32.78	14.93	4.81
保 税 区	14.17	2.21	4.70	2.49	10.55	3.62	3.95
高新园区	13.82	3.11	5.83	2.71	7.77	1.22	1.69
长 兴 岛							
花园口区	10.92	1.40	2.01	0.62	6.16	1.99	1.34
瓦房店市	4.23	1.38	2.44	1.06	2.37	0.63	0.62
庄 河 市	1.66	0.38	0.89	0.51	1.17	0.57	0.38
长 海 县							

1-B-38 续表

地　区	个人资本	港澳台资本	外商资本	营业收入	营业成本	销售费用	管理费用
大 连 市	**14.57**	**0.49**	**24.39**	**173.23**	**142.39**	**5.00**	**14.43**
中 山 区							
西 岗 区							
沙河口区	0.16			5.89	5.83	0.01	0.06
甘井子区	2.04			7.21	5.52	0.27	0.89
旅顺口区	0.42			1.93	1.59	0.03	0.25
金普新区	2.82	0.06	21.96	99.87	80.72	2.49	8.11
普兰店区	5.68			22.97	17.07	1.72	2.33
保 税 区	1.51	0.41	0.78	20.38	18.71	0.15	0.72
高新园区	0.33		1.01	7.99	6.60	0.07	1.19
长 兴 岛							
花园口区		0.02		2.30	2.46	0.12	0.43
瓦房店市	1.33		0.64	3.31	2.78	0.11	0.27
庄 河 市	0.29			1.38	1.12	0.03	0.16
长 海 县							

器材制造业主要经济指标

单位：亿元

产成品	负债合计	流动负债合计	应付账款	所有者权益合计	实收资本	国家资本	集体资本	法人资本
11.95	**108.26**	**95.33**	**37.00**	**121.05**	**57.91**	**0.05**	**0.19**	**18.22**
0.11	2.31	2.31	1.11	1.08	0.60			0.44
0.59	3.63	3.60	1.66	6.74	3.46	0.05		1.37
0.05	1.10	1.10	0.33	1.44	0.73			0.31
4.94	49.90	41.52	21.66	69.66	30.32		0.19	5.29
2.08	20.51	20.20	3.65	28.14	11.83			6.15
2.33	9.98	9.98	2.49	4.19	5.05			2.35
0.33	9.42	8.33	2.42	4.40	2.88			1.54
1.16	9.21	6.10	2.62	1.72	0.52			0.50
0.08	1.35	1.35	0.89	2.87	2.13			0.16
0.28	0.85	0.83	0.17	0.82	0.40			0.11

单位：亿元

财务费用	利息收入	利息支出	投资收益(损失以"-"号记)	营业利润	利润总额	亏损企业亏损额	平均用工人数(万人)
1.78	**0.24**	**1.69**	**0.91**	**9.89**	**10.79**	**3.13**	**2.40**
			0.05	0.03	0.03		0.01
0.05		0.04	-0.02	0.38	0.43	0.07	0.13
-0.01	-0.01			0.06	0.05		0.03
0.83	0.14	0.77	0.80	7.69	7.68	1.86	1.23
0.58		0.48	0.09	1.28	1.30	0.08	0.44
-0.04		0.12		0.77	0.79	0.51	0.24
0.24	0.01	0.23	-0.01	0.38	0.37	0.49	0.08
0.10	0.08	0.02		-0.84	-0.01	0.02	0.06
	0.01			0.13	0.13	0.07	0.19
0.03		0.02		0.03	0.03	0.03	0.03

1-B-39 按地区分组的计算机、通信和

地区	资产总计	固定资产净额	固定资产原价	累计折旧	流动资产合计	应收账款	存货
大连市	**733.79**	**462.01**	**675.99**	**213.96**	**210.87**	**72.84**	**43.76**
中山区							
西岗区							
沙河口区							
甘井子区	27.34	3.02	11.84	8.82	17.51	7.48	4.10
旅顺口区							
金普新区	650.00	454.91	648.16	193.23	150.55	59.01	35.84
普兰店区							
保税区	4.52	0.73	1.54	0.81	2.58	0.97	0.63
高新园区	50.93	2.95	13.49	10.55	39.79	5.25	3.09
长兴岛	0.61	0.22	0.39	0.17	0.22	0.10	0.08
花园口区							
瓦房店市	0.27	0.15	0.48	0.33	0.13		
庄河市	0.11	0.03	0.07	0.04	0.08	0.04	0.02
长海县							

1-B-39 续表

地区	个人资本	港澳台资本	外商资本	营业收入	营业成本	销售费用	管理费用
大连市	**3.95**	**154.61**	**29.26**	**441.56**	**319.21**	**4.69**	**16.18**
中山区							
西岗区							
沙河口区							
甘井子区	0.59		0.56	52.14	44.72	2.71	2.01
旅顺口区							
金普新区	1.93	154.13	21.19	357.43	248.99	1.55	9.98
普兰店区							
保税区	0.63		0.35	2.71	2.04	0.04	0.42
高新园区	0.76	0.48	7.16	28.33	22.62	0.39	3.67
长兴岛				0.34	0.30	0.01	0.05
花园口区							
瓦房店市				0.38	0.32		0.05
庄河市	0.04			0.23	0.22		0.01
长海县							

其他电子设备制造业主要经济指标

单位：亿元

产成品	负债合计	流动负债合计		所有者权益合计	实收资本			
			应付账款			国家资本	集体资本	法人资本
6.89	**361.56**	**287.37**	**45.92**	**372.23**	**213.61**	**10.01**	**8.94**	**6.84**
1.41	13.06	12.86	5.91	14.28	1.93	0.38		0.40
4.44	322.23	255.06	37.17	327.77	191.08		8.92	4.90
0.19	1.93	1.91	0.86	2.59	2.18			1.20
0.83	23.69	17.01	1.88	27.24	18.03	9.63		
0.02	0.39	0.26	0.11	0.22	0.34			0.34
	0.25	0.25		0.03	0.02		0.02	
	0.01	0.01	-0.01	0.10	0.04			

单位：亿元

财务费用			投资收益（损失以“–”号记）	营业利润	利润总额	亏损企业亏损额	平均用工人数（万人）
	利息收入	利息支出					
6.06	**0.43**	**5.22**	**1.52**	**111.28**	**113.12**	**2.50**	**2.20**
0.50	0.01	0.22	0.48	2.18	2.26		0.30
6.22	-0.14	4.95	1.04	106.68	106.83	2.31	1.58
0.06		0.04		0.14	0.19		0.05
-0.72	0.56			2.28	3.85	0.17	0.19
				-0.02			0.01
							0.04

1-B-40 按地区分组的仪器仪表

地区	资产总计	固定资产净额	固定资产原价	累计折旧	流动资产合计	应收账款	存货
大连市	**55.90**	**10.26**	**23.39**	**12.66**	**38.52**	**11.42**	**9.13**
中山区							
西岗区	0.28		0.02	0.02	0.27	0.13	0.08
沙河口区							
甘井子区	2.47	0.06	0.26	0.20	2.25	0.68	0.41
旅顺口区	0.77	0.26	0.47	0.21	0.49	0.10	0.16
金普新区	43.18	8.31	19.37	10.60	29.06	7.65	6.51
普兰店区							
保税区	0.44	0.09	0.23	0.14	0.35	0.14	0.13
高新园区	6.84	0.70	1.63	0.93	5.10	2.36	1.47
长兴岛							
花园口区							
瓦房店市							
庄河市	1.93	0.85	1.40	0.55	1.01	0.36	0.37
长海县							

1-B-40 续表

地区	个人资本	港澳台资本	外商资本	营业收入	营业成本	销售费用	管理费用
大连市	**1.25**	**0.63**	**4.52**	**45.07**	**34.62**	**2.13**	**3.89**
中山区							
西岗区				0.24	0.16	0.01	0.06
沙河口区							
甘井子区	0.10		0.01	3.48	2.75	0.09	0.34
旅顺口区	0.10			0.41	0.26	0.01	0.13
金普新区	0.88	0.36	3.81	34.24	25.78	1.78	2.84
普兰店区							
保税区			0.23	0.65	0.51	0.02	0.06
高新园区	0.16	0.26		3.38	2.73	0.18	0.37
长兴岛							
花园口区							
瓦房店市							
庄河市			0.46	2.66	2.44	0.03	0.08
长海县							

制造业主要经济指标

单位：亿元

产成品	负债合计	流动负债合计	应付账款	所有者权益合计	实收资本	国家资本	集体资本	法人资本
2.67	**20.96**	**15.41**	**5.52**	**34.95**	**10.93**	**0.66**		**3.88**
0.04	0.21	0.21	0.04	0.08	0.01			
0.11	1.30	1.30	0.59	1.17	0.27	0.05		0.11
0.03	0.22	0.14	0.01	0.55	0.20			0.10
2.03	15.34	9.93	2.79	27.84	8.55			3.49
0.04	0.20	0.17	0.08	0.24	0.23			
0.38	3.19	3.17	1.72	3.65	1.21	0.61		0.17
0.03	0.50	0.50	0.29	1.43	0.46			

单位：亿元

财务费用			投资收益（损失以“–”号记）	营业利润	利润总额	亏损企业亏损额	平均用工人数（万人）
	利息收入	利息支出					
0.19	**0.03**	**0.16**	**0.23**	**4.14**	**4.25**	**0.61**	**0.60**
				0.01	0.01		
0.02		0.02		0.26	0.26	0.03	0.05
0.01		0.01		-0.01	0.01		0.01
0.10	0.01	0.10	0.23	3.72	3.79	0.58	0.41
0.01				0.05	0.05		0.01
0.06	0.03	0.03		0.03	0.03		0.05
-0.01	-0.01			0.09	0.09		0.07

1-B-41 按地区分组的其他

地区	资产总计	固定资产净额	固定资产原价	累计折旧	流动资产合计	应收账款	存货
大连市	**10.12**	**3.55**	**11.83**	**8.28**	**5.69**	**1.28**	**2.27**
中山区							
西岗区							
沙河口区							
甘井子区							
旅顺口区							
金普新区	10.12	3.55	11.83	8.28	5.69	1.28	2.27
普兰店区							
保税区							
高新园区							
长兴岛							
花园口区							
瓦房店市							
庄河市							
长海县							

1-B-41 续表

地区	个人资本	港澳台资本	外商资本	营业收入	营业成本	销售费用	管理费用
大连市			**6.64**	**9.45**	**6.67**	**0.84**	**1.02**
中山区							
西岗区							
沙河口区							
甘井子区							
旅顺口区							
金普新区			6.64	9.45	6.67	0.84	1.02
普兰店区							
保税区							
高新园区							
长兴岛							
花园口区							
瓦房店市							
庄河市							
长海县							

制造业主要经济指标

单位：亿元

产成品	负债合计	流动负债合计	应付账款	所有者权益合计	实收资本	国家资本	集体资本	法人资本
1.40	**1.65**	**1.51**	**0.67**	**8.46**	**6.69**			**0.05**
1.40	1.65	1.51	0.67	8.46	6.69			0.05

单位：亿元

财务费用	利息收入	利息支出	投资收益（损失以“–”号记）	营业利润	利润总额	亏损企业亏损额	平均用工人数（万人）
-0.04				**0.92**	**0.91**		**0.10**
-0.04				0.92	0.91		0.13

1-B-42 按地区分组的废弃资源

地　　区	资产总计	固定资产净　　额	固定资产原　　价	累计折旧	流动资产合　　计		
						应收账款	存货
大 连 市	**104.98**	**2.07**	**4.54**	**2.09**	**90.64**	**16.77**	**14.92**
中 山 区							
西 岗 区							
沙河口区							
甘井子区	91.10	0.83	1.39	0.55	81.15	15.11	13.10
旅顺口区							
金普新区	10.19	0.76	1.67	0.91	6.99	1.66	0.53
普兰店区							
保 税 区							
高新园区							
长 兴 岛							
花园口区	1.91		0.90	0.52	1.51		0.84
瓦房店市							
庄 河 市	1.78	0.48	0.59	0.11	0.98		0.45
长 海 县							

1-B-42 续表

地　　区				营业收入	营业成本	销售费用	管理费用
	个人资本	港澳台资本	外商资本				
大 连 市	**3.05**	**0.16**		**26.28**	**18.95**	**0.21**	**1.92**
中 山 区							
西 岗 区							
沙河口区							
甘井子区	3.03			17.01	15.00	0.13	1.30
旅顺口区							
金普新区	0.02	0.16		4.61	1.23	0.08	0.45
普兰店区							
保 税 区							
高新园区							
长 兴 岛							
花园口区				2.34	0.44		0.14
瓦房店市							
庄 河 市				2.32	2.28		0.02
长 海 县							

综合利用业主要经济指标

单位：亿元

产成品	负债合计	流动负债合计	应付账款	所有者权益合计	实收资本	国家资本	集体资本	法人资本
1.10	**93.46**	**92.16**	**20.92**	**11.53**	**3.41**		**0.10**	**0.10**
	90.23	88.94	20.16	0.87	3.03			
0.05	0.76	0.76	0.28	9.43	0.18			
0.60	0.71	0.71	0.48	1.21	0.10		0.10	
0.45	1.76	1.76		0.02	0.10			0.10

单位：亿元

财务费用	利息收入	利息支出	投资收益（损失以“－”号记）	营业利润	利润总额	亏损企业亏损额	平均用工人数（万人）
1.18	**-0.23**	**0.79**	**0.02**	**3.85**	**4.12**	**0.70**	**0.10**
1.16	-0.24	0.77	0.02	-0.62	-0.60	0.70	0.07
-0.02	0.01			2.78	2.92		0.02
0.02		0.02		1.70	1.79		
0.01							0.01

1-B-43　按地区分组的金属制品、机械和

地　　区	资产总计						
		固定资产净　　额	固定资产原　　价	累计折旧	流动资产合　　计		
						应收账款	存货
大 连 市	**128.65**	**20.23**	**41.95**	**21.71**	**98.66**	**76.04**	**8.54**
中 山 区							
西 岗 区							
沙河口区							
甘井子区	121.10	19.45	40.13	20.68	92.22	75.12	7.17
旅顺口区	2.91	0.62	1.40	0.77	2.00	0.45	1.34
金普新区							
普兰店区							
保 税 区							
高新园区							
长 兴 岛							
花园口区							
瓦房店市							
庄 河 市	4.64	0.15	0.42	0.26	4.45	0.47	0.04
长 海 县							

1-B-43　续表

地　　区				营业收入	营业成本	销售费用	管理费用
	个人资本	港澳台资本	外商资本				
大 连 市	**0.12**			**34.84**	**25.51**	**0.08**	**2.66**
中 山 区							
西 岗 区							
沙河口区							
甘井子区	0.02			26.63	17.68	0.08	2.11
旅顺口区				1.10	1.07		0.12
金普新区							
普兰店区							
保 税 区							
高新园区							
长 兴 岛							
花园口区							
瓦房店市							
庄 河 市	0.10			7.12	6.76		0.43
长 海 县							

设备修理业主要经济指标

单位：亿元

产成品	负债合计	流动负债合计	应付账款	所有者权益合计	实收资本	国家资本	集体资本	法人资本
0.04	**114.54**	**88.38**	**23.82**	**14.11**	**29.00**	**0.51**	**0.01**	**28.37**
	109.75	83.63	23.36	11.35	26.38	0.01		26.35
	1.06	1.06	0.23	1.85	2.00			2.00
0.04	3.73	3.70	0.23	0.91	0.63	0.50	0.01	0.03

单位：亿元

财务费用	利息收入	利息支出	投资收益（损失以"–"号记）	营业利润	利润总额	亏损企业亏损额	平均用工人数（万人）
2.36	**0.36**	**3.18**	**0.03**	**0.80**	**-3.91**	**4.20**	**0.90**
2.36	0.37	3.18	-0.03	0.98	-4.06	4.10	0.28
				-0.10	-0.09	0.09	0.02
			0.06	-0.08	0.23	0.01	0.61

1-B-44 按地区分组的电力、热力、燃气及

地区	资产总计	固定资产净额	固定资产原价	累计折旧	流动资产合计	应收账款	存货
大连市	**1239.03**	**748.55**	**1078.10**	**327.24**	**236.63**	**37.51**	**52.20**
中山区							
西岗区	81.48	36.20	49.55	13.34	32.44	6.45	4.06
沙河口区	99.32	42.00	104.00	61.90	37.48	7.08	1.15
甘井子区	67.75	41.76	115.66	73.45	13.73	2.54	3.41
旅顺口区	14.41	2.73	4.62	1.89	8.88	0.56	0.75
金普新区	94.61	51.08	88.80	37.56	32.94	2.99	1.98
普兰店区	12.29	2.96	4.90	1.94	2.59	0.42	0.29
保税区	38.14	24.61	41.92	17.31	8.90	0.43	0.20
高新园区	12.92	3.91	6.26	2.35	2.36	0.19	0.16
长兴岛	6.46	3.49	4.83	1.34	2.88	0.34	0.04
花园口区	0.97	0.23	0.38	0.15	0.30	0.08	0.07
瓦房店市	762.82	504.83	590.23	83.80	85.17	14.55	39.19
庄河市	47.85	34.75	66.95	32.20	8.95	1.89	0.91
长海县							

1-B-44 续表

地区	个人资本	港澳台资本	外商资本	营业收入	营业成本	销售费用	管理费用
大连市	**9.61**	**2.20**	**21.63**	**282.76**	**218.03**	**5.52**	**12.33**
中山区							
西岗区	0.35			22.71	18.93	4.46	3.16
沙河口区	2.91			37.61	35.55	0.04	1.96
甘井子区	0.71			38.84	36.60	0.10	0.89
旅顺口区			1.02	2.89	2.29	0.07	0.38
金普新区	2.89	0.88		39.64	34.15	0.49	2.58
普兰店区	1.50		0.55	2.96	2.64	0.01	0.26
保税区			20.07	14.44	4.73	0.13	0.48
高新园区	0.61	0.09		3.56	3.56		0.45
长兴岛				0.74	0.57		0.10
花园口区		0.68		0.37	0.26	0.06	0.03
瓦房店市	0.64			100.89	61.74	0.14	1.77
庄河市		0.55		18.12	17.01	0.04	0.27
长海县							

水生产和供应业主要经济指标

单位：亿元

产成品	负债合计	流动负债合计	应付账款	所有者权益合计	实收资本	国家资本	集体资本	法人资本
1.34	**884.89**	**258.33**	**40.59**	**354.14**	**279.28**	**66.96**	**1.05**	**177.81**
0.36	30.46	21.00	4.89	51.02	13.98	4.05		9.58
	73.02	49.08	6.65	26.30	22.39	14.43		5.04
0.08	45.22	31.23	4.08	22.53	20.02	9.41	0.01	9.89
	12.28	4.15	1.32	2.13	1.83	0.70		0.11
0.30	63.67	17.57	1.79	30.94	18.46	6.62	0.07	7.99
	11.83	4.31	3.39	0.46	2.59	0.55		
0.12	2.76	2.31	0.62	35.39	27.22	7.15		
0.11	9.41	5.74	1.18	3.51	2.97	2.17		0.11
	1.82	0.71	0.07	4.64	5.05			5.05
0.07	0.22	0.22	0.10	0.74	0.68			
	596.24	91.34	12.16	166.58	150.62	8.97	0.98	140.04
0.30	37.96	30.67	4.33	9.90	13.46	12.91		0.01

单位：亿元

财务费用	利息收入	利息支出	投资收益(损失以“−”号记)	营业利润	利润总额	亏损企业亏损额	平均用工人数(万人)
24.44	**0.34**	**24.04**	**0.46**	**21.97**	**28.26**	**7.08**	**2.10**
0.51		0.61	-0.02	-4.29	-0.49	1.20	0.69
0.78	0.15	0.95	0.36	0.29	0.75	1.16	0.31
0.83	0.01	0.84		0.34	0.98	0.80	0.18
0.06		0.06		0.20	0.38	0.03	0.04
0.10	0.04	0.24	0.17	2.54	2.96	1.21	0.33
0.34				-0.31	-0.32	0.44	0.07
-0.08	0.08		-0.01	8.95	8.97		0.03
0.36	0.01	0.28		-0.83	-0.21	0.52	0.07
0.01	-0.05	0.06		0.06	0.03	0.14	0.01
				0.02	0.02		
20.16	0.07	19.64	-0.04	15.79	15.92	0.30	0.33
1.37	0.02	1.37		-0.79	-0.73	1.29	0.08

1-B-45 按地区分组的电力、热力生产和

地　区	资产总计	固定资产净额	固定资产原价	累计折旧	流动资产合计	应收账款	存货
大连市	**1056.37**	**665.55**	**930.37**	**263.82**	**173.47**	**25.03**	**50.45**
中山区							
西岗区	10.95	1.35	2.47	1.11	8.80	1.97	2.90
沙河口区	74.63	33.22	76.58	43.26	22.22	2.60	1.15
甘井子区	67.75	41.76	115.66	73.45	13.73	2.54	3.41
旅顺口区	12.99	1.91	3.64	1.74	8.48	0.19	0.75
金普新区	68.76	39.46	66.88	27.26	25.04	1.16	1.91
普兰店区	3.49	2.07	2.77	0.69	1.15	0.22	0.05
保税区	1.46	1.00	1.18	0.18	0.35	0.02	0.08
高新园区	11.77	3.91	6.26	2.35	2.16	0.14	0.15
长兴岛	6.46	3.49	4.83	1.34	2.88	0.34	0.04
花园口区							
瓦房店市	759.73	504.35	585.91	81.27	84.65	14.21	39.14
庄河市	38.38	33.03	64.20	31.16	4.01	1.63	0.87
长海县							

1-B-45 续表

地　区	个人资本	港澳台资本	外商资本	营业收入	营业成本	销售费用	管理费用
大连市	**7.65**			**232.97**	**184.77**	**0.31**	**7.01**
中山区							
西岗区	0.35			5.56	4.75		0.23
沙河口区	2.91			33.44	30.81	0.02	1.72
甘井子区	0.71			38.84	36.60	0.10	0.89
旅顺口区				2.26	1.73	0.06	0.32
金普新区	1.03			29.23	27.36	0.03	1.49
普兰店区	1.50			2.20	1.99		0.09
保税区				0.45	0.37	0.01	0.09
高新园区	0.61			3.07	3.35		0.42
长兴岛				0.74	0.57		0.10
花园口区							
瓦房店市	0.54			100.11	61.05	0.07	1.60
庄河市				17.07	16.20	0.02	0.07
长海县							

供应业主要经济指标

单位：亿元

产成品	负债合计	流动负债合计	应付账款	所有者权益合计	实收资本	国家资本	集体资本	法人资本
0.83	**822.83**	**225.82**	**34.60**	**233.55**	**211.97**	**43.61**	**0.01**	**160.70**
	8.93	7.17	0.82	2.02	0.35			
	62.78	48.79	6.39	11.85	11.48	3.53		5.04
0.08	45.22	31.23	4.08	22.53	20.02	9.41	0.01	9.89
	11.50	3.37	1.02	1.49	0.81	0.70		0.11
0.30	56.46	13.49	1.35	12.30	7.16	5.57		0.56
	2.12	0.45	3.38	1.37	1.50			
0.04	0.73	0.28	0.04	0.73	0.65	0.65		
0.11	8.64	5.36	1.11	3.14	2.77	2.17		
	1.82	0.71	0.07	4.64	5.05			5.05
	593.57	89.82	12.11	166.16	149.55	8.97		140.04
0.30	31.07	25.16	4.23	7.31	12.63	12.62		0.01

单位：亿元

财务费用	利息收入	利息支出	投资收益（损失以“-”号记）	营业利润	利润总额	亏损企业亏损额	平均用工人数（万人）
23.68	**0.21**	**23.48**	**0.32**	**15.97**	**18.40**	**4.88**	**1.20**
0.08	-0.03	0.14		0.45	0.56		0.07
0.78	0.15	0.95	0.36	0.61	1.06	0.85	0.25
0.83	0.01	0.84		0.34	0.98	0.80	0.18
0.04		0.04		0.22	0.40	0.01	0.04
0.04	0.04	0.17		0.14	0.46	1.18	0.23
0.01				0.09	0.09		0.02
				-0.02			0.01
0.34	0.01	0.28		-1.06	-0.40	0.52	0.07
0.01	-0.05	0.06		0.06	0.03	0.14	0.01
20.15	0.07	19.63	-0.04	15.96	16.08	0.09	0.29
1.39	0.01	1.37		-0.82	-0.85	1.29	0.04

1-B-46 按地区分组的燃气生产和

地区	资产总计	固定资产净额	固定资产原价	累计折旧	流动资产合计	应收账款	存货
大连市	**81.55**	**32.83**	**53.07**	**20.22**	**27.93**	**2.76**	**1.44**
中山区							
西岗区	30.82	3.78	3.98	0.20	15.36	1.03	0.97
沙河口区							
甘井子区							
旅顺口区	1.42	0.82	0.97	0.15	0.40	0.36	
金普新区	6.05	2.98	4.76	1.78	1.98	0.41	0.05
普兰店区	2.23	0.28	0.42	0.14	0.67	0.10	0.18
保税区	36.68	23.60	40.73	17.13	8.55	0.40	0.12
高新园区							
长兴岛							
花园口区	0.97	0.23	0.38	0.15	0.30	0.08	0.07
瓦房店市	1.49	0.48	1.00	0.51	0.23	0.15	0.01
庄河市	1.90	0.66	0.82	0.17	0.43	0.23	0.04
长海县							

1-B-46 续表

地区	个人资本	港澳台资本	外商资本	营业收入	营业成本	销售费用	管理费用
大连市	**0.10**	**1.78**	**21.63**	**31.20**	**15.53**	**2.92**	**2.09**
中山区							
西岗区				9.28	5.40	2.46	1.16
沙河口区							
甘井子区							
旅顺口区			1.02	0.62	0.56	0.01	0.06
金普新区		0.55		5.50	3.85	0.19	0.34
普兰店区			0.55	0.31	0.24	0.01	0.03
保税区			20.07	14.00	4.36	0.12	0.40
高新园区							
长兴岛							
花园口区		0.68		0.37	0.26	0.06	0.03
瓦房店市	0.10			0.42	0.26	0.06	0.03
庄河市		0.55		0.70	0.59	0.03	0.05
长海县							

供应业主要经济指标

单位：亿元

产成品	负债合计	流动负债合计	应付账款	所有者权益合计	实收资本	国家资本	集体资本	法人资本
0.51	**20.83**	**11.47**	**2.34**	**60.73**	**40.41**	**7.25**	**0.07**	**9.58**
0.36	10.76	3.30	0.89	20.06	9.58			9.58
	0.78	0.78	0.30	0.64	1.02			
	2.86	2.66	0.33	3.19	1.37	0.75	0.07	
	1.84	0.83		0.39	0.55			
0.08	2.03	2.03	0.57	34.65	26.57	6.50		
0.07	0.22	0.22	0.10	0.74	0.68			
	1.19	1.19	0.06	0.30	0.10			
	1.14	0.46	0.10	0.76	0.55			

单位：亿元

财务费用	利息收入	利息支出	投资收益（损失以“-”号记）	营业利润	利润总额	亏损企业亏损额	平均用工人数（万人）
0.17	**0.12**	**0.28**	**-0.01**	**10.48**	**9.40**	**0.98**	**0.50**
0.18	0.04	0.21		0.36	-0.81	0.96	0.37
0.02		0.02		-0.02	-0.02	0.02	0.01
0.04		0.05		1.04	1.04		0.02
				0.03	0.03		0.01
-0.08	0.08		-0.01	8.97	8.97		0.02
				0.02	0.02		
0.01		0.01		0.05	0.04		0.01
				0.04	0.11		0.01

1-B-47 按地区分组的水的生产和

地　　区	资产总计	固定资产净　额	固定资产原　价	累计折旧	流动资产合　计	
					应收账款	存货
大 连 市	**101.10**	**50.16**	**94.66**	**43.19**	**35.23**	**9.71**	**0.32**
中 山 区							
西 岗 区	39.72	31.07	43.10	12.03	8.28	3.44	0.19
沙河口区	24.69	8.78	27.42	18.64	15.26	4.48	
甘井子区							
旅顺口区							
金普新区	19.80	8.65	17.16	8.52	5.92	1.43	0.02
普兰店区	6.57	0.60	1.72	1.12	0.77	0.09	0.06
保 税 区							
高新园区	1.15				0.20	0.04	
长 兴 岛							
花园口区							
瓦房店市	1.60		3.33	2.01	0.29	0.18	0.04
庄 河 市	7.57	1.06	1.93	0.87	4.52	0.04	0.01
长 海 县							

1-B-47 续表

地　　区				营业收入	营业成本	销售费用	管理费用
	个人资本	港澳台资本	外商资本				
大 连 市	**1.86**	**0.43**		**18.59**	**17.73**	**2.29**	**3.22**
中 山 区							
西 岗 区				7.86	8.77	2.00	1.76
沙河口区				4.17	4.74	0.02	0.24
甘井子区							
旅顺口区							
金普新区	1.86	0.34		4.90	2.94	0.27	0.76
普兰店区				0.46	0.41		0.14
保 税 区							
高新园区		0.09		0.49	0.21		0.02
长 兴 岛							
花园口区							
瓦房店市				0.35	0.43		0.14
庄 河 市				0.35	0.22		0.15
长 海 县							

供应业主要经济指标

单位：亿元

产成品	负债合计	流动负债合计	应付账款	所有者权益合计	实收资本	国家资本	集体资本	法人资本
	41.24	**21.04**	**3.66**	**59.87**	**26.90**	**16.09**	**0.98**	**7.54**
	10.77	10.54	3.18	28.95	4.05	4.05		
	10.24	0.29	0.27	14.45	10.91	10.91		
	4.35	1.42	0.12	15.45	9.93	0.30		7.43
	7.87	3.03	0.01	-1.30	0.55	0.55		
	0.78	0.38	0.08	0.37	0.20			0.11
	1.48	0.33		0.11	0.98		0.98	
	5.75	5.05		1.83	0.29	0.29		

单位：亿元

财务费用	利息收入	利息支出	投资收益(损失以“-”号记)	营业利润	利润总额	亏损企业亏损额	平均用工人数(万人)
0.59	**0.01**	**0.28**	**0.15**	**-4.49**	**0.46**	**1.22**	**0.50**
0.25	-0.01	0.26	-0.02	-5.10	-0.24	0.24	0.25
				-0.32	-0.31	0.31	0.05
0.01	0.01	0.02	0.17	1.35	1.46	0.03	0.08
0.33				-0.43	-0.44	0.44	0.05
0.02				0.23	0.20		
				-0.22	-0.20	0.20	0.03
-0.02	0.02						0.03

第2篇

主要工业产品产量篇

2-1　2018年全国工业主要产品产量

产品名称	计量单位	产品产量
石灰石	万吨	551.87
原盐	万吨	52.54
小麦粉	万吨	0.39
饲料	万吨	229.53
#配合饲料	万吨	43.76
混合饲料	万吨	141.20
食用植物油	万吨	45.70
#精制食用植物油	万吨	39.15
鲜、冷藏肉	万吨	53.96
冻肉	万吨	7.25
熟肉制品	万吨	3.42
冷冻水产品	万吨	39.53
豆腐及豆制品	万吨	0.59
糕点	万吨	0.80
面包	万吨	1.35
饼干	万吨	0.10
糖果	万吨	0.07
速冻食品	万吨	0.36
#速冻米面食品	万吨	0.36
乳制品	万吨	4.13
#液体乳	万吨	4.13
#灭菌乳	万吨	0.55
巴氏杀菌乳	万吨	2.61
酸牛乳	万吨	0.85
其他液体乳	万吨	0.11
罐头	万吨	8.23
酱油	万吨	1.16
调味酱	万吨	0.04
复合调味品	万吨	0.36
营养、保健食品	万吨	1.05
冷冻饮品	万吨	0.12
食用盐	万吨	12.05
非食用盐	万吨	23.79
饮料酒	万千升	21.66
#啤酒	万千升	21.66
饮料	万吨	28.37
#碳酸型饮料(汽水)	万吨	25.19
果汁和蔬菜汁类饮料	万吨	2.10
包装饮用水	万吨	0.18
纱	万吨	0.80
#棉纱	万吨	0.69
棉混纺纱	万吨	0.11
床褥单	万条	16.00
被罩	万个	18.00

2-1 续表 1

产品名称	计量单位	产品产量
毛巾	万条	1973.00
非织造布(无纺布)	万吨	5.44
纤维纺制线、绳、索、缆	万吨	0.22
帐篷	万顶	29.00
服装	万件	7261.05
#梭织服装	万件	5742.17
#羽绒服装	万件	59.18
西服套装	万件	542.55
衬衫	万件	160.50
#针织服装	万件	1518.88
皮革服装	万件	75.54
毛皮服装	万件	31.00
鞋	万双	799.00
#皮革鞋靴	万双	799.00
锯材	万立方米	65.80
人造板	万立方米	7.33
#刨花板	万立方米	7.33
人造板表面装饰板	万平方米	15.17
实木木地板	万平方米	243.82
复合木地板	万平方米	546.59
家具	万件	1709.34
#木质家具	万件	648.38
金属家具	万件	95.42
软体家具	万件	9.88
机制纸及纸板(外购原纸加工除外)	万吨	26.08
#包装用纸及纸板	万吨	26.08
#箱纸板	万吨	26.08
纸制品	万吨	14.97
#瓦楞纸箱	万吨	8.94
单色印刷品	万令	1.46
多色印刷品	万对开色令	49.62
硫酸(折100%)	万吨	5.56
盐酸(氯化氢，含量31%)	万吨	1.09
纯碱(碳酸钠)	万吨	12.93
对二甲苯(PX)	万吨	144.37
硫磺	万吨	4.37
合成氨(无水氨)	万吨	6.72
农用氮、磷、钾化学肥料(折纯)	万吨	12.71
#氮肥(折含氮100%)	万吨	12.71
复合肥、复混合肥	万吨	6.81
涂料	万吨	1.45
初级形态塑料	万吨	13.61
#聚丙烯树脂	万吨	11.60
合成纤维单体	万吨	1230.48
#精对苯二甲酸(PTA)	万吨	1230.48

2-1　续表 2

产品名称	计量单位	产品产量
化学试剂	万吨	2.76
催化剂	万吨	0.36
橡胶助剂	万吨	0.19
合成洗涤剂	万吨	3.17
#液体洗涤剂	万吨	0.21
香料	万吨	0.04
化学药品原药	万吨	0.02
#抗菌素(抗感染药)	万吨	0.01
解热镇痛药	吨	10.45
计划生育用药	吨	10.76
抗肿瘤药	吨	3.85
呼吸系统用药	吨	27.70
中成药	吨	421.62
兽用药品	吨	344.42
橡胶轮胎外胎	万条	1207.86
#乘用车橡胶轮胎外胎	万条	1142.19
#载货汽车橡胶轮胎外胎	万条	65.68
#子午线轮胎外胎	万条	1207.86
塑料制品	万吨	17.36
#塑料薄膜	万吨	9.56
泡沫塑料	万吨	0.19
硅酸盐水泥熟料	万吨	859.49
#窑外分解窑水泥熟料	万吨	859.49
水泥	万吨	855.63
#强度等级42.5水泥(含R型)	万吨	129.66
强度等级52.5水泥(含R型)	万吨	2.73
商品混凝土	万立方米	715.32
预应力混凝土桩	万米	80.56
水泥混凝土预制构件	万立方米	19.22
平板玻璃	万重量箱	306.27
日用玻璃制品	万吨	0.17
玻璃纤维纱	万吨	0.85
纤维增强塑料制品	万吨	0.57
耐火材料制品	万吨	29.19
石墨及碳素制品	万吨	1.40
钢材	万吨	86.86
#中小型型钢	万吨	5.58
线材(盘条)	万吨	0.04
厚钢板	万吨	5.03
冷轧窄钢带	万吨	0.20
镀层板(带)	万吨	74.74
焊接钢管	万吨	6.30
用外购钢材再加工生产钢材	万吨	78.79
#用外购国产钢材再加工生产钢材	万吨	78.79
高温合金	万吨	0.13

2-1 续表 3

产品名称	计量单位	产品产量
铜材	万吨	0.02
铝材	万吨	1.44
镍材	万吨	0.04
钢结构	万吨	9.45
金属门窗及类似制品	万吨	1.02
金属切削工具	万件	4286.73
金属集装箱	万立方米	187.06
金属压力容器	万吨	1.41
金属包装容器	万吨	2.44
金属丝	万吨	1.03
#钢丝	万吨	0.58
铸铁件	万吨	18.29
铸钢件	万吨	3.14
锻件	万吨	6.78
工业锅炉	蒸发量吨	180.00
发动机	万千瓦	989.79
#汽车用发动机	万千瓦	893.48
金属切削机床	万台	0.93
#数控金属切削机床	万台	0.62
金属成形机床	台	12.00
铸造机械	台	55.00
起重机	万吨	7.81
#桥式起重机	万吨	0.13
工业车辆	万台	1.32
#电动车辆(电动叉车)	台	194.00
内燃叉车	万台	1.30
连续搬运设备	万吨	4.36
#输送机械(输送机和提升机)△	万吨	0.28
#带式输送机	万吨	0.18
装卸机械	万吨	2.00
给料机械	万吨	2.08
泵	万台	30.86
真空应用设备	台	12.00
#真空镀膜设备	台	12.00
气体压缩机	万台	0.92
#非制冷设备用压缩机	万台	0.92
阀门	万吨	1.49
液压元件	万件	146.89
气动元件	万件	328.67
滚动轴承	万套	8578.44
#球轴承	万套	3876.05
滚子轴承	万套	1.00
齿轮	万吨	4.16
钢铁铰接链(工业链条)	万吨	0.10
气体分离及液化设备	万台	0.03

2-1　续表 4

产品名称	计量单位	产品产量
工商用制冷、空调设备	万台(套)	7.11
#工商用制冷设备	万台(套)	4.06
中央空调冷水/热泵机组	万台(套)	0.03
工商用空调设备	万台(套)	3.02
风动手提工具	万台	76.12
包装专用设备	万台	0.01
金属密封件	万件	48.00
金属紧固件	万吨	0.29
弹簧	万吨	0.56
矿山专用设备	万吨	1.04
建筑工程用机械	万台	0.05
#挖掘、铲土运输机械	万台	0.05
#挖掘机	万台	0.05
冶金专用设备	万吨	16.94
#金属冶炼设备	万吨	7.03
炼焦设备	万吨	2.45
炼钢设备	万吨	0.09
有色金属冶炼设备	万吨	4.49
金属轧制设备	万吨	1.38
炼油、化工生产专用设备	万吨	2.04
#石油化工用加氢反应器	万台	0.00
橡胶加工专用设备	万台	0.05
塑料加工专用设备	万台	0.01
模具	万套	0.15
#金属、硬质合金用模具△	万套	0.02
#金属冲压模具	万套	0.02
塑料用模具	万套	0.06
橡胶用模具	万套	0.01
饲料生产专用设备	台	7.00
制浆和造纸专用设备	台	23.00
纺织专用设备	万台	0.07
电工机械专用设备	万台	0.01
电子工业专用设备	万台	6.94
医疗仪器设备及器械	台	21.00
一次性注射器	万支	170.00

2-1 续表 5

产品名称	计量单位	产品产量
眼镜成镜	万副	225.14
自动售货机、售票机	万台	2.46
灭火器	万台	4.83
汽车用柴油发动机	万千瓦	893.48
改装汽车	辆	5231.00
铁路机车	辆	342.00
铁路货车	辆	1023.00
城市轨道车辆	辆	601.00
民用钢质船舶	万载重吨	122.79
#钢质机动货船	万载重吨	120.67
#散货船	万载重吨	0.59
钢质机动非货船	万载重吨	1.54
渔船	万载重吨	0.17
工程(工作)船	万载重吨	0.27
钢质非机动船	万载重吨	0.58
船用推进器	万吨	0.07
海洋石油浮动工程结构物	座/艘	1.00
发电机组(发电设备)	万千瓦	0.95
电动机	万千瓦	159.89
#直流电动机	万千瓦	12.17
交流电动机	万千瓦	124.85
变压器	万千伏安	17.79
互感器	万台	116.02
#高压开关板	万面	0.16
低压开关板	万面	0.24
高压开关设备(11万伏以上)	万台	0.92
#全封闭组合电器(GIS)	万台	0.62
隔离开关	万台	0.31
配电或电器控制设备	万台(套、面)	6.68
#高压电路开关、保护电器装置	万台(套、面)	0.01
低压开关、保护控制装置	万台(套、面)	0.10
电力控制或电力分配装置	万台(套、面)	6.57
绝缘电线	万吨	0.03

2-1　续表 6

产品名称	计量单位	产品产量
通信及电子网络用电缆	万对千米	5.98
电力电缆	万千米	3.67
绝缘制品	万吨	2.87
蓄电池	万千伏安时	20.76
#锂离子电池	万只(自然只	1.00
家用电冰箱(家用冷冻冷藏箱)	万台	32.65
房间空气调节器	万台	117.06
家用燃气灶具	万台	373.79
电光源	万只	154.00
灯具及照明装置	套(台、个)	77290.00
车辆专用照明、信号及其装置	套(台、个)	29424.00
打印机	台	258500.00
数字激光音、视盘机	台	1807338.00
半导体分立器件	万只	207760.00
集成电路	万块	14957.00
集成电路圆片	万片	67.12
光电子器件	万只(片、	10179.57
液晶显示屏	万片	2007.00
液晶显示模组	万套	3863.90
电子元件	万只	3968798.00
印制电路板	万平方米	37.75
工业自动调节仪表与控制系统	万台(套)	0.08
#工业自动控制系统	万台(套)	0.02
量具	万台	53.53
工业仪表	万台(个)	21.89
流量测量仪表	万台(个)	8.91
#水表	万个	8.91
分析仪器及装置	万台(套)	0.39
执行器	万台	12.98
表	万只	51.62
衡器(秤)	万台	0.04
船舶修理	万载重吨	919.21
自来水生产量	万立方米	104693.00

2-2　2018年全市规模以上工业主要产品生产能力

产品名称	计量单位	2018年
棉纺锭	万锭	8.90
原油加工能力	万吨	3270.00
农用氮、磷、钾化学肥料总计(折纯)	万吨	15.00
初级形态塑料	万吨	15.40
硅酸盐水泥熟料	万吨	1510.00
水泥	万吨	1500.00
平板玻璃	万重量箱	400.00
钢材	万吨	95.81
金属切削机床	万台	1.19
挖掘机	台	500
汽车	辆	1890
#新能源商用车	辆	1890
商用车	辆	1890
民用钢质船舶	万载重吨	280.99
家用电冰箱	万台	150.00
房间空气调节器	万台	200.00
发电设备容量总计	万千瓦	982.35
#火电设备容量	万千瓦	494.18
核电设备容量	万千瓦	447.52
风电设备容量	万千瓦	30.65

2-3　2018年大连市主要能源产品产量

产品名称	计量单位	产品产量
原煤	万吨	
原油	万吨	
天然气	亿立方米	
液化天然气	万吨	
原油加工量	万吨	2708.8
汽油	万吨	705.6
煤油	万吨	420.9
柴油	万吨	850.4
燃料油	万吨	139.9
石脑油	万吨	118.4
液化石油气	万吨	93.1
石油焦	万吨	26.4
石油沥青	万吨	130.1
焦炭	万吨	
发电量	亿千瓦小时	516.4
火力发电量	亿千瓦小时	202.8
水力发电量	亿千瓦小时	
核能发电量	亿千瓦小时	301.6
风力发电量	亿千瓦小时	9.5
太阳能发电量	亿千瓦小时	2.5
煤气	亿立方米	2.6

注：调查范围为有能源生产的法人单位。

第3篇

规模以上工业企业科技情况篇

A.企业R&D及相关活动主要指标

3-A-1 企业R&D及相关活动主要指标

主要指标	单位	总计	大型	中型	小微型
基本情况					
有R&D活动的企业	个	556	36	133	387
有研发机构的企业	个	111	15	31	65
R&D人员情况					
R&D人员合计	人	29608	10082	9101	10425
#女性	人	6234	1813	2010	2411
#研究人员	人	10263	3746	3197	3320
#全时人员	人	20964	6480	6717	7767
R&D人员折合全时当量	人年	18237	5852	5633	6752
R&D经费情况					
R&D经费内部支出	万元	1012120	442640	386145	183335
按支出用途分					
1.日常性支出	万元	965416	423897	373875	167644
#人员劳务费	万元	255198	111935	73940	69322
2.资产性支出	万元	46704	18743	12270	15691
#仪器和设备	万元	46256	18643	12115	15498
按资金来源分					
政府资金	万元	19689	12390	1407	5893
企业资金	万元	989272	429184	383219	176869
国外资金	万元	2269	1067	1051	151
其他资金	万元	889		467	422
R&D经费外部支出	万元	68445	48886	14285	5274
#对境内研究机构支出	万元	20151	18262	1064	826
对境内高等学校支出	万元	2377	1989	257	132
对境外支出	万元	15668	7323	4267	4079

3-A-1　续表

主要指标	单位	总计	大型	中型	小微型
企业办研发机构情况					
机构数	个	133	23	35	75
机构人员数	人	8269	3867	2537	1865
#博士	人	83	35	25	23
硕士	人	1347	795	343	209
机构经费支出	万元	176337	93449	42885	40004
仪器和设备原价	万元	180876	96700	35179	48998
#进口	万元	21006	16067	294	4646
新产品开发及生产情况					
新产品开发项目数	项	3313	574	904	1835
新产品开发经费支出	万元	757429	370666	228558	158204
新产品销售收入	万元	757429	370666	228558	158204
#新产品出口	万元	2319337	1292324	837461	189552
自主知识产权及相关情况					
专利申请数	件	3423	653	944	1826
#发明专利	件	1357	315	368	674
有效发明专利数	件	5169	862	1358	2949
#境外授权	件	73	42	8	23
拥有注册商标数	件	1588	242	721	625
#境外注册	件	128	10	25	93
形成国家或行业标准数	项	175	34	81	60
政府相关政策落实情况					
来自政府部门的研究开发经费	万元	19502	12516	1082	5904
研究开发费用加计扣除减免税	万元	32728	14277	10058	8393
高新技术企业减免税	万元	72640	45514	17724	9402
技术获取和技术改造情况					
引进技术经费支出	万元	28343	24517	2501	1325
消化吸收经费支出	万元	579	412	110	57
购买国内技术经费支出	万元	8731	8425	107	199
技术改造经费支出	万元	46059	30448	11546	4065

3-A-2 分登记注册类型企业R&D

主要指标	单位	内资企业	国有企业	集体企业
基本情况				
有R&D活动的企业	个	429	5	1
有研发机构的企业	个	91	2	
R&D人员情况				
R&D人员合计	人	21733	1011	21
#女性	人	4463	191	2
#研究人员	人	7900	423	12
#全时人员	人	15417	481	19
R&D人员折合全时当量	人年	12895	765	13
R&D经费情况				
R&D经费内部支出	万元	788003	21649	956
按支出用途分				
1.日常性支出	万元	755991	21649	956
#人员劳务费	万元	172102	10497	679
2.资产性支出	万元	32013		
#仪器和设备	万元	31786		
按资金来源分				
政府资金	万元	18254	129	
企业资金	万元	767895	20997	956
国外资金	万元	968	524	
其他资金	万元	886		
R&D经费外部支出	万元	35267	1344	
#对境内研究机构支出	万元	20136	1344	
对境内高等学校支出	万元	2321		
对境外支出	万元	10343		

及相关活动主要指标

股份合作企业	联营企业	有限责任公司	股份有限公司	私营企业	其他企业	港澳台商投资企业	外商投资企业
		138	49	235	1	29	98
		27	14	47	1	4	16
		8359	3050	7183	2109	1579	6296
		1520	743	1603	404	505	1266
		3250	1082	2118	1015	479	1884
		5958	2038	5441	1480	1218	4329
		5330	1739	4566	482	1180	4162
		383969	72582	165236	143612	38975	185142
		369459	67665	153093	143169	36486	172939
		82568	20403	41734	16220	15602	67493
		14510	4916	12144	443	2489	12203
		14367	4860	12117	443	2375	12094
		2936	3242	2732	9216	199	1237
		380229	69195	162122	134396	38015	183362
		347		98		758	543
		457	145	284		3	
		13258	2541	1083	17042	10034	23144
		8193	413	594	9593	3	12
		1570	159	74	519	33	22
		2915	605	277	6547	3086	2239

3-A-2 续表

主要指标	单位	内资企业	国有企业	集体企业
企业办研发机构情况				
机构数	个	111	2	
机构人员数	人	7125	332	
#博士	人	69		
硕士	人	1146	29	
机构经费支出	万元	138304	8347	
仪器和设备原价	万元	145169	24682	
#进口	万元	15072	10140	
新产品开发及生产情况				
新产品开发项目数	项	2613	40	
新产品开发经费支出	万元	554360	19497	
新产品销售收入	万元	8761082	382115	1024
#新产品出口	万元	1815745		
自主知识产权及相关情况				
专利申请数	件	2672	38	2
#发明专利	件	1077	13	1
有效发明专利数	件	4158	67	2
#境外授权	件	71		
拥有注册商标数	件	1507	2	
#境外注册	件	123		
形成国家或行业标准数	项	152	1	
政府相关政策落实情况				
来自政府部门的研究开发经费	万元	18067	129	
研究开发费用加计扣除减免税	万元	28270	69	
高新技术企业减免税	万元	61589	104	
技术获取和技术改造情况				
引进技术经费支出	万元	5377	3600	
消化吸收经费支出	万元	522	383	
购买国内技术经费支出	万元	8558	1280	
技术改造经费支出	万元	18972	446	

股份合作企业	联营企业	有限责任公司	股份有限公司	私营企业	其他企业	港澳台商投资企业	外商投资企业
		34	17	57	1	4	18
		3034	1051	1673	1035	211	933
		28	16	14	11	6	8
		587	161	118	251	16	185
		58084	17846	26669	27359	10712	27321
		54508	30338	29293	6349	4320	31387
		1592	156	1107	2078	883	5051
		913	397	1186	77	148	552
		199193	74154	124241	137275	31476	171593
2938		4764390	536151	893049	2181416	284699	3375889
431		827227	113974	140576	733538	50743	452849
23		957	319	1175	158	255	496
		465	144	389	65	121	159
50		1521	748	1587	183	443	568
		31	26	14			2
		218	659	556	72	17	64
		19	18	86		2	3
		45	36	57	13	2	21
		3279	3211	2232	9216	199	1237
		15800	2958	6432	3010	1272	3187
		13576	6024	7436	34449	241	10810
		244	346	801	386	144	22822
			138				57
		569	44	130	6535		173
766		9926	2899	3064	1871	840	26248

3-A-3 制造业企业R&D

主要指标	单位	制造业合计	农副食品加工业	食品制造业	酒、饮料和精制茶制造业	烟草制品业	纺织业
基本情况							
有R&D活动的企业	个	541	22	11	2		5
有研发机构的企业	个	109	3		1		
R&D人员情况							
R&D人员合计	人	29076	665	217	26		118
#女性	人	6192	265	121	6		54
#研究人员	人	10040	187	77	14		28
#全时人员	人	20565	388	176	24		99
R&D人员折合全时当量	人年	17985	409	137	17		60
R&D经费情况							
R&D经费内部支出	万元	990840	14173	3235	795		3642
按支出用途分							
1.日常性支出	万元	945272	13865	3226	530		3642
#人员劳务费	万元	247492	4000	1559	405		896
2.资产性支出	万元	45568	308	10	265		
#仪器和设备	万元	45120	306	8	246		
按资金来源分							
政府资金	万元	19688	175	40			
企业资金	万元	968066	13999	3195	795		3642
国外资金	万元	2269					
其他资金	万元	817					
R&D经费外部支出	万元	68445	7	192	13		
#对境内研究机构支出	万元	20151					
对境内高等学校支出	万元	2377					
对境外支出	万元	30249					

及相关活动主要指标

纺织服装、服饰业	皮革、毛皮、羽毛及其制品和制鞋业	木材加工和木、竹、藤、棕、草制品业	家具制造业	造纸及纸制品业	印刷和记录媒介复制业	文教、工美、体育和娱乐用品制造业	石油、煤炭及其他燃料加工业	化学原料和化学制品制造业	医药制造业
10	1	6	3	3	3	4	3	43	16
1		1		1		1		16	5
586	40	242	242	90	64	159	159	1994	858
289	14	111	57	24	17	36	13	432	423
91	11	22	18	23	18	71	69	700	385
527	36	187	123	41	51	140	139	1464	572
386	40	192	203	24	52	119	70	1561	541
3852	2397	2686	3041	683	1327	2329	2488	255132	14583
3746	2397	2346	3041	659	1307	1307	2388	253984	13173
3201	463	1124	1628	168	176	727	967	18177	5555
106		340		24	20	1022	100	1148	1410
106		340		22	20	1022	100	1128	1409
								905	193
3825	2397	2686	3041	683	1327	2329	2488	253949	14236
27								133	154
								145	
649		74		1			760	122	1368
				1					659
									131
335		74						16	199

3-A-3 续表 1

主要指标	单位	制造业合计	农副食品加工业	食品制造业	酒、饮料和精制茶制造业	烟草制品业	纺织业
企业办研发机构情况							
机构数	个	131	4		1		
机构人员数	人	8163	94		34		
#博士	人	83	3				
硕士	人	1341	25		6		
机构经费支出	万元	174436	479		396		
仪器和设备原价	万元	179226	1192		2690		
#进口	万元	20141			156		
新产品开发及生产情况							
新产品开发项目数	项	3218	67	35			26
新产品开发经费支出	万元	740754	13417	2527			3245
新产品销售收入	万元	12383961	53800	12676	59		31380
#新产品出口	万元	2319337	10219	458			11562
自主知识产权及相关情况							
专利申请数	件	3356	59	22	3		58
#发明专利	件	1350	29	15	2		5
有效发明专利数	件	5122	54	78	4		10
#境外授权	件	73		6			
拥有注册商标数	件	1560	172	363			
#境外注册	件	128	20	13			
形成国家或行业标准数	项	175	1	2			
政府相关政策落实情况							
来自政府部门的研究开发经费	万元	19501	287	40			
研究开发费用加计扣除减免税	万元	32255	78	437			33
高新技术企业减免税	万元	72203	43	2448			
技术获取和技术改造情况							
引进技术经费支出	万元	28343		50			
消化吸收经费支出	万元	579					
购买国内技术经费支出	万元	8731					
技术改造经费支出	万元	45495					

纺　织 服装、 服饰业	皮革、毛皮、 羽毛及其制 品和制鞋业	木材加工和 木、竹、藤、 棕、草制品业	家　具 制造业	造纸及纸 制 品 业	印 刷 和 记录媒介 复 制 业	文教、工美、 体育和娱乐 用品制造业	石油、煤炭 及其他燃 料加工业	化学原料 和化学制 品制造业	医　药 制造业
1		1		1		1		17	8
8		72		24		81		770	287
		1				1		21	6
						5		118	54
80		444		10		1022		24048	4021
3040		204		10		1022		17985	3857
				2				927	687
28	1	4	15	12	14	19	11	295	113
3285	2397	1168	2882	664	1600	2364	4793	90650	12816
59123		17975		3342	7374	32459	1434372	3166019	80564
21234		17074			105	27428		635509	20393
72		14	11	15	28	13	1	331	57
11			2		11	13	1	150	31
18		28	12	30	5	20	10	555	91
								1	2
4			23		2	13	12	119	132
						1		10	
								23	26
								920	160
155	451					110		6411	1223
						39		9535	1557
		74							140
									57
101									69
113					95		5000	7398	634

3-A-3 续表 2

主要指标	单位	化学纤维制造业	橡胶和塑料制品业	非金属矿物制品业	黑色金属冶炼和压延加工业	有色金属冶炼和压延加工业	金属制品业
基本情况							
有R&D活动的企业	个	1	13	19	5	7	40
有研发机构的企业	个		2	4	1		7
R&D人员情况							
R&D人员合计	人	23	416	508	133	175	1597
#女性	人	9	102	81	20	30	152
#研究人员	人	6	137	107	66	55	355
#全时人员	人	21	310	413	121	108	1026
R&D人员折合全时当量	人年	22	245	216	78	124	1011
R&D经费情况							
R&D经费内部支出	万元	753	8016	15888	19593	3764	23979
按支出用途分							
1.日常性支出	万元	753	7853	13297	19330	3750	23178
#人员劳务费	万元	139	4141	2137	1529	1459	9832
2.资产性支出	万元		163	2591	263	14	801
#仪器和设备	万元		152	2561	261	14	788
按资金来源分							
政府资金	万元	53	187	88	64	188	317
企业资金	万元	700	7539	15800	19529	3576	23521
国外资金	万元		288				13
其他资金	万元		3				129
R&D经费外部支出	万元		20194	15		25	193
#对境内研究机构支出	万元		17				33
对境内高等学校支出	万元			9		25	4
对境外支出	万元		20177	6			133

通用设备制造业	专用设备制造业	汽车制造业	铁路、船舶、航空航天和其他运输设备制造业	电气机械和器材制造业	计算机、通信和其他电子设备制造业	仪器仪表制造业	其他制造业	废弃资源综合利用业	金属制品、机械和设备修理业
123	54	36	28	42	22	15		2	2
23	11	7	7	8	6	3			1
6037	2438	2243	5839	1913	1177	512		56	549
1078	509	318	961	497	367	117		19	70
1740	1070	652	2680	569	383	243		30	233
4067	1477	1884	3808	1545	949	439		20	410
3725	1398	1538	2786	1343	796	381		45	469
113412	90724	62847	226822	32579	60810	7299		1065	12927
104927	79585	52357	224351	30811	58311	7167		1065	12927
47139	16261	24458	55559	13684	21274	3444		753	6638
8485	11139	10490	2471	1768	2499	132			
8457	11042	10365	2387	1763	2492	132			
1050	596	835	11528	2647	401	213			210
112300	90091	62012	214343	29792	59408	7083		1065	12717
	37		557	59	1001				
63			394	80		3			
1879	1828	9015	28577	320	1957	2		1255	
479	85		18586	291					
112	91		2006			2			
677	84	5871	823		1852				

3-A-3 续表 3

主要指标	单位	化学纤维制造业	橡胶和塑料制品业	非金属矿物制品业	黑色金属冶炼和压延加工业	有色金属冶炼和压延加工业	金属制品业
企业办研发机构情况							
机构数	个		2	4	1		7
机构人员数	人		43	86	15		177
#博士	人			3			
硕士	人			9			15
机构经费支出	万元		409	2723	500		7258
仪器和设备原价	万元		674	5019	419		3370
#进口	万元		177				200
新产品开发及生产情况							
新产品开发项目数	项	6	62	53	26	45	198
新产品开发经费支出	万元	753	7764	12929	17983	3660	24019
新产品销售收入	万元	9022	134191	116490	33921	4322	131638
#新产品出口	万元		26722	32019	1969	485	44091
自主知识产权及相关情况							
专利申请数	件		79	38	35	55	197
#发明专利	件		34	31	11	21	42
有效发明专利数	件	3	98	86	30	72	276
#境外授权	件						2
拥有注册商标数	件	1	56	16	1	10	33
#境外注册	件						3
形成国家或行业标准数	项			2		1	4
政府相关政策落实情况							
来自政府部门的研究开发经费	万元	53	187	88	10	200	317
研究开发费用加计扣除减免税	万元		430	39	326	207	1122
高新技术企业减免税	万元		860	166	789	921	812
技术获取和技术改造情况							
引进技术经费支出	万元		20177	2032			262
消化吸收经费支出	万元						
购买国内技术经费支出	万元						3
技术改造经费支出	万元			581			2290

通用设备制造业	专用设备制造业	汽车制造业	铁路、船舶、航空航天和其他运输设备制造业	电气机械和器材制造业	计算机、通信和其他电子设备制造业	仪器仪表制造业	其他制造业	废弃资源综合利用业	金属制品、机械和设备修理业
28	14	8	10	9	6	7			1
1144	814	362	2854	434	296	78			490
7	13	1	22	4		1			
72	140	52	714	41	61	7			22
21249	10603	8925	66462	8632	9521	721			6932
27542	17410	20445	57840	8711	4873	2161			762
2542	40	1000	12665	194	1550				
774	371	185	378	246	149	75			10
98947	63634	55802	207536	28303	58424	7155			12037
795730	493933	972116	3647614	205196	721863	28246			190538
57221	112074	16348	993738	31732	154157	59			104742
502	353	318	518	272	182	57		2	64
167	115	132	262	110	106	19		2	28
776	772	248	646	720	326	120		14	20
6	18		24	8	6				
107	88	4	83	152	137	32			
6	12	1		1	61				
28	19		31	36		2			
748	354	795	11528	2661	732	213			210
4703	2060	495	8412	1509	1637	1623			794
7230	5643	897	35239	1478	4465	84			
1083	290	185	4051						
	28	110	383						
66	44		8384	64					
5502	1050	20418	2413			2			

第4篇

建筑业企业生产经营及财务状况篇

A.全社会建筑业企业

4-A-1　各地区全社会建筑业企业个数

单位：个

地　区	企业合计	总承包和专业承包企业	劳务分包企业	资质以外企业
全　市	**12743**	**1568**	**30**	**11145**
中山区	894	83	1	810
西岗区	950	124	9	817
沙河口区	1666	230	9	1427
甘井子区	3028	290		2738
旅顺口区	508	58	1	449
金普新区	2533	275	1	2257
普兰店区	473	117		356
保税区	680	36		644
高新园区	396	48	1	347
长兴岛	191	26	1	164
花园口	42	6		36
瓦房店市	480	72	1	407
庄河市	866	194	6	666
长海县	36	9		27

4-A-2　各地区全社会建筑业企业期末人数

单位：万人

地　区	企业合计	总承包和专业承包企业	劳务分包企业	资质以外企业
全　市	**237432**	**142632**	**3292**	**91508**
中山区	6737	4289	2	2446
西岗区	26546	16672	1221	8653
沙河口区	29910	20980	1476	7454
甘井子区	26423	15668		10755
旅顺口区	8109	5558		2551
金普新区	35338	23497	435	11406
普兰店区	10985	9468		1517
保税区	3635	1859		1776
高新园区	7295	5468	7	1820
长兴岛	1943	1209	100	634
花园口	1721	1423		298
瓦房店市	9438	5547	2	3889
庄河市	69017	30743	49	38225
长海县	335	251		84

4-A-3 各地区全社会建筑业企业资产总计

单位：亿元

地 区	企业合计	总承包和专业承包企业	劳务分包企业	资质以外企业
全 市	**2590**	**1536**	**18**	**1035**
中 山 区	109	61		48
西 岗 区	395	224	5	166
沙河口区	273	236	1	36
甘井子区	488	132		356
旅顺口区	50	24		26
金普新区	554	409	4	140
普兰店区	83	77		6
保 税 区	37	19		18
高新园区	167	73		94
长 兴 岛	71	13	7	51
花 园 口	6	4		3
瓦房店市	83	72		11
庄 河 市	270	191	2	77
长 海 县	3	2		2

4-A-4 各地区全社会建筑业企业负债合计

单位：亿元

地 区	企业合计	总承包和专业承包企业	劳务分包企业	资质以外企业
全 市	**1598**	**995**	**17**	**585**
中 山 区	64	40		24
西 岗 区	250	182	4	63
沙河口区	193	169		24
甘井子区	247	86		161
旅顺口区	35	12		23
金普新区	344	242	4	99
普兰店区	45	41		4
保 税 区	23	12		11
高新园区	123	53		70
长 兴 岛	50	8	7	35
花 园 口	3	2		2
瓦房店市	55	49		6
庄 河 市	164	99	1	63
长 海 县	2	1		1

4-A-5　各行业全社会建筑业企业个数

单位：个

行　　业	企业合计	总承包和专业承包企业	劳务分包企业	资质以外企业
总　计	**12743**	**1567**	**30**	**11146**
房屋建筑业	1611	497	5	1109
土木工程建筑业	1883	338	5	1540
建筑安装业	2547	443	9	2095
建筑装饰业和其他建筑业	6702	289	11	6402

4-A-6　各行业全社会建筑业企业期末人数

单位：万人

行　　业	企业合计	总承包和专包企业	劳务分包企业	资质以外企业
总　计	**237432**	**142632**	**3292**	**91508**
房屋建筑业	**87126**	69575	553	16998
土木工程建筑业	**50473**	31882	695	17896
建筑安装业	**38477**	26086	30	12361
建筑装饰业和其他建筑业	**61343**	15089	2014	44240

4-A-7　各行业全社会建筑业企业资产总计

单位：亿元

行　　业	企业合计	总承包和专业承包企业	劳务分包企业	资质以外企业
总　计	**2590**	**1536**	**18**	**1035**
房屋建筑业	1312	817	6	489
土木工程建筑业	774	431	4	338
建筑安装业	199	158		41
建筑装饰业和其他建筑业	305	130	9	166

4-A-8　各行业全社会建筑业企业负债合计

单位：亿元

行　　业	企业合计	总承包和专业承包企业	劳务分包企业	资质以外企业
总　计	**1598**	**995**	**17**	**585**
房屋建筑业	745	517	5	223
土木工程建筑业	524	299	4	222
建筑安装业	107	84		24
建筑装饰业和其他建筑业	221	96	8	117

B.总承包和专业承包建筑业企业

1.综合

4-B-1.1　总承包和专业承包企业主要经济指标完成情况

指　标	单位	2018年	2017年	2018年比2017年增减(%)
企业个数	(个)	1568	1639	-4.3
从事建筑业活动的平均人数	(人)	263094	260511	1.0
签订合同额	(千元)	134296624	157426829	-14.7
#本年新签合同额	(千元)	72418992	86449947	-16.2
建筑业总产值	(千元)	75234622	87248206	-13.8
建筑工程产值	(千元)	58782681	70725757	-16.9
安装工程产值	(千元)	12592496	13366154	-5.8
其他产值	(千元)	3859445	3156295	22.3
竣工产值	(千元)	37150212	41937318	-11.4
自有固定资产原价	(千元)	20643367	19280909	7.1
自有固定资产净价	(千元)	8284527	11222636	-26.2
自有机械设备年末总台数	(台)	31115	49682	-37.4
自有机械设备年末净值	(千元)	2008002	2784344	-27.9
自有机械设备年末总功率	(千瓦)	1044621	2216545	-52.9
本年固定资产折旧	(千元)	1181510	1154535	2.3
应付职工薪酬	(千元)	9547654	5991829	59.3
主营业务税金及附加	(千元)	413193	694392	-40.5
房屋建筑施工面积	(平方米)	25935676	37455935	-30.8
房屋建筑竣工面积	(平方米)	9707957	11914840	-18.5
实收资本	(千元)	35434052	27585609	28.5
资产总计	(千元)	153645997	142003922	8.2
负债合计	(千元)	99531798	88496706	12.5
利润总额	(千元)	2000129	2551576	-21.6
税金总额	(千元)	2655607	1906028	39.3

4-B-1.2 各地区总承包和专业承包企业签订合同情况

单位：千元

地 区	合同总额	上年结转合同额	本年新签合同额
全 市	**134296624**	**61877632**	**72418992**
中 山 区	9552545	5261140	4291405
西 岗 区	18411382	11498794	6912588
沙河口区	28273288	17049781	11223507
甘井子区	12202769	4453265	7749504
旅顺口区	2180377	945150	1235227
金普新区	20513470	10264643	10248827
普兰店区	6741363	1560844	5180519
保 税 区	1510049	531051	978998
高新园区	13436796	3120490	10316306
长 兴 岛	880911	539127	341784
花 园 口	586431	6000	580431
瓦 房 店	3029582	1393295	1636287
庄 河 市	16819899	5242627	11577272
长 海 县	157762	11425	146337

4-B-1.3 各地区总承包和专业承包企业承包工程完成情况

单位：千元

地 区	直接从建设单位承揽工程完成的产值	自行完成施工产值	分包出去工程的产值	从建设单位以外承揽工程完成的产值
全 市	**67980080**	**66458410**	**1521670**	**8776212**
中 山 区	3905622	3657157	248465	61074
西 岗 区	8136157	8125784	10373	232456
沙河口区	10173134	10055724	117410	4346625
甘井子区	7960683	7943829	16854	234144
旅顺口区	1308876	1308876		14512
金普新区	8812307	8753304	59003	3588914
普兰店区	5356930	5313951	42979	122909
保 税 区	1238603	1238603		13151
高新园区	4829869	3939196	890673	19821
长 兴 岛	557952	553684	4268	45547
花 园 口	344485	317725	26760	
瓦 房 店	1999650	1958350	41300	27550
庄 河 市	13244211	13180626	63585	69509
长 海 县	111601	111601		

4-B-1.4　各地区总承包和专业承包企业建筑业总产值和竣工产值

单位：千元

地　区	建筑业总产值	#装饰装修产值	#在外省完成的产值	按构成分组			竣工产值
				建筑工程产值	安装工程产值	其他产值	
全　市	**75234622**	**3490296**	**14359026**	**58782681**	**12592496**	**3859445**	**37150212**
中山区	3718231	817087	984305	2022605	1409973	285653	1350113
西岗区	8358240	651746	888005	7221100	805581	331559	2625020
沙河口区	14402349	621132	6489013	9603579	4328233	470537	5239728
甘井子区	8177973	483475	621441	4904521	1885582	1387870	4785151
旅顺口区	1323388	13244	462509	1195571	107813	20004	1001662
金普新区	12342218	665200	3889409	10684212	1273705	384301	9017264
普兰店区	5436860	44572	64266	4808724	495724	132412	3287705
保税区	1251754	34782	115295	997342	158296	96116	578517
高新园区	3959017	49408	556677	2262420	1641273	55324	1812608
长兴岛	599231		12290	456147	81752	61332	356206
花园口	317725	22713		217637		100088	80328
瓦房店	1985900	824	5434	1516897	79880	389123	805916
庄河市	13250135	86086	263812	12786895	318114	145126	6112259
长海县	111601	27	6570	105031	6570		97735

4-B-1.5　各地区总承包和专业承包企业房屋建筑面积

地　区	房屋建筑施工面积(平方米)	#本年新开工	房屋建筑竣工面积(平方米)
全　市	**25935676**	**10148180**	**9707957**
中山区	389822	354011	27106
西岗区	3147771	1118876	418624
沙河口区	2168549	767141	984535
甘井子区	3815126	1794473	1154168
旅顺口区	1304275	548491	471667
金普新区	6720552	1262968	2888960
普兰店区	916117	604464	474904
保税区	456864	170043	230246
高新园区	598907	348398	130334
长兴岛	144890	98890	88890
花园口	173688	122741	76850
瓦房店	769520	43070	18293
庄河市	5297913	2896902	2712998
长海县	31682	17712	30382

4-B-1.6 各地区按主要用途分的总承包和专业承包企业房屋建筑竣工面积

单位：平方米

地区	合计	住宅用房	商业及服务用房屋	办公用房屋	科研、教育和医疗用房屋	文化、体育和娱乐用房屋	厂房及建筑物	厂房	仓库
全市	**9707957**	**6698385**	**549375**	**460392**	**270571**	**22761**	**1508363**	**58720**	**139390**
中山区	27106	24764	100	10	105	10	2087	20	10
西岗区	418624	276982	64109	1887			63619		12027
沙河口区	984535	497472	6645	6738	3483		440737		29460
甘井子区	1154168	705063	20245	48168	12500	14000	344986		9206
旅顺口区	471667	365857		53909	280		48901	1500	1220
金普新区	2888960	2396629	24959	5291	138856	1200	310179		11846
普兰店区	474904	191054	20939	198208	11168		49555	3000	980
保税区	230246	109363				7551	56456	54200	2676
高新园区	130334		130334						
长兴岛	88890	85500		3390					
花园口	76850	76850							
瓦房店	18293	6237	3046	10	9000				
庄河市	2712998	1938654	272996	142781	95179		191423		71965
长海县	30382	23960	6002				420		

4-B-1.7 各地区按主要用途分的总承包和专业承包企业房屋建筑竣工价值

单位：千元

地区	合计	住宅用房	商业及服务用房屋	办公用房屋	科研、教育和医疗用房屋	文化、体育和娱乐用房屋	厂房及建筑物	厂房	其他未列明的房屋建筑物
全市	**13823129**	**9287439**	**441487**	**777451**	**749574**	**24713**	**2141145**	**111596**	**289724**
中山区	38765	34551	100	20	100	10	3964	10	10
西岗区	508074	305721	46180	5423			144827		5923
沙河口区	1133425	568377	8563	16100	1045		486930		52410
甘井子区	1901959	1122345	30800	115847	48820	7863	562475		13809
旅顺口区	742462	596018		94396	145		48611	1218	2074
金普新区	4263593	3240247	69991	8030	361588	1960	543931		37846
普兰店区	1023789	448016	36577	451701	25686		55771	1238	4800
保税区	324573	122730				14880	70391	109130	7442
高新园区	147170		147170						
长兴岛	128306	118920		9386					
花园口	80240	80240							
瓦房店	30583	7963	3600	2	19018				
庄河市	3414488	2570446	85929	76546	293172		222985		165410
长海县	85702	71865	12577				1260		

4-B-1.8　各地区总承包和专业承包企业施工机械设备情况

地　区	年末自有施工机械设备总台数(台)	年末自有施工机械设备总功率(千瓦)	年末自有施工机械设备净值(千元)
全　市	**31115**	**1044621**	**2008002**
中 山 区	1103	7660	5189
西 岗 区	3237	129590	244407
沙河口区	1919	119011	284150
甘井子区	4208	74002	191730
旅顺口区	329	6614	21363
金普新区	8546	391810	341800
普兰店区	1940	50776	165457
保 税 区	2349	48029	69974
高新园区	344	10078	57902
长 兴 岛	131	8865	9880
花 园 口	919	10827	30125
瓦 房 店	1073	43996	119703
庄 河 市	4964	143022	465802
长 海 县	53	341	520

4-B-1.9　各地区总承包和专业承包企业资产构成

单位：千元

地　区	资产总计	#流动资产合计	#存货
全　市	**153645997**	**129896874**	**12919650**
中 山 区	6109835	5520756	564283
西 岗 区	22407504	17303980	2032616
沙河口区	23567372	20751374	1834050
甘井子区	13203855	10918255	1069430
旅顺口区	2359060	1786481	153726
金普新区	40947432	35249335	2309936
普兰店区	7654064	6519834	493375
保 税 区	1932820	1601691	329100
高新园区	7310640	6293646	490006
长 兴 岛	1264693	1111625	162928
花 园 口	374841	318688	5114
瓦 房 店	7234109	6557143	732756
庄 河 市	19112832	15865264	2734653
长 海 县	166940	98802	7677

4-B-1.10 各地区总承包和专业承包企业固定资产情况

单位：千元

地 区	固定资产原价	累计折旧	#本年折旧	在建工程
全 市	**20643367**	**12289115**	**1181510**	**1129678**
中山区	913803	534359	56823	30700
西岗区	2210972	1299704	111599	64095
沙河口区	3065398	2217953	196777	219786
甘井子区	2221855	1400705	97188	126628
旅顺口区	419247	219783	27265	13396
金普新区	4276832	2807276	319714	53909
普兰店区	1226320	723260	74233	75232
保税区	491804	260090	20246	33704
高新园区	1308678	691742	60104	181433
长兴岛	162810	105306	11374	26630
花园口	60244	17131	4566	
瓦房店	1027677	528580	56000	10418
庄河市	3234974	1465361	144546	293676
长海县	22753	17865	1075	71

4-B-1.11 各地区总承包和专业承包企业负债及所有者权益

单位：千元

地 区	负债合计	#流动负债	#应付账款	所有者权益	#实收资本
全 市	**99531798**	**90721521**	**36398620**	**54109334**	**35434052**
中山区	3952139	3761461	1791636	2157696	1517770
西岗区	18241970	17097092	4215976	4165534	3199224
沙河口区	16876152	15364128	5011179	6691220	4695297
甘井子区	8573857	8007396	2484501	4625135	6984477
旅顺口区	1228566	1014499	505354	1130494	726770
金普新区	24154570	23479399	12239690	16792862	6722675
普兰店区	4146864	3698928	1256841	3507200	1823563
保税区	1186535	1099118	237334	746285	682736
高新园区	5301052	4472898	2065411	2009588	2011878
长兴岛	843715	771870	104567	420978	482643
花园口	177177	28912	8105	197664	109908
瓦房店	4888118	3891992	2441463	2345991	1435817
庄河市	9870207	7960741	3978434	9242623	4957686
长海县	90876	73087	58129	76064	83608

4-B-1.12　各地区总承包和专业承包企业实收资本

单位：千元

地　区	合计	国家资本	集体资本	法人资本	个人资本	港澳台资本	外商资本
全　市	**35434052**	**2254145**	**945366**	**12496118**	**19685463**	**25421**	**27539**
中山区	1517770	196890	10620	598336	695044	16880	
西岗区	3199224	474237	67763	1744222	913002		
沙河口区	4695297	162000	120386	2663495	1748666		750
甘井子区	6984477	112325	507479	1475098	4881084	8491	
旅顺口区	726770	5000	10057	459090	252623		
金普新区	6722675	86283	5560	1782840	4843647	50	4295
普兰店区	1823563			679145	1144418		
保税区	682736	20000		250696	391200		20840
高新园区	2011878	1166929	3952	549930	289413		1654
长兴岛	482643	3281		195432	283930		
花园口	109908		20508	18000	71400		
瓦房店	1435817		75291	248356	1112170		
庄河市	4957686	27200	73750	1814718	3042018		
长海县	83608		50000	16760	16848		

4-B-1.13　各地区总承包和专业承包企业收入情况

单位：千元

地　区	主营业务收入	#主营业务成本	#主营业务税金及附加	其他业务收入	#其他业务成本	#其他业务利润
全　市	**73086091**	**65030930**	**413193**	**75157056**	**66960484**	**167826**
中山区	4066707	3571469	24957	4141048	3650828	2474
西岗区	9935706	9126960	49054	10446130	9575199	81122
沙河口区	12202092	11050803	72566	12365182	11207031	-5551
甘井子区	6968141	6278569	36117	7102920	6362571	10720
旅顺口区	918633	729629	10727	968044	843575	20
金普新区	11795161	10279139	59348	12258926	10632412	56878
普兰店区	5154605	4631128	40602	5195655	4656021	10582
保税区	1183416	1089236	4467	1212916	1108790	
高新园区	5284681	4665919	13638	5323629	4679927	10647
长兴岛	567863	476041	4156	736949	656630	164
花园口	324901	262371	3650	324901	265051	
瓦房店	2794832	2530634	13261	2858461	2581927	751
庄河市	11777450	10222992	79930	12110392	10624482	19
长海县	111903	116040	720	111903	116040	

4-B-1.14 各地区总承包和专业承包企业费用情况

单位：千元

地区	管理费用	销售费用	财务费用		
				#利息收入	#利息支出
全市	**4630620**	**268358**	**848427**	**34706**	**559935**
中山区	211501	11233	6029	-3588	13867
西岗区	538893	17957	279628	12368	215167
沙河口区	725703	92244	125108	11102	121010
甘井子区	509155	53716	73005	-2262	45488
旅顺口区	68955	7446	15004	-134	7932
金普新区	1235765	14940	116864	8149	102346
普兰店区	220807	45053	62833	368	12015
保税区	63134	8075	4804	725	2888
高新园区	501557	9772	61962	385	6767
长兴岛	46044	2269	8052	-5	7703
花园口	34366	22	6	5	
瓦房店	148265	3393	17004	-124	8401
庄河市	320302	2238	78121	7715	16347
长海县	6173		7	2	4

2. 按经济类型分组

4-B-2.1 各地区私营总承包和专业承包企业签订合同情况

单位：千元

地区	合同总额		
		上年结转合同额	本年新签合同额
全市	**57614535**	**19603214**	**38011321**
中山区	2860672	1031075	1829597
西岗区	5802608	2468148	3334460
沙河口区	5953985	1651062	4302923
甘井子区	8614402	3084478	5529924
旅顺口区	735610	118931	616679
金普新区	7709185	2833440	4875745
普兰店区	3547231	928651	2618580
保税区	1249655	486086	763569
高新园区	1794888	534866	1260022
长兴岛	490771	217313	273458
花园口	308191	4000	304191
瓦房店	2611874	1024411	1587463
庄河市	15804006	5210014	10593992
长海县	131457	10739	120718

4-B-2.2　各地区私营总承包和专业承包企业承包工程完成情况

单位：千元

地　区	直接从建设单位承揽工程完成的产值	自行完成施工产值	分包出去工程的产值	从建设单位以外承揽工程完成的产值
全　市	**42198097**	**41583548**	**614549**	**836308**
中山区	1864093	1615628	248465	58728
西岗区	4003789	3993416	10373	34882
沙河口区	5294265	5199026	95239	177284
甘井子区	5428015	5411166	16849	215921
旅顺口区	635136	635136		9800
金普新区	4799777	4750016	49761	90475
普兰店区	2951993	2909014	42979	83091
保税区	1003404	1003404		13151
高新园区	1265561	1250323	15238	19821
长兴岛	428989	424989	4000	36096
花园口	119245	92485	26760	
瓦房店	1940565	1899265	41300	27550
庄河市	12368761	12305176	63585	69509
长海县	94504	94504		

4-B-2.3　各地区私营总承包和专业承包企业建筑业总产值和竣工产值

单位：千元

地　区	建筑业总产值	#装饰装修产值	#在外省完成的产值	按构成分组			竣工产值
				建筑工程产值	安装工程产值	其他产值	
全　市	**42419856**	**2755240**	**3312110**	**33698374**	**6891170**	**1830312**	**20408250**
中山区	1674356	547721	692296	1345687	307373	21296	548743
西岗区	4028298	539810	217914	3495514	369974	162810	1154013
沙河口区	5376310	575751	744688	2803046	2352308	220956	2509793
甘井子区	5627087	460198	360884	3774240	1477300	375547	2647032
旅顺口区	644936	8244		526778	106244	11914	456091
金普新区	4840491	474379	851583	3395042	1142955	302494	3487913
普兰店区	2992105	44572	64266	2479736	379957	132412	2164182
保税区	1016555	885	115295	877814	127931	10810	441861
高新园区	1270144	48808	24059	994048	236073	40023	445720
长兴岛	461085		9545	381834	17919	61332	289525
花园口	92485	88		92397		88	88
瓦房店	1926815	824	5434	1472492	65200	389123	768502
庄河市	12374685	53933	219576	11971812	301366	101507	5406853
长海县	94504	27	6570	87934	6570		87934

4-B-2.4 各地区私营总承包和专业承包企业房屋建筑面积

地区	房屋建筑施工面积（平方米）	#本年新开工	房屋建筑竣工面积（平方米）
全市	**33705676**	**16327106**	**12214098**
中山区	389822	354011	27106
西岗区	2422125	872609	193519
沙河口区	1180750	571803	489831
甘井子区	3007115	1743182	839850
旅顺口区	371603	283615	201385
金普新区	2183305	635197	943477
普兰店区	450347	252288	261406
保税区	456764	169943	230146
高新园区	518898	282500	130334
长兴岛	98890	98890	88890
花园口	81838	45891	
瓦房店	483273	42577	17800
庄河市	5177146	2793335	2653343
长海县	30962	17712	29962

4-B-2.5 各地区按主要用途分的私营总承包和专业承包企业房屋建筑竣工面积

单位：平方米

地区	合计	住宅用房	商业及服务用房屋	办公用房屋	科研、教育和医疗用房屋	文化、体育和娱乐用房屋	厂房及建筑物	仓库	其他未列明的房屋建筑物
全市	**6107049**	**4180225**	**542016**	**218985**	**270291**	**22761**	**707837**	**58720**	**106214**
中山区	27106	24764	100	10	105	10	2087	20	10
西岗区	193519	62458	64109	1887			53038		12027
沙河口区	489831	426840	5425	6738	3483		47345		
甘井子区	839850	637023	20245	48168	12500	14000	98708		9206
旅顺口区	201385	171885					27000	1500	1000
金普新区	943477	564535	18820	5291	138856	1200	206425		8350
普兰店区	261406	165054	20939	10710	11168		49555	3000	980
保税区	230146	109363				7551	56356	54200	2676
高新园区	130334		130334						
长兴岛	88890	85500		3390					
花园口									
瓦房店	17800	5744	3046	10	9000				
庄河市	2653343	1903099	272996	142781	95179		167323		71965
长海县	29962	23960	6002						

4-B-2.6　各地区按主要用途分的私营总承包和专业承包企业房屋建筑竣工价值

单位：千元

地　　区	合计	住宅用房	商业及服　务用房屋	办　公用房屋	科研、教育和医疗用房屋	文化、体育和娱乐用房屋	厂房及建筑物	仓库	其他未列明的房屋建筑物
全　　市	**8272730**	**5551798**	**404892**	**251305**	**749429**	**24713**	**955677**	**111596**	**223320**
中 山 区	38765	34551	100	20	100	10	3964	10	10
西 岗 区	245224	72311	46180	5423			115387		5923
沙河口区	516079	437695	5239	16100	1045		56000		
甘井子区	1329484	985210	30800	115847	48820	7863	127135		13809
旅顺口区	197428	166350					27860	1218	2000
金普新区	1419894	668420	36720	8030	361588	1960	319250		23926
普兰店区	526969	382946	36577	19951	25686		55771	1238	4800
保 税 区	324427	122730				14880	70245	109130	7442
高新园区	147170		147170						
长 兴 岛	128306	118920		9386					
花 园 口									
瓦 房 店	30090	7470	3600	2	19018				
庄 河 市	3284452	2483330	85929	76546	293172		180065		165410
长 海 县	84442	71865	12577						

4-B-2.7　各地区私营总承包和专业承包企业施工机械设备情况

地　　区	年末自有施工机械设备总台数（台）	年末自有施工机械设备总功率（千瓦）	年末自有施工机械设备净值（千元）
全　　市	**19596**	**570244**	**1142518**
中 山 区	114	6111	1446
西 岗 区	1380	25363	59475
沙河口区	857	18940	83467
甘井子区	994	17689	58909
旅顺口区	236	6058	18376
金普新区	6609	245143	137220
普兰店区	1411	37581	120507
保 税 区	2242	22239	69258
高新园区	54	270	19982
长 兴 岛	89	8832	6110
花 园 口			
瓦 房 店	900	42905	119073
庄 河 市	4657	138772	448175
长 海 县	53	341	520

4-B-2.8 各地区私营总承包和专业承包企业资产构成

单位：千元

地 区	资产总计	#流动资产合计	#存货
全 市	**85141837**	**71843679**	**7675651**
中 山 区	3555762	3170125	345719
西 岗 区	4494591	3481944	427292
沙河口区	12213028	11062176	670388
甘井子区	8607824	7056288	560586
旅顺口区	1309746	802618	93826
金普新区	22139451	18534607	1429007
普兰店区	4273590	3421058	459733
保 税 区	1565957	1303544	307992
高新园区	1983211	1708549	122860
长 兴 岛	981721	858171	107007
花 园 口	105475	90104	5114
瓦 房 店	6747409	6160976	601806
庄 河 市	17089567	14134323	2542023
长 海 县	74505	59196	2298

4-B-2.9 各地区私营总承包和专业承包企业固定资产情况

单位：千元

地 区	固定资产原价	累计折旧	#本年折旧	在建工程
全 市	**11979306**	**6778145**	**621468**	**849504**
中 山 区	661031	431131	52093	30700
西 岗 区	351285	223302	29081	57914
沙河口区	1483002	1126727	54470	211225
甘井子区	1280248	828545	48352	28399
旅顺口区	301955	155571	21966	7312
金普新区	2357510	1319409	142885	53852
普兰店区	836623	445991	48518	70905
保 税 区	388512	222730	14736	32365
高新园区	364166	165311	13670	40910
长 兴 岛	138826	88137	9188	12777
花 园 口	16045	8058	508	
瓦 房 店	911034	472876	55161	9398
庄 河 市	2867431	1272818	129813	293676
长 海 县	21638	17539	1027	71

4-B-2.10　各地区私营总承包和专业承包企业负债及所有者权益

单位：千元

地　区	负债合计	#流动负债	#应收账款	所有者权益	#实收资本
全　市	**50477238**	**44266793**	**16948672**	**34659735**	**24506223**
中山区	1895427	1705172	800026	1660335	1137764
西岗区	3045387	2839380	1025173	1449204	1102501
沙河口区	7496320	6162876	1371752	4716708	3076616
甘井子区	5140437	5047735	1691137	3462524	5897270
旅顺口区	493527	285076	84751	816219	561047
金普新区	13023425	12690632	4409067	9116026	4211935
普兰店区	2586508	2186950	781320	1687082	1350394
保税区	1036613	1019906	199918	529344	489796
高新园区	1314742	733684	262740	668469	387673
长兴岛	643717	576083	74697	338004	420393
花园口	25948	25947	5981	79527	39400
瓦房店	4536289	3541077	2338051	2211120	1322073
庄河市	9173625	7391032	3853876	7915941	4486751
长海县	65273	61243	50183	9232	22610

4-B-2.11　各地区私营总承包和专业承包企业实收资本

单位：千元

地　区	合计	国家资本	集体资本	法人资本	个人资本	港澳台资本	外商资本
全　市	**24506223**	**264949**	**433300**	**6987677**	**16820197**	**50**	**50**
中山区	1137764	40734	1200	491417	604413		
西岗区	1102501	3292		265098	834111		
沙河口区	3076616	53000		1507499	1516117		
甘井子区	5897270	77060	400000	893424	4526786		
旅顺口区	561047	3000	3000	379924	175123		
金普新区	4211935	60663	100	779960	3371112	50	50
普兰店区	1350394			390625	959769		
保税区	489796			105196	384600		
高新园区	387673			136740	250933		
长兴岛	420393			178182	242211		
花园口	39400			18000	21400		
瓦房店	1322073			220553	1101520		
庄河市	4486751	27200	29000	1614899	2815652		
长海县	22610			6160	16450		

4-B-2.12 各地区私营总承包和专业承包企业收入情况

单位：千元

地区	主营业务收入	#主营业务成本	#主营业务税金及附加	其他业务收入	#其他业务成本	#其他业务利润
全市	**40573696**	**36092199**	**279084**	**1460936**	**1451449**	**20731**
中山区	2095718	1733841	17147	65148	73436	25
西岗区	3782786	3544161	18592	312245	290476	2526
沙河口区	5014166	4434424	46573	109313	101766	2014
甘井子区	4718300	4229800	20193	81153	44868	2029
旅顺口区	580788	426131	6053	32942	98767	20
金普新区	5289631	4620812	33029	362924	307670	4037
普兰店区	3226341	2913448	33404	36958	22717	9312
保税区	946816	881845	3648			
高新园区	1221280	1000314	10902	6340	2713	532
长兴岛	476704	430885	3968	167294	151304	
花园口	109335	102062	403			
瓦房店	2657272	2406789	11433	63094	51292	217
庄河市	10359726	9268317	73067	223525	306440	19
长海县	94833	99370	672			

4-B-2.13 各地区私营总承包和专业承包企业费用情况

单位：千元

地区	管理费用	销售费用	财务费用	#利息收入	#利息支出
全市	**2212058**	**180509**	**313990**	**-627**	**136757**
中山区	143069	8475	-1709	-4450	5762
西岗区	171520	7426	35099	-91	16817
沙河口区	295296	41303	32860	24	7648
甘井子区	326440	51314	50014	-483	25991
旅顺口区	55881	7381	8522	-6	2513
金普新区	429884	13499	49372	-222	29111
普兰店区	170809	40519	29519	325	12015
保税区	38406	4179	5623	-173	2845
高新园区	130340	703	2208	-1273	3067
长兴岛	34008	573	6733	-5	6499
花园口	5268	22	5	5	
瓦房店	123876	3045	17166	-126	8401
庄河市	282518	2070	78571	5846	16084
长海县	4743		7	2	4

4-B-2.14　各地区股份制总承包和专业承包企业签订合同情况

单位：千元

地　区	合同总额	上年结转合同额	本年新签合同额
全　市	**66669293**	**37401483**	**29267810**
中山区	5857820	3995717	1862103
西岗区	7100123	5951080	1149043
沙河口区	21314183	15064663	6249520
甘井子区	3249436	1354077	1895359
旅顺口区	176724	76435	100289
金普新区	12549616	7370738	5178878
普兰店区	3194132	632193	2561939
保税区	213160	18243	194917
高新园区	11625408	2585624	9039784
长兴岛	390140	321814	68326
花园口	80240		80240
瓦房店	15343		15343
庄河市	876663	30213	846450
长海县	26305	686	25619

4-B-2.15　各地区股份制总承包和专业承包企业承包工程完成情况

单位：千元

地　区	直接从建设单位承揽工程完成的产值	自行完成施工产值	分包出去工程的产值	从建设单位以外承揽工程完成的产值
全　市	**20055651**	**19148530**	**907121**	**7936904**
中山区	1712101	1712101		2346
西岗区	858550	858550		197574
沙河口区	4076363	4054192	22171	4169341
甘井子区	2229393	2229388	5	15223
旅顺口区	139008	139008		4712
金普新区	3781822	3772580	9242	3498439
普兰店区	2404937	2404937		39818
保税区	200556	200556		
高新园区	3547808	2672373	875435	
长兴岛	128963	128695	268	9451
花园口	80240	80240		
瓦房店	15993	15993		
庄河市	862820	862820		
长海县	17097	17097		

4-B-2.16 各地区股份制总承包和专业承包企业建筑业总产值和竣工产值

单位：千元

地区	建筑业总产值	#装饰装修产值	#在外省完成的产值	按构成分组			竣工产值
				建筑工程产值	安装工程产值	其他产值	
全市	**27085434**	**369208**	**9888054**	**20587415**	**5273840**	**1224179**	**13818177**
中山区	1714447	8180	248428	621129	1091754	1564	503019
西岗区	1056124	81226	71012	526956	375158	154010	231351
沙河口区	8223533	33654	5734942	6421659	1714966	86908	2440612
甘井子区	2244611	23277	260557	1029689	385426	829496	1845844
旅顺口区	143720	5000		135220	1569	6931	21507
金普新区	7271019	160596	2995516	7178101	74074	18844	5338548
普兰店区	2444755			2328988	115767		1123523
保税区	200556	16897		101885	30365	68306	117297
高新园区	2672373	600	532618	1268372	1389500	14501	1350388
长兴岛	138146		2745	74313	63833		66681
花园口	80240	7625		80240			80240
瓦房店	15993			1313	14680		14680
庄河市	862820	32153	42236	802453	16748	43619	674686
长海县	17097			17097			9801

4-B-2.17 各地区股份制总承包和专业承包企业房屋建筑面积

地区	房屋建筑施工面积（平方米）	#本年新开工	房屋建筑竣工面积（平方米）
全市	**7017543**	**1375708**	**3024421**
中山区			
西岗区			700
沙河口区	907263	148532	414168
甘井子区	802839	46119	309146
旅顺口区	56990	31707	22401
金普新区	4537247	627771	1945483
普兰店区	465770	352176	213498
保税区	100	100	100
高新园区	80009	65898	
长兴岛	46000		
花园口	76850	76850	76850
瓦房店			
庄河市	43755	26555	41655
长海县	720		420

4-B-2.18　各地区按主要用途分的股份制总承包和专业承包企业房屋建筑竣工面积

单位：平方米

地　区	合计	住宅用房	商业及服务用房屋	办公用房屋	科研、教育和医疗用房屋	文化、体育和娱乐用房屋	厂房及建筑物	仓库	其他未列明的房屋建筑物
全　市	**3024421**	**2104699**	**7359**	**187498**	**280**		**691409**		**33176**
中 山 区									
西 岗 区	700	700							
沙河口区	414168	70632	1220				312856		29460
甘井子区	309146	62868					246278		
旅顺口区	22401				280		21901		220
金普新区	1945483	1832094	6139				103754		3496
普兰店区	213498	26000		187498					
保 税 区	100						100		
高新园区									
长 兴 岛									
花 园 口	76850	76850							
瓦 房 店									
庄 河 市	41655	35555					6100		
长 海 县	420						420		

4-B-2.19　各地区按主要用途分的股份制总承包和专业承包企业房屋建筑竣工价值

单位：千元

地　区	合计	住宅用房	商业及服务用房屋	办公用房屋	科研、教育和医疗用房屋	文化、体育和娱乐用房屋	厂房及建筑物	仓库	其他未列明的房屋建筑物
全　市	**4555112**	**3061670**	**36595**	**431750**	**145**		**958548**		**66404**
中 山 区									
西 岗 区	1000	1000							
沙河口区	450586	130682	3324				264170		52410
甘井子区	561075	125735					435340		
旅顺口区	20970				145		20751		74
金普新区	2843699	2571827	33271				224681		13920
普兰店区	496820	65070		431750					
保 税 区	146						146		
高新园区									
长 兴 岛									
花 园 口	80240	80240							
瓦 房 店									
庄 河 市	99316	87116					12200		
长 海 县	1260						1260		

4-B-2.20 各地区股份制总承包和专业承包企业施工机械设备情况

地　区	年末自有施工机械设备总台数(台)	年末自有施工机械设备总功率(千瓦)	年末自有施工机械设备净值(千元)
全　市	**664567**	**8215**	**355978**
中山区	1939	808	1211
西岗区	20062	353	11370
沙河口区	199226	955	99485
甘井子区	115588	2129	41753
旅顺口区	2987	93	556
金普新区	204127	1902	141079
普兰店区	44950	529	13195
保税区	716	107	25790
高新园区	37920	290	9808
长兴岛	3770	42	33
花园口	15025	527	6357
瓦房店	630	173	1091
庄河市	17627	307	4250
长海县			

4-B-2.21 各地区股份制总承包和专业承包企业资产构成

单位：千元

地　区	资产总计	#流动资产合计	#存货
全　市	**55521973**	**47451855**	**4814001**
中山区	2287694	2112268	154726
西岗区	6962808	4866668	1421935
沙河口区	10916884	9273618	1105225
甘井子区	4268060	3618736	489863
旅顺口区	952895	926067	47872
金普新区	18569909	16501375	854502
普兰店区	3380474	3098776	33642
保税区	221966	210285	6052
高新园区	5256088	4554843	365064
长兴岛	282972	253454	55921
花园口	55696	35678	
瓦房店	273707	234800	81190
庄河市	2000385	1725681	192630
长海县	92435	39606	5379

4-B-2.22 各地区股份制总承包和专业承包企业固定资产情况

单位：千元

地　区	固定资产原价	累计折旧	#本年折旧	在建工程
全　市	**6524882**	**4357739**	**459296**	**264097**
中山区	222088	85453	3295	
西岗区	341365	242011	16445	
沙河口区	1557361	1078024	141121	8561
甘井子区	702075	399020	33493	96776
旅顺口区	74916	48900	3287	
金普新区	1858064	1442958	170473	57
普兰店区	389697	277269	25715	4327
保税区	22767	11628	1503	
高新园区	905207	517470	45310	140523
长兴岛	23984	17169	2186	13853
花园口	26263	6245	1230	
瓦房店	54797	43463	457	
庄河市	345183	187803	14733	
长海县	1115	326	48	

4-B-2.23 各地区股份制总承包和专业承包企业负债及所有者权益

单位：千元

地　区	负债合计	#流动负债	#应收账款	所有者权益	#实收资本
全　市	**38202056**	**35894450**	**16880933**	**17319916**	**9060488**
中山区	1872678	1872255	969738	415016	326306
西岗区	5674005	4873480	1047957	1288803	764925
沙河口区	9081554	8902974	3438784	1835330	1498574
甘井子区	3167369	2693610	743314	1100691	1004201
旅顺口区	659572	659572	389770	293323	153166
金普新区	10971640	10629262	7742905	7598269	2479832
普兰店区	1560356	1511978	475521	1820118	473169
保税区	127328	56618	35869	94638	62100
高新园区	3944925	3697829	1800234	1311163	1612329
长兴岛	199998	195787	29870	82974	62250
花园口	2965	2965	2124	52731	50000
瓦房店	216091	215177	70953	57616	62453
庄河市	697972	571099	125948	1302412	450185
长海县	25603	11844	7946	66832	60998

4-B-2.24 各地区股份制总承包和专业承包企业实收资本

单位：千元

地 区	合计	国家资本	集体资本	法人资本	个人资本	港澳台资本	外商资本
全 市	**9060488**	**1588938**	**325311**	**4309397**	**2836842**		
中 山 区	326306	139556		96119	90631		
西 岗 区	764925	220287	49800	431083	63755		
沙河口区	1498574	8000	119859	1147218	223497		
甘井子区	1004201	15265	53700	581674	353562		
旅顺口区	153166			79166	74000		
金普新区	2479832	15620		991677	1472535		
普兰店区	473169			288520	184649		
保 税 区	62100	20000		35500	6600		
高新园区	1612329	1166929	3952	402968	38480		
长 兴 岛	62250	3281		17250	41719		
花 园 口	50000				50000		
瓦 房 店	62453		24000	27803	10650		
庄 河 市	450185		24000	199819	226366		
长 海 县	60998		50000	10600	398		

4-B-2.25 各地区股份制总承包和专业承包企业收入情况

单位：千元

地 区	主营业务收入	#主营业务成本	#主营业务税金及附加	其他业务收入	#其他业务成本	#其他业务利润
全 市	**27342698**	**24157679**	**107035**	**330216**	**297730**	**61697**
中 山 区	1652433	1555083	6353	9193	5923	2449
西 岗 区	2862504	2484651	18109	7181	46659	-491
沙河口区	6519475	5972310	22900	34715	39550	-10065
甘井子区	1957227	1793239	12839	30452	22076	5665
旅顺口区	283287	256538	605	1219	1532	
金普新区	6272258	5450102	25152	96568	42312	52056
普兰店区	1928264	1717680	7198	4086	2176	1270
保 税 区	210793	184715	761	2450	1871	
高新园区	4046901	3653820	2703	32608	11295	10115
长 兴 岛	91159	45156	188	1792	29285	164
花 园 口	80240	69452	2567			
瓦 房 店	15993	14168	809	535	1	534
庄 河 市	1405094	944095	6803	109417	95050	
长 海 县	17070	16670	48			

4-B-2.26　各地区股份制总承包和专业承包企业费用情况

单位：千元

地　区	管理费用	销售费用	财务费用		
				#利息收入	#利息支出
全　市	**2084930**	**84872**	**402143**	**25889**	**333660**
中山区	53118	1482	7595	491	7947
西岗区	182044	10531	113276	4077	109733
沙河口区	411149	50027	92714	11078	113362
甘井子区	148405	2309	22659	-1500	18792
旅顺口区	10884		6390	-146	5381
金普新区	777704	1441	66867	8291	73235
普兰店区	49998	4534	33314	43	
保税区	11884	3896	-34	26	43
高新园区	368379	8450	58630	1658	3700
长兴岛	12036	1696	1319		1204
花园口	3256				
瓦房店	17829	338	-132	2	
庄河市	36814	168	-455	1869	263
长海县	1430				

3.按行业分组

4-B-3.1　各行业总承包和专业承包企业签订合同情况

单位：千元

行　业	合同总额		
		上年结转合同额	本年新签合同额
总　计	**134296624**	**61877632**	**72418992**
房屋建筑业	60775022	26447855	34327167
土木工程建筑业	53235623	29998585	23237038
建筑安装业	12294538	2568605	9725933
建筑装饰业和其他建筑业	7991441	2862587	5128854

4-B-3.2 各行业总承包和专业承包企业承包工程完成情况

单位：千元

行业	直接从建设单位承揽工程完成的产值			从建设单位以外承揽工程完成的产值
		自行完成	分包出去	
总计	**67980080**	**66458410**	**1521670**	**8776212**
房屋建筑业	35120138	34880631	239507	240046
土木工程建筑业	17748494	16767531	980963	4317700
建筑安装业	9549995	9506987	43008	457634
建筑装饰业和其他建筑业	5561453	5303261	258192	3760832

4-B-3.3 各行业总承包和专业承包企业建筑业总产值和竣工产值

单位：千元

行业	建筑业总产值			按构成分组			竣工产值
		#装饰装修产值	#在外省完成的产值	建筑工程产值	安装工程产值	其他产值	
总计	**75234622**	**3490296**	**14359026**	**58782681**	**12592496**	**3859445**	**37150212**
房屋建筑业	35120677	686577	2353649	32286963	2219328	614386	17171489
土木工程建筑业	21085231	90820	7180407	17354151	2453215	1277865	9408365
建筑安装业	9964621	121996	979881	2018723	7292643	653255	5162027
建筑装饰业和其他建筑业	9064093	2590903	3845089	7122844	627310	1313939	5408331

4-B-3.4　各行业总承包和专业承包企业房屋建筑面积

行　　业	房屋建筑施工面积(平方米)	#本年新开工	房屋建筑竣工面积(平方米)
总　　计	**25935676**	**10148180**	**9707957**
房屋建筑业	22548810	9233536	7967652
土木工程建筑业	1330001	389169	1472777
建筑安装业	207560	146390	64828
建筑装饰业和其他建筑业	1849305	379085	202700

4-B-3.5　各行业总承包和专业承包企业机械设备情况

行　　业	年末自有施工机械设备总台数(台)	年末自有施工机械设备总功率(千瓦)	年末自有施工机械设备净值(千元)
总　　计	**31115**	**1044621**	**2008002**
房屋建筑业	17343	445364	881467
土木工程建筑业	6232	361526	842492
建筑安装业	5494	99072	119798
建筑装饰业和其他建筑业	2046	138659	164245

4-B-3.6 按主要用途分的各行业总承包和专业承包企业房屋建筑竣工面积

单位：平方米

行业	合计	住宅房屋	商业及服务用房屋	办公室用房	科研、教育和医疗用房屋	文化、体育和娱乐用房屋	厂房及建筑物	仓库	其他未列明的房屋建筑物
总计	**9707957**	**6698385**	**549375**	**460392**	**270571**	**22761**	**1508363**	**58720**	**139390**
房屋建筑业	7967652	5809577	318905	329614	261813	7551	1088665	58700	92827
土木工程建筑业	1472777	762518	223987	123221	3483		329081		30487
建筑安装业	64828	4249	345	10	5275	12210	30139	20	12580
建筑装饰业和其他建筑业	202700	122041	6138	7547		3000	60478		3496

4-B-3.7 按主要用途分的各行业总承包和专业承包企业房屋建筑竣工价值

单位：平方米

行业	合计	住宅房屋	商业及服务用房屋	办公室用房	科研、教育和医疗用房屋	文化、体育和娱乐用房屋	厂房及建筑物	仓库	其他未列明的房屋建筑物
总计	**13823129**	**9287439**	**441487**	**777451**	**749574**	**24713**	**2141145**	**111596**	**289724**
房屋建筑业	12772352	8807334	358138	736898	742028	14880	1788027	111586	213461
土木工程建筑业	681327	250427	59039	22982	1045		293483		54351
建筑安装业	109831	51880	900	20	6501	5345	37183	10	7992
建筑装饰业和其他建筑业	259619	177798	23410	17551		4488	22452		13920

4-B-3.8　各行业总承包和专业承包企业资产构成

单位：千元

行　　业	资产合计	#流动资产合计	#存货
总　　计	**153645997**	**129896874**	**12919650**
房屋建筑业	81685354	70560359	6567061
土木工程建筑业	43147281	34999908	2753340
建筑安装业	15769263	13096028	2075265
建筑装饰业和其他建筑业	13044099	11240579	1523984

4-B-3.9　各行业总承包和专业承包企业固定资产情况

单位：千元

行　　业	固定资产原价	累计折旧	#本年折旧	在建工程
总　　计	**20643367**	**12289115**	**1181510**	**1129678**
房屋建筑业	8474204	4920817	491877	571255
土木工程建筑业	7221336	4303094	390644	399002
建筑安装业	3412561	2095435	150224	50746
建筑装饰业和其他建筑业	1535266	969769	148765	108675

4-B-3.10 各行业总承包和专业承包企业负债及所有者权益

单位：千元

行业	负债合计	#流动负债	#应付账款	所有者权益	#实收资本
总计	**99531798**	**90721521**	**36398620**	**54109334**	**35434052**
房屋建筑业	51670955	46069613	18607826	30014397	16063148
土木工程建筑业	29888077	28449928	11582411	13254341	9404968
建筑安装业	8368168	7753587	2223148	7401095	7006571
建筑装饰业和其他建筑业	9604598	8448393	3985235	3439501	2959365

4-B-3.11 各行业总承包和专业承包企业实收资本

单位：千元

行业	合计	国家资本	集体资本	法人资本	个人资本	港澳台资本	外商资本
总计	**35434052**	**2254145**	**945366**	**12496118**	**19685463**	**25421**	**27539**
房屋建筑业	16063148	387448	631371	5644348	9399981		
土木工程建筑业	9404968	1656036	91172	4351052	3306708		
建筑安装业	7006571	148395	172496	1350082	5308317	21821	5460
建筑装饰业和其他建筑业	2959365	62266	50327	1150636	1670457	3600	22079

4-B-3.12　各行业总承包和专业承包企业收入情况

单位：千元

行　　业	主营业务收　　入	#主营业务成　　本	#主营业务税金及附加	其他业务收入	#其他业务成　　本	#其他业务利　　润
总　　计	**73086091**	**65030930**	**413193**	**75157056**	**66960484**	**167826**
房屋建筑业	33374373	29824578	196213	34280879	30685504	77350
土木工程建筑业	21312192	18955153	99119	21775230	19420630	85437
建筑安装业	9612803	8406210	61959	10084638	8788888	15510
建筑装饰业和其他建筑业	8786723	7844989	55902	9016309	8065462	-10471

4-B-3.13　各行业总承包和专业承包企业费用情况

单位：千元

地　　区	管理费用	销售费用	财务费用	#利息收入	#利息支出
总　　计	**4630620**	**268358**	**848427**	**34706**	**559935**
房屋建筑业	1566004	54674	438860	11411	258191
土木工程建筑业	1605819	27939	299070	21151	215707
建筑安装业	907331	102531	39147	1539	16276
建筑装饰业和其他建筑业	551466	83214	71350	605	69761

4. 按隶属关系分组

4-B-4.1 各地区地方总承包和专业承包企业签订合同情况

单位：千元

地区	合同总额		
		上年结转合同额	本年新签合同额
全市	**101896351**	**43628308**	**58268043**
中山区	8770630	5013140	3757490
西岗区	18258864	11498794	6760070
沙河口区	9574188	2534811	7039377
甘井子区	11949221	4449064	7500157
旅顺口区	2180377	945150	1235227
金普新区	19425580	9236103	10189477
普兰店区	6741363	1560844	5180519
保税区	1447082	524908	922174
高新园区	2074461	673020	1401441
长兴岛	880911	539127	341784
花园口	586431	6000	580431
瓦房店	3029582	1393295	1636287
庄河市	16819899	5242627	11577272
长海县	157762	11425	146337

4-B-4.2 各地区地方总承包和专业承包企业承包工程完成情况

单位：千元

地区	直接从建设单位承揽工程完成的产值			从建设单位以外承揽工程完成的产值
		自行完成施工产值	分包出去工程的产值	
全市	**61187582**	**60537288**	**650294**	**1168362**
中山区	3285813	3037348	248465	61074
西岗区	7997749	7987376	10373	232456
沙河口区	8267584	8150174	117410	189125
甘井子区	7707803	7690949	16854	234144
旅顺口区	1308876	1308876		14512
金普新区	8415977	8356974	59003	138564
普兰店区	5356930	5313951	42979	122909
保税区	1170297	1170297		13151
高新园区	1418654	1399357	19297	19821
长兴岛	557952	553684	4268	45547
花园口	344485	317725	26760	
瓦房店	1999650	1958350	41300	27550
庄河市	13244211	13180626	63585	69509
长海县	111601	111601		

4-B-4.3　各地区地方总承包和专业承包企业建筑业总产值和竣工产值

单位：千元

地　区	建筑业总产值	#装饰装修产值	#在外省完成的产值	按构成分组 建筑工程产值	安装工程产值	其他产值	竣工产值
全　市	**61705650**	**3297553**	**5298520**	**47290756**	**10875466**	**3539428**	**32063471**
中山区	3098422	624344	743528	1596084	1409973	92365	1157601
西岗区	8219832	651746	888005	7221100	725581	273151	2625020
沙河口区	8339299	621132	1105353	3540529	4328233	470537	4344728
甘井子区	7925093	483475	621441	4904521	1632717	1387855	4532519
旅顺口区	1323388	13244	462509	1195571	107813	20004	1001662
金普新区	8495538	665200	970779	6837532	1273705	384301	6562824
普兰店区	5436860	44572	64266	4808724	495724	132412	3287705
保税区	1183448	34782	115295	997342	158296	27810	578517
高新园区	1419178	49408	39238	1106746	257108	55324	520451
长兴岛	599231		12290	456147	81752	61332	356206
花园口	317725	22713		217637		100088	80328
瓦房店	1985900	824	5434	1516897	79880	389123	805916
庄河市	13250135	86086	263812	12786895	318114	145126	6112259
长海县	111601	27	6570	105031	6570		97735

4-B-4.4　各地区地方总承包和专业承包企业房屋建筑面积

地　区	房屋建筑施工面积(平方米)	#本年新开工	房屋建筑竣工面积(平方米)
全　市	**23468281**	**9747743**	**9259986**
中山区	389822	354011	27106
西岗区	3147771	1118876	418624
沙河口区	1335539	691641	642219
甘井子区	3815126	1794473	1154168
旅顺口区	1304275	548491	471667
金普新区	5101640	939393	2783305
普兰店区	916117	604464	474904
保税区	456864	170043	230246
高新园区	583434	347036	130334
长兴岛	144890	98890	88890
花园口	173688	122741	76850
瓦房店	769520	43070	18293
庄河市	5297913	2896902	2712998
长海县	31682	17712	30382

4-B-4.5　各地区按主要用途分的地方总承包和专业承包企业房屋建筑竣工面积

单位：平方米

地　区	合计	住宅用房	商业及服务用房屋	办公用房屋	科研、教育和医疗用房屋	文化、体育和娱乐用房屋	厂房及建筑物	仓库	其他未列明的房屋建筑物
全　市	**9259986**	**6599318**	**546283**	**460392**	**270571**	**22761**	**1195507**	**58720**	**106434**
中山区	27106	24764	100	10	105	10	2087	20	10
西岗区	418624	276982	64109	1887			63619		12027
沙河口区	642219	497472	6645	6738	3483		127881		
甘井子区	1154168	705063	20245	48168	12500	14000	344986		9206
旅顺口区	471667	365857		53909	280		48901	1500	1220
金普新区	2783305	2297562	21867	5291	138856	1200	310179		8350
普兰店区	474904	191054	20939	198208	11168		49555	3000	980
保税区	230246	109363				7551	56456	54200	2676
高新园区	130334		130334						
长兴岛	88890	85500		3390					
花园口	76850	76850							
瓦房店	18293	6237	3046	10	9000				
庄河市	2712998	1938654	272996	142781	95179		191423		71965
长海县	30382	23960	6002				420		

4-B-4.6　各地区按主要用途分的地方总承包和专业承包企业房屋建筑竣工价值

单位：千元

地　区	合计	住宅用房	商业及服务用房屋	办公用房屋	科研、教育和医疗用房屋	文化、体育和娱乐用房屋	厂房及建筑物	仓库	其他未列明的房屋建筑物
全　市	**13309479**	**9124099**	**421677**	**777451**	**749574**	**24713**	**1876975**	**111596**	**223394**
中山区	38765	34551	100	20	100	10	3964	10	10
西岗区	508074	305721	46180	5423			144827		5923
沙河口区	816845	568377	8563	16100	1045		222760		
甘井子区	1901959	1122345	30800	115847	48820	7863	562475		13809
旅顺口区	742462	596018		94396	145		48611	1218	2074
金普新区	4066523	3076907	50181	8030	361588	1960	543931		23926
普兰店区	1023789	448016	36577	451701	25686		55771	1238	4800
保税区	324573	122730				14880	70391	109130	7442
高新园区	147170		147170						
长兴岛	128306	118920		9386					
花园口	80240	80240							
瓦房店	30583	7963	3600	2	19018				
庄河市	3414488	2570446	85929	76546	293172		222985		165410
长海县	85702	71865	12577				1260		

4-B-4.7　各地区地方总承包和专业承包企业施工机械设备情况

地　区	年末自有施工机械设备总台数（台）	年末自有施工机械设备总功率（千瓦）	年末自有施工机械设备净值（千元）
全　市	**28076**	**863288**	**1682918**
中 山 区	1052	4020	4684
西 岗 区	3145	128790	243525
沙河口区	1513	56709	122147
甘井子区	2492	49002	155012
旅顺口区	329	6614	21363
金普新区	7805	311902	247825
普兰店区	1940	50776	165457
保 税 区	2349	48029	69974
高新园区	311	395	26901
长 兴 岛	131	8865	9880
花 园 口	919	10827	30125
瓦 房 店	1073	43996	119703
庄 河 市	4964	143022	465802
长 海 县	53	341	520

4-B-4.8　各地区地方总承包和专业承包企业资产构成

单位：千元

地　区	资产总计	#流动资产合计	#存货
全　市	**138066065**	**116713731**	**11808833**
中 山 区	5397483	4836901	518569
西 岗 区	22244683	17144561	2006008
沙河口区	16836568	15264488	1618615
甘井子区	12803159	10644497	1038958
旅顺口区	2359060	1786481	153726
金普新区	37390829	32055906	1764499
普兰店区	7654064	6519834	493375
保 税 区	1891575	1562579	326782
高新园区	3335229	2946962	245173
长 兴 岛	1264693	1111625	162928
花 园 口	374841	318688	5114
瓦 房 店	7234109	6557143	732756
庄 河 市	19112832	15865264	2734653
长 海 县	166940	98802	7677

4-B-4.9 各地区地方总承包和专业承包企业固定资产情况

单位：千元

地区	固定资产原价	累计折旧	#本年折旧	在建工程
全市	**18291249**	**10767588**	**996516**	**989187**
中山区	867346	503913	55470	30700
西岗区	2202797	1293199	111252	64095
沙河口区	2101622	1538594	96847	219786
甘井子区	2020680	1263774	88893	126628
旅顺口区	419247	219783	27265	13396
金普新区	3882528	2520371	283771	53909
普兰店区	1226320	723260	74233	75232
保税区	488133	258552	19937	33704
高新园区	574118	311899	21287	40942
长兴岛	162810	105306	11374	26630
花园口	60244	17131	4566	
瓦房店	1027677	528580	56000	10418
庄河市	3234974	1465361	144546	293676
长海县	22753	17865	1075	71

4-B-4.10 各地区地方总承包和专业承包企业负债及所有者权益

单位：千元

地区	负债合计	#流动负债	#应收账款	所有者权益	#实收资本
全市	**86741581**	**78244873**	**29792107**	**51319619**	**32452194**
中山区	3231284	3041029	1554368	2166199	1421114
西岗区	18196809	17051931	4188934	4047874	3148927
沙河口区	11271261	9803334	2644896	5565307	3675297
甘井子区	8407579	7841118	2478732	4390717	6751001
旅顺口区	1228566	1014499	505354	1130494	726770
金普新区	21039918	20387225	10006920	16350911	6322675
普兰店区	4146864	3698928	1256841	3507200	1823563
保税区	1177737	1090320	233092	713838	662736
高新园区	2171470	1589887	332272	1163759	850449
长兴岛	843715	771870	104567	420978	482643
花园口	177177	28912	8105	197664	109908
瓦房店	4888118	3891992	2441463	2345991	1435817
庄河市	9870207	7960741	3978434	9242623	4957686
长海县	90876	73087	58129	76064	83608

4-B-4.11　各地区地方总承包和专业承包企业实收资本

单位：千元

地　　区	合计	国家资本	集体资本	法人资本	个人资本	港澳台资本	外商资本
全　　市	**32452194**	**899000**	**935366**	**10879405**	**19685463**	**25421**	**27539**
中 山 区	1421114	100234	10620	598336	695044	16880	
西 岗 区	3148927	454237	57763	1723925	913002		
沙河口区	3675297	162000	120386	1643495	1748666		750
甘井子区	6751001	35265	507479	1318682	4881084	8491	
旅顺口区	726770	5000	10057	459090	252623		
金普新区	6322675	86283	5560	1382840	4843647	50	4295
普兰店区	1823563			679145	1144418		
保 税 区	662736	20000		230696	391200		20840
高新园区	850449	5500	3952	549930	289413		1654
长 兴 岛	482643	3281		195432	283930		
花 园 口	109908		20508	18000	71400		
瓦 房 店	1435817		75291	248356	1112170		
庄 河 市	4957686	27200	73750	1814718	3042018		
长 海 县	83608		50000	16760	16848		

4-B-4.12　各地区地方总承包和专业承包企业收入情况

单位：千元

地　　区	主营业务收　　入	#主营业务成　　本	#主营业务税金及附加	其他业务收　　入	#其他业务成　　本	#其他业务利　　润
全　　市	**60964657**	**53946356**	**382956**	**2021203**	**1869151**	**188367**
中 山 区	3447443	2979506	23418	73796	78779	2474
西 岗 区	9840500	9044997	48507	510424	448239	81122
沙河口区	7818481	7055631	59466	149345	132715	4950
甘井子区	6712695	6045612	32449	134489	83958	10488
旅顺口区	918633	729629	10727	49411	113946	20
金普新区	8985159	7680392	50653	456320	326299	76727
普兰店区	5154605	4631128	40602	41050	24893	10582
保 税 区	1115110	1028908	4271	29500	19554	
高新园区	1395082	1142475	11146	11211	4716	1070
长 兴 岛	567863	476041	4156	169086	180589	164
花 园 口	324901	262371	3650		2680	
瓦 房 店	2794832	2530634	13261	63629	51293	751
庄 河 市	11777450	10222992	79930	332942	401490	19
长 海 县	111903	116040	720			

4-B-4.13 各地区地方总承包和专业承包企业费用情况

单位：千元

地　区	管理费用	销售费用	财务费用		
				#利息收入	#利息支出
全　市	**3866890**	**261249**	**706729**	**25095**	**433893**
中 山 区	199362	11233	5614	-3627	13867
西 岗 区	530217	17957	279927	12160	215167
沙河口区	493132	91278	43981	7939	19148
甘井子区	477669	53716	74464	-894	45488
旅顺口区	68955	7446	15004	-134	7932
金普新区	1098244	16672	96883	2241	78166
普兰店区	220807	45053	62833	368	12015
保 税 区	59946	4199	4806	707	2888
高新园区	163408	5773	20027	-1258	6767
长 兴 岛	46044	2269	8052	-5	7703
花 园 口	34366	22	6	5	
瓦 房 店	148265	3393	17004	-124	8401
庄 河 市	320302	2238	78121	7715	16347
长 海 县	6173		7	2	4

C.专业承包建筑业企业

4-C-1 各地区专业承包企业签订合同情况

单位：千元

地　区	合同总额		
		上年结转合同额	本年新签合同额
全　市	**15669928**	**3802136**	**11867792**
中 山 区	2520787	871057	1649730
西 岗 区	1905826	408220	1497606
沙河口区	2526855	603879	1922976
甘井子区	4218683	836140	3382543
旅顺口区	150821	21250	129571
金普新区	2246487	658149	1588338
普兰店区	346470	47648	298822
保 税 区	379082	57285	321797
高新园区	683509	166591	516918
长 兴 岛	82059	1609	80450
瓦 房 店	263222	37928	225294
庄 河 市	346127	92380	253747

4-C-2　各地区专业承包企业承包工程完成情况

单位：千元

地　区	直接从建设单位承揽工程完成的产值	自行完成施工产值	分包出去工程的产值	从建设单位以外承揽工程完成的产值
全　市	**12372281**	**12002850**	**369431**	**586846**
中山区	1620454	1371989	248465	52390
西岗区	1528083	1521163	6920	31429
沙河口区	2138607	2064101	74506	98476
甘井子区	3120044	3103690	16354	226221
旅顺口区	155329	155329		
金普新区	2018093	1995195	22898	77192
普兰店区	312616	312596	20	67744
保税区	323745	323745		13151
高新园区	518650	518650		
长兴岛	76538	76270	268	9451
瓦房店	230586	230586		190
庄河市	329536	329536		10602

4-C-3　各地区专业承包企业建筑业总产值和竣工产值

单位：千元

地　区	建筑业总产值	#装饰装修产值	#在外省完成的产值	按构成分组			竣工产值
				建筑工程产值	安装工程产值	其他产值	
全　市	**12589696**	**2792612**	**1597497**	**5865388**	**5256656**	**1467652**	**6562825**
中山区	1424379	793673	486452	827887	393580	202912	801425
西岗区	1552592	531756	285481	828693	546774	177125	1053112
沙河口区	2162577	588624	226104	919063	1063473	180041	944042
甘井子区	3329911	436641	311871	1304429	1481635	543847	1461554
旅顺口区	155329	9644		63615	81591	10123	90973
金普新区	2072387	316651	223533	983745	926209	162433	1026728
普兰店区	380340	22747	3231	135659	238986	5695	274368
保税区	336896	31000		123559	128031	85306	154765
高新园区	518650	28808	20490	231001	255508	32141	226909
长兴岛	85721		2745	17306	68415		78856
瓦房店	230776	720	900	188821	34657	7298	172527
庄河市	340138	32348	36690	241610	37797	60731	277566

4-C-4 各地区专业承包企业房屋建筑面积

地　　区	房屋建筑施工面积(平方米)	#本年新开工	房屋建筑竣工面积(平方米)
全　　市	**1100124**	**586212**	**1216618**
中 山 区	3000		285
西 岗 区	19245	5140	15745
沙河口区	36102	34000	8484
甘井子区	834152	433276	109079
旅顺口区	18500	18500	10030
金普新区	169780	88080	140680
普兰店区	1		1
保 税 区	200	200	200
高新园区			
长 兴 岛	2690	2690	2690
瓦 房 店	511	501	10
庄 河 市	15943	3825	929414

4-C-5 各地区按主要用途分的专业承包企业房屋建筑竣工面积

单位：平方米

地　　区	合计	住宅用房	商业及服　务用房屋	办公用房　屋	科研、教育和医疗用房屋	文化、体育和娱乐用房屋	厂房及建筑物	仓库	其他未列明的房屋建筑物
全　　市	**1216618**	**778010**	**200346**	**116721**	**3868**	**14010**	**90713**	**1720**	**11230**
中 山 区	285	10	100	10	105	10	20	20	10
西 岗 区	15745						4745		11000
沙河口区	8484		1		3483		5000		
甘井子区	109079	78779	245			14000	16055		
旅顺口区	10030				280		8030	1500	220
金普新区	140680	96720					43960		
普兰店区	1	1							
保 税 区	200							200	
高新园区									
长 兴 岛	2690			2690					
瓦 房 店	10			10					
庄 河 市	929414	602500	200000	114011			12903		

4-C-6　各地区按主要用途分的专业承包企业房屋建筑竣工价值

单位：千元

地　区	合计	住宅用房	商业及服务用房屋	办公用房屋	科研、教育和医疗用房屋	文化、体育和娱乐用房屋	厂房及建筑物	仓库	其他未列明的房屋建筑物
全　市	**258375**	**155592**	**9901**	**13008**	**1290**	**7873**	**65287**	**1358**	**4066**
中山区	275	10	100	20	100	10	15	10	10
西岗区	5407						1425		3982
沙河口区	15046		1		1045		14000		
甘井子区	136563	99392	800			7863	28508		
旅顺口区	8879				145		7442	1218	74
金普新区	36485	29077					7408		
普兰店区	1	1							
保税区	130							130	
高新园区									
长兴岛	7855			7855					
瓦房店	2			2					
庄河市	47732	27112	9000	5131			6489		

4-C-7　各地区专业承包企业施工机械设备情况

地　区	年末自有施工机械设备总台数（台）	年末自有施工机械设备总功率（千瓦）	年末自有施工机械设备净值（千元）
全　市	**3881**	**74994**	**150054**
中山区	315	1087	3732
西岗区	375	3631	4190
沙河口区	624	5257	16240
甘井子区	586	7635	65113
旅顺口区	144	3229	7781
金普新区	1303	48379	11399
普兰店区	35	1350	416
保税区	83	1110	573
高新园区	289	144	7029
长兴岛	32	32	3521
瓦房店	15	60	1000
庄河市	80	3080	29060

4-C-8 各地区专业承包企业资产构成

单位：千元

地 区	资产总计	#流动资产合计	#存货
全 市	**21513757**	**17319871**	**2031738**
中山区	2196697	1896598	315647
西岗区	4331952	3286320	283914
沙河口区	3740395	3312024	445037
甘井子区	4439599	3689106	373628
旅顺口区	310745	270550	43400
金普新区	2914488	2310209	213010
普兰店区	628712	554923	23586
保税区	465780	375422	34219
高新园区	714963	506901	34801
长兴岛	194825	157420	39309
瓦房店	419227	343592	68468
庄河市	1156374	616806	156719

4-C-9 各地区专业承包企业固定资产情况

单位：千元

地 区	固定资产原价	累计折旧	#本年折旧	在建工程
全 市	**4129049**	**2621318**	**242334**	**187086**
中山区	501931	319659	41467	30700
西岗区	224791	142725	19284	57914
沙河口区	1164323	956955	43870	45593
甘井子区	776473	531057	31309	30743
旅顺口区	67924	40902	3254	159
金普新区	509275	265231	27037	277
普兰店区	119915	65396	9341	4384
保税区	151700	69177	10136	2150
高新园区	242621	68882	6133	32
长兴岛	64581	47804	3261	13853
瓦房店	66683	50708	36301	1281
庄河市	238832	62822	10941	

4-C-10　各地区专业承包企业负债及所有者权益

单位：千元

地　区	负债合计	#流动负债	#应收账款	所有者权益	#实收资本
全　市	**11796534**	**10231981**	**3442166**	**9717223**	**9479866**
中山区	1047578	882386	372649	1149119	746629
西岗区	3194245	3077187	362791	1137707	846614
沙河口区	1205534	1097645	307175	2534861	1299201
甘井子区	2519414	1973238	1003156	1920185	4470820
旅顺口区	126119	82204	29725	184626	119907
金普新区	1466668	1328538	506955	1447820	979073
普兰店区	428618	427917	190623	200094	117719
保税区	183087	112356	56395	282693	234735
高新园区	400746	326069	110446	314217	236069
长兴岛	180052	124726	54654	14773	57000
瓦房店	300206	299671	121459	119021	93880
庄河市	744267	500044	326138	412107	278219

4-C-11　各地区专业承包企业实收资本

单位：千元

地　区	合计	国家资本	集体资本	法人资本	个人资本	港澳台资本	外商资本
全　市	**9479866**	**146716**	**121964**	**2210709**	**6947517**	**25421**	**27539**
中山区	746629	16600	3200	237836	472113	16880	
西岗区	846614	34792	62856	192221	556745		
沙河口区	1299201	11000	12527	460608	814316		750
甘井子区	4470820	72325	7264	511328	3871412	8491	
旅顺口区	119907		6557	84480	28870		
金普新区	979073	3218	5560	282084	683866	50	4295
普兰店区	117719			53360	64359		
保税区	234735			157000	56895		20840
高新园区	236069	5500		143030	85885		1654
长兴岛	57000	3281			53719		
瓦房店	93880			32550	61330		
庄河市	278219		24000	56212	198007		

4-C-12　各地区专业承包企业收入情况

单位：千元

地　区	主营业务收　入	#主营业务成　本	#主营业务税金及附加	其他业务收　入	#其他业务成　本	#其他业务利　润
全　市	**12869287**	**10532550**	**83568**	**13602173**	**11189254**	**22493**
中 山 区	1805578	1457771	16525	1871574	1531207	25
西 岗 区	1398559	1199509	6525	1495096	1289642	2126
沙河口区	2178386	1852277	16355	2295076	1958052	2450
甘井子区	3140222	2819016	14044	3237124	2871448	5730
旅顺口区	129715	113929	681	131709	116821	
金普新区	2230811	1452698	10964	2373017	1583918	1595
普兰店区	379071	293170	4266	408781	312950	9306
保 税 区	340173	301870	1466	367223	319553	
高新园区	520979	435598	8282	531608	440314	880
长 兴 岛	101193	53686	266	102985	82971	164
瓦 房 店	310818	258704	2102	311382	261116	217
庄 河 市	333782	294322	2092	476598	421262	

4-C-13　各地区专业承包企业费用情况

单位：千元

地　区	管理费用	销售费用	财务费用	#利息收入	#利息支出
全　市	**1680703**	**164244**	**110822**	**-3201**	**68729**
中 山 区	127544	9952	1374	-4641	3577
西 岗 区	153379	7716	28952	81	27544
沙河口区	245731	30526	5051	61	2945
甘井子区	239474	50610	31940	-40	15995
旅顺口区	14208	216	910	12	391
金普新区	682827	12473	26209	-394	10645
普兰店区	32535	44616	1121	55	81
保 税 区	35907	4001	-605	866	4
高新园区	58228	1156	1616	-66	
长 兴 岛	14422	1555	1856	-3	1745
瓦 房 店	40397	1258	3637	-13	103
庄 河 市	36051	165	8761	881	5699

附　录

主要指标解释

主要指标解释

资产总计　指企业过去的交易或者事项形成的、由企业拥有或者控制的、预期会给企业带来经济利益的资源。资产一般按流动性（资产的变现或耗用时间长短）分为流动资产和非流动资产。其中流动资产可分为货币资金、交易性金融资产、应收票据、应收账款、预付款项、其他应收款、存货等；非流动资产可分为长期股权投资、固定资产、无形资产及其他非流动资产等。根据会计“资产负债表”中“资产总计”项目的期末余额数填报。包括企业拥有的土地、办公楼、厂房、机器、运输工具、存货等实物资产和现金、存款、应收账款和预付账款等金融资产。

流动资产合计　资产满足以下条件之一应归为流动资产：(1) 预计在一个正常营业周期中变现、出售或耗用，主要包括存货、应收账款等；(2) 主要为交易目的而持有；(3) 预计在资产负债表日起一年内（含一年）变现；(4) 自资产负债日起一年内，交换其他资产或清偿负债的能力不受限制的现金或现金等价物。包括货币资金、应收票据、应收账款、存货等项目。根据会计“资产负债表”中“流动资产合计”项目的期末余额数填报。

应收账款　指企业因销售商品、提供劳务等经营活动所形成的债权，包括应向客户收取的货款、增值税款和为客户代垫的运杂费等。根据会计“资产负债表”中“应收账款”项目的期末余额数填报。

存货　指企业在日常活动中持有以备出售的产成品或商品、处在生产过程中的在产品、在生产过程或提供劳务过程中耗用的材料或物料等，通常包括原材料、在产品、半成品、产成品、商品以及周转材料等。根据会计“资产负债表”中“存货”项目的期末余额数填报。其中：“年初存货”根据会计“资产负债表”中“存货”项目的年初余额数填报。注意：“存货”具有实物形态，不属于无形资产，由于企业持有存货的最终目的是为了出售，所以房地产开发企业（单位）购置的土地、尚未销售的商品房等均计入“存货”。

产成品　指企业已经完成全部生产过程并验收入库，可以按照合同规定的条件送交订货单位，或者可以作为商品对外销售的产品。根据会计“产成品”科目的借方余额填报。

固定资产原价　指固定资产的成本，包括企业在购置、自行建造、安装、改建、扩建、技术改造某项固定资产时所发生的全部支出总额。根据会计“固定资产”科目的期末借方余额填报。

累计折旧　指企业在报告期末提取的历年固定资产折旧累计数。根据会计“累计折旧”科目的期末贷方余额填报。

固定资产净额　指固定资产原价减去累计折旧、固定资产减值准备后的金额。当会计“资产负债表”列示“固定资产净额”项目时，根据“固定资产净额”项目的期末余额数填报；当会计“资产负债表”列示“固定资产”项目，且含义及核算范围与本指标解释一致时，根据“固定资产”项目的期末余额数填报；其他情况，根据会计“固定资产”科目的期末余额，减去“累计折旧”和“固定资产减值准备”科目的期末余额后的金额填报。

负债合计　指企业过去的交易或者事项形成的，预期会导致经济利益流出企业的现时义务。负债一般按偿还期长短分为流动负债和非流动负债。根据会计资产负债表中“负债合计”项目的期末余额数填报。包括银行贷款、借款、应付账款、应付职工工资、应付职工福利费、应交税金等企业负有偿还责任的债务。

执行企业会计准则或《小企业会计准则》的企业：负债合计=流动负债合计+非流动负债合计；执行其他企业会计制度的企业负债包括流动负债和长期负债。

流动负债合计　负债满足下列条件之一的应归为流动负债：(1) 预计在一个正常营业周期中清偿；(2) 主要为交易目的而持有；(3) 自资产负债表日起一年内到期应予清偿；(4) 企业无权自主地将清偿推迟至资产负债表日后一年以上。包括短期借款、应付票据、应付账款、应付职工薪酬、应交税费等项目。根据会计资产负债表中“流动负债合计”项目的期末余额数填报。

应付账款　指企业因购买材料、商品和接受劳务供应等经营活动应支付的款项。根据会计资产负债表中“应付账款”项目的期末余额数填报。

所有者权益合计　指企业资产扣除负债后由所有者享有的剩余权益。公司的所有者权益又称股东权益。包括实收资本、资本公积、盈余公积、未分配利润等。根据会计资产负债表中“所有者权益合计”项目的期末余额数填报。

实收资本　指企业各投资者实际投入的资本（或股本）总额，包括货币、实物、无形资产等各种形式的投入。实收资本按投资主体可分为国家资本、集体资本、法人资本、个人资本、港澳台资本和外商资本。根据会计资产负债表中“所有者权益”项下“实收资本”的期末余额数填报。

国家资本　指有权代表国家投资的政府部门或机构、直属事业单位对企业形成的资本金。根据会计“实收资本”科目计算填报。

集体资本　指由本企业职工等自然人集体投资或各种机构对企业进行扶持形成的集体性质的资本金。根据会计“实收资本”科目计算填报。

法人资本　指其他法人单位以其依法可支配的资产投入企业形成的资本金。根据会计“实收资本”科目计算填报。

个人资本　指自然人实际投入企业的资本金。根据会计“实收资本”科目计算填报。

港澳台资本 指我国香港、澳门和台湾地区投资者实际投入企业的资本金。根据会计“实收资本”科目计算填报。

外商资本 指外国投资者实际投入企业的资本金。根据会计“实收资本”科目计算填报。

营业收入 指企业经营主要业务和其他业务所确认的收入总额。营业收入包括“主营业务收入”和“其他业务收入”。根据会计“利润表”中“营业收入”项目的本年累计数填报。

营业成本 指企业经营主要业务和其他业务所发生的成本总额。包括企业（单位）在报告期内从事销售商品、提供劳务等日常活动发生的各种耗费。包括“主营业务成本”和“其他业务成本”。根据会计“利润表”中“营业成本”项目的本年累计数填报。

销售费用 指企业在销售商品和材料、提供劳务的过程中发生的各种费用，包括保险费、包装费、展览费和广告费、商品维修费、预计产品质量保证损失、运输费、装卸费等以及为销售本企业商品而专设的销售机构（含销售网点、售后服务网点等）的职工薪酬、业务费、折旧费等经营费用。建筑业企业销售费用指企业从事施工生产活动过程中发生的各项费用，包括应由企业负担的运输费、装卸费、包装费、保险费、维修费、展览费、差旅费、广告费和其他经费。房地产企业销售费用指企业在从事主要经营业务过程中所发生的各项销售费用，包括转让、销售、结算和出租开发产品等。执行企业会计准则或《小企业会计准则》的企业，根据会计“利润表”中“销售费用”项目的本年累计数填报。执行其他企业会计制度的企业，根据会计“利润表”中“营业费用（或经营费用）”项目的本年累计数填报。

管理费用 指企业为组织和管理企业生产经营所发生的费用，包括企业在筹建期间内发生的开办费、董事会和行政管理部门在企业经营管理中发生的，或者应当由企业统一负担的公司经费等。根据会计“利润表”中“管理费用”项目的本年累计数填报。执行财政部《关于修订印发 2018 年度一般企业财务报表格式的通知》（财会〔2018〕15 号）的企业，应把研发费用项目的本年累计数归并到管理费用项目中填报。

财务费用 指企业为筹集生产经营所需资金等而发生的筹资费用，包括企业生产经营期间发生的利息支出（减利息收入）、汇兑损失（减汇兑收益）以及相关的手续费等。根据会计“利润表”中“财务费用”项目的本年累计数填报。

利息收入 指非金融企业存款业务所确认的利息金额。根据企业“财务费用明细账”中“财务费用——利息收入”科目的本期发生额填报。如果未设置该科目，填“0”。

利息支出 指企业短期借款利息、长期借款利息、应付票据利息、票据贴现利息、应付债券利息、长期应付引进国外设备款利息等利息支出。根据企业“财务费用明细账”中“财务费用——利息支出”科目的本期发生额填报。如果企业没有单独设立“利息收入”科目，应填报利息支出减去银行存款等的利息收入后的净额。

投资收益 指企业确认的投资收益或投资损失，反映企业以各种方式对外投资所取得的收益。根据会计“利润表”中“投资收益”项目的本年累计数填报。如为投资损失以“-”号记。

营业利润 指企业从事生产经营活动所取得的利润。执行企业会计准则或《小企业会计准则》的企业，营业利润为营业收入减去营业成本、税金及附加、销售费用、管理费用、财务费用、资产减值损失，再加上公允价值变动收益、投资收益和其他收益后的金额，根据会计“利润表”中“营业利润”项目的本年累计数填报；执行其他企业会计制度的企业，营业利润为营业收入减去营业成本、税金及附加、销售费用、管理费用、财务费用，再加上投资收益后的金额，根据会计“损益表”中“营业利润”项目、“投资收益”项目的本年累计数之和填报。

利润总额 指企业在一定会计期间的经营成果，是生产经营过程中各种收入扣除各种耗费后的盈余，反映企业在报告期内实现的盈亏总额。利润总额为营业利润加上营业外收入，减去营业外支出后的金额，根据会计“利润表”中“利润总额”项目的本年累计数填报。

平均用工人数 指报告期企业平均实际拥有的、参与本企业生产经营活动的人员数。

原煤 指煤矿生产的、经过验收符合质量标准的原煤。即：从毛煤中选出规定粒度的矸石（包括黄铁矿等杂物）并且绝对干燥灰分在 40%以下的原煤。绝对干燥灰分虽在 40%以上，但经有关部门批准开采，并有消费需求的劣质煤，亦应计入原煤产量。原煤分为无烟煤、烟煤、褐煤，在烟煤中又分为炼焦烟煤和一般烟煤两种。原煤不包括石煤、泥煤（泥炭）和伴随原煤生产过程而采出的煤矸石。

原油 指各种碳氢化合物的复杂混合物，通常呈暗褐色或者黑色液态，少数呈黄色、淡红色、淡褐色。包括自油井开采的原油；因事故、自然灾害以及探井、未交采油单位或未具备生产条件的井中产生的落地油（产量按已销售、利用、回收的量计算）；油（气）井井口直接回收和经处理装置回收的凝析油等。

天然气 指以气态碳氢化合物为主的各种气体的混合物，由有机物质经生物化学作用分解而成，或与石油共存于岩石的裂缝和空洞中，或以溶解状态存在于地下水中；主要成分为甲烷（约占 85%—95%），还有乙烷、丙烷、丁烷等，是一种优质燃料和化工原料。天然气分为常规天然气和非常规天然气，常规天然气包括气田天然气、油田天然气（分为油田气层气、油田伴生溶解气），非常规天然气包括煤层气、页岩气、致密砂岩气等。天然气产量是指进入集输管网和就地利用的全部气量。

液化天然气 指液体状态的天然气，由气态天然气在一定温度和压力条件下液化而成，无毒、无色、无味，在-161℃下的密度约为 425 千克/立方米。天然气在常温、常压状态为气态，占有的体积大，不利于储存，液化后体积只有气态的 1/600 左右。天然气的主要成分——甲烷的临界温度为-82℃，故在常温下不可能通过压缩而将其液化。而当将甲烷冷却到-161℃以下时，在常压下即转化为液体，即液化天然气（LNG）。

原油加工量　指直接进入蒸馏装置及二次加工装置加工的原油量。该指标是衡量炼化企业生产规模、能力的一项基础指标，也是炼化企业计算各项技术经济指标的重要依据。因此，原油加工量作为一个特殊的指标在产品产量中统计。

汽油　指直馏汽油和二次加工（如催化裂化、加氢裂化，催化重整和经精制的热裂化、焦化等）汽油，按不同比例调和，加入适量抗氧防胶剂及金属钝化剂，必要时加入适量的抗爆剂（如加入抗爆剂还要加入着色剂）而制成。本品为易燃、易挥发液体，具有良好的抗爆性能和燃烧性能，其蒸发性好，燃烧完全，积炭少，对发动机部件及储油容器无腐蚀性，由于加有抗氧剂，产品具有较好的安定性，不易过早氧化。包括航空汽油和车用汽油。

煤油　是一种精制的燃料，挥发度在车用汽油和轻柴油之间，不含诸如粗柴油、润滑油之类的重碳氢化合物。包括灯用煤油、航空煤油。

柴油　指直馏柴油和经过精制的二次加工（如催化裂化、加氢裂化、热裂化、加氢精制的焦化的柴油等），以不同比例调和而成的成品油。柴油分为轻柴油、重柴油。

燃料油　包括船用燃料油、重油或其他燃料油。燃料油分为商品燃料油和自用燃料油。商品燃料油指企业作为商品销售的燃料油；自用燃料油指本企业用作燃料和化肥、化工原料的自用油。

石脑油　属一部分石油轻馏分的泛称；用途不同，各种馏程亦不同。馏程自初馏点至 220℃左右，主要用作重整和化工原料；70–145℃馏分，称轻石脑油，生产芳烃的重整原料；70–180℃馏分，称重石脑油，用作生产高辛烷值汽油。用作溶剂时，称作溶剂石脑油；来自煤焦油的芳香族溶剂油也称作重石脑油或溶剂石脑油。

液化石油气　亦称液化气或压缩汽油，是炼油精制过程中产生并回收的气体在常温下经加压而成的液态产品。主要成分是丙烷、丁烷、丙烯、丁烯，主要用作石油化工原料，脱硫后可直接用作燃料。

石油焦　指以原油经常减压装置蒸馏所得的渣油或以重油为原料，经焦化装置生产。产品按用途分为三个牌号，每个牌号按质量分为 A、B 两类，牌号有 1#A、1#B、2#A、2#B、3#A、3#B 石油焦等。主要用于制造石墨电极、碳素、碳化硅、碳化钙等产品的原料，也可直接用于冶炼、铸煅工艺作燃料。

石油沥青　指由原油经常减压装置蒸馏直接获得的渣油制品，也可以用减压渣油为原料经氧化，溶剂脱出的沥青再经适度氧化或调合而成。是来自原油中的最重的组分，是高度缩合的多环烃类混合物，具有良好的粘结性、绝缘性、不渗水性，并能抵抗许多化学药物的侵蚀，广泛用于道路工程、建筑工程、水利工程、防护涂料以及保持水土、改良土壤等领域。沥青按用途可分为普通沥青、道路沥青、建筑沥青、专用沥青，其中以道路沥青的用量最大。

焦炭　指将各种经过洗选的煤炭按一定比例配合后，在隔绝空气的高温炭化室内经过热解、缩聚、固化、收缩等复杂的物理化学过程形成的固体燃料，呈黑灰色块状、有光泽，燃烧时烟气少，具有不粘结、不结块、低硫、低灰、坚硬、耐磨、耐压、富于气孔性等特点，主要用于冶金、化工、铸造等工艺的燃料和原料。它包括各种生产方式生产的焦炭，即包括机械化焦炉、简易焦炉、土焦炉、煤气发生炉等装置生产的所有焦炭和半焦炭。

发电量　指电厂（发电机组）在报告期内生产的电能量。它是发电机组经过对一次能源的加工转换而生产出的有功电能数量，即发电机实际发出的有功功率（千瓦）与发电机实际运行时间的乘积。发电量包括全部电力工业企业、自备电厂的产量。新装发电设备在未正式投入生产以前所发的电量以及发电设备大修或改进后试运转期间所发的电量，凡被本厂或用户利用的，均应计入发电量中，未被利用的，则不应计入。发电量中不包括电动的交直流变换、励磁机和周波变换的电量。

火力发电　指利用煤炭、燃油、燃气、生物质等燃料燃烧时产生的热能，通过火电动力装置转换成电能的发电方式，包括燃煤发电，燃气发电，燃油发电，余热、余压、余气发电，生物质发电等。

水力发电　指利用水位落差，配合水轮发电机产生电力的一种发电方式，也就是利用水的势能转为水轮机的机械能，再以机械能推动发电机产生电能，包括抽水蓄能发电。

核能发电　指利用原子反应堆中核燃料(例如铀)缓慢裂变所释放的热能产生蒸汽驱动汽轮机再带动发电机发电的一种发电方式。

风力发电　指把风的动能转变成机械动能，再把机械能转化为电力动能的发电方式。

太阳能发电　指先将太阳光或能转化为热能，再将热能转化成电能或者直接将太阳能转换成电能的发电方式，主要包括太阳能光伏发电和太阳能光热发电。

煤气　指煤、焦炭、半焦等固体燃料与燃料油等液体燃料干馏或气化所产生的可燃气体。包括焦炉煤气、高炉煤气、发生炉煤气和油煤气等。

研究与试验发展(R&D)　指在科学技术领域，为增加知识总量，以及运用这些知识去创造新的应用进行的系统的创造性的活动，包括基础研究、应用研究、试验发展三类活动。国际上通常采用 R&D 活动的规模和强度指标反映一国的科技实力和核心竞争力。

R&D 人员　指参与研究与试验发展项目研究、管理和辅助工作的人员，包括项目(课题)组人员，企业科技行政管理人员和直接为项目(课题)活动提供服务的辅助人员。反映投入从事拥有自主知识产权的研究开发活动的人力规模。

R&D 人员全时当量　指全时人员数加非全时人员按工作量折算为全时人员数的总和。例如：有两个全时人员和三个非全时人员(工作时间分别为 20%、30%和 70%)，则全时当量为 2+0.2+0.3+0.7=3.2 人年。为国际上比较科技人力投入而制定的可比指标。

R&D 经费内部支出　指调查单位用于内部开展 R&D 活

动（基础研究、应用研究和试验发展）的实际支出。包括用于R&D项目（课题）活动的直接支出，以及间接用于R&D活动的管理费、服务费、与R&D有关的基本建设支出以及外协加工费等。不包括生产性活动支出、归还贷款支出以及与外单位合作或委托外单位进行R&D活动而转拨给对方的经费支出。

R&D经费支出中政府资金 指R&D经费内部支出中来自各级政府部门的各类资金，包括财政科学技术拨款、科学基金、教育等部门事业费以及政府部门预算外资金的实际支出。

R&D经费支出中企业资金 指R&D经费内部支出中来自本企业的自有资金和接受其他企业委托而获得的经费，以及科研院所、高校等事业单位从企业获得的资金的实际支出。

新产品销售收入 指报告期企业销售新产品实现的销售收入。新产品是指采用新技术原理、新设计构思研制、生产的全新产品，或在结构、材质、工艺等某一方面比原有产品有明显改进，从而显著提高了产品性能或扩大了使用功能的产品。既包括经政府有关部门认定并在有效期内的新产品，也包括企业自行研制开发，未经政府有关部门认定，从投产之日起一年之内的新产品。

技术改造经费支出 指报告期内企业进行技术改造而发生的费用支出。技术改造指企业在坚持科技进步的前提下，将科技成果应用于生产的各个领域（产品、设备、工艺等），用先进工艺、设备代替落后工艺、设备，实现以内涵为主的扩大再生产，从而提高产品质量、促进产品更新换代、节约能源、降低消耗，全面提高综合经济效益。

购买国内技术经费支出 指报告期内企业购买境内其他单位科技成果的经费支出。包括购买产品设计、工艺流程、图纸、配方、专利、技术诀窍及设备的费用支出。

引进技术经费支出 指报告期内企业用于购买国外或港澳台技术的费用支出，包括产品设计、工艺流程、图纸、配方、专利等技术资料的费用支出，以及购买设备、仪器、样机和样件等的费用支出。

消化吸收经费支出 指报告期内企业引进国外或港澳台技术的消化吸收经费支出。引进技术的消化吸收指对引进技术的掌握、应用、复制而开展的工作，以及在此基础上的创新。引进技术的消化吸收经费支出包括：人员培训费、测绘费、参加消化吸收人员的工资、工装、工艺开发费、必备的配套设备费、翻版费等。

大连经济普查年鉴

Dalian Economic Census Yearbook

第三产业卷 2018

第1篇

批发和零售业企业基本情况及财务状况篇

A.行业部分

1-A-1　批发业法人企业基本情况

分　组	法人单位数(个)	从业人员期末人数(人)
批发业	**36639**	**121399**
按国民经济行业分组	**36639**	**121399**
农、林、牧、渔产品批发	1347	4287
谷物、豆及薯类批发	317	1298
种子批发	114	374
畜牧渔业饲料批发	108	380
林业产品批发	166	437
牲畜批发	60	174
渔业产品批发	112	378
其他农牧产品批发	468	1237
食品、饮料及烟草制品批发	5449	19920
米、面制品及食用油批发	336	1365
糕点、糖果及糖批发	79	335
果品、蔬菜批发	1190	4271
肉、禽、蛋、奶及水产品批发	1122	5407
盐及调味品批发	101	517
营养和保健品批发	138	396
酒、饮料及茶叶批发	541	2283
烟草制品批发	10	864
其他食品批发	1932	4482
纺织、服装及家庭用品批发	3619	13407
纺织品、针织品及原料批发	437	1596
服装批发	1255	6000
鞋帽批发	43	197
化妆品及卫生用品批发	281	937
厨具卫具及日用杂品批发	494	1322
灯具、装饰物品批发	113	298
家用视听设备批发	23	89
日用家电批发	229	914
其他家庭用品批发	744	2054
文化、体育用品及器材批发	871	2363
文具用品批发	415	943
体育用品及器材批发	103	363
图书批发	27	94

1-A-1 续表 1

分 组	法人单位数 (个)	从业人员期末人数 (人)
音像制品、电子和数字出版物批发	5	24
首饰、工艺品及收藏品批发	237	793
乐器批发	11	12
其他文化用品批发	72	132
医药及医疗器材批发	723	5689
西药批发	65	1378
中药批发	47	897
动物用药品批发	12	22
医疗用品及器材批发	599	3392
矿产品、建材及化工产品批发	8544	29518
煤炭及制品批发	905	2912
石油及制品批发	2452	9330
非金属矿及制品批发	135	556
金属及金属矿批发	1497	5738
建材批发	2102	5608
化肥批发	287	746
农药批发	81	195
农用薄膜批发	10	29
其他化工产品批发	1075	4404
机械设备、五金产品及电子产品批发	7281	25615
农业机械批发	70	218
汽车及零配件批发	959	2929
摩托车及零配件批发	16	81
五金产品批发	1722	5187
电气设备批发	817	2769
计算机、软件及辅助设备批发	296	1151
通讯设备批发	93	1219
广播影视设备批发	8	21
其他机械设备及电子产品批发	3300	12040
贸易经纪与代理	5243	9756
贸易代理	5008	9321
一般物品拍卖	54	152
艺术品、收藏品拍卖	4	2
其他贸易经纪与代理	176	280
其他批发业	3562	10844
再生物资回收与批发	608	2908

1-A-1　续表 2

分　组	法人单位数（个）	从业人员期末人数（人）
宠物食品用品批发	30	70
互联网批发	26	43
其他未列明批发业	2898	7823
按登记注册类型分组	**36639**	**121399**
内资企业	36157	116736
国有企业	62	1288
集体企业	122	561
股份合作企业	39	123
联营企业	11	40
集体联营企业	5	15
其他联营企业	3	4
有限责任公司	5000	21545
国有独资公司	16	493
其他有限责任公司	4984	21052
股份有限公司	300	2677
私营企业	29959	88497
私营独资企业	1129	2309
私营合伙企业	27	21
私营有限责任公司	28568	85403
私营股份有限公司	235	764
其他企业	664	2005
港、澳、台商投资企业	72	870
与港澳台商合资经营企业	14	268
港澳台商独资经营企业	53	563
其他港澳台投资企业	3	3
外商投资企业	410	3793
中外合资经营企业	77	1142
中外合作经营企业	3	13
外资企业	314	2579
外商投资股份有限公司	6	38
其他外商投资	10	21

注：根据数据保密相关规定，行业单位数量小于3个，未列出数据，导致总计与分项之和不等。

1-A-2 限额以上批发业法人企业基本情况

分　组	法人单位数 (个)	从业人员期末人数 (人)
批发业	**923**	**22552**
按国民经济行业分组	**923**	**22552**
农、林、牧、渔产品批发	50	745
谷物、豆及薯类批发	35	567
畜牧渔业饲料批发	7	76
其他农牧产品批发	4	49
食品、饮料及烟草制品批发	84	5275
米、面制品及食用油批发	17	388
果品、蔬菜批发	9	208
肉、禽、蛋、奶及水产品批发	29	2187
盐及调味品批发	3	192
营养和保健品批发	3	37
酒、饮料及茶叶批发	7	896
其他食品批发	13	518
纺织、服装及家庭用品批发	69	3550
纺织品、针织品及原料批发	13	295
服装批发	36	2058
化妆品及卫生用品批发	4	332
家用视听设备批发	3	19
日用家电批发	4	88
其他家庭用品批发	5	490
文化、体育用品及器材批发	10	139
文具用品批发	4	93
体育用品及器材批发	3	22
首饰、工艺品及收藏品批发	3	24
医药及医疗器材批发	48	2255
西药批发	24	1093
中药批发	9	639
医疗用品及器材批发	15	523
矿产品、建材及化工产品批发	504	6497
煤炭及制品批发	26	444
石油及制品批发	296	3219
非金属矿及制品批发	10	104
金属及金属矿批发	81	1331
建材批发	19	322
其他化工产品批发	69	1048

1-A-2　续表

分　　组	法人单位数(个)	从业人员期末人数(人)
机械设备、五金产品及电子产品批发	117	3556
汽车及零配件批发	16	595
摩托车及零配件批发	3	28
五金产品批发	27	647
电气设备批发	5	120
计算机、软件及辅助设备批发	8	327
其他机械设备及电子产品批发	55	1706
贸易经纪与代理	6	68
贸易代理	5	63
其他批发业	35	467
再生物资回收与批发	9	99
其他未列明批发业	26	368
按登记注册类型分组	**923**	**22552**
内资企业	864	20103
国有企业	10	1031
有限责任公司	164	5528
国有独资公司	10	404
其他有限责任公司	154	5124
股份有限公司	15	659
私营企业	671	12780
私营独资企业	4	50
私营有限责任公司	664	12655
私营股份有限公司	3	75
港、澳、台商投资企业	12	467
与港澳台商合资经营企业	4	243
港澳台商独资经营企业	6	188
外商投资企业	47	1982
中外合资经营企业	8	762
外资企业	37	1199
按单位规模分组	**923**	**22552**
大型	8	3594
中型	229	12140
小型	479	6336
微型	207	482

注：根据数据保密相关规定，行业单位数量小于3个，未列出数据，导致总计与分项之和不等。

1-A-3 批发业法人企业财务状况

单位：亿元

分 组	资产总计	负债合计	营业收入
批发业	**5244.20**	**4538.06**	**6449.59**
按国民经济行业分组	**5244.20**	**4538.06**	**6449.59**
农、林、牧、渔产品批发	268.34	249.16	404.40
谷物、豆及薯类批发	194.95	192.64	258.24
种子批发	3.96	1.24	5.38
畜牧渔业饲料批发	6.52	5.20	18.67
林业产品批发	5.18	2.43	2.00
牲畜批发	2.16	0.25	0.35
渔业产品批发	15.64	13.42	4.97
其他农牧产品批发	39.61	33.77	114.27
食品、饮料及烟草制品批发	323.97	209.51	396.78
米、面制品及食用油批发	52.04	42.21	100.02
糕点、糖果及糖批发	3.64	2.63	3.69
果品、蔬菜批发	60.85	48.65	36.77
肉、禽、蛋、奶及水产品批发	72.53	53.36	121.98
盐及调味品批发	5.80	3.33	7.57
营养和保健品批发	5.69	5.59	5.73
酒、饮料及茶叶批发	19.96	17.07	19.11
烟草制品批发	67.96	6.63	68.68
其他食品批发	35.49	30.03	33.23
纺织、服装及家庭用品批发	258.20	225.84	266.02
纺织品、针织品及原料批发	153.30	145.38	87.49
服装批发	57.01	39.66	108.17
鞋帽批发	1.42	1.43	3.62
化妆品及卫生用品批发	4.37	3.50	6.17
厨具卫具及日用杂品批发	6.78	6.33	8.74
灯具、装饰物品批发	1.51	1.07	1.69
家用视听设备批发	7.04	6.61	20.47
日用家电批发	10.69	9.56	12.12
其他家庭用品批发	16.08	12.29	17.55
文化、体育用品及器材批发	22.07	19.29	48.14
文具用品批发	10.19	8.96	10.92
体育用品及器材批发	2.35	1.95	2.32
图书批发	0.53	0.34	0.54

1-A-3　续表 1　　单位：亿元

分　组	资产总计	负债合计	营业收入
音像制品、电子和数字出版物批发	0.18	0.18	0.17
首饰、工艺品及收藏品批发	8.11	7.34	33.18
乐器批发	0.05	0.05	0.02
其他文化用品批发	0.54	0.37	0.79
医药及医疗器材批发	92.20	67.30	132.06
西药批发	41.62	29.33	64.98
中药批发	16.54	15.19	16.41
动物用药品批发	0.13	0.12	0.07
医疗用品及器材批发	33.90	22.67	50.60
矿产品、建材及化工产品批发	3041.46	2835.63	4402.84
煤炭及制品批发	225.43	196.75	321.56
石油及制品批发	1150.30	1036.83	2373.41
非金属矿及制品批发	13.72	10.24	27.79
金属及金属矿批发	1293.16	1301.95	1333.18
建材批发	167.42	101.47	102.99
化肥批发	16.86	13.03	5.78
农药批发	0.55	0.48	0.41
农用薄膜批发	0.29	0.07	0.43
其他化工产品批发	173.73	174.81	237.28
机械设备、五金产品及电子产品批发	584.78	412.42	432.46
农业机械批发	1.95	1.40	1.78
汽车及零配件批发	318.98	240.69	131.09
摩托车及零配件批发	1.06	0.78	2.47
五金产品批发	53.91	40.92	69.64
电气设备批发	24.98	16.07	30.08
计算机、软件及辅助设备批发	14.14	8.77	11.49
通讯设备批发	2.78	1.74	14.57
广播影视设备批发	0.19	0.14	0.68
其他机械设备及电子产品批发	166.80	101.90	170.68
贸易经纪与代理	355.88	239.82	155.07
贸易代理	307.90	193.38	153.27
一般物品拍卖	2.49	0.61	0.18
艺术品、收藏品拍卖	0.01		
其他贸易经纪与代理	45.49	45.83	1.62
其他批发业	297.30	279.09	211.82
再生物资回收与批发	181.64	181.30	87.00

1-A-3 续表 2

单位：亿元

分　组	资产总计	负债合计	营业收入
宠物食品用品批发	0.08	0.11	0.35
互联网批发	0.38	0.27	0.29
其他未列明批发业	115.20	97.41	124.18
按登记注册类型分组	**5244.20**	**4538.06**	**6449.59**
内资企业	4813.22	4268.45	6252.79
国有企业	91.60	36.64	85.47
集体企业	9.84	7.94	9.05
股份合作企业	0.66	0.62	1.34
联营企业	1.46	0.99	0.04
集体联营企业	0.35	0.54	0.03
有限责任公司	1113.38	929.64	1493.42
国有独资公司	45.11	41.55	58.00
其他有限责任公司	1068.26	888.09	1435.43
股份有限公司	77.60	59.06	183.65
私营企业	3509.69	3229.63	4475.03
私营独资企业	10.61	6.60	10.51
私营合伙企业	1.80	1.25	1.47
私营有限责任公司	3467.43	3201.77	4423.59
私营股份有限公司	29.85	20.01	39.46
其他企业	9.00	3.94	4.78
港、澳、台商投资企业	269.04	208.33	39.59
与港澳台商合资经营企业	253.89	191.80	25.26
港澳台商独资经营企业	13.27	14.83	11.58
外商投资企业	161.94	61.28	157.22
中外合资经营企业	18.80	15.42	32.24
中外合作经营企业	0.40	0.34	0.29
外资企业	141.40	44.35	121.65
外商投资股份有限公司	0.95	0.78	2.97
其他外商投资	0.38	0.39	0.06

注：根据数据保密相关规定，行业单位数量小于3个，未列出数据，导致总计与分项之和不等。

1-A-4　限额以上批发业法人企业财务状况

单位：亿元

分　组	资产总计	负债合计	营业收入
批发业	**1937.66**	**1554.79**	**3065.55**
按国民经济行业分组	**1937.66**	**1554.79**	**3065.55**
农、林、牧、渔产品批发	125.66	124.34	173.40
谷物、豆及薯类批发	120.48	120.81	155.79
畜牧渔业饲料批发	2.51	2.08	9.57
其他农牧产品批发	1.13	0.64	2.68
食品、饮料及烟草制品批发	138.56	61.28	231.14
米、面制品及食用油批发	14.29	12.79	45.06
果品、蔬菜批发	5.13	4.57	13.63
肉、禽、蛋、奶及水产品批发	34.03	24.67	74.21
盐及调味品批发	2.94	1.49	3.56
营养和保健品批发	1.28	1.01	2.82
酒、饮料及茶叶批发	6.51	5.53	11.74
其他食品批发	6.23	4.47	10.96
纺织、服装及家庭用品批发	46.80	32.18	126.61
纺织品、针织品及原料批发	5.80	4.74	14.39
服装批发	27.08	16.29	75.04
化妆品及卫生用品批发	1.44	1.11	3.33
家用视听设备批发	6.66	6.22	20.07
日用家电批发	0.74	0.44	1.62
其他家庭用品批发	4.20	2.78	9.49
文化、体育用品及器材批发	6.97	6.23	8.64
文具用品批发	5.76	5.22	5.62
体育用品及器材批发	0.77	0.92	0.83
首饰、工艺品及收藏品批发	0.44	0.08	2.19
医药及医疗器材批发	61.51	42.40	106.64
西药批发	39.61	27.77	62.83
中药批发	7.86	6.12	13.94
医疗用品及器材批发	14.04	8.51	29.87
矿产品、建材及化工产品批发	1070.09	920.17	2105.05
煤炭及制品批发	70.80	57.70	195.37
石油及制品批发	565.59	492.78	1276.99
非金属矿及制品批发	3.46	2.82	15.83
金属及金属矿批发	345.52	309.41	457.53
建材批发	14.07	8.53	28.90
农药批发			
其他化工产品批发	59.49	38.22	127.40

1-A-4 续表

单位：亿元

分组	资产总计	负债合计	营业收入
机械设备、五金产品及电子产品批发	381.88	263.44	232.97
汽车及零配件批发	268.90	200.20	82.59
摩托车及零配件批发	0.70	0.58	1.94
五金产品批发	15.88	11.46	37.60
电气设备批发	3.49	2.09	8.51
计算机、软件及辅助设备批发	3.41	2.28	5.68
其他机械设备及电子产品批发	89.03	46.75	93.87
贸易经纪与代理	1.39	0.82	7.54
贸易代理	1.32	0.77	7.25
其他批发业	104.80	103.92	73.57
再生物资回收与批发	85.97	86.37	17.89
其他未列明批发业	18.83	17.56	55.68
按登记注册类型分组	**1937.66**	**1554.79**	**3065.55**
内资企业	1610.50	1327.84	2906.47
国有企业	79.23	15.76	84.41
有限责任公司	434.74	335.15	895.59
国有独资公司	40.08	35.88	53.13
其他有限责任公司	394.66	299.27	842.46
股份有限公司	63.66	49.88	166.11
私营企业	1030.24	924.69	1757.68
私营独资企业	0.95	0.95	3.14
私营有限责任公司	1004.75	907.19	1720.83
私营股份有限公司	24.54	16.55	33.71
港、澳、台商投资企业	255.14	195.44	36.61
与港澳台商合资经营企业	246.51	185.00	25.23
港澳台商独资经营企业	6.76	8.74	8.63
外商投资企业	72.01	31.50	122.47
中外合资经营企业	14.54	13.75	25.84
外资企业	56.59	17.02	93.87
按单位规模分组	**1937.66**	**1554.79**	**3065.55**
大型	105.61	18.77	140.61
中型	873.75	676.88	1121.84
小型	507.78	429.36	1046.68
微型	450.52	429.78	756.42

注：根据数据保密相关规定，行业单位小于3个，未列出数据，导致总计与分项之和不等。

1-A-5　零售业法人企业基本情况

分　组	法　人 单位数 (个)	从业人员 期末人数 (人)	年末零售 营业面积 (万平方米)
零售业	**17176**	**83167**	**449.3**
按国民经济行业分组	**17176**	**83167**	**449.3**
综合零售	939	20104	158.6
百货零售	545	11582	122.4
超级市场零售	52	5702	26.5
便利店零售	20	784	0.2
其他综合零售	322	2036	9.5
食品、饮料及烟草制品专门零售	2690	7119	25.5
粮油零售	114	242	1.0
糕点、面包零售	51	951	0.5
果品、蔬菜零售	413	1181	12.6
肉、禽、蛋、奶及水产品零售	590	1433	3.2
营养和保健品零售	168	261	0.6
酒、饮料及茶叶零售	264	562	1.1
烟草制品零售	31	294	0.2
其他食品零售	1059	2195	6.2
纺织、服装及日用品专门零售	1919	6776	22.0
纺织品及针织品零售	118	360	0.7
服装零售	734	3637	12.0
鞋帽零售	24	62	0.1
化妆品及卫生用品零售	233	528	0.6
厨具卫具及日用杂品零售	110	255	0.6
钟表、眼镜零售	193	861	1.9
箱包零售	16	35	
自行车等代步设备零售	17	44	0.1
其他日用品零售	474	994	5.9
文化、体育用品及器材专门零售	864	2586	16.2
文具用品零售	273	538	3.1
体育用品及器材零售	131	579	7.6
图书、报刊零售	57	550	2.9
珠宝首饰零售	145	240	1.1
工艺美术品及收藏品零售	140	339	0.6
乐器零售	43	183	0.3
照相器材零售	9	23	0.1
其他文化用品零售	64	128	0.5

1-A-5 续表 1

分 组	法 人 单位数 (个)	从业人员 期末人数 (人)	年末零售 营业面积 (万平方米)
医药及医疗器材专门零售	2258	12375	27.9
西药零售	1394	9460	22.3
中药零售	389	1122	3.1
动物用药品零售	87	272	0.6
医疗用品及器材零售	368	1304	1.7
保健辅助治疗器材零售	20	217	0.2
汽车、摩托车、零配件和燃料及其他动力销售	1920	15293	130.0
汽车新车零售	603	8701	45.1
汽车旧车零售	396	547	3.3
汽车零配件零售	607	1594	4.8
摩托车及零配件零售	31	71	0.3
机动车燃油零售	251	4294	76.0
机动车燃气零售	29	84	0.5
机动车充电销售	3	2	
家用电器及电子产品专门零售	1766	6419	23.1
家用视听设备零售	18	63	0.2
日用家电零售	359	2374	18.8
计算机、软件及辅助设备零售	360	1101	1.0
通信设备零售	209	666	0.8
其他电子产品零售	820	2215	2.3
五金、家具及室内装饰材料专门零售	2543	6241	23.0
五金零售	1265	3142	7.9
灯具零售	60	129	0.2
家具零售	251	633	2.4
涂料零售	54	115	0.2
卫生洁具零售	18	44	0.1
木质装饰材料零售	96	252	1.9
陶瓷、石材装饰材料零售	58	133	0.5
其他室内装饰材料零售	741	1793	9.8
货摊、无店铺及其他零售业	2277	6254	23.0
互联网零售	222	412	0.2
自动售货机零售	10	48	0.1
旧货零售	20	9	0.1

1-A-5　续表 2

分　组	法　人 单位数 (个)	从业人员 期末人数 (人)	年末零售 营业面积 (万平方米)
生活用燃料零售	365	1096	13.5
宠物食品用品零售	34	103	0.1
其他未列明零售业	1623	4579	9.0
按登记注册类型分组	**17176**	**83167**	**449.3**
内资企业	17106	74816	419.5
国有企业	44	529	6.5
集体企业	117	543	3.5
股份合作企业	31	134	0.9
联营企业	15	50	0.6
集体联营企业	6	15	0.1
其他联营企业	6	25	0.0
有限责任公司	1956	20306	81.2
国有独资公司	2	697	0.2
其他有限责任公司	1954	19609	81.1
股份有限公司	188	8342	132.3
私营企业	14614	44371	193.0
私营独资企业	2527	5090	27.2
私营合伙企业	45	101	0.3
私营有限责任公司	11909	38652	164.3
私营股份有限公司	133	528	1.2
其他企业	141	541	1.5
港、澳、台商投资企业	26	3407	14.3
与港澳台商合资经营企业	8	2410	10.1
港澳台商独资经营企业	15	604	3.8
外商投资企业	44	4944	15.5
中外合作经营企业	0	0	0
外资企业	35	3601	14.8

注：根据数据保密相关规定，行业单位数量小于3个，未列出数据，导致总计与分项之和不等。

1-A-6 限额以上零售业法人企业基本情况

分组	法人单位数(个)	从业人员期末人数(人)	年末零售营业面积(万平方米)
零售业	**377**	**39346**	**279.3**
按国民经济行业分组	**377**	**39346**	**279.3**
综合零售	50	16985	129.7
百货零售	23	9637	101.8
超级市场零售	19	5286	24.5
其他综合零售	7	1376	3.3
食品、饮料及烟草制品专门零售	15	1296	1.0
糕点、面包零售	3	783	0.2
肉、禽、蛋、奶及水产品零售	5	333	0.1
纺织、服装及日用品专门零售	25	2473	7.6
服装零售	15	1695	6.6
化妆品及卫生用品零售	3	226	0.1
钟表、眼镜零售	3	423	0.6
文化、体育用品及器材专门零售	11	849	2.3
体育用品及器材零售	3	346	0.1
珠宝首饰零售	3	22	0.0
医药及医疗器材专门零售	28	4515	12.4
西药零售	19	4225	12.2
中药零售	3	91	0.1
医疗用品及器材零售	4	60	0.0
汽车、摩托车、零配件和燃料及其他动力销售	184	10741	103.4
汽车新车零售	151	7110	32.3
汽车零配件零售	6	123	0.2
机动车燃油零售	21	3391	69.8
机动车燃气零售	3	47	0.3
家用电器及电子产品专门零售	31	1704	17.4
家用视听设备零售	3	16	0.1
日用家电零售	14	1441	17.1
计算机、软件及辅助设备零售	9	172	0.1
通信设备零售	3	57	0.1

1-A-6　续表

分　组	法　人 单位数 (个)	从业人员 期末人数 (人)	年末零售 营业面积 (万平方米)
五金、家具及室内装饰材料专门零售	13	508	4.8
五金零售	7	115	2.7
其他室内装饰材料零售	4	351	2.1
货摊、无店铺及其他零售业	20	275	0.8
生活用燃料零售	10	93	0.7
其他未列明零售业	8	130	0.1
按登记注册类型分组	**377**	**39346**	**279.3**
内资企业	349	31350	251.4
国有企业	7	356	5.9
集体企业	4	64	0.5
股份合作企业	3	41	0.3
有限责任公司	127	13037	64.5
其他有限责任公司	126	12351	64.4
股份有限公司	6	7779	126.8
私营企业	200	10052	53.3
私营独资企业	8	86	0.5
私营有限责任公司	188	9901	52.8
私营股份有限公司	4	65	0.0
港、澳、台商投资企业	12	3200	13.1
与港澳台商合资经营企业	5	2402	10.1
港澳台商独资经营企业	4	405	2.6
外商投资企业	16	4796	14.8
外资企业	12	3466	14.1
按单位规模分组	**377**	**39346**	**279.3**
大型	20	21092	185.6
中型	122	14238	68.1
小型	149	3563	18.1
微型	86	453	7.6

注：根据数据保密相关规定，行业单位数量小于3个，未列出数量，导致总计与分项之和不等。

1-A-7 零售业法人企业财务状况

单位：亿元

分　组	资产总计	负债合计	营业收入
零售业	**1533.09**	**887.72**	**818.13**
按国民经济行业分组	**1533.09**	**887.72**	**818.13**
综合零售	326.09	194.79	172.08
百货零售	290.20	159.07	124.11
超级市场零售	27.60	27.64	37.65
便利店零售	1.41	1.67	3.52
其他综合零售	6.88	6.42	6.81
食品、饮料及烟草制品专门零售	34.30	25.30	23.88
粮油零售	2.28	2.14	0.92
糕点、面包零售	1.15	1.46	2.14
果品、蔬菜零售	6.77	2.01	3.88
肉、禽、蛋、奶及水产品零售	7.60	5.02	8.05
营养和保健品零售	0.38	0.51	0.64
酒、饮料及茶叶零售	4.03	3.58	1.12
烟草制品零售	0.78	0.22	1.18
其他食品零售	11.30	10.37	5.96
纺织、服装及日用品专门零售	46.14	43.10	41.71
纺织品及针织品零售	0.90	0.88	1.22
服装零售	29.81	30.62	26.54
鞋帽零售	0.19	0.27	0.25
化妆品及卫生用品零售	1.76	1.13	2.30
厨具卫具及日用杂品零售	1.79	0.99	0.64
钟表、眼镜零售	6.28	5.31	5.74
箱包零售	0.07	0.07	0.26
自行车等代步设备零售	0.16	0.14	0.13
其他日用品零售	5.19	3.70	4.61
文化、体育用品及器材专门零售	17.61	9.75	10.81
文具用品零售	2.38	1.89	1.99
体育用品及器材零售	2.14	1.38	2.63
图书、报刊零售	4.41	1.89	3.39
珠宝首饰零售	2.65	2.57	0.72
工艺美术品及收藏品零售	1.02	0.72	0.68
乐器零售	0.74	0.60	0.78
照相器材零售	0.40	0.45	0.17
其他文化用品零售	3.86	0.24	0.45

1-A-7　续表 1　　　　单位：亿元

分　组	资产总计	负债合计	营业收入
医药及医疗器材专门零售	35.41	25.90	48.73
西药零售	27.67	20.44	41.72
中药零售	2.38	2.11	1.90
动物用药品零售	0.52	0.41	0.71
医疗用品及器材零售	4.71	2.83	4.28
保健辅助治疗器材零售	0.14	0.11	0.12
汽车、摩托车、零配件和燃料及其他动力销售	688.28	233.65	387.33
汽车新车零售	168.04	121.70	233.52
汽车旧车零售	1.90	1.65	0.86
汽车零配件零售	473.81	90.22	15.84
摩托车及零配件零售	0.30	0.21	0.41
机动车燃油零售	43.04	19.73	134.28
机动车燃气零售	1.20	0.14	2.42
家用电器及电子产品专门零售	35.86	28.83	51.88
家用视听设备零售	0.43	0.22	0.47
日用家电零售	19.08	15.78	33.21
计算机、软件及辅助设备零售	4.21	2.82	4.62
通信设备零售	3.19	3.95	3.88
其他电子产品零售	8.95	6.05	9.69
五金、家具及室内装饰材料专门零售	59.91	53.41	35.17
五金零售	24.42	20.94	18.76
灯具零售	0.66	0.52	0.49
家具零售	3.77	3.41	1.47
涂料零售	0.69	0.39	0.91
卫生洁具零售	0.27	0.16	0.06
木质装饰材料零售	1.44	1.30	1.58
陶瓷、石材装饰材料零售	0.52	0.27	0.44
其他室内装饰材料零售	28.14	26.41	11.47
货摊、无店铺及其他零售业	289.47	272.99	46.52
互联网零售	1.00	1.00	1.17
自动售货机零售	0.26	0.11	0.50
旧货零售	0.01		

1-A-7 续表 2　　单位：亿元

分　组	资产总计	负债合计	营业收入
生活用燃料零售	18.70	10.34	7.03
宠物食品用品零售	4.93	0.53	1.79
其他未列明零售业	264.53	260.97	35.97
按登记注册类型分组	**1533.09**	**887.72**	**818.13**
内资企业	1445.36	823.17	697.06
国有企业	3.49	2.94	1.70
集体企业	2.48	1.16	1.16
股份合作企业	0.58	0.38	1.12
联营企业	0.15	0.11	1.11
集体联营企业	0.07	0.06	0.01
其他联营企业	0.04	0.02	1.06
有限责任公司	503.41	439.47	237.17
其他有限责任公司	502.09	437.81	233.78
股份有限公司	656.57	160.98	182.48
私营企业	274.29	217.52	271.74
私营独资企业	9.52	6.28	10.60
私营合伙企业	0.19	0.05	0.18
私营有限责任公司	261.75	209.03	258.14
私营股份有限公司	2.83	2.16	2.82
其他企业	4.37	0.61	0.59
港、澳、台商投资企业	59.63	42.56	75.64
与港澳台商合资经营企业	38.92	23.04	45.37
港澳台商独资经营企业	11.35	12.89	12.21
外商投资企业	28.10	21.98	45.42
中外合资经营企业	2.37	2.45	2.77
外资企业	23.29	17.62	35.68

注：根据数据保密相关规定，行业单位数量小于3，未列出数据，导致总计与分项之和不等。

1-A-8　限额以上零售业法人企业财务状况

单位：亿元

分　组	资产总计	负债合计	营业收入
零售业	**573.45**	**378.48**	**626.43**
按国民经济行业分组	**573.45**	**378.48**	**626.43**
综合零售	308.67	179.25	164.69
百货零售	278.68	148.40	119.25
超级市场零售	27.18	27.33	36.82
其他综合零售	1.50	1.89	5.28
食品、饮料及烟草制品专门零售	4.66	3.54	7.65
糕点、面包零售	0.91	1.12	1.82
肉、禽、蛋、奶及水产品零售	2.13	1.31	4.51
纺织、服装及日用品专门零售	30.26	29.94	27.22
服装零售	23.01	24.16	19.58
化妆品及卫生用品零售	0.89	0.40	1.52
钟表、眼镜零售	5.70	4.69	5.19
文化、体育用品及器材专门零售	9.60	3.68	6.12
体育用品及器材零售	1.23	0.69	2.17
珠宝首饰零售	0.71	1.04	0.39
医药及医疗器材专门零售	21.84	16.17	35.27
西药零售	20.31	15.08	33.02
中药零售	0.21	0.20	0.37
医疗用品及器材零售	0.90	0.54	1.24
汽车、摩托车、零配件和燃料及其他动力销售	168.94	122.73	341.41
汽车新车零售	127.67	102.68	210.44
汽车零配件零售	1.05	1.78	2.17
机动车燃油零售	38.30	17.29	125.93
机动车燃气零售	1.09	0.03	2.38
家用电器及电子产品专门零售	16.16	12.84	32.03
家用视听设备零售	0.24	0.08	0.35
日用家电零售	14.05	11.47	28.92
计算机、软件及辅助设备零售	1.00	0.75	1.55
通信设备零售	0.82	0.52	1.03

注：根据数据保密相关规定，行业单位数量小于3个，未列出数据，导致总计与分项之和不等。

1-A-8 续表　　　　单位：亿元

分　组	资产总计	负债合计	营业收入
五金、家具及室内装饰材料专门零售	4.88	6.85	6.40
五金零售	0.65	0.63	1.39
其他室内装饰材料零售	4.01	6.09	4.74
货摊、无店铺及其他零售业	8.45	3.48	5.62
生活用燃料零售	2.46	2.06	1.57
其他未列明零售业	1.14	0.92	2.14
按登记注册类型分组	**573.45**	**378.48**	**626.43**
内资企业	497.49	326.24	514.43
国有企业	0.85	0.78	0.86
集体企业	0.18	0.12	0.46
股份合作企业	0.25	0.04	0.96
有限责任公司	192.66	150.76	190.33
其他有限责任公司	191.36	149.12	187.00
股份有限公司	187.55	77.00	180.58
私营企业	115.96	97.55	140.14
私营独资企业	0.34	0.26	0.90
私营有限责任公司	114.87	96.64	138.31
私营股份有限公司	0.75	0.65	0.93
港、澳、台商投资企业	49.37	31.69	69.53
与港澳台商合资经营企业	38.19	22.44	45.36
港澳台商独资经营企业	1.82	2.62	6.11
外商投资企业	26.60	20.55	42.46
外资企业	21.80	16.20	32.74
按单位规模分组	**573.45**	**378.48**	**626.43**
大型	346.05	193.22	303.55
中型	166.05	138.62	247.57
小型	48.76	40.16	59.05
微型	12.60	6.48	16.26

B.地区部分

1-B-1　分地区批发业法人企业基本情况

地　区	法人单位数(个)	从业人员期末人数(人)
全　市	**36639**	**121399**
中 山 区	4946	19126
西 岗 区	2805	10150
沙河口区	3957	15141
甘井子区	6451	20745
旅顺口区	609	1950
金普新区	5100	13839
普兰店区	828	2407
保 税 区	6084	15652
高新园区	877	2262
长 兴 岛	1754	5892
花 园 口	456	2600
瓦房店市	1685	5987
庄 河 市	1065	5608
长 海 县	22	40

1-B-2　分地区批发业法人企业基本情况(按国民经济行业分)

(农、林、牧、渔产品批发)

地　区	法人单位数(个)	从业人员期末人数(人)
全　市	**1347**	**4287**
中 山 区	217	892
西 岗 区	70	247
沙河口区	125	368
甘井子区	156	453
旅顺口区	49	121
金普新区	160	502
普兰店区	138	364
保 税 区	167	489
高新园区	15	40
长 兴 岛	6	20
花 园 口	8	47
瓦房店市	136	482
庄 河 市	100	262
长 海 县		

1-B-2 续表 1

(食品、饮料及烟草制品批发)

地　区	法人单位数 (个)	从业人员期末人数 (人)
全　市	**5449**	**19920**
中 山 区	782	2856
西 岗 区	399	2073
沙河口区	684	2635
甘井子区	863	3262
旅顺口区	146	772
金普新区	571	1906
普兰店区	187	554
保 税 区	711	1225
高新园区	98	279
长 兴 岛	17	79
花 园 口	20	138
瓦房店市	781	3658
庄 河 市	175	455
长 海 县	15	28

1-B-2 续表 2

(纺织服装及家庭用品批发)

地　区	法人单位数 (个)	从业人员期末人数 (人)
全　市	**3619**	**13407**
中 山 区	904	5377
西 岗 区	286	1381
沙河口区	519	1823
甘井子区	622	1875
旅顺口区	17	77
金普新区	435	864
普兰店区	29	82
保 税 区	626	1302
高新园区	64	150
长 兴 岛	11	20
花 园 口	14	251
瓦房店市	45	80
庄 河 市	47	125
长 海 县		

1-B-2　续表 3

(文化、体育用品及器材批发)

地　　区	法人单位数 (个)	从业人员期末人数 (人)
全　　市	**871**	**2363**
中 山 区	177	714
西 岗 区	93	263
沙河口区	123	380
甘井子区	128	334
旅顺口区	11	29
金普新区	166	322
普兰店区	4	7
保 税 区	121	176
高新园区	24	76
长 兴 岛	4	20
花 园 口	5	12
瓦房店市	5	11
庄 河 市	10	19
长 海 县		

1-B-2　续表 4

(医药及医疗器材批发)

地　　区	法人单位数 (个)	从业人员期末人数 (人)
全　　市	**723**	**5689**
中 山 区	102	653
西 岗 区	82	918
沙河口区	147	1336
甘井子区	110	714
旅顺口区	10	29
金普新区	54	367
普兰店区	22	236
保 税 区	80	325
高新园区	17	99
长 兴 岛	3	13
花 园 口	25	349
瓦房店市	29	260
庄 河 市	42	390
长 海 县		

1-B-2 续表 5

(矿产品、建材及化工产品批发)

地　区	法人单位数 (个)	从业人员期末人数 (人)
全　市	**8544**	**29518**
中 山 区	574	2545
西 岗 区	390	1163
沙河口区	534	1893
甘井子区	1456	5220
旅顺口区	178	477
金普新区	798	2311
普兰店区	213	475
保 税 区	1567	5105
高新园区	105	442
长 兴 岛	1652	5624
花 园 口	308	1412
瓦房店市	354	753
庄 河 市	410	2086
长 海 县	5	12

1-B-2 续表 6

(机械设备、五金产品及电子产品批发)

地　区	法人单位数 (个)	从业人员期末人数 (人)
全　市	**7281**	**25615**
中 山 区	691	2643
西 岗 区	654	2470
沙河口区	1051	4484
甘井子区	1363	4811
旅顺口区	89	183
金普新区	1161	3928
普兰店区	80	391
保 税 区	1638	4676
高新园区	128	570
长 兴 岛	42	85
花 园 口	59	342
瓦房店市	193	481
庄 河 市	132	551
长 海 县		

1-B-2　续表 7

(贸易经纪与代理)

地　　区	法人单位数 (个)	从业人员期末人数 (人)
全　　市	**5243**	**9756**
中 山 区	1234	2641
西 岗 区	767	1473
沙河口区	470	1175
甘井子区	714	1440
旅顺口区	57	112
金普新区	1079	-420
普兰店区	77	103
保 税 区	425	420
高新园区	306	359
长 兴 岛	14	12
花 园 口	6	10
瓦房店市	46	75
庄 河 市	46	94
长 海 县	2	

1-B-2　续表 8

(其他批发业)

地　　区	法人单位数 (个)	从业人员期末人数 (人)
全　　市	**3562**	**10844**
中 山 区	265	805
西 岗 区	64	162
沙河口区	304	1047
甘井子区	1039	2636
旅顺口区	52	150
金普新区	676	1797
普兰店区	78	195
保 税 区	749	1934
高新园区	120	247
长 兴 岛	5	19
花 园 口	11	39
瓦房店市	96	187
庄 河 市	103	1626
长 海 县		

1-B-3 分地区批发业法人企业基本情况(按登记注册类型分)

(内资企业)

地 区	法人单位数(个)	从业人员期末人数(人)
全 市	**36157**	**116736**
中 山 区	4858	18099
西 岗 区	2773	9814
沙河口区	3935	15002
甘井子区	6430	20553
旅顺口区	605	1938
金普新区	5021	12829
普兰店区	826	2364
保 税 区	5865	13765
高新园区	868	2256
长 兴 岛	1753	5890
花 园 口	454	2595
瓦房店市	1684	5987
庄 河 市	1063	5604
长 海 县	22	40

1-B-3 续表 1

(国有企业)

地 区	法人单位数(个)	从业人员期末人数(人)
全 市	**62**	**1288**
中 山 区	15	101
西 岗 区	8	846
沙河口区	4	3
甘井子区	5	68
旅顺口区	1	11
金普新区	9	34
普兰店区	3	73
保 税 区	1	1
高新园区	2	3
长 兴 岛	2	16
花 园 口	1	18
瓦房店市	8	69
庄 河 市	3	45
长 海 县		

1-B-3　续表 2

(集体企业)

地　区	法人单位数 (个)	从业人员期末人数 (人)
全　市	**122**	**561**
中山区	7	13
西岗区	14	21
沙河口区	13	86
甘井子区	20	62
旅顺口区	3	7
金普新区	18	52
普兰店区	13	47
保税区	4	12
高新园区		
长兴岛		
花园口	2	3
瓦房店市	15	14
庄河市	13	244
长海县		

1-B-3　续表 3

(股份合作企业)

地　区	法人单位数 (个)	从业人员期末人数 (人)
全　市	**39**	**123**
中山区	9	19
西岗区	12	21
沙河口区	10	59
甘井子区	3	13
旅顺口区	1	8
金普新区	3	2
普兰店区		
保税区	1	1
高新园区		
长兴岛		
花园口		
瓦房店市		
庄河市		
长海县		

1-B-3 续表 4

(联营企业)

地 区	法人单位数(个)	从业人员期末人数(人)
全 市	**11**	**40**
中山区	1	10
西岗区	2	2
沙河口区		
甘井子区	2	20
旅顺口区		
金普新区	1	1
普兰店区		
保税区	1	1
高新园区		
长兴岛		
花园口		
瓦房店市	4	6
庄河市		
长海县		

1-B-3 续表 5

(有限责任公司)

地 区	法人单位数(个)	从业人员期末人数(人)
全 市	**5000**	**21545**
中山区	681	3284
西岗区	505	1837
沙河口区	656	3267
甘井子区	1017	4517
旅顺口区	58	208
金普新区	562	1968
普兰店区	85	297
保税区	1023	3626
高新园区	167	538
长兴岛	77	308
花园口	18	236
瓦房店市	85	1160
庄河市	60	288
长海县	6	11

1-B-3　续表 6

(股份有限公司)

地　　区	法人单位数 (个)	从业人员期末人数 (人)
全　　市	**300**	**2677**
中 山 区	64	439
西 岗 区	20	239
沙河口区	34	200
甘井子区	82	291
旅顺口区	5	10
金普新区	41	89
普兰店区	2	4
保 税 区	17	116
高新园区	16	122
长 兴 岛	1	1
花 园 口	1	
瓦房店市	12	42
庄 河 市	5	1124
长 海 县		

1-B-3　续表 7

(私营企业)

地　　区	法人单位数 (个)	从业人员期末人数 (人)
全　　市	**29959**	**88497**
中 山 区	4080	14232
西 岗 区	2212	6848
沙河口区	3218	11387
甘井子区	5300	15581
旅顺口区	524	1652
金普新区	4325	10480
普兰店区	632	1746
保 税 区	4817	10008
高新园区	682	1593
长 兴 岛	1673	5565
花 园 口	431	2336
瓦房店市	1116	3252
庄 河 市	933	3788
长 海 县	16	29

1-B-3 续表 8

(其他企业)

地 区	法人单位数 (个)	从业人员期末人数 (人)
全 市	**664**	**2005**
中 山 区	1	1
西 岗 区		
沙河口区		
甘井子区	1	1
旅顺口区	13	42
金普新区	62	203
普兰店区	91	197
保 税 区	1	
高新园区	1	
长 兴 岛		
花 园 口	1	2
瓦房店市	444	1444
庄 河 市	49	115
长 海 县		

1-B-3 续表 9

(港、澳、台商投资企业)

地 区	法人单位数 (个)	从业人员期末人数 (人)
全 市	**72**	**870**
中 山 区	15	239
西 岗 区	2	
沙河口区	5	77
甘井子区	3	82
旅顺口区		
金普新区	9	27
普兰店区		
保 税 区	32	440
高新园区	3	
长 兴 岛		
花 园 口	2	5
瓦房店市	1	
庄 河 市		
长 海 县		

1-B-3　续表 10

(外商投资企业)

地　区	法人单位数(个)	从业人员期末人数(人)
全　市	**410**	**3793**
中 山 区	73	788
西 岗 区	30	336
沙河口区	17	62
甘井子区	18	110
旅顺口区	4	12
金普新区	70	983
普兰店区	2	43
保 税 区	187	1447
高新园区	6	6
长 兴 岛	1	2
花 园 口		
瓦房店市		
庄 河 市	2	4
长 海 县		

1-B-4　分地区批发业法人企业财务状况

单位：亿元

地　区	资产总计	负债合计	营业收入
全　市	**5244.20**	**4538.06**	**6449.59**
中 山 区	1030.36	906.82	1358.01
西 岗 区	307.90	186.96	206.99
沙河口区	366.19	321.34	406.91
甘井子区	689.90	591.29	480.26
旅顺口区	26.05	24.13	73.43
金普新区	244.20	183.19	276.67
普兰店区	17.54	11.15	30.86
保 税 区	738.28	668.37	1295.11
高新园区	286.52	214.78	209.90
长 兴 岛	724.66	678.88	1459.15
花 园 口	12.73	9.56	50.92
瓦房店市	71.69	49.31	39.05
庄 河 市	726.62	690.75	562.06
长 海 县	1.56	1.53	0.28

1-B-5 分地区批发业法人企业财务状况(按国民经济行业分)

(农、林、牧、渔产品批发) 单位：亿元

地区	资产总计	负债合计	营业收入
全市	**268.34**	**249.16**	**404.40**
中山区	114.54	106.79	263.62
西岗区	6.26	5.50	4.54
沙河口区	24.93	22.56	33.98
甘井子区	4.61	4.29	6.10
旅顺口区	2.89	2.81	1.96
金普新区	21.56	20.75	23.17
普兰店区	2.78	1.18	3.13
保税区	79.35	78.71	48.23
高新园区	2.39	1.81	9.08
长兴岛	0.04	0.01	
花园口	1.74	1.44	5.45
瓦房店市	5.53	2.31	3.93
庄河市	1.72	1.01	1.20
长海县			

1-B-5 续表 1

(食品、饮料及烟草制品批发) 单位：亿元

地区	资产总计	负债合计	营业收入
全市	**323.97**	**209.51**	**396.78**
中山区	70.10	54.36	102.80
西岗区	84.38	18.01	92.75
沙河口区	26.07	23.88	39.99
甘井子区	23.00	19.73	42.27
旅顺口区	7.28	7.29	9.64
金普新区	20.93	15.78	27.04
普兰店区	4.88	2.82	6.94
保税区	18.19	16.44	22.19
高新园区	15.12	13.40	26.36
长兴岛	1.15	1.09	1.14
花园口	2.28	1.75	5.33
瓦房店市	45.02	31.53	17.55
庄河市	4.06	1.93	2.58
长海县	1.51	1.50	0.22

1-B-5　续表 2

(纺织、服装及家庭用品批发)　　单位：亿元

地　区	资产总计	负债合计	营业收入
全　市	**258.20**	**225.84**	**266.02**
中 山 区	62.67	47.85	119.07
西 岗 区	9.58	6.13	14.85
沙河口区	10.91	9.45	14.54
甘井子区	9.30	8.24	13.22
旅顺口区	0.42	0.42	0.09
金普新区	3.31	2.61	4.93
普兰店区	0.23	0.18	0.10
保 税 区	16.96	14.52	32.20
高新园区	3.83	0.94	1.00
长 兴 岛	0.09	0.06	0.32
花 园 口	140.19	134.95	63.85
瓦房店市	0.23	0.15	1.09
庄 河 市	0.47	0.34	0.76
长 海 县			

1-B-5　续表 3

(文化、体育用品及器材批发)　　单位：亿元

地　区	资产总计	负债合计	营业收入
全　市	**22.07**	**19.29**	**48.14**
中 山 区	8.44	7.93	8.92
西 岗 区	1.91	1.53	1.92
沙河口区	2.95	2.37	3.86
甘井子区	1.75	1.48	2.31
旅顺口区	0.07	0.03	0.20
金普新区	1.27	0.80	1.29
普兰店区	0.05	0.05	0.08
保 税 区	1.16	0.52	2.17
高新园区	0.78	0.99	0.72
长 兴 岛	0.10	0.09	0.07
花 园 口	3.47	3.44	26.49
瓦房店市	0.04	0.03	0.03
庄 河 市	0.07	0.04	0.07
长 海 县			

1-B-5 续表 4

(医药及医疗器材批发) 单位：亿元

地　区	资产总计	负债合计	营业收入
全　市	**92.20**	**67.30**	**132.06**
中 山 区	19.62	14.51	29.47
西 岗 区	7.90	6.30	11.77
沙河口区	31.85	23.21	41.78
甘井子区	7.87	6.81	9.49
旅顺口区	0.03	0.02	0.06
金普新区	7.29	5.26	5.92
普兰店区	2.74	2.37	2.33
保 税 区	7.33	3.62	18.01
高新园区	0.58	0.51	0.83
长 兴 岛	0.02	0.01	0.03
花 园 口	4.43	2.93	6.17
瓦房店市	1.35	0.83	2.65
庄 河 市	1.17	0.91	3.55
长 海 县			

1-B-5 续表 5

(矿产品、建材及化工产品批发) 单位：亿元

地　区	资产总计	负债合计	营业收入
全　市	**3041.46**	**2835.63**	**4402.84**
中 山 区	610.52	572.62	694.35
西 岗 区	76.66	48.00	37.47
沙河口区	112.53	173.22	209.00
甘井子区	169.62	143.27	248.18
旅顺口区	12.66	11.40	56.11
金普新区	43.09	32.65	73.51
普兰店区	3.98	3.02	13.16
保 税 区	489.85	458.88	1003.72
高新园区	236.68	175.61	126.97
长 兴 岛	716.13	670.52	1457.12
花 园 口	550.85	533.61	438.74
瓦房店市	5.53	3.19	7.98
庄 河 市	13.30	9.61	36.47
长 海 县	0.05	0.03	0.05

1-B-5　续表 6

(机械设备、五金产品及电子产品批发)　　单位：亿元

地　区	资产总计	负债合计	营业收入
全　市	**584.78**	**412.42**	**432.46**
中 山 区	44.25	28.02	52.95
西 岗 区	40.34	30.56	34.44
沙河口区	51.12	38.26	45.45
甘井子区	267.95	199.70	50.57
旅顺口区	1.30	1.09	2.91
金普新区	67.98	33.46	85.62
普兰店区	1.74	0.93	2.06
保 税 区	85.44	63.92	137.47
高新园区	4.79	3.16	6.08
长 兴 岛	6.42	6.28	0.48
花 园 口	5.63	4.37	6.00
瓦房店市	1.52	0.84	2.33
庄 河 市	6.30	1.82	6.10
长 海 县			

1-B-5　续表 7

(贸易经纪与代理)　　单位：亿元

地　区	资产总计	负债合计	营业收入
全　市	**355.88**	**239.82**	**155.07**
中 山 区	74.64	57.08	80.65
西 岗 区	78.83	69.62	7.44
沙河口区	99.52	24.31	11.32
甘井子区	18.95	14.57	18.28
旅顺口区	0.71	0.61	0.39
金普新区	60.30	56.01	27.50
普兰店区	0.51	0.29	1.02
保 税 区	9.05	8.62	1.27
高新园区	11.29	8.04	4.77
长 兴 岛	0.17	0.18	
花 园 口	0.15	0.06	0.15
瓦房店市	1.17	0.08	0.12
庄 河 市	0.60	0.34	2.15
长 海 县			

1-B-5 续表 8

(其他批发业) 单位：亿元

地 区	资产总计	负债合计	营业收入
全 市	**297.30**	**279.09**	**211.82**
中 山 区	25.57	17.67	6.18
西 岗 区	2.03	1.31	1.80
沙河口区	6.31	4.09	7.00
甘井子区	186.86	193.18	89.84
旅顺口区	0.70	0.45	2.08
金普新区	18.45	15.88	27.69
普兰店区	0.63	0.31	2.05
保 税 区	30.97	23.12	29.83
高新园区	11.04	10.33	34.06
长 兴 岛	0.52	0.64	
花 园 口	0.63	0.45	1.50
瓦房店市	11.31	10.35	3.36
庄 河 市	2.27	1.32	6.43
长 海 县			

1-B-6 分地区批发业法人企业财务状况(按登记注册类型分)

(内资企业) 单位：亿元

地 区	资产总计	负债合计	营业收入
全 市	**4813.22**	**4268.45**	**6252.79**
中 山 区	1009.19	888.71	1322.08
西 岗 区	304.23	185.15	198.66
沙河口区	363.69	319.24	403.97
甘井子区	446.21	409.78	460.91
旅顺口区	26.03	24.12	73.40
金普新区	202.56	171.64	225.50
普兰店区	17.08	10.84	30.72
保 税 区	692.90	634.39	1216.73
高新园区	223.19	197.32	209.88
长 兴 岛	716.87	677.50	1459.15
花 园 口	708.06	681.60	553.15
瓦房店市	71.69	49.31	39.05
庄 河 市	29.96	17.32	59.30
长 海 县	1.56	1.53	0.28

1-B-6　续表 1

(国有企业)　　单位：亿元

地　区	资产总计	负债合计	营业收入
全　市	**91.60**	**36.64**	**85.47**
中山区	8.66	12.13	2.85
西岗区	67.05	10.35	75.62
沙河口区	0.06	0.02	0.04
甘井子区	10.76	10.64	5.09
旅顺口区	0.11	0.14	0.10
金普新区	1.29	0.97	0.07
普兰店区	1.37	0.96	0.69
保税区		0.01	
高新园区	0.01	0.02	
长兴岛	0.42	0.41	0.06
花园口	0.35	0.24	0.20
瓦房店市	0.12	0.04	0.05
庄河市	1.41	0.70	0.70
长海县			

1-B-6　续表 2

(集体企业)　　单位：亿元

地　区	资产总计	负债合计	营业收入
全　市	**9.84**	**7.94**	**9.05**
中山区	0.33	0.27	0.08
西岗区	3.03	0.72	0.04
沙河口区	4.27	5.05	0.78
甘井子区	0.48	0.61	6.49
旅顺口区	0.30	0.30	
金普新区	0.89	0.81	1.28
普兰店区	0.08	0.01	0.08
保税区	0.09	0.11	0.02
高新园区			
长兴岛			
花园口			
瓦房店市	0.05	0.01	0.02
庄河市	0.31	0.04	0.26
长海县			

1-B-6 续表 3

(股份合作企业) 单位：亿元

地　区	资产总计	负债合计	营业收入
全　市	**0.66**	**0.62**	**1.34**
中山区	0.14	0.18	0.03
西岗区	0.13	0.11	0.09
沙河口区	0.31	0.25	1.04
甘井子区	0.06	0.06	0.17
旅顺口区	0.02	0.01	
金普新区	0.01		
普兰店区			
保税区			
高新园区			
长兴岛			
花园口			
瓦房店市			
庄河市			
长海县			

1-B-6 续表 4

(联营企业) 单位：亿元

地　区	资产总计	负债合计	营业收入
全　市	**1.46**	**0.99**	**0.04**
中山区	0.34	0.52	0.02
西岗区	0.02	0.02	
沙河口区			
甘井子区	1.03	0.44	0.01
旅顺口区			
金普新区			
普兰店区			
保税区	0.07	0.01	
高新园区			
长兴岛			
花园口			
瓦房店市			0.01
庄河市			
长海县			

1-B-6　续表 5

(有限责任公司)　　单位：亿元

地　区	资产总计	负债合计	营业收入
全　市	**1113.38**	**929.64**	**1493.42**
中 山 区	214.75	147.68	316.30
西 岗 区	141.82	113.87	30.22
沙河口区	170.70	82.16	123.04
甘井子区	145.51	132.81	160.84
旅顺口区	5.77	4.88	50.26
金普新区	82.82	77.32	69.93
普兰店区	4.69	3.33	5.13
保 税 区	299.39	332.48	553.55
高新园区	8.96	7.18	22.58
长 兴 岛	20.04	16.00	120.30
花 园 口	6.34	4.26	16.71
瓦房店市	5.49	2.79	10.52
庄 河 市	7.09	4.86	14.01
长 海 县	0.01	0.01	0.02

1-B-6　续表 6

(股份有限公司)　　单位：亿元

地　区	资产总计	负债合计	营业收入
全　市	**77.60**	**59.06**	**183.65**
中 山 区	29.74	21.82	49.48
西 岗 区	6.56	1.80	9.93
沙河口区	3.24	2.89	1.76
甘井子区	1.40	1.23	2.16
旅顺口区	0.33	0.25	0.05
金普新区	1.79	0.56	1.12
普兰店区			
保 税 区	10.98	8.94	68.99
高新园区	19.60	18.09	45.29
长 兴 岛	0.81	0.57	
花 园 口	0.12	0.03	0.35
瓦房店市	2.95	2.85	2.69
庄 河 市	0.08	0.03	1.82
长 海 县			

1-B-6 续表 7

(私营企业) 单位：亿元

地　区	资产总计	负债合计	营业收入
全　市	**3509.69**	**3229.63**	**4475.03**
中 山 区	755.24	706.10	953.31
西 岗 区	85.63	58.28	82.77
沙河口区	185.10	228.87	277.31
甘井子区	286.99	263.97	286.15
旅顺口区	18.81	18.12	22.76
金普新区	115.18	91.71	152.46
普兰店区	10.43	6.41	24.61
保 税 区	382.38	292.86	594.17
高新园区	194.60	172.04	142.00
长 兴 岛	695.60	660.51	1338.79
花 园 口	701.24	677.06	535.91
瓦房店市	56.45	40.62	22.32
庄 河 市	20.50	11.56	42.19
长 海 县	1.55	1.52	0.26

1-B-6 续表 8

(其他企业) 单位：亿元

地　区	资产总计	负债合计	营业收入
全　市	**9.00**	**3.94**	**4.78**
中 山 区			
西 岗 区			
沙河口区			
甘井子区			
旅顺口区	0.71	0.43	0.23
金普新区	0.58	0.26	0.61
普兰店区	0.51	0.13	0.21
保 税 区			
高新园区			
长 兴 岛			
花 园 口			
瓦房店市	6.61	3.00	3.43
庄 河 市	0.59	0.12	0.31
长 海 县			

1-B-6　续表 9

(港、澳、台商投资企业)　　单位：亿元

地　区	资产总计	负债合计	营业收入
全　市	**269.04**	**208.33**	**39.59**
中 山 区	7.01	6.02	12.41
西 岗 区			
沙河口区	2.18	1.84	1.45
甘井子区	242.67	181.11	17.21
旅顺口区			
金普新区	0.95	0.48	2.20
普兰店区			
保 税 区	14.48	16.97	5.81
高新园区	0.44	0.51	
长 兴 岛			
花 园 口	1.32	1.39	0.51
瓦房店市			
庄 河 市			
长 海 县			

1-B-6　续表 10

(外商投资企业)　　单位：亿元

地　区	资产总计	负债合计	营业收入
全　市	**161.94**	**61.28**	**157.22**
中 山 区	14.17	12.10	23.51
西 岗 区	3.66	1.81	8.32
沙河口区	0.32	0.26	1.49
甘井子区	1.02	0.40	2.13
旅顺口区	0.02	0.01	0.03
金普新区	40.68	11.07	48.97
普兰店区	0.46	0.31	0.14
保 税 区	30.91	17.00	72.58
高新园区	62.89	16.95	0.02
长 兴 岛	7.79	1.38	
花 园 口			
瓦房店市			
庄 河 市	0.01		0.01
长 海 县			

1-B-7 分地区零售业法人企业基本情况

地 区	法人单位数 (个)	从业人员期末人数 (人)	年末零售营业面积 (万平方米)
全 市	**17176**	**83167**	**449.3**
中山区	1273	21087	195.2
西岗区	1144	5013	16.3
沙河口区	2445	12523	34.7
甘井子区	4212	15601	53.3
旅顺口区	758	2494	8.9
金普新区	3106	9487	44.0
普兰店区	1103	3321	20.4
保税区	303	1677	6.4
高新园区	333	3115	12.1
长兴岛	125	271	2.0
花园口	85	730	5.7
瓦房店市	1062	3788	20.8
庄河市	1154	3918	24.7
长海县	73	142	4.9

1-B-8 分地区零售业法人企业基本情况(按国民经济行业分)

(综合零售)

地 区	法人单位数 (个)	从业人员期末人数 (人)	年末零售营业面积 (万平方米)
全 市	**939**	**20104**	**158.6**
中山区	67	10288	87.7
西岗区	57	1141	5.9
沙河口区	85	1912	19.1
甘井子区	130	805	5.1
旅顺口区	40	767	2.4
金普新区	193	1509	11.6
普兰店区	107	436	4.6
保税区	34	92	1.0
高新园区	25	2019	6.0
长兴岛	6	8	
花园口	10	232	0.2
瓦房店市	84	201	4.2
庄河市	101	694	10.7
长海县			

1-B-8　续表 1

(食品、饮料及烟草制品专门零售)

地　区	法人单位数(个)	从业人员期末人数(人)	年末零售营业面积(万平方米)
全　市	**2690**	**7119**	**25.5**
中 山 区	302	1487	2.3
西 岗 区	212	599	0.6
沙河口区	351	807	1.2
甘井子区	645	1610	3.7
旅顺口区	187	444	1.9
金普新区	404	558	1.7
普兰店区	116	333	1.5
保 税 区	21	36	
高新园区	58	78	0.3
长 兴 岛	23	58	0.2
花 园 口	2	1	
瓦房店市	173	542	6.0
庄 河 市	168	533	1.7
长 海 县	28	33	4.4

1-B-8　续表 2

(纺织、服装及日用品专门零售)

地　区	法人单位数(个)	从业人员期末人数(人)	年末零售营业面积(万平方米)
全　市	**1919**	**6776**	**22.0**
中 山 区	242	2175	4.9
西 岗 区	175	501	1.2
沙河口区	325	1462	3.3
甘井子区	445	874	2.0
旅顺口区	48	80	0.2
金普新区	376	680	4.3
普兰店区	75	119	2.2
保 税 区	20	17	
高新园区	42	33	0.1
长 兴 岛	17	39	0.1
花 园 口	4	7	0.1
瓦房店市	61	586	2.5
庄 河 市	87	203	0.9
长 海 县	2		

1-B-8 续表 3

(文化、体育用品及器材专门零售)

地　　区	法人单位数(个)	从业人员期末人数(人)	年末零售营业面积(万平方米)
全　　市	**864**	**2586**	**16.2**
中 山 区	144	687	10.3
西 岗 区	110	612	2.5
沙河口区	156	418	0.6
甘井子区	144	248	0.5
旅顺口区	21	61	0.2
金普新区	160	253	1.1
普兰店区	16	61	0.3
保 税 区	30	29	
高新园区	15	67	
长 兴 岛	5	4	
花 园 口			
瓦房店市	22	40	0.1
庄 河 市	39	97	0.5
长 海 县	2	9	0.1

1-B-8 续表 4

(医药及医疗器材专门零售)

地　　区	法人单位数(个)	从业人员期末人数(人)	年末零售营业面积(万平方米)
全　　市	**2258**	**12375**	**27.9**
中 山 区	75	630	1.3
西 岗 区	70	402	0.5
沙河口区	169	3253	4.1
甘井子区	366	1432	2.6
旅顺口区	138	380	0.8
金普新区	520	2530	11.5
普兰店区	326	1040	2.3
保 税 区	35	216	0.3
高新园区	22	67	0.1
长 兴 岛	33	60	0.3
花 园 口	28	358	0.5
瓦房店市	219	850	1.5
庄 河 市	230	1091	1.9
长 海 县	27	66	0.2

1-B-8　续表 5

(汽车、摩托车、零配件和燃料及其他动力销售)

地　区	法人单位数 (个)	从业人员期末人数 (人)	年末零售营业面积 (万平方米)
全　市	**1920**	**15293**	**130.0**
中山区	76	3608	70.1
西岗区	62	287	2.6
沙河口区	164	1160	3.2
甘井子区	840	6459	30.4
旅顺口区	53	139	0.9
金普新区	230	944	3.6
普兰店区	99	311	2.3
保税区	66	1024	4.9
高新园区	29	352	4.8
长兴岛	10	18	0.5
花园口	10	28	0.6
瓦房店市	153	546	3.1
庄河市	127	417	2.9
长海县	1		

1-B-8　续表 6

(家用电器及电子产品专门零售)

地　区	法人单位数 (个)	从业人员期末人数 (人)	年末零售营业面积 (万平方米)
全　市	**1766**	**6419**	**23.1**
中山区	129	1679	17.0
西岗区	206	584	0.3
沙河口区	364	1070	0.9
甘井子区	441	1343	1.6
旅顺口区	50	118	0.2
金普新区	273	707	1.3
普兰店区	78	216	0.6
保税区	18	22	
高新园区	36	200	0.1
长兴岛	9	27	0.1
花园口	3	7	
瓦房店市	56	228	0.2
庄河市	99	207	0.6
长海县	4	11	

1-B-8 续表 7

(五金、家具及室内装饰材料专门零售)

地　区	法人单位数(个)	从业人员期末人数(人)	年末零售营业面积(万平方米)
全　市	**2543**	**6241**	**23.0**
中 山 区	140	299	1.4
西 岗 区	182	714	2.5
沙河口区	489	1336	1.4
甘井子区	646	1427	4.5
旅顺口区	115	281	0.6
金普新区	532	1081	3.6
普兰店区	102	273	2.2
保 税 区	19	25	
高新园区	42	89	0.5
长 兴 岛	17	26	0.1
花 园 口	6	29	3.4
瓦房店市	133	359	1.0
庄 河 市	119	302	1.8
长 海 县	1		

1-B-8 续表 8

(货摊、无店铺及其他零售)

地　区	法人单位数(个)	从业人员期末人数(人)	年末零售营业面积(万平方米)
全　市	**2277**	**6254**	**23.0**
中 山 区	98	234	0.2
西 岗 区	70	173	0.2
沙河口区	342	1105	0.7
甘井子区	555	1403	2.9
旅顺口区	106	224	1.6
金普新区	418	1225	5.2
普兰店区	184	532	4.2
保 税 区	60	216	0.2
高新园区	64	210	0.1
长 兴 岛	5	31	0.8
花 园 口	22	68	1.0
瓦房店市	161	436	2.0
庄 河 市	184	374	3.6
长 海 县	8	23	0.2

1-B-9 分地区零售业法人企业基本情况(按登记注册类型分)

(内资企业)

地 区	法人单位数(个)	从业人员期末人数(人)	年末零售营业面积(万平方米)
全 市	**17106**	**74816**	**419.5**
中 山 区	1253	17470	183.1
西 岗 区	1139	3620	10.1
沙河口区	2439	11450	29.3
甘井子区	4196	14120	50.4
旅顺口区	758	2494	8.9
金普新区	3093	9433	43.9
普兰店区	1101	3300	20.4
保 税 区	299	1583	5.2
高新园区	330	2504	10.0
长 兴 岛	125	271	2.0
花 园 口	85	730	5.7
瓦房店市	1061	3781	20.8
庄 河 市	1154	3918	24.7
长 海 县	73	142	4.9

1-B-9 续表 1

(国有企业)

地 区	法人单位数(个)	从业人员期末人数(人)	年末零售营业面积(万平方米)
全 市	**44**	**529**	**6.5**
中 山 区	3	279	4.6
西 岗 区	3	16	
沙河口区	6	62	0.7
甘井子区	8	46	0.2
旅顺口区			
金普新区	7	38	0.1
普兰店区	5	36	0.2
保 税 区	1	1	
高新园区	1		
长 兴 岛			
花 园 口			
瓦房店市	5	26	0.5
庄 河 市	1	9	
长 海 县	4	16	0.1

1-B-9 续表 2

(集体企业)

地　　区	法人单位数(个)	从业人员期末人数(人)	年末零售营业面积(万平方米)
全　　市	**117**	**543**	**3.5**
中 山 区	2	15	
西 岗 区	6	4	
沙河口区	12	48	
甘井子区	11	38	0.1
旅顺口区	7	13	0.1
金普新区	19	43	0.5
普兰店区	23	105	0.8
保 税 区			
高新园区	2	8	
长 兴 岛			
花 园 口	7	11	0.1
瓦房店市	10	27	0.7
庄 河 市	16	231	1.1
长 海 县	2		

1-B-9 续表 3

(股份合作企业)

地　　区	法人单位数(个)	从业人员期末人数(人)	年末零售营业面积(万平方米)
全　　市	**31**	**134**	**0.9**
中 山 区	6	11	
西 岗 区	3	19	
沙河口区	7	18	
甘井子区	5	13	
旅顺口区	1	7	0.1
金普新区	2	4	
普兰店区	4	41	0.5
保 税 区			
高新园区	1	13	0.2
长 兴 岛			
花 园 口			
瓦房店市	1	6	
庄 河 市	1	2	
长 海 县			

1—B—9　续表 4

(联营企业)

地　区	法人单位数（个）	从业人员期末人数（人）	年末零售营业面积（万平方米）
全　市	**15**	**50**	**0.6**
中 山 区			
西 岗 区			
沙河口区	3	18	
甘井子区	2	6	
旅顺口区			
金普新区			
普兰店区	7	14	0.6
保 税 区			
高新园区			
长 兴 岛			
花 园 口			
瓦房店市	3	12	
庄 河 市			
长 海 县			

1—B—9　续表 5

(有限责任公司)

地　区	法人单位数（个）	从业人员期末人数（人）	年末零售营业面积（万平方米）
全　市	**1956**	**20306**	**81.2**
中 山 区	196	4110	22.8
西 岗 区	201	1120	2.8
沙河口区	383	5141	11.2
甘井子区	532	3474	14.3
旅顺口区	67	379	0.4
金普新区	239	2657	16.7
普兰店区	82	267	1.3
保 税 区	66	651	2.9
高新园区	55	1572	5.6
长 兴 岛	16	37	0.1
花 园 口	1	217	
瓦房店市	72	438	2.1
庄 河 市	37	221	0.9
长 海 县	9	22	

1—B—9 续表 6

(股份有限公司)

地　区	法人单位数 (个)	从业人员期末人数 (人)	年末零售营业面积 (万平方米)
全　市	**188**	**8342**	**132.3**
中山区	23	7536	126.1
西岗区	9	25	
沙河口区	23	66	0.1
甘井子区	65	421	0.5
旅顺口区	14	39	0.1
金普新区	18	43	0.6
普兰店区	6	27	
保税区			
高新园区	6	77	1.0
长兴岛	1	3	
花园口			
瓦房店市	18	46	0.1
庄河市	4	57	3.7
长海县	1	2	

1—B—9 续表 7

(私营企业)

地　区	法人单位数 (个)	从业人员期末人数 (人)	年末零售营业面积 (万平方米)
全　市	**14614**	**44371**	**193.0**
中山区	1023	5519	29.6
西岗区	917	2436	7.3
沙河口区	2005	6097	17.3
甘井子区	3572	10117	35.2
旅顺口区	653	2006	8.2
金普新区	2796	6613	25.9
普兰店区	953	2759	16.7
保税区	231	931	2.4
高新园区	265	834	3.2
长兴岛	108	231	2.0
花园口	77	502	5.6
瓦房店市	882	3019	16.0
庄河市	1075	3205	18.8
长海县	57	102	4.7

1-B-9　续表 8

(其他企业)

地　　区	法人单位数(个)	从业人员期末人数(人)	年末零售营业面积(万平方米)
全　　市	**141**	**541**	**1.5**
中 山 区			
西 岗 区			
沙河口区			
甘井子区	1	5	
旅顺口区	16	50	
金普新区	12	35	
普兰店区	21	51	0.1
保 税 区	1		
高新园区			
长 兴 岛			
花 园 口			
瓦房店市	70	207	1.2
庄 河 市	20	193	0.1
长 海 县			

1-B-9　续表 9

(港、澳、台商投资企业)

地　　区	法人单位数(个)	从业人员期末人数(人)	年末零售营业面积(万平方米)
全　　市	**26**	**3407**	**14.3**
中 山 区	10	2230	10.2
西 岗 区	1	87	1.2
沙河口区	2	122	1.1
甘井子区	8	896	1.1
旅顺口区			
金普新区	3	27	
普兰店区			
保 税 区	2	45	0.7
高新园区			
长 兴 岛			
花 园 口			
瓦房店市			
庄 河 市			
长 海 县			

1-B-9 续表 10

(外商投资企业)

地　　区	法人单位数(个)	从业人员期末人数(人)	年末零售营业面积(万平方米)
全　　市	**44**	**4944**	**15.5**
中 山 区	10	1387	1.9
西 岗 区	4	1306	5.0
沙河口区	4	951	4.2
甘井子区	8	585	1.8
旅顺口区			
金普新区	10	27	
普兰店区	2	21	
保 税 区	2	49	0.5
高新园区	3	611	2.0
长 兴 岛			
花 园 口			
瓦房店市	1	7	
庄 河 市			
长 海 县			

1-B-10 分地区零售业法人企业基本情况(按零售业态分)

(有店铺零售)

地　　区	法人单位数(个)	从业人员期末人数(人)	年末零售营业面积(万平方米)
全　　市	**10802**	**66906**	**431.2**
中 山 区	593	19633	194.1
西 岗 区	574	3947	15.8
沙河口区	1326	7538	30.4
甘井子区	2335	11952	49.0
旅顺口区	483	2040	7.7
金普新区	2173	7802	41.0
普兰店区	982	2963	19.9
保 税 区	115	948	5.6
高新园区	197	2707	11.8
长 兴 岛	106	247	2.0
花 园 口	79	490	5.6
瓦房店市	838	3272	20.4
庄 河 市	948	3254	23.1
长 海 县	53	113	4.7

注：零售业态普查设计为多选，下表同。

1-B-10　续表 1

(食杂店)

地　区	法人单位数(个)	从业人员期末人数(人)	年末零售营业面积(万平方米)
全　市	**524**	**1432**	**6.8**
中 山 区	31	45	0.1
西 岗 区	21	42	0.1
沙河口区	50	207	0.2
甘井子区	86	180	0.4
旅顺口区	33	52	0.2
金普新区	66	262	0.4
普兰店区	38	75	0.4
保 税 区	14	3	
高新园区	31	49	0.3
长 兴 岛	7	14	
花 园 口	8	12	0.2
瓦房店市	70	110	1.4
庄 河 市	67	381	3.1
长 海 县	2		

1-B-10　续表 2

(便利店)

地　区	法人单位数(个)	从业人员期末人数(人)	年末零售营业面积(万平方米)
全　市	**722**	**5507**	**11.7**
中 山 区	28	2509	3.1
西 岗 区	48	155	0.2
沙河口区	43	73	0.2
甘井子区	88	209	0.5
旅顺口区	35	108	0.2
金普新区	219	633	4.3
普兰店区	74	240	0.6
保 税 区	16	61	0.1
高新园区	28	1197	0.4
长 兴 岛	15	34	0.6
花 园 口	1	2	
瓦房店市	67	153	1.0
庄 河 市	58	128	0.5
长 海 县	2	5	

1-B-10 续表 3

(折扣店)

地　区	法人单位数（个）	从业人员期末人数（人）	年末零售营业面积（万平方米）
全　市	**187**	**842**	**3.8**
中山区	5	41	0.7
西岗区	32	134	0.2
沙河口区	34	85	0.1
甘井子区	27	71	0.1
旅顺口区	11	15	
金普新区	44	98	0.3
普兰店区	7	15	0.1
保税区	2	153	
高新园区	4		
长兴岛	1	3	
花园口			
瓦房店市	13	55	0.1
庄河市	7	172	2.2
长海县			

1-B-10 续表 4

(超市)

地　区	法人单位数（个）	从业人员期末人数（人）	年末零售营业面积（万平方米）
全　市	**373**	**2334**	**9.1**
中山区	27	120	0.7
西岗区	30	298	0.4
沙河口区	44	299	0.5
甘井子区	55	254	0.9
旅顺口区	18	40	0.3
金普新区	75	315	1.3
普兰店区	26	292	0.9
保税区	4	161	
高新园区	6	117	0.7
长兴岛	1	12	0.1
花园口	2	5	0.1
瓦房店市	41	155	1.4
庄河市	44	266	1.7
长海县			

1-B-10　续表 5

(大型超市)

地　　区	法人单位数 (个)	从业人员期末人数 (人)	年末零售营业面积 (万平方米)
全　　市	**19**	**8690**	**82.3**
中 山 区	4	4346	57.2
西 岗 区	3	1281	6.1
沙河口区	3	1351	6.7
甘井子区	3	451	2.9
旅顺口区	1	260	1.0
金普新区	1	212	3.0
普兰店区			
保 税 区			
高新园区	1	610	2.0
长 兴 岛			
花 园 口			
瓦房店市	2	12	1.3
庄 河 市	1	167	2.1
长 海 县			

1-B-10　续表 6

(仓储会员店)

地　　区	法人单位数 (个)	从业人员期末人数 (人)	年末零售营业面积 (万平方米)
全　　市	**165**	**1419**	**6.9**
中 山 区	10	25	0.1
西 岗 区	13	978	4.1
沙河口区	11	31	
甘井子区	25	40	0.1
旅顺口区	6	63	0.1
金普新区	47	108	0.3
普兰店区	8	21	0.4
保 税 区	2	14	
高新园区			
长 兴 岛			
花 园 口			
瓦房店市	28	110	1.6
庄 河 市	14	29	0.3
长 海 县	1		

1-B-10 续表 7

(百货店)

地　　区	法人单位数(个)	从业人员期末人数(人)	年末零售营业面积(万平方米)
全　　市	**896**	**12155**	**119.4**
中 山 区	67	7930	82.5
西 岗 区	56	277	1.6
沙河口区	104	1082	14.8
甘井子区	128	282	1.3
旅顺口区	53	599	2.0
金普新区	192	576	4.1
普兰店区	107	248	3.4
保 税 区	16	89	1.0
高新园区	20	139	2.9
长 兴 岛	14	45	0.1
花 园 口	2	2	
瓦房店市	62	460	0.9
庄 河 市	74	424	4.8
长 海 县	1	2	

1-B-10 续表 8

(专业店)

地　　区	法人单位数(个)	从业人员期末人数(人)	年末零售营业面积(万平方米)
全　　市	**5066**	**27503**	**216.8**
中 山 区	220	10262	141.9
西 岗 区	245	1145	2.2
沙河口区	544	2461	3.7
甘井子区	1151	4560	18.1
旅顺口区	263	704	2.6
金普新区	1073	3209	17.7
普兰店区	537	1465	8.3
保 税 区	38	173	1.3
高新园区	42	169	1.1
长 兴 岛	55	117	1.6
花 园 口	58	424	4.9
瓦房店市	384	1261	7.0
庄 河 市	433	1497	6.5
长 海 县	23	56	0.1

1-B-10　续表 9

(专卖店)

地　　区	法人单位数(个)	从业人员期末人数(人)	年末零售营业面积(万平方米)
全　　市	**3142**	**17792**	**93.4**
中 山 区	200	4168	28.6
西 岗 区	158	750	5.2
沙河口区	470	1926	13.8
甘井子区	684	5120	18.7
旅顺口区	113	298	0.7
金普新区	567	2184	4.5
普兰店区	256	921	5.0
保 税 区	27	300	3.1
高新园区	41	321	4.1
长 兴 岛	18	40	1.1
花 园 口	7	13	0.5
瓦房店市	267	964	4.0
庄 河 市	306	719	3.8
长 海 县	28	68	0.3

1-B-10　续表 10

(家居建材商店)

地　　区	法人单位数(个)	从业人员期末人数(人)	年末零售营业面积(万平方米)
全　　市	**427**	**1204**	**5.2**
中 山 区	6	14	
西 岗 区	25	57	0.1
沙河口区	51	194	0.2
甘井子区	126	321	1.1
旅顺口区	24	75	0.1
金普新区	87	215	2.0
普兰店区	20	56	0.5
保 税 区	3	2	
高新园区	14	58	0.1
长 兴 岛	9	21	0.1
花 园 口	1	2	
瓦房店市	23	45	0.1
庄 河 市	38	144	0.8
长 海 县			

1-B-10 续表 11

(购物中心)

地　　区	法人单位数（个）	从业人员期末人数（人）	年末零售营业面积（万平方米）
全　　市	**130**	**3446**	**30.9**
中 山 区	17	1967	9.6
西 岗 区	11	41	
沙河口区	26	155	0.2
甘井子区	30	268	2.1
旅顺口区	7	30	1.0
金普新区	21	764	7.2
普兰店区	6	42	3.1
保 税 区			
高新园区	2		
长 兴 岛			
花 园 口			
瓦房店市	7	160	4.1
庄 河 市	3	19	3.5
长 海 县			

1-B-10 续表 12

(厂家直销中心)

地　　区	法人单位数（个）	从业人员期末人数（人）	年末零售营业面积（万平方米）
全　　市	**403**	**2616**	**22.8**
中 山 区	19	710	8.6
西 岗 区	21	86	0.1
沙河口区	46	174	0.3
甘井子区	115	679	4.5
旅顺口区	11	113	1.4
金普新区	97	243	1.1
普兰店区	17	63	0.7
保 税 区	3	160	
高新园区	15	65	0.3
长 兴 岛	2	12	
花 园 口	2	32	
瓦房店市	40	249	0.9
庄 河 市	12	24	0.5
长 海 县	3	6	4.3

1-B-10 续表 13

(无店铺零售)

地　　区	法人单位数(个)	从业人员期末人数(人)	年末零售营业面积(万平方米)
全　　市	**6908**	**18075**	**25.4**
中 山 区	713	1524	1.4
西 岗 区	610	1182	0.7
沙河口区	1164	5125	4.5
甘井子区	2006	4212	5.1
旅顺口区	295	497	1.3
金普新区	1049	2081	3.8
普兰店区	148	395	0.6
保 税 区	198	883	0.9
高新园区	158	474	0.3
长 兴 岛	22	31	0.2
花 园 口	12	253	3.9
瓦房店市	273	668	0.6
庄 河 市	240	721	2.0
长 海 县	20	29	0.2

1-B-10 续表 14

(电视购物)

地　　区	法人单位数(个)	从业人员期末人数(人)	年末零售营业面积(万平方米)
全　　市	**27**	**321**	**0.1**
中 山 区	2	4	
西 岗 区	1		
沙河口区	6	15	
甘井子区	5	11	
旅顺口区	2		
金普新区	2	65	
普兰店区	2	3	
保 税 区			
高新园区			
长 兴 岛	1	1	
花 园 口	1	217	
瓦房店市	2	4	
庄 河 市	3	1	
长 海 县			

1-B-10 续表 15

(邮购)

地　　区	法人单位数(个)	从业人员期末人数(人)	年末零售营业面积(万平方米)
全　　市	**112**	**273**	**0.4**
中 山 区	12	23	
西 岗 区	4	4	
沙河口区	26	58	
甘井子区	25	46	
旅顺口区	10	47	
金普新区	21	30	
普兰店区	4	15	0.1
保 税 区	1	1	
高新园区	3	6	
长 兴 岛			
花 园 口			
瓦房店市	4	37	
庄 河 市	2	6	
长 海 县			

1-B-10 续表 16

(网上商店)

地　　区	法人单位数(个)	从业人员期末人数(人)	年末零售营业面积(万平方米)
全　　市	**321**	**800**	**0.6**
中 山 区	21	40	0.1
西 岗 区	18	44	
沙河口区	27	30	
甘井子区	95	428	0.2
旅顺口区	16	15	
金普新区	62	62	0.1
普兰店区	6	3	
保 税 区	15	31	
高新园区	30	106	
长 兴 岛	2	1	
花 园 口	1	3	
瓦房店市	18	20	
庄 河 市	9	16	
长 海 县	1	1	

1-B-10　续表 17

(自动售货亭)

地　区	法人单位数(个)	从业人员期末人数(人)	年末零售营业面积(万平方米)
全　市	**30**	**73**	**0.3**
中 山 区	1	3	0.1
西 岗 区	2	4	
沙河口区	1	19	
甘井子区	5	12	0.1
旅顺口区	5		
金普新区	2	4	
普兰店区	1	2	0.1
保 税 区	1	1	
高新园区	6	17	
长 兴 岛	1	1	
花 园 口			
瓦房店市	2	5	
庄 河 市	3	5	
长 海 县			

1-B-10　续表 18

(电话购物)

地　区	法人单位数(个)	从业人员期末人数(人)	年末零售营业面积(万平方米)
全　市	**104**	**317**	**4.1**
中 山 区	3	18	0.1
西 岗 区	4	35	0.1
沙河口区	21	38	
甘井子区	35	38	
旅顺口区	8	17	
金普新区	14	19	
普兰店区	4	10	
保 税 区	2	2	
高新园区	1	7	
长 兴 岛			
花 园 口	4	8	3.7
瓦房店市	6	125	0.1
庄 河 市	2		
长 海 县			

1–B–10 续表 19

(其他)

地　　区	法人单位数（个）	从业人员期末人数（人）	年末零售营业面积（万平方米）
全　　市	**6531**	**16808**	**20.7**
中 山 区	684	1470	1.1
西 岗 区	590	1113	0.6
沙河口区	1100	4990	4.4
甘井子区	1905	3752	4.8
旅顺口区	279	470	1.2
金普新区	993	1944	3.7
普兰店区	141	381	0.6
保 税 区	189	873	0.9
高新园区	128	390	0.3
长 兴 岛	20	30	0.2
花 园 口	6	25	0.1
瓦房店市	250	633	0.5
庄 河 市	227	709	2.1
长 海 县	19	28	0.2

1–B–11 分地区零售业法人企业财务状况

单位：亿元

地　　区	资产总计	负债合计	营业收入
全　　市	**1533.09**	**887.72**	**818.13**
中 山 区	600.48	454.10	291.49
西 岗 区	45.13	41.64	38.60
沙河口区	81.81	65.32	101.59
甘井子区	620.41	204.71	214.10
旅顺口区	8.34	6.58	10.27
金普新区	68.04	50.66	53.08
普兰店区	12.23	8.63	8.75
保 税 区	37.89	16.82	49.29
高新园区	20.06	14.20	21.21
长 兴 岛	2.02	0.82	0.85
花 园 口	1.34	0.96	1.91
瓦房店市	16.64	8.83	13.78
庄 河 市	18.17	14.09	12.96
长 海 县	0.51	0.36	0.23

1-B-12　分地区零售业法人企业财务状况(按国民经济行业分)

(综合零售)　　单位：亿元

地　区	资产总计	负债合计	营业收入
全　市	**326.09**	**194.79**	**172.08**
中 山 区	261.67	135.22	107.67
西 岗 区	14.52	13.00	15.88
沙河口区	6.99	6.79	12.25
甘井子区	2.94	2.27	4.97
旅顺口区	2.17	1.90	5.17
金普新区	19.99	19.13	10.26
普兰店区	1.39	1.30	0.81
保 税 区	0.84	0.69	1.72
高新园区	5.31	4.82	10.01
长 兴 岛	0.01	0.01	
花 园 口	0.25	0.30	0.67
瓦房店市	2.34	1.47	0.32
庄 河 市	7.69	7.88	2.34
长 海 县			

1-B-12　续表 1

(食品、饮料及烟草制品专门零售)　　单位：亿元

地　区	资产总计	负债合计	营业收入
全　市	**34.30**	**25.30**	**23.88**
中 山 区	4.31	4.64	3.57
西 岗 区	3.06	2.81	2.02
沙河口区	6.81	6.42	1.89
甘井子区	6.44	4.68	9.98
旅顺口区	1.88	1.73	1.30
金普新区	3.58	2.54	2.04
普兰店区	1.04	0.41	0.81
保 税 区	0.52	0.44	0.07
高新园区	0.13	0.11	0.17
长 兴 岛	0.37	0.13	0.16
花 园 口	0.01		
瓦房店市	4.78	0.87	0.94
庄 河 市	1.05	0.31	0.86
长 海 县	0.31	0.20	0.07

1-B-12 续表 2

(纺织、服装及日用品专门零售) 单位：亿元

地 区	资产总计	负债合计	营业收入
全 市	**46.14**	**43.10**	**41.71**
中山区	20.66	24.99	18.07
西岗区	1.91	1.55	1.55
沙河口区	15.11	10.33	13.58
甘井子区	2.96	2.25	2.84
旅顺口区	0.18	0.19	0.15
金普新区	2.45	2.04	1.97
普兰店区	0.55	0.51	0.33
保税区	0.03	0.04	0.08
高新园区	0.09	0.09	0.11
长兴岛	0.76		0.07
花园口	0.01		
瓦房店市	0.89	0.88	2.24
庄河市	0.54	0.22	0.71
长海县			

1-B-12 续表 3

(文化、体育用品及器材专门零售) 单位：亿元

地 区	资产总计	负债合计	营业收入
全 市	**17.61**	**9.75**	**10.81**
中山区	5.77	4.02	3.48
西岗区	2.74	1.82	2.97
沙河口区	1.23	0.67	1.64
甘井子区	1.04	0.61	0.47
旅顺口区	0.12	0.10	0.10
金普新区	1.44	0.93	1.12
普兰店区	0.10	0.04	0.06
保税区	0.31	0.35	0.21
高新园区	4.41	1.07	0.43
长兴岛			
花园口			
瓦房店市	0.07	0.04	0.05
庄河市	0.35	0.11	0.25
长海县	0.02	0.01	0.02

1-B-12　续表 4

(医药及医疗器材专门零售)　单位：亿元

地　区	资产总计	负债合计	营业收入
全　市	**35.41**	**25.90**	**48.73**
中 山 区	2.48	2.02	1.42
西 岗 区	1.44	1.13	1.49
沙河口区	6.26	3.05	12.79
甘井子区	15.12	13.11	18.92
旅顺口区	0.38	0.34	0.59
金普新区	5.01	3.67	7.33
普兰店区	1.14	0.60	1.88
保 税 区	0.03	0.03	0.05
高新园区	0.09	0.09	0.14
长 兴 岛	0.04	0.04	0.07
花 园 口	0.32	0.24	0.70
瓦房店市	1.53	0.78	1.83
庄 河 市	1.54	0.79	1.41
长 海 县	0.04		0.09

1-B-12　续表 5

(汽车、摩托车、零配件和燃料及其他动力销售)　单位：亿元

地　区	资产总计	负债合计	营业收入
全　市	**688.28**	**233.65**	**387.33**
中 山 区	38.03	18.24	126.96
西 岗 区	5.55	4.14	5.28
沙河口区	20.65	17.98	25.22
甘井子区	568.73	163.19	155.38
旅顺口区	0.38	0.31	0.69
金普新区	7.06	6.62	14.25
普兰店区	1.71	0.93	2.10
保 税 区	32.70	12.21	41.69
高新园区	6.72	5.48	7.93
长 兴 岛	0.01	0.02	0.17
花 园 口	0.04	0.03	0.09
瓦房店市	3.55	3.01	4.32
庄 河 市	3.16	1.49	3.25
长 海 县			

1-B-12 续表 6

(家用电器及电子产品专门零售) 单位：亿元

地　区	资产总计	负债合计	营业收入
全　市	**35.86**	**28.83**	**51.88**
中 山 区	13.97	11.07	28.38
西 岗 区	2.43	2.07	3.10
沙河口区	6.28	4.46	6.51
甘井子区	5.48	4.49	6.47
旅顺口区	0.32	0.16	0.17
金普新区	3.04	2.27	2.98
普兰店区	1.49	1.15	0.61
保 税 区	0.19	0.07	0.02
高新园区	0.77	0.56	1.31
长 兴 岛	0.20	0.16	0.19
花 园 口			
瓦房店市	0.57	0.25	1.12
庄 河 市	1.11	2.10	1.00
长 海 县	0.01		0.01

1-B-12 续表 7

(五金、家具及室内装饰材料专门零售) 单位：亿元

地　区	资产总计	负债合计	营业收入
全　市	**59.91**	**53.41**	**35.17**
中 山 区	15.71	14.17	1.13
西 岗 区	11.52	14.09	5.52
沙河口区	8.72	6.48	10.59
甘井子区	10.82	8.88	7.69
旅顺口区	1.78	1.31	1.12
金普新区	5.54	4.01	4.99
普兰店区	1.22	0.94	0.70
保 税 区	0.13	0.09	0.08
高新园区	1.75	1.62	0.30
长 兴 岛	0.26	0.21	0.04
花 园 口	0.13	0.01	0.03
瓦房店市	1.24	0.85	1.51
庄 河 市	1.10	0.75	1.49
长 海 县			

1-B-12　续表 8

(货摊、无店铺及其他零售业)　　单位：亿元

地　区	资产总计	负债合计	营业收入
全　市	**289.47**	**272.99**	**46.52**
中 山 区	237.87	239.73	0.81
西 岗 区	1.96	1.03	0.77
沙河口区	9.75	9.15	17.12
甘井子区	6.87	5.22	7.37
旅顺口区	1.12	0.55	0.96
金普新区	19.94	9.45	8.13
普兰店区	3.58	2.73	1.45
保 税 区	3.15	2.90	5.38
高新园区	0.82	0.33	0.83
长 兴 岛	0.36	0.26	0.14
花 园 口	0.57	0.38	0.40
瓦房店市	1.68	0.67	1.46
庄 河 市	1.64	0.44	1.66
长 海 县	0.14	0.14	0.04

1-B-13　分地区零售业法人企业财务状况(按登记注册类型分)

(内资企业)　　单位：亿元

地　区	资产总计	负债合计	营业收入
全　市	**1445.36**	**823.17**	**697.06**
中 山 区	574.41	441.29	256.85
西 岗 区	35.50	31.39	24.15
沙河口区	70.19	52.08	87.17
甘井子区	586.25	180.99	164.59
旅顺口区	8.34	6.58	10.27
金普新区	67.85	50.52	52.86
普兰店区	10.69	7.15	8.66
保 税 区	36.79	15.68	46.62
高新园区	16.66	12.44	16.13
长 兴 岛	2.02	0.82	0.85
花 园 口	1.34	0.96	1.91
瓦房店市	16.63	8.83	13.78
庄 河 市	18.17	14.09	12.96
长 海 县	0.51	0.36	0.23

1-B-13 续表 1

(国有企业)

单位：亿元

地　区	资产总计	负债合计	营业收入
全　市	**3.49**	**2.94**	**1.70**
中 山 区	0.06		0.05
西 岗 区	0.07	0.12	0.15
沙河口区	0.46	0.63	0.72
甘井子区	0.31	0.17	0.45
旅顺口区			
金普新区	0.57	0.23	0.23
普兰店区	0.04	0.05	0.02
保 税 区			
高新园区	1.43	1.38	
长 兴 岛			
花 园 口			
瓦房店市	0.36	0.24	0.05
庄 河 市	0.13	0.06	
长 海 县	0.06	0.05	0.03

1-B-13 续表 2

(集体企业)

单位：亿元

地　区	资产总计	负债合计	营业收入
全　市	**2.48**	**1.16**	**1.16**
中 山 区	0.09	0.09	0.13
西 岗 区	0.02	0.01	0.01
沙河口区	0.88	0.23	0.11
甘井子区	0.59	0.47	0.31
旅顺口区	0.09	0.09	0.01
金普新区	0.26	0.08	0.13
普兰店区	0.16	0.07	0.14
保 税 区			
高新园区	0.01	0.01	0.01
长 兴 岛			
花 园 口	0.04		0.02
瓦房店市	0.06	0.04	0.04
庄 河 市	0.27	0.07	0.24
长 海 县			

1–B–13　续表 3

(股份合作企业)　　单位：亿元

地　区	资产总计	负债合计	营业收入
全　市	**0.58**	**0.38**	**1.12**
中 山 区	0.02	0.06	0.01
西 岗 区	0.11	0.14	0.01
沙河口区	0.03	0.03	0.04
甘井子区	0.08	0.09	0.03
旅顺口区	0.01		0.01
金普新区			
普兰店区	0.19	0.04	0.52
保 税 区			
高新园区	0.10	0.03	0.49
长 兴 岛			
花 园 口			
瓦房店市			
庄 河 市	0.03		0.01
长 海 县			

1–B–13　续表 4

(联营企业)　　单位：亿元

地　区	资产总计	负债合计	营业收入
全　市	**0.15**	**0.11**	**1.11**
中 山 区			
西 岗 区			
沙河口区	0.04	0.02	1.06
甘井子区	0.06	0.05	0.01
旅顺口区			
金普新区			
普兰店区	0.04	0.03	0.03
保 税 区			
高新园区			
长 兴 岛			
花 园 口			
瓦房店市	0.01	0.01	0.01
庄 河 市			
长 海 县			

1-B-13 续表 5

(有限责任公司) 单位：亿元

地 区	资产总计	负债合计	营业收入
全 市	**503.41**	**439.47**	**237.17**
中 山 区	339.42	328.55	43.38
西 岗 区	11.02	8.76	10.69
沙河口区	35.29	24.15	48.72
甘井子区	48.25	39.52	74.38
旅顺口区	1.81	1.71	2.76
金普新区	26.41	18.12	18.89
普兰店区	2.09	1.79	0.75
保 税 区	26.60	7.56	24.09
高新园区	7.80	5.24	8.13
长 兴 岛	0.34	0.09	0.06
花 园 口	0.22	0.30	0.65
瓦房店市	2.31	2.28	2.30
庄 河 市	1.73	1.29	2.33
长 海 县	0.12	0.11	0.03

1-B-13 续表 6

(股份有限公司) 单位：亿元

地 区	资产总计	负债合计	营业收入
全 市	**656.57**	**160.98**	**182.48**
中 山 区	186.65	76.78	176.24
西 岗 区	0.06	0.06	0.05
沙河口区	0.12	0.06	0.26
甘井子区	466.16	81.37	3.01
旅顺口区	0.12	0.05	0.09
金普新区	0.15	0.13	0.29
普兰店区	0.09	0.02	0.07
保 税 区			
高新园区	1.26	0.87	2.30
长 兴 岛			
花 园 口			
瓦房店市	0.17	0.04	0.10
庄 河 市	1.78	1.60	0.07
长 海 县			

1－B－13　续表 7

(私营企业)　　单位：亿元

地　　区	资产总计	负债合计	营业收入
全　　市	**274.29**	**217.52**	**271.74**
中 山 区	48.16	35.82	37.04
西 岗 区	24.22	22.30	13.24
沙河口区	33.36	26.96	36.26
甘井子区	70.77	59.30	86.36
旅顺口区	6.03	4.64	7.39
金普新区	40.24	31.81	33.16
普兰店区	7.98	5.12	7.08
保 税 区	10.20	8.13	22.54
高新园区	6.05	4.90	5.21
长 兴 岛	1.68	0.73	0.78
花 园 口	1.09	0.65	1.24
瓦房店市	10.17	5.88	11.01
庄 河 市	14.01	11.08	10.24
长 海 县	0.32	0.20	0.17

1－B－13　续表 8

(其他企业)　　单位：亿元

地　　区	资产总计	负债合计	营业收入
全　　市	**4.37**	**0.61**	**0.59**
中 山 区			
西 岗 区			
沙河口区			
甘井子区	0.02	0.02	0.04
旅顺口区	0.28	0.10	0.02
金普新区	0.21	0.13	0.15
普兰店区	0.09	0.01	0.05
保 税 区			
高新园区			
长 兴 岛			
花 园 口			
瓦房店市	3.55	0.35	0.28
庄 河 市	0.21		0.06
长 海 县			

1-B-13 续表 9

(港、澳、台商投资企业) 单位：亿元

地　区	资产总计	负债合计	营业收入
全　市	**59.63**	**42.56**	**75.64**
中 山 区	20.49	9.82	29.46
西 岗 区	0.16	1.34	0.70
沙河口区	9.22	10.06	5.70
甘井子区	29.43	20.97	39.18
旅顺口区			
金普新区	0.06	0.01	0.06
普兰店区			
保 税 区	0.27	0.36	0.54
高新园区			
长 兴 岛			
花 园 口			
瓦房店市			
庄 河 市			
长 海 县			

1-B-13 续表 10

(外商投资企业) 单位：亿元

地　区	资产总计	负债合计	营业收入
全　市	**28.10**	**21.98**	**45.42**
中 山 区	5.59	2.99	5.18
西 岗 区	9.46	8.91	13.75
沙河口区	2.40	3.19	8.72
甘井子区	4.73	2.74	10.32
旅顺口区			
金普新区	0.14	0.14	0.17
普兰店区	1.54	1.48	0.09
保 税 区	0.83	0.76	2.12
高新园区	3.40	1.76	5.08
长 兴 岛			
花 园 口			
瓦房店市	0.01		
庄 河 市			
长 海 县			

1-B-14　分地区零售业法人企业财务状况(按零售业态分)

(有店铺零售)　　单位：亿元

地　区	资产总计	负债合计	营业收入
全　市	**710.13**	**482.89**	**728.94**
中山区	341.69	195.54	286.93
西岗区	32.90	30.97	34.99
沙河口区	56.75	46.25	72.51
甘井子区	137.76	110.67	196.94
旅顺口区	5.84	4.73	9.45
金普新区	56.66	43.16	45.80
普兰店区	10.34	7.11	7.77
保税区	16.10	8.93	28.77
高新园区	17.51	12.46	19.33
长兴岛	1.85	0.69	0.84
花园口	0.95	0.57	1.23
瓦房店市	15.21	8.31	12.78
庄河市	16.25	13.27	11.44
长海县	0.31	0.23	0.16

1-B-14　续表 1

(食杂店)　　单位：亿元

地　区	资产总计	负债合计	营业收入
全　市	**4.35**	**2.93**	**5.62**
中山区	0.23	0.13	0.06
西岗区	0.14	0.18	0.10
沙河口区	1.19	1.04	2.28
甘井子区	0.45	0.42	0.45
旅顺口区	0.07	0.05	0.10
金普新区	0.64	0.24	0.59
普兰店区	0.04	0.01	0.04
保税区			
高新园区	0.17	0.12	0.14
长兴岛	0.02	0.01	0.08
花园口	0.02		0.01
瓦房店市	0.34	0.06	0.22
庄河市	1.03	0.67	1.54
长海县			

1-B-14 续表 2

(便利店) 单位：亿元

地　　区	资产总计	负债合计	营业收入
全　　市	**24.05**	**22.72**	**20.14**
中 山 区	1.53	2.29	5.41
西 岗 区	3.54	3.29	0.46
沙河口区	0.17	0.14	1.22
甘井子区	0.42	0.39	0.56
旅顺口区	0.21	0.26	0.10
金普新区	14.49	12.64	5.71
普兰店区	0.90	0.61	0.61
保 税 区	0.61	0.42	1.95
高新园区	1.36	2.30	3.36
长 兴 岛	0.14	0.16	0.21
花 园 口			
瓦房店市	0.43	0.13	0.36
庄 河 市	0.25	0.08	0.19
长 海 县			0.01

1-B-14 续表 3

(折扣店) 单位：亿元

地　　区	资产总计	负债合计	营业收入
全　　市	**10.07**	**8.00**	**5.38**
中 山 区	0.28	1.71	1.18
西 岗 区	1.00	0.81	0.48
沙河口区	0.26	0.21	0.15
甘井子区	0.23	0.20	0.45
旅顺口区	0.01	0.01	0.02
金普新区	7.47	4.35	1.70
普兰店区	0.05	0.04	0.04
保 税 区	0.01	0.02	
高新园区	0.01	0.02	0.01
长 兴 岛			
花 园 口			
瓦房店市	0.08	0.04	0.10
庄 河 市	0.67	0.59	1.25
长 海 县			

1—B—14　续表 4

(超市)　　单位：亿元

地　　区	资产总计	负债合计	营业收入
全　　市	**11.11**	**6.33**	**8.29**
中 山 区	0.15	0.06	0.36
西 岗 区	1.39	0.79	1.45
沙河口区	1.38	1.43	1.56
甘井子区	0.97	0.95	1.31
旅顺口区	0.03	0.02	0.11
金普新区	2.41	2.06	1.35
普兰店区	0.36	0.30	0.71
保 税 区	0.11	0.11	0.11
高新园区	0.02	0.04	
长 兴 岛	0.08	0.07	0.03
花 园 口	0.03		0.01
瓦房店市	3.57	0.45	0.57
庄 河 市	0.61	0.05	0.72
长 海 县			

1—B—14　续表 5

(大型超市)　　单位：亿元

地　　区	资产总计	负债合计	营业收入
全　　市	**132.51**	**54.79**	**88.25**
中 山 区	108.07	29.99	52.08
西 岗 区	10.03	9.51	17.29
沙河口区	2.10	3.98	8.11
甘井子区	1.60	0.98	3.01
旅顺口区	0.13	0.07	0.55
金普新区	6.48	7.89	0.85
普兰店区			
保 税 区			
高新园区	3.39	1.76	5.08
长 兴 岛			
花 园 口			
瓦房店市	0.04	0.03	0.04
庄 河 市	0.66	0.59	1.24
长 海 县			

1-B-14 续表 6

(仓储会员店) 单位：亿元

地 区	资产总计	负债合计	营业收入
全 市	**9.07**	**5.40**	**15.51**
中 山 区	0.30	0.20	0.13
西 岗 区	6.65	3.83	13.18
沙河口区	0.15	0.12	0.21
甘井子区	0.09	0.08	0.11
旅顺口区	0.11	0.09	0.47
金普新区	0.82	0.64	0.56
普兰店区	0.14	0.13	0.03
保 税 区	0.07	0.05	0.65
高新园区			
长 兴 岛			
花 园 口			
瓦房店市	0.46	0.24	0.11
庄 河 市	0.30	0.01	0.07
长 海 县			

1-B-14 续表 7

(百货店) 单位：亿元

地 区	资产总计	负债合计	营业收入
全 市	**297.93**	**163.34**	**132.45**
中 山 区	260.44	133.14	100.58
西 岗 区	6.23	7.38	3.22
沙河口区	16.69	10.20	13.88
甘井子区	1.17	1.00	1.06
旅顺口区	2.25	2.11	5.58
金普新区	2.34	1.64	1.37
普兰店区	0.51	0.31	0.35
保 税 区	0.75	0.60	1.58
高新园区	0.55	0.75	1.59
长 兴 岛	0.90	0.11	0.10
花 园 口			
瓦房店市	0.52	0.11	1.79
庄 河 市	5.57	5.99	1.33
长 海 县			0.01

1-B-14　续表 8

(专业店)　　单位：亿元

地　区	资产总计	负债合计	营业收入
全　市	**347.48**	**194.56**	**347.44**
中 山 区	235.00	116.47	198.59
西 岗 区	6.85	6.21	5.03
沙河口区	16.00	11.44	27.55
甘井子区	47.66	36.19	78.97
旅顺口区	1.45	0.92	1.73
金普新区	15.56	8.31	15.16
普兰店区	5.23	3.50	3.62
保 税 区	6.63	1.52	4.08
高新园区	1.49	1.53	1.77
长 兴 岛	0.65	0.37	0.39
花 园 口	0.70	0.43	0.87
瓦房店市	5.59	3.80	4.96
庄 河 市	4.63	3.83	4.64
长 海 县	0.04	0.04	0.07

1-B-14　续表 9

(专卖店)　　单位：亿元

地　区	资产总计	负债合计	营业收入
全　市	**160.36**	**142.95**	**216.88**
中 山 区	31.70	37.65	51.66
西 岗 区	5.23	3.70	7.25
沙河口区	18.61	18.00	18.54
甘井子区	73.59	60.37	97.82
旅顺口区	1.33	0.99	0.77
金普新区	9.40	8.19	12.20
普兰店区	2.89	1.40	2.24
保 税 区	5.70	4.28	12.40
高新园区	5.27	4.33	6.59
长 兴 岛	0.21	0.20	0.28
花 园 口	0.01		0.01
瓦房店市	3.52	2.85	4.03
庄 河 市	2.79	0.92	3.00
长 海 县	0.12	0.06	0.11

1-B-14 续表 10

(家居建材商店) 单位：亿元

地 区	资产总计	负债合计	营业收入
全 市	**6.86**	**5.06**	**5.76**
中山区	0.02	0.03	0.01
西岗区	0.15	0.13	0.12
沙河口区	1.24	0.90	0.86
甘井子区	1.71	1.57	1.48
旅顺口区	0.42	0.32	0.20
金普新区	1.86	1.35	1.07
普兰店区	0.24	0.20	0.26
保税区			
高新园区	0.16	0.15	0.45
长兴岛	0.10	0.03	0.07
花园口			0.01
瓦房店市	0.26	0.11	0.19
庄河市	0.70	0.28	1.04
长海县			

1-B-14 续表 11

(购物中心) 单位：亿元

地 区	资产总计	负债合计	营业收入
全 市	**34.94**	**23.02**	**36.09**
中山区	18.59	8.57	24.92
西岗区	0.19	0.43	0.27
沙河口区	0.60	0.39	0.51
甘井子区	0.82	0.94	1.35
旅顺口区	0.14	0.16	0.09
金普新区	10.99	9.19	8.30
普兰店区	0.88	0.96	0.18
保税区			
高新园区			
长兴岛			
花园口			
瓦房店市	0.97	0.78	0.44
庄河市	1.75	1.60	0.03
长海县			

1-B-14　续表 12

(厂家直销中心)　　单位：亿元

地　区	资产总计	负债合计	营业收入
全　市	**28.04**	**20.05**	**46.69**
中 山 区	4.30	2.41	17.71
西 岗 区	0.77	1.23	0.46
沙河口区	1.30	1.13	1.11
甘井子区	10.77	9.10	12.70
旅顺口区	0.20	0.19	1.16
金普新区	1.12	0.91	2.09
普兰店区	0.22	0.26	0.35
保 税 区	2.29	1.96	7.99
高新园区	5.11	1.53	0.38
长 兴 岛	0.07	0.05	0.15
花 园 口	0.18	0.14	0.32
瓦房店市	1.28	0.91	2.22
庄 河 市	0.27	0.07	0.04
长 海 县	0.17	0.16	0.01

1-B-14　续表 13

(无店铺零售)　　单位：亿元

地　区	资产总计	负债合计	营业收入
全　市	**831.46**	**410.38**	**100.89**
中 山 区	259.10	258.85	4.64
西 岗 区	13.33	11.15	5.95
沙河口区	26.74	20.52	32.15
甘井子区	485.39	96.00	20.86
旅顺口区	2.58	1.86	0.88
金普新区	13.07	8.38	8.82
普兰店区	1.99	1.57	1.04
保 税 区	21.80	7.91	20.52
高新园区	2.70	1.85	2.03
长 兴 岛	0.20	0.17	0.07
花 园 口	0.66	0.51	1.00
瓦房店市	1.69	0.60	1.19
庄 河 市	2.02	0.86	1.65
长 海 县	0.20	0.13	0.07

1-B-14 续表 14

(电视购物) 单位：亿元

地　区	资产总计	负债合计	营业收入
全　市	**0.50**	**0.48**	**0.84**
中山区	0.01	0.01	0.01
西岗区	0.06		
沙河口区	0.07	0.05	0.10
甘井子区	0.10	0.06	0.05
旅顺口区			
金普新区	0.01	0.04	0.03
普兰店区	0.02		
保税区			
高新园区			
长兴岛			
花园口	0.22	0.30	0.65
瓦房店市	0.01		
庄河市			
长海县			

1-B-14 续表 15

(邮购) 单位：亿元

地　区	资产总计	负债合计	营业收入
全　市	**0.64**	**0.34**	**0.34**
中山区	0.02	0.01	0.06
西岗区	0.01		
沙河口区	0.17	0.08	0.06
甘井子区	0.21	0.05	0.09
旅顺口区	0.15	0.13	0.01
金普新区	0.07	0.07	0.08
普兰店区			0.01
保税区			
高新园区			
长兴岛			
花园口			
瓦房店市	0.01		0.02
庄河市			
长海县			

1-B-14　续表 16

(网上商店)　　单位：亿元

地　区	资产总计	负债合计	营业收入
全　市	**2.46**	**1.71**	**3.64**
中 山 区	0.08	0.07	0.03
西 岗 区	0.27	0.15	0.14
沙河口区	0.15	0.17	0.72
甘井子区	1.70	1.15	2.54
旅顺口区			
金普新区	0.04	0.04	0.08
普兰店区			
保 税 区	0.06	0.01	0.01
高新园区	0.12	0.10	0.08
长 兴 岛			0.01
花 园 口			0.01
瓦房店市	0.01	0.01	
庄 河 市	0.02	0.01	0.02
长 海 县			0.01

1-B-14　续表 17

(自动售货亭)　　单位：亿元

地　区	资产总计	负债合计	营业收入
全　市	**0.33**	**0.15**	**0.53**
中 山 区			
西 岗 区	0.04	0.03	0.01
沙河口区	0.08	0.01	0.02
甘井子区	0.13	0.06	0.31
旅顺口区	0.01		
金普新区		0.01	0.01
普兰店区			
保 税 区	0.01		
高新园区	0.05	0.04	0.17
长 兴 岛			
花 园 口			
瓦房店市	0.01		
庄 河 市	0.01		0.01
长 海 县			

1-B-14 续表 18

(电话购物) 单位：亿元

地 区	资产总计	负债合计	营业收入
全 市	**3.13**	**2.42**	**3.07**
中山区	0.12	0.12	0.04
西岗区	0.80	0.25	2.01
沙河口区	1.53	1.65	0.58
甘井子区	0.30	0.19	0.18
旅顺口区	0.10	0.06	0.04
金普新区	0.06	0.06	0.03
普兰店区	0.01		0.01
保税区			
高新园区	0.05	0.06	0.09
长兴岛			
花园口	0.12		0.02
瓦房店市	0.03	0.02	0.07
庄河市			
长海县			

1-B-14 续表 19

(其他) 单位：亿元

地 区	资产总计	负债合计	营业收入
全 市	**825.75**	**406.01**	**93.41**
中山区	258.91	258.67	4.59
西岗区	12.38	10.76	3.86
沙河口区	24.88	18.60	30.71
甘井子区	483.40	94.72	18.12
旅顺口区	2.53	1.81	0.84
金普新区	13.01	8.30	8.73
普兰店区	1.97	1.57	1.04
保税区	21.79	7.91	20.52
高新园区	2.51	1.70	1.72
长兴岛	0.20	0.16	0.07
花园口	0.32	0.21	0.32
瓦房店市	1.65	0.61	1.16
庄河市	2.01	0.86	1.64
长海县	0.20	0.13	0.07

第2篇

住宿和餐饮业企业基本情况及财务状况篇

A.行业部分

2-A-1　住宿业法人企业基本情况

分　组	法人单位数(个)	从业人员期末人数(人)
住宿业	**1028**	**18380**
按国民经济行业分组	**1028**	**18380**
旅游饭店	315	12348
一般旅馆	570	4076
经济型连锁酒店	54	795
其他一般旅馆	516	3281
民宿服务	27	966
其他住宿业	115	988
按登记注册类型分组	**1028**	**18380**
内资企业	1006	15251
国有企业	31	1117
集体企业	21	293
股份合作企业	6	22
联营企业	3	69
有限责任公司	159	6333
国有独资公司	6	553
其他有限责任公司	153	5780
股份有限公司	13	137
私营企业	773	7280
私营独资企业	239	931
私营有限责任公司	522	6107
私营股份有限公司	10	234
港、澳、台商投资企业	8	2472
与港澳台商合资经营企业	6	1669
外商投资企业	14	657
中外合资经营企业	7	329
外资企业	5	264
按星级分组	**1028**	**18380**
一星	21	70
二星	44	805
三星	65	1544
四星	39	3898
五星	9	2863
其他	850	9200

注：根据数据保密相关规定，行业单位数量小于3个，未列出数据，导致总计与分项不等。

2-A-2 限额以上住宿业法人企业基本情况

分组	法人单位数（个）	从业人员期末人数（人）
住宿业	**100**	**12225**
按国民经济行业分组	**100**	**12225**
旅游饭店	77	10180
一般旅馆	21	1121
经济型连锁酒店	6	251
其他一般旅馆	15	870
按登记注册类型分组	**100**	**12225**
内资企业	84	9250
国有企业	6	889
集体企业	5	259
有限责任公司	33	4329
国有独资公司	5	553
其他有限责任公司	28	3776
私营企业	38	3677
私营有限责任公司	35	3504
港、澳、台商投资企业	8	2472
与港澳台商合资经营企业	6	1669
外商投资企业	8	503
中外合资经营企业	4	285
外资企业	3	158
按星级分组	**100**	**12225**
二星	10	454
三星	15	1073
四星	23	3780
五星	5	2191
其他	47	4727

注：根据数据保密相关规定，行业单位数量小于3个，未列出数据，导致总计与分项之和不等。

2-A-3　住宿业法人企业财务状况

单位：亿元

分　组	资产总计	负债合计	营业收入
住宿业	**189.97**	**145.41**	**33.65**
按国民经济行业分组	**189.97**	**145.41**	**33.65**
旅游饭店	131.28	90.84	24.91
一般旅馆	20.19	16.50	6.14
经济型连锁酒店	4.29	2.48	1.31
其他一般旅馆	15.91	14.01	4.83
民宿服务	36.31	36.31	1.50
其他住宿业	2.17	1.76	1.10
按登记注册类型分组	**189.97**	**145.41**	**33.65**
内资企业	149.37	113.09	25.39
国有企业	7.01	4.55	2.29
集体企业	0.93	1.01	0.45
股份合作企业	0.05	0.01	0.09
联营企业	0.10	0.03	0.07
有限责任公司	71.76	43.87	11.76
国有独资公司	2.35	0.82	1.07
其他有限责任公司	69.41	43.05	10.69
股份有限公司	0.21	0.22	0.18
私营企业	69.31	63.41	10.56
私营独资企业	1.75	0.76	0.76
私营有限责任公司	65.64	60.10	9.59
私营股份有限公司	1.87	2.32	0.19
港、澳、台商投资企业	27.13	14.74	6.79
与港澳台商合资经营企业	11.39	9.67	3.24
外商投资企业	13.47	17.58	1.47
中外合资经营企业	3.49	5.78	0.69
外资企业	9.16	5.44	0.71
按星级分组	**189.97**	**145.41**	**33.65**
一星	0.40	0.34	0.06
二星	2.42	1.74	1.32
三星	8.70	12.37	2.58
四星	31.77	30.76	6.61
五星	55.50	18.73	8.15
其他	91.16	81.47	14.93

注：根据数据保密相关规定，行业单位数量小于3个，未列出数据，导致总计与分项之和不等。

2-A-4　限额以上住宿业法人企业财务状况

单位：亿元

分　组	资产总计	负债合计	营业收入
住宿业	**128.16**	**115.96**	**24.41**
按国民经济行业分组	**128.16**	**115.96**	**24.41**
旅游饭店	86.76	76.43	20.49
一般旅馆	4.92	3.56	2.45
经济型连锁酒店	1.23	0.65	0.69
其他一般旅馆	3.69	2.90	1.76
按登记注册类型分组	**128.16**	**115.96**	**24.41**
内资企业	93.85	86.79	16.39
国有企业	4.85	1.78	1.92
集体企业	0.83	0.79	0.40
有限责任公司	34.79	31.44	7.36
国有独资公司	2.33	0.81	1.07
其他有限责任公司	32.45	30.63	6.29
私营企业	53.14	52.74	6.56
私营有限责任公司	51.31	50.50	6.36
港、澳、台商投资企业	27.13	14.74	6.79
与港澳台商合资经营企业	11.39	9.67	3.24
外商投资企业	7.18	14.43	1.22
中外合资经营企业	3.26	5.37	0.65
外资企业	3.12	2.72	0.51
按星级分组	**128.16**	**115.96**	**24.41**
二星	1.39	1.42	0.95
三星	4.91	6.59	1.90
四星	30.81	30.00	6.47
五星	30.27	17.69	5.95
其他	60.78	60.27	9.14

注：根据数据保密相关规定，行业单位数量小于3个，未列出数据，导致总计与分项之和不等。

2-A-5　餐饮业法人企业基本情况

分　组	法人单位数(个)	从业人员期末人数(人)	年末餐饮营业面积(万平方米)
餐饮业	**1978**	**18773**	**77.6**
按国民经济行业分组	**1978**	**18773**	**77.6**
正餐服务	1472	12227	60.1
快餐服务	169	3666	9.9
饮料及冷饮服务	69	619	2.4
茶馆服务	6	9	0.1
咖啡馆服务	38	487	1.0
酒吧服务	9	30	0.4
其他饮料及冷饮服务	16	93	1.0
餐饮配送及外卖送餐服务	53	944	0.7
餐饮配送服务	48	652	0.6
外卖送餐服务	5	292	0.1
其他餐饮业	215	1317	4.5
小吃服务	76	344	1.3
其他未列明餐饮业	139	973	3.2
按登记注册类型分组	**1978**	**18773**	**77.6**
内资企业	1932	14779	69.7
国有企业	5	226	0.6
集体企业	22	160	1.4
有限责任公司	230	2015	11.0
其他有限责任公司	229	1998	10.6
股份有限公司	17	230	1.3
私营企业	1655	11996	54.6
私营独资企业	268	1969	13.2
私营合伙企业	41	437	0.8
私营有限责任公司	1331	9399	39.7
私营股份有限公司	15	191	0.9
港、澳、台商投资企业	16	2516	4.6
与港澳台商合资经营企业	4	305	0.2
港澳台商独资经营企业	12	2211	4.4
外商投资企业	30	1478	3.3
中外合资经营企业	4	28	0.1
外资企业	24	1433	3.2

注：根据数据保密相关规定，行业单位数量小于3个，未列出数据，导致总计与分项之和不等。

2-A-6 限额以上餐饮业法人企业基本情况

分 组	法人单位数（个）	从业人员期末人数（人）	年末餐饮营业面积（万平方米）
餐饮业	**93**	**8990**	**21.9**
按国民经济行业分组	**93**	**8990**	**21.9**
正餐服务	79	4854	14.8
快餐服务	8	2922	6.4
餐饮配送及外卖送餐服务	3	497	0.2
餐饮配送服务	3	497	0.2
按登记注册类型分组	**93**	**8990**	**21.9**
内资企业	84	5327	15.0
有限责任公司	11	377	3.1
其他有限责任公司	11	377	3.1
私营企业	69	4749	10.9
私营独资企业	10	488	1.4
私营有限责任公司	57	4197	9.4
港、澳、台商投资企业	5	2399	4.0
港澳台商独资经营企业	4	2128	4.0
外商投资企业	4	1264	2.9
外资企业	4	1264	2.9
按单位规模分组	**93**	**8990**	**21.9**
大型	5	3179	6.5
中型	9	1830	4.1
小型	69	3940	10.3
微型	10	41	1.0

注：根据数据保密相关规定，行业单位数量小于3个，未列出数据，导致总计与分项之和不等。

2-A-7　餐饮业法人企业财务状况

单位：亿元

分　组	资产总计	负债合计	营业收入
餐饮业	**49.76**	**41.40**	**38.64**
按国民经济行业分组	**49.76**	**41.40**	**38.64**
正餐服务	33.74	29.99	18.71
快餐服务	10.02	8.15	15.31
饮料及冷饮服务	1.62	0.68	1.79
茶馆服务	0.01		
咖啡馆服务	1.56	0.64	1.55
酒吧服务	0.01		0.03
其他饮料及冷饮服务	0.04	0.03	0.20
餐饮配送及外卖送餐服务	1.52	1.28	1.48
餐饮配送服务	1.50	1.27	1.34
外卖送餐服务	0.02	0.02	0.14
其他餐饮业	2.86	1.31	1.36
小吃服务	0.24	0.36	0.24
其他未列明餐饮业	2.62	0.95	1.12
按登记注册类型分组	**49.76**	**41.40**	**38.64**
内资企业	37.66	33.35	21.82
国有企业	1.30	0.17	0.57
集体企业	0.25	0.31	0.11
有限责任公司	5.27	3.37	3.65
其他有限责任公司	5.26	3.34	3.64
股份有限公司	0.26	0.32	0.18
私营企业	30.31	28.93	17.13
私营独资企业	4.20	2.76	2.57
私营合伙企业	0.17	0.10	0.96
私营有限责任公司	25.80	25.93	13.32
私营股份有限公司	0.13	0.15	0.28
港、澳、台商投资企业	10.19	7.09	10.72
与港澳台商合资经营企业	0.55	0.17	0.78
港澳台商独资经营企业	9.64	6.92	9.93
外商投资企业	1.90	0.97	6.10
中外合资经营企业	0.01	0.02	0.05
外资企业	1.89	0.93	6.05

注：根据数据保密相关规定，行业单位数量小于3个，未列出数据，导致总计与分项之和不等。

2-A-8 限额以上餐饮业法人企业财务状况

单位：亿元

分　组	资产总计	负债合计	营业收入
餐饮业	**35.59**	**30.69**	**26.70**
按国民经济行业分组	**35.59**	**30.69**	**26.70**
正餐服务	21.71	21.31	9.59
快餐服务	9.20	7.43	14.22
餐饮配送及外卖送餐服务	1.41	1.15	1.15
餐饮配送服务	1.41	1.15	1.15
按登记注册类型分组	**35.59**	**30.69**	**26.70**
内资企业	24.81	22.94	10.41
有限责任公司	3.00	1.00	1.25
其他有限责任公司	3.00	1.00	1.25
私营企业	21.52	21.66	8.91
私营独资企业	2.85	1.67	1.17
私营有限责任公司	18.65	19.97	7.46
港、澳、台商投资企业	8.98	6.89	10.51
港澳台商独资经营企业	8.44	6.74	9.79
外商投资企业	1.80	0.86	5.78
外资企业	1.80	0.86	5.78
按单位规模分组	**35.59**	**30.69**	**26.70**
大型	9.86	7.35	15.12
中型	11.47	10.23	4.57
小型	13.68	12.75	6.85
微型	0.58	0.36	0.16

注：根据数据保密相关规定，行业单位数量小于3个，未列出数据，导致总计与分项之和不等。

B.地区部分

2-B-1　分地区住宿业法人企业基本情况

地　区	法人单位数(个)	年末从业人数(人)
全　市	**1028**	**18380**
中 山 区	182	5483
西 岗 区	114	1899
沙河口区	122	1961
甘井子区	95	695
旅顺口区	32	289
金普新区	224	4041
普兰店区	38	648
保 税 区	8	33
高新园区	57	741
长 兴 岛	19	181
花 园 口	1	10
瓦房店市	54	1861
庄 河 市	40	243
长 海 县	42	295

2-B-2　分地区住宿业法人企业基本情况(按国民经济行业分)

(旅游饭店)

地　区	法人单位数(个)	从业人员期末人数(人)
全　市	**315**	**12348**
中 山 区	60	4778
西 岗 区	22	1088
沙河口区	31	1271
甘井子区	27	212
旅顺口区	13	150
金普新区	49	3095
普兰店区	11	359
保 税 区		
高新园区	14	176
长 兴 岛	14	173
花 园 口		
瓦房店市	23	644
庄 河 市	19	188
长 海 县	32	214

2-B-2 续表 1

(一般旅馆)

地　区	法人单位数 (个)	从业人员期末人数 (人)
全　市	**570**	**4076**
中 山 区	112	629
西 岗 区	73	670
沙河口区	75	558
甘井子区	48	295
旅顺口区	13	120
金普新区	148	625
普兰店区	24	262
保 税 区	4	10
高新园区	24	454
长 兴 岛	4	7
花 园 口	1	10
瓦房店市	22	306
庄 河 市	15	55
长 海 县	7	75

2-B-2 续表 2

(民宿服务)

地　区	法人单位数 (个)	从业人员期末人数 (人)
全　市	**27**	**966**
中 山 区	2	
西 岗 区		
沙河口区	4	20
甘井子区	6	30
旅顺口区		
金普新区	2	7
普兰店区		
保 税 区		
高新园区	10	35
长 兴 岛		
花 园 口		
瓦房店市	1	869
庄 河 市	1	
长 海 县	1	5

2-B-2　续表 3

(其他住宿业)

地　　区	法人单位数 (个)	从业人员期末人数 (人)
全　　市	**115**	**988**
中 山 区	8	76
西 岗 区	19	141
沙河口区	12	112
甘井子区	14	158
旅顺口区	6	19
金普新区	24	312
普兰店区	3	27
保 税 区	4	23
高新园区	9	76
长 兴 岛	1	1
花 园 口		
瓦房店市	8	42
庄 河 市	5	
长 海 县	2	1

2-B-3　分地区住宿业法人企业基本情况(按登记注册类型分)

(内资企业)

地　　区	法人单位数 (个)	从业人员期末人数 (人)
全　　市	**1006**	**15251**
中 山 区	170	3262
西 岗 区	113	1811
沙河口区	121	1961
甘井子区	95	695
旅顺口区	32	289
金普新区	217	3247
普兰店区	38	648
保 税 区	8	33
高新园区	57	741
长 兴 岛	19	181
花 园 口	1	10
瓦房店市	53	1835
庄 河 市	40	243
长 海 县	42	295

2-B-3 续表 1

(国有企业)

地　　区	法人单位数 (个)	从业人员期末人数 (人)
全　　市	**31**	**1117**
中 山 区	12	437
西 岗 区	8	444
沙河口区	4	41
甘井子区	2	40
旅顺口区		
金普新区	2	13
普兰店区		
保 税 区		
高新园区	2	142
长 兴 岛		
花 园 口		
瓦房店市		
庄 河 市		
长 海 县	1	

2-B-3 续表 2

(集体企业)

地　　区	法人单位数 (个)	从业人员期末人数 (人)
全　　市	**21**	**293**
中 山 区	4	131
西 岗 区	5	71
沙河口区	3	59
甘井子区		
旅顺口区	1	3
金普新区	2	3
普兰店区	1	
保 税 区		
高新园区	2	2
长 兴 岛		
花 园 口		
瓦房店市	1	3
庄 河 市	2	21
长 海 县		

2-B-3　续表 3

(股份合作企业)

地　区	法人单位数(个)	从业人员期末人数(人)
全　市	**6**	**22**
中山区	1	14
西岗区	3	5
沙河口区	1	2
甘井子区	1	1
旅顺口区		
金普新区		
普兰店区		
保税区		
高新园区		
长兴岛		
花园口		
瓦房店市		
庄河市		
长海县		

2-B-3　续表 4

(联营企业)

地　区	法人单位数(个)	从业人员期末人数(人)
全　市	**3**	**69**
中山区	1	3
西岗区	1	5
沙河口区		
甘井子区		
旅顺口区		
金普新区		
普兰店区		
保税区		
高新园区		
长兴岛		
花园口		
瓦房店市		
庄河市	1	61
长海县		

2-B-3 续表 5

(有限责任公司)

地　　区	法人单位数 (个)	从业人员期末人数 (人)
全　　市	**159**	**6333**
中 山 区	38	1799
西 岗 区	16	777
沙河口区	18	289
甘井子区	11	132
旅顺口区	6	116
金普新区	30	2131
普兰店区	6	73
保 税 区	1	
高新园区	12	268
长 兴 岛	3	160
花 园 口		
瓦房店市	5	489
庄 河 市	2	7
长 海 县	11	92

2-B-3 续表 6

(股份有限公司)

地　　区	法人单位数 (个)	从业人员期末人数 (人)
全　　市	**13**	**137**
中 山 区	3	60
西 岗 区	1	9
沙河口区		
甘井子区	3	12
旅顺口区		
金普新区	2	29
普兰店区		
保 税 区		
高新园区		
长 兴 岛		
花 园 口		
瓦房店市	3	20
庄 河 市	1	7
长 海 县		

2-B-3　续表 7

(私营企业)

地　区	法人单位数 (个)	从业人员期末人数 (人)
全　市	**773**	**7280**
中 山 区	111	818
西 岗 区	79	500
沙河口区	95	1570
甘井子区	78	510
旅顺口区	25	170
金普新区	181	1071
普兰店区	31	575
保 税 区	7	33
高新园区	41	329
长 兴 岛	16	21
花 园 口	1	10
瓦房店市	44	1323
庄 河 市	34	147
长 海 县	30	203

2-B-3　续表 8

(港、澳、台商投资企业)

地　区	法人单位数 (个)	从业人员期末人数 (人)
全　市	**8**	**2472**
中 山 区	6	1971
西 岗 区		
沙河口区		
甘井子区		
旅顺口区		
金普新区	2	501
普兰店区		
保 税 区		
高新园区		
长 兴 岛		
花 园 口		
瓦房店市		
庄 河 市		
长 海 县		

2-B-3 续表 9

(外商投资企业)

地　区	法人单位数(个)	从业人员期末人数(人)
全　市	**14**	**657**
中山区	6	250
西岗区	1	88
沙河口区	1	
甘井子区		
旅顺口区		
金普新区	5	293
普兰店区		
保税区		
高新园区		
长兴岛		
花园口		
瓦房店市	1	26
庄河市		
长海县		

2-B-4 分地区住宿业法人企业基本情况(按星级分)

(一星)

地　区	法人单位数(个)	从业人员期末人数(人)
全　市	**21**	**70**
中山区	4	10
西岗区	4	10
沙河口区		
甘井子区	2	8
旅顺口区	1	1
金普新区	4	16
普兰店区	1	1
保税区		
高新园区		
长兴岛		
花园口		
瓦房店市	5	24
庄河市		
长海县		

2-B-4　续表 1

(二星)

地　区	法人单位数(个)	从业人员期末人数(人)
全　市	**44**	**805**
中山区	13	346
西岗区	4	85
沙河口区	4	123
甘井子区	5	68
旅顺口区	1	
金普新区	5	24
普兰店区	3	16
保税区		
高新园区	1	
长兴岛		
花园口		
瓦房店市	3	50
庄河市	2	42
长海县	3	51

2-B-4　续表 2

(三星)

地　区	法人单位数(个)	从业人员期末人数(人)
全　市	**65**	**1544**
中山区	15	421
西岗区	13	317
沙河口区	4	94
甘井子区	4	102
旅顺口区	1	28
金普新区	12	290
普兰店区	4	50
保税区		
高新园区	6	144
长兴岛	1	24
花园口		
瓦房店市	4	13
庄河市	1	61
长海县		

2-B-4 续表 3

(四星)

地　　区	法人单位数 (个)	从业人员期末人数 (人)
全　　市	**39**	**3898**
中 山 区	8	760
西 岗 区	5	420
沙河口区	6	708
甘井子区	1	
旅顺口区	1	87
金普新区	9	1514
普兰店区	4	41
保 税 区		
高新园区	1	3
长 兴 岛	1	134
花 园 口		
瓦房店市	2	216
庄 河 市		
长 海 县	1	15

2-B-4 续表 4

(五星)

地　　区	法人单位数 (个)	从业人员期末人数 (人)
全　　市	**9**	**2863**
中 山 区	4	2029
西 岗 区		
沙河口区		
甘井子区		
旅顺口区		
金普新区	3	640
普兰店区		
保 税 区		
高新园区		
长 兴 岛		
花 园 口		
瓦房店市	2	194
庄 河 市		
长 海 县		

2-B-4　续表 5

(其他)

地　　区	法人单位数 (个)	从业人员期末人数 (人)
全　　市	**850**	**9200**
中 山 区	138	1917
西 岗 区	88	1067
沙河口区	108	1036
甘井子区	83	517
旅顺口区	28	173
金普新区	191	1557
普兰店区	26	540
保 税 区	8	33
高新园区	49	594
长 兴 岛	17	23
花 园 口	1	10
瓦房店市	38	1364
庄 河 市	37	140
长 海 县	38	229

2-B-5　分地区住宿业法人企业财务状况

单位：亿元

地　　区	资产总计	负债合计	营业收入
全　　市	**189.97**	**145.41**	**33.65**
中 山 区	73.99	42.7	12.99
西 岗 区	7.76	5.86	3.22
沙河口区	9.96	11.27	3.97
甘井子区	2.71	3.69	1.03
旅顺口区	1.3	1.07	0.4
金普新区	33.15	26.89	6.81
普兰店区	1.52	0.5	0.78
保 税 区	0.07	0.11	0.07
高新园区	3.59	3.17	1.32
长 兴 岛	2.13	2.48	0.21
花 园 口	0.08	0.04	0.01
瓦房店市	50.35	45.99	2.34
庄 河 市	0.85	0.16	0.22
长 海 县	2.51	1.48	0.27

2-B-6 分地区住宿业法人企业财务状况(按国民经济行业分)

(旅游饭店)　　单位：亿元

地　区	资产总计	负债合计	营业收入
全　市	**131.28**	**90.84**	**24.91**
中 山 区	69.57	39.20	11.92
西 岗 区	4.64	3.48	1.82
沙河口区	8.20	9.20	2.79
甘井子区	0.65	0.99	0.29
旅顺口区	0.88	0.84	0.20
金普新区	29.54	23.72	5.76
普兰店区	1.00	0.13	0.53
保 税 区			
高新园区	0.26	0.73	0.30
长 兴 岛	2.12	2.48	0.20
花 园 口			
瓦房店市	11.74	8.62	0.76
庄 河 市	0.45	0.14	0.17
长 海 县	2.23	1.30	0.18

2-B-6 续表 1

(一般旅馆)　　单位：亿元

地　区	资产总计	负债合计	营业收入
全　市	**20.19**	**16.50**	**6.14**
中 山 区	4.11	3.07	0.92
西 岗 区	2.98	2.17	1.28
沙河口区	1.58	1.74	0.99
甘井子区	1.96	2.42	0.56
旅顺口区	0.22	0.12	0.17
金普新区	3.20	2.76	0.79
普兰店区	0.37	0.26	0.22
保 税 区			0.01
高新园区	3.00	2.35	0.83
长 兴 岛		0.01	0.01
花 园 口	0.08	0.04	0.01
瓦房店市	2.06	1.39	0.22
庄 河 市	0.39	0.01	0.06
长 海 县	0.24	0.14	0.08

2-B-6　续表 2

(民宿服务)　　单位：亿元

地　　区	资产总计	负债合计	营业收入
全　　市	**36.31**	**36.31**	**1.50**
中 山 区			
西 岗 区			
沙河口区	0.01	0.10	0.03
甘井子区	0.04	0.20	0.06
旅顺口区			
金普新区			
普兰店区			
保 税 区			
高新园区	0.03	0.04	0.04
长 兴 岛			
花 园 口			
瓦房店市	36.18	35.94	1.35
庄 河 市	0.01		
长 海 县	0.03	0.03	0.01

2-B-6　续表 3

(其他住宿业)　　单位：亿元

地　　区	资产总计	负债合计	营业收入
全　　市	**2.17**	**1.76**	**1.10**
中 山 区	0.31	0.42	0.15
西 岗 区	0.14	0.21	0.12
沙河口区	0.17	0.23	0.17
甘井子区	0.07	0.08	0.12
旅顺口区	0.20	0.11	0.03
金普新区	0.41	0.41	0.25
普兰店区	0.15	0.11	0.03
保 税 区	0.06	0.11	0.06
高新园区	0.29	0.05	0.15
长 兴 岛			
花 园 口			
瓦房店市	0.38	0.03	0.02
庄 河 市			
长 海 县			

2-B-7 分地区住宿业法人企业财务状况(按登记注册类型分)

(内资企业)　　单位：亿元

地　　区	资产总计	负债合计	营业收入
全　　市	**149.37**	**113.09**	**25.39**
中 山 区	39.91	14.57	6.86
西 岗 区	7.54	5.75	2.97
沙河口区	9.94	11.24	3.97
甘井子区	2.71	3.69	1.03
旅顺口区	1.3	1.07	0.4
金普新区	26.9	22.86	4.95
普兰店区	1.52	0.5	0.78
保 税 区	0.07	0.11	0.07
高新园区	3.59	3.17	1.32
长 兴 岛	2.13	2.48	0.21
花 园 口	0.08	0.04	0.01
瓦房店市	50.33	45.98	2.32
庄 河 市	0.85	0.16	0.22
长 海 县	2.51	1.48	0.27

2-B-7 续表 1

(国有企业)　　单位：亿元

地　　区	资产总计	负债合计	营业收入
全　　市	**7.01**	**4.55**	**2.29**
中 山 区	3.54	2.11	0.89
西 岗 区	1.49	0.45	0.88
沙河口区	0.04	0.04	0.04
甘井子区	1.52	1.84	0.17
旅顺口区			
金普新区	0.03	0.05	0.01
普兰店区			
保 税 区			
高新园区	0.39	0.06	0.29
长 兴 岛			
花 园 口			
瓦房店市			
庄 河 市			
长 海 县			

2-B-7　续表 2

(集体企业)　单位：亿元

地　区	资产总计	负债合计	营业收入
全　市	**0.93**	**1.01**	**0.45**
中山区	0.63	0.64	0.14
西岗区	0.11	0.13	0.13
沙河口区	0.06	0.05	0.11
甘井子区			
旅顺口区			
金普新区	0.02	0.09	
普兰店区	0.05	0.03	0.04
保税区			
高新园区	0.04	0.05	
长兴岛			
花园口			
瓦房店市			0.01
庄河市	0.02	0.02	0.03
长海县			

2-B-7　续表 3

(股份合作企业)　单位：亿元

地　区	资产总计	负债合计	营业收入
全　市	**0.05**	**0.01**	**0.09**
中山区	0.03		0.08
西岗区	0.02		0.01
沙河口区			
甘井子区			
旅顺口区			
金普新区			
普兰店区			
保税区			
高新园区			
长兴岛			
花园口			
瓦房店市			
庄河市			
长海县			

2-B-7 续表 4

(联营企业) 单位：亿元

地 区	资产总计	负债合计	营业收入
全 市	**0.10**	**0.03**	**0.07**
中 山 区			
西 岗 区			
沙河口区			
甘井子区			
旅顺口区			
金普新区			
普兰店区			
保 税 区			
高新园区			
长 兴 岛			
花 园 口			
瓦房店市			
庄 河 市	0.10	0.02	0.06
长 海 县			

2-B-7 续表 5

(有限责任公司) 单位：亿元

地 区	资产总计	负债合计	营业收入
全 市	**71.76**	**43.87**	**11.76**
中 山 区	30.59	7.98	4.19
西 岗 区	4.07	3.31	1.19
沙河口区	2.10	2.37	1.08
甘井子区	0.45	0.69	0.22
旅顺口区	0.17	0.06	0.16
金普新区	23.09	19.36	3.51
普兰店区	0.14	0.23	0.02
保 税 区			
高新园区	0.50	1.42	0.52
长 兴 岛	2.04	2.41	0.18
花 园 口			
瓦房店市	7.63	5.59	0.62
庄 河 市	0.02	0.01	
长 海 县	0.96	0.44	0.06

2-B-7　续表 6

(股份有限公司)　单位：亿元

地　区	资产总计	负债合计	营业收入
全　市	**0.21**	**0.22**	**0.18**
中 山 区	0.18	0.13	0.13
西 岗 区		0.03	0.01
沙河口区			
甘井子区	0.01	0.01	0.01
旅顺口区			
金普新区	0.01	0.04	0.01
普兰店区			
保 税 区			
高新园区			
长 兴 岛			
花 园 口			
瓦房店市			0.01
庄 河 市			
长 海 县			

2-B-7　续表 7

(私营企业)　单位：亿元

地　区	资产总计	负债合计	营业收入
全　市	**69.31**	**63.41**	**10.56**
中 山 区	4.94	3.70	1.43
西 岗 区	1.84	1.82	0.74
沙河口区	7.74	8.79	2.75
甘井子区	0.73	1.15	0.63
旅顺口区	1.13	1.01	0.24
金普新区	3.75	3.31	1.41
普兰店区	1.33	0.24	0.72
保 税 区	0.07	0.11	0.07
高新园区	2.66	1.63	0.51
长 兴 岛	0.08	0.08	0.03
花 园 口	0.08	0.04	0.01
瓦房店市	42.70	40.38	1.69
庄 河 市	0.71	0.11	0.13
长 海 县	1.55	1.04	0.22

2-B-7 续表 8

(港、澳、台商投资企业) 单位：亿元

地 区	资产总计	负债合计	营业收入
全 市	**27.13**	**14.74**	**6.79**
中 山 区	24.88	14.42	5.66
西 岗 区			
沙河口区			
甘井子区			
旅顺口区			
金普新区	2.25	0.31	1.13
普兰店区			
保 税 区			
高新园区			
长 兴 岛			
花 园 口			
瓦房店市			
庄 河 市			
长 海 县			

2-B-7 续表 9

(外商投资企业) 单位：亿元

地 区	资产总计	负债合计	营业收入
全 市	**13.47**	**17.58**	**1.47**
中 山 区	9.20	13.71	0.47
西 岗 区	0.22	0.11	0.25
沙河口区	0.02	0.03	
甘井子区			
旅顺口区			
金普新区	4.00	3.72	0.73
普兰店区			
保 税 区			
高新园区			
长 兴 岛			
花 园 口			
瓦房店市	0.03	0.02	0.02
庄 河 市			
长 海 县			

2-B-8　分地区住宿业法人企业财务状况(按星级分)

(一星)　　单位：亿元

地　　区	资产总计	负债合计	营业收入
全　　市	**0.40**	**0.34**	**0.06**
中 山 区	0.25	0.31	0.01
西 岗 区			
沙河口区			
甘井子区	0.02	0.02	
旅顺口区			
金普新区	0.02	0.01	0.03
普兰店区	0.01		
保 税 区			
高新园区			
长 兴 岛			
花 园 口			
瓦房店市	0.10		0.01
庄 河 市			
长 海 县			

2-B-8　续表 1

(二星)　　单位：亿元

地　　区	资产总计	负债合计	营业收入
全　　市	**2.42**	**1.74**	**1.32**
中 山 区	0.95	1.03	0.71
西 岗 区	0.14	0.15	0.14
沙河口区	0.20	0.16	0.22
甘井子区	0.21	0.26	0.08
旅顺口区			
金普新区	0.04	0.02	0.02
普兰店区	0.05	0.03	0.06
保 税 区			
高新园区			
长 兴 岛			
花 园 口			
瓦房店市	0.18		0.05
庄 河 市	0.06		0.02
长 海 县	0.61	0.09	0.03

2-B-8 续表 2

(三星)　　　　　　　　　　　　　　　　　　　　　　　　　　单位：亿元

地　区	资产总计	负债合计	营业收入
全　市	**8.70**	**12.37**	**2.58**
中山区	3.56	4.67	0.68
西岗区	1.69	2.39	0.71
沙河口区	0.48	0.84	0.12
甘井子区	1.68	2.14	0.22
旅顺口区	0.13	0.04	0.02
金普新区	0.64	1.50	0.39
普兰店区	0.14	0.01	0.07
保税区			
高新园区	0.28	0.75	0.24
长兴岛	0.01	0.01	0.05
花园口			
瓦房店市	0.01		0.01
庄河市	0.10	0.02	0.06
长海县			

2-B-8 续表 3

(四星)　　　　　　　　　　　　　　　　　　　　　　　　　　单位：亿元

地　区	资产总计	负债合计	营业收入
全　市	**31.77**	**30.76**	**6.61**
中山区	6.30	11.13	1.58
西岗区	2.51	0.23	0.71
沙河口区	6.25	5.21	1.33
甘井子区			
旅顺口区	0.51	0.49	0.13
金普新区	11.17	8.65	2.47
普兰店区	0.07	0.15	0.04
保税区			
高新园区			0.01
长兴岛	2.02	2.40	0.13
花园口			
瓦房店市	2.87	2.50	0.19
庄河市			
长海县	0.06		0.03

2-B-8　续表 4

(五星)　　单位：亿元

地　区	资产总计	负债合计	营业收入
全　市	**55.50**	**18.73**	**8.15**
中 山 区	45.08	10.62	6.65
西 岗 区			
沙河口区			
甘井子区			
旅顺口区			
金普新区	6.89	5.88	1.23
普兰店区			
保 税 区			
高新园区			
长 兴 岛			
花 园 口			
瓦房店市	3.53	2.23	0.27
庄 河 市			
长 海 县			

2-B-8　续表 5

(其他)　　单位：亿元

地　区	资产总计	负债合计	营业收入
全　市	**91.16**	**81.47**	**14.93**
中 山 区	17.86	14.94	3.36
西 岗 区	3.42	3.09	1.65
沙河口区	3.04	5.06	2.30
甘井子区	0.79	1.27	0.72
旅顺口区	0.66	0.54	0.25
金普新区	14.38	10.84	2.67
普兰店区	1.25	0.32	0.61
保 税 区	0.07	0.11	0.07
高新园区	3.31	2.41	1.08
长 兴 岛	0.09	0.08	0.03
花 园 口	0.08	0.04	0.01
瓦房店市	43.67	41.25	1.81
庄 河 市	0.70	0.13	0.15
长 海 县	1.84	1.39	0.22

2-B-9 分地区餐饮业法人企业基本情况

地　区	法人单位数（个）	从业人员期末人数（人）	年末餐饮营业面积（万平方米）
全　市	**1978**	**18773**	**77.6**
中山区	387	5503	13.9
西岗区	130	1103	3.5
沙河口区	279	4287	14.6
甘井子区	250	1927	9.3
旅顺口区	52	417	3.1
金普新区	523	3066	16.1
普兰店区	58	639	3.7
保税区	59	155	0.6
高新园区	108	505	3.8
长兴岛	9	48	0.3
花园口	5	55	1.1
瓦房店市	43	537	2.6
庄河市	73	529	4.9
长海县	2	2	0.1

2-B-10 分地区餐饮业法人企业基本情况(按国民经济行业分)

(正餐服务)

地　区	法人单位数（个）	从业人员期末人数（人）	年末餐饮营业面积（万平方米）
全　市	**1472**	**12227**	**60.1**
中山区	296	2942	9.1
西岗区	110	1037	2.4
沙河口区	207	2592	9.9
甘井子区	192	1249	7.9
旅顺口区	45	347	2.6
金普新区	359	1916	13.7
普兰店区	43	564	3.1
保税区	40	101	0.5
高新园区	63	358	2.8
长兴岛	7	41	0.2
花园口	4	38	0.8
瓦房店市	37	526	2.4
庄河市	67	514	4.7
长海县	2	2	0.1

2-B-10　续表 1

(快餐服务)

地　区	法人单位数(个)	从业人员期末人数(人)	年末餐饮营业面积(万平方米)
全　市	**169**	**3666**	**9.9**
中 山 区	43	1749	3.6
西 岗 区	4	14	0.1
沙河口区	30	1466	3.8
甘井子区	20	173	0.6
旅顺口区	4	67	0.4
金普新区	40	101	0.4
普兰店区	10	47	0.5
保 税 区	2	7	
高新园区	13	39	0.3
长 兴 岛			
花 园 口			
瓦房店市	2		
庄 河 市	1	3	
长 海 县			

2-B-10　续表 2

(饮料及冷饮服务)

地　区	法人单位数(个)	从业人员期末人数(人)	年末餐饮营业面积(万平方米)
全　市	**69**	**619**	**2.4**
中 山 区	22	463	0.9
西 岗 区	7	15	1.0
沙河口区	12	106	0.1
甘井子区	4	6	
旅顺口区	1		
金普新区	18	22	0.1
普兰店区			
保 税 区			
高新园区	2		0.1
长 兴 岛			
花 园 口			
瓦房店市	1		
庄 河 市	2	7	0.2
长 海 县			

2-B-10 续表 3

(餐饮配送及外卖送餐服务)

地　区	法人单位数(个)	从业人员期末人数(人)	年末餐饮营业面积(万平方米)
全　市	**53**	**944**	**0.7**
中山区	4	310	
西岗区	1	3	
沙河口区	4	2	
甘井子区	10	352	0.2
旅顺口区			
金普新区	27	251	0.4
普兰店区	2	8	0.1
保税区	1	8	
高新园区	3	10	
长兴岛			
花园口			
瓦房店市			
庄河市	1		
长海县			

2-B-10 续表 4

(其他餐饮业)

地　区	法人单位数(个)	从业人员期末人数(人)	年末餐饮营业面积(万平方米)
全　市	**215**	**1317**	**4.5**
中山区	22	39	0.2
西岗区	8	34	0.1
沙河口区	26	121	0.7
甘井子区	24	147	0.6
旅顺口区	2	3	0.1
金普新区	79	776	1.5
普兰店区	3	20	0.1
保税区	16	39	0.1
高新园区	27	98	0.6
长兴岛	2	7	0.1
花园口	1	17	0.3
瓦房店市	3	11	0.1
庄河市	2	5	
长海县			

2-B-11　分地区餐饮业法人企业基本情况(按登记注册类型分)

(内资企业)

地　区	法人单位数(个)	从业人员期末人数(人)	年末餐饮营业面积(万平方米)
全　市	**1932**	**14779**	**69.7**
中山区	370	3492	10.1
西岗区	124	1066	3.5
沙河口区	269	2674	10.8
甘井子区	245	1634	9.2
旅顺口区	52	417	3.1
金普新区	517	3042	16.1
普兰店区	58	639	3.7
保税区	57	139	0.6
高新园区	108	505	3.8
长兴岛	9	48	0.3
花园口	5	55	1.1
瓦房店市	43	537	2.6
庄河市	73	529	4.9
长海县	2	2	0.1

2-B-11　续表 1

(国有企业)

地　区	法人单位数(个)	从业人员期末人数(人)	年末餐饮营业面积(万平方米)
全　市	**5**	**226**	**0.6**
中山区			
西岗区	1	220	
沙河口区	3	3	0.5
甘井子区	1	3	0.1
旅顺口区			
金普新区			
普兰店区			
保税区			
高新园区			
长兴岛			
花园口			
瓦房店市			
庄河市			
长海县			

2-B-11 续表 2

(集体企业)

地 区	法人单位数(个)	从业人员期末人数(人)	年末餐饮营业面积(万平方米)
全 市	**22**	**160**	**1.4**
中 山 区	3	6	
西 岗 区	3	8	
沙河口区	3	12	0.1
甘井子区	7	19	0.4
旅顺口区	4	88	0.3
金普新区	1	24	0.5
普兰店区			
保 税 区			
高新园区			
长 兴 岛			
花 园 口	1	3	
瓦房店市			
庄 河 市			
长 海 县			

2-B-11 续表 3

(有限责任公司)

地 区	法人单位数(个)	从业人员期末人数(人)	年末餐饮营业面积(万平方米)
全 市	**230**	**2015**	**11.0**
中 山 区	64	830	1.4
西 岗 区	17	116	1.3
沙河口区	39	359	1.8
甘井子区	24	196	2.8
旅顺口区	8	74	0.9
金普新区	42	214	0.8
普兰店区	5	17	0.2
保 税 区	5	10	0.1
高新园区	17	49	0.4
长 兴 岛	2	18	0.1
花 园 口	1	17	0.3
瓦房店市	3	50	0.2
庄 河 市	3	65	0.7
长 海 县			

2-B-11 续表 4

(股份有限公司)

地区	法人单位数(个)	从业人员期末人数(人)	年末餐饮营业面积(万平方米)
全市	**17**	**230**	**1.3**
中山区	3		
西岗区			
沙河口区	2	50	0.2
甘井子区	2	5	
旅顺口区	4	93	0.7
金普新区	1	6	
普兰店区	2	51	0.3
保税区			
高新园区	2	18	0.1
长兴岛			
花园口			
瓦房店市			
庄河市	1	7	0.1
长海县			

2-B-11 续表 5

(私营企业)

地区	法人单位数(个)	从业人员期末人数(人)	年末餐饮营业面积(万平方米)
全市	**1655**	**11996**	**54.6**
中山区	299	2641	8.4
西岗区	103	722	2.1
沙河口区	221	2131	8.0
甘井子区	211	1411	5.9
旅顺口区	36	162	1.2
金普新区	473	2798	14.8
普兰店区	50	553	2.9
保税区	52	129	0.5
高新园区	89	438	3.3
长兴岛	7	30	0.2
花园口	3	35	0.7
瓦房店市	40	487	2.3
庄河市	69	457	4.2
长海县	2	2	0.1

2-B-11 续表 6

(港、澳、台商投资企业)

地　区	法人单位数 (个)	从业人员期末人数 (人)	年末餐饮营业面积 (万平方米)
全　市	**16**	**2516**	**4.6**
中山区	8	887	1.1
西岗区	1	5	
沙河口区	3	1341	3.4
甘井子区	3	275	0.1
旅顺口区			
金普新区			
普兰店区			
保税区	1	8	
高新园区			
长兴岛			
花园口			
瓦房店市			
庄河市			
长海县			

2-B-11 续表 7

(外商投资企业)

地　区	法人单位数 (个)	从业人员期末人数 (人)	年末餐饮营业面积 (万平方米)
全　市	**30**	**1478**	**3.3**
中山区	9	1124	2.7
西岗区	5	32	0.1
沙河口区	7	272	0.4
甘井子区	2	18	
旅顺口区			
金普新区	6	24	0.1
普兰店区			
保税区	1	8	
高新园区			
长兴岛			
花园口			
瓦房店市			
庄河市			
长海县			

2-B-12　分地区餐饮业法人企业财务状况

单位：亿元

地　区	资产总计	负债合计	营业收入
全　市	**49.76**	**41.40**	**38.64**
中山区	20.56	15.90	16.83
西岗区	2.10	0.80	1.74
沙河口区	8.26	7.55	9.73
甘井子区	3.51	1.95	3.54
旅顺口区	0.51	0.46	0.31
金普新区	5.27	5.22	3.52
普兰店区	3.95	4.73	0.51
保税区	0.17	0.16	0.20
高新园区	1.61	2.42	0.65
长兴岛	0.05	0.04	0.06
花园口	0.04	0.03	0.20
瓦房店市	1.61	1.04	0.78
庄河市	2.12	1.10	0.58
长海县			

2-B-13　分地区餐饮业法人企业财务状况(按国民经济行业分)

(正餐服务)　　单位：亿元

地　区	资产总计	负债合计	营业收入
全　市	**33.74**	**29.99**	**18.71**
中山区	12.26	11.31	5.37
西岗区	2.04	0.77	1.71
沙河口区	5.42	3.73	4.37
甘井子区	1.24	1.06	1.92
旅顺口区	0.37	0.32	0.28
金普新区	3.32	3.70	2.37
普兰店区	3.76	4.71	0.48
保税区	0.13	0.11	0.14
高新园区	1.46	2.10	0.51
长兴岛	0.05	0.04	0.06
花园口	0.04	0.01	0.19
瓦房店市	1.54	1.03	0.75
庄河市	2.11	1.09	0.57
长海县			

2-B-13 续表 1

(快餐服务) 单位：亿元

地　　区	资产总计	负债合计	营业收入
全　　市	**10.02**	**8.15**	**15.31**
中 山 区	6.83	4.19	9.69
西 岗 区	0.01	0.01	
沙河口区	2.63	3.51	5.04
甘井子区	0.17	0.23	0.34
旅顺口区	0.14	0.14	0.03
金普新区	0.03	0.02	0.11
普兰店区	0.19	0.02	0.03
保 税 区			0.01
高新园区	0.02	0.03	0.05
长 兴 岛			
花 园 口			
瓦房店市			
庄 河 市			
长 海 县			

2-B-13 续表 2

(饮料及冷饮服务) 单位：亿元

地　　区	资产总计	负债合计	营业收入
全　　市	**1.62**	**0.68**	**1.79**
中 山 区	1.42	0.34	1.55
西 岗 区	0.01	0.01	0.02
沙河口区	0.17	0.29	0.21
甘井子区	0.01		
旅顺口区			
金普新区	0.01	0.03	0.01
普兰店区			
保 税 区			
高新园区			
长 兴 岛			
花 园 口			
瓦房店市			
庄 河 市			
长 海 县			

2-B-13　续表 3

(餐饮配送及外卖送餐服务)　　单位：亿元

地　区	资产总计	负债合计	营业收入
全　市	**1.52**	**1.28**	**1.48**
中 山 区	0.03	0.05	0.20
西 岗 区			
沙河口区			0.01
甘井子区	0.58	0.42	1.02
旅顺口区			
金普新区	0.88	0.78	0.23
普兰店区			
保 税 区	0.02	0.03	0.01
高新园区			0.01
长 兴 岛			
花 园 口			
瓦房店市			
庄 河 市			
长 海 县			

2-B-13　续表 4

(其他餐饮业)　　单位：亿元

地　区	资产总计	负债合计	营业收入
全　市	**2.86**	**1.31**	**1.36**
中 山 区	0.01	0.02	0.02
西 岗 区	0.04	0.01	0.01
沙河口区	0.05	0.02	0.11
甘井子区	1.50	0.24	0.26
旅顺口区			
金普新区	1.04	0.70	0.81
普兰店区			0.01
保 税 区	0.01	0.01	0.03
高新园区	0.13	0.28	0.08
长 兴 岛			
花 园 口	0.01	0.03	0.01
瓦房店市	0.07	0.01	0.02
庄 河 市			
长 海 县			

2-B-14 分地区餐饮业法人企业财务状况(按登记注册类型分)

(内资企业) 单位：亿元

地 区	资产总计	负债合计	营业收入
全 市	**37.66**	**33.35**	**21.82**
中 山 区	11.87	11.72	6.23
西 岗 区	2.09	0.78	1.69
沙河口区	5.46	3.88	4.39
甘井子区	2.95	1.78	2.78
旅顺口区	0.51	0.46	0.31
金普新区	5.24	5.22	3.49
普兰店区	3.95	4.73	0.51
保 税 区	0.16	0.15	0.17
高新园区	1.61	2.42	0.65
长 兴 岛	0.05	0.04	0.06
花 园 口	0.04	0.03	0.20
瓦房店市	1.61	1.04	0.78
庄 河 市	2.12	1.10	0.58
长 海 县			

2-B-14 续表 1

(国有企业) 单位：亿元

地 区	资产总计	负债合计	营业收入
全 市	**1.30**	**0.17**	**0.57**
中 山 区			
西 岗 区	1.30	0.17	0.57
沙河口区			
甘井子区			
旅顺口区			
金普新区			
普兰店区			
保 税 区			
高新园区			
长 兴 岛			
花 园 口			
瓦房店市			
庄 河 市			
长 海 县			

2-B-14　续表 2

(集体企业)　　单位：亿元

地　区	资产总计	负债合计	营业收入
全　市	**0.25**	**0.31**	**0.11**
中 山 区			
西 岗 区		0.01	0.01
沙河口区	0.02	0.03	0.01
甘井子区	0.18	0.16	0.01
旅顺口区	0.04	0.05	0.07
金普新区	0.01	0.07	0.01
普兰店区			
保 税 区			
高新园区			
长 兴 岛			
花 园 口			
瓦房店市			
庄 河 市			
长 海 县			

2-B-14　续表 3

(有限责任公司)　　单位：亿元

地　区	资产总计	负债合计	营业收入
全　市	**5.27**	**3.37**	**3.65**
中 山 区	1.28	0.89	1.42
西 岗 区	0.04	0.08	0.16
沙河口区	0.87	0.54	0.79
甘井子区	1.66	0.42	0.38
旅顺口区	0.16	0.15	0.05
金普新区	0.43	0.13	0.46
普兰店区	0.32	0.36	0.08
保 税 区			
高新园区	0.06	0.20	0.08
长 兴 岛	0.03	0.03	0.04
花 园 口	0.01	0.03	0.01
瓦房店市	0.16	0.50	0.03
庄 河 市	0.23	0.04	0.15
长 海 县			

2-B-14 续表 4

(股份有限公司) 单位：亿元

地 区	资产总计	负债合计	营业收入
全 市	**0.26**	**0.32**	**0.18**
中山区			
西岗区			
沙河口区	0.01		0.07
甘井子区	0.01		
旅顺口区	0.14	0.13	0.06
金普新区		0.01	
普兰店区	0.03	0.03	0.04
保税区			
高新园区	0.07	0.15	0.01
长兴岛			
花园口			
瓦房店市			
庄河市			
长海县			

2-B-14 续表 5

(私营企业) 单位：亿元

地 区	资产总计	负债合计	营业收入
全 市	**30.31**	**28.93**	**17.13**
中山区	10.59	10.83	4.80
西岗区	0.75	0.52	0.95
沙河口区	4.33	3.09	3.36
甘井子区	1.10	1.19	2.38
旅顺口区	0.16	0.13	0.12
金普新区	4.80	5.01	3.01
普兰店区	3.56	4.33	0.38
保税区	0.16	0.15	0.17
高新园区	1.48	2.08	0.57
长兴岛	0.01	0.01	0.02
花园口	0.03	0.01	0.19
瓦房店市	1.46	0.54	0.75
庄河市	1.89	1.05	0.43
长海县			

2–B–14　续表 6

(港、澳、台商投资企业)　　单位：亿元

地　区	资产总计	负债合计	营业收入
全　市	**10.19**	**7.09**	**10.72**
中 山 区	7.14	3.50	5.16
西 岗 区			0.01
沙河口区	2.49	3.41	4.77
甘井子区	0.54	0.16	0.75
旅顺口区			
金普新区			
普兰店区			
保 税 区	0.01	0.01	0.02
高新园区			
长 兴 岛			
花 园 口			
瓦房店市			
庄 河 市			
长 海 县			

2–B–14　续表 7

(外商投资企业)　　单位：亿元

地　区	资产总计	负债合计	营业收入
全　市	**1.90**	**0.97**	**6.10**
中 山 区	1.55	0.67	5.45
西 岗 区	0.01	0.02	0.05
沙河口区	0.31	0.26	0.57
甘井子区	0.01	0.01	
旅顺口区			
金普新区	0.03	0.01	0.03
普兰店区			
保 税 区			
高新园区			
长 兴 岛			
花 园 口			
瓦房店市			
庄 河 市			
长 海 县			

第3篇

房地产开发经营业生产经营及财务状况篇

3-1　各地区按登记注册类型分房地产开发法人单位数(非一套表单位)

地　区	总　计	内资企业	国有企业	集体企业	国有独资公　司	其他有限责任公司	股份有限公　司	私营独资企　业
合　计	**976**	**948**	**9**	**1**	**2**	**279**	**15**	**3**
中 山 区	137	134	3			39		
西 岗 区	123	121				38	2	
沙河口区	122	119				42	1	
甘井子区	161	157		1		42	2	
旅顺口区	66	65	1			25	1	1
金普新区	154	142	3		1	48		
普兰店区	30	30	1			5	1	
保 税 区	21	21				5	2	
高新园区	48	47	1		1	20		
长 兴 岛	18	18				6		2
花 园 口	4	4						
瓦房店市	40				5	2		1
庄 河 市	46	44				1	4	
长 海 县	6	6				3		

3-1　续表

地　区				港、澳、台商投资企　业			外商投资企　业			
	私营合伙企　业	私营有限责任公司	私营股份有限公司		合资经营企业(港、澳、台资)	港、澳、台商独资经营企业		中外合资经营企业	中外合作经营企业	独资企业
合　计	**1**	**632**	**6**	**22**	**13**	**9**	**6**	**3**		**3**
中 山 区		91	1	3	1	2				
西 岗 区		80	1				2	6		
沙河口区		76		2	1	1	1			1
甘井子区		110	2	4	2	2				
旅顺口区		37		1		1				
金普新区		89	1	10	7	3	2	1		1
普兰店区		23								
保 税 区		14								
高新园区		25					1			1
长 兴 岛		10								
花 园 口		4								
瓦房店市	31	1								
庄 河 市		39		2	2					
长 海 县		3								

3-1 各地区按登记注册类型分房地产开发企业个数(一套表单位)

单位：个

地　　区	总　计	内资企业	国有企业	国有独资公　　司	其他有限责任公司	股份有限公　　司	私营有限责任公司	私营股份有限公司
合　　计	**822**	**718**	**5**	**18**	**284**	**9**	**398**	**4**
中 山 区	98	84		4	39	3	36	2
西 岗 区	16	13		1	7	1	4	
沙河口区	53	48			22	1	25	
甘井子区	128	113			58		55	
旅顺口区	44	37			10	1	26	
金普新区	152	107	3	10	50		42	2
普兰店区	66	65		1	16		48	
保 税 区	24	20			12		8	
高新园区	76	70		1	32		37	
长 兴 岛	28	25			8		17	
花 园 口	5	5			3		2	
瓦房店市	76	75	2		15	1	57	
庄 河 市	40	40		1	8	2	29	
长 海 县	16	16			4		12	

3-1　续表

单位：个

地　　区	港、澳、台商投资企　　业	合资经营企业(港、澳、台资)	合作经营企业(港、澳、台资)	港、澳、台商独资经营企业	外商投资企　　业	中外合资经营企业	独资企业	其他外商投资企业
合　　计	**82**	**38**	**1**	**43**	**22**	**17**	**4**	**1**
中 山 区	10	2	1	7	4	3	1	
西 岗 区	3			3				
沙河口区	1	1			4	4		
甘井子区	15	8		7				
旅顺口区	5	3		2	2		1	1
金普新区	36	21		15	9	7	2	
普兰店区					1	1		
保 税 区	4	1		3				
高新园区	5			5	1	1		
长 兴 岛	2	2			1	1		
花 园 口								
瓦房店市	1			1				
庄 河 市								
长 海 县								

3-2　各地区按资质等级分房地产开发企业个数(一套表单位)

单位：个

地　区	总　计	一　级	二　级	三　级	四　级	暂　定	其　他
合　计	**822**	**11**	**43**	**222**	**13**	**420**	**113**
中 山 区	98		9	30		46	13
西 岗 区	16		3	4		9	
沙河口区	53	7		14		21	11
甘井子区	128	1	5	19		78	25
旅顺口区	44		3	13		18	10
金普新区	152		9	45	1	78	19
普兰店区	66		4	17		36	9
保 税 区	24			2		18	4
高新园区	76	3	1	25		38	9
长 兴 岛	28		1	6		17	4
花 园 口	5			1		4	
瓦房店市	76		5	33	2	29	7
庄 河 市	40		3	10	1	24	2
长 海 县	16			3	9	4	

3-3　各地区按登记注册类型分房地产开发企业年末从业人数(非一套表单位)

地　区	总　计	内资企业	国有企业	集体企业	国有独资公　司	其他有限责任公司	股份有限公　司	私营独资企　业
合　计	**4875**	**4763**	**48**	**23**	**1**	**1323**	**193**	**9**
中 山 区	903	902	4			235		
西 岗 区	549	543				179	16	
沙河口区	1030	1005				197	5	
甘井子区	630	624		23		221	1	
旅顺口区	331	331	3			142		7
金普新区	521	478	22			161		
普兰店区	74	74	3			26		
保 税 区	26	26				3		
高新园区	151	145	16		1	44		
长 兴 岛	58	58				29		2
花 园 口	25	25						
瓦房店市	173	173				80	17	
庄 河 市	394	369					154	
长 海 县	10	10				6		

3-3 续表

地　　区	私营合伙企　　业	私营有限责任公司	私营股份有限公司	港、澳、台商投资企　　业	合资经营企业(港、澳、台资)	港、澳、台商独资经营企业	外商投资企　　业	中外合资经营企业	中外合作经营企业	独资企业
合　　计	**1**	**3135**	**30**	**97**	**73**	**24**	**15**	**7**		**8**
中 山 区		662	1	1		1				
西 岗 区		338	10				6	6		
沙河口区		803		24	23	1	1			1
甘井子区		370	9	6	4	2				
旅顺口区		179								
金普新区		285	10	41	21	20	2	1		1
普兰店区		45								
保 税 区		23								
高新园区		84					6			6
长 兴 岛		27								
花 园 口		25								
瓦房店市	1	75								
庄 河 市		215		25	25					
长 海 县		4								

3-3 各地区按登记注册类型分房地产开发企业年末从业人数(一套表单位)

地　　区	总　计	内资企业	国有企业	国有独资公　　司	其他有限责任公司	股份有限公　　司	私营有限责任公司	私营股份有限公司
合　　计	**15112**	**12449**	**68**	**408**	**5219**	**151**	**6519**	**84**
中 山 区	2068	1654		86	792	89	652	35
西 岗 区	633	181		32	84	9	56	
沙河口区	1348	1171			566		605	
甘井子区	2296	2042			868		1174	
旅顺口区	605	463			232	20	211	
金普新区	2973	2027	59	177	1135		607	49
普兰店区	900	900		19	274		607	
保 税 区	319	188			123		65	
高新园区	1454	1385		68	564		753	
长 兴 岛	229	193			83		110	
花 园 口	91	91			46		45	
瓦房店市	1144	1102	9		287	12	794	
庄 河 市	988	988		26	153	21	788	
长 海 县	64	64			12		52	

3-3　续表

地　区	港、澳、台商投资企　业	合资经营企业(港、澳、台资)	合作经营企业(港、澳、台资)	港、澳、台商独资经营企业	外商投资企　业	中外合资经营企业	独资企业	其他外商投资企业
合　计	**2110**	**586**	**1**	**1523**	**553**	**421**	**114**	**18**
中 山 区	264	33	1	230	150	73	77	
西 岗 区	452			452				
沙河口区					177	177		
甘井子区	254	208		46				
旅顺口区	107	9		98	35		17	18
金普新区	811	319		492	135	115	20	
普兰店区								
保 税 区	131			131				
高新园区	32			32	37	37		
长 兴 岛	17	17			19	19		
花 园 口								
瓦房店市	42			42				
庄 河 市								
长 海 县								

3-4　各地区按资质等级分房地产开发企业年末从业人数(一套表单位)

单位：人

地　区	总　计	一　级	二　级	三　级	四　级	暂　定	其　他
合　计	**15112**	**575**	**633**	**3801**	**86**	**7652**	**2365**
中 山 区	2068		136	657		1022	253
西 岗 区	633		35	67		531	
沙河口区	1348	376		214		499	259
甘井子区	2296	143	57	408		1362	326
旅顺口区	605		6	267		222	110
金普新区	2973		157	902	17	1245	652
普兰店区	900		67	182		436	215
保 税 区	319			12		235	72
高新园区	1454	56	12	342		814	230
长 兴 岛	229		3	69		115	42
花 园 口	91			29		62	
瓦房店市	1144		79	495	5	439	126
庄 河 市	988		81	152	21	654	80
长 海 县	64			5	43	16	

3-5 各地区按登记注册类型分房地产开发企业资产总计(一套表单位)

单位：千元

地区	总计	内资企业						
			国有企业	国有独资公司	其他有限责任公司	股份有限公司	私营有限责任公司	私营股份有限公司
合计	**1064655584**	**927352742**	**3047545**	**108041986**	**527955371**	**11329428**	**271736322**	**5242090**
中山区	164740585	143370073		15750394	76127323	8709822	41359639	1422895
西岗区	23925599	14541362		1823556	8848520	37846	3831440	
沙河口区	78312694	50373155			24375099	261222	25736834	
甘井子区	130326981	110333622			59888549		50445073	
旅顺口区	30535465	26516436			11915134	568818	14032484	
金普新区	323906228	283012553	571901	63112343	191184450		24324664	3819195
普兰店区	25631410	23784085		351409	13837974		9594702	
保税区	10446356	8040319			5063190		2977129	
高新园区	143448843	138164042		1797026	74625702		61741314	
长兴岛	16667908	12510580			6179959		6330621	
花园口	2844902	2844902			2591283		253619	
瓦房店市	76415268	76408268	2475644		50308719	1543673	22080232	
庄河市	36332487	36332487		25207258	2745931	208047	8171251	
长海县	1120858	1120858			263538		857320	

3-5 续表

单位：千元

地区	港、澳、台商投资企业				外商投资企业			
		合资经营企业(港、澳、台资)	合作经营企业(港、澳、台资)	港、澳、台商独资经营企业		中外合资经营企业	独资企业	其他外商投资企业
合计	**91810003**	**48627542**	**330066**	**42852395**	**45492839**	**37699245**	**6286772**	**1506822**
中山区	11577874	1164776	330066	10083032	9792638	4448589	5344049	
西岗区	9384237			9384237				
沙河口区	854932	854932			27084607	27084607		
甘井子区	19993359	15758296		4235063				
旅顺口区	2171183	1479833		691350	1847846		341024	1506822
金普新区	37820722	25596250		12224472	3072953	2471254	601699	
普兰店区					1847325	1847325		
保税区	2406037	287423		2118614				
高新园区	4108627			4108627	1176174	1176174		
长兴岛	3486032	3486032			671296	671296		
花园口								
瓦房店市	7000			7000				
庄河市								
长海县								

3-6　各地区按资质等级分房地产开发企业资产总计(一套表单位)

单位：千元

地　区	总　计	一　级	二　级	三　级	四　级	暂　定	其　他
合　计	**1064655584**	**61026258**	**50965543**	**481558419**	**992921**	**360546354**	**109566089**
中山区	164740585		10447963	62120475		54115686	38056461
西岗区	23925599		7423218	2417486		14084895	
沙河口区	78312694	37547633		13329461		21039508	6396092
甘井子区	130326981	781915	991489	9615811		95338365	23599401
旅顺口区	30535465		4389389	11976139		10550780	3619157
金普新区	323906228		16060798	234735507	22855	54112939	18974129
普兰店区	25631410		2733818	11879618		7431724	3586250
保税区	10446356			287423		8742783	1416150
高新园区	143448843	22696710	1624422	65764392		42213884	11149435
长兴岛	16667908		243961	4722719		10804368	896860
花园口	2844902			10000		2834902	
瓦房店市	76415268		5718703	61355127	209240	7848546	1283652
庄河市	36332487		1331782	3084872	144875	31182456	588502
长海县	1120858			259389	615951	245518	

3-7　各地区按用途分房地产开发企业房屋施工面积(一套表单位)

单位：平方米

地　区	房屋施工面积	住　宅	#别墅、高档公寓	办公楼	商业营业用房	其　他
合　计	**42534914**	**31321760**	**1800155**	**1522584**	**5779017**	**3911553**
中山区	7799650	5263000	816497	657864	943878	934908
西岗区	789687	502351			246694	40642
沙河口区	3684633	1975428	35620	399571	840998	468636
甘井子区	9870906	7645572	387219	110166	916410	1198758
旅顺口区	1807781	1564813	81444	7300	149409	86259
金普新区	7604372	5989641	254619	153468	1004279	456984
普兰店区	2842760	1971143	29483	6813	689787	175017
保税区	1551401	1377311	71912	2000	80453	91637
高新园区	2799787	2261681	95267	143200	137062	257844
长兴岛	463276	190944	28094		208620	63712
花园口	191074	158425			29456	3193
瓦房店市	2110019	1758373		36049	265758	49839
庄河市	975305	625402		6153	260701	83049
长海县	44263	37676			5512	1075

3-8 各地区按资质等级分房地产开发企业房屋施工面积(一套表单位)

单位：平方米

地　　区	总　　计	一　　级	二　　级	三　　级	四　　级	暂　　定	其　　他
合　　计	**42534914**	**1545812**	**2192654**	**11225850**	**52309**	**22570419**	**4947870**
中 山 区	7799650		111723	2888546		3701630	1097751
西 岗 区	789687			361393		428294	
沙河口区	3684633	1248560		540852		1404385	490836
甘井子区	9870906		54001	1128250		7550004	1138651
旅顺口区	1807781		77443	930163		539854	260321
金普新区	7604372		822324	1895726		4008912	877410
普兰店区	2842760		237334	1387338		1031215	186873
保 税 区	1551401			270945		1007563	272893
高新园区	2799787	297252	520860	722550		862460	396665
长 兴 岛	463276			108230		355046	
花 园 口	191074					191074	
瓦房店市	2110019		368969	828112		708641	204297
庄 河 市	975305			153652	37922	761558	22173
长 海 县	44263			10093	14387	19783	

3-9 各地区按用途分房地产开发企业房屋新开工面积(一套表单位)

单位：平方米

地　　区	房屋新开工面积	住　　宅	#别墅、高档公寓	办公楼	商业营业用房	其　　他
合　　计	**5956833**	**4574168**	**252115**	**75422**	**766918**	**540325**
中 山 区	513960	360541		15990	80699	56730
西 岗 区	6403	4722			1430	251
沙河口区	192976	129632			45978	17366
甘井子区	1265563	941853	69197		106779	216931
旅顺口区	277348	193533	6662	6000	72141	5674
金普新区	1708300	1295702	79097	21769	289377	101452
普兰店区	256375	224562	1280		31813	
保 税 区	409055	387446			9669	11940
高新园区	700755	579218	67785	25510	48597	47430
长 兴 岛	101655	28196	28094		13369	60090
花 园 口						
瓦房店市	193573	160210			24419	8944
庄 河 市	294200	237470		6153	38135	12442
长 海 县	36670	31083			4512	1075

3-10　各地区按资质等级分房地产开发企业房屋新开工面积(一套表单位)

单位：平方米

地　区	总　计	一　级	二　级	三　级	四　级	暂　定	其　他
合　计	**5956833**	**250935**	**401965**	**545965**	**52309**	**2858059**	**1847600**
中山区	513960			61097		163686	289177
西岗区	6403					6403	
沙河口区	192976					82682	110294
甘井子区	1265563			57652		870357	337554
旅顺口区	277348			27182		153531	96635
金普新区	1708300		283390	252281		803338	369291
普兰店区	256375		118575	114855		12407	10538
保税区	409055					136162	272893
高新园区	700755	250935		30296		208425	211099
长兴岛	101655			102		101553	
花园口							
瓦房店市	193573					65627	127946
庄河市	294200				37922	234105	22173
长海县	36670			2500	14387	19783	

3-11　各地区按用途分房地产开发企业商品房销售面积(一套表单位)

单位：平方米

地　区	商品房销售面积	住　宅		办公楼	商业营业用房	其　他
			#别墅、高档公寓			
合　计	**7814085**	**7075503**	**290491**	**45685**	**430520**	**262377**
中山区	676479	630428	73374	1521	10320	34210
西岗区	146147	142561			3586	
沙河口区	495658	309592		27917	123320	34829
甘井子区	2123661	1930496	64209	4502	94910	93753
旅顺口区	415886	364777			32659	18450
金普新区	1727408	1601691	89404	11745	96927	17045
普兰店区	412191	388689			18879	4623
保税区	306428	302028	17896		4400	
高新园区	701885	635031	43413		9160	57694
长兴岛	228183	220355			7704	124
花园口	67631	67478			51	102
瓦房店市	211872	203508	2195		8364	
庄河市	297682	276307			19828	1547
长海县	2974	2562			412	

3-12 各地区按资质等级分房地产开发企业商品房销售面积(一套表单位)

单位：平方米

地　　区	总　　计	一　　级	二　　级	三　　级	四　　级	暂　　定	其　　他
合　　计	**7814085**	**51864**	**370543**	**1340779**	**2938**	**4706313**	**1341648**
中 山 区	676479		9166	211009		352556	103748
西 岗 区	146147		66552	45194		34401	
沙河口区	495658	13750		188427		219019	74462
甘井子区	2123661		4535	68348		1450705	600073
旅顺口区	415886			198576		107467	109843
金普新区	1727408		124038	288722		1110027	204621
普兰店区	412191		57978	115673		236530	2010
保 税 区	306428			2517		273283	30628
高新园区	701885	38114	66121	111491		280435	205724
长 兴 岛	228183			23882		199662	4639
花 园 口	67631					67631	
瓦房店市	211872		42153	59412		104407	5900
庄 河 市	297682			27528		270154	
长 海 县	2974				2938	36	

3-13 各地区按用途分房地产开发企业商品房期房销售面积(一套表单位)

单位：平方米

地　　区	商品房期房销售面积	住　　宅	#别墅、高档公寓	办公楼	商业营业用房	其　　他
合　　计	**7814085**	**7075503**	**290491**	**45685**	**430520**	**262377**
中 山 区	676479	630428	73374	1521	10320	34210
西 岗 区	146147	142561			3586	
沙河口区	495658	309592		27917	123320	34829
甘井子区	2123661	1930496	64209	4502	94910	93753
旅顺口区	415886	364777			32659	18450
金普新区	1727408	1601691	89404	11745	96927	17045
普兰店区	412191	388689			18879	4623
保 税 区	306428	302028	17896		4400	
高新园区	701885	635031	43413		9160	57694
长 兴 岛	228183	220355			7704	124
花 园 口	67631	67478			51	102
瓦房店市	211872	203508	2195		8364	
庄 河 市	297682	276307			19828	1547
长 海 县	2974	2562			412	

3-14　各地区按用途分房地产开发企业商品房销售额(一套表单位)

单位：万元

地　区	商品房销售额	住　宅	#别墅、高档公寓	办公楼	商业营业用房	其　他
合　计	**9024125**	**8091476**	**595342**	**71059**	**627231**	**234359**
中山区	1393097	1299566	150116	3305	31187	59039
西岗区	209428	200586			8842	
沙河口区	746515	456150		56667	187186	46512
甘井子区	2835898	2614228	199885	4709	183362	33599
旅顺口区	279509	238019			30796	10694
金普新区	1593936	1465908	113252	6378	103063	18587
普兰店区	233380	210127			22918	335
保税区	214187	208344	14316		5843	
高新园区	1093245	1003625	116476		24780	64840
长兴岛	119204	115074			4041	89
花园口	22534	22446			45	43
瓦房店市	105726	98794	1297		6932	
庄河市	176381	157712			18048	621
长海县	1085	897			188	

3-15　各地区按资质等级分房地产开发企业商品房销售额(一套表单位)

单位：万元

地　区	总　计	一　级	二　级	三　级	四　级	暂　定	其　他
合　计	**9024125**	**89461**	**361567**	**1555660**	**1069**	**5235933**	**1780435**
中山区	1393097		11281	426173		759079	196564
西岗区	209428		83581	65736		60111	
沙河口区	746515	24261		267561		329440	125253
甘井子区	2835898		4890	76660		1881129	873219
旅顺口区	279509			145620		63550	70339
金普新区	1593936		99289	268458		1031562	194627
普兰店区	233380		28195	67801		136320	1064
保税区	214187			2222		188625	23340
高新园区	1093245	65200	112811	181709		441162	292363
长兴岛	119204			9351		107721	2132
花园口	22534					22534	
瓦房店市	105726		21520	26889		55783	1534
庄河市	176381			17480		158901	
长海县	1085				1069	16	

3-16 各地区房地产开发企业商品房待售情况(一套表单位)

单位：平方米

地　　区	商品房待售面积	#待售1-3年面积	#待售3年以上面积
合　　计	**6866644**	**3377266**	**1781192**
中 山 区	842873	579201	246024
西 岗 区	261595	137878	57318
沙河口区	567855	161713	112070
甘井子区	992234	481457	253927
旅顺口区	105574	30466	15697
金普新区	1653883	517009	660769
普兰店区	458791	169873	103334
保 税 区	186692	112544	13167
高新园区	258738	159196	
长 兴 岛	708645	399910	269073
花 园 口	201309	201309	
瓦房店市	598978	420258	40504
庄 河 市	18623	4907	
长 海 县	10854	1545	9309

3-17 各地区按用途分房地产开发企业商品房待售面积(一套表单位)

单位：平方米

地　　区	商品房待售面积	住　　宅		办公楼	商业营业用房	其　　他
			#别墅、高档公寓			
合　　计	**6866644**	**4732974**	**423510**	**464478**	**1042487**	**626705**
中 山 区	842873	597504	254660	50645	88477	106247
西 岗 区	261595	199591		1320	50543	10141
沙河口区	567855	186434	3000	218123	106369	56929
甘井子区	992234	516124	46172	127418	181611	167081
旅顺口区	105574	88392	4731	300	6882	10000
金普新区	1653883	1329004	71281	689	166944	157246
普兰店区	458791	232933		3222	174504	48132
保 税 区	186692	140589	7725		41203	4900
高新园区	258738	210889	33456	26868	8704	12277
长 兴 岛	708645	531856		30784	109482	36523
花 园 口	201309	181427			15299	4583
瓦房店市	598978	496952	2485	5109	87130	9787
庄 河 市	18623	13332			2432	2859
长 海 县	10854	7947			2907	

3-18　各地区房地产开发企业土地开发及其购置情况(一套表单位)

地　　区	待开发土地面积(平方米)	本年土地购置面积(平方米)	本年土地成交价款(万元)
合　　计	**6449623**	**1192423**	**627293**
中 山 区	11400		
西 岗 区	142900	54457	19093
沙河口区	56030		
甘井子区	434082	221425	315185
旅顺口区	275439	290080	66280
金普新区	3963801	351862	106920
普兰店区			
保 税 区		41150	9839
高新园区	293477	74042	88494
长 兴 岛	50856		
花 园 口	7000		
瓦房店市	222046		
庄 河 市	984867	154583	20179
长 海 县	7725	4824	1303

3-19　各地区按登记注册类型分房地产开发企业负债合计(一套表单位)

单位：千元

地　　区	总　计	内资企业	国有企业	国有独资公　司	其他有限责任公司	股份有限公　司	私营有限责任公司	私营股份有限公司
合　　计	**758075845**	**691826716**	**2755238**	**49232294**	**396730600**	**10179794**	**228529865**	**4398925**
中 山 区	141817353	129233013		15798188	68488349	7678122	35883145	1385209
西 岗 区	19545835	16039713		2076920	9159627	45619	4757547	
沙河口区	57320036	42008585			18260629	255235	23492721	
甘井子区	101306539	96893734			54772040		42121694	
旅顺口区	26658126	23978007			10702310	542926	12732771	
金普新区	170368625	149516641	247002	17527252	113439837		15288834	3013716
普兰店区	23154691	22187840		393180	12735880		9058780	
保 税 区	9029854	7109657			4330203		2779454	
高新园区	103477212	100941199		1288831	48801171		50851197	
长 兴 岛	10302616	8823369			5139390		3683979	
花 园 口	1534720	1534720			1328931		205789	
瓦房店市	71335584	71335584	2508236		47166331	1480294	20180723	
庄 河 市	21414469	21414469		12147923	2171235	177598	6917713	
长 海 县	810185	810185			234667		575518	

3-19 续表 单位:千元

地　　区	港、澳、台商投资企业	合资经营企业(港、澳、台资)	合作经营企业(港、澳、台资)	港、澳、台商独资经营企业	外商投资企业	中外合资经营企业	独资企业	其他外商投资企业
合　　计	**41227951**	**23675681**	**631941**	**16920329**	**25021178**	**19576961**	**4617110**	**827107**
中山区	7046470	978430	631941	5436099	5537870	1449116	4088754	
西岗区	3506122			3506122				
沙河口区	454052	454052			14857399	14857399		
甘井子区	4412805	4047616		365189				
旅顺口区	1604679	1063876		540803	1075440		248333	827107
金普新区	19226356	15661726		3564630	1625628	1345605	280023	
普兰店区					966851	966851		
保税区	1920197	215033		1705164				
高新园区	1802322			1802322	733691	733691		
长兴岛	1254948	1254948			224299	224299		
花园口								
瓦房店市								
庄河市								
长海县								

3-20 各地区按登记注册类型分房地产开发企业负债合计(非一套表单位)

地　　区	总　计	内资企业	国有企业	集体企业	国有独资公司	其他有限责任公司	股份有限公司	私营独资企业
合　　计	**15492974**	**14969437**	**322444**	**50981**	**1928**	**6314952**	**209535**	**41793**
中山区	3138869	3062835	6326			2132273		
西岗区	953499	950069				437330	11533	
沙河口区	2006169	1955651				1017264	1204	
甘井子区	3931124	3645900		50981		923625	34859	
旅顺口区	1006727	994709	30044			651279	38084	17084
金普新区	2573046	2499250	16652		1905	547543		
普兰店区	40776	40776	62			14530		
保税区	27806	27806				13312	413	
高新园区	969111	966643	269360		23	343081		
长兴岛	111620	111620				30741		24709
花园口	24098	24098						
瓦房店市	211307	211307				136184	11050	
庄河市	422388	402340					112393	
长海县	76434	76434				67789		

3-20　续表

地　区	私营合伙企　业	私营有限责任公司	私营股份有限公司	港、澳、台商投资企　业	合资经营企业(港、澳、台资)	港、澳、台商独资经营企业	外商投资企　业	中外合资经营企业	中外合作经营企业	独资企业
合　计		**8022679**	**5125**	**508307**	**357470**	**150837**	**15229**	**3637**		**11592**
中 山 区		924236		76034		76034				
西 岗 区		498192	3014				3430	3430		
沙河口区		937183		41394	41385	9	9124			9124
甘井子区		2636333	102	285224	229555	55669				
旅顺口区		258217		12018		12018				
金普新区		1931142	2008	73588	66482	7106	207	207		
普兰店区		26184								
保 税 区		14081								
高新园区		354179					2468			2468
长 兴 岛		56169								
花 园 口		24098								
瓦房店市		64073								
庄 河 市		289947		20049	20049					
长 海 县		8646								

3-21　各地区按登记注册类型分房地产开发企业营业利润(一套表单位)

单位：千元

地　区	总　计	内资企业	国有企业	国有独资公　司	其他有限责任公司	股份有限公　司	私营有限责任公司	私营股份有限公司
合　计	**7834878**	**7636337**	**-11036**	**345317**	**2502017**	**-190354**	**5085363**	**-94970**
中 山 区	-1258320	-941020		-322340	-1152232	-201360	753304	-18392
西 岗 区	-453924	-222349		81	97761	-6074	-314117	
沙河口区	-1137434	-318827			-322338	-114	3625	
甘井子区	3697151	3201130			1749528		1451602	
旅顺口区	-502451	-490745			-379285	4167	-115627	
金普新区	3686677	2376236	-10970	670754	30214		1762816	-76578
普兰店区	-112412	-2097		-4785	22060		-19372	
保 税 区	112475	141572			158209		-16637	
高新园区	3827673	3910609		-406	2424003		1487012	
长 兴 岛	-7899	-1514			788		-2302	
花 园 口	-23643	-23643			-21192		-2451	
瓦房店市	-40314	-40314	-66		-176497	-2219	138468	
庄 河 市	6522	6522		2013	57746	15246	-68483	
长 海 县	40777	40777			13252		27525	

3-21 续表

单位：千元

地　区	港、澳、台商投资企　业	合资经营企业(港、澳、台资)	合作经营企业(港、澳、台资)	港、澳、台商独资经营企业	外商投资企　业	中外合资经营企业	独资企业	其他外商投资企业
合　计	**1446649**	**1297073**	**-58933**	**208509**	**-1248108**	**-865385**	**-382334**	**-389**
中 山 区	7133	-20113	-58933	86179	-324433	52993	-377426	
西 岗 区	-231575			-231575				
沙河口区	-9378	-9378			-809229	-809229		
甘井子区	496021	284637		211384				
旅顺口区	-8367	-3948		-4419	-3339		-2950	-389
金普新区	1319477	1047912		271565	-9036	-7078	-1958	
普兰店区					-110315	-110315		
保 税 区	-29097	-47		-29050				
高新园区	-95575			-95575	12639	12639		
长 兴 岛	-1990	-1990			-4395	-4395		
花 园 口								
瓦房店市								
庄 河 市								
长 海 县								

3-22 各地区房地产开发企业主营业务收入及其构成(一套表单位)

单位：千元

地　区	主营业务收入总计	土地转让收　入	商品房销售收入	房屋出租收　入	其他收入
合　计	**88540107**	**4532502**	**80609875**	**1281078**	**2116652**
中 山 区	18793723	160	18503510	265117	24936
西 岗 区	2853822		2567407	282670	3745
沙河口区	5054747		4903500	72989	78258
甘井子区	23781194		23321369	433231	26594
旅顺口区	1897565		1845103	6051	46411
金普新区	15606580	1744569	12033847	47762	1780402
普兰店区	1648349		1623741	10391	14217
保 税 区	1501979		1501979		
高新园区	12909512	2775773	9975041	144078	14620
长 兴 岛	1146469		1143384	151	2934
花 园 口	205673		190256	6595	8822
瓦房店市	1595218	12000	1465606	2310	115302
庄 河 市	1419135		1409033	9732	370
长 海 县	126141		126099	1	41

3−23　各地区按登记注册类型分房地产开发企业营业收入(非一套表单位)

地　区	总　计	内资企业	国有企业	集体企业	国有独资公　司	其他有限责任公司	股份有限公　司	私营独资企　业
合　计	**877048**	**865513**	**1464**	**7**		**304228**	**86016**	**3646**
中 山 区	155627	155627	7			122249		
西 岗 区	14696	13897				2572	1537	
沙河口区	102947	99234				61370		
甘井子区	84316	84316		7		30917		
旅顺口区	268659	268659				13849	7990	3646
金普新区	94794	89451	356			49614		
普兰店区	86	86	30			56		
保 税 区	27	27				27		
高新园区	20638	20638	1071			19073		
长 兴 岛	2433	2433				1440		
花 园 口	3076	3076						
瓦房店市	12906	12906				3060		
庄 河 市	116843	115164					76489	
长 海 县								

3−23　续表

地　区	私营合伙企　业	私营有限责任公司	私营股份有限公司	港、澳、台商投资企　业	合资经营企业(港、澳、台资)	港、澳、台商独资经营企业	外商投资企　业	中外合资经营企业	中外合作经营企业	独资企业
合　计		**469522**	**631**	**10641**	**9339**	**1301**	**894**	**799**		**95**
中 山 区		33372								
西 岗 区		9340	448				799	799		
沙河口区		37864		3714	3714					
甘井子区		53392								
旅顺口区		243174								
金普新区		39297	183	5248	3947	1301	95			95
普兰店区										
保 税 区										
高新园区		494								
长 兴 岛		993								
花 园 口		3076								
瓦房店市		9846								
庄 河 市		38675		1679	1679					
长 海 县										

3-24 各地区按登记注册类型分房地产开发企业主营业务收入(一套表单位)

地　　区	总　计	内资企业	国有企业	国有独资公司	其他有限责任公司	股份有限公司	私营有限责任公司	私营股份有限公司
合　　计	**88540107**	**77265264**	**22764**	**4126012**	**44757082**	**249503**	**28075448**	**34455**
中 山 区	18793723	15418585		1751902	9092130	82998	4457100	34455
西 岗 区	2853822	2000446		500338	1266463	4304	229341	
沙河口区	5054747	4317547			1770457		2547090	
甘井子区	23781194	21782149			13923410		7858739	
旅顺口区	1897565	1508386			1340860	19700	147826	
金普新区	15606580	12514690	15740	1630164	7585115		3283671	
普兰店区	1648349	1406142		12285	642822		751035	
保 税 区	1501979	1497109			1367969		129140	
高新园区	12909512	12329460		231323	6018378		6079759	
长 兴 岛	1146469	1144583			1087113		57470	
花 园 口	205673	205673			175407		30266	
瓦房店市	1595218	1595218	7024		335585	2868	1249741	
庄 河 市	1419135	1419135			125425	139633	1154077	
长 海 县	126141	126141			25948		100193	

3-24 续表

地　　区	港、澳、台商投资企业	合资经营企业(港、澳、台资)	合作经营企业(港、澳、台资)	港、澳、台商独资经营企业	外商投资企业	中外合资经营企业	独资企业	其他外商投资企业
合　　计	**8927340**	**3626770**	**2829**	**5297741**	**2347503**	**1780108**	**421355**	**146040**
中 山 区	2672081	10435	2829	2658817	703057	547276	155781	
西 岗 区	853376			853376				
沙河口区	5718	5718			731482	731482		
甘井子区	1999045	1287482		711563				
旅顺口区	66850	38090		28760	322329		176289	146040
金普新区	2872788	2280175		592613	219102	129817	89285	
普兰店区					242207	242207		
保 税 区	4870	4870						
高新园区	452612			452612	127440	127440		
长 兴 岛					1886	1886		
花 园 口								
瓦房店市								
庄 河 市								
长 海 县								

3–25　各地区按登记注册类型分房地产开发企业利润总额(一套表单位)

单位：千元

地　区	总　计	内资企业	国有企业	国有独资公　司	其他有限责任公司	股份有限公　司	私营有限责任公司	私营股份有限公司
合　计	**7675242**	**7431908**	**-10905**	**427773**	**2313298**	**-201587**	**4998232**	**-94903**
中山区	-1296163	-973284		-351210	-1163185	-204886	764462	-18465
西岗区	-453507	-216619		34	93414	-4297	-305770	
沙河口区	-1176626	-384748			-338505	-114	-46129	
甘井子区	3737234	3209141			1766334		1442807	
旅顺口区	-514820	-500886			-385806	3911	-118991	
金普新区	3639397	2323232	-10839	781576	-149131		1778064	-76438
普兰店区	-116652	-6526		-4211	22678		-24993	
保税区	114536	143630			160233		-16603	
高新园区	3785601	3875853		-429	2450449		1425833	
长兴岛	-10709	-4836			701		-5537	
花园口	-22340	-22340			-19578		-2762	
瓦房店市	-46853	-46853	-66		-194776	-2219	150208	
庄河市	-2387	-2387		2013	57208	6018	-67626	
长海县	38531	38531			13262		25269	

3–26　续表

单位：千元

地　区	港、澳、台商投资企　业	合资经营企业(港、澳、台资)	合作经营企业(港、澳、台资)	港、澳、台商独资经营企业	外商投资企　业	中外合资经营企业	独资企业	其他外商投资企业
合　计	**1465813**	**1234606**	**-58933**	**290140**	**-1222479**	**-837165**	**-384970**	**-344**
中山区	3763	-23017	-58933	85713	-326642	52594	-379236	
西岗区	-236888			-236888				
沙河口区	-9628	-9628			-782250	-782250		
甘井子区	528093	225979		302114				
旅顺口区	-9844	-5095		-4749	-4090		-3746	-344
金普新区	1324978	1048401		276577	-8813	-6825	-1988	
普兰店区					-110126	-110126		
保税区	-29094	-44		-29050				
高新园区	-103577			-103577	13325	13325		
长兴岛	-1990	-1990			-3883	-3883		
花园口								
瓦房店市								
庄河市								
长海县								

3-26 各地区按登记注册类型分房地产开发企业营业利润(非一套表单位)

地区	总计	内资企业	国有企业	集体企业	国有独资公司	其他有限责任公司	股份有限公司	私营独资企业
合计	**20282**	**25162**	**-45**	**-1091**	**-23**	**4108**	**-2517**	**-1764**
中山区	-6197	-5143	-37			191		
西岗区	11695	11783				618	162	
沙河口区	-33639	-31182				-968		
甘井子区	58053	58052		-1091		8523	-55	
旅顺口区	-4904	-4904	-111			-5424	-2554	-1677
金普新区	-9205	-7812	-204			-2497		
普兰店区	-522	-522	-6			-280		
保税区	-45	-45				-7		
高新园区	4042	3998	314		-23	4237		
长兴岛	-20	-20				152		-87
花园口	1038	1038						
瓦房店市	-51	-51				-383		
庄河市	108	41					-69	
长海县	-71	-71				-54		

3-26 续表

地区	私营合伙企业	私营有限责任公司	私营股份有限公司	港、澳、台商投资企业	合资经营企业(港、澳、台资)	港、澳、台商独资经营企业	外商投资企业	中外合资经营企业	中外合作经营企业	独资企业
合计		**26646**	**-152**	**-4772**	**-3896**	**-876**	**-108**	**-88**		**-21**
中山区		-5296		-1055	-188	-866				
西岗区		11104	-101				-88	-88		
沙河口区		-30214		-2457	-2457					
甘井子区		50675		1		1				
旅顺口区		4863								
金普新区		-5059	-51	-1329	-1319	-10	-65			-65
普兰店区		-236								
保税区		-38								
高新园区		-530					44			44
长兴岛		-85								
花园口		1038								
瓦房店市		332								
庄河市		110		67	67					
长海县		-17								

第4篇

服务业企业财务状况篇

4-1　服务业法人单位基本情况

行　业	单位数（个）	从业人员（万人）
总　计	**78292**	**91.62**
交通运输、仓储和邮政业	**6785**	**10.49**
企业	6755	10.31
行政事业及非企业法人	30	0.19
信息传输、软件和信息技术服务业	**11318**	**11.72**
企业	11293	11.67
行政事业及非企业法人	25	0.05
房地产业	**5725**	**10.05**
企业	5710	9.95
行政事业及非企业法人	15	0.10
租赁和商务服务业	**24644**	**15.60**
企业	24468	15.34
行政事业及非企业法人	176	0.26
科学研究和技术服务业	**9762**	**6.01**
企业	9505	5.49
行政事业及非企业法人	257	0.52
水利、环境和公共设施管理业	**857**	**2.35**
企业	767	1.92
行政事业及非企业法人	90	0.42
居民服务、修理和其他服务业	**3972**	**2.79**
企业	3873	2.71
行政事业及非企业法人	99	0.08
教育	**4598**	**12.40**
企业	2367	2.25
行政事业及非企业法人	2231	10.15
卫生和社会工作	**2999**	**7.55**
企业	2246	2.42
行政事业及非企业法人	753	5.13
文化、体育和娱乐业	**3393**	**2.31**
企业	3131	1.24
行政事业及非企业法人	262	1.07
公共管理、社会保障和社会组织	**4239**	**10.35**
企业		
行政事业及非企业法人	4239	10.35

注：不含铁路运输业、金融业、房地产开发经营。

4–2 交通运输、仓储和邮政业企业法人单位主要指标

行业	单位数（个）	资产总计（亿元）	负债合计（亿元）	营业收入（亿元）	从业人员（万人）
总计	**6755**	**3556.44**	**2041.05**	**825.60**	**10.31**
铁路运输业					
道路运输业	2748	574.64	215.99	134.50	4.76
城市公共交通运输	138	448.35	121.27	33.39	1.97
公路旅客运输	109	8.17	5.78	4.25	0.19
道路货物运输	2347	113.32	85.64	95.50	2.44
道路运输辅助活动	154	4.80	3.29	1.35	0.15
水上运输业	304	1366.58	561.05	219.08	1.22
水上旅客运输	36	35.81	10.18	10.56	0.14
水上货物运输	134	150.24	65.58	55.74	0.26
水上运输辅助活动	134	1180.53	485.29	152.78	0.83
航空运输业	36	75.20	17.07	34.30	0.52
航空客货运输	21	22.90	12.97	17.68	0.08
通用航空服务	5	2.05	0.09	0.20	
航空运输辅助活动	10	50.25	4.01	16.42	0.43
管道运输业	3	4.79	0.98	1.22	0.01
海底管道运输					
陆地管道运输	3	4.79	0.98	1.22	0.01
多式联运和运输代理业	2692	604.52	472.39	333.32	2.08
多式联运	23	200.52	200.24	0.52	0.01
运输代理业	2669	404.00	272.16	332.80	2.08
装卸搬运和仓储业	756	919.08	768.84	80.83	0.90
装卸搬运	271	143.89	80.10	16.54	0.42
通用仓储	200	103.14	77.68	14.03	0.22
低温仓储	107	24.06	18.36	9.66	0.06
危险品仓储	7	569.44	548.17	15.91	0.01
谷物、棉花等农产品仓储	60	60.41	37.28	21.81	0.09
中药材仓储	1				
其他仓储业	110	18.13	7.22	2.88	0.11
邮政业	216	11.63	4.73	22.35	0.83
邮政基本服务	6	5.02	1.42	8.68	0.26
快递服务	199	6.50	3.24	13.51	0.56
其他寄递服务	11	0.11	0.07	0.16	0.01

注：根据数据保密相关规定，单位数量小于3个，未列出数据，导致总计与分项之和不等。不含铁路运输业。

4-3 交通运输、仓储和邮政业企业法人单位分地区主要指标

地 区	单位数（个）	资产总计（亿元）	负债合计（亿元）	营业收入（亿元）	从业人员（万人）
全 市	**6755**	**3556.44**	**2041.05**	**825.60**	**10.31**
中 山 区	1694	1234.26	630.72	339.99	2.97
西 岗 区	353	86.51	53.66	14.83	0.66
沙河口区	410	67.89	45.52	29.65	0.27
甘井子区	1398	495.15	161.09	72.81	2.12
旅顺口区	185	23.19	5.94	2.93	0.11
金普新区	951	151.02	111.82	43.77	0.76
普兰店区	142	5.83	3.65	3.80	0.16
保 税 区	739	1261.14	861.77	281.89	1.70
高新园区	127	2.80	1.40	0.83	0.04
长 兴 岛	71	85.21	75.42	8.55	0.14
花 园 口	28	1.56	1.28	3.92	0.63
瓦房店市	272	21.57	13.96	5.77	0.19
庄 河 市	351	116.74	72.93	15.38	0.49
长 海 县	34	3.57	1.88	1.48	0.07

注：不含铁路运输业。

4-4 交通运输、仓储和邮政业企业法人单位分登记注册类型主要指标

登记注册类型	单位数（个）	资产总计（亿元）	负债合计（亿元）	营业收入（亿元）	从业人员（万人）
总 计	**6755**	**3556.44**	**2041.05**	**825.60**	**10.31**
内资企业	**6674**	**3113.76**	**1862.37**	**738.43**	**9.45**
国有企业	41	21.10	26.82	13.50	0.39
集体企业	44	2.72	2.44	1.17	0.07
股份合作企业	19	1.01	0.43	0.22	0.02
联营企业	1				
有限责任公司	1113	2458.35	1352.58	455.34	3.87
股份有限公司	85	85.55	55.18	28.12	0.48
私营企业	5365	544.73	424.69	238.84	4.61
其他企业	6	0.29	0.23	1.24	0.01
港、澳、台商投资企业	**28**	**30.16**	**11.85**	**22.26**	**0.13**
外商投资企业	**53**	**412.52**	**166.83**	**64.92**	**0.73**

注：不含铁路运输业。

4-5 信息传输、软件和信息技术服务业企业法人单位主要指标

行业	单位数(个)	资产总计(亿元)	负债合计(亿元)	营业收入(亿元)	从业人员(万人)
总计	**11293**	**656.17**	**296.93**	**397.37**	**11.67**
电信、广播电视和卫星传输服务	177	151.52	27.50	94.10	0.76
电信	138	133.48	14.60	88.61	0.65
广播电视传输服务	34	17.66	12.77	5.40	0.11
卫星传输服务	5	0.38	0.13	0.09	
互联网和相关服务	479	12.91	9.47	8.70	0.36
互联网接入及相关服务	58	0.96	0.90	1.34	0.05
互联网信息服务	229	6.14	3.63	3.75	0.12
互联网平台	43	3.33	3.17	2.16	0.09
互联网安全服务	7		0.01		
互联网数据服务	16	0.87	0.28	0.95	0.05
其他互联网服务	126	1.62	1.49	0.49	0.05
软件和信息技术服务业	10637	491.75	259.96	294.57	10.54
软件开发	8407	390.45	196.71	237.36	8.34
集成电路设计	33	2.04	1.25	0.61	0.02
信息系统集成和物联网技术服务	228	50.15	33.68	9.57	0.21
运行维护服务	28	4.06	2.41	3.68	0.03
信息处理和存储支持服务	66	4.44	3.46	1.42	0.10
信息技术咨询服务	1568	33.59	19.00	35.61	1.61
数字内容服务	147	2.22	1.47	1.92	0.12
其他信息技术服务业	160	4.80	1.98	4.39	0.12

4-6 信息传输、软件和信息技术服务业企业法人单位分地区主要指标

地区	单位数(个)	资产总计(亿元)	负债合计(亿元)	营业收入(亿元)	从业人员(万人)
全市	**11293**	**656.17**	**296.93**	**397.37**	**11.67**
中山区	1166	105.92	-2.04	78.35	0.87
西岗区	810	111.68	69.22	27.14	0.52
沙河口区	1753	33.83	19.19	19.14	0.74
甘井子区	1524	39.45	30.63	11.86	0.57
旅顺口区	119	1.60	0.82	0.50	0.05
金普新区	1019	17.96	9.63	4.87	0.22
普兰店区	113	1.24	0.63	1.19	0.03
保税区	1036	3.57	2.21	2.33	0.21
高新园区	3430	326.87	159.23	249.34	8.31
长兴岛	12		0.01	0.01	0.01
花园口	21	1.14	0.83	0.45	0.04
瓦房店市	108	0.66	0.17	0.50	0.03
庄河市	175	12.19	6.38	1.64	0.07
长海县	7	0.06	0.04	0.04	

4-7　信息传输、软件和信息技术服务业企业法人单位分登记注册类型主要指标

登记注册类型	单位数(个)	资产总计(亿元)	负债合计(亿元)	营业收入(亿元)	从业人员(万人)
总　　计	**11293**	**656.17**	**296.93**	**397.37**	**11.67**
内资企业	**11039**	**510.34**	**277.46**	**246.08**	**7.45**
国有企业	11	0.40	0.16	0.41	0.01
集体企业	5	0.05	0.06	0.02	
股份合作企业					
联营企业					
有限责任公司	2021	157.85	85.59	77.25	2.55
股份有限公司	181	116.11	55.46	77.78	1.24
私营企业	8820	235.93	136.20	90.62	3.65
其他企业	1				
港、澳、台商投资企业	**22**	**68.65**	**-16.13**	**35.90**	**0.42**
外商投资企业	**232**	**77.18**	**35.60**	**115.38**	**3.80**

4-8　房地产业企业法人单位主要指标

行　　业	单位数(个)	资产总计(亿元)	负债合计(亿元)	营业收入(亿元)	从业人员(万人)
总　　计	**5710**	**1941.40**	**1228.72**	**167.56**	**9.95**
物业管理	2220	448.11	444.39	82.13	7.43
房地产中介服务	2502	65.76	46.95	21.88	1.52
房地产租赁经营	842	1234.56	621.27	61.99	0.96
其他房地产业	146	192.98	116.11	1.56	0.05

注：不含房地产开发经营。

4-9 房地产业企业法人单位分地区主要指标

地区	单位数（个）	资产总计（亿元）	负债合计（亿元）	营业收入（亿元）	从业人员（万人）
全 市	**5710**	**1941.40**	**1228.72**	**167.56**	**9.95**
中 山 区	756	321.35	277.12	29.33	1.48
西 岗 区	584	561.54	308.17	38.68	2.38
沙河口区	706	234.48	179.25	30.92	1.58
甘井子区	1213	185.01	123.47	23.19	1.34
旅顺口区	172	245.17	102.20	6.69	0.20
金普新区	1232	123.69	96.48	14.73	0.90
普兰店区	122	7.78	3.12	1.37	0.12
保 税 区	248	42.17	22.93	3.17	0.27
高新园区	266	187.43	89.78	12.59	0.90
长 兴 岛	45	6.41	4.38	0.28	0.05
花 园 口	22	1.78	0.76	1.32	0.36
瓦房店市	153	14.37	12.33	1.50	0.17
庄 河 市	175	6.92	6.66	3.72	0.17
长 海 县	16	3.30	2.05	0.07	0.01

注：不含房地产开发经营。

4-10 房地产业企业法人单位分登记注册类型主要指标

登记注册类型	单位数（个）	资产总计（亿元）	负债合计（亿元）	营业收入（亿元）	从业人员（万人）
总 计	**5710**	**1941.40**	**1228.72**	**167.56**	**9.95**
内资企业	**5627**	**1754.34**	**1100.03**	**148.18**	**9.60**
国有企业	29	138.37	81.44	0.68	0.03
集体企业	76	73.95	27.36	2.38	0.15
股份合作企业	13	3.58	3.45	0.23	0.01
联营企业	1	0.47	0.33	0.53	
有限责任公司	1035	942.09	585.56	57.07	3.39
股份有限公司	82	6.35	3.33	0.88	0.09
私营企业	4390	589.55	398.56	86.41	5.92
其他企业	1				
港、澳、台商投资企业	**42**	**107.15**	**63.31**	**13.31**	**0.11**
外商投资企业	**41**	**79.90**	**65.39**	**6.07**	**0.24**

注：不含房地产开发经营。

4-11 租赁和商务服务业企业法人单位主要指标

行　业	单位数（个）	资产总计（亿元）	负债合计（亿元）	营业收入（亿元）	从业人员（万人）
总　计	**24468**	**7340.43**	**4066.22**	**381.77**	**15.34**
租赁业	1901	161.64	110.38	31.20	0.77
机械设备经营租赁	1802	157.80	107.43	30.59	0.74
文体设备和用品出租	89	2.91	2.56	0.59	0.03
日用品出租	10	0.94	0.39	0.03	
商务服务业	22567	7178.78	3955.84	350.56	14.57
组织管理服务	3295	5574.98	2829.58	49.55	2.68
综合管理服务	912	150.56	117.62	17.63	0.59
法律服务	351	4.23	2.89	8.26	0.38
咨询与调查	10661	1163.16	858.93	52.98	3.14
广告业	3296	31.60	21.07	22.15	1.02
人力资源服务	1380	52.00	33.69	151.13	4.01
安全保护服务	129	5.56	1.99	10.28	1.70
会议、展览及相关服务	568	34.09	20.74	7.23	0.24
其他商务服务业	1975	162.60	69.34	31.35	0.80

4-12 租赁和商务服务业企业法人单位分地区主要指标

地　区	单位数（个）	资产总计（亿元）	负债合计（亿元）	营业收入（亿元）	从业人员（万人）
全　市	**24468**	**7340.43**	**4066.22**	**381.77**	**15.34**
中 山 区	4020	1869.38	907.57	84.20	2.03
西 岗 区	2507	499.50	196.12	47.39	1.51
沙河口区	4132	1299.14	899.01	60.86	2.91
甘井子区	3985	655.47	524.63	31.95	1.41
旅顺口区	386	398.66	119.62	4.46	0.35
金普新区	3443	389.90	261.89	50.20	2.13
普兰店区	448	38.50	18.55	3.54	0.21
保 税 区	1708	141.03	32.55	19.97	0.66
高新园区	1759	579.86	319.52	32.54	0.97
长 兴 岛	179	828.56	421.67	2.91	0.16
花 园 口	193	52.12	24.27	7.41	0.57
瓦房店市	438	325.60	171.48	4.81	0.51
庄 河 市	1197	211.86	143.99	30.57	1.84
长 海 县	73	50.84	25.36	0.96	0.07

4-13 租赁和商务服务业企业法人单位分登记注册类型主要指标

登记注册类型	单位数(个)	资产总计(亿元)	负债合计(亿元)	营业收入(亿元)	从业人员(万人)
总　计	**24468**	**7340.43**	**4066.22**	**381.77**	**15.34**
内资企业	**24286**	**6813.24**	**3753.69**	**361.63**	**14.81**
国有企业	68	767.29	271.36	5.56	0.76
集体企业	157	47.41	18.72	5.21	0.62
股份合作企业	15	0.49	0.22	0.11	0.02
联营企业	6	10.95	10.85	0.29	0.03
有限责任公司	3996	3447.76	1844.18	118.87	2.90
股份有限公司	267	643.27	384.76	5.73	0.28
私营企业	19708	1895.69	1223.35	225.61	10.16
其他企业	69	0.38	0.24	0.25	0.04
港、澳、台商投资企业	**41**	**425.16**	**278.09**	**13.16**	**0.17**
外商投资企业	**141**	**102.02**	**34.44**	**6.98**	**0.35**

4-14 科学研究和技术服务业企业法人单位主要指标

行　业	单位数(个)	资产总计(亿元)	负债合计(亿元)	营业收入(亿元)	从业人员(万人)
总　计	**9505**	**521.45**	**297.45**	**205.32**	**5.49**
研究和试验发展	1795	94.65	66.31	24.37	0.70
自然科学研究和试验发展	68	1.16	0.96	0.77	0.02
工程和技术研究和试验发展	1400	79.78	58.44	20.53	0.56
农业科学研究和试验发展	162	7.16	4.03	1.47	0.04
医学研究和试验发展	156	6.56	2.85	1.57	0.07
社会人文科学研究	9	0.01	0.03	0.02	
专业技术服务业	4070	307.70	164.62	147.86	3.81
气象服务	12	0.09	0.02	0.10	
地震服务	5	0.01			
海洋服务	59	1.34	0.64	0.66	0.02
测绘地理信息服务	60	6.98	5.37	3.68	0.13
质检技术服务	443	16.56	7.89	12.40	0.62
环境与生态监测检测服务	61	4.35	2.51	1.21	0.06
地质勘查	43	6.58	3.12	2.63	0.07
工程技术与设计服务	1529	175.39	86.65	72.05	1.84
工业与专业设计及其他专业技术服务	1858	96.38	58.41	55.14	1.05
科技推广和应用服务业	3640	119.10	66.53	33.10	0.99
技术推广服务	2989	86.10	47.31	22.34	0.79
知识产权服务	79	0.40	0.16	0.40	0.03
科技中介服务	108	2.61	1.18	0.23	0.02
创业空间服务	48	8.75	1.21	0.54	0.02
其他科技推广服务业	416	21.25	16.66	9.59	0.12

4-15　科学研究和技术服务业企业法人单位分地区主要指标

地　　区	单位数（个）	资产总计（亿元）	负债合计（亿元）	营业收入（亿元）	从业人员（万人）
全　　市	**9505**	**521.45**	**297.45**	**205.32**	**5.49**
中 山 区	912	28.86	13.20	11.45	0.42
西 岗 区	779	44.24	21.20	19.56	0.77
沙河口区	1253	27.90	13.96	17.22	0.73
甘井子区	1850	44.96	28.14	23.35	0.91
旅顺口区	266	34.58	12.20	5.36	0.21
金普新区	1456	85.32	52.52	44.64	0.78
普兰店区	230	30.08	9.62	2.33	0.12
保 税 区	870	17.68	12.12	14.29	0.33
高新园区	1202	110.13	79.32	55.29	0.77
长 兴 岛	62	9.39	2.10	1.31	0.04
花 园 口	33	8.64	7.27	0.57	0.03
瓦房店市	215	5.61	3.66	2.13	0.09
庄 河 市	365	73.84	42.07	7.69	0.29
长 海 县	12	0.21	0.06	0.12	

4-16　科学研究和技术服务业企业法人单位分登记注册类型主要指标

登记注册类型	单位数（个）	资产总计（亿元）	负债合计（亿元）	营业收入（亿元）	从业人员（万人）
总　　计	**9505**	**521.45**	**297.45**	**205.32**	**5.49**
内资企业	**9377**	**506.69**	**287.87**	**190.99**	**5.21**
国有企业	58	15.00	4.33	3.17	0.15
集体企业	34	1.83	1.16	0.50	0.02
股份合作企业	13	0.40	0.51	0.44	0.02
联营企业	1	0.09	0.04	0.06	0.01
有限责任公司	1723	233.42	146.19	98.87	1.63
股份有限公司	124	19.28	5.08	3.35	0.11
私营企业	7392	236.64	130.55	84.52	3.27
其他企业	32	0.04	0.02	0.09	0.01
港、澳、台商投资企业	**22**	**4.84**	**5.63**	**6.89**	**0.02**
外商投资企业	**106**	**9.92**	**3.95**	**7.43**	**0.26**

4-17 水利、环境和公共设施管理业企业法人单位主要指标

行　业	单位数（个）	资产总计（亿元）	负债合计（亿元）	营业收入（亿元）	从业人员（万人）
总　计	**767**	**470.49**	**201.65**	**32.24**	**1.92**
水利管理业	25	4.60	0.48	0.67	0.02
防洪除涝设施管理					
水资源管理	9				
天然水收集与分配	2	4.38	0.30	0.49	0.01
水文服务	1				
其他水利管理业	13	0.20	0.18	0.17	0.01
生态保护和环境治理业	107	38.72	24.74	6.08	0.15
生态保护	9	11.97	4.44	3.62	0.09
环境治理业	98	26.75	20.30	2.46	0.07
公共设施管理业	621	403.62	166.05	25.01	1.73
市政设施管理	53	316.46	123.06	2.62	0.11
环境卫生管理	191	14.74	5.02	9.47	1.24
城乡市容管理	17	0.11	0.03	0.18	0.01
绿化管理	238	23.74	10.29	8.56	0.18
城市公园管理	11	3.83	1.79	0.49	0.02
游览景区管理	111	44.74	25.86	3.69	0.18
土地管理业	14	23.55	10.39	0.49	0.02
土地整治服务	2				
土地调查评估服务	6	0.10	0.01	0.09	
土地登记服务					
土地登记代理服务					
其他土地管理服务	6	18.92	10.33	0.30	0.01

注：根据数据保密相关规定，单位数量小于3个，未列出数据，导致总计与分项之和不等。

4-18 水利、环境和公共设施管理业企业法人单位分地区主要指标

地　区	单位数（个）	资产总计（亿元）	负债合计（亿元）	营业收入（亿元）	从业人员期末人数（万人）
全　市	**767**	**470.49**	**201.65**	**32.24**	**1.92**
中 山 区	75	26.94	14.19	5.42	0.27
西 岗 区	45	9.66	1.24	2.77	0.16
沙河口区	55	20.52	10.85	5.11	0.24
甘井子区	129	43.34	28.11	6.17	0.43
旅顺口区	40	23.05	14.94	0.76	0.07
金普新区	175	16.53	8.45	6.26	0.38
普兰店区	38	19.72	6.25	0.98	0.08
保 税 区	7	0.35	0.41	0.17	0.01
高新园区	25	15.07	6.03	2.23	0.04
长 兴 岛	27	29.51	21.38	0.43	0.07
花 园 口	3	0.12	0.04	0.07	0.01
瓦房店市	56	134.86	16.93	0.40	0.12
庄 河 市	85	129.71	72.09	1.40	0.05
长 海 县	7	1.11	0.74	0.06	0.02

4–19　水利、环境和公共设施管理业企业法人单位分登记注册类型主要指标

登记注册类型	单位数（个）	资产总计（亿元）	负债合计（亿元）	营业收入（亿元）	从业人员（万人）
总　计	**767**	**470.49**	**201.65**	**32.24**	**1.92**
内资企业	**761**	**454.03**	**196.30**	**29.30**	**1.87**
国有企业	19	169.00	39.64	1.37	0.10
集体企业	6	0.08	0.07	0.11	0.01
股份合作企业	1	0.03	0.03		
联营企业					
有限责任公司	162	73.06	33.67	13.98	0.87
股份有限公司	13	5.53	1.02	1.09	0.04
私营企业	560	206.33	121.88	12.74	0.86
其他企业					
港、澳、台商投资企业	**3**	**7.38**	**1.19**		
外商投资企业	**3**	**9.08**	**4.16**	**2.94**	**0.05**

4–20　居民服务、修理和其他服务业企业法人单位主要指标

行　业	单位数（个）	资产总计（亿元）	负债合计（亿元）	营业收入（亿元）	从业人员（万人）
总　计	**3873**	**86.92**	**57.35**	**28.64**	**2.71**
居民服务业	1878	36.20	33.42	12.87	1.68
家庭服务	456	1.28	1.06	1.37	0.18
托儿所服务	34	0.01	0.01	0.03	0.01
洗染服务	89	1.11	0.88	0.83	0.08
理发及美容服务	299	0.51	0.69	0.36	0.08
洗浴和保健养生服务	433	15.21	17.57	3.91	0.38
摄影扩印服务	167	0.32	0.24	0.26	0.04
婚姻服务	206	0.58	0.38	0.39	0.05
殡葬服务	76	15.62	11.28	3.19	0.07
其他居民服务业	118	1.56	1.31	2.52	0.79
机动车、电子产品和日用产品修理业	1493	17.10	13.39	11.89	0.60
汽车、摩托车等修理与维护	1119	13.80	11.04	7.23	0.43
计算机和办公设备维修	153	1.05	0.91	1.20	0.07
家用电器修理	167	1.90	1.18	3.17	0.08
其他日用产品修理业	54	0.34	0.25	0.29	0.02
其他服务业	502	33.62	10.54	3.88	0.43
清洁服务	328	6.74	1.61	2.45	0.37
宠物服务	43	0.17	0.14	0.04	0.01
其他未列明服务业	131	26.71	8.79	1.39	0.05

4-21 居民服务、修理和其他服务业企业法人单位分地区主要指标

地 区	单位数(个)	资产总计(亿元)	负债合计(亿元)	营业收入(亿元)	从业人员(万人)
全 市	**3873**	**86.92**	**57.35**	**28.64**	**2.71**
中山区	449	4.34	3.87	2.28	0.18
西岗区	289	2.82	2.69	2.65	0.20
沙河口区	569	27.49	10.91	3.17	0.29
甘井子区	917	14.14	9.79	7.37	0.46
旅顺口区	132	1.81	1.31	1.04	0.07
金普新区	784	16.82	18.18	6.79	0.44
普兰店区	134	2.40	0.83	0.80	0.08
保税区	167	3.38	3.29	0.40	0.04
高新园区	116	3.89	3.53	1.49	0.05
长兴岛	26	0.05	0.04	0.05	0.01
花园口	10	0.33	0.30	1.62	0.76
瓦房店市	105	2.22	1.44	0.28	0.06
庄河市	169	6.50	0.49	0.66	0.06
长海县	6	0.74	0.67	0.04	

4-22 居民服务、修理和其他服务业企业法人单位分登记注册类型主要指标

登记注册类型	单位数(个)	资产总计(亿元)	负债合计(亿元)	营业收入(亿元)	从业人员(万人)
总 计	**3873**	**86.92**	**57.35**	**28.64**	**2.71**
内资企业	**3844**	**83.63**	**56.57**	**27.45**	**2.63**
国有企业	21	1.82	0.36	0.50	0.03
集体企业	55	1.22	1.16	0.57	0.04
股份合作企业	17	0.17	0.08	0.17	0.01
联营企业	1				
有限责任公司	425	18.22	19.88	7.65	0.35
股份有限公司	53	0.58	0.34	0.39	0.04
私营企业	3259	61.47	34.73	18.15	2.15
其他企业	13	0.15	0.01	0.02	0.01
港、澳、台商投资企业	**8**	**2.82**	**0.63**	**0.58**	**0.02**
外商投资企业	**21**	**0.47**	**0.15**	**0.60**	**0.06**

4−23　教育企业法人单位主要指标

行　　业	单位数（个）	资产总计（亿元）	负债合计（亿元）	营业收入（亿元）	从业人员（万人）
总　　计	**2367**	**93.32**	**44.32**	**23.98**	**2.25**
学前教育	511	4.18	2.68	4.09	0.76
初等教育	23	2.66	0.97	1.00	0.06
中等教育	28	28.56	10.22	3.34	0.19
高等教育	7	30.80	11.80	3.28	0.12
特殊教育	5		0.01	0.01	
技能培训、教育辅助及其他教育	1793	27.13	18.65	12.27	1.12

4−24　教育企业法人单位分地区主要指标

地　　区	单位数（个）	资产总计（亿元）	负债合计（亿元）	营业收入（亿元）	从业人员（万人）
全　　市	**2367**	**93.32**	**44.32**	**23.98**	**2.25**
中 山 区	243	10.68	7.87	1.82	0.16
西 岗 区	118	3.18	1.68	3.22	0.18
沙河口区	329	4.02	4.31	3.69	0.37
甘井子区	454	6.19	6.25	2.51	0.37
旅顺口区	95	34.71	13.83	2.44	0.18
金普新区	595	19.53	6.41	5.98	0.53
普兰店区	116	0.60	0.29	0.48	0.09
保 税 区	61	0.04	0.03	0.07	0.02
高新园区	147	12.30	3.04	2.77	0.17
长 兴 岛	16	0.18	0.05	0.03	0.01
花 园 口	12	0.09	0.07	0.10	0.01
瓦房店市	115	1.12	0.44	0.62	0.13
庄 河 市	59	0.65	0.06	0.24	0.03
长 海 县	7	0.03		0.03	

4-25 教育企业法人单位分登记注册类型主要指标

登记注册类型	单位数(个)	资产总计(亿元)	负债合计(亿元)	营业收入(亿元)	从业人员(万人)
总　计	**2367**	**93.32**	**44.32**	**23.98**	**2.25**
内资企业	**2363**	**81.37**	**42.27**	**21.63**	**2.19**
国有企业	190	3.46	1.29	2.12	0.24
集体企业	22	0.41	0.10	0.21	0.03
股份合作企业	7	0.04	0.03	0.01	
联营企业	5	0.03	0.01	0.02	
有限责任公司	186	4.22	2.67	1.91	0.18
股份有限公司	25	0.88	0.60	0.75	0.04
私营企业	1444	51.77	26.77	8.64	0.94
其他企业	484	20.56	10.80	7.97	0.75
港、澳、台商投资企业					
外商投资企业	**4**	**11.95**	**2.05**	**2.35**	**0.07**

4-26 卫生和社会工作企业法人单位主要指标

行　业	单位数(个)	资产总计(亿元)	负债合计(亿元)	营业收入(亿元)	从业人员(万人)
总　计	**2246**	**97.20**	**58.33**	**47.11**	**2.42**
卫生	1972	81.46	51.35	46.53	2.32
医院	137	62.79	38.57	37.40	1.45
基层医疗卫生服务	1782	13.80	6.56	8.21	0.79
专业公共卫生服务	17	0.23	0.12	0.01	0.01
其他卫生活动	36	4.63	6.10	0.90	0.08
社会工作	274	15.75	6.98	0.59	0.10
提供住宿社会工作	251	15.04	6.94	0.57	0.09
不提供住宿社会工作	23	0.70	0.04	0.02	0.01

4-27　卫生和社会工作企业法人单位分地区主要指标

地　区	单位数(个)	资产总计(亿元)	负债合计(亿元)	营业收入(亿元)	从业人员(万人)
全　市	**2246**	**97.20**	**58.33**	**47.11**	**2.42**
中 山 区	153	10.91	9.19	2.08	0.12
西 岗 区	114	5.98	3.70	5.22	0.25
沙河口区	257	5.26	3.99	5.42	0.33
甘井子区	422	3.24	2.47	3.49	0.29
旅顺口区	112	2.25	1.93	0.55	0.05
金普新区	607	10.64	7.26	4.73	0.36
普兰店区	237	2.34	0.51	1.20	0.10
保 税 区	32	4.19	0.78	0.96	0.04
高新园区	42	14.25	6.62	2.79	0.05
长 兴 岛	5	0.80	0.27	0.24	0.01
花 园 口					
瓦房店市	139	33.55	19.24	18.09	0.69
庄 河 市	113	3.61	2.19	2.34	0.12
长 海 县	13	0.20	0.19	0.01	

4-28　卫生和社会工作企业法人单位分登记注册类型主要指标

登记注册类型	单位数(个)	资产总计(亿元)	负债合计(亿元)	营业收入(亿元)	从业人员(万人)
总　计	**2246**	**97.20**	**58.33**	**47.11**	**2.42**
内资企业	**2237**	**97.06**	**58.26**	**47.00**	**2.40**
国有企业	55	13.35	6.23	11.50	0.38
集体企业	61	1.01	0.23	0.68	0.06
股份合作企业	1				
联营企业	1				
有限责任公司	247	26.82	15.93	7.88	0.43
股份有限公司	20	0.07	0.05	0.10	0.01
私营企业	1701	50.36	29.50	23.53	1.34
其他企业	151	5.45	6.31	3.31	0.19
港、澳、台商投资企业	**4**	**0.13**	**0.07**	**0.10**	**0.01**
外商投资企业	**5**	**0.02**		**0.01**	

4-29 文化、体育和娱乐业企业法人单位主要指标

行业	单位数（个）	资产总计（亿元）	负债合计（亿元）	营业收入（亿元）	从业人员（万人）
总计	**3131**	**131.12**	**91.97**	**25.17**	**1.24**
新闻和出版业	22	9.54	1.16	4.96	0.08
新闻业					
出版业	22	9.54	1.16	4.96	0.08
广播、电视、电影和录音制作业	304	21.39	9.34	7.25	0.19
广播	4				
电视	12	0.23	0.08	0.01	
影视节目制作	204	12.22	4.09	0.54	0.07
广播电视集成播控					
电影和广播电视节目发行	15	0.01		0.02	
电影放映	49	8.81	5.11	6.63	0.12
录音制作	20	0.12	0.06	0.05	
文化艺术业	701	7.45	5.47	1.95	0.18
文艺创作与表演	165	1.54	1.01	0.69	0.05
艺术表演场馆	6	0.43	0.40	0.25	0.02
图书馆与档案馆	8	0.15	0.03	0.03	0.01
文物及非物质文化遗产保护	3				
博物馆	14	2.02	1.71	0.19	0.01
烈士陵园、纪念馆	1				
群众文体活动	71	0.28	0.21	0.09	0.02
其他文化艺术业	433	3.02	2.11	0.71	0.08
体育	510	24.52	33.11	3.23	0.27
体育组织	150	4.02	7.50	0.73	0.04
体育场地设施管理	22	0.95	1.96	0.48	0.03
健身休闲活动	323	19.48	23.60	1.94	0.19
其他体育	15	0.07	0.05	0.08	
娱乐业	1594	68.23	42.89	7.78	0.52
室内娱乐活动	860	3.82	2.64	1.63	0.20
游乐园	26	19.21	11.27	4.02	0.13
休闲观光活动	118	31.40	18.08	0.26	0.04
彩票活动	1	0.08	0.02		
文化体育娱乐活动与经纪代理服务	564	8.37	7.19	1.74	0.15
其他娱乐业	25	5.37	3.68	0.13	0.02

4-30　文化、体育和娱乐业企业法人单位分地区主要指标

地　区	单位数（个）	资产总计（亿元）	负债合计（亿元）	营业收入（亿元）	从业人员（万人）
全　市	**3131**	**131.12**	**91.97**	**25.17**	**1.24**
中山区	394	13.70	9.49	3.19	0.15
西岗区	220	5.16	6.73	3.53	0.12
沙河口区	431	22.49	10.77	5.17	0.16
甘井子区	524	9.00	8.95	2.81	0.22
旅顺口区	120	3.62	2.75	0.39	0.04
金普新区	624	32.78	25.46	4.56	0.26
普兰店区	112	0.63	0.21	0.26	0.03
保税区	129	8.15	7.83	0.10	0.02
高新园区	239	5.45	2.81	3.79	0.14
长兴岛	20	0.19	0.47	0.07	
花园口	9	1.25	0.93	0.36	0.01
瓦房店市	112	25.87	14.89	0.22	0.03
庄河市	149	2.64	0.62	0.65	0.06
长海县	48	0.20	0.06	0.06	0.01

4-31　文化、体育和娱乐业企业法人单位分登记注册类型主要指标

登记注册类型	单位数（个）	资产总计（亿元）	负债合计（亿元）	营业收入（亿元）	从业人员（万人）
总　计	**3131**	**131.12**	**91.97**	**25.17**	**1.24**
内资企业	**3114**	**100.04**	**66.92**	**22.17**	**1.14**
国有企业	23	0.42	0.41	0.37	0.02
集体企业	14	0.24	0.09	0.03	
股份合作企业	3	0.95	1.55	0.07	
联营企业	1				
有限责任公司	431	35.70	24.54	10.21	0.33
股份有限公司	42	5.68	2.93	1.47	0.07
私营企业	2575	56.96	37.36	9.94	0.70
其他企业	25	0.09	0.04	0.08	0.01
港、澳、台商投资企业	**8**	**28.87**	**22.66**	**2.72**	**0.08**
外商投资企业	**9**	**2.22**	**2.38**	**0.28**	**0.02**

4-32 国有控股企业分行业主要指标

行　业	单位数（个）	资产总计（亿元）	负债合计（亿元）	营业收入（亿元）	从业人员（万人）
总　计	**725**	**5984.94**	**2668.34**	**647.58**	**7.23**
交通运输、仓储和邮政业	**160**	**2325.68**	**1213.49**	**407.39**	**3.26**
道路运输业	37	428.35	109.10	25.37	1.38
水上运输业	20	951.17	362.38	168.07	0.45
航空运输业	5	69.42	8.31	33.35	0.49
管道运输业					
多式联运和运输代理业	41	101.38	61.31	130.34	0.39
装卸搬运和仓储业	54	770.44	670.87	39.88	0.24
邮政业	3	4.91	1.52	10.38	0.31
信息传输、软件和信息技术服务业	**44**	**111.49**	**55.27**	**69.83**	**0.59**
电信、广播电视和卫星传输服务	5	85.57	46.44	54.63	0.39
互联网和相关服务	7	2.74	2.64	1.70	0.05
软件和信息技术服务业	32	23.19	6.19	13.50	0.15
房地产业	**87**	**632.06**	**225.10**	**13.77**	**0.60**
物业管理	31	96.17	75.76	4.03	0.35
房地产中介服务	5	0.05			
房地产租赁经营	47	529.74	147.92	9.51	0.24
其他房地产业	4	6.11	1.43	0.23	0.01
租赁和商务服务业	**196**	**2535.23**	**1015.33**	**54.57**	**1.31**
租赁业	12	42.96	26.65	6.77	0.03
商务服务业	184	2492.27	988.68	47.80	1.28
科学研究和技术服务业	**124**	**158.52**	**103.24**	**81.57**	**0.77**
研究和试验发展	15	22.74	24.88	3.58	0.08
专业技术服务业	83	122.59	71.01	70.78	0.65
科技推广和应用服务业	26	13.18	7.36	7.21	0.04
水利、环境和公共设施管理业	**39**	**192.33**	**40.29**	**6.10**	**0.34**
水利管理业	2	4.38	0.30	0.49	0.01
生态保护和环境治理业	6	8.14	3.53	1.14	0.05
公共设施管理业	29	156.61	26.21	4.37	0.27
土地管理业	2	23.19	10.25	0.10	0.01
居民服务、修理和其他服务业	**24**	**5.14**	**2.96**	**2.06**	**0.05**
居民服务业	9	4.83	2.76	1.43	0.02
机动车、电子产品和日用产品修理业	12	0.26	0.15	0.54	0.01
其他服务业	3	0.05	0.05	0.08	0.02
教育	**14**	**2.12**	**0.68**	**0.92**	**0.01**
学前教育	2	0.04		0.02	
初等教育					
中等教育					
高等教育	1	0.01			
技能培训、教育辅助及其他教育	11	2.07	0.68	0.90	0.01
卫生和社会工作	**10**	**7.87**	**5.38**	**6.86**	**0.19**
卫生	9	7.87	5.38	6.86	0.19
社会工作	1				
文化、体育和娱乐业	**27**	**14.52**	**6.60**	**4.51**	**0.11**
新闻和出版业	10	7.34	0.79	3.66	0.06
广播、电视、电影和录音制作业	4	3.85	1.17	0.07	
文化艺术业	8	0.55	0.60	0.43	0.02
体育	2	2.41	3.76	0.26	0.03
娱乐业	3	0.36	0.28	0.09	0.01

注：根据数据保密相关规定，行业单位数量小于3个，未列出数据，导致总计与分项之和不等。不含铁路运输业、房地产开发经营。

4−33　非公有控股企业分行业主要指标

行　　业	单位数（个）	资产总计（亿元）	负债合计（亿元）	营业收入（亿元）	从业人员（万人）
总　计	**66812**	**8551.62**	**5524.32**	**1430.34**	**51.85**
交通运输、仓储和邮政业	**6503**	**1189.68**	**792.44**	**413.40**	**6.90**
道路运输业	2667	115.53	78.90	107.44	3.30
水上运输业	273	413.74	197.94	49.01	0.75
航空运输业	31	5.78	8.76	0.96	0.02
管道运输业	3	4.79	0.98	1.22	0.01
多式联运和运输代理业	2642	502.64	410.82	202.46	1.68
装卸搬运和仓储业	678	140.52	91.93	40.43	0.63
邮政业	209	6.69	3.11	11.89	0.51
信息传输、软件和信息技术服务业	**11231**	**544.13**	**241.38**	**327.15**	**11.06**
电信、广播电视和卫星传输服务	170	65.82	-19.06	39.43	0.37
互联网和相关服务	470	10.16	6.83	7.00	0.31
软件和信息技术服务业	10591	468.15	253.61	280.72	10.38
房地产业	**5517**	**1218.69**	**961.94**	**150.57**	**9.15**
物业管理	2133	284.50	346.11	76.04	6.94
房地产中介服务	2495	63.72	44.01	21.88	1.51
房地产租赁经营	749	684.24	457.70	51.32	0.65
其他房地产业	140	186.23	114.13	1.32	0.04
租赁和商务服务业	**23719**	**4687.84**	**2988.98**	**312.55**	**12.75**
租赁业	1870	118.41	83.56	24.36	0.73
商务服务业	21849	4569.43	2905.42	288.18	12.01
科学研究和技术服务业	**9260**	**352.18**	**189.90**	**120.50**	**4.56**
研究和试验发展	1762	71.65	41.35	20.74	0.61
专业技术服务业	3937	178.41	91.78	74.29	3.02
科技推广和应用服务业	3561	102.12	56.76	25.48	0.93
水利、环境和公共设施管理业	**706**	**268.77**	**156.08**	**24.75**	**1.49**
水利管理业	21	0.15	0.13	0.08	0.01
生态保护和环境治理业	97	30.51	21.15	4.94	0.10
公共设施管理业	576	237.74	134.68	19.35	1.37
土地管理业	12	0.36	0.13	0.39	0.01
居民服务、修理和其他服务业	**3739**	**79.06**	**52.96**	**25.51**	**2.59**
居民服务业	1791	28.99	29.54	10.59	1.60
机动车、电子产品和日用产品修理业	1454	16.56	13.00	11.20	0.58
其他服务业	494	33.51	10.42	3.72	0.41
教育	**1214**	**20.54**	**12.47**	**5.82**	**0.61**
学前教育	101	0.83	0.51	0.56	0.06
初等教育	11				
中等教育	5	0.98	0.03		
高等教育	1				
特殊教育	2				
技能培训、教育辅助及其他教育	1094	18.73	11.93	5.25	0.54
卫生和社会工作	**1908**	**75.94**	**45.19**	**30.31**	**1.69**
卫生	1732	62.96	38.95	30.11	1.66
社会工作	176	12.99	6.24	0.21	0.03
文化、体育和娱乐业	**3015**	**114.78**	**82.97**	**19.77**	**1.07**
新闻和出版业	11	2.14	0.33	1.15	0.02
广播、电视、电影和录音制作业	294	17.40	8.15	7.07	0.19
文化艺术业	657	6.68	4.73	1.42	0.16
体育	480	21.31	27.82	2.53	0.21
娱乐业	1573	67.25	41.93	7.60	0.50

注：不含铁路运输业、金融业、房地产开发经营。

4-34 规模以上交通运输、仓储和

行业	固定资产原价(亿元)	累计折旧(亿元)	资产总计(亿元)	负债合计(亿元)	所有者权益合计(亿元)	营业收入(亿元)
总计	**853.18**	**275.76**	**1997.18**	**916.28**	**1080.90**	**677.50**
铁路运输业	53.14	17.28	76.21	20.78	55.44	27.86
铁路旅客运输						
铁路货物运输	53.14	17.28	76.21	20.78	55.44	27.86
铁路运输辅助活动						
道路运输业	84.08	25.37	148.39	99.53	48.86	70.47
城市公共交通运输	63.03	13.80	88.95	54.33	34.62	31.12
公路旅客运输	4.70	2.64	3.10	2.03	1.06	2.01
道路货物运输	15.10	8.37	54.87	42.54	12.33	37.09
道路运输辅助活动	1.23	0.56	1.47	0.62	0.85	0.25
水上运输业	479.07	155.98	1200.36	463.75	736.61	212.95
水上旅客运输	23.47	13.50	33.34	9.14	24.20	9.88
水上货物运输	86.26	21.52	146.07	63.08	82.99	51.64
水上运输辅助活动	369.35	120.97	1020.95	391.53	629.42	151.43
航空运输业	66.49	21.17	71.88	16.26	55.62	33.66
航空客货运输	24.07	6.53	22.00	12.73	9.27	17.27
通用航空服务						
航空运输辅助活动	42.41	14.64	49.88	3.53	46.35	16.39
管道运输业	4.20	1.21	4.48	0.73	3.75	1.18
海底管道运输						
陆地管道运输	4.20	1.21	4.48	0.73	3.75	1.18
多式联运和运输代理业	58.39	17.25	249.60	171.30	78.30	257.34
多式联运						
运输代理业	58.39	17.25	249.60	171.30	78.30	257.34
装卸搬运和仓储业	100.42	33.79	238.16	141.33	96.83	55.87
装卸搬运	14.81	4.32	83.80	24.57	59.23	11.07
通用仓储	44.11	8.50	72.07	64.62	7.45	11.29
低温仓储	1.59	0.74	8.82	9.45	-0.64	1.20
危险品仓储	23.20	11.77	23.56	10.08	13.48	15.79
谷物、棉花等农产品仓储	16.72	8.46	49.92	32.60	17.31	16.51
中药材仓储						
其他仓储业						
邮政业	7.38	3.70	8.09	2.60	5.49	18.16
邮政基本服务	7.34	3.67	4.99	1.31	3.68	8.59
快递服务	0.05	0.03	3.10	1.29	1.81	9.57
其他寄递服务						

邮政业企业法人单位主要指标

营业成本(亿元)	税金及附加(亿元)	销售费用、管理费用、财务费用合计(亿元)	投资收益(亿元)	营业利润(亿元)	利润总额(亿元)	应付职工薪酬(亿元)	应交增值税(亿元)	平均用工人数(万人)
605.93	**2.62**	**69.19**	**15.83**	**23.72**	**26.08**	**86.20**	**6.58**	**7.14**
23.08	0.06	1.37	2.72	6.06	6.10	2.47	0.24	0.13
23.08	0.06	1.37	2.72	6.06	6.10	2.47	0.24	0.13
64.78	0.32	11.01	0.12	1.52	3.55	28.43	1.14	3.35
31.52	0.17	5.39	0.10	1.19	3.20	20.45	0.43	2.03
1.59	0.01	0.42		-0.01	0.01	0.55	0.05	0.09
31.39	0.13	5.11	0.02	0.47	0.47	7.14	0.65	1.18
0.28	0.01	0.09		-0.13	-0.13	0.29	0.01	0.05
186.67	1.16	26.93	9.57	5.20	5.17	21.48	1.25	1.24
8.68	0.06	1.09	-0.61	0.34	0.23	2.23	0.30	0.12
48.37	0.18	4.89	2.58	0.90	0.89	4.06		0.14
129.62	0.93	20.95	7.61	3.97	4.05	15.19	0.95	0.98
27.08	0.25	4.79	0.24	2.71	2.62	9.17	0.41	0.52
15.24	0.02	1.92		1.02	1.05	2.21	0.14	0.07
11.85	0.23	2.87	0.24	1.69	1.57	6.95	0.27	0.45
0.40	0.02	0.12		0.64	0.64	0.23	0.04	0.01
0.40	0.02	0.12		0.64	0.64	0.23	0.04	0.01
241.82	0.33	14.43	1.04	3.00	3.22	13.95	2.32	1.08
241.82	0.33	14.43	1.04	3.00	3.22	13.95	2.32	1.08
46.47	0.39	8.63	2.13	3.99	4.19	5.09	0.71	0.37
8.01	0.11	1.71	2.13	3.43	3.43	2.42	0.29	0.15
7.97	0.21	3.46		-0.33	-0.05	1.56	0.22	0.14
0.99	0.01	0.50		-0.31	-0.31	0.18		0.02
14.01	0.05	0.98		0.77	0.77	0.11	0.16	0.01
15.49	0.02	1.98		0.44	0.35	0.81	0.04	0.05
15.64	0.08	1.89		0.61	0.60	5.39	0.48	0.45
7.56	0.08	0.72		0.26	0.25	2.55	0.46	0.25
8.08	0.01	1.17		0.35	0.35	2.84	0.02	0.21

4-35 规模以上信息传输、软件和

行业	固定资产原价(亿元)	累计折旧(亿元)	资产总计(亿元)	负债合计(亿元)	所有者权益合计(亿元)	营业收入(亿元)
总计	**350.05**	**203.13**	**385.23**	**132.18**	**253.05**	**310.26**
电信、广播电视和卫星传输服务	304.59	182.93	147.78	25.81	121.97	91.94
电信	281.26	172.71	130.61	13.32	117.29	86.76
广播电视传输服务	23.32	10.22	17.17	12.49	4.68	5.18
卫星传输服务						
互联网和相关服务	1.07	0.80	4.03	4.00	0.03	5.74
互联网接入及相关服务	0.43	0.28	0.73	0.77	-0.04	1.16
互联网信息服务	0.02	0.02	0.41	0.28	0.13	2.83
互联网平台	0.33	0.25	2.11	2.69	-0.58	0.86
互联网安全服务						
互联网数据服务	0.28	0.25	0.78	0.26	0.52	0.88
其他互联网服务						
软件和信息技术服务业	44.39	19.40	233.41	102.36	131.05	212.58
软件开发	40.91	17.30	171.45	62.93	108.52	170.42
集成电路设计						
信息系统集成和物联网技术服务	0.31	0.27	41.57	28.36	13.22	5.36
运行维护服务	0.16	0.07	3.94	2.35	1.59	3.53
信息处理和存储支持服务	0.13	0.09	1.30	0.83	0.47	0.88
信息技术咨询服务	2.49	1.36	11.80	6.47	5.33	28.89
数字内容服务						
其他信息技术服务业	0.39	0.31	3.35	1.43	1.92	3.49

信息技术服务业企业法人单位主要指标

营业成本（亿元）	税金及附加（亿元）	销售费用、管理费用、财务费用合计（亿元）	投资收益（亿元）	营业利润（亿元）	利润总额（亿元）	应付职工薪酬（亿元）	应交增值税（亿元）	平均用工人数（万人）
200.32	**1.22**	**70.11**	**2.51**	**39.26**	**40.93**	**113.76**	**6.05**	**7.29**
61.02	0.37	9.68	-0.06	19.33	19.54	10.56	1.24	0.71
56.53	0.35	8.82		19.58	19.51	9.25	1.21	0.61
4.50	0.02	0.86	-0.06	-0.25	0.03	1.31	0.03	0.10
4.02	0.01	2.21	0.01	-0.49	-0.47	2.04	0.42	0.19
0.79		0.43		-0.06	-0.06	0.32	0.03	0.04
2.50		0.29		0.04	0.04	0.26	0.02	0.03
0.25		1.11	0.01	-0.50	-0.48	0.89	0.37	0.06
0.48		0.38		0.03	0.04	0.57		0.05
135.28	0.84	58.22	2.56	20.41	21.86	101.17	4.39	6.39
122.11	0.73	34.29	1.46	14.36	15.73	78.06	3.79	5.07
3.56	0.04	1.56	1.10	1.30	1.37	1.29	0.20	0.07
3.12	0.01	0.21		0.21	0.21	0.23	0.08	0.02
0.49	0.01	0.19		0.19	0.19	0.48		0.04
4.12	0.04	20.87		3.87	3.87	19.81	0.26	1.11
1.89	0.01	1.11		0.48	0.49	1.30	0.05	0.08

4-36 规模以上物业管理、房地产中介服务、房地产

行　　业	固定资产原　　价（亿元）	累计折旧（亿元）	资产总计（亿元）	负债合计（亿元）	所有者权益合计（亿元）	营业收入（亿元）
总　　计	**422.71**	**71.06**	**824.87**	**378.29**	**446.58**	**105.14**
房地产业	422.71	71.06	824.87	378.29	446.58	105.14
物业管理	9.96	4.35	87.06	69.15	17.91	52.55
房地产中介服务	0.44	0.34	4.44	3.23	1.21	11.11
房地产租赁经营	412.31	66.36	733.37	305.91	427.46	41.49
其他房地产业						

注：不含房地产开发经营。

4-37 规模以上租赁和商务

行　　业	固定资产原　　价（亿元）	累计折旧（亿元）	资产总计（亿元）	负债合计（亿元）	所有者权益合计（亿元）	营业收入（亿元）
总　　计	**74.41**	**25.77**	**601.27**	**443.86**	**157.41**	**149.97**
租赁业	17.67	6.16	100.93	66.05	34.87	11.23
机械设备经营租赁	17.67	6.16	100.93	66.05	34.87	11.23
文体设备和用品出租						
日用品出租						
商务服务业	56.74	19.62	500.34	377.80	122.54	138.75
组织管理服务	29.96	8.94	213.98	128.28	85.70	7.12
综合管理服务	0.16	0.09	1.60	0.78	0.82	1.61
法律服务	0.28	0.23	0.40	0.22	0.18	1.95
咨询与调查	4.27	1.74	238.95	215.96	22.99	11.77
广告业	3.24	2.03	7.37	4.20	3.17	4.80
人力资源服务	0.82	0.49	15.47	11.14	4.33	87.32
安全保护服务	2.53	1.89	3.67	1.43	2.24	7.02
会议、展览及相关服务	14.74	3.87	14.84	12.68	2.16	3.11
其他商务服务业	0.73	0.34	4.06	3.11	0.95	14.05

租赁经营和其他房地产业企业法人单位主要指标

营业成本(亿元)	税金及附加(亿元)	销售费用、管理费用、财务费用合计(亿元)	投资收益(亿元)	营业利润(亿元)	利润总额(亿元)	应付职工薪酬(亿元)	应交增值税(亿元)	平均用工人数(万人)
61.05	**3.15**	**34.81**	**3.83**	**11.13**	**10.78**	**33.95**	**4.47**	**5.35**
61.05	3.15	34.81	3.83	11.13	10.78	33.95	4.47	5.35
36.74	0.52	10.17	0.03	5.16	5.25	20.86	2.05	3.99
7.94	0.06	2.29		0.83	0.69	6.34	0.57	0.81
16.38	2.57	22.36	3.81	5.14	4.84	6.75	1.85	0.54

服务业企业法人单位主要指标

营业成本(亿元)	税金及附加(亿元)	销售费用、管理费用、财务费用合计(亿元)	投资收益(亿元)	营业利润(亿元)	利润总额(亿元)	应付职工薪酬(亿元)	应交增值税(亿元)	平均用工人数(万人)
120.73	**0.61**	**31.10**	**7.09**	**-0.77**	**0.35**	**27.22**	**2.64**	**3.53**
8.27	0.03	1.59		0.55	0.74	0.83	0.21	0.05
8.27	0.03	1.59		0.55	0.74	0.83	0.21	0.05
112.45	0.58	29.51	7.09	-1.32	-0.38	26.39	2.43	3.48
3.16	0.19	7.37	2.57	-6.27	-6.17	2.59	0.37	0.31
1.14		0.64		-0.19	-0.18	0.64		0.05
0.10	0.01	1.58		0.26	0.26	0.71	0.11	0.04
6.67	0.05	5.75	4.20	4.15	4.45	6.51	0.24	0.45
3.99	0.07	1.35	-0.01	-0.63	-0.50	0.87	0.06	0.08
79.88	0.15	6.56	0.03	0.76	0.82	8.19	1.20	1.08
2.88	0.05	3.54	0.30	0.85	1.07	5.31	0.31	1.26
1.68	0.04	1.58		-0.20	-0.16	0.66	0.05	0.07
12.95	0.02	1.13		-0.06	0.03	0.93	0.09	0.14

4-38 规模以上科学研究和技术

行 业	固定资产原价(亿元)	累计折旧(亿元)	资产总计(亿元)	负债合计(亿元)	所有者权益合计(亿元)	营业收入(亿元)
总 计	**27.93**	**9.85**	**139.38**	**70.00**	**69.38**	**104.70**
研究和试验发展	1.41	0.81	7.14	2.17	4.97	5.40
自然科学研究和试验发展	0.01		0.32	0.21	0.11	0.18
工程和技术研究和试验发展	1.27	0.71	5.84	1.49	4.35	4.36
农业科学研究和试验发展						
医学研究和试验发展	0.13	0.09	0.98	0.47	0.51	0.86
社会人文科学研究						
专业技术服务业	20.98	8.82	124.71	66.35	58.36	97.92
气象服务						
地震服务						
海洋服务	0.03	0.03	0.27	0.02	0.25	0.24
测绘地理信息服务	0.95	0.69	5.77	4.88	0.90	2.67
质检技术服务	2.33	1.20	3.97	0.71	3.26	4.69
环境与生态监测检测服务	0.16	0.07	0.43	0.47	-0.04	0.21
地质勘查	0.21	0.18	0.48	0.13	0.35	0.51
工程技术与设计服务	6.47	3.95	63.57	29.02	34.56	53.08
工业与专业设计及其他专业技术服务	10.82	2.70	50.21	31.13	19.08	36.51
科技推广和应用服务业	5.55	0.22	7.53	1.48	6.05	1.38
技术推广服务	0.27	0.05	1.22	0.58	0.64	0.92
知识产权服务	0.02	0.01	0.03	0.01	0.02	0.09
科技中介服务						
创业空间服务	5.26	0.16	6.28	0.89	5.39	0.37
其他科技推广服务业						

服务业企业法人单位主要指标

营业成本（亿元）	税金及附加（亿元）	销售费用、管理费用、财务费用合计（亿元）	投资收益（亿元）	营业利润（亿元）	利润总额（亿元）	应付职工薪酬（亿元）	应交增值税（亿元）	平均用工人数（万人）
81.29	**0.50**	**16.85**	**0.31**	**6.62**	**6.92**	**23.89**	**2.28**	**1.61**
3.20	0.02	1.51	0.04	0.71	0.73	1.21	0.15	0.08
0.17			0.04	0.04	0.04		0.01	
2.59	0.02	1.22		0.53	0.55	0.71	0.13	0.05
0.44		0.29		0.13	0.13	0.49	0.01	0.03
77.25	0.46	14.98	0.27	5.74	6.00	22.54	2.11	1.51
0.20		0.02		0.02	0.02	0.05	0.01	0.01
2.14	0.01	0.47		0.05	0.06	0.51	0.06	0.09
2.61	0.03	1.04		1.02	1.03	1.74	0.16	0.14
0.09		0.17		-0.05	-0.04	0.09		0.01
0.45		0.04		0.02	0.02	0.08	0.02	0.01
40.51	0.24	8.95	0.21	3.59	3.64	12.29	1.37	0.91
31.25	0.17	4.30	0.05	1.09	1.28	7.78	0.47	0.35
0.84	0.02	0.35		0.18	0.19	0.14	0.03	0.01
0.63		0.09		0.21	0.21	0.05	0.02	
0.02		0.08				0.05		0.01
0.20	0.02	0.19		-0.03	-0.02	0.05	0.01	

4-39 规模以上水利、环境和公共设施

行业	固定资产原价(亿元)	累计折旧(亿元)	资产总计(亿元)	负债合计(亿元)	所有者权益合计(亿元)	营业收入(亿元)
总计	**20.77**	**11.51**	**71.36**	**40.74**	**30.62**	**18.59**
水利管理业						
防洪除涝设施管理						
水资源管理						
天然水收集与分配						
水文服务						
其他水利管理业						
生态保护和环境治理业	1.31	2.04	11.41	6.21	5.20	3.10
生态保护	0.98	1.81	8.89	4.09	4.80	2.58
环境治理业	0.34	0.23	2.52	2.12	0.40	0.51
公共设施管理业	19.46	9.47	59.95	34.53	25.42	15.50
市政设施管理	2.69	1.24	20.15	15.32	4.84	1.45
环境卫生管理	2.75	1.88	5.89	2.81	3.08	5.21
城乡市容管理						
绿化管理	1.40	0.59	10.62	6.98	3.64	5.48
城市公园管理	1.30	0.40	1.39	1.32	0.07	0.10
游览景区管理	11.32	5.36	21.89	8.11	13.79	3.25
土地管理业						
土地整治服务						
土地调查评估服务						
土地登记服务						
土地登记代理服务						
其他土地管理服务						

管理业企业法人单位主要指标

营业成本（亿元）	税金及附加（亿元）	销售费用、管理费用、财务费用合计（亿元）	投资收益（亿元）	营业利润（亿元）	利润总额（亿元）	应付职工薪酬（亿元）	应交增值税（亿元）	平均用工人数（万人）
12.37	**0.17**	**6.27**	**-0.07**	**-0.17**	**-0.01**	**6.18**	**0.65**	**0.96**
1.19	0.05	0.88	-0.07	0.90	0.97	0.69	0.16	0.06
0.74	0.03	0.83		0.90	0.93	0.62	0.10	0.05
0.44	0.02	0.05			0.04	0.08	0.06	0.01
11.18	0.12	5.40	-0.01	-1.07	-0.98	5.48	0.49	0.90
1.44	0.02	0.63		-0.64	-0.61	0.34	0.02	0.05
2.80	0.02	2.21		0.19	0.19	2.98	0.16	0.64
4.69	0.02	0.71		0.06	0.13	0.42	0.23	0.05
0.06		0.09		-0.05	-0.05	0.02		
2.20	0.05	1.75	-0.01	-0.63	-0.65	1.73	0.08	0.15

4-40 规模以上居民服务、修理和

行业	固定资产原价(亿元)	累计折旧(亿元)	资产总计(亿元)	负债合计(亿元)	所有者权益合计(亿元)	营业收入(亿元)
总计	**9.31**	**4.15**	**18.43**	**20.56**	**-2.13**	**7.69**
居民服务业	9.04	3.95	17.05	19.84	-2.79	4.24
家庭服务						
托儿所服务						
洗染服务						
理发及美容服务						
洗浴和保健养生服务	6.72	2.66	8.78	13.95	-5.17	2.06
摄影扩印服务						
婚姻服务						
殡葬服务	2.32	1.30	8.27	5.89	2.38	2.18
其他居民服务业						
机动车、电子产品和日用产品修理业	0.24	0.18	1.27	0.71	0.57	3.16
汽车、摩托车等修理与维护	0.23	0.17	0.54	0.39	0.15	1.49
计算机和办公设备维修	0.01		0.11	0.09	0.02	0.30
家用电器修理	0.01	0.01	0.62	0.23	0.39	1.38
其他日用产品修理业						
其他服务业	0.03	0.02	0.11	0.01	0.10	0.29
清洁服务	0.03	0.02	0.11	0.01	0.10	0.29
宠物服务						
其他未列明服务业						

其他服务业企业法人单位主要指标

营业成本（亿元）	税金及附加（亿元）	销售费用、管理费用、财务费用合计（亿元）	投资收益（亿元）	营业利润（亿元）	利润总额（亿元）	应付职工薪酬（亿元）	应交增值税（亿元）	平均用工人数（万人）
4.37	**0.08**	**3.43**		**-0.19**	**-0.15**	**2.08**	**0.28**	**0.33**
1.56	0.07	2.88		-0.27	-0.23	1.35	0.15	0.21
0.61	0.05	2.14		-0.73	-0.71	0.98	0.06	0.18
0.95	0.02	0.74		0.47	0.48	0.37	0.09	0.03
2.62	0.01	0.47		0.07	0.07	0.47	0.08	0.05
1.26		0.23		-0.01	-0.01	0.15	0.03	0.03
0.25		0.05		-0.01	-0.01	0.09	0.01	0.01
1.11	0.01	0.18		0.08	0.08	0.23	0.04	0.02
0.19		0.09		0.01	0.01	0.26	0.05	0.06
0.19		0.09		0.01	0.01	0.26	0.05	0.06

4-41　规模以上教育企业法人

行　　业	固定资产原　　价(亿元)	累计折旧(亿元)	资产总计(亿元)	负债合计(亿元)	所有者权益合计(亿元)	营业收入(亿元)
总　　计	**11.69**	**3.61**	**20.29**	**8.54**	**11.76**	**6.44**
学前教育	0.24	0.14	0.27	0.20	0.07	0.27
初等教育	0.23	0.02	1.92	0.69	1.23	0.70
中等教育	6.58	1.61	12.75	2.86	9.89	2.41
高等教育	3.76	1.27	3.26	3.58	-0.32	0.74
特殊教育						
技能培训、教育辅助及其他教育	0.88	0.57	2.09	1.20	0.88	2.31

4-42　规模以上卫生和社会工作

行　　业	固定资产原　　价(亿元)	累计折旧(亿元)	资产总计(亿元)	负债合计(亿元)	所有者权益合计(亿元)	营业收入(亿元)
总　　计	**24.86**	**8.76**	**41.49**	**28.06**	**13.43**	**26.09**
卫生	24.86	8.76	41.49	28.06	13.43	26.09
医院	23.82	8.28	37.83	26.02	11.81	24.64
基层医疗卫生服务	0.62	0.26	1.54	0.49	1.05	0.88
专业公共卫生服务						
其他卫生活动	0.42	0.23	2.12	1.55	0.57	0.57
社会工作						
提供住宿社会工作						
不提供住宿社会工作						

单位分行业主要指标

营业成本（亿元）	税金及附加（亿元）	销售费用、管理费用、财务费用合计（亿元）	投资收益（亿元）	营业利润（亿元）	利润总额（亿元）	应付职工薪酬（亿元）	应交增值税（亿元）	平均用工人数（万人）
3.40	**0.02**	**2.06**		**0.98**	**1.01**	**2.96**	**0.09**	**0.31**
0.24		0.02		0.01	0.01	0.15	0.01	0.03
0.36		0.09		0.26	0.26	0.33		0.03
1.07		0.61		0.73	0.74	1.12	0.01	0.08
0.50		0.39		-0.16	-0.15	0.20		0.04
1.23	0.01	0.95		0.14	0.16	1.16	0.07	0.12

企业法人单位分行业主要指标

营业成本（亿元）	税金及附加（亿元）	销售费用、管理费用、财务费用合计（亿元）	投资收益（亿元）	营业利润（亿元）	利润总额（亿元）	应付职工薪酬（亿元）	应交增值税（亿元）	平均用工人数（万人）
20.66	**0.07**	**5.29**		**0.01**	**-0.08**	**8.85**	**0.02**	**0.89**
20.66	0.07	5.29		0.01	-0.08	8.85	0.02	0.89
19.69	0.07	4.93		-0.11	-0.20	8.22	0.02	0.81
0.61		0.17		0.09	0.09	0.38		0.05
0.35		0.18		0.03	0.03	0.26		0.03

4-43 规模以上文化、体育和

行　　业	固定资产原　价(亿元)	累计折旧(亿元)	资产总计(亿元)	负债合计(亿元)	所有者权益合计(亿元)	营业收入(亿元)
总　计	**24.49**	**12.28**	**44.23**	**26.81**	**17.42**	**16.02**
新闻和出版业	0.37	0.31	9.09	0.86	8.22	4.54
新闻业						
出版业	0.37	0.31	9.09	0.86	8.22	4.54
广播、电视、电影和录音制作业	3.27	1.88	8.05	4.49	3.56	6.04
广播						
电视						
影视节目制作						
广播电视集成播控						
电影和广播电视节目发行						
电影放映	3.27	1.88	8.05	4.49	3.56	6.04
录音制作						
文化艺术业	0.84	0.19	2.09	1.84	0.24	0.67
文艺创作与表演	0.01		0.14	0.02	0.13	0.30
艺术表演场馆	0.17	0.11	0.29	0.35	-0.06	0.23
图书馆与档案馆						
文物及非物质文化遗产保护						
博物馆	0.66	0.08	1.65	1.48	0.18	0.14
烈士陵园、纪念馆						
群众文体活动						
其他文化艺术业						
体育	6.60	4.31	6.42	8.97	-2.54	1.30
体育组织	1.12	0.61	2.08	2.51	-0.43	0.17
体育场地设施管理	0.03	0.01	0.21	0.58	-0.38	0.39
健身休闲活动	5.46	3.70	4.13	5.88	-1.74	0.74
其他体育						
娱乐业	13.41	5.58	18.59	10.64	7.94	3.47
室内娱乐活动						
游乐园	13.41	5.58	18.59	10.64	7.94	3.47
休闲观光活动						
彩票活动						
文化体育娱乐活动与经纪代理服务						
其他娱乐业						

娱乐业法人单位主要指标

营业成本(亿元)	税金及附加(亿元)	销售费用、管理费用、财务费用合计(亿元)	投资收益(亿元)	营业利润(亿元)	利润总额(亿元)	应付职工薪酬(亿元)	应交增值税(亿元)	平均用工人数(万人)
10.62	**0.34**	**5.01**	**-0.01**	**0.22**	**0.44**	**3.06**	**0.47**	**0.42**
2.41	0.02	1.42		0.70	0.85	0.88	0.19	0.06
2.41	0.02	1.42		0.70	0.85	0.88	0.19	0.06
4.04	0.17	1.56		0.29	0.35	0.77	0.16	0.10
4.04	0.17	1.56		0.29	0.35	0.77	0.16	0.10
0.54	0.01	0.28			0.04	0.12	0.02	0.01
0.27		0.02		0.01	0.01	0.01	0.01	
0.26		0.13		-0.01	0.02	0.09		0.01
	0.01	0.14		-0.01		0.01	0.01	
1.06	0.09	0.74		-0.59	-0.57	0.50	0.03	0.09
0.10	0.02	0.13		-0.07	-0.08	0.06	0.01	0.01
0.38		0.06		-0.06	-0.04	0.15		0.02
0.58	0.07	0.54		-0.46	-0.45	0.29	0.03	0.06
2.58	0.05	1.01	-0.02	-0.18	-0.22	0.80	0.07	0.15
2.58	0.05	1.01	-0.02	-0.18	-0.22	0.80	0.07	0.15

第5篇

服务业行政事业及非企业法人单位篇

5-1　服务业行政事业及非企业法人单位分行业主要指标

行　业	单位数(个)	资产总计(亿元)	非企业单位支出(费用)(亿元)	从业人员(人)
总　计	**8179**	**2666.7**	**1153.7**	**283295**
交通运输、仓储和邮政业	30	22.0	8.5	1872
道路运输业	21	17.0	6.3	1290
水上运输业	3	0.1	0.3	50
邮政业				
信息传输、软件和信息技术服务业	25	3.7	1.8	546
电信、广播电视和卫星传输服务	8	0.7	0.5	181
互联网和相关服务	4	1.1	0.9	229
软件和信息技术服务业	13	1.9	0.4	136
房地产业	15	7.9	16.6	976
物业管理	5	0.0	0.1	60
其他房地产业	7	4.3	12.5	522
租赁和商务服务业	176	14.8	7.2	2552
租赁业				
商务服务业	176	14.8	7.2	2552
组织管理服务	53	1.1	1.9	866
综合管理服务	10	0.9	0.9	414
法律服务	33	0.5	0.6	262
咨询与调查	32	9.6	1.0	295
人力资源服务	24	1.2	1.5	348
安全保护服务	7	0.5	0.3	159
会议、展览及相关服务	8	0.2	0.2	79
其他商务服务业	9	0.8	0.8	129
科学研究和技术服务业	257	71.1	27.5	5242
研究和试验发展	25	44.9	14.9	2166
专业技术服务业	173	23.1	10.5	2366
科技推广和应用服务业	59	3.1	2.1	710
水利、环境和公共设施管理业	90	52.6	12.4	4246
水利管理业	29	4.4	0.5	369
防洪除涝设施管理	4	0.2	0.1	43
水资源管理	11	1.4	0.3	159

注：根据数据保密相关规定，行业单位数量小于3个，未列出数据，导致总计与分项之和不等。不含铁路运输业、金融业、房地产开发经营。

5-1 续表 1

行　业	单位数(个)	资产总计(亿元)	非企业单位支出(费用)(亿元)	从业人员(人)
天然水收集与分配	10	2.8	0.2	142
其他水利管理业	3	0.0	0.0	25
生态保护和环境治理业	12	2.1	1.5	329
生态保护	11	2.1	1.5	321
公共设施管理业	40	24.8	5.5	3370
市政设施管理	14	19.4	1.8	469
环境卫生管理	11	1.1	0.9	1567
城乡市容管理	3	0.6	0.6	249
绿化管理	8	0.5	0.6	218
城市公园管理	3	3.3	1.7	867
土地管理业	9	21.3	4.8	178
其他土地管理服务	4	4.8	0.1	67
居民服务、修理和其他服务业	99	7.5	1.9	793
居民服务业	91	6.6	1.5	619
机动车、电子产品和日用产品修理业	3	0.1	0.1	18
其他服务业	5	0.9	0.4	156
教育	2231	656.2	256.9	101507
学前教育	705	10.4	12.9	14794
初等教育	355	40.8	40.4	20853
中等教育	332	88.0	59.0	28872
高等教育	35	492.5	130.4	27855
特殊教育	11	0.9	0.7	350
技能培训、教育辅助及其他教育	793	23.6	13.6	8783
卫生和社会工作	753	311.7	230.1	51315
卫生	385	274.5	210.0	46950
医院	74	239.0	187.5	38050
基层医疗卫生服务	253	21.8	10.3	5043
专业公共卫生服务	52	13.5	11.6	3546
其他卫生活动	6	0.3	0.6	311
社会工作	368	37.2	20.1	4365
提供住宿社会工作	294	35.5	18.3	3762
不提供住宿社会工作	74	1.7	1.8	603
文化、体育和娱乐业	262	89.0	61.8	10663
新闻和出版业	8	6.2	2.3	1143

5-1 续表 2

行业	单位数(个)	资产总计(亿元)	非企业单位支出(费用)(亿元)	从业人员(人)
新闻业	3	0.1	0.1	54
出版业	5	6.1	2.1	1089
广播、电视、电影和录音制作业	6	15.7	6.5	6049
电视	3	1.9	0.7	257
文化艺术业	165	58.6	51.1	2983
文艺创作与表演	31	0.5	0.7	555
图书馆与档案馆	25	49.3	48.4	1424
文物及非物质文化遗产保护	5	0.0	0.0	10
博物馆	16	6.2	1.1	276
群众文体活动	69	2.1	0.9	666
其他文化艺术业	17	0.1	0.1	43
体育	66	1.8	0.3	274
体育组织	39	0.0	0.0	85
体育场地设施管理	3	0.1	0.1	37
健身休闲活动	23	1.6	0.1	151
娱乐业	17	6.7	1.6	214
室内娱乐活动	4	0.0	0.0	20
文化体育娱乐活动与经纪代理服务	11	6.7	1.6	192
公共管理、社会保障和社会组织	4239	1429.9	528.8	103524
中国共产党机关	149	28.5	12.9	3039
国家机构	1248	1056.3	475.9	77875
人民政协、民主党派	22	3.3	1.6	541
社会保障	36	3.6	8.8	1080
群众团体、社会团体和其他成员组织	1124	31.8	11.0	6019
基层群众自治组织	1660	306.3	18.7	14970

5-2 交通运输、仓储和邮政业行政事业及非企业法人单位分地区主要指标

地　　区	单位数(个)	资产总计(亿元)	非企业单位支出(费用)(亿元)	从业人员(人)
总　　计	**30**	**22.0**	**8.5**	**1872**
中 山 区	1	0.1	0.3	35
西 岗 区	3	0.7	0.2	88
沙河口区	2	7.7	0.8	72
甘井子区	5	6.3	2.6	889
旅顺口区	2	0.5	0.4	86
金普新区	4	2.6	0.8	165
普兰店区	5	0.7	0.2	137
保 税 区	1			
高新园区				
长 兴 岛	1	0.6	0.5	127
花 园 口				
瓦房店市	4	2.0	2.6	200
庄 河 市	1		0.0	1
长 海 县	1	0.8	0.1	72

注：不含铁路运输业。

5-3 信息传输、软件和信息技术服务业行政事业及非企业法人单位分地区主要指标

地　　区	单位数(个)	资产总计(亿元)	非企业单位支出(费用)(亿元)	从业人员(人)
总　　计	**25**	**3.7**	**1.8**	**546.0**
中 山 区	5	0.4	0.5	136.0
西 岗 区	4	1.6	0.3	57.0
沙河口区	4	0.2	0.1	55.0
甘井子区	2	0.9	0.7	181.0
旅顺口区				
金普新区	2	0.2	0.2	54.0
普兰店区	1			
保 税 区	1			
高新园区	1	0.0	0.0	18.0
长 兴 岛				
花 园 口	1	0.0	0.0	16.0
瓦房店市	2	0.0	0.0	11.0
庄 河 市	1	0.2	0.1	18.0
长 海 县	1			

5-4　租赁和商务服务业行政事业及非企业法人单位分地区主要指标

地　区	单位数(个)	资产总计(亿元)	非企业单位支出(费用)(亿元)	从业人员(人)
总　计	**176**	**14.8**	**7.2**	**2552**
中山区	19	10.6	1.1	193
西岗区	26	1.2	1.0	468
沙河口区	40	1.3	1.7	696
甘井子区	10	0.1	0.5	64
旅顺口区	7	0.1	0.1	35
金普新区	18	0.4	1.0	398
普兰店区	17	0.2	0.8	331
保税区	3	0.0	0.2	1
高新园区	3	0.0	0.0	9
长兴岛	5	0.0	0.1	29
花园口	1	0.0	0.0	5
瓦房店市	12	0.2	0.5	193
庄河市	8	0.6	0.2	93
长海县	7	0.1	0.1	37

5-5　科学研究和技术服务业行政事业及非企业法人单位分地区主要指标

地　区	单位数(个)	资产总计(亿元)	非企业单位支出(费用)(亿元)	从业人员(人)
总　计	**257**	**71.1**	**27.5**	**5242**
中山区	19	4.2	1.8	396
西岗区	16	2.1	1.1	218
沙河口区	17	49.9	16.4	2533
甘井子区	16	1.1	0.4	175
旅顺口区	22	1.0	0.8	144
金普新区	38	3.1	1.5	471
普兰店区	39	0.4	0.3	162
保税区	6	0.2	0.6	294
高新园区	11	6.7	2.2	91
长兴岛	2	0.1	0.1	7
花园口	1		0.3	7
瓦房店市	40	1.1	0.7	396
庄河市	20	0.7	1.2	275
长海县	10	0.3	0.2	73

5-6 水利、环境和公共设施管理业行政事业及非企业法人单位分地区主要指标

地　　区	单位数(个)	资产总计(亿元)	非企业单位支出(费用)(亿元)	从业人员(人)
总　　计	**90**	**52.6**	**12.4**	**4246**
中 山 区	4	0.2	0.2	37
西 岗 区	10	4.4	3.6	752
沙河口区	13	19.0	0.4	185
甘井子区	7	0.6	5.0	578
旅顺口区	7	0.8	1.2	1031
金普新区	9	17.6	0.3	138
普兰店区	15	0.9	0.3	211
保 税 区	2	0.0	0.0	4
高新园区				
长 兴 岛				
花 园 口				
瓦房店市	15	7.2	0.5	408
庄 河 市	6	2.0	0.9	870
长 海 县	2	0.0	0.1	32

5-7 居民服务、修理和其他服务业行政事业及非企业法人单位分地区主要指标

地　　区	单位数(个)	资产总计(亿元)	非企业单位支出(费用)(亿元)	从业人员(人)
总　　计	**99**	**7.5**	**1.9**	**793**
中 山 区	6	0.9	0.5	163.0
西 岗 区	7	0.0	0.0	12.0
沙河口区	35	0.7	0.3	217.0
甘井子区	7	1.5	0.4	113.0
旅顺口区	1	1.9	0.1	13.0
金普新区	4	0.0	0.1	27.0
普兰店区	7	1.4	0.2	32.0
保 税 区	5	0.0	0.1	87.0
高新园区	2	0.0	0.0	8.0
长 兴 岛				
花 园 口				
瓦房店市	14	0.6	0.2	48.0
庄 河 市	11	0.4	0.2	73.0
长 海 县				

5-8　教育行政事业及非企业法人单位分地区主要指标

地　区	单位数(个)	资产总计(亿元)	非企业单位支出(费用)(亿元)	从业人员(人)
总　计	**2231**	**656.2**	**256.9**	**101507**
中 山 区	161	14.7	9.9	5124
西 岗 区	115	14.9	9.6	4685
沙河口区	240	92.9	39.6	15548
甘井子区	410	63.6	30.5	15985
旅顺口区	85	85.9	18.9	6899
金普新区	531	113.4	43.9	17806
普兰店区	158	10.8	10.0	6260
保 税 区	26	1.0	1.6	1004
高新园区	87	217.3	64.3	10954
长 兴 岛	36	2.2	2.1	1020
花 园 口	5	0.5	0.8	314
瓦房店市	177	12.5	11.9	7328
庄 河 市	171	24.9	12.2	7648
长 海 县	29	1.8	1.7	932

5-9　卫生和社会工作行政事业及非企业法人单位分地区主要指标

地　区	单位数(个)	资产总计(亿元)	非企业单位支出(费用)(亿元)	从业人员(人)
总　计	**753**	**311.7**	**230.1**	**51315**
中 山 区	48	35.6	27.5	5734
西 岗 区	46	41.8	47.1	7869
沙河口区	86	67.5	69.2	12519
甘井子区	157	90.6	35.0	7316
旅顺口区	38	8.5	7.5	2122
金普新区	62	26.3	16.1	5287
普兰店区	104	22.7	9.6	3619
保 税 区	9	0.2	0.3	143
高新园区	23	2.7	2.4	825
长 兴 岛	3			24
花 园 口	4	0.2	0.4	171
瓦房店市	62	1.9	2.3	888
庄 河 市	99	12.8	11.5	4359
长 海 县	12	1.0	1.1	439

5-10 文化、体育和娱乐业行政事业及非企业法人单位分地区主要指标

地区	单位数(个)	资产总计(亿元)	非企业单位支出(费用)(亿元)	从业人员(人)
总计	**262**	**89.0**	**61.8**	**10663**
中山区	34	7.4	3.0	1458
西岗区	24	54.3	49.5	1443
沙河口区	59	18.6	6.5	6277
甘井子区	27	0.7	0.3	167
旅顺口区	15	2.3	0.8	310
金普新区	37	3.5	1.0	506
普兰店区	22	1.1	0.1	58
保税区				
高新园区	7	0.0	0.0	54
长兴岛	2	0.0	0.0	1
花园口				
瓦房店市	26	0.8	0.4	280
庄河市	4	0.2	0.1	34
长海县	5	0.1	0.1	75

5-11 公共管理、社会保障和社会组织行政事业及非企业法人单位分地区主要指标

地区	单位数(个)	资产总计(亿元)	非企业单位支出(费用)(亿元)	从业人员(人)
总计	**4239**	**1429.9**	**528.8**	**103524**
中山区	348	138.5	73.0	16429
西岗区	314	175.6	81.3	11932
沙河口区	311	66.5	79.8	14067
甘井子区	411	220.3	51.6	10849
旅顺口区	277	88.4	18.7	4654
金普新区	614	348.4	69.5	11064
普兰店区	434	66.7	29.5	6869
保税区	81	21.4	14.6	2794
高新园区	146	58.3	27.8	4052
长兴岛	76	6.5	11.8	1471
花园口	44	4.4	3.6	614
瓦房店市	582	54.0	27.5	8713
庄河市	457	157.6	31.7	8088
长海县	144	23.2	8.3	1928

第6篇

企业信息化和电子商务交易情况篇

6-1 分行业企业使用计算机情况

行业	企业数(个)	使用计算机的企业		期末在用计算机数(台)	每百人拥有计算机数(台)
		数量(个)	比重(%)		
总计	**6516**	**6460**	**99.1**	**420876**	**45.1**
采矿业	**4**	**4**	**100.0**	**299**	**17.4**
煤炭开采和洗选业					
石油和天然气开采业					
黑色金属矿采选业					
有色金属矿采选业					
非金属矿采选业	4	4	100.0	299	17.4
开采专业及辅助性活动					
其他采矿业					
制造业	**1562**	**1562**	**100.0**	**121678**	**30.2**
农副食品加工业	200	200	100.0	5728	13.4
食品制造业	36	36	100.0	1505	20.2
酒、饮料和精制茶制造业	9	9	100.0	886	26.4
烟草制品业					
纺织业	17	17	100.0	682	16.5
纺织服装、服饰业	93	93	100.0	3254	11.9
皮革、毛皮、羽毛及其制品和制鞋业	10	10	100.0	594	20.7
木材加工和木、竹、藤、棕、草制品业	36	36	100.0	1830	23.4
家具制造业	25	25	100.0	1452	13.5
造纸和纸制品业	18	18	100.0	569	26.1
印刷和记录媒介复制业	15	15	100.0	506	22.3
文教、工美、体育和娱乐用品制造业	7	7	100.0	310	20.1
石油、煤炭及其他燃料加工业	14	14	100.0	3024	43.5
化学原料和化学制品制造业	83	83	100.0	5935	38.7
医药制造业	20	20	100.0	2808	53.6
化学纤维制造业					
橡胶和塑料制品业	63	63	100.0	3653	26.1
非金属矿物制品业	70	70	100.0	2133	23.5
黑色金属冶炼和压延加工业	21	21	100.0	1114	34.5
有色金属冶炼和压延加工业	13	13	100.0	414	33.0
金属制品业	134	134	100.0	5287	21.7
通用设备制造业	239	239	100.0	20443	34.1
专用设备制造业	93	93	100.0	12731	52.1

注：根据数据保密相关规定，行业单位数量小于3个，未列出数据，导致总计与分项之和不等。

6-1　续表 1

行　业	企业数（个）	使用计算机的企业		期末在用计算机数（台）	每百人拥有计算机数（台）
		数量（个）	比重（%）		
汽车制造业	104	104	100.0	10163	30.1
铁路、船舶、航空航天和其他运输设备制造业	64	64	100.0	10489	37.6
电气机械和器材制造业	88	88	100.0	8675	34.8
计算机、通信和其他电子设备制造业	40	40	100.0	11895	53.4
仪器仪表制造业	28	28	100.0	2715	45.3
其他制造业					
废弃资源综合利用业	6	6	100.0	446	46.7
金属制品、机械和设备修理业	13	13	100.0	1762	19.6
电力、热力、燃气及水生产和供应业	79	78	98.7	8980	46.9
电力、热力生产和供应业	57	56	98.2	6554	57.2
燃气生产和供应业	9	9	100.0	902	33.3
水的生产和供应业	13	13	100.0	1524	30.5
建筑业	1487	1472	99.0	28233	20.4
房屋建筑业	462	459	99.4	9670	14.2
土木工程建筑业	328	325	99.1	9112	30.2
建筑安装业	426	423	99.3	6397	27.0
建筑装饰、装修和其他建筑业	271	265	97.8	3054	18.3
批发和零售业	1288	1282	99.5	37578	59.6
批发业	917	913	99.6	15650	67.8
零售业	371	369	99.5	21928	54.9
交通运输、仓储和邮政业	410	407	99.3	24729	36.0
铁路运输业					
道路运输业	109	107	98.2	3260	10.5
水上运输业	36	36	100.0	6839	65.5
航空运输业	4	4	100.0	1145	23.5
管道运输业					
多式联运和运输代理业	196	195	99.5	7755	72.3
装卸搬运和仓储业	57	57	100.0	2125	54.3
邮政业	5	5	100.0	3166	48.6
住宿和餐饮业	186	186	100.0	4657	21.6
住宿业	98	98	100.0	3123	24.4
餐饮业	88	88	100.0	1534	17.5

6-1 续表 2

行 业	企业数(个)	使用计算机的企业		期末在用计算机数(台)	每百人拥有计算机数(台)
		数量(个)	比重(%)		
信息传输、软件和信息技术服务业	**196**	**195**	**99.5**	**131053**	**180.6**
电信、广播电视和卫星传输服务	11	11	100.0	12654	178.9
互联网和相关服务	10	10	100.0	1967	97.5
软件和信息技术服务业	175	174	99.4	116432	183.5
房地产业	**846**	**818**	**96.7**	**25998**	**38.5**
房地产业	846	818	96.7	25998	38.5
租赁和商务服务业	**172**	**172**	**100.0**	**9961**	**30.1**
租赁业	10	10	100.0	213	40.2
商务服务业	162	162	100.0	9748	30.0
科学研究和技术服务业	**116**	**115**	**99.1**	**14344**	**90.1**
研究和试验发展	10	10	100.0	600	71.2
专业技术服务业	101	100	99.0	13601	91.0
科技推广和应用服务业	5	5	100.0	143	110.9
水利、环境和公共设施管理业	**44**	**44**	**100.0**	**1207**	**12.0**
水利管理业					
生态保护和环境治理业	3	3	100.0	156	26.2
公共设施管理业	41	41	100.0	1051	11.1
土地管理业					
居民服务、修理和其他服务业	**32**	**31**	**96.9**	**738**	**22.6**
居民服务业	19	18	94.7	539	25.2
机动车、电子产品和日用产品修理业	11	11	100.0	174	33.6
其他服务业					
教育	**20**	**20**	**100.0**	**4566**	**148.2**
教育	20	20	100.0	4566	148.2
卫生和社会工作	**34**	**34**	**100.0**	**4767**	**53.7**
卫生	34	34	100.0	4767	53.7
社会工作					
文化、体育和娱乐业	**40**	**40**	**100.0**	**2088**	**49.9**
新闻和出版业	6	6	100.0	816	126.1
广播、电视、电影和录音制作业	20	20	100.0	340	32.5
文化艺术业	4	4	100.0	75	58.1
体育	7	7	100.0	256	30.3
娱乐业	3	3	100.0	601	39.6

6-2　分地区企业使用计算机情况

地　区	企业数(个)	使用计算机的企业		期末在用计算机数(台)	每百人拥有计算机数(台)
		数量(个)	比重(%)		
全　市	**6516**	**6460**	**99.1**	**420876**	**45.1**
中 山 区	723	723	100.0	46437	55.4
西 岗 区	371	369	99.5	22393	31.3
沙河口区	568	561	98.8	28794	38.3
甘井子区	974	960	98.6	42995	39.6
旅顺口区	259	255	98.5	10521	30.3
金普新区	1248	1243	99.6	73489	33.5
普兰店区	351	348	99.1	9345	19.1
长 海 县	30	30	100.0	249	19.3
保 税 区	416	411	98.8	20779	43.8
高新园区	463	454	98.1	138309	142.4
长 兴 岛	322	321	99.7	4466	34.2
花 园 口	64	64	100.0	1463	11.5
瓦房店市	327	322	98.5	14652	27.7
庄 河 市	400	399	99.8	6984	10.5

6-3 分行业企业

行业	企业数(个)	使用信息化管理的企业		财务管理		购销存管理	
		数量(个)	比重(%)	数量(个)	占使用信息化管理企业比重(%)	数量(个)	占使用信息化管理企业比重(%)
总　计	**6516**	**6261**	**96.1**	**5610**	**89.6**	**2354**	**37.6**
采矿业	**4**	**4**	**100.0**	**4**	**100.0**	**2**	**50.0**
煤炭开采和洗选业							
石油和天然气开采业							
黑色金属矿采选业							
有色金属矿采选业							
非金属矿采选业	4	4	100.0	4	100.0	2	50.0
开采专业及辅助性活动							
其他采矿业							
制造业	**1562**	**1522**	**97.4**	**1392**	**91.5**	**913**	**60.0**
农副食品加工业	200	192	96.0	174	90.6	94	49.0
食品制造业	36	36	100.0	35	97.2	25	69.4
酒、饮料和精制茶制造业	9	8	88.9	7	87.5	7	87.5
烟草制品业							
纺织业	17	16	94.1	16	100.0	13	81.3
纺织服装、服饰业	93	86	92.5	79	91.9	45	52.3
皮革、毛皮、羽毛及其制品和制鞋业	10	10	100.0	7	70.0	5	50.0
木材加工和木、竹、藤、棕、草制品业	36	34	94.4	31	91.2	13	38.2
家具制造业	25	24	96.0	20	83.3	13	54.2
造纸和纸制品业	18	18	100.0	17	94.4	13	72.2
印刷和记录媒介复制业	15	15	100.0	15	100.0	13	86.7
文教、工美、体育和娱乐用品制造业	7	7	100.0	6	85.7	3	42.9
石油、煤炭及其他燃料加工业	14	14	100.0	14	100.0	9	64.3
化学原料和化学制品制造业	83	82	98.8	75	91.5	48	58.5
医药制造业	20	20	100.0	20	100.0	15	75.0
化学纤维制造业							
橡胶和塑料制品业	63	61	96.8	57	93.4	35	57.4
非金属矿物制品业	70	67	95.7	62	92.5	33	49.3
黑色金属冶炼和压延加工业	21	21	100.0	19	90.5	16	76.2
有色金属冶炼和压延加工业	13	13	100.0	12	92.3	10	76.9
金属制品业	134	133	99.3	117	88.0	73	54.9
通用设备制造业	239	233	97.5	210	90.1	158	67.8
专用设备制造业	93	91	97.8	82	90.1	62	68.1

注：根据数据保密相关规定，单位数量小于3个，未列出数据，导致总计与分项之和不等。

信息化管理情况

生产制造管理		物流配送管理		客户关系管理		人力资源管理		其他	
数量（个）	占使用信息化管理企业比重（%）	数量（个）	占使用信息化管理企业比重（%）	数量（个）	占使用信息化管理企业比重（%）	数量（个）	占使用信息化管理企业比重（%）	数量（个）	占使用信息化管理企业比重（%）
963	**15.4**	**539**	**8.6**	**1596**	**25.5**	**2481**	**39.6**	**1108**	**17.7**
1	**25.0**	**1**	**25.0**						
1	25.0	1	25.0						
671	**44.1**	**268**	**17.6**	**436**	**28.6**	**619**	**40.7**	**176**	**11.6**
58	30.2	21	10.9	57	29.7	56	29.2	22	11.5
14	38.9	6	16.7	9	25.0	12	33.3	2	5.6
6	75.0	4	50.0	2	25.0	7	87.5	1	12.5
8	50.0	3	18.8	5	31.3	6	37.5	2	12.5
37	43.0	9	10.5	25	29.1	37	43.0	11	12.8
5	50.0			2	20.0	4	40.0	3	30.0
7	20.6	7	20.6	7	20.6	9	26.5	2	5.9
6	25.0	3	12.5	6	25.0	8	33.3	3	12.5
8	44.4	6	33.3	9	50.0	7	38.9	1	5.6
10	66.7	4	26.7	4	26.7	3	20.0		
3	42.9			1	14.3	3	42.9	2	28.6
6	42.9	1	7.1	2	14.3	4	28.6	2	14.3
28	34.1	9	11.0	22	26.8	31	37.8	9	11.0
8	40.0	6	30.0	9	45.0	10	50.0	5	25.0
23	37.7	12	19.7	14	23.0	23	37.7	4	6.6
33	49.3	10	14.9	16	23.9	25	37.3	9	13.4
12	57.1	9	42.9	8	38.1	8	38.1	1	4.8
7	53.8	4	30.8	3	23.1	6	46.2		
50	37.6	8	6.0	30	22.6	43	32.3	19	14.3
116	49.8	49	21.0	73	31.3	104	44.6	23	9.9
46	50.5	14	15.4	31	34.1	46	50.5	9	9.9

6-3 续表 1

行业	企业数(个)	使用信息化管理的企业		财务管理		购销存管理	
		数量(个)	比重(%)	数量(个)	占使用信息化管理企业比重(%)	数量(个)	占使用信息化管理企业比重(%)
汽车制造业	104	102	98.1	98	96.1	62	60.8
铁路、船舶、航空航天和其他运输设备制造业	64	62	96.9	55	88.7	30	48.4
电气机械和器材制造业	88	87	98.9	81	93.1	59	67.8
计算机、通信和其他电子设备制造业	40	40	100.0	37	92.5	30	75.0
仪器仪表制造业	28	28	100.0	27	96.4	21	75.0
其他制造业							
废弃资源综合利用业	6	6	100.0	6	100.0	5	83.3
金属制品、机械和设备修理业	13	13	100.0	11	84.6	2	15.4
电力、热力、燃气及水生产和供应业	**79**	**77**	**97.5**	**72**	**93.5**	**36**	**46.8**
电力、热力生产和供应业	57	55	96.5	50	90.9	24	43.6
燃气生产和供应业	9	9	100.0	9	100.0	6	66.7
水的生产和供应业	13	13	100.0	13	100.0	6	46.2
建筑业	**1487**	**1407**	**94.6**	**1184**	**84.2**	**319**	**22.7**
房屋建筑业	462	444	96.1	376	84.7	84	18.9
土木工程建筑业	328	308	93.9	251	81.5	74	24.0
建筑安装业	426	405	95.1	336	83.0	114	28.1
建筑装饰、装修和其他建筑业	271	250	92.3	221	88.4	47	18.8
批发和零售业	**1288**	**1239**	**96.2**	**1117**	**90.2**	**574**	**46.3**
批发业	917	880	96.0	802	91.1	333	37.8
零售业	371	359	96.8	315	87.7	241	67.1
交通运输、仓储和邮政业	**410**	**396**	**96.6**	**364**	**91.9**	**82**	**20.7**
铁路运输业							
道路运输业	109	103	94.5	91	88.3	15	14.6
水上运输业	36	36	100.0	33	91.7	7	19.4
航空运输业	4	4	100.0	4	100.0	2	50.0
管道运输业							
多式联运和运输代理业	196	188	95.9	174	92.6	37	19.7
装卸搬运和仓储业	57	57	100.0	54	94.7	20	35.1
邮政业	5	5	100.0	5	100.0	1	20.0
住宿和餐饮业	**186**	**181**	**97.3**	**166**	**91.7**	**87**	**48.1**
住宿业	98	98	100.0	91	92.9	51	52.0
餐饮业	88	83	94.3	75	90.4	36	43.4

生产制造管理		物流配送管理		客户关系管理		人力资源管理		其他	
数量（个）	占使用信息化管理企业比重（%）	数量（个）	占使用信息化管理企业比重（%）	数量（个）	占使用信息化管理企业比重（%）	数量（个）	占使用信息化管理企业比重（%）	数量（个）	占使用信息化管理企业比重（%）
55	53.9	35	34.3	30	29.4	46	45.1	15	14.7
23	37.1	11	17.7	7	11.3	32	51.6	7	11.3
47	54.0	15	17.2	32	36.8	43	49.4	10	11.5
33	82.5	14	35.0	18	45.0	21	52.5	3	7.5
14	50.0	4	14.3	9	32.1	17	60.7	3	10.7
2	33.3	2	33.3	3	50.0	3	50.0	3	50.0
4	30.8	1	7.7	1	7.7	4	30.8	5	38.5
35	**45.5**	**3**	**3.9**	**23**	**29.9**	**43**	**55.8**	**14**	**18.2**
23	41.8	2	3.6	15	27.3	29	52.7	8	14.5
5	55.6	1	11.1	6	66.7	7	77.8	2	22.2
7	53.8			2	15.4	7	53.8	4	30.8
99	**7.0**	**34**	**2.4**	**280**	**19.9**	**485**	**34.5**	**367**	**26.1**
25	5.6	10	2.3	78	17.6	150	33.8	121	27.3
24	7.8	9	2.9	56	18.2	112	36.4	92	29.9
34	8.4	8	2.0	100	24.7	143	35.3	96	23.7
16	6.4	7	2.8	46	18.4	80	32.0	58	23.2
46	**3.7**	**111**	**9.0**	**295**	**23.8**	**484**	**39.1**	**126**	**10.2**
27	3.1	64	7.3	153	17.4	363	41.3	87	9.9
19	5.3	47	13.1	142	39.6	121	33.7	39	10.9
22	**5.6**	**88**	**22.2**	**117**	**29.5**	**134**	**33.8**	**93**	**23.5**
2	1.9	25	24.3	13	12.6	25	24.3	24	23.3
2	5.6	3	8.3	6	16.7	17	47.2	9	25.0
		1	25.0	1	25.0	4	100.0	1	25.0
11	5.9	44	23.4	83	44.1	66	35.1	44	23.4
6	10.5	12	21.1	11	19.3	18	31.6	12	21.1
1	20.0	3	60.0	2	40.0	2	40.0	2	40.0
8	**4.4**	**8**	**4.4**	**54**	**29.8**	**73**	**40.3**	**34**	**18.8**
4	4.1	2	2.0	40	40.8	53	54.1	16	16.3
4	4.8	6	7.2	14	16.9	20	24.1	18	21.7

6-3 续表 2

行业	企业数(个)	使用信息化管理的企业		财务管理		购销存管理	
		数量(个)	比重(%)	数量(个)	占使用信息化管理企业比重(%)	数量(个)	占使用信息化管理企业比重(%)
信息传输、软件和信息技术服务业	**196**	**192**	**98.0**	**179**	**93.2**	**54**	**28.1**
电信、广播电视和卫星传输服务	11	10	90.9	10	100.0	4	40.0
互联网和相关服务	10	10	100.0	9	90.0	1	10.0
软件和信息技术服务业	175	172	98.3	160	93.0	49	28.5
房地产业	**846**	**803**	**94.9**	**738**	**91.9**	**174**	**21.7**
房地产业	846	803	94.9	738	91.9	174	21.7
租赁和商务服务业	**172**	**162**	**94.2**	**137**	**84.6**	**26**	**16.0**
租赁业	10	10	100.0	9	90.0	3	30.0
商务服务业	162	152	93.8	128	84.2	23	15.1
科学研究和技术服务业	**116**	**112**	**96.6**	**102**	**91.1**	**15**	**13.4**
研究和试验发展	10	10	100.0	9	90.0	4	40.0
专业技术服务业	101	97	96.0	88	90.7	9	9.3
科技推广和应用服务业	5	5	100.0	5	100.0	2	40.0
水利、环境和公共设施管理业	**44**	**43**	**97.7**	**42**	**97.7**	**10**	**23.3**
水利管理业							
生态保护和环境治理业	3	3	100.0	3	100.0	1	33.3
公共设施管理业	41	40	97.6	39	97.5	9	22.5
土地管理业							
居民服务、修理和其他服务业	**32**	**31**	**96.9**	**29**	**93.5**	**18**	**58.1**
居民服务业	19	18	94.7	16	88.9	10	55.6
机动车、电子产品和日用产品修理业	11	11	100.0	11	100.0	8	72.7
其他服务业							
教育	**20**	**19**	**95.0**	**17**	**89.5**	**4**	**21.1**
教育	20	19	95.0	17	89.5	4	21.1
卫生和社会工作	**34**	**34**	**100.0**	**30**	**88.2**	**21**	**61.8**
卫生	34	34	100.0	30	88.2	21	61.8
社会工作							
文化、体育和娱乐业	**40**	**39**	**97.5**	**37**	**94.9**	**19**	**48.7**
新闻和出版业	6	6	100.0	6	100.0	6	100.0
广播、电视、电影和录音制作业	20	20	100.0	19	95.0	11	55.0
文化艺术业	4	4	100.0	4	100.0		
体育	7	6	85.7	5	83.3	1	16.7
娱乐业	3	3	100.0	3	100.0	1	33.3

生产制造管理		物流配送管理		客户关系管理		人力资源管理		其他	
数量（个）	占使用信息化管理企业比重（%）	数量（个）	占使用信息化管理企业比重（%）	数量（个）	占使用信息化管理企业比重（%）	数量（个）	占使用信息化管理企业比重（%）	数量（个）	占使用信息化管理企业比重（%）
24	**12.5**	**7**	**3.6**	**84**	**43.8**	**124**	**64.6**	**33**	**17.2**
		1	10.0	6	60.0	8	80.0	4	40.0
				4	40.0	5	50.0	2	20.0
24	14.0	6	3.5	74	43.0	111	64.5	27	15.7
25	**3.1**	**5**	**0.6**	**186**	**23.2**	**307**	**38.2**	**158**	**19.7**
25	3.1	5	0.6	186	23.2	307	38.2	158	19.7
5	**3.1**	**3**	**1.9**	**56**	**34.6**	**80**	**49.4**	**32**	**19.8**
1	10.0			1	10.0	4	40.0	2	20.0
4	2.6	3	2.0	55	36.2	76	50.0	30	19.7
16	**14.3**	**2**	**1.8**	**27**	**24.1**	**67**	**59.8**	**27**	**24.1**
2	20.0	1	10.0	1	10.0	5	50.0	2	20.0
14	14.4			24	24.7	59	60.8	22	22.7
		1	20.0	2	40.0	3	60.0	3	60.0
5	**11.6**	**1**	**2.3**	**7**	**16.3**	**20**	**46.5**	**11**	**25.6**
2	66.7					3	100.0	1	33.3
3	7.5	1	2.5	7	17.5	17	42.5	10	25.0
1	**3.2**	**2**	**6.5**	**11**	**35.5**	**15**	**48.4**	**9**	**29.0**
				3	16.7	8	44.4	6	33.3
1	9.1	2	18.2	8	72.7	5	45.5	1	9.1
				2	**10.5**	**7**	**36.8**	**14**	**73.7**
				2	10.5	7	36.8	14	73.7
2	**5.9**	**1**	**2.9**	**9**	**26.5**	**9**	**26.5**	**9**	**26.5**
2	5.9	1	2.9	9	26.5	9	26.5	9	26.5
3	**7.7**	**5**	**12.8**	**9**	**23.1**	**14**	**35.9**	**5**	**12.8**
3	50.0	5	83.3	4	66.7	2	33.3	1	16.7
				2	10.0	8	40.0	3	15.0
						2	50.0	1	25.0
				2	33.3				
				1	33.3	2	66.7		

6-4 分地区企业

地区	企业数(个)	使用信息化管理的企业		财务管理		购销存管理		生产制造管理	
		数量(个)	比重(%)	数量(个)	占使用信息化管理企业比重(%)	数量(个)	占使用信息化管理企业比重(%)	数量(个)	占使用信息化管理企业比重(%)
全市	**6516**	**6261**	**96.1**	**5610**	**89.6**	**2354**	**37.6**	**963**	**15.4**
中山区	723	700	96.8	645	92.1	217	31.0	24	3.4
西岗区	371	362	97.6	308	85.1	128	35.4	30	8.3
沙河口区	568	540	95.1	473	87.6	183	33.9	40	7.4
甘井子区	974	937	96.2	841	89.8	375	40.0	125	13.3
旅顺口区	259	247	95.4	227	91.9	101	40.9	56	22.7
金普新区	1248	1211	97.0	1108	91.5	583	48.1	340	28.1
普兰店区	351	331	94.3	285	86.1	125	37.8	59	17.8
长海县	30	28	93.3	21	75.0	10	35.7	2	7.1
保税区	416	403	96.9	359	89.1	184	45.7	83	20.6
高新园区	463	437	94.4	408	93.4	156	35.7	69	15.8
长兴岛	322	317	98.4	301	95.0	25	7.9	13	4.1
花园口	64	62	96.9	54	87.1	23	37.1	10	16.1
瓦房店市	327	308	94.2	269	87.3	131	42.5	64	20.8
庄河市	400	378	94.5	311	82.3	113	29.9	48	12.7

信息化管理情况

物流配送管理		客户关系管理		人力资源管理		其他	
数量（个）	占使用信息化管理企业比重（%）	数量（个）	占使用信息化管理企业比重（%）	数量（个）	占使用信息化管理企业比重（%）	数量（个）	占使用信息化管理企业比重（%）
539	**8.6**	**1596**	**25.5**	**2481**	**39.6**	**1108**	**17.7**
66	9.4	212	30.3	271	38.7	132	18.9
22	6.1	96	26.5	151	41.7	74	20.4
32	5.9	135	25.0	212	39.3	131	24.3
69	7.4	227	24.2	325	34.7	137	14.6
22	8.9	70	28.3	96	38.9	43	17.4
158	13.0	328	27.1	479	39.6	170	14.0
23	6.9	74	22.4	107	32.3	73	22.1
		5	17.9	8	28.6	10	35.7
68	16.9	120	29.8	154	38.2	64	15.9
33	7.6	145	33.2	227	51.9	87	19.9
4	1.3	16	5.0	235	74.1	22	6.9
4	6.5	16	25.8	21	33.9	8	12.9
23	7.5	72	23.4	101	32.8	65	21.1
15	4.0	80	21.2	94	24.9	92	24.3

6-5 分行业企业

行业	企业数(个)	使用局域网的企业	
		数量(个)	比重(%)
总　计	**6516**	**5256**	**80.7**
采矿业	**4**	**1**	**25.0**
煤炭开采和洗选业			
石油和天然气开采业			
黑色金属矿采选业			
有色金属矿采选业			
非金属矿采选业	4	1	25.0
开采专业及辅助性活动			
其他采矿业			
制造业	**1562**	**1378**	**88.2**
农副食品加工业	200	166	83.0
食品制造业	36	34	94.4
酒、饮料和精制茶制造业	9	7	77.8
烟草制品业			
纺织业	17	16	94.1
纺织服装、服饰业	93	80	86.0
皮革、毛皮、羽毛及其制品和制鞋业	10	6	60.0
木材加工和木、竹、藤、棕、草制品业	36	28	77.8
家具制造业	25	24	96.0
造纸和纸制品业	18	16	88.9
印刷和记录媒介复制业	15	14	93.3
文教、工美、体育和娱乐用品制造业	7	7	100.0
石油、煤炭及其他燃料加工业	14	10	71.4
化学原料和化学制品制造业	83	73	88.0
医药制造业	20	18	90.0
化学纤维制造业			
橡胶和塑料制品业	63	55	87.3
非金属矿物制品业	70	58	82.9
黑色金属冶炼和压延加工业	21	20	95.2
有色金属冶炼和压延加工业	13	12	92.3
金属制品业	134	112	83.6
通用设备制造业	239	218	91.2
专用设备制造业	93	86	92.5

注：根据数据保密相关规定，单位数量小于3个，未列出数据，导致总计与分项之和不等。

使用网络情况

使用互联网的企业					
		窄带接入		宽带接入	
数量（个）	比重（%）	数量（个）	占接入互联网企业比重（%）	数量（个）	占接入互联网企业比重（%）
6448	**99.0**	**217**	**3.4**	**6420**	**99.6**
3	**75.0**			**3**	**100.0**
3	75.0			3	100.0
1561	**99.9**	**48**	**3.1**	**1554**	**99.6**
199	99.5	7	3.5	196	98.5
36	100.0	1	2.8	36	100.0
9	100.0			9	100.0
17	100.0			17	100.0
93	100.0	3	3.2	93	100.0
10	100.0	1	10.0	10	100.0
36	100.0	3	8.3	36	100.0
25	100.0	1	4.0	25	100.0
18	100.0	1	5.6	18	100.0
15	100.0	1	6.7	15	100.0
7	100.0			7	100.0
14	100.0			13	92.9
83	100.0	2	2.4	83	100.0
20	100.0	1	5.0	20	100.0
63	100.0	1	1.6	63	100.0
70	100.0	1	1.4	70	100.0
21	100.0	1	4.8	21	100.0
13	100.0			13	100.0
134	100.0	8	6.0	134	100.0
239	100.0	7	2.9	237	99.2
93	100.0	2	2.2	93	100.0

6-5 续表 1

行业	企业数(个)	使用局域网的企业	
		数量(个)	比重(%)
汽车制造业	104	96	92.3
铁路、船舶、航空航天和其他运输设备制造业	64	58	90.6
电气机械和器材制造业	88	81	92.0
计算机、通信和其他电子设备制造业	40	39	97.5
仪器仪表制造业	28	28	100.0
其他制造业			
废弃资源综合利用业	6	6	100.0
金属制品、机械和设备修理业	13	7	53.8
电力、热力、燃气及水生产和供应业	**79**	**73**	**92.4**
电力、热力生产和供应业	57	52	91.2
燃气生产和供应业	9	8	88.9
水的生产和供应业	13	13	100.0
建筑业	**1487**	**1108**	**74.5**
房屋建筑业	462	347	75.1
土木工程建筑业	328	240	73.2
建筑安装业	426	332	77.9
建筑装饰、装修和其他建筑业	271	189	69.7
批发和零售业	**1288**	**1025**	**79.6**
批发业	917	722	78.7
零售业	371	303	81.7
交通运输、仓储和邮政业	**410**	**331**	**80.7**
铁路运输业			
道路运输业	109	73	67.0
水上运输业	36	33	91.7
航空运输业	4	4	100.0
管道运输业			
多式联运和运输代理业	196	170	86.7
装卸搬运和仓储业	57	45	78.9
邮政业	5	3	60.0
住宿和餐饮业	**186**	**150**	**80.6**
住宿业	98	84	85.7
餐饮业	88	66	75.0

使用互联网的企业		窄带接入		宽带接入	
数量(个)	比重(%)	数量(个)	占接入互联网企业比重(%)	数量(个)	占接入互联网企业比重(%)
104	100.0	1	1.0	104	100.0
64	100.0	1	1.6	63	98.4
88	100.0	2	2.3	88	100.0
40	100.0	1	2.5	40	100.0
28	100.0	2	7.1	28	100.0
6	100.0			6	100.0
13	100.0			13	100.0
78	**98.7**	**3**	**3.8**	**78**	**100.0**
56	98.2	3	5.4	56	100.0
9	100.0			9	100.0
13	100.0			13	100.0
1464	**98.5**	**55**	**3.8**	**1457**	**99.5**
454	98.3	22	4.8	451	99.3
324	98.8	5	1.5	322	99.4
422	99.1	17	4.0	421	99.8
264	97.4	11	4.2	263	99.6
1280	**99.4**	**28**	**2.2**	**1275**	**99.6**
910	99.2	19	2.1	906	99.6
370	99.7	9	2.4	369	99.7
404	**98.5**	**9**	**2.2**	**403**	**99.8**
107	98.2	2	1.9	106	99.1
36	100.0	1	2.8	36	100.0
4	100.0			4	100.0
192	98.0	5	2.6	192	100.0
57	100.0	1	1.8	57	100.0
5	100.0			5	100.0
186	**100.0**	**13**	**7.0**	**186**	**100.0**
98	100.0	7	7.1	98	100.0
88	100.0	6	6.8	88	100.0

6-5 续表 2

行　业	企业数（个）	使用局域网的企业	
		数量（个）	比重（%）
信息传输、软件和信息技术服务业	**196**	**177**	**90.3**
电信、广播电视和卫星传输服务	11	8	72.7
互联网和相关服务	10	8	80.0
软件和信息技术服务业	175	161	92.0
房地产业	**846**	**642**	**75.9**
房地产业	846	642	75.9
租赁和商务服务业	**172**	**130**	**75.6**
租赁业	10	6	60.0
商务服务业	162	124	76.5
科学研究和技术服务业	**116**	**98**	**84.5**
研究和试验发展	10	8	80.0
专业技术服务业	101	86	85.1
科技推广和应用服务业	5	4	80.0
水利、环境和公共设施管理业	**44**	**33**	**75.0**
水利管理业			
生态保护和环境治理业	3	2	66.7
公共设施管理业	41	31	75.6
土地管理业			
居民服务、修理和其他服务业	**32**	**28**	**87.5**
居民服务业	19	16	84.2
机动车、电子产品和日用产品修理业	11	10	90.9
其他服务业			
教育	**20**	**15**	**75.0**
教育	20	15	75.0
卫生和社会工作	**34**	**32**	**94.1**
卫生	34	32	94.1
社会工作			
文化、体育和娱乐业	**40**	**35**	**87.5**
新闻和出版业	6	6	100.0
广播、电视、电影和录音制作业	20	19	95.0
文化艺术业	4	3	75.0
体育	7	5	71.4
娱乐业	3	2	66.7

使用互联网的企业		窄带接入		宽带接入	
数量（个）	比重（%）	数量（个）	占接入互联网企业比重（%）	数量（个）	占接入互联网企业比重（%）
195	**99.5**	**12**	**6.2**	**193**	**99.0**
11	100.0			11	100.0
10	100.0	1	10.0	10	100.0
174	99.4	11	6.3	172	98.9
822	**97.2**	**29**	**3.5**	**819**	**99.6**
822	97.2	29	3.5	819	99.6
171	**99.4**	**6**	**3.5**	**169**	**98.8**
10	100.0			10	100.0
161	99.4	6	3.7	159	98.8
115	**99.1**	**8**	**7.0**	**115**	**100.0**
10	100.0	1	10.0	10	100.0
100	99.0	7	7.0	100	100.0
5	100.0			5	100.0
44	**100.0**	**3**	**6.8**	**43**	**97.7**
3	100.0			3	100.0
41	100.0	3	7.3	40	97.6
31	**96.9**	**1**	**3.2**	**31**	**100.0**
18	94.7			18	100.0
11	100.0	1	9.1	11	100.0
20	**100.0**	**1**	**5.0**	**20**	**100.0**
20	100.0	1	5.0	20	100.0
34	**100.0**	**1**	**2.9**	**34**	**100.0**
34	100.0	1	2.9	34	100.0
40	**100.0**			**40**	**100.0**
6	100.0			6	100.0
20	100.0			20	100.0
4	100.0			4	100.0
7	100.0			7	100.0
3	100.0			3	100.0

6-6 分地区企业使用网络情况

地区	企业数（个）	使用局域网的企业		使用互联网的企业					
						窄带接入		宽带接入	
		数量（个）	比重（%）	数量（个）	比重（%）	数量（个）	占接入互联网企业比重（%）	数量（个）	占接入互联网企业比重（%）
全市	**6516**	**5256**	**80.7**	**6448**	**99.0**	**217**	**3.4**	**6420**	**99.6**
中山区	723	629	87.0	718	99.3	16	2.2	716	99.7
西岗区	371	301	81.1	369	99.5	13	3.5	368	99.7
沙河口区	568	440	77.5	559	98.4	20	3.6	557	99.6
甘井子区	974	698	71.7	968	99.4	26	2.7	964	99.6
旅顺口区	259	206	79.5	255	98.5	14	5.5	254	99.6
金普新区	1248	1076	86.2	1238	99.2	45	3.6	1234	99.7
普兰店区	351	273	77.8	347	98.9	16	4.6	345	99.4
长海县	30	25	83.3	30	100.0	1	3.3	30	100.0
保税区	416	352	84.6	407	97.8	12	2.9	404	99.3
高新园区	463	387	83.6	455	98.3	26	5.7	452	99.3
长兴岛	322	285	88.5	321	99.7	2	0.6	321	100.0
花园口	64	49	76.6	64	100.0	2	3.1	64	100.0
瓦房店市	327	250	76.5	320	97.9	7	2.2	319	99.7
庄河市	400	285	71.3	397	99.3	17	4.3	392	98.7

6-7　分行业企业建网站情况

行　业	企业数（个）	建立网站的企业		网站数量（个）	每百家拥有网站数（个）
		数量（个）	比重（%）		
总　计	**6516**	**3154**	**48.4**	**3360**	**51.6**
采矿业	**4**	**1**	**25.0**	**1**	**25.0**
煤炭开采和洗选业					
石油和天然气开采业					
黑色金属矿采选业					
有色金属矿采选业					
非金属矿采选业	4	1	25.0	1	25.0
开采专业及辅助性活动					
其他采矿业					
制造业	**1562**	**1048**	**67.1**	**1110**	**71.1**
农副食品加工业	200	125	62.5	136	68.0
食品制造业	36	30	83.3	32	88.9
酒、饮料和精制茶制造业	9	6	66.7	6	66.7
烟草制品业					
纺织业	17	9	52.9	9	52.9
纺织服装、服饰业	93	36	38.7	38	40.9
皮革、毛皮、羽毛及其制品和制鞋业	10	4	40.0	4	40.0
木材加工和木、竹、藤、棕、草制品业	36	16	44.4	18	50.0
家具制造业	25	15	60.0	15	60.0
造纸和纸制品业	18	13	72.2	13	72.2
印刷和记录媒介复制业	15	14	93.3	14	93.3
文教、工美、体育和娱乐用品制造业	7	4	57.1	5	71.4
石油、煤炭及其他燃料加工业	14	8	57.1	8	57.1
化学原料和化学制品制造业	83	65	78.3	65	78.3
医药制造业	20	14	70.0	20	100.0
化学纤维制造业					
橡胶和塑料制品业	63	45	71.4	45	71.4
非金属矿物制品业	70	40	57.1	40	57.1
黑色金属冶炼和压延加工业	21	14	66.7	15	71.4
有色金属冶炼和压延加工业	13	10	76.9	10	76.9
金属制品业	134	104	77.6	110	82.1
通用设备制造业	239	175	73.2	186	77.8
专用设备制造业	93	75	80.6	77	82.8
汽车制造业	104	59	56.7	60	57.7
铁路、船舶、航空航天和其他运输设备制造业	64	38	59.4	40	62.5
电气机械和器材制造业	88	74	84.1	84	95.5
计算机、通信和其他电子设备制造业	40	25	62.5	29	72.5
仪器仪表制造业	28	22	78.6	22	78.6
其他制造业					
废弃资源综合利用业	6	3	50.0	3	50.0
金属制品、机械和设备修理业	13	4	30.8	4	30.8
电力、热力、燃气及水生产和供应业	**79**	**37**	**46.8**	**39**	**49.4**
电力、热力生产和供应业	57	25	43.9	27	47.4
燃气生产和供应业	9	5	55.6	5	55.6
水的生产和供应业	13	7	53.8	7	53.8
建筑业	**1487**	**603**	**40.6**	**630**	**42.4**
房屋建筑业	462	174	37.7	181	39.2
土木工程建筑业	328	131	39.9	135	41.2
建筑安装业	426	183	43.0	191	44.8
建筑装饰、装修和其他建筑业	271	115	42.4	123	45.4

注：根据数据保密相关规定，行业单位数量小于3个，未列出数据，导致总计与分项之和不等。

6-7 续表

行业	企业数(个)	建立网站的企业		网站数量(个)	每百家拥有网站数(个)
		数量(个)	比重(%)		
批发和零售业	**1288**	**443**	**34.4**	**495**	**38.4**
批发业	917	276	30.1	296	32.3
零售业	371	167	45.0	199	53.6
交通运输、仓储和邮政业	**410**	**186**	**45.4**	**193**	**47.1**
铁路运输业					
道路运输业	109	41	37.6	43	39.4
水上运输业	36	21	58.3	23	63.9
航空运输业	4	3	75.0	4	100.0
管道运输业					
多式联运和运输代理业	196	98	50.0	98	50.0
装卸搬运和仓储业	57	19	33.3	21	36.8
邮政业	5	2	40.0	2	40.0
住宿和餐饮业	**186**	**102**	**54.8**	**106**	**57.0**
住宿业	98	66	67.3	70	71.4
餐饮业	88	36	40.9	36	40.9
信息传输、软件和信息技术服务业	**196**	**155**	**79.1**	**169**	**86.2**
电信、广播电视和卫星传输服务	11	7	63.6	9	81.8
互联网和相关服务	10	9	90.0	11	110.0
软件和信息技术服务业	175	139	79.4	149	85.1
房地产业	**846**	**317**	**37.5**	**331**	**39.1**
房地产业	846	317	37.5	331	39.1
租赁和商务服务业	**172**	**84**	**48.8**	**94**	**54.7**
租赁业	10	4	40.0	4	40.0
商务服务业	162	80	49.4	90	55.6
科学研究和技术服务业	**116**	**74**	**63.8**	**78**	**67.2**
研究和试验发展	10	7	70.0	7	70.0
专业技术服务业	101	65	64.4	68	67.3
科技推广和应用服务业	5	2	40.0	3	60.0
水利、环境和公共设施管理业	**44**	**20**	**45.5**	**23**	**52.3**
水利管理业					
生态保护和环境治理业	3	1	33.3	1	33.3
公共设施管理业	41	19	46.3	22	53.7
土地管理业					
居民服务、修理和其他服务业	**32**	**17**	**53.1**	**17**	**53.1**
居民服务业	19	10	52.6	10	52.6
机动车、电子产品和日用产品修理业	11	6	54.5	6	54.5
其他服务业					
教育	**20**	**15**	**75.0**	**18**	**90.0**
教育	20	15	75.0	18	90.0
卫生和社会工作	**34**	**27**	**79.4**	**29**	**85.3**
卫生	34	27	79.4	29	85.3
社会工作					
文化、体育和娱乐业	**40**	**25**	**62.5**	**27**	**67.5**
新闻和出版业	6	6	100.0	8	133.3
广播、电视、电影和录音制作业	20	9	45.0	9	45.0
文化艺术业	4	3	75.0	3	75.0
体育	7	4	57.1	4	57.1
娱乐业	3	3	100.0	3	100.0

6-8　分地区企业建网站情况

地　区	企业数(个)	建立网站的企业		网站数量(个)	每百家拥有网站数(个)
		数量(个)	比重(%)		
全　市	**6516**	**3154**	**48.4**	**3360**	**51.6**
中 山 区	723	339	46.9	357	49.4
西 岗 区	371	180	48.5	195	52.6
沙河口区	568	267	47.0	284	50.0
甘井子区	974	450	46.2	480	49.3
旅顺口区	259	137	52.9	142	54.8
金普新区	1248	725	58.1	763	61.1
普兰店区	351	134	38.2	137	39.0
长 海 县	30	9	30.0	10	33.3
保 税 区	416	204	49.0	236	56.7
高新园区	463	316	68.3	338	73.0
长 兴 岛	322	43	13.4	51	15.8
花 园 口	64	33	51.6	33	51.6
瓦房店市	327	151	46.2	164	50.2
庄 河 市	400	166	41.5	170	42.5

6–9 分行业企业通过

行业	企业数(个)	使用互联网开展活动的企业		收发电子邮件	
		数量(个)	比重(%)	数量(个)	占使用互联网企业的比重(%)
总计	**6516**	**6448**	**99.0**	**6018**	**93.3**
采矿业	**4**	**3**	**75.0**	**3**	**100.0**
煤炭开采和洗选业					
石油和天然气开采业					
黑色金属矿采选业					
有色金属矿采选业					
非金属矿采选业	4	3	75.0	3	100.0
开采专业及辅助性活动					
其他采矿业					
制造业	**1562**	**1561**	**99.9**	**1507**	**96.5**
农副食品加工业	200	199	99.5	187	94.0
食品制造业	36	36	100.0	35	97.2
酒、饮料和精制茶制造业	9	9	100.0	9	100.0
烟草制品业					
纺织业	17	17	100.0	17	100.0
纺织服装、服饰业	93	93	100.0	91	97.8
皮革、毛皮、羽毛及其制品和制鞋业	10	10	100.0	9	90.0
木材加工和木、竹、藤、棕、草制品业	36	36	100.0	32	88.9
家具制造业	25	25	100.0	24	96.0
造纸和纸制品业	18	18	100.0	18	100.0
印刷和记录媒介复制业	15	15	100.0	15	100.0
文教、工美、体育和娱乐用品制造业	7	7	100.0	7	100.0
石油、煤炭及其他燃料加工业	14	14	100.0	14	100.0
化学原料和化学制品制造业	83	83	100.0	83	100.0
医药制造业	20	20	100.0	19	95.0
化学纤维制造业					
橡胶和塑料制品业	63	63	100.0	61	96.8
非金属矿物制品业	70	70	100.0	68	97.1
黑色金属冶炼和压延加工业	21	21	100.0	21	100.0
有色金属冶炼和压延加工业	13	13	100.0	13	100.0
金属制品业	134	134	100.0	131	97.8
通用设备制造业	239	239	100.0	231	96.7
专用设备制造业	93	93	100.0	91	97.8

注：根据数据保密相关规定，行业单位数量小于3个，未列出数据，导致总计与分项之和不等。

互联网开展活动情况

了解商品和服务的信息		从政府机构获取信息		与政府机构互动		使用网上银行	
数量（个）	占使用互联网企业的比重（%）	数量（个）	占使用互联网企业的比重（%）	数量（个）	占使用互联网企业的比重（%）	数量（个）	占使用互联网企业的比重（%）
2752	**42.7**	**3307**	**51.3**	**1603**	**24.9**	**5156**	**80.0**
1	**33.3**	**3**	**100.0**			**3**	**100.0**
1	33.3	3	100.0			3	100.0
847	**54.3**	**958**	**61.4**	**515**	**33.0**	**1345**	**86.2**
98	49.2	108	54.3	56	28.1	161	80.9
20	55.6	26	72.2	13	36.1	33	91.7
7	77.8	7	77.8	6	66.7	6	66.7
13	76.5	9	52.9	3	17.6	16	94.1
37	39.8	45	48.4	21	22.6	77	82.8
6	60.0	6	60.0	4	40.0	8	80.0
14	38.9	16	44.4	7	19.4	29	80.6
14	56.0	14	56.0	7	28.0	20	80.0
8	44.4	11	61.1	3	16.7	18	100.0
9	60.0	12	80.0	5	33.3	13	86.7
4	57.1	5	71.4	3	42.9	6	85.7
8	57.1	8	57.1	4	28.6	12	85.7
46	55.4	51	61.4	27	32.5	76	91.6
12	60.0	9	45.0	7	35.0	17	85.0
43	68.3	48	76.2	23	36.5	58	92.1
39	55.7	43	61.4	24	34.3	57	81.4
13	61.9	10	47.6	7	33.3	18	85.7
7	53.8	10	76.9	6	46.2	11	84.6
68	50.7	68	50.7	35	26.1	113	84.3
132	55.2	150	62.8	77	32.2	214	89.5
53	57.0	59	63.4	37	39.8	84	90.3

6-9 续表 1

行业	企业数(个)	使用互联网开展活动的企业			
				收发电子邮件	
		数量(个)	比重(%)	数量(个)	占使用互联网企业的比重(%)
汽车制造业	104	104	100.0	102	98.1
铁路、船舶、航空航天和其他运输设备制造业	64	64	100.0	61	95.3
电气机械和器材制造业	88	88	100.0	85	96.6
计算机、通信和其他电子设备制造业	40	40	100.0	37	92.5
仪器仪表制造业	28	28	100.0	27	96.4
其他制造业					
废弃资源综合利用业	6	6	100.0	6	100.0
金属制品、机械和设备修理业	13	13	100.0	11	84.6
电力、热力、燃气及水生产和供应业	**79**	**78**	**98.7**	**77**	**98.7**
电力、热力生产和供应业	57	56	98.2	55	98.2
燃气生产和供应业	9	9	100.0	9	100.0
水的生产和供应业	13	13	100.0	13	100.0
建筑业	**1487**	**1464**	**98.5**	**1350**	**92.2**
房屋建筑业	462	454	98.3	414	91.2
土木工程建筑业	328	324	98.8	294	90.7
建筑安装业	426	422	99.1	393	93.1
建筑装饰、装修和其他建筑业	271	264	97.4	249	94.3
批发和零售业	**1288**	**1280**	**99.4**	**1197**	**93.5**
批发业	917	910	99.2	867	95.3
零售业	371	370	99.7	330	89.2
交通运输、仓储和邮政业	**410**	**404**	**98.5**	**376**	**93.1**
铁路运输业					
道路运输业	109	107	98.2	96	89.7
水上运输业	36	36	100.0	32	88.9
航空运输业	4	4	100.0	4	100.0
管道运输业					
多式联运和运输代理业	196	192	98.0	184	95.8
装卸搬运和仓储业	57	57	100.0	52	91.2
邮政业	5	5	100.0	5	100.0
住宿和餐饮业	**186**	**186**	**100.0**	**157**	**84.4**
住宿业	98	98	100.0	89	90.8
餐饮业	88	88	100.0	68	77.3

了解商品和服务的信息		从政府机构获取信息		与政府机构互动		使用网上银行	
数量（个）	占使用互联网企业的比重（%）	数量（个）	占使用互联网企业的比重（%）	数量（个）	占使用互联网企业的比重（%）	数量（个）	占使用互联网企业的比重（%）
55	52.9	73	70.2	41	39.4	90	86.5
31	48.4	45	70.3	23	35.9	53	82.8
56	63.6	63	71.6	31	35.2	76	86.4
25	62.5	32	80.0	24	60.0	37	92.5
19	67.9	19	67.9	12	42.9	24	85.7
4	66.7	3	50.0	4	66.7	6	100.0
4	30.8	7	53.8	4	30.8	9	69.2
27	**34.6**	**44**	**56.4**	**30**	**38.5**	**58**	**74.4**
19	33.9	33	58.9	23	41.1	40	71.4
4	44.4	6	66.7	4	44.4	7	77.8
4	30.8	5	38.5	3	23.1	11	84.6
560	**38.3**	**780**	**53.3**	**315**	**21.5**	**1101**	**75.2**
155	34.1	257	56.6	97	21.4	349	76.9
118	36.4	175	54.0	70	21.6	243	75.0
198	46.9	222	52.6	98	23.2	317	75.1
89	33.7	126	47.7	50	18.9	192	72.7
533	**41.6**	**437**	**34.1**	**212**	**16.6**	**1077**	**84.1**
331	36.4	292	32.1	141	15.5	782	85.9
202	54.6	145	39.2	71	19.2	295	79.7
143	**35.4**	**201**	**49.8**	**97**	**24.0**	**318**	**78.7**
29	27.1	44	41.1	15	14.0	79	73.8
15	41.7	19	52.8	6	16.7	26	72.2
2	50.0	2	50.0	2	50.0	3	75.0
75	39.1	99	51.6	55	28.6	164	85.4
18	31.6	32	56.1	17	29.8	42	73.7
2	40.0	4	80.0	1	20.0	4	80.0
80	**43.0**	**88**	**47.3**	**39**	**21.0**	**136**	**73.1**
47	48.0	57	58.2	24	24.5	76	77.6
33	37.5	31	35.2	15	17.0	60	68.2

6–9 续表 2

行业	企业数(个)	使用互联网开展活动的企业		收发电子邮件	
		数量(个)	比重(%)	数量(个)	占使用互联网企业的比重(%)
信息传输、软件和信息技术服务业	**196**	**195**	**99.5**	**190**	**97.4**
电信、广播电视和卫星传输服务	11	11	100.0	11	100.0
互联网和相关服务	10	10	100.0	9	90.0
软件和信息技术服务业	175	174	99.4	170	97.7
房地产业	**846**	**822**	**97.2**	**759**	**92.3**
房地产业	846	822	97.2	759	92.3
租赁和商务服务业	**172**	**171**	**99.4**	**143**	**83.6**
租赁业	10	10	100.0	8	80.0
商务服务业	162	161	99.4	135	83.9
科学研究和技术服务业	**116**	**115**	**99.1**	**113**	**98.3**
研究和试验发展	10	10	100.0	10	100.0
专业技术服务业	101	100	99.0	98	98.0
科技推广和应用服务业	5	5	100.0	5	100.0
水利、环境和公共设施管理业	**44**	**44**	**100.0**	**40**	**90.9**
水利管理业					
生态保护和环境治理业	3	3	100.0	3	100.0
公共设施管理业	41	41	100.0	37	90.2
土地管理业					
居民服务、修理和其他服务业	**32**	**31**	**96.9**	**23**	**74.2**
居民服务业	19	18	94.7	11	61.1
机动车、电子产品和日用产品修理业	11	11	100.0	10	90.9
其他服务业					
教育	**20**	**20**	**100.0**	**20**	**100.0**
教育	20	20	100.0	20	100.0
卫生和社会工作	**34**	**34**	**100.0**	**31**	**91.2**
卫生	34	34	100.0	31	91.2
社会工作					
文化、体育和娱乐业	**40**	**40**	**100.0**	**32**	**80.0**
新闻和出版业	6	6	100.0	6	100.0
广播、电视、电影和录音制作业	20	20	100.0	16	80.0
文化艺术业	4	4	100.0	4	100.0
体育	7	7	100.0	5	71.4
娱乐业	3	3	100.0	1	33.3

了解商品和服务的信息		从政府机构获取信息		与政府机构互动		使用网上银行	
数量（个）	占使用互联网企业的比重（%）	数量（个）	占使用互联网企业的比重（%）	数量（个）	占使用互联网企业的比重（%）	数量（个）	占使用互联网企业的比重（%）
118	**60.5**	**142**	**72.8**	**93**	**47.7**	**169**	**86.7**
7	63.6	7	63.6	6	54.5	9	81.8
5	50.0	5	50.0	2	20.0	9	90.0
106	60.9	130	74.7	85	48.9	151	86.8
254	**30.9**	**424**	**51.6**	**188**	**22.9**	**589**	**71.7**
254	30.9	424	51.6	188	22.9	589	71.7
70	**40.9**	**89**	**52.0**	**46**	**26.9**	**136**	**79.5**
4	40.0	6	60.0	2	20.0	9	90.0
66	41.0	83	51.6	44	27.3	127	78.9
51	**44.3**	**71**	**61.7**	**35**	**30.4**	**94**	**81.7**
2	20.0	3	30.0			7	70.0
46	46.0	64	64.0	34	34.0	83	83.0
3	60.0	4	80.0	1	20.0	4	80.0
14	**31.8**	**19**	**43.2**	**9**	**20.5**	**30**	**68.2**
2	66.7					3	100.0
12	29.3	19	46.3	9	22.0	27	65.9
16	**51.6**	**11**	**35.5**	**6**	**19.4**	**25**	**80.6**
8	44.4	5	27.8	1	5.6	14	77.8
8	72.7	5	45.5	5	45.5	9	81.8
8	**40.0**	**11**	**55.0**	**2**	**10.0**	**17**	**85.0**
8	40.0	11	55.0	2	10.0	17	85.0
13	**38.2**	**15**	**44.1**	**9**	**26.5**	**28**	**82.4**
13	38.2	15	44.1	9	26.5	28	82.4
17	**42.5**	**14**	**35.0**	**7**	**17.5**	**30**	**75.0**
5	83.3	3	50.0			4	66.7
8	40.0	5	25.0	5	25.0	14	70.0
2	50.0	1	25.0			4	100.0
1	14.3	3	42.9	2	28.6	5	71.4
1	33.3	2	66.7			3	100.0

6-9 续表 3

行业	使用其他金融服务		提供客户服务		拨打互联网电话或召开视频会议	
	数量(个)	占使用互联网企业的比重(%)	数量(个)	占使用互联网企业的比重(%)	数量(个)	占使用互联网企业的比重(%)
总　计	**677**	**10.5**	**2064**	**32.0**	**1214**	**18.8**
采矿业	**1**	**33.3**	**1**	**33.3**		
煤炭开采和洗选业						
石油和天然气开采业						
黑色金属矿采选业						
有色金属矿采选业						
非金属矿采选业	1	33.3	1	33.3		
开采专业及辅助性活动						
其他采矿业						
制造业	**219**	**14.0**	**626**	**40.1**	**439**	**28.1**
农副食品加工业	29	14.6	79	39.7	35	17.6
食品制造业	7	19.4	17	47.2	11	30.6
酒、饮料和精制茶制造业	1	11.1	3	33.3	6	66.7
烟草制品业						
纺织业			4	23.5	5	29.4
纺织服装、服饰业	16	17.2	30	32.3	15	16.1
皮革、毛皮、羽毛及其制品和制鞋业			5	50.0	1	10.0
木材加工和木、竹、藤、棕、草制品业	3	8.3	11	30.6	2	5.6
家具制造业	1	4.0	10	40.0	3	12.0
造纸和纸制品业	1	5.6	10	55.6	1	5.6
印刷和记录媒介复制业	7	46.7	6	40.0	5	33.3
文教、工美、体育和娱乐用品制造业	1	14.3	4	57.1	1	14.3
石油、煤炭及其他燃料加工业	1	7.1	4	28.6	3	21.4
化学原料和化学制品制造业	12	14.5	29	34.9	21	25.3
医药制造业	3	15.0	10	50.0	10	50.0
化学纤维制造业						
橡胶和塑料制品业	9	14.3	31	49.2	22	34.9
非金属矿物制品业	11	15.7	18	25.7	17	24.3
黑色金属冶炼和压延加工业	2	9.5	9	42.9	9	42.9
有色金属冶炼和压延加工业	3	23.1	4	30.8	5	38.5
金属制品业	13	9.7	51	38.1	26	19.4
通用设备制造业	36	15.1	95	39.7	72	30.1
专用设备制造业	16	17.2	49	52.7	33	35.5

在线提供产品		发布消息或即时消息		员工培训		对外或对内招聘	
数量(个)	占使用互联网企业的比重(%)	数量(个)	占使用互联网企业的比重(%)	数量(个)	占使用互联网企业的比重(%)	数量(个)	占使用互联网企业的比重(%)
683	**10.6**	**1675**	**26.0**	**1932**	**30.0**	**2192**	**34.0**
1	**33.3**	**2**	**66.7**	**1**	**33.3**	**2**	**66.7**
1	33.3	2	66.7	1	33.3	2	66.7
234	**15.0**	**481**	**30.8**	**406**	**26.0**	**700**	**44.8**
41	20.6	47	23.6	40	20.1	74	37.2
14	38.9	17	47.2	9	25.0	17	47.2
		4	44.4	7	77.8	5	55.6
2	11.8	7	41.2	1	5.9	7	41.2
8	8.6	19	20.4	19	20.4	26	28.0
4	40.0	1	10.0	3	30.0	6	60.0
3	8.3	4	11.1	6	16.7	14	38.9
5	20.0	6	24.0	2	8.0	9	36.0
3	16.7	2	11.1	3	16.7	7	38.9
2	13.3	7	46.7	4	26.7	11	73.3
3	42.9	3	42.9	2	28.6	2	28.6
2	14.3	8	57.1	8	57.1	4	28.6
9	10.8	28	33.7	25	30.1	40	48.2
4	20.0	11	55.0	10	50.0	17	85.0
				1	100.0	1	100.0
12	19.0	20	31.7	16	25.4	33	52.4
10	14.3	19	27.1	15	21.4	27	38.6
6	28.6	7	33.3	6	28.6	8	38.1
2	15.4	4	30.8	3	23.1	7	53.8
14	10.4	36	26.9	31	23.1	57	42.5
26	10.9	66	27.6	63	26.4	106	44.4
12	12.9	40	43.0	29	31.2	53	57.0

6-9 续表 4

行业	使用其他金融服务		提供客户服务		拨打互联网电话或召开视频会议	
	数量(个)	占使用互联网企业的比重(%)	数量(个)	占使用互联网企业的比重(%)	数量(个)	占使用互联网企业的比重(%)
汽车制造业	15	14.4	45	43.3	53	51.0
铁路、船舶、航空航天和其他运输设备制造业	7	10.9	20	31.3	13	20.3
电气机械和器材制造业	10	11.4	42	47.7	28	31.8
计算机、通信和其他电子设备制造业	5	12.5	17	42.5	24	60.0
仪器仪表制造业	8	28.6	15	53.6	14	50.0
其他制造业			1	50.0		
废弃资源综合利用业	1	16.7	4	66.7	3	50.0
金属制品、机械和设备修理业	1	7.7	3	23.1	1	7.7
电力、热力、燃气及水生产和供应业	**7**	**9.0**	**24**	**30.8**	**21**	**26.9**
电力、热力生产和供应业	3	5.4	15	26.8	13	23.2
燃气生产和供应业	2	22.2	5	55.6	4	44.4
水的生产和供应业	2	15.4	4	30.8	4	30.8
建筑业	**128**	**8.7**	**297**	**20.3**	**90**	**6.1**
房屋建筑业	40	8.8	76	16.7	29	6.4
土木工程建筑业	35	10.8	66	20.4	20	6.2
建筑安装业	31	7.3	95	22.5	28	6.6
建筑装饰、装修和其他建筑业	22	8.3	60	22.7	13	4.9
批发和零售业	**119**	**9.3**	**388**	**30.3**	**212**	**16.6**
批发业	76	8.4	241	26.5	124	13.6
零售业	43	11.6	147	39.7	88	23.8
交通运输、仓储和邮政业	**38**	**9.4**	**180**	**44.6**	**76**	**18.8**
铁路运输业			1	50.0	1	50.0
道路运输业	8	7.5	34	31.8	6	5.6
水上运输业	4	11.1	9	25.0	8	22.2
航空运输业			2	50.0	1	25.0
管道运输业			1	100.0	1	100.0
多式联运和运输代理业	21	10.9	113	58.9	46	24.0
装卸搬运和仓储业	3	5.3	17	29.8	10	17.5
邮政业	2	40.0	3	60.0	3	60.0
住宿和餐饮业	**12**	**6.5**	**70**	**37.6**	**22**	**11.8**
住宿业	5	5.1	46	46.9	15	15.3
餐饮业	7	8.0	24	27.3	7	8.0

在线提供产品		发布消息或即时消息		员工培训		对外或对内招聘	
数量(个)	占使用互联网企业的比重(%)	数量(个)	占使用互联网企业的比重(%)	数量(个)	占使用互联网企业的比重(%)	数量(个)	占使用互联网企业的比重(%)
13	12.5	40	38.5	34	32.7	57	54.8
7	10.9	19	29.7	17	26.6	28	43.8
15	17.0	28	31.8	26	29.5	34	38.6
7	17.5	18	45.0	11	27.5	25	62.5
7	25.0	13	46.4	9	32.1	18	64.3
1	50.0						
2	33.3	4	66.7	4	66.7	5	83.3
		3	23.1	2	15.4	2	15.4
1	**1.3**	**30**	**38.5**	**27**	**34.6**	**24**	**30.8**
1	1.8	23	41.1	19	33.9	16	28.6
		4	44.4	5	55.6	3	33.3
		3	23.1	3	23.1	5	38.5
66	**4.5**	**273**	**18.6**	**378**	**25.8**	**380**	**26.0**
21	4.6	86	18.9	120	26.4	109	24.0
14	4.3	62	19.1	95	29.3	84	25.9
19	4.5	77	18.2	98	23.2	119	28.2
12	4.5	48	18.2	65	24.6	68	25.8
145	**11.3**	**272**	**21.3**	**491**	**38.4**	**344**	**26.9**
82	9.0	144	15.8	352	38.7	195	21.4
63	17.0	128	34.6	139	37.6	149	40.3
28	**6.9**	**111**	**27.5**	**107**	**26.5**	**125**	**30.9**
		1	50.0			1	50.0
5	4.7	21	19.6	19	17.8	27	25.2
2	5.6	12	33.3	8	22.2	9	25.0
1	25.0	2	50.0	3	75.0	1	25.0
				1	100.0		
15	7.8	60	31.3	59	30.7	70	36.5
4	7.0	12	21.1	14	24.6	14	24.6
1	20.0	3	60.0	3	60.0	3	60.0
37	**19.9**	**51**	**27.4**	**56**	**30.1**	**71**	**38.2**
27	27.6	34	34.7	36	36.7	46	46.9
10	11.4	17	19.3	20	22.7	25	28.4

6-9 续表 5

行业	使用其他金融服务		提供客户服务		拨打互联网电话或召开视频会议	
	数量（个）	占使用互联网企业的比重（%）	数量（个）	占使用互联网企业的比重（%）	数量（个）	占使用互联网企业的比重（%）
信息传输、软件和信息技术服务业	**32**	**16.4**	**126**	**64.6**	**121**	**62.1**
电信、广播电视和卫星传输服务			7	63.6	7	63.6
互联网和相关服务	1	10.0	8	80.0	2	20.0
软件和信息技术服务业	31	17.8	111	63.8	112	64.4
房地产业	**73**	**8.9**	**178**	**21.7**	**133**	**16.2**
房地产业	73	8.9	178	21.7	133	16.2
租赁和商务服务业	**18**	**10.5**	**74**	**43.3**	**38**	**22.2**
租赁业	1	10.0	4	40.0	2	20.0
商务服务业	17	10.6	70	43.5	36	22.4
科学研究和技术服务业	**14**	**12.2**	**43**	**37.4**	**28**	**24.3**
研究和试验发展			1	10.0	3	30.0
专业技术服务业	13	13.0	38	38.0	22	22.0
科技推广和应用服务业	1	20.0	4	80.0	3	60.0
水利、环境和公共设施管理业	**4**	**9.1**	**7**	**15.9**	**8**	**18.2**
水利管理业						
生态保护和环境治理业			1	33.3	1	33.3
公共设施管理业	4	9.8	6	14.6	7	17.1
土地管理业						
居民服务、修理和其他服务业	**5**	**16.1**	**14**	**45.2**	**5**	**16.1**
居民服务业	1	5.6	8	44.4	2	11.1
机动车、电子产品和日用产品修理业	4	36.4	5	45.5	3	27.3
其他服务业			1	50.0		
教育	**1**	**5.0**	**7**	**35.0**	**9**	**45.0**
教育	1	5.0	7	35.0	9	45.0
卫生和社会工作	**3**	**8.8**	**15**	**44.1**	**8**	**23.5**
卫生	3	8.8	15	44.1	8	23.5
社会工作						
文化、体育和娱乐业	**3**	**7.5**	**14**	**35.0**	**4**	**10.0**
新闻和出版业			4	66.7		
广播、电视、电影和录音制作业	2	10.0	5	25.0	3	15.0
文化艺术业			3	75.0	1	25.0
体育	1	14.3	1	14.3		
娱乐业			1	33.3		

在线提供产品		发布消息或即时消息		员工培训		对外或对内招聘	
数量（个）	占使用互联网企业的比重（%）	数量（个）	占使用互联网企业的比重（%）	数量（个）	占使用互联网企业的比重（%）	数量（个）	占使用互联网企业的比重（%）
63	**32.3**	**98**	**50.3**	**111**	**56.9**	**134**	**68.7**
2	18.2	6	54.5	5	45.5	7	63.6
5	50.0	5	50.0	4	40.0	5	50.0
56	32.2	87	50.0	102	58.6	122	70.1
39	**4.7**	**185**	**22.5**	**190**	**23.1**	**223**	**27.1**
39	4.7	185	22.5	190	23.1	223	27.1
34	**19.9**	**71**	**41.5**	**60**	**35.1**	**71**	**41.5**
		5	50.0	2	20.0	6	60.0
34	21.1	66	41.0	58	36.0	65	40.4
9	**7.8**	**48**	**41.7**	**50**	**43.5**	**54**	**47.0**
1	10.0	3	30.0	2	20.0	4	40.0
6	6.0	42	42.0	44	44.0	47	47.0
2	40.0	3	60.0	4	80.0	3	60.0
4	**9.1**	**9**	**20.5**	**14**	**31.8**	**18**	**40.9**
				2	66.7	2	66.7
4	9.8	9	22.0	12	29.3	16	39.0
6	**19.4**	**9**	**29.0**	**13**	**41.9**	**14**	**45.2**
4	22.2	5	27.8	6	33.3	8	44.4
2	18.2	4	36.4	7	63.6	6	54.5
2	**10.0**	**8**	**40.0**	**5**	**25.0**	**7**	**35.0**
2	10.0	8	40.0	5	25.0	7	35.0
3	**8.8**	**11**	**32.4**	**14**	**41.2**	**13**	**38.2**
3	8.8	11	32.4	14	41.2	13	38.2
11	**27.5**	**16**	**40.0**	**9**	**22.5**	**12**	**30.0**
1	16.7	3	50.0	1	16.7	2	33.3
5	25.0	7	35.0	6	30.0	4	20.0
3	75.0	3	75.0			2	50.0
1	14.3	2	28.6	1	14.3	3	42.9
1	33.3	1	33.3	1	33.3	1	33.3

6–10 分地区企业通过

地区	企业数(个)	使用互联网开展活动的企业 数量(个)	使用互联网开展活动的企业 比重(%)	收发电子邮件 数量(个)	收发电子邮件 占使用互联网企业的比重(%)	了解商品和服务的信息 数量(个)	了解商品和服务的信息 占使用互联网企业的比重(%)
全　市	**6516**	**6448**	**99.0**	**6018**	**93.3**	**2752**	**42.7**
中山区	723	718	99.3	682	95.0	316	44.0
西岗区	371	369	99.5	347	94.0	177	48.0
沙河口区	568	559	98.4	503	90.0	255	45.6
甘井子区	974	968	99.4	919	94.9	414	42.8
旅顺口区	259	255	98.5	240	94.1	107	42.0
金普新区	1248	1238	99.2	1163	93.9	571	46.1
普兰店区	351	347	98.9	321	92.5	127	36.6
长海县	30	30	100.0	27	90.0	9	30.0
保税区	416	407	97.8	387	95.1	204	50.1
高新园区	463	455	98.3	422	92.7	241	53.0
长兴岛	322	321	99.7	314	97.8	28	8.7
花园口	64	64	100.0	54	84.4	27	42.2
瓦房店市	327	320	97.9	286	89.4	128	40.0
庄河市	400	397	99.3	353	88.9	148	37.3

6–10 续表

地区	使用其他金融服务 数量(个)	使用其他金融服务 占使用互联网企业的比重(%)	提供客户服务 数量(个)	提供客户服务 占使用互联网企业的比重(%)	拨打互联网电话或召开视频会议 数量(个)	拨打互联网电话或召开视频会议 占使用互联网企业的比重(%)
全　市	**677**	**10.5**	**2064**	**32.0**	**1214**	**18.8**
中山区	82	11.4	257	35.8	153	21.3
西岗区	31	8.4	118	32.0	64	17.3
沙河口区	55	9.8	171	30.6	86	15.4
甘井子区	101	10.4	287	29.6	168	17.4
旅顺口区	33	12.9	89	34.9	38	14.9
金普新区	143	11.6	430	34.7	286	23.1
普兰店区	29	8.4	86	24.8	32	9.2
长海县	5	16.7	8	26.7	3	10.0
保税区	54	13.3	166	40.8	107	26.3
高新园区	65	14.3	212	46.6	181	39.8
长兴岛	9	2.8	23	7.2	12	3.7
花园口	8	12.5	24	37.5	12	18.8
瓦房店市	25	7.8	93	29.1	38	11.9
庄河市	37	9.3	100	25.2	34	8.6

互联网开展活动情况

从政府机构获取信息		与政府机构互动		使用网上银行	
数量(个)	占使用互联网企业的比重(%)	数量(个)	占使用互联网企业的比重(%)	数量(个)	占使用互联网企业的比重(%)
3307	**51.3**	**1603**	**24.9**	**5156**	**80.0**
375	52.2	190	26.5	591	82.3
215	58.3	117	31.7	295	79.9
284	50.8	121	21.6	418	74.8
451	46.6	190	19.6	768	79.3
139	54.5	65	25.5	187	73.3
740	59.8	369	29.8	1024	82.7
140	40.3	63	18.2	261	75.2
13	43.3	7	23.3	24	80.0
247	60.7	119	29.2	336	82.6
281	61.8	172	37.8	373	82.0
48	15.0	21	6.5	297	92.5
32	50.0	21	32.8	48	75.0
145	45.3	74	23.1	258	80.6
197	49.6	74	18.6	276	69.5

在线提供产品		发布消息或即时消息		员工培训		对外或对内招聘	
数量(个)	占使用互联网企业的比重(%)	数量(个)	占使用互联网企业的比重(%)	数量(个)	占使用互联网企业的比重(%)	数量(个)	占使用互联网企业的比重(%)
683	**10.6**	**1675**	**26.0**	**1932**	**30.0**	**2192**	**34.0**
81	11.3	215	29.9	180	25.1	259	36.1
37	10.0	109	29.5	107	29.0	132	35.8
58	10.4	139	24.9	152	27.2	190	34.0
106	11.0	262	27.1	272	28.1	337	34.8
30	11.8	63	24.7	71	27.8	87	34.1
129	10.4	326	26.3	327	26.4	472	38.1
29	8.4	52	15.0	69	19.9	87	25.1
1	3.3	4	13.3	8	26.7	4	13.3
40	9.8	117	28.7	120	29.5	144	35.4
97	21.3	186	40.9	197	43.3	236	51.9
10	3.1	30	9.3	232	72.3	35	10.9
4	6.3	19	29.7	16	25.0	25	39.1
27	8.4	70	21.9	89	27.8	94	29.4
34	8.6	83	20.9	92	23.2	90	22.7

6–11 分行业企业互联网

行业	企业数(个)	使用互联网的企业		通过互联网进行宣传推广的企业		自有网站	
		数量(个)	比重(%)	数量(个)	占使用互联网企业的比重(%)	数量(个)	占使用互联网企业的比重(%)
总　计	**6516**	**6448**	**99.0**	**4790**	**74.3**	**1960**	**30.4**
采矿业	**4**	**3**	**75.0**	**1**	**33.3**	**1**	**33.3**
煤炭开采和洗选业							
石油和天然气开采业							
黑色金属矿采选业							
有色金属矿采选业							
非金属矿采选业	4	3	75.0	1	33.3	1	33.3
开采专业及辅助性活动							
其他采矿业							
制造业	**1562**	**1561**	**99.9**	**1282**	**82.1**	**752**	**48.2**
农副食品加工业	200	199	99.5	165	82.9	87	43.7
食品制造业	36	36	100.0	31	86.1	22	61.1
酒、饮料和精制茶制造业	9	9	100.0	7	77.8	1	11.1
烟草制品业							
纺织业	17	17	100.0	14	82.4	7	41.2
纺织服装、服饰业	93	93	100.0	66	71.0	22	23.7
皮革、毛皮、羽毛及其制品和制鞋业	10	10	100.0	6	60.0	2	20.0
木材加工和木、竹、藤、棕、草制品业	36	36	100.0	27	75.0	9	25.0
家具制造业	25	25	100.0	20	80.0	9	36.0
造纸和纸制品业	18	18	100.0	16	88.9	8	44.4
印刷和记录媒介复制业	15	15	100.0	14	93.3	6	40.0
文教、工美、体育和娱乐用品制造业	7	7	100.0	5	71.4	1	14.3
石油、煤炭及其他燃料加工业	14	14	100.0	12	85.7	5	35.7
化学原料和化学制品制造业	83	83	100.0	72	86.7	53	63.9
医药制造业	20	20	100.0	18	90.0	13	65.0
化学纤维制造业							
橡胶和塑料制品业	63	63	100.0	54	85.7	30	47.6
非金属矿物制品业	70	70	100.0	59	84.3	24	34.3
黑色金属冶炼和压延加工业	21	21	100.0	19	90.5	10	47.6
有色金属冶炼和压延加工业	13	13	100.0	11	84.6	9	69.2
金属制品业	134	134	100.0	110	82.1	70	52.2
通用设备制造业	239	239	100.0	206	86.2	133	55.6
专用设备制造业	93	93	100.0	80	86.0	65	69.9

注：根据数据保密相关规定，行业单位数量小于3个，未列出数据，导致总计与分项之和不等。

宣传和推广情况

互联网广告		搜索引擎		电子商务平台		电子邮件		社交网站或即时通讯社交工具	
数量（个）	占使用互联网企业的比重（%）	数量（个）	占使用互联网企业的比重（%）	数量（个）	占使用互联网企业的比重（%）	数量（个）	占使用互联网企业的比重（%）	数量（个）	占使用互联网企业的比重（%）
1562	**24.2**	**679**	**10.5**	**369**	**5.7**	**1907**	**29.6**	**879**	**13.6**
1	**33.3**	**1**	**33.3**	**1**	**33.3**	**1**	**33.3**		
1	33.3	1	33.3	1	33.3	1	33.3		
325	**20.8**	**185**	**11.9**	**121**	**7.8**	**597**	**38.2**	**197**	**12.6**
54	27.1	18	9.0	26	13.1	80	40.2	25	12.6
10	27.8	5	13.9	13	36.1	10	27.8	9	25.0
6	66.7	1	11.1	2	22.2	4	44.4	4	44.4
1	5.9	2	11.8	1	5.9	9	52.9	4	23.5
10	10.8	2	2.2	8	8.6	42	45.2	11	11.8
3	30.0	1	10.0	1	10.0	2	20.0	2	20.0
6	16.7	1	2.8	4	11.1	10	27.8	3	8.3
5	20.0	3	12.0	2	8.0	9	36.0	3	12.0
4	22.2	3	16.7	1	5.6	8	44.4	3	16.7
5	33.3					6	40.0	3	20.0
2	28.6			1	14.3	3	42.9		
2	14.3	2	14.3			7	50.0	4	28.6
18	21.7	14	16.9	6	7.2	31	37.3	10	12.0
4	20.0	7	35.0	4	20.0	7	35.0	5	25.0
14	22.2	9	14.3	3	4.8	25	39.7	10	15.9
15	21.4	13	18.6	4	5.7	28	40.0	8	11.4
5	23.8			1	4.8	11	52.4	1	4.8
3	23.1	2	15.4	1	7.7	4	30.8	3	23.1
32	23.9	17	12.7	4	3.0	52	38.8	12	9.0
50	20.9	30	12.6	13	5.4	95	39.7	30	12.6
13	14.0	12	12.9	7	7.5	35	37.6	9	9.7

6-11 续表 1

行业	企业数(个)	使用互联网的企业 数量(个)	使用互联网的企业 比重(%)	通过互联网进行宣传推广的企业 数量(个)	通过互联网进行宣传推广的企业 占使用互联网企业的比重(%)	自有网站 数量(个)	自有网站 占使用互联网企业的比重(%)
汽车制造业	104	104	100.0	79	76.0	40	38.5
铁路、船舶、航空航天和其他运输设备制造业	64	64	100.0	44	68.8	24	37.5
电气机械和器材制造业	88	88	100.0	74	84.1	60	68.2
计算机、通信和其他电子设备制造业	40	40	100.0	30	75.0	19	47.5
仪器仪表制造业	28	28	100.0	27	96.4	18	64.3
其他制造业							
废弃资源综合利用业	6	6	100.0	6	100.0	2	33.3
金属制品、机械和设备修理业	13	13	100.0	7	53.8	2	15.4
电力、热力、燃气及水生产和供应业	**79**	**78**	**98.7**	**52**	**66.7**	**27**	**34.6**
电力、热力生产和供应业	57	56	98.2	35	62.5	17	30.4
燃气生产和供应业	9	9	100.0	8	88.9	4	44.4
水的生产和供应业	13	13	100.0	9	69.2	6	46.2
建筑业	**1487**	**1464**	**98.5**	**1051**	**71.8**	**301**	**20.6**
房屋建筑业	462	454	98.3	321	70.7	77	17.0
土木工程建筑业	328	324	98.8	232	71.6	65	20.1
建筑安装业	426	422	99.1	317	75.1	104	24.6
建筑装饰、装修和其他建筑业	271	264	97.4	181	68.6	55	20.8
批发和零售业	**1288**	**1280**	**99.4**	**755**	**59.0**	**229**	**17.9**
批发业	917	910	99.2	469	51.5	153	16.8
零售业	371	370	99.7	286	77.3	76	20.5
交通运输、仓储和邮政业	**410**	**404**	**98.5**	**307**	**76.0**	**122**	**30.2**
铁路运输业							
道路运输业	109	107	98.2	76	71.0	21	19.6
水上运输业	36	36	100.0	29	80.6	11	30.6
航空运输业	4	4	100.0	4	100.0	3	75.0
管道运输业							
多式联运和运输代理业	196	192	98.0	154	80.2	69	35.9
装卸搬运和仓储业	57	57	100.0	40	70.2	15	26.3
邮政业	5	5	100.0	2	40.0	1	20.0
住宿和餐饮业	**186**	**186**	**100.0**	**164**	**88.2**	**53**	**28.5**
住宿业	98	98	100.0	90	91.8	38	38.8
餐饮业	88	88	100.0	74	84.1	15	17.0

互联网广告		搜索引擎		电子商务平台		电子邮件		社交网站或即时通讯社交工具	
数量（个）	占使用互联网企业的比重（%）	数量（个）	占使用互联网企业的比重（%）	数量（个）	占使用互联网企业的比重（%）	数量（个）	占使用互联网企业的比重（%）	数量（个）	占使用互联网企业的比重（%）
20	19.2	11	10.6	3	2.9	40	38.5	9	8.7
7	10.9	8	12.5	2	3.1	18	28.1	7	10.9
17	19.3	5	5.7	9	10.2	27	30.7	6	6.8
6	15.0	6	15.0	2	5.0	13	32.5	6	15.0
8	28.6	8	28.6	1	3.6	15	53.6	9	32.1
2	33.3	1	16.7	1	16.7	2	33.3	1	16.7
2	15.4	3	23.1	1	7.7	3	23.1		
6	**7.7**	**2**	**2.6**			**8**	**10.3**	**17**	**21.8**
3	5.4	2	3.6			6	10.7	13	23.2
2	22.2					1	11.1	1	11.1
1	7.7					1	7.7	3	23.1
304	**20.8**	**126**	**8.6**	**46**	**3.1**	**467**	**31.9**	**137**	**9.4**
86	18.9	40	8.8	20	4.4	163	35.9	45	9.9
68	21.0	26	8.0	8	2.5	89	27.5	28	8.6
88	20.9	39	9.2	10	2.4	138	32.7	35	8.3
62	23.5	21	8.0	8	3.0	77	29.2	29	11.0
276	**21.6**	**118**	**9.2**	**75**	**5.9**	**296**	**23.1**	**173**	**13.5**
135	14.8	73	8.0	41	4.5	216	23.7	81	8.9
141	38.1	45	12.2	34	9.2	80	21.6	92	24.9
81	**20.0**	**30**	**7.4**	**20**	**5.0**	**132**	**32.7**	**54**	**13.4**
20	18.7	3	2.8	6	5.6	29	27.1	7	6.5
6	16.7	4	11.1			7	19.4	5	13.9
1	25.0			1	25.0	2	50.0	2	50.0
44	22.9	19	9.9	8	4.2	79	41.1	33	17.2
10	17.5	4	7.0	5	8.8	15	26.3	7	12.3
72	**38.7**	**21**	**11.3**	**35**	**18.8**	**61**	**32.8**	**34**	**18.3**
43	43.9	11	11.2	25	25.5	39	39.8	14	14.3
29	33.0	10	11.4	10	11.4	22	25.0	20	22.7

6-11 续表 2

行业	企业数(个)	使用互联网的企业		通过互联网进行宣传推广的企业		自有网站	
		数量(个)	比重(%)	数量(个)	占使用互联网企业的比重(%)	数量(个)	占使用互联网企业的比重(%)
信息传输、软件和信息技术服务业	**196**	**195**	**99.5**	**184**	**94.4**	**131**	**67.2**
电信、广播电视和卫星传输服务	11	11	100.0	10	90.9	6	54.5
互联网和相关服务	10	10	100.0	10	100.0	7	70.0
软件和信息技术服务业	175	174	99.4	164	94.3	118	67.8
房地产业	**846**	**822**	**97.2**	**627**	**76.3**	**163**	**19.8**
房地产业	846	822	97.2	627	76.3	163	19.8
租赁和商务服务业	**172**	**171**	**99.4**	**125**	**73.1**	**67**	**39.2**
租赁业	10	10	100.0	5	50.0	3	30.0
商务服务业	162	161	99.4	120	74.5	64	39.8
科学研究和技术服务业	**116**	**115**	**99.1**	**101**	**87.8**	**52**	**45.2**
研究和试验发展	10	10	100.0	9	90.0	5	50.0
专业技术服务业	101	100	99.0	87	87.0	46	46.0
科技推广和应用服务业	5	5	100.0	5	100.0	1	20.0
水利、环境和公共设施管理业	**44**	**44**	**100.0**	**33**	**75.0**	**8**	**18.2**
水利管理业							
生态保护和环境治理业	3	3	100.0	3	100.0	1	33.3
公共设施管理业	41	41	100.0	30	73.2	7	17.1
土地管理业							
居民服务、修理和其他服务业	**32**	**31**	**96.9**	**24**	**77.4**	**10**	**32.3**
居民服务业	19	18	94.7	15	83.3	7	38.9
机动车、电子产品和日用产品修理业	11	11	100.0	8	72.7	2	18.2
其他服务业							
教育	**20**	**20**	**100.0**	**18**	**90.0**	**10**	**50.0**
教育	20	20	100.0	18	90.0	10	50.0
卫生和社会工作	**34**	**34**	**100.0**	**31**	**91.2**	**18**	**52.9**
卫生	34	34	100.0	31	91.2	18	52.9
社会工作							
文化、体育和娱乐业	**40**	**40**	**100.0**	**35**	**87.5**	**16**	**40.0**
新闻和出版业	6	6	100.0	6	100.0	5	83.3
广播、电视、电影和录音制作业	20	20	100.0	18	90.0	4	20.0
文化艺术业	4	4	100.0	4	100.0	3	75.0
体育	7	7	100.0	4	57.1	2	28.6
娱乐业	3	3	100.0	3	100.0	2	66.7

互联网广告		搜索引擎		电子商务平台		电子邮件		社交网站或即时通讯社交工具	
数量（个）	占使用互联网企业的比重（%）	数量（个）	占使用互联网企业的比重（%）	数量（个）	占使用互联网企业的比重（%）	数量（个）	占使用互联网企业的比重（%）	数量（个）	占使用互联网企业的比重（%）
69	**35.4**	**36**	**18.5**	**15**	**7.7**	**56**	**28.7**	**42**	**21.5**
5	45.5	1	9.1	2	18.2	4	36.4	3	27.3
5	50.0	2	20.0			5	50.0	1	10.0
59	33.9	33	19.0	13	7.5	47	27.0	38	21.8
286	**34.8**	**87**	**10.6**	**27**	**3.3**	**184**	**22.4**	**138**	**16.8**
286	34.8	87	10.6	27	3.3	184	22.4	138	16.8
48	**28.1**	**23**	**13.5**	**17**	**9.9**	**41**	**24.0**	**39**	**22.8**
						1	10.0	1	10.0
48	29.8	23	14.3	17	10.6	40	24.8	38	23.6
33	**28.7**	**23**	**20.0**	**4**	**3.5**	**33**	**28.7**	**14**	**12.2**
4	40.0	2	20.0	1	10.0	1	10.0		
26	26.0	20	20.0	2	2.0	29	29.0	12	12.0
3	60.0	1	20.0	1	20.0	3	60.0	2	40.0
17	**38.6**	**9**	**20.5**	**3**	**6.8**	**10**	**22.7**	**4**	**9.1**
2	66.7							1	33.3
15	36.6	9	22.0	3	7.3	10	24.4	3	7.3
6	**19.4**	**3**	**9.7**	**2**	**6.5**	**4**	**12.9**	**7**	**22.6**
6	33.3	2	11.1					3	16.7
		1	9.1	2	18.2	4	36.4	4	36.4
10	**50.0**	**5**	**25.0**			**4**	**20.0**	**5**	**25.0**
10	50.0	5	25.0			4	20.0	5	25.0
16	**47.1**	**7**	**20.6**			**8**	**23.5**	**8**	**23.5**
16	47.1	7	20.6			8	23.5	8	23.5
12	**30.0**	**3**	**7.5**	**3**	**7.5**	**5**	**12.5**	**10**	**25.0**
		1	16.7			1	16.7	3	50.0
9	45.0	2	10.0	3	15.0	3	15.0	5	25.0
2	50.0							1	25.0
1	14.3					1	14.3		
								1	33.3

6-12 分地区企业互联网

地区	企业数(个)	使用互联网的企业							
				通过互联网进行宣传推广的企业		自有网站		互联网广告	
		数量(个)	比重(%)	数量(个)	占使用互联网企业的比重(%)	数量(个)	占使用互联网企业的比重(%)	数量(个)	占使用互联网企业的比重(%)
全市	**6516**	**6448**	**99.0**	**4790**	**74.3**	**1960**	**30.4**	**1562**	**24.2**
中山区	723	718	99.3	577	80.4	218	30.4	206	28.7
西岗区	371	369	99.5	279	75.6	119	32.2	82	22.2
沙河口区	568	559	98.4	423	75.7	141	25.2	148	26.5
甘井子区	974	968	99.4	721	74.5	264	27.3	253	26.1
旅顺口区	259	255	98.5	190	74.5	78	30.6	59	23.1
金普新区	1248	1238	99.2	980	79.2	482	38.9	287	23.2
普兰店区	351	347	98.9	255	73.5	59	17.0	74	21.3
长海县	30	30	100.0	23	76.7	3	10.0	7	23.3
保税区	416	407	97.8	321	78.9	132	32.4	104	25.6
高新园区	463	455	98.3	392	86.2	239	52.5	142	31.2
长兴岛	322	321	99.7	71	22.1	28	8.7	18	5.6
花园口	64	64	100.0	43	67.2	19	29.7	17	26.6
瓦房店市	327	320	97.9	225	70.3	83	25.9	84	26.3
庄河市	400	397	99.3	290	73.0	95	23.9	81	20.4

宣传和推广情况

搜索引擎		电子商务平台		电子邮件		社交网站或即时通讯社交工具	
数量（个）	占使用互联网企业的比重（%）	数量（个）	占使用互联网企业的比重（%）	数量（个）	占使用互联网企业的比重（%）	数量（个）	占使用互联网企业的比重（%）
679	**10.5**	**369**	**5.7**	**1907**	**29.6**	**879**	**13.6**
80	11.1	53	7.4	234	32.6	115	16.0
47	12.7	21	5.7	104	28.2	61	16.5
72	12.9	27	4.8	145	25.9	69	12.3
99	10.2	55	5.7	268	27.7	152	15.7
34	13.3	17	6.7	73	28.6	28	11.0
125	10.1	67	5.4	404	32.6	155	12.5
24	6.9	22	6.3	117	33.7	42	12.1
2	6.7	2	6.7	14	46.7	5	16.7
50	12.3	24	5.9	134	32.9	65	16.0
71	15.6	35	7.7	133	29.2	80	17.6
13	4.0	5	1.6	35	10.9	14	4.4
5	7.8	3	4.7	20	31.3	7	10.9
27	8.4	17	5.3	100	31.3	39	12.2
30	7.6	21	5.3	126	31.7	47	11.8

6-13 分行业企业开展

行 业	有电子商务交易的企业数（个）	有电子商务销售的企业		B2B	
		数量（个）	金额（亿元）	企业数量（个）	金额（亿元）
总 计	**345**	**242**	**586.5**	**154**	**147.9**
采矿业					
煤炭开采和洗选业					
石油和天然气开采业					
黑色金属矿采选业					
有色金属矿采选业					
非金属矿采选业					
开采专业及辅助性活动					
其他采矿业					
制造业	**113**	**79**	**21.7**	**53**	**19.3**
农副食品加工业	24	23	2.4	13	1.2
食品制造业	13	13	0.7	5	0.1
酒、饮料和精制茶制造业					
烟草制品业					
纺织业					
纺织服装、服饰业	4	3	0.1	1	0.1
皮革、毛皮、羽毛及其制品和制鞋业					
木材加工和木、竹、藤、棕、草制品业	3	3	0.7	2	0.6
家具制造业					
造纸和纸制品业					
印刷和记录媒介复制业					
文教、工美、体育和娱乐用品制造业					
石油、煤炭及其他燃料加工业					
化学原料和化学制品制造业	6	5	0.2	3	
医药制造业					
化学纤维制造业					
橡胶和塑料制品业					
非金属矿物制品业					
黑色金属冶炼和压延加工业					
有色金属冶炼和压延加工业					
金属制品业	8	4	10.6	4	10.6
通用设备制造业	13	6	3.5	5	3.5

注：根据数据保密相关规定，单位数量小于3个，未列出数据，导致总计与分项之和不等。

电子商务交易情况

B2C		向大陆以外区域销售		有电子商务采购的企业		从大陆以外区域采购	
企业数量（个）	金额（亿元）	企业数量（个）	金额（亿元）	数量（个）	金额（亿元）	企业数量（个）	金额（亿元）
117	**438.6**	**25**	**13.5**	**151**	**95.5**	**7**	**3.6**
31	**2.4**	**12**	**9.5**	**51**	**27.7**	**4**	**3.6**
11	1.2	2	0.3	7	0.2	2	0.2
10	0.6			1		1	
2				1			
3	0.1	1					
2	0.1	1		2	0.2		
		3	8.4	4			
1		1	0.1	9	0.4		

6-13 续表 1

行业	有电子商务交易的企业数(个)	有电子商务销售的企业 数量(个)	有电子商务销售的企业 金额(亿元)	B2B 企业数量(个)	B2B 金额(亿元)
专用设备制造业	8	4	1.4	4	1.4
汽车制造业					
铁路、船舶、航空航天和其他运输设备制造业	7				
电气机械和器材制造业	5	3		3	
计算机、通信和其他电子设备制造业					
仪器仪表制造业					
其他制造业					
废弃资源综合利用业					
金属制品、机械和设备修理业					
电力、热力、燃气及水生产和供应业	**4**				
电力、热力生产和供应业	4				
燃气生产和供应业					
水的生产和供应业					
建筑业	**35**	**5**		**4**	
房屋建筑业	8	1		1	
土木工程建筑业	6	1		1	
建筑安装业	16	2		1	
建筑装饰、装修和其他建筑业	5	1		1	
批发和零售业	**57**	**48**	**109.3**	**35**	**103.6**
批发业	31	26	103.0	23	101.9
零售业	26	22	6.3	12	1.7
交通运输、仓储和邮政业	**11**	**7**	**19.1**	**3**	**14.8**
铁路运输业					
道路运输业	4	3		1	
水上运输业					
航空运输业					
管道运输业					
多式联运和运输代理业	3	2	18.0	2	14.8
装卸搬运和仓储业					
邮政业					
住宿和餐饮业	**65**	**63**	**5.3**	**36**	**2.6**
住宿业	48	46	4.6	29	2.3
餐饮业	17	17	0.6	7	0.3

B2C		向大陆以外区域销售		有电子商务采购的企业		从大陆以外区域采购	
企业数量(个)	金额(亿元)	企业数量(个)	金额(亿元)	数量(个)	金额(亿元)	企业数量(个)	金额(亿元)
		2	0.4	6	0.9		
				7	11.8		
				3			
				4	**1.7**		
				4	1.7		
2				**34**	**3.9**	**1**	
				7			
				6	3.8		
2				16		1	
				5			
19	**5.7**	**4**	**1.1**	**16**	**57.7**		
6	1.0	3	1.1	10	55.5		
13	4.6	1		6	2.2		
5	**4.4**	**3**	**1.6**	**4**			
2				1			
1	3.2	2	1.5	1			
36	**2.7**	**3**		**11**			
24	2.3	2		10			
12	0.3	1		1			

6-13 续表 2

行业	有电子商务交易的企业数（个）	有电子商务销售的企业			
		数量（个）	金额（亿元）	B2B	
				企业数量（个）	金额（亿元）
信息传输、软件和信息技术服务业	**20**	**13**	**428.4**	**9**	**6.6**
电信、广播电视和卫星传输服务	3	3	0.7	1	
互联网和相关服务					
软件和信息技术服务业	16	9	8.0	8	6.6
房地产业	**13**	**3**	**0.8**	**2**	
房地产业	13	3	0.8	2	
租赁和商务服务业	**8**	**8**	**0.9**	**5**	**0.5**
租赁业					
商务服务业	8	8	0.9	5	0.5
科学研究和技术服务业					
研究和试验发展					
专业技术服务业					
科技推广和应用服务业					
水利、环境和公共设施管理业	**4**	**4**	**0.1**	**2**	
水利管理业					
生态保护和环境治理业					
公共设施管理业	3	3		2	
土地管理业					
居民服务、修理和其他服务业	**4**	**2**	**0.1**		
居民服务业	3	2	0.1		
机动车、电子产品和日用产品修理业					
其他服务业					
教育					
教育					
卫生和社会工作					
卫生					
社会工作					
文化、体育和娱乐业	**7**	**7**	**0.7**	**4**	**0.4**
新闻和出版业					
广播、电视、电影和录音制作业	6	6	0.7	3	0.4
文化艺术业					
体育					
娱乐业					

B2C		向大陆以外区域销售		有电子商务采购的企业		从大陆以外区域采购	
企业数量（个）	金额（亿元）	企业数量（个）	金额（亿元）	数量（个）	金额（亿元）	企业数量（个）	金额（亿元）
6	**421.9**	**2**	**1.3**	**12**	**2.2**	**2**	
2	0.7						
3	1.4	1		12	2.2	2	
1	**0.8**			**11**			
1	0.8			11			
6	**0.3**	**1**		**4**	**0.5**		
6	0.3	1		4	0.5		
2	**0.1**						
1							
2	**0.1**			**2**			
2	0.1			1			
4	**0.3**			**1**			
4	0.3			1			

6-14 分地区企业开展

地区	有电子商务交易的企业数(个)	有电子商务销售的企业			
				B2B	
		数量(个)	金额(亿元)	企业数量(个)	金额(亿元)
全市	**345**	**242**	**586.5**	**154**	**147.9**
中山区	48	45	446.7	23	17.7
西岗区	39	30	97.4	16	95.3
沙河口区	31	20	5.2	13	5.0
甘井子区	47	27	2.5	16	2.0
旅顺口区	19	11	0.7	4	0.3
金普新区	66	46	10.6	36	7.8
普兰店区	13	7	0.1	4	0.1
长海县	3	3		3	
保税区	12	10	15.7	8	14.5
高新园区	32	18	5.4	14	3.5
长兴岛	4	4		3	
花园口	5	2	0.2	2	0.2
瓦房店市	13	10	0.6	7	0.3
庄河市	13	9	1.4	5	1.2

电子商务交易情况

B2C		向大陆以外区域销售		有电子商务采购的企业		从大陆以外区域采购	
企业数量（个）	金额（亿元）	企业数量（个）	金额（亿元）	数量（个）	金额（亿元）	企业数量（个）	金额（亿元）
117	**438.6**	**25**	**13.5**	**151**	**95.5**	**7**	**3.6**
29	428.9	4	2.8	5			
19	2.2	1	0.7	17	54.9		
8	0.2	2		17	6.8	1	
14	0.5	2	0.3	26	18.3	1	3.4
8	0.5			12	6.6	1	
19	2.9	5	0.4	24	2.1		
3		1		6			
2	1.1	3	8.6	3			
6	1.9	4	0.2	19	5.9	2	
2				3			
				5	0.1		
3	0.2			6			
4	0.2	3	0.6	8	0.7	2	0.2

附　录

主要指标解释

主要指标解释

房屋施工面积　指报告期内施工的全部房屋建筑面积。包括本期新开工的房屋建筑面积、上期跨入本期继续施工的房屋建筑面积、上期停缓建在本期恢复施工的房屋建筑面积、本期竣工的房屋建筑面积以及本期施工后又停缓建的房屋建筑面积。多层建筑应填各层建筑面积之和。

房屋新开工面积　指报告期内新开工建设的房屋建筑面积，以单位工程为核算对象，即整栋房屋的全部建筑面积，不能分割计算。不包括在上期开工跨入本期继续施工的房屋建筑面积和上期停缓建而在本期复工的房屋建筑面积。房屋的开工应以房屋正式开始破土刨槽（地基处理或打永久桩）的日期为准。

商品房销售面积　指报告期内出售商品房屋的合同总面积（即双方签署的正式买卖合同中所确定的建筑面积）。商品房销售面积由现房销售面积和期房销售面积两部分组成。

（1）现房销售面积：指在报告期内正式签订买卖合同、已经竣工达到入住条件的商品房屋建筑面积。包括以一次性付款方式和分期付款方式销售的现房建筑面积。

（2）期房销售面积：指在报告期内正式签订买卖合同、正在建设尚未竣工交付使用的商品房屋建筑面积。包括以一次性付款方式和分期付款方式销售的商品房屋建筑面积。期房销售建筑面积竣工后不再结转为现房销售建筑面积。

商品房销售额　指报告期内出售商品房屋的合同总价款（即双方签署的正式买卖合同中所确定的合同总价）。该指标与商品房销售面积同口径，由现房销售额和期房销售额两部分组成。

（1）现房销售额：指报告期内销售的已竣工商品房屋的合同总价款。包括现房销售前期预收的定金、预收款、首付款及全部按揭贷款的本金等款项。该指标与现房销售面积同口径。

（2）期房销售额：指报告期内销售的正在建设尚未竣工的商品房屋的合同总价款。包括预售房屋前期预收的定金、预收款、首付款及全部按揭贷款的本金等项。该指标与期房销售面积同口径。

待开发土地面积　指经有关部门批准，通过各种方式获得土地使用权，但尚未开工建设的土地面积。

本年土地购置面积　指在本年内通过各种方式获得土地使用权的土地面积。

资产总计　指企业过去的交易或者事项形成的、由企业拥有或者控制的、预期会给企业带来经济利益的资源。包括企业拥有的土地、办公楼、厂房、机器、运输工具、存货等实物资产和现金、存款、应收账款和预付账款等金融资产。资产一般按流动性（资产的变现或耗用时间长短）分为流动资产和非流动资产。其中流动资产可分为货币资金、交易性金融资产、应收票据、应收账款、预付款项、其他应收款、存货等；非流动资产可分为长期股权投资、固定资产、无形资产及其他非流动资产等。根据会计“资产负债表”中“资产总计”项目的期末余额数填报。

负债合计　指企业过去的交易或者事项形成的，预期会导致经济利益流出企业的现时义务。包括银行贷款、借款、应付账款、应付职工工资、应付职工福利费、应交税金等企业负有偿还责任的债务。

负债一般按偿还期长短分为流动负债和非流动负债。根据会计资产负债表中“负债合计”项目的期末余额数填报。执行企业会计准则或《小企业会计准则》的企业：负债合计=流动负债合计+非流动负债合计；执行其他企业会计制度的企业负债包括流动负债和长期负债。

主营业务收入　指企业确认的销售商品、提供劳务等主营业务的收入。根据会计“主营业务收入”科目的期末贷方余额填报。执行 2006 年《企业会计准则》的企业，如未设置该科目，以“营业收入”代替填报。

土地转让收入　指房地产开发企业按国家规定在报告期转让已经开发的土地和未经开发的土地所得到的收入。根据会计“利润表”和相关核算资料计算填报。

商品房屋销售收入　指房地产开发企业在报告期售出商品房屋的收入，一次收款的，一次性全部计入销售收入，按合同规定分期收款的，可按合同规定的时间分次计入收入。根据会计“利润表”和相关核算资料计算填报。

房屋出租收入　指房地产开发企业在报告期内，在不改变现有财产所有权关系的条件下，将企业的全部或部分房屋出租给其他单位或个人使用所得到的租金收入。根据会计“利润表”和相关核算资料计算填报。

其他（主营业务）收入　指房地产开发企业在报告期内从事除以上收入外的其他业务活动所得到的收入，包括配套设施销售收入、代建工程结算收入等。根据会计“利润表”和相关核算资料计算填报。

年末从业人数　指报告期末最后一日在本单位工作，并取得工资或其他形式劳动报酬的人员数。

年末零售营业面积　指批发和零售业企业用于本企业从事零售业务的对外营业的面积，不包括其办公用房、仓库、加工场地以及对外出租场地。按年末实有建筑面积统计。

年末餐饮营业面积　指住宿和餐饮业企业对外提供餐饮服务的就餐面积和从事食品加工、烹饪、调制的厨房面积，不包括办公用房和仓库等面积。按年末实有建筑面积统计。

营业收入　指企业经营主要业务和其他业务所确认的收入总额。营业收入包括“主营业务收入”和“其他业务收入”。根据会计“利润表”中“营业收入”项目的本年累计数填报。